Direito Administrativo do Mar

Direito Administrativo do Mar

Direito Administrativo do Mar

2016 - Reimpressão

Coordenação de:

Rui Guerra da Fonseca
Miguel Assis Raimundo

DIREITO ADMINISTRATIVO DO MAR

COORDENAÇÃO
Rui Guerra da Fonseca e Miguel Assis Raimundo

EDITOR
EDIÇÕES ALMEDINA, S.A.
Rua Fernandes Tomás, n⁰ˢ 76, 78 e 80
3000-167 Coimbra
Tel.: 239 851 904 · Fax: 239 851 901
www.almedina.net · editora@almedina.net
DESIGN DE CAPA
FBA.
PRÉ-IMPRESSÃO
EDIÇÕES ALMEDINA, S.A.
IMPRESSÃO E ACABAMENTO
DPS - DIGITAL PRINTING SERVICES, LDA

Agosto, 2016
DEPÓSITO LEGAL
380706/14

Os dados e as opiniões inseridos na presente publicação são da exclusiva responsabilidade do(s) seu(s) autor(es).
Toda a reprodução desta obra, por fotocópia ou outro qualquer processo, sem prévia autorização escrita do Editor, é ilícita e passível de procedimento judicial contra o infrator.

 GRUPOALMEDINA

Biblioteca Nacional de Portugal – Catalogação na Publicação

DIREITO ADMINISTRATIVO DO MAR

Direito administrativo do mar / coord. Rui
Guerra da Fonseca, Miguel Assis
Raimundo. – (Obras colectivas)
ISBN 978-972-40-5655-5

I - FONSECA, Rui Guerra da
II - RAIMUNDO, Miguel Assis

CDU 371

E assim, de um momento para o outro, o mar estava em todo o lado.

Simon Winchester

ÍNDICE

Nota de abertura 11

I
Textos da Conferência
O Desafio do Mar e o Direito Público

O Direito Internacional do Mar e os poderes dos Estados costeiros 15
Fernando Loureiro Bastos

O mar no futuro do Direito Europeu 33
Ana Fernanda Neves

O mar como fonte de conflitos entre Estados 69
Miguel Galvão Teles

O sector portuário como *hub* nacional 83
Lídia Sequeira

II
Textos do
I Curso de Pós-Graduação em Direito Administrativo do Mar

Espaço marítimo e Direito Administrativo: enquadramento 89
Rui Guerra da Fonseca

Título de utilização e exploração do domínio público marítimo 119
Miguel Assis Raimundo

A titularidade e a administração do domínio público hídrico
por entidades públicas 155
João Miranda

O Sistema da Autoridade Marítima 183
José Velho Gouveia

Os modelos de governo de portos 209
Amadeu Rocha

As concessões portuárias 233
Pedro Melo

Poderes administrativos sobre navios 265
Mateus Andrade Dias

A tributação da actividade marítima em Portugal
– Alguns aspectos fundamentais 303
Clotilde Celorico Palma

A Economia Internacional e o Mar: O Caso das Pescas 331
Pedro Infante Mota

Ondas renováveis: sobre o DL 5/2008, de 8 de Janeiro,
e outras considerações na sua orla 399
Carla Amado Gomes

O regime administrativo das lotas e vendagens 425
Lourenço Vilhena de Freitas

III
Trabalhos de alunos

O reconhecimento da propriedade privada sobre terrenos
do domínio público hídrico 435
Manuel Bargado

A instalação de estabelecimentos de produção aquícola
no espaço marítimo 461
Margarida Almodovar

A comercialização e a formação do preço do pescado,
em Portugal: enquadramento jurídico e económico 481
Conceição Santos

As devoluções na reforma da Política Comum de Pescas 507
Ilda Oliveira

NOTA DE ABERTURA

No primeiro semestre do ano lectivo de 2012-2013, coordenámos o I Curso de Pós-Graduação em Direito Administrativo do Mar, organizado pelo Instituto de Ciências Jurídico-Políticas da Faculdade de Direito da Universidade de Lisboa. O número de alunos participantes comprovou então a oportunidade da iniciativa, que principiou com uma Conferência subordinada ao tema *O Desafio do Mar e o Direito Público*, que teve lugar na FDUL, no dia 3 de Outubro de 2012. O conjunto de textos que ora se publica constitui o contributo de vários dos conferencistas e docentes do Curso, que disponibilizaram os textos de apoio das suas intervenções, ou que encontraram a disponibilidade para as passar a escrito. A todos se agradece, mas não menos aos que prontamente e com entusiasmo aceitaram o encargo de participar como conferencistas ou docentes, mas que não conseguiram associar-se a esta publicação.

Como verá o leitor, os textos são bastante diversos uns dos outros, na matéria e na forma. Quanto à matéria, tal reflecte o pendor generalista que se imprimiu a esta primeira edição do Curso, posto que, tratando-se de uma iniciativa ao que sabemos sem precedente, pretendeu-se uma formação abrangente em Direito Administrativo do Mar, e que permitisse também avaliar as necessidades daqueles que procuram este tipo de formação. Foi, aliás, com base nas opiniões e sugestões de docentes e sobretudo dos alunos desta primeira edição, que ajustámos o plano da segunda edição, entretanto já terminada, com módulos temáticos mais específicos e optativos. Aproveita-se a ocasião, aliás, para agradecer publicamente ao Senhor Presidente da República, Prof. Doutor Aníbal Cavaco Silva, o Alto Patrocínio da Presidência da República com que contou esta segunda edição do Curso.

Do ponto de vista formal, as diferenças entre os textos – que os há de vários tipos: mais académicos uns, mais profissionalizantes outros, alguns mais próximos da oralidade de que resultam, outros mais elaborados depois – decorrem da liberdade deixada aos autores, que, para além do que em si mesma vale, teve por objectivo também reunir o máximo número de textos. Além disso, quisemos igualmente proceder à publicação de alguns dos melhores trabalhos finais realizados pelos alunos.

Rui Guerra da Fonseca
Miguel Assis Raimundo

Outras informações e elementos podem ser encontrados nas seguintes ligações:
Conferência "O Desafio do Mar e o Direito Público": http://www.icjp.pt/conferencias/3790/programa
Curso de Pós-Graduação em Direito Administrativo do Mar: http://www.icjp.pt/cursos/4227/programa

I

Textos da Conferência
O Desafio do Mar e o Direito Público

O DIREITO INTERNACIONAL DO MAR E OS PODERES DOS ESTADOS COSTEIROS

Fernando Loureiro Bastos
Doutor em Direito (Universidade de Lisboa)
Professor da Faculdade de Direito da Universidade de Lisboa
Fellow, Institute for International and Comparative Law in Africa, Faculty of Law, University of Pretoria

I. Introdução: a expansão dos poderes dos Estados costeiros no mar após a Segunda Guerra Mundial

Até ao final da Segunda Guerra Mundial os poderes dos Estados costeiros no mar adjacente ao seu território terrestre estavam circunscritos a uma reduzida faixa do espaço marítimo.

Até 1945, o acesso ao espaço marítimo e o aproveitamento dos mares eram essencialmente livres, em conformidade com o princípio da liberdade dos mares, transformado em regra costumeira de âmbito de aplicação universal com o domínio britânico dos mares no século XVIII. Aos Estados, então maioritariamente ocidentais, o que mais interessava no mar era a possibilidade de os navios mercantes e de os navios de guerra com a sua bandeira poderem navegar sem impedimentos e pescar livremente, sem necessitarem de qualquer tipo de autorização ou consentimento por parte de terceiros Estados.

Um mar territorial estreito, com uma largura que não chegava normalmente às seis milhas marítimas, era suficiente em matéria de defesa, e permitia simultaneamente reservar para o Estado costeiro a pesca de um volume significativo de espécies marinhas com relevância económica.

A expansão dos Estados costeiros no espaço marítimo coincide com o final da Segunda Guerra Mundial, sendo marcos iniciais desse movimento as Proclamações Truman de 1945. Em situações marginais, como nas águas interiores, o alargamento do espaço marítimo dos Estados costeiros corresponde a uma territorialização desse espaço, mas em todos os outros casos representa fundamentalmente o reconhecimento jusinternacional de poderes aos Estados costeiros, em ordem a legitimar a apropriação dos recursos naturais marinhos existentes num espaço – o alto mar – que anteriormente era comum e de acesso livre a todos.

Em resultado deste movimento de expansão surgiram novas zonas marítimas, como a plataforma continental, a zona económica exclusiva e as águas arquipelágicas, e foram ampliadas zonas que existiam anteriormente, como as águas interiores, o mar territorial e a zona contígua. No final, os Estados costeiros ficaram à sua disposição com cerca de 25% do espaço dos oceanos, dos quais 5% correspondem à possibilidade de expansão nas margens continentais além das 200 milhas marítimas.

O essencial deste movimento não foi, importa sublinhá-lo, a aquisição territorial, enquanto tal, numa mimética reprodução da divisão do espaço terrestre entre os Estados. A sua intenção primeira foi a promoção da aquisição de poderes que permitissem aos Estados prosseguir uma ou várias actividades num determinado espaço. A justificação para este enquadramento jurídico resulta de se estar em presença de um espaço fluido, onde é impossível a ocupação humana permanente.

A atribuição de poderes com base em actividades e não em espaços de exclusão, como sucede no território terrestre, implica que os direitos dos diversos sujeitos devam ser sempre entendidos como relativos, na medida em que impõem um exercício que deve respeitar as posições de terceiros. A compreensão do processo de expansão dos Estados no espaço marinho não é, por isso, baseada nos quadros jurídicos da soberania terrestre. Recorre, antes, a uma aproximação funcional, nos termos da qual os poderes de actuação que são reconhecidos a uns comportam, simultaneamente, o poder de exigir a abstenção de todos os outros em relação às actividades em questão.

Antes de avançar, importa proceder a um esclarecimento prévio de natureza conceptual. Em termos de Direito Internacional e de Direito Internacional do Mar, a utilização da expressão *soberania dos Estados costeiros sobre o mar* poderá ser relativamente problemática, se se estiver a pretender estabelecer uma equiparação entre os poderes que os Estados têm sobre o seu território terrestre e os poderes que lhes são reconhecidos em relação ao território marítimo.

Com efeito, os poderes dos Estados costeiros relativamente ao espaço marítimo adjacente ao território terrestre não podem ser assimilados aos poderes que os Estados exercem no seu território terrestre. No território marítimo, os poderes dos Estados costeiros têm de ser necessariamente harmonizados com os poderes de todos os outros Estados, em particular com as embarcações que circulam nos diversos espaços marítimos no exercício da liberdade do alto mar ou que cruzam o mar territorial ao abrigo do direito de passagem inofensiva. No território terrestre, em termos opostos, os poderes de um Estado excluem necessária e logicamente os de qualquer outro Estado sobre o mesmo espaço.

Assim sendo, a utilização da expressão *soberania dos Estados costeiros sobre o mar* não corresponde ao reconhecimento de uma posição jurídica de exclusividade em todos os domínios e/ou de exclusão de todas as actividades que quaisquer outros sujeitos possam querer levar a cabo no espaço em questão. Antes, o que se está a pôr em destaque é o reconhecimento jurídico-internacional de determinados poderes, em resultado da estreita ligação existente entre os espaços terrestres e os espaços marítimos que lhes são adjacentes. Em alguns casos os direitos atribuídos aos Estados costeiros são exclusivos, mas essa exclusividade não impede que outros Estados possam desenvolver simultaneamente outras actividades no espaço em questão.

II. Os poderes dos Estados costeiros no espaço marítimo adjacente ao seu território terrestre até ao início das negociações da Convenção de 1982

Até à primeira metade da década de setenta do século vinte, os poderes dos Estados costeiros em relação ao mar adjacente ao seu território terrestre eram basicamente os seguintes:

- poderes de soberania, idênticos aos existentes no território terrestre, nas águas interiores, nos termos do nº 1 do artigo 1º da Convenção de Genebra sobre o Mar Territorial e a Zona Contígua (1958);
- poderes de soberania, limitados pelo direito de passagem inofensiva, no mar territorial, em resultado da conjugação dos artigos 1º e 14º a 23º da Convenção de Genebra sobre o Mar Territorial e a Zona Contígua (1958);
- poderes de fiscalização na zona contígua, para fins de prevenção e de sanção de infracções à legislação aduaneira, fiscal, sanitária ou de emigração, em conformidade com o artigo 24 da Convenção de Genebra sobre o Mar Territorial e a Zona Contígua (1958);
- e poderes soberanos de exploração de recursos naturais na plataforma continental, ao abrigo da Convenção de Genebra sobre a Plataforma Continental (1958).

Este panorama vai ser modificado de forma substancial com as transformações do Direito Internacional do Mar geradas pelas muito demoradas negociações da Convenção das Nações Unidas sobre o Direito do Mar de 1982 (Convenção de 1982), entre 1973 e 1982, com a sua posterior assinatura em 10 de Dezembro de 1982 e entrada em vigor, em 16 de Novembro de 1994, após o depósito da sexagésima ratificação.

III. Os actuais poderes dos Estados costeiros no espaço marítimo adjacente ao seu território terrestre

O Direito Internacional do Mar sofreu uma transformação radical a partir da segunda metade da década de setenta do século passado, em resultado das posições que foram sendo adoptadas pelos Estados no decurso do longo processo negocial da Convenção de 1982. As discussões em torno de algumas matérias foram tão difíceis e controversas que levaram a que alguns conceitos inovadores, como a zona económica exclusiva, tivessem adquirido natureza costumeira mesmo antes do articulado convencional estar definitivamente concluído.

Vejamos em síntese quais são os poderes dos Estados costeiros nas zonas marítimas mais generalizadamente utilizadas: águas interiores, mar territorial, zona contínua, zona económica exclusiva e plataforma continental.

a) Águas interiores

Embora sejam referidas com autonomia, as águas interiores não são objecto de qualquer tratamento específico na Convenção de 1982, sendo escassas as referências que podem ser encontradas sobre este espaço marítimo nos seus artigos 2 e 8. Em conformidade com as disposições citadas, as águas interiores do Estado ficam "situadas no interior das linhas de base do mar territorial" e são uma zona marítima onde o Estado costeiro exerce soberania.

Assim, em conformidade com o Direito Internacional pode ser entendido que:

– as águas interiores têm um estatuto jurídico equivalente aquele que o Estado costeiro exerce soberanamente no território terrestre;
– não existe um limite genérico para as águas interiores, seja interno ou externo, na medida em que estas dependem das linhas de base que sejam adoptadas;
– a Convenção de 1982 reduziu ao mínimo as referências às águas interiores por se entender que o estatuto jurídico-internacional desta zona marítima não careceria de qualquer regulamentação convencional;
– os poderes que o Estado costeiro podem exercer nas águas interiores não estão dependentes da sua conciliação com os poderes de terceiros Estados.

b) Mar territorial

Pondo fim a uma polémica de séculos, a Convenção de 1982 fixou a largura máxima do mar territorial em doze milhas marítimas. Em conformidade, está previsto no artigo 12 que "[t]odo o Estado tem o direito de fixar a largura do seu mar territorial até um limite que não ultrapasse 12 milhas marítimas".

O mar territorial é uma zona marítima onde o Estado costeiro goza tradicionalmente de soberania, sendo relativamente circunscritos os poderes que são reconhecidos aos terceiros Estados. Com efeito, com excepção do direito de passagem inofensiva reconhecido aos navios com a bandeira de outros Estados, ao Estado costeiro são, explícita ou implicitamente, reconhecidos todos os outros poderes que podem ser concebíveis e necessários à sua actuação nesse espaço. Daqui decorre um estatuto jurídico-internacional próximo da territorialização, sem que possa ser defendida uma assimilação entre os regimes jurídicos do mar territorial e do território terrestre.

Assim, num elenco circunscrito ao exercício do direito de passagem inofensiva, o artigo 21 (Leis e regulamentos do Estado costeiro relativos à passagem inofensiva) estipula que no seu mar territorial o Estado costeiro tem o poder de criar normas relativas:

- à segurança da navegação e à regulamentação do tráfego marítimo, nomeadamente através de institucionalização de sistemas de separação de tráfego;
- à protecção das instalações e dos sistemas de auxílio à navegação e de outros serviços ou instalações;
- à protecção de cabos ou ductos submarinos;
- à conservação dos recursos vivos do mar;
- à pesca;
- à preservação do meio marinho e ao controlo da poluição;
- à investigação científica e aos levantamentos hidrográficos;
- e às matérias aduaneiras, fiscais, de imigração e de segurança sanitária.

Da mesma forma que, tendo como ponto de partida o artigo 19 (Significado de passagem inofensiva) da Convenção de 1982, é possível entender que no mar territorial são atribuições exclusivas do Estado costeiro:

- a segurança e a defesa;
- os exercícios e as manobras com armas de qualquer tipo;
- o lançamento, pouso ou recebimento a bordo de qualquer aeronave;
- o lançamento, pouso ou recebimento a bordo de qualquer dispositivo militar;
- as actividades de pesca;
- e a realização de actividades de investigação ou de levantamento hidrográfico.

O exercício do direito de passagem inofensiva, reconhecido aos navios de qualquer Estado, costeiro ou sem litoral, implica:

- a navegação pelo mar territorial, seja para atravessar esse mar, seja para fazer escala num ancoradouro ou numa instalação portuária situada em águas interiores;
- uma passagem contínua e rápida, que permite o parar e o fundear em situações excepcionais;
- uma passagem que não seja prejudicial à paz, à boa ordem ou à segurança do Estado costeiro.

c) Zona Contígua

A Convenção de 1982 fixou a largura máxima da zona contígua em vinte e quatro milhas marítimas[1]. A zona contígua é um espaço de alto mar relativamente ao qual o Estado costeiro pode exercer os poderes consagrados para a zona contígua, em conjugação com os poderes especificamente previstos para a zona económica exclusiva e para a plataforma continental.

Nestes termos, em conformidade com os artigos 33 e 303 da Convenção de 1982, entre as doze milhas marítimas e as vinte e quatro milhas marítimas, para além dos poderes resultantes da zona económica exclusiva (quando esta tenha sido reivindicada pelo Estado costeiro) e da plataforma continental, o Estado costeiro tem ainda poderes para:

- criar legislação que permita a repressão de infracções às leis e regulamentos aduaneiros, fiscais, de emigração ou sanitários que tenham lugar no território terrestre ou no mar territorial;
- fiscalizar os navios que possam estar a violar as leis e os regulamentos aduaneiros, fiscais, de emigração ou sanitários aplicáveis ao território terrestre ou ao mar territorial;
- reprimir as violações às leis e aos regulamentos aduaneiros, fiscais, de emigração ou sanitários aplicáveis ao território terrestre ou ao mar territorial;

---

[1] Em conformidade, está previsto no número 2 do artigo 33 que a "zona contígua não pode estender-se além de 24 milhas marítimas". Essa foi a posição assumida pelo Estado português, no artigo 7 da Lei nº 34/2006, de 28 de Julho, de modo a ultrapassar a opção da Lei nº 33/77, de 28 de Maio, de não consagrar uma zona contígua em Portugal.

- criar legislação que permita a repressão da remoção não autorizada dos fundos marinhos da zona contígua de objectos arqueológicos e históricos achados no mar;
- fiscalizar os navios que possam estar a violar as leis e os regulamentos aplicáveis à remoção não autorizada dos fundos marinhos da zona contígua ou no mar territorial de objectos arqueológicos e históricos achados no mar;
- reprimir as violações às leis e aos regulamentos aplicáveis à remoção não autorizada de objectos arqueológicos e históricos achados nos fundos marinhos da zona contígua ou no mar territorial.

d) Zona económica exclusiva

A Convenção de 1982 fixou a largura máxima da zona económica exclusiva em duzentas milhas marítimas. Em conformidade, está previsto no seu artigo 57 que a "zona económica exclusiva não se estenderá além de 200 milhas marítimas".

A zona económica exclusiva é um espaço de alto mar onde, em conformidade com a Convenção de 1982, devem ser harmonizados os poderes do Estado costeiro e os poderes que são identicamente reconhecidos aos terceiros Estados. Em conformidade:

- o artigo 55 (Regime específico da zona económica exclusiva) determina que a zona económica exclusiva está "sujeita ao regime jurídico específico" estabelecido na parte V "segundo o qual os direitos e a jurisdição do Estado costeiro são regidos pelas disposições pertinentes da presente Convenção";
- o nº 2 do artigo 56 (Direitos, jurisdição do Estado costeiro na zona económica exclusiva) afirma expressamente que "[n]o exercício dos seus deveres e no cumprimentos dos seus deveres (...), o Estado costeiro terá em devida conta os direitos e deveres dos outros Estados...";
- no nº 1 do artigo 58 (Direitos e deveres de outros Estados na zona económica exclusiva) está previsto que na "zona económica exclusiva, todos os Estados, quer costeiros quer sem litoral, gozam (...) das liberdades de navegação e sobrevoo e de colocação de cabos e ductos

submarinos (...), bem como de outros usos do mar internacionalmente lícitos...";
- no nº 3 do artigo 58 (Direitos e deveres de outros Estados na zona económica exclusiva) está estabelecido que "no exercício dos seus direitos e no cumprimento dos seus deveres na zona económica exclusiva (...), os Estados terão em devida conta os direitos e deveres do Estado costeiro e cumprirão as leis e regulamentos por ele adoptados...".

Os poderes dos Estados costeiros na zona económica exclusiva, em conformidade com a terminologia utilizada na Convenção de 1982, podem ser divididos em duas categorias principais: a dos denominados "direitos de soberania" e a de "jurisdição". Não existe uma diferença substancial entre as duas, na medida que ambas consagram poderes circunscritos a actividades específicas.

De acordo com a primeira categoria, a dos denominados "direitos de soberania", nos termos da alínea a) do nº 1 do artigo 56 (Direitos, jurisdição do Estado costeiro na zona económica exclusiva), ao Estado costeiro são reconhecidos direitos exclusivos de:

- exploração e aproveitamento dos recursos naturais, vivos e não vivos, das águas sobrejacentes ao leito do mar;
- conservação e gestão dos recursos naturais, vivos e não vivos, das águas sobrejacentes ao leito do mar;
- e de exploração e aproveitamento da zona para fins económicos, nomeadamente para a produção de energia a partir da água[2], das correntes e dos ventos.

---

[2] A matéria foi regulada em Portugal, em termos inovadores a nível mundial, pelo Decreto--Lei nº 5/2008, de 8 de Janeiro – regime jurídico de utilização dos bens do domínio público, incluindo a utilização das águas territoriais, para a produção de energia eléctrica a partir da energia das ondas do mar na zona piloto delimitada no anexo I (...) bem como o regime de gestão, acesso e exercício da actividade mencionada – e pelo Decreto-Lei nº 238/2008, de 15 de Dezembro – bases da concessão da exploração, em regime de serviço público, da zona piloto identificada no Decreto-Lei nº 5/2008, de 8 de Janeiro, e de utilização dos recursos hídricos do domínio público, incluindo a utilização das águas territoriais, pelo prazo de 45 anos.

De acordo com a segunda categoria, a de "jurisdição", nos termos da alínea b) do nº 1 do artigo 56 (Direitos, jurisdição do Estado costeiro na zona económica exclusiva), ao Estado costeiro são identicamente reconhecidos direitos exclusivos de:

- colocação e utilização de ilhas artificiais, instalações e estruturas;
- de realização e de autorização de investigação científica marinha;
- e de protecção e preservação do meio marinho[3].

O núcleo essencial da parte V da Convenção de 1982, compreendido entre os artigos 61 e 72, é dedicado à regulamentação da pesca. Apesar de estar desdobrada num articulado bastante extenso e detalhado, o artigo 63 (Populações existentes dentro das zonas económicas exclusivas de dois ou mais Estados costeiros ou dentro da zona económica exclusiva e numa zona exterior e adjacente à mesma) foi posteriormente completado pelo Acordo relativo à Aplicação das Disposições da Convenção das Nações Unidas sobre o Direito do Mar, de 10 de Dezembro de 1982, Respeitantes à Conservação e Gestão das Populações de Peixes Transzonais e das Populações de Peixes Altamente Migradores, assinado em 4 de Agosto de 1995[4].

---

[3] O exercício deste direito exclusivo nos Estados-membros da União Europeia deve considerar-se delegado ou transferido para a União Europeia, em conformidade com a alínea d) do nº 1 do artigo 3 do Tratado sobre o Funcionamento da União Europeia (ou Tratado de Lisboa), na medida em que este passou a prever expressamente que a "conservação dos recursos biológicos do mar, no âmbito da política comum das pescas" é uma competência exclusiva da União Europeia.

[4] O Acordo relativo à Aplicação das Disposições da Convenção das Nações Unidas sobre o Direito do Mar, de 10 de Dezembro de 1982, Respeitantes à Conservação e Gestão das Populações de Peixes Transzonais e das Populações de Peixes Altamente Migradores, assinado em Nova Iorque a 4 de Agosto de 1995, foi aprovado em Portugal pelo Governo, através do Decreto nº 2/2001, de 26 de Janeiro, em conformidade com a alínea c) do nº 1 do artigo 197 da Constituição da República Portuguesa. Não obstante a designação utilizada de "acordo", o compromisso internacional em questão prevê a ratificação, pelo que deveria ter sido aprovado pela Assembleia da República, ao abrigo da alínea i) do artigo 161 (Competência política e legislativa), e posteriormente ratificado pelo Presidente da República, nos termos da alínea b) do artigo 135 (Competência nas relações internacionais). Importa referir que a ratificação de Portugal, depositada em 19 de Dezembro de 2003, foi coordenada com a de todos os outros Estados membros da Comunidade Europeia, em cumprimento do nº 2 do artigo 2º da Decisão do Conselho nº 98/414/CE, de 8 de Julho de 1998.

e) Plataforma continental

A plataforma continental de um Estado costeiro "compreende o leito e o subsolo das áreas submarinas que se estendem além do seu mar territorial, em toda a extensão do prolongamento natural do seu território terrestre, até bordo exterior da margem continental ou até uma distância de 200 milhas marítimas das linhas de base a partir das quais se mede a largura do mar territorial, nos casos em que o bordo exterior da margem continental não atinja essa distância", nos termos do nº 1 do artigo 76. Essa extensão pode ser alargada, nomeadamente em conformidade com o nº 5, até uma distância que "não exceda 350 milhas marítimas das linhas de base a partir da qual se mede a largura do mar territorial ou uma distância que não exceda 100 milhas marítimas de isóbata de 2500 m, que é uma linha que une profundidades de 2500 m".

O artigo 76 utiliza, em alternativa, o critério da distância e o critério geomorfológico. Em conformidade com o primeiro, os Estados costeiros podem ocupar o leito do mar até às duzentas milhas marítimas, independentemente das características do solo e do subsolo. De acordo com o segundo, os Estados costeiros têm direito a ocupar o espaço que vai das duzentas milhas marítimas até ao extremo da margem continental ou até uma parte significativa dessa zona[5]. Daqui resulta que na Convenção de 1982 foram utilizados dois critérios alternativos e não dois critérios complementares para a fixação do limite exterior da plataforma continental. Quando se está em presença de "um prolongamento natural do seu território terrestre", isto é, quando existe uma margem continental em sentido físico, o limite exterior da plataforma continental pode

---

[5] Em Portugal, o artigo 9 (Limite exterior da plataforma continental) da Lei nº 34/2006, de 28 de Julho, estabeleceu como limite exterior da plataforma continental "o bordo exterior da margem continental ou a linha cujos pontos distam 200 milhas náuticas do ponto mais próximo das linhas de base, nos casos em que o bordo exterior da margem continental não atinja essa distância". Além da previsão do limite exterior da plataforma continental, a legislação citada, não faz qualquer outra referência a esta zona marítima. Não é uma opção legislativa facilmente explicável, não obstante a complexidade dos critérios que foram utilizados no artigo 76 da Convenção de 1982. Ao que acresce não ter sido feita qualquer menção ao potencial alargamento da plataforma continental além das duzentas milhas marítimas, quando essa possibilidade já estava a ser objecto de estudo pelo Estado português (Resolução do Conselho de Ministros nº 9/2005, de 17 de Janeiro de 2005, que criou a "Estrutura de Missão para a Extensão da Plataforma Continental").

ser encontrado através da opção entre duas fórmulas distintas. Por um lado, nos termos da subalínea i) da alínea a) do nº 4, o limite corresponderá ao local onde a espessura das rochas sedimentares seja "pelo menos 1% da distância mais curta entre esse ponto e o pé do talude continental". Por outro lado, nos termos da subalínea ii) da alínea a) do nº 4, o limite será um ponto situado "a não mais de 60 milhas marítimas do pé do talude continental". Nestes termos, existem dois limites máximos nos casos em que sejam utilizadas as hipóteses previstas na alínea a) do nº 4 do artigo 76. O primeiro é expresso e corresponde à distância máxima de 350 milhas marítimas. O segundo é mais fluido, dado que se traduz numa "distância que não exceda 100 milhas marítimas da isóbata de 2500 metros". O que significa que, neste caso, se pode estender além das 350 milhas marítimas. Em qualquer caso, a possibilidade de o Estado costeiro alargar o limite externo da sua plataforma continental a estas distâncias depende da existência de uma situação geográfica capaz de sustentar reivindicações deste tipo.

Trata-se de uma zona marítima inerente ao Estado costeiro, na medida em que os seus direitos "sobre a plataforma continental são independentes da sua ocupação, real ou fictícia, ou de qualquer declaração expressa", nos termos do nº 3 do artigo 77.

Os poderes do Estado costeiro nesta zona marítima estão claramente recortados desde a Convenção de Genebra sobre a Plataforma Continental de 1958, tendo sido incorporados, praticamente sem discussão, na Convenção de 1982. Assim, em conformidade com a Convenção de 1982, na continuidade do regime jurídico anterior, os Estados costeiros têm na plataforma continental:

- direitos de soberania para efeitos de exploração e aproveitamento dos seus recursos naturais[6];
- direitos exclusivos de colocação e utilização de ilhas artificiais, instalações e estruturas;
- direitos exclusivos de autorização e regulamentação de perfurações;

---

[6] São recursos naturais, para os efeitos do nº 4 do artigo 77, "os recursos minerais e outros recursos não vivos do leito do mar e subsolo, bem como os organismos vivos pertencentes a espécies sedentárias, isto é, aquelas que no período de captura estão imóveis no leito do mar ou no seu subsolo ou só podem mover-se em constante contacto físico com esse leito ou subsolo."

- direitos exclusivos de realização e de autorização de investigação científica marinha;
- direito a estabelecer condições relativamente aos cabos e ductos submarinos que penetrem no seu território ou no seu mar territorial;
- jurisdição sobre cabos e ductos submarinos construídos ou utilizados em relação com a exploração da plataforma continental ou com o aproveitamento dos seus recursos;
- e jurisdição sobre cabos e ductos submarinos construídos ou utilizados em relação com o funcionamento de ilhas artificiais, instalações ou estruturas instaladas na plataforma continental.

A principal inovação introduzida pela Convenção de 1982 relativamente à exclusividade dos poderes soberanos dos Estados costeiros no aproveitamento dos recursos naturais da plataforma continental pode ser encontrada no "pagamento ou contribuições em espécie", em conformidade com o artigo 82 (Pagamento e contribuições relativos ao aproveitamento da plataforma continental além das 200 milhas marítimas), nas situações em que se concretizar o seu alargamento além das duzentas milhas marítimas[7].

IV. O apuramento dos poderes do Estado português no espaço marítimo adjacente ao seu território terrestre

IV. I. Considerações introdutórias

A legislação que foi sendo emitida em Portugal sobre as matérias relacionadas com o mar após a Segunda Guerra Mundial procurou acompanhar as várias fases da evolução internacional do Direito Internacional do Mar.

A Lei nº 33/77, de 28 de Maio, nomeadamente, é um reflexo das opções que estavam a ser debatidas ao nível da III Conferência das Nações Unidas sobre o Direito do Mar. Com efeito, em conformidade com este diploma, a largura do mar territorial foi fixada em doze milhas marítimas, tendo sido igualmente estabelecida uma zona económica exclusiva cujo limite exterior

---

[7] Portugal apresentou em 11 de Maio de 2009 a sua submissão de alargamento da plataforma continental além das duzentas milhas marítimas à Comissão de Limites da Plataforma Continental.

era "uma linha em que cada ponto se encontra a uma distância de 200 milhas marítimas do ponto mais próximo da linha de base a partir da qual se mede a largura do mar territorial português".

A novidade dos regimes e a necessidade de acautelar possíveis incompatibilidades com o Direito Internacional do Mar em processo de elaboração eram manifestas nas cautelas postas no artigo 10º (Revisão da presente lei), em conformidade com o qual a "presente lei, como as restantes normas definidoras do regime jurídico dos espaços marítimos de soberania ou jurisdição nacional, será revista em função dos resultados da III Conferência das Nações Unidas sobre o Direito do Mar e de outros desenvolvimentos com implicações sobre o futuro regime dos oceanos".

Uma aproximação semelhante não parece ter sido seguida no Decreto-Lei nº 119/78, de 1 de Junho, e no Decreto-Lei nº 495/85, de 29 de Novembro, que seguidamente procederam à fixação dos espaços marítimos portugueses, não obstante ser incerta nessa ocasião a futura entrada em vigor da Convenção de 1982[8].

A adesão de Portugal às Comunidades Europeias em 1986 implicou que, desde então, certas matérias relativas ao mar não pudessem continuar a ser apreciadas numa perspectiva exclusivamente portuguesa. A essa participação se aplicou o Anexo IX da Convenção de 1982, ao regular o regime jurídico específico da participação de organizações internacionais de integração, relativamente às quais os Estados membros "tenham transferido competência em matérias regidas pela (...) Convenção, incluindo a competência para concluir tratados relativos a essas matérias".

Daqui resulta que, desde então, a abordagem da posição do Estado português no mar não possa ser levada a cabo numa perspectiva estritamente jusinternacional. A participação de Portugal na União Europeia implica uma limitação consentida dos seus poderes no espaço marítimo adjacente ao seu

---

[8] Nesse sentido, em termos muito críticos, Armando M. MARQUES GUEDES, *Direito do Mar*, 2ª ed., Coimbra Editora, 1998, p. 134, quando defendia expressivamente que os quadros anexos ao Decreto-Lei nº495/85, de 29 de Novembro, "consignam linhas de base rectas interilhas quanto aos arquipélagos da Madeira e dos Açores que, para mais quanto a este último arquipélago configuram juridicamente como verdadeiro perímetro arquipelágico o delimitado pelos segmentos de recta que se alongam de S. Miguel a Sta. Maria. A Convenção de Montego Bay não permite que validamente Portugal o faça".

território. Com efeito, tratando de uma entidade de integração regional, a decisão inicial de pertencer às Comunidades Europeias envolve necessariamente uma delegação ou transferência de poderes, sem que essa opção de política externa altere o estatuto soberano do Estado[9].

Em 1997, Portugal criou as condições para se tornar parte da Convenção de 1982, através do cumprimento do procedimento de vinculação internacional constitucionalmente previsto. Primeiro, em 3 de Abril, a Assembleia da República aprovou para ratificação a Convenção de 1982. Posteriormente, em Setembro do mesmo ano, o Presidente da República deu o seu assentimento à ratificação, que veio a ser depositada em 3 de Novembro.

Em consequência da ratificação da Convenção de 1982, a Lei nº 33/77, de 28 de Maio, foi revogada pela Lei nº 34/2006, que "Determina a extensão das zonas marítimas sob soberania ou jurisdição nacional e os poderes que o Estado Português nelas exerce, bem como os poderes exercidos no alto mar".

Daqui decorre que o apuramento e a densificação dos poderes do Estado português no espaço marítimo adjacente ao seu território terrestre implicam no momento actual uma tripla abordagem que tenha simultaneamente em consideração: a Convenção de 1982, a Lei nº 34/2006, de 28 de Julho, e o direito da União Europeia.

IV. II. A Lei nº 34/2006, de 28 de Julho, e as remissões para o Direito Internacional vigente

Os poderes do Estado português no espaço marítimo adjacente ao seu território terrestre têm o seu fundamento no Direito Internacional do Mar vigente, com particular destaque para a Convenção de 1982.

Na verdade, apesar de actualizada, a Lei nº 34/2006, de 28 de Julho, é uma inequívoca manifestação da subordinação do direito do Estado no domínio da actuação no espaço marítimo relativamente ao Direito Internacional em

---

[9] Até à actualidade, o momento fundamental da decisão soberana de participar neste processo limitador da soberania portuguesa, tem sido consubstanciado em tratados internacionais. Isso significa que é na Constituição Portuguesa que se funda a legitimação para a participação do Estado na União Europeia. Em conformidade, continuando o Estado português a ser um Estado soberano, a decisão de participar na União Europeia é uma decisão que pode ser alterada e revertida, caso seja considerada negativa para os interesses do Estado português.

vigor. Com efeito, num diploma de cerca de vinte artigos, que praticamente não ocupa mais de duas páginas no *Diário da República*, a matéria surge regulada de uma forma de tal forma sintética que o seu conteúdo só pode ser devidamente compreendido se se tiverem em consideração as repetidas remissões para o Direito Internacional e a assunção de uma genérica obrigação de interpretar o direito interno em conformidade com o Direito Internacional e a Convenção de 1982.

Assim, circunscrita à parte da lei que rege os poderes que o Estado português exerce nas diversas zonas marítimas, podem ser encontradas as seguintes remissões para o regime jurídico-internacional em vigor:

- número 2 do artigo 1º (Objecto e âmbito): "[o] disposto na presente lei não prejudica os poderes exercidos pelo Estado Português (...) em zonas marítimas específicas, nos termos definidos no direito internacional";
- artigo 3º (Interpretação): "[a]s disposições da presente lei são interpretadas em conformidade com os princípios e normas do direito internacional, designadamente os previstos na Convenção das Nações Unidas sobre o Direito do Mar, de 10 de Dezembro de 1982";
- artigo 13º (Âmbito dos poderes): "[o]s poderes a exercer pelo Estado Português no mar compreendem, sem prejuízo do estabelecido em legislação especial, aqueles que estejam consagrados: a) Em normas e princípios do direito internacional que vinculam o Estado português";
- número 1 do artigo 16º (Actividades de fiscalização e exercício do direito de visita): "[n]o âmbito das actividades de fiscalização, pode ser exercido, nos termos do direito internacional e do direito interno, o direito de visita sobre todos os navios, embarcações ou outros dispositivos flutuantes, nacionais ou estrangeiros, à excepção daqueles que gozem de imunidade";
- número 2 do artigo 16º (Actividades de fiscalização e exercício do direito de visita): "[o] direito de visita abrange as situações em que um navio, uma embarcação ou outro dispositivo flutuante se encontre em preparativos para qualquer das actividades referidas no número anterior e em que existam motivos fundados para presumir que um navio, uma embarcação ou dispositivo flutuante violou o direito interno ou o direito internacional aplicável nessa zona marítima";

- número 3 do artigo 16º (Actividades de fiscalização e exercício do direito de visita): "[s]e, no decurso de actividade de fiscalização, o navio ou a embarcação não acatar a ordem de parar, pode ser empreendida perseguição, nos termos do direito internacional".

Daqui resulta que uma adequada compreensão do conteúdo da legislação portuguesa implica, nestes termos, que seja feita uma densificação dos conceitos que utiliza e do respectivo regime jurídico ao nível do Direito Internacional e do Direito Internacional do Mar.

O MAR NO DIREITO EUROPEU

Ana Fernanda Neves
Professora da Faculdade de Direito da Universidade de Lisboa

Introdução

1. Os assuntos do mar têm-se afirmado como área (plúrima) de intervenção comunitária, com a emanação de inúmeros atos normativos[10][11] e reflexo na estrutura institucional de suporte[12]. A perspectiva da sua regulação integrada

---

[10] Apenas a título exemplificativo, ver o elenco dos atos comunitários relacionados com as matérias reguladas na Convenção das Nações Unidas sobre o Direito do Mar e no Acordo de 28 de Julho de 1994 relativo à aplicação da Parte XI da Convenção – apêndice in Jornal Oficial da Comunidade de 23.6.1998, L 179/129 e segs. Disponível in http://eur-lex.europa.eu/LexUriServ/LexUriServ.do?uri=OJ:L:1998:179:0003:0003:PT:PDF (consulta última em 03.01.2014).

[11] Jose Manuel Sobrino Heredia, "La protección marítima, nueva dimensión de la política marítima de la Unión Europea", in *Revista de Derecho Comunitario Europeo*, núm. 27, maio/agosto (2007), p. 434.

[12] *Cf.*, por exemplo, o Regulamento (CE) N.º 1406/2002 do Parlamento Europeu e do Conselho de 27 de Junho de 2002 que institui a Agência Europeia da Segurança Marítima; o Anexo III à Decisão do Conselho de 23 de Março de 1998 relativa à celebração pela Comunidade Europeia da Convenção das Nações Unidas sobre o Direito do Mar de 10 de Dezembro de 1982 e do Acordo de 28 de Julho de 1994, **relativo à aplicação da parte XI da convenção, anexo que dispõe sobre o mandato do** Grupo «Direito do Mar», o qual, em síntese, "prepara as deliberações do Conselho e participa na definição das políticas da Comunidade relacionadas com o Direito do Mar; o Regulamento (CE) n.º 2099/2002 do Parlamento Europeu e do Conselho de 5 de novembro de 2002, que estabelece um Comité para a Segurança Marítima

traduziu-se na adoção, em 2007, da política marítima integrada para União Europeia[13]. Não se tratando de uma política formalizada enquanto tal nos tratados nem convocando o exercício de novas competências, impõe a definição articulada, no quadro estratégico de "desenvolvimento sustentável da economia marítima europeia" e de proteção do meio marinho[14][15], das diferentes políticas relacionadas com o mar[16].

2. Richard Barnes observa que a *"integração* [normativa, espacial, sectorial, disciplinar, temporal e de uso[17]] é uma característica essencial do direito do

e a Prevenção da Poluição por Navios (COSS) e que altera determinados regulamentos em vigor no domínio da segurança marítima e da prevenção da poluição por navios.

[13] COM(2007) 575 final, 10.10.2007, da Comunicação da Comissão ao Parlamento Europeu, ao Comité Económico e Social Europeu e ao Comité das Regiões Uma política marítima integrada para a União Europeia, http://eur-lex.europa.eu/LexUriServ/LexUriServ.do?uri=COM:2007:0575:FIN:PT:PDF (consulta última em 03.01.2014). A definição de uma política marítima europeia filia-se na COM(2006) 275 final, de 7.6.2006: "Livro verde para uma futura política marítima da União: uma visão europeia dos oceanos e dos mares", de 7.6.2006 in http://eur-lex.europa.eu/LexUriServ/LexUriServ.do?uri=COM:2006:0275B:FIN:PT:PDF (consulta última em 03.01.2014).

[14] COM(2012) 491 final, de 11.9.2012: Relatório da Comissão ao Parlamento Europeu ao Conselho, ao Comité Económico e Social Europeu e ao Comité das Regiões, Evolução da política marítima integrada da União, p. 2 (http://eur-lex.europa.eu/LexUriServ/LexUriServ.do?uri=COM:2012:0491:FIN:PT:PDF – consulta última em 03.01.2014).

[15] "O objetivo ... é o de tratar ao nível da União questões que ultrapassam o quadro nacional a fim de maximizar uma exploração duradoira dos mares e dos oceanos permitindo o crescimento da economia marítima e das regiões costeiras da Europa" – "Maritimisation: la France face à la nouvelle géopolitique des océans", *Rapport d'information de MM. Jeanny Lorgeoux et André Trillard*, fait au nom de la commission des affaires étrangères, de la défense et des forces armées n° 674 (2011-2012) – 17 juillet 2012, p. 189, in http://www.senat.fr/rap/r11-674/r11-674.html – consulta última em 03.01.2014), articulando diferentes políticas europeias relativas ao mar, no essencial nos domínios do transporte marítimo, da indústria marítima, das regiões costeiras, da energia *offshore*, das pescas, do meio marinho (Philippe Vincent, *Droit de la Mer*, Larcier, 2008. p. 238; e Joe Borg, "The green paper on a future maritime policy for the Union", in *Europa, Novas Fronteiras*, Revista do Centro de Informação Europeia Jacques Delors, n.º 20, julho/dezembro de 2006, p. 12).

[16] María del Carmo Núñez Lozano, "La política marítima integrada de la Unión Europea", in *Hacía una Política Marítima Integrada de la Unión Europea. Estudíos de política marítima*, Junta de Andalucia e iustel, 1.ª edición, 2010, p. 18.

[17] Na caracterização de Richard Barnes, a integração normativa refere-se à contextualização das normas jurídicas como parte de um sistema à luz do qual o seu sentido e aplicação têm de ser considerados; a integração espacial postula a atendibilidade da necessidade de uma

mar", que a Convenção das Nações Unidas sobre o Direito do Mar é, em geral, "favorável à integração" e que, desde a sua adoção, *"a noção de regulação marinha integrada recebeu maior atenção"* para além dela[18], o que exemplifica com a política marítima integrada para UE[19].

A Convenção das Nações Unidas sobre o Direito do Mar tem constituído *"uma referência para a regulação das atividades oceânicas na União Europeia"*, referência que se projeta na estruturação daquela política e na *"abordagem da UE à resolução de disputas e aos assuntos oceânicos globais"* (Ronán Long)[20].

3. Neste alinhamento, após delimitarmos, como ponto prévio, em que medida a relevância do mar no Direito Europeu vai além do Direito da União Europeia e como evoluiu (**1.**), analisarmos o tratamento dos assuntos do mar no Direito europeu por contraponto ao Direito Internacional do Mar, *maxime* a questão de saber qual a influência da Convenção das Nações Unidas sobre o Direito do Mar naquele, considerando a sua abrangência, universidade e sentido regulatório[21] e a vinculação à mesma da UE (**2.**). Por outro lado, procura-se esclarecer em que medida o Direito da União Europeia condiciona o Direito

---

"regulação transversal a diferentes zonas marítimas"; a integração sectorial envolve a "coordenação de diferentes atividades, como a pesca e o transporte marítimo"; a integração temporal diz respeito "à forma como uma mesma ou diferentes atividades interagem no tempo"; a integração de uso refere-se à regulação do uso do mar pelos diferentes utilizadores. *Cf.* "The Law of the Sea Convention and the Integrated Regulation of the Oceans", in *The International Journal of Marine and Coastal Law*, n.º 27 (2012), pp. 860 a 863.

[18] "The Law of the Sea Convention and the Integrated Regulation of the Oceans", cit., pp. 859, 863 e 866.

[19] E com *The Marine and Coastal Access Act 2009*, em Inglaterra e Gales ("The Law of the Sea Convention and the Integrated Regulation of the Oceans", *cit.*, p. 864), disponível in http://www.legislation.gov.uk/ukpga/2009/23/contents (consulta última em 29.05.2014).

[20] "The European Union and the Law of the Sea Convention at the Age of 30", in *The International Journal of Marine and Coastal Law*, n.º 27 (2012), p. 711.

[21] O § 1 do preâmbulo da Convenção enuncia como objetivo desta o de "solucionar ...todas as questões relativas ao direito do mar". Uma ordem jurídica para os mares e os oceanos foi definida pelo Convenção de Montego Bay, de 1982, a qual teve "por objetivo principal codificar, precisar e desenvolver regras de direito internacional geral relativas à cooperação pacífica da comunidade internacional na exploração, utilização e aproveitamento dos espaços marítimos" – considerandos 55 e 56 do Ac. do TJUE de 03.06.2008, C-308/06, Intertanko («Transporte marítimo – Poluição causada pelos navios – Diretiva 2005/35/CE – Validade – Convenção de Montego Bay – Convenção Marpol 73/78 – Efeitos jurídicos – Invocabilidade – Negligência grave – Princípio da segurança jurídica»).

do Mar vigente nas ordens jurídicas dos Estados-Membros (**3.1.**) e se projeta na ação externa da UE (**3.2.**) e, bem assim, na dos Estados-Membros (**3.3.**).

1. O desenvolvimento regional europeu do Direito do Mar

4. Em 1973[22], Mark W. Janis destacava que o *"desenvolvimento do direito regional do mar"* poderia constituir um caminho intermédio eficaz entre o *"ideal de um novo direito do mar global e a ameaça de uma pletora de jurisdições marítimas nacionais"*[23]. Considerava, designadamente, que os *"sistemas regionais de direito do mar poderiam simplificar o aproveitamento económico e a navegação, assim como permitir um melhor controlo da poluição marítima"*[24]. Dava o exemplo europeu, *"especialmente da Comunidade Económica Europeia"*, notando que se estava a desenhar, de forma gradual, um *"direito para os mares europeus"*[25], como uma *"consequência natural do processo de integração Europeu"*[26]. Aventava que a nova ordem jurídica mundial para o mar poderia vir a ser definida *"em termos tão alargados e permissivos para as pretensões nacionais que um estrito direito regional pode tornar-se um contributo vital para a ordem internacional"*[27] [28].

Defendeu então que o futuro do Direito europeu do mar *"encontra-se no mercado comum o qual,* dizia *pode constituir um importante contribuir para uma ordem marítima europeia e constituir um modelo de cooperação para outras áreas do globo"*[29].

---

[22] De notar que pela Resolução n.º 2750 C (XXV), de 17.12.1970, da Assembleia Geral das Nações Unidas foi decidido convocar para 1973 a conferência sobre o Direito do Mar de que resultaria, a CNUDM, in http://www.un.org/en/ga/search/view_doc.asp?symbol=A/RES/2750(XXV)&Lang=E&A-rea=RESOLUTION (consulta última em 03.01.2014).

[23] "The Development of European Regional Law of the Sea", in *Ocean Development and International Law Journal*, 1973, vol. 1, Number 3, pp. 275 e 277.

[24] "The Development of European Regional Law of the Sea", cit., p. 277.

[25] "The Development of European Regional Law of the Sea", cit., p. 277.

[26] "The Development of European Regional Law of the Sea", cit., p. 277.

[27] "The Development of European Regional Law of the Sea", cit., p. 277.

[28] Giuseppe Cataldi, em 2005, refirmava a mesma ideia, ao escrever : *"A prática europeia em matéria de navegação mostra, em geral, uma atitude favorável ao desenvolvimento dos regimes regionais, algumas vezes para a conclusão de acordos contendo disposições que podem ser consideradas como indo além das «regras geralmente aceites». Na base desta atitude está uma reação aos limites dos instrumentos globais, e mesmo um desejo de solidariedade regional, em particular no caso de iniciativas da União Europeia"* – "Problèmes généraux de la navigation en Europe (Rapport général)", in *L'Europe et la Mer (pêche, navegation et environnement marin)*, Bruylant, 2005, p. 145.

[29] "The Development of European Regional Law of the Sea", cit. p. 275.

O autor observou ainda que as propostas de regime jurídico e de cooperação de outras instâncias ou organizações europeias como o Conselho da Europa tinham pouca viabilidade[30].

5. A Assembleia Parlamentar do Conselho da Europa, na Recomendação 1888 (2009), de 02.10.2009 – "Rumo a uma nova governação do oceano"[31] – propôs que o Comité de Ministros criasse um "comité de peritos" que elaborasse um "novo quadro legal e institucional para estabelecer uma nova forma de governação do oceano"[32].

No Relatório correspondente do Comité do Ambiente, Agricultura e Assuntos Locais e Regionais, de 14.09.2009, que serviu de suporte à proposta, argumentou-se que,"[d]*evido à dimensão supra União Europeia e à natureza da sua missão, o Conselho da Europa é a instância adequada para promover uma nova visão dos oceanos e para definir o quadro legal e institucional necessário para substantivizar novas formas de governação*".

A referência do Relatório (e na Recomendação 1888[33]) é a política marítima integrada para a União Europeia, advogando-se o gizar de uma política similiar com um âmbito de aplicação subjetivo mais alargado[34].

O Relatório sublinha que muitos princípios desta política sobre medidas de proteção ambiental "podem ser encontrados nas resoluções e recomendações da Assembleia Parlamentar do Conselho da Europa"[35] [36].

---

[30] "The Development of European Regional Law of the Sea", cit. pp. 284 e segs.
[31] Parliamentary Assembly Recommendation 1888 (2009), de 02.10.2009, "Towards a new ocean governance", in http://assembly.coe.int/Mainf.asp?link=/Documents/AdoptedText/ta09/EREC1888.htm (consulta última em 03.01.2014).
[32] Exactamente: "8. The Assembly therefore calls on the Committee of Ministers to: // 8.1. Instruct a committee of experts to define a legal and institutional framework for new ocean governance".
[33] *Cf.* ponto 2: "The Assembly draws attention to the proposals in the Blue Book issued in 2007 under the title 'An integrated maritime policy for the European Union', which call for Europe to take steps as quickly as possible to define policies and actions geared towards a common vision of the role of the oceans for the future of humankind."
[34] *Cf.* III.12: "the Council of Europe has a key part to play in implementing an integrated maritime policy extending beyond the EU".
[35] Considerando 70 do Relatório citado, disponível in http://assembly.coe.int/Main.asp?link=/Documents/WorkingDocs/Doc09/EDOC12005.htm (consulta última em 03.01.2014).
[36] O que em termos gerais reflete a consideração, por legislação da UE, de *standards* normativos do Conselho da Europa. Ver Johan Callewaert, "'Unionisation' and 'Conventionalisation'

O Comité de Ministros, relativamente à Recomendação 1888 (2009)[37], em 07.09.2010, respondeu que *"considerava que o Conselho da Europa não é a organização mais adequada para tratar de tais assuntos* [isto é, formular tal quadro legal e institucional]". Acrescentou que, "[d]*ado, em particular, a dimensão global do direito do mar, considera[va] que as Nações Unidas continuam a ser a melhor instituição para debater a regulação do uso dos mares e dos oceanos"*.

6. Na jurisprudência do Tribunal Europeu dos Direitos do Homem, alguns casos têm convocado a aplicação de "conceitos e regras do Direito do Mar"[38]. Por exemplo, no Ac. de 23.02.2012, Hirsi Jamaa e o. c. Itália, processo n.º 27765/09, os requerentes, 11 somalis e 13 eritreus, faziam parte de um grupo de cerca de 200 indivíduos que foram intercetados por navios da *Italian Revenue Police and the Coastguard*, transferidos para navios militares italianos e levados para Trípoli, sem que tenham sido identificados e informados do seu destino[39]. O TEDH, no que se refere à aplicação da CEDH ao caso, observou que *"os acontecimentos ocorreram no alto mar, a bordo de navios militares com bandeira italiana"* e que, *"por força das disposições relevantes do Direito do Mar, um navio navegando no alto mar está sujeito à jurisdição exclusiva do Estado cuja bandeira arvora"*. Concluiu pela violação do artigo 3.º da Convenção – *"on account of the fact that the applicants were exposed to the risk of being subjected to ill-treatment in Libya"* e *"on account of the fact that the applicants were exposed to the risk of being repatriated to Somalia and Eritrea"*[40] -, do artigo 4 do Protocolo n.º 4 à Convenção – uma vez que *"the removal of the applicants was of a collective nature"*[41] – e do artigo 13.º – dado que *"the applicants were

---

of Fundamental Rights in Europe: the Interplay between Union and Convention Law and its Impact on the Domestic Legal Systems of the Member States", in *The Europeanisation of International Law, The Status of International Law in the EU and its Member States*, T.M.C. Assser Press, 2008 (Jan Wouters e o. editors), pp. 109 e segs., *maxime*, p. 126.

[37] Cfr. Doc. 12343, de 15.07.2010, in http://assembly.coe.int/ASP/Doc/XrefViewHTML.asp?File-ID=12504&Language=EN (consulta última em 03.01.2014).

[38] I. Papanicolopulu, "The Law of the Sea Convention: No Place for Persons?", in *The International Journal of Marine and Coastal Law*, n.º 27 (2012), p. 872.

[39] Considerandos 63 a 82 (http://hudoc.echr.coe.int/sites/fra/pages/search.aspx?i=001-109231).

[40] Cfr. dispositivo e §§ 156 e 211.

[41] Cfr. § 186.

deprived of any remedy which would have enabled them to lodge their complaints under Article 3 of the Convention and Article 4 of Protocol No. 4 with a competent authority and to obtain a thorough and rigorous assessment of their requests before the removal measure was enforced"[42].

No Ac. de 29.03.2010, Medvedyev e o. c França, processo n.º 3394/03, os requerentes alegaram a falta de base jurídica para a ação das autoridades francesas no alto mar traduzida na sua detenção a bordo do navio Winner e condução ao Porto de Brest mediante escolta, designadamente, à luz dos artigos 108.º (Tráfico ilícito de estupefacientes e substâncias psicotrópicas) e 110.º (Direito de visita) da Convenção de Montego Bay[43]. O Tribunal concluiu que *"the deprivation of liberty to which the applicants were subjected between the boarding of their ship and its arrival in Brest was not 'lawful' within the meaning of Article 5 § 1, for lack of a legal basis of the requisite quality to satisfy the general principle of legal certainty"* [44]."

7. Em 17.07.2012, a Comissão dos Assuntos Estrangeiros, da Defesa e das Forças Armadas do Senado francês apresentou um relatório designado "Maritimisation: la France face à la nouvelle géopolitique des océans"[45]. Do relatório ressalta a afirmação de que, "[d]*e um ponto de vista jurídico, o direito da UE tem uma influência limitada sobre um regime ainda estruturado pelo direito internacional do mar e as legislações nacionais"*[46].

Na verdade, como melhor se exporá, crê-se que a influência do Direito da UE e do Direito Internacional do Mar tem sido recíproca, com a consideração mútua das soluções e propostas elaboradas nos respetivos âmbitos e que, no que se refere às preocupações ambientais e da segurança marítima, sobretudo

---

[42] Cfr. § 205.
[43] Cfr. § 43.
[44] Cfr. § 102.
[45] "Maritimisation: la France face à la nouvelle géopolitique des océans", Rapport d'information de MM. Jeanny Lorgeoux et André Trillard, fait au nom de la commission des affaires étrangères, de la défense et des forces armées n° 674 (2011-2012) – 17 juillet 2012 (http://www.senat.fr/rap/r11-674/r11-674.html – consulta última em 03.01.2014).
[46] *Rapport cit.*, p. 188.

depois dos casos Erika e Prestige[47], a União Europeia tem mesmo sido um «corredor da frente»[48].

Por outro lado, nos assuntos relativos ao mar, existe já um adquirido europeu significativo, sendo várias as disposições normativas e os ajustamentos institucionais e financeiros a que os Estados-Membros se encontram vinculados e que se impõem aos Estados no processo de adesão[49].

Na construção deste adquirido europeu, é possível destacar alguns momentos, como de seguida se expõe.

1.1. O desenvolvimento comunitário do Direito do Mar

1.1.1. Os marcos iniciais

8. A integração regional europeia no domínio do mar teve dois marcos iniciais nos anos setenta[50]. Por um lado, o Regulamento (CEE) n.º 2141/70 do Conselho, de 20.10.1970, que definiu uma política estrutural comum no sector da pesca e o Regulamento (CEE) n.º 2142/70 do Conselho, de 20.10.1970, que estabeleceu um mercado comum para os produtos de pesca. Nos termos desta

---

[47] Em 12.12.1999, o petroleiro Erika de casco simples com pavilhão maltês, fretado pela Total, afundou-se no Golfo de Biscaia, em Penmarch. A catástrofe do Prestige ocorreu quando um petroleiro de casco simples, com pavilhão das Baamas, com 26 anos de idade e transportando 77 toneladas de petróleo, sofreu uma avaria em 13 de novembro de 2002, ao largo da costa da Galiza. Sobre os casos e a reação normativa europeia, ver Yves van der Mensbrugghe, "De L'Erica au Prestige: la réaction de la Communauté européenne en matitère de sécurité maritime et de protection de l'environnement marin en 2002", in *Annuaire du Droit de la Mer*, 2002, Pedone, pp. 333 a 345.

[48] Liu Nengye e Frank Maes, "Legal Constraints to the European Union's Accession to the International Maritime Organization", *Journal of Maritime Law & Commerce*, Vol. 43, No. 2, april, 2012, pp. 284 e 285; Françoise Odier, in "Le Droit de la Mer doit-il être remis en question par les accidents de navires", in *Annuaire du Droit de la Mer*, 2002, Tome VII, Pedone, p. 307: *"Au titre des measures nouvelles, l'élimination des navires à simples coque resulte certes d'un texte adopté après l'accident du Prestige mais s'inscrit dans le cadre de la collaboration entre l'Union Européenne et l'OMI suivant un modèle qui pourrait server de guide à toute action entreprise en matière de lutte contre la polluition"*.

[49] Catherine Fabregoule, "L'élargissement de l'Union européenne et la sécurité maritime: à propos de la complaisance maritime de Chypre et de Malte", in *Annuaire du Droit de la Mer*, 2002, Tome VII, Pedone, pp. 317 e segs.

[50] Mark. W. Janis, "The Development of European Regional Law of the Sea", cit., p. 278.

política, o *"regime aplicado por cada Estado-membro para o exercício da pesca, nas águas marítimas sob a sua jurisdição ou soberania, não pod*[ia] *provocar diferenças de tratamento para os restantes Estados-membros"* e devia assegurar a *"igualdade de condições de acesso e a exploração dos fundos marinhos...*[dos Estados-Membros] *entre todos os navios de pesca com pavilhão de um dos Estados membros e matriculados no território da Comunidade"*[51]. Uma outra dimensão desta política então assinalada foi a preocupação com a exploração racional dos recursos biológicos do mar e das águas interiores[52].

9. O outro elemento de destaque é o *Memorandum Concernant l'Applicabilité du Traité de la Communauté Economique Européenne au Plateau Continental*, de 18 de setembro de 1970 (SEC(70) 3095 final). Aí se afirma que a *"plataforma continental é assimilável, quanto à aplicabilidade do Tratado, aos territórios dos Estados signatários sobre os quais estes exercem direitos soberanos"*[53]. O Conselho, na Resolução de 3 de novembro de 1976, *"on certain external aspects of the creation of a 200-mile fishing zone in the Community with effect from 1 January 1977"*, referindo-se à declaração dos Estados-Membros de 27 de julho de 1976 no sentido da criação de uma zona de pesca de 200 milhas na Comunidade e à circunstância da extensão das zonas de pescas por Estados terceiros, decidir que, a partir de 1 de janeiro de 1977, os Estados-Membros por ação concertada, estenderiam os limites das suas zonas de pesca até 200 milhas da sua costa, no Mar do Norte e no Atlântico Norte e que a exploração dos recursos de pesca por navios de Estados terceiros, seria regulado por acordos entre a Comunidade e tais países[54].

10. No final da década de setenta, ganhou relevo a ação da comunidade no combate à poluição marítima[55], com a instituição de um programa de ação

---

[51] *Cf.* artigo 2.º, n.º 1.
[52] *Cf.* artigo 1.º do Regulamento (CEE) n.º 2141/70.
[53] *Cf.* IV, § 1.
[54] In Official Journal of the European Communities, No C 105/1, 7.5.81, in http://eur-lex.europa.eu/LexUriServ/LexUriServ.do?uri=OJ:C:1981:105:FULL:EN:PDF (consulta última em 03.01.2014).
[55] Liu Nengye e Frank Maes, "Legal Constraints to the European Union's Accession to the International Maritime Organisation", in *Journal of Maritime Law & Commerce*, Vol. 43, No. 2, April, 2012, p. 287.

das Comunidades Europeias em matéria de controlo e redução da poluição causada pelo derrame de hidrocarbonetos (Resolução do Conselho de 26 de Junho de 1978[56])[57] e a emanação de atos normativos com o mesmo tipo de preocupações[58].

1.1.2. As políticas comuns dos transportes e do ambiente

11. A atenção e o desenvolvimento da legislação europeia relativa aos assuntos do mar teve na política dos transportes um dos principais responsáveis, sobretudo quando esta passou incluiu nos seus objetivos, para além da harmonização, desregulação e liberalização da atividade de prestação de serviços, os da segurança da navegação e da proteção do ambiente marinho[59].

12. Destaca-se a emanação, em 1991, de um regulamento sobre a transferência de registo de navios no interior da Comunidade[60] e, em 1993, de uma política comum de segurança marítima, com os "objetivos fundamentais" de *"intensificação da inspeção – sobretudo, reforço das medidas relativas a normas de operação e medidas contra tripulações insuficientemente qualificadas – e adoção de medidas destinadas a eliminar das águas comunitárias todos os navios que não preencham essas normas"*, da *"melhoria da segurança da navegação marítima"* e da *"identificação, a*

---

[56] Cfr. JO, C 162 de 08. 07. 1978, in http://eur-lex.europa.eu/LexUriServ/LexUriServ.do?uri=O-J:C:1978:162:0001:0004:FR:PDF (consulta última em 03.01.2014).

[57] De acordo com o preâmbulo da Resolução, o Conselho europeu de 7 e 8 de abril de 1978, em Copenhaga, "considerou que a Comunidade deveria fazer da prevenção e da luta contra a poluição do mar um objetivo importante da sua ação"; e os programas de ação das Comunidades europeias em matéria do ambiente de 1973 e de 1977 já o tinham assinalado.

[58] Como, por exemplo, a Diretiva 79/116/CEE do Conselho, de 21 de dezembro de 1978, relativa às condições mínimas exigidas a certos navios-tanques que entrem nos portos marítimos da Comunidade ou deles saiam (disponível in http://eur-lex.europa.eu/LexUriServ/LexUriServ.do?uri=CELEX:31979L0116:PT:HTML – consulta última em 03.01.2014), alterada pela Diretiva n.º 79/1034/CEE, de 6.12.1979. Pela Decisão 86/85/CEE do Conselho, de 6 de março de 1986, foi instituído um sistema de informação comunitário para o controlo e redução da poluição causada pelo derrame de hidrocarbonetos e de outras substâncias perigosas no mar.

[59] Lorenzo Schiano di Pepe, "Prevention and Management of environmental emergences at sea in the European Union's third martime safety package", in *Droit de la Mer et Emergences Environnementales = Law of Sea and Environmental Emergencies*, sous la dir. de Gemma Andreone, Andrea Caligiuri, Editoriale Scientifica, Roma, 2012, pp. 269 e 270.

[60] Regulamento (CEE) n.º 613/91, de 15 de março de 1991.

partir da legislação existente e das diretrizes internacionais, de áreas da Comunidade sensíveis em termos de ambiente e proposta à OMI de medidas específicas para essas áreas"[61]. Neste quadro, foram adotados vários atos legislativos[62], estando hoje "*o poder prescritivo em matéria de tutela do ambiente marinho contra a poluição dos navios ... significativamente transferido dos Estados para a regulação comunitária*"[63]. A extensão da regulação interna comunitária traduziu-se no alargamento da competência externa no domínio do transporte marítimo, no que se refere, designadamente, à prevenção, controlo e compensação da poluição proveniente dos navios[64].

1.1.3. A vinculação da Comunidade Europeia à CNUDM

13. Pela Decisão 98/392/CE do Conselho de 23 de março de 1998 foi aprovada, em nome da Comunidade Europeia, a Convenção das Nações Unidas sobre o Direito do Mar de 10 de dezembro de 1982 e o Acordo de 28 de julho de 1994, relativo à aplicação da parte XI da convenção[65]. Na Declaração[66]

---

[61] Resolução do Conselho, de 8 de junho de 1993, in http://eur-lex.europa.eu/LexUriServ/LexUriServ.do?uri=CELEX:31993Y1007(01):PT:HTML (consulta última em 03.01.2014).

[62] Por exemplo, a Diretiva n.º 93/75/CEE do Conselho de 13 de setembro de 1993, sobre as "condições mínimas exigidas aos navios com destino aos portos marítimos da Comunidade ou que deles saiam transportando mercadorias perigosas ou poluentes"; o Regulamento (CEE) nº 2158/93 da Comissão, de 28 de julho de 1993, relativo à aplicação das alterações da Convenção internacional para a salvaguarda da vida humana no mar, 1974, e da Convenção internacional para a prevenção da poluição por navios, 1973 para efeitos do Regulamento (CEE) nº 613/91 do Conselho; a Diretiva 94/57/CE do Conselho, de 22 de novembro de 1994, relativa às regras comuns para as organizações de vistoria e inspeção dos navios e para as atividades relevantes das administrações marítimas; e o Regulamento (CE) n.º 2978/94 do Conselho de 21 de novembro de 1994 relativo à aplicação da Resolução A.747(18) da OMI sobre o cálculo da arqueação dos tanques de lastro dos navios petroleiros com tanques de lastro segregado.

[63] Lorenzo Schiano di Pepe, "Prevention and Management of environmental emergences at sea in the European Union's third maritime safety package", cit., p. 267.

[64] Liu Nengye e Frank Maes, "Legal Constraints to the European Union's Accession to the International Maritime Organisation", cit., p. 288.

[65] Decisão do Conselho de 23 de Março de 1998 relativa à celebração pela Comunidade Europeia da Convenção das Nações Unidas sobre o Direito do Mar de 10 de Dezembro de 1982 e do Acordo de 28 de Julho de 1994, relativo à aplicação da parte XI da convenção (98/392/CE) – in http://eur-lex.europa.eu/LexUriServ/LexUriServ.do?uri=CELEX:31998D0392:PT:HTML.

de 1 de abril de 1998 emitida pela Comunidade Europeia nos termos do artigo 5.º, n.º 1[67], do anexo IX da CNUDM e do artigo 4.º, n.º 4, do Acordo relativo à interpretação da parte XI da CNUDM foram identificadas como áreas de competência partilhada com os Estados-Membros as do transporte marítimo, segurança da navegação e a prevenção da poluição marítima[68] [69]. E como área

---

[66] Cf. artigo 1.º, n.º 3, 2.ª parte, da Decisão 98/392: "(...). O referido instrumento contém uma declaração de competência e uma declaração ao abrigo do artigo 310º da convenção."

[67] Trata-se de declaração feita ao abrigo do artigo 5.º, n.º 1, do Anexo IX (Participação de organizações internacionais) à CNUDM, o qual dispõe: "O instrumento de confirmação formal ou de adesão de uma organização internacional deve conter uma declaração que especifique as matérias regidas pela presente Convenção em relação às quais os seus Estados membros que forem Partes na presente Convenção lhe tenham transferido competência". E, bem assim, feita, ao abrigo do artigo 4.º, n.º 4, do Anexo ao Acordo. Nos termos do artigo 310.º da Convenção: "O artigo 309.º não impede um Estado Parte, quando assina ou ratifica a presente Convenção ou a ela adere, de fazer declarações, qualquer que seja a sua redação ou denominação, com o fim de, *inter alia*, harmonizar as suas leis e regulamentos com as disposições da presente Convenção, desde que tais declarações não tenham por finalidade excluir ou modificar o efeito jurídico das disposições da presente Convenção na sua aplicação a esse Estado."

[68] Quanto às "áreas de competência partilhada" entre a União Europeia e os Estados-Membros, destaca-se:
(1)"No que respeita à pesca, alguns domínios não diretamente relacionados com a conservação e gestão dos recursos haliêuticos são de competência partilhada, como é o caso da investigação, do desenvolvimento tecnológico e da cooperação para o desenvolvimento";
(2)"No que respeita às disposições relativas ao transporte marítimo, à segurança do tráfego marítimo e à prevenção da poluição do meio marinho, que figuram nomeadamente nas partes II, III, V, VII, e XII da Convenção, [a União]...apenas dispõe de competência exclusiva nos casos em que estas disposições da convenção ou os instrumentos jurídicos adotados em execução da mesma digam respeito a regras comunitárias existentes"; sendo estas normas mínimas, para além destas, a competência é partilhada entre a União e os Estados-membros.
(3)"No que respeita às disposições das partes XIII e XIV da Convenção, a competência da [União] visa principalmente a promoção da cooperação em matéria de investigação e desenvolvimento tecnológico com países terceiros e organizações internacionais. As atividades [da União] neste domínio completam as dos Estados-Membros". Neste caso, a competência é exercida pela adoção de programas entre a União Europeia e os Estados Membros, procurando-se que seja expressa uma posição comum, seja adotada por consenso no Conselho, seja preparada em reuniões de coordenação da Presidência.
Cfr. Declaração citada, in http://eur-lex.europa.eu/LexUriServ/LexUriServ.do?uri=CELEX :21994A0820(01):PT:HTML (consulta última em 03.01.2014).

[69] O artigo 4.º do TFUE estabelece: "1. A União dispõe de competência partilhada com os Estados-Membros quando os Tratados lhe atribuam competência em domínios não contemplados nos artigos 3.º e 6.º. // 2. As competências partilhadas entre a União e os Estados-Membros aplicam-se aos principais domínios a seguir enunciados: // a) Mercado interno; // b) Política social, no que se refere aos aspetos definidos no presente Tratado; // c) Coesão económica, social

de competência exclusiva da EU a *"conservação e gestão dos recursos de pesca"*[70], assim como, *"por força das suas políticas comercial e aduaneira, ...relativamente às disposições das Partes X* [Direito de acesso ao mar e a partir do mar dos Estados sem litoral e liberdade de trânsito] *e XI* [A área] *da Convenção e do Acordo de 28 de julho de 1994 relacionadas com o comércio internacional"*[71]. Como competência reservada dos Estados, foi indicado o *"exercício de jurisdição sobre os navios, bandeira e registo de navios e a aplicação de sanções penais e administrativas*[72].

Em 8 de junho de 1998, pela Decisão n.º 98/414/CE, foi ratificado pela Comunidade Europeia o Acordo relativo à aplicação das disposições da Convenção das Nações Unidas sobre o Direito do Mar, de 10 de dezembro de 1982, respeitantes à conservação e gestão das populações de peixes transzonais e das populações de peixes altamente migradores[73] [74].

e territorial; // d) Agricultura e pescas, com exceção da conservação dos recursos biológicos do mar; // e) Ambiente; // f) Defesa dos consumidores; // g) Transportes; // h) Redes transeuropeias; // i) Energia; // j) Espaço de liberdade, segurança e justiça; // k) Problemas comuns de segurança em matéria de saúde pública, no que se refere aos aspetos definidos no presente Tratado."

[70] Nas "áreas de competência exclusiva" da União, incluem-se as seguintes as matérias: (1)A "matéria de conservação e gestão dos recursos da pesca marítima, competindo-lhe, a este título, adotar as regras e a regulamentação necessárias neste domínio (que são aplicadas pelos Estados-membros) e assumir, no âmbito da sua competência, compromissos externos com os países terceiros ou as organizações internacionais competentes. Esta competência aplica-se às águas de jurisdição nacional em matéria de pesca e ao alto-mar..."; (2)Em virtude da sua política comercial e aduaneira, [a União] dispõe de competência relativamente às disposições das partes X e XI da convenção, bem como das disposições do acordo de 28 de Julho de 1994 relativas às trocas comerciais internacionais". Cfr. Declaração citada.

[71] O artigo 3.º do TFUE estabelece que: "1. A União dispõe de competência exclusiva nos seguintes domínios: // a) União aduaneira; // b) Estabelecimento das regras de concorrência necessárias ao funcionamento do mercado interno; // c) Política monetária para os Estados--Membros cuja moeda seja o euro; // d) Conservação dos recursos biológicos do mar, no âmbito da política comum das pescas; // e) Política comercial comum. // 2. A União dispõe igualmente de competência exclusiva para celebrar acordos internacionais quando tal celebração esteja prevista num ato legislativo da União, seja necessária para lhe dar a possibilidade de exercer a sua competência interna, ou seja suscetível de afetar regras comuns ou de alterar o alcance das mesmas."

[72] No original: "Nevertheless, in respect of measures relating to the exercise of jurisdiction over vessels, flagging and registration of vessels and the enforcement of penal and administrative sanctions, competence rests with the Member States whilst respecting Community law. Community law also provides for administrative sanctions".

[73] In http://eur-lex.europa.eu/LexUriServ/LexUriServ.do?uri=CELEX:31998D0414:PT:H TML.

A CNUDM e os acordos referidos integram a ordem jurídica da União Europeia, nos limites do Direito primário da União e como parâmetros do Direito derivado, ocupando um lugar intermédio entre aquele e este[75].

1.1.4. Os pacotes legislativos Erika I, Erika II e Erika III

15. A seguir aos desastres marítimos ambientais que aconteceram depois de 1999[76], três reformas importantes aconteceram no domínio da segurança marítima, correspondentes aos pacotes legislativos Erika I, Erika II e Erika III.

16. A Comissão europeia adotou, em 21 de março de 2000, uma "Comunicação sobre a segurança do transporte marítimo de hidrocarbonetos"[77] e um primeiro conjunto de medidas legislativas no que se refere: i) à reforma das regras comuns e *standards* sobre a inspeção dos navios, as sociedades de classificação e as funções das administrações marítimas (reforma dos órgãos competentes para efetuar inspeções a bordo dos navios)[78]; ii) ao controlo por parte dos Estados dos portos dos *standards* sobre segurança marítima, prevenção da poluição e condições de vida e de trabalho a bordo[79]; iii) e à

---

[74] Mais tarde, pela Decisão 2011/189/EU do Conselho foi aprovada a assinatura, em nome da União, da Convenção sobre a Conservação e a Gestão dos Recursos Haliêuticos do Alto Mar no Oceano Pacífico Sul.
[75] Jan Wouters, André Nookaemper e Erika de Wet, "Introduction: the 'Europeanisation of International Law", in *The Europeanisation of International Law, The Status of International Law in the EU and its Member States*, T.M.C. Assser Press, 2008, p. 9, e Maria Luísa Duarte, União Europeia e Direitos Fundamentais – no espaço da internormatividade, Lisboa, AAFDUL, 2006, pp. 189 a 191.
[76] Erika, em 12.12.1999, Ievoli Sun, em 31.10.2000 e Prestige, em 13.11.2002.
[77] COM/2000/0142 final, disponível in http://eur-lex.europa.eu/smartapi/cgi/sga_doc?smartapi!celexplus!prod!DocNumber&type_doc=COMfinal&an_doc=2000&nu_doc=142&lg=EN.
[78] Diretiva 2001/105/CE do Parlamento Europeu e do Conselho de 19 de dezembro de 2001, que altera a Diretiva 94/57/CE do Conselho relativa às regras comuns para as organizações de vistoria e inspeção dos navios e para as atividades relevantes das administrações marítimas.
[79] Diretiva 2001/106/CE do Parlamento Europeu e do Conselho de 19 de dezembro de 2001 que altera a Diretiva 95/21/CE do Conselho relativa à aplicação, aos navios que escalem os portos da Comunidade ou naveguem em águas sob jurisdição dos Estados-Membros, das normas internacionais respeitantes à segurança da navegação, à prevenção da poluição e às condições de vida e de trabalho a bordo dos navios (inspeção pelo Estado do porto).

introdução de normas sobre a exigência do duplo casco ou equivalente para petroleiros[80].

17. Em 2000, a Comissão, fazendo o ponto da situação relativamente ao primeiro pacote, dirigiu ao Parlamento Europeu e ao Conselho uma nova Comunicação *"sobre um segundo pacote de medidas comunitárias no domínio da segurança marítima, no seguimento do naufrágio do petroleiro Erika"*[81], *"para reforçar duradouramente a proteção das águas europeias contra os riscos de acidente e poluição"*[82]. O objetivo de *"reforçar a segurança do tráfego marítimo e a prevenção da poluição por navios"* traduziu-se no estabelecimento de um sistema comunitário de monitorização do tráfego marítimo e de informação[83] e na criação da Agência Europeia de Segurança Marítima[84].

18. Em 2004, o Parlamento Europeu, na Resolução sobre o reforço da segurança marítima (2003/2235(INI))[85], realçando *"que, com a legislação adotada na sequência dos desastres do Erika e do Prestige, foram tomadas medidas importantes com vista a tornar mais segura a navegação em águas comunitárias e que a introdução rápida e completa... das normas comunitárias pelos Estados-Membros devem ter prioridade"*, reclamou *"uma política europeia do mar, global e coerente, orientada para a criação de um espaço europeu de segurança marítima"*.

---

[80] Regulamento (CE) n.º 417/2002 do Parlamento Europeu e do Conselho de 18 de Fevereiro de 2002, relativo à introdução acelerada dos requisitos de construção em casco duplo ou equivalente para os navios petroleiros de casco simples e que revoga o Regulamento (CE) n.º 2978/94 do Conselho.
[81] COM/2000/0802 final, de 07.12.2000, disponível http://eur-lex.europa.eu/LexUriServ/LexUriServ.do?uri=CELEX:52000DC0802:PT:NOT (consulta última em 03.01.2014).
[82] Ponto II da COM/2000/0802 final
[83] Diretiva 2002/59/CE do Parlamento Europeu e do Conselho de 27 de Junho de 2002 relativa à instituição de um sistema comunitário de acompanhamento e de informação do tráfego de navios e que revoga a Diretiva 93/75/CEE do Conselho.
[84] Regulamento (CE) n.º 1406/2002 do Parlamento Europeu e do Conselho de 27 de Junho de 2002 que institui a Agência Europeia da Segurança Marítima.
[85] A Resolução é de 21 de abril de 2004. Está disponível in http://www.europarl.europa.eu/sides/getDoc.do?pubRef=-//EP//TEXT+TA+P5-TA-2004-0350+0+DOC+XML+V0//PT (consulta última em 03.01.2014).

19. Em 2005, foi lançado o *"terceiro pacote de medidas legislativas em prol da segurança marítima na União Europeia"*[86], orientadas, por um lado, para a necessidade de reforçar a segurança marítima e a prevenção da poluição por navios e, por outro lado, para a competitividade, a segurança e a qualidade do transporte marítimo. O terceiro pacote legislativo veio a ser adotado em 23 de abril de 2009, com o sentido referido de atualizar e completar o quadro legislativo existente e de promover a melhoria da concorrência no mercado europeu e mundial[87][88].

1.2.6. A política marítima integrada da União Europeia

20. A Comissão Europeia lançou as bases para uma política marítima europeia integrada em 2006 com o Livro verde "Para uma futura política marítima da União: uma visão europeia dos oceanos e dos mares"[89]. Em 10.10.2007, pela

---

[86] Comunicação COM(2005) 585 final, de 23 de novembro de 2005, in http://new.eur-lex.europa.eu/legal-content/PT/TXT/HTML/?uri=CELEX:52005DC0585&rid=1 (consulta última em 03.01.2014).

[87] Lorenzo Schiano di Pepe, "Prevention and Management of environmental emergences at sea in the European Union's third maritime safety package", cit., pp. 367 e 372.

[88] A saber: *i)* Diretiva 2009/15/CE, de 23 de abril de 2009, relativa às regras comuns para as organizações de vistoria e inspeção de navios, visando a introdução de um sistema de controlo de qualidade independente para eliminar as deficiências ainda existentes nos processos de inspeção e certificação da frota mundial; *ii)* Diretiva n.º 2009/16/CE, do Parlamento Europeu e do Conselho, relativa à inspeção de navios pelo Estado do porto; *iii)* Diretiva n.º 2009/17/CE, que altera a diretiva relativa à instituição de um sistema comunitário de acompanhamento e de informação do tráfego de navios, que visa a melhoria do quadro regulamentar no que diz respeito aos locais de refúgio para navios em perigo e o desenvolvimento do sistema SafeSeaNet; *iv)* Diretiva 2009/18/CE, de 23 de abril de 2009, que estabelece os princípios fundamentais que regem a investigação de acidentes, definindo os princípios comuns para a realização de inquéritos marítimos e um sistema de partilha de resultados; v) Diretiva 2009/20/CE, de 23 de abril de 2009, relativa ao seguro dos proprietários de navios em matéria de créditos marítimos; *v)* Diretiva 2009/21/CE, de 23 de abril de 2009, relativa ao cumprimento dos deveres do Estado de pavilhão, que visa controlar mais eficazmente o cumprimento das normas internacionais pelos navios que arvoram pavilhão de um Estado-Membro; *vi)* Regulamento (CE) n.º 392/2009, de 23 de abril de 2009, relativo à responsabilidade das transportadoras de passageiros por mar em caso de acidente.

[89] COM(2006) 275 final, de 07.06.2006, in http://europa.eu/documents/comm/green_papers/pdf-/com_2006_0275_en_part2.pdf (consulta última em 29.05.2014).

COM(2007) 575 final[90], a Comissão apresentou ao Parlamento Europeu ao Comité Económico e Social Europeu e ao Comité das Regiões a proposta, de uma política marítima integrada para a União Europeia (Livro Azul), assim como um plano de ação[91].

21. *"A PMI tem por finalidade promover o crescimento sustentável da economia marítima, em especial, e, mais em geral, das regiões costeiras, melhorando a coordenação entre as diversas políticas sectoriais e desenvolvendo instrumentos transectoriais"*[92]. Partindo do carácter interligado das *"questões relativas aos oceanos e mares"*, estabelece o princípio de que *"todas as políticas ligadas ao mar devem ser elaboradas de uma forma articulada"*[93], coordenando-se nos *"diferentes níveis de decisão"*, com as demais[94]. Para ajudar nesta articulação definiu cinco políticas transversais às *"políticas sectoriais ligadas ao mar"*[95], a saber: i) uma política de vigilância marítima integrada; ii) uma política de ordenamento do espaço marítimo e gestão integrada das zonas costeiras (GIZC); iii) uma política de integração de conhecimento e dados sobre o meio marinho; iv) uma política de crescimento sustentável da economia marítima.

---

[90] Comunicação da Comissão ao Parlamento Europeu, ao Comité Económico e Social Europeu e ao Comité das Regiões Uma política marítima integrada para a União Europeia, http://eur-lex.europa.eu/LexUriServ/LexUriServ.do?uri=COM:2007:0575:FIN:PT:PDF (consulta última em 03.01.2014).

[91] Pela Comunicação da Comissão Europeia COM(2008) 395, de 26.6.2008 – Orientações para uma abordagem integrada da política marítima: rumo a melhores práticas de governação marítima integrada e de consulta das partes interessadas – foram estabelecidos os termos de um novo quadro de governação marítima integrada (in http://eur-lex.europa.eu/LexUriServ/LexUriServ.do?uri=COM:2008:0395:FIN:pt:PDF). Em 2011, o Regulamento (UE) n.º 1255/2011 do Parlamento Europeu e do Conselho de 30 de Novembro de 2011, estabeleceu "um programa de apoio a medidas destinadas a promover o aprofundamento e a execução da política marítima integrada da União.

[92] COM(2009)536 final, de15.10.2009, "Comunicação da Comissão ao Parlamento Europeu, ao Conselho, ao Comité Económico e Social Europeu e ao Comité das Regiões *Desenvolver a dimensão internacional da política marítima integrada da União Europeia*, p. 3. Ver, igualmente, Relatório da Comissão ao Parlamento Europeu, ao Conselho, ao Comité Económico e Social e ao Comité das Regiões, Evolução da política marítima integrada da União Europeia, COM/2012/0491 final, disponível in http://ec.europa.eu/maritimeaffairs/policy/index_pt.htm.

[93] COM(2007) 575 final, p. 2.
[94] COM(2007) 575 final, p. 2.
[95] COM(2007) 575 final, p. 5.

22. A definição desta política e a promoção do seu aprofundamento e execução traduziram-se, nos seus vários "domínios de ação", na emanação de vários atos jurídicos[96]. Na expressão de Jose Manuel Sobrino Heredia, "[a] *Política marítima de la UE apoia-se, hoje em dia e especialmente, numa rede normativa complexa, construída em torno de três eixos: a pesca, o transporte e a segurança do meio ambiente*"[97].

---

[96] No primeiro domínio, relativo à "maximização da utilização sustentável dos oceanos e mares", destaca-se, a título de exemplo:
i) A Diretiva 2008/56/CE do Parlamento Europeu e do Conselho de 17 de junho de 2008 que estabelece um quadro de ação comunitária no domínio da política para o meio marinho (Diretiva-Quadro «Estratégia Marinha»), tendo por objetivo "alcançar um bom estado ambiental das águas marinhas da EU até 2020";
ii) As "Orientações para a aplicação das diretivas aves e habitats em estuários e zonas costeiras com particular atenção para o desenvolvimento portuário e as atividades de dragagem", emanadas pela Comissão em 2011 (Http://ec.europa.eu/environment/nature/natura2000/management/docs/Estuaries-PT.pdf);
iii) Em 21.01.2009, pela Comunicação ao Parlamento Europeu, ao Conselho, ao Comité Económico e Social e ao Comité das Regiões, COM(2009) 8 final, a Comissão Europeia apresentou os "objetivos estratégicos e recomendações para a política de transporte marítimo da EU até 2018" e fixou os âmbitos principais da atuação da EU para reforçar a competitividade do sector, melhorando ao mesmo tempo as prestações meio-ambientais. Sobre esta ver, também, Resolução do Parlamento Europeu, de 5 de maio de 2010, sobre objetivos estratégicos e recomendações para a política comunitária de transporte marítimo no horizonte de 2018 (2009/2095(INI)) (2011/C 81 E/03), disponível in http://eur-lex.europa.eu/JOHtml.do?uri=OJ:C:2011:081E:SOM:EN:HTML. Em 2011, a Comissão adotou o Livro Branco relativo aos transportes, apresentando "orientações da estratégia para o transporte marítimo no horizonte de 2018 (http://europa.eu/documentation/official-docs/white-papers/index_pt.htm), in http://eur-lex.europa.eu/JOHtml.do?uri=OJ:C:2011:081E:SOM:EN:HTML);
iv) A Diretiva 2010/65/UE do Parlamento Europeu e do Conselho de 20 de Outubro de 2010, relativa às formalidades da declaração exigida aos navios à chegada e/ou à partida dos portos dos Estados-Membros, a qual procura simplificar e harmonizar "os procedimentos administrativos, de forma a fomentar o transporte marítimo intra-EU".
v) No que toca à pesca, a Comissão Europeia tomou medidas relativamente à pesca ilícita e à prática das rejeições e à pesca com arrasto de fundo em alto mar nos habitats sensíveis, destacando-se o Regulamento n.º 734/2008/CE do Conselho relativo à proteção dos ecossistemas marinhos vulneráveis de alto mar com efeitos adversos das artes de pesca de fundo. De notar que a UE tem competência para gerir a pesca nas zonas económicas exclusivas dos Estados membro, fixando e repartindo as quotas do total das capturas permitidas.

[97] "La protección marítima, nueva dimensión de la política marítima de la Unión Europea", in *Revista de Derecho Comunitario Europeo*, núm. 27, maio/agosto (2007), p. 434.

2. A influência da CNUDM no desenvolvimento do Direito da União Europeia do mar

23. O aprofundamento do processo de integração europeia reflete-se na vinculação internacional da União Europeia[98] e na modelação do respetivo ordenamento jurídico pelo Direito Internacional.

24. O Direito Internacional vigora na ordem jurídica da União, constituindo um referente interpretativo dos atos do DUE derivado, sobre os quais prevalece[99] [100]. As competências da UE devem ser exercidas com observância do Direito internacional, incluindo das disposições das convenções internacionais que codifiquem regras consuetudinárias consagradas no Direito Internacional geral.

---

[98] *V.g.* Parecer n.º 1/03 do Tribunal de Justiça (Tribunal Pleno) de 7 de fevereiro de 2006.
[99] Cfr. artigo 218.º, n.º 11, do TFUE; considerando 52 do Acórdão de 10.09.1996, Comissão/Alemanha, C61/94 ("...quando um texto de direito comunitário derivado necessita de interpretação, ele deve, na medida do possível, ser interpretado num sentido conforme com as disposições do Tratado..."), considerando 25 do Acórdão de 12.01.2006 Algemene Scheeps Agentuur Dordrecht, C311/04 ("...há que lembrar também que o primado dos acordos internacionais celebrados pela Comunidade sobre os textos de direito comunitário derivado ... exige interpretar estes últimos, na medida do possível, em conformidade com esses acordos"); considerando 52 do Acórdão do Tribunal Geral (Sétima Secção) de 14.06.2012, T-396/09, Vereniging Milieudefensie e Stichting Stop Luchtverontreiniging Utrecht contra Comissão Europeia; considerando 9 do Ac. de 24.11.1992, C-286/90, Anklagemyndigheden (Ministério Público) e Peter Michael Poulsen, Diva Navigation Corp. ("A título preliminar, convém salientar, antes de mais, que *as competências da Comunidade devem ser exercidas com respeito do direito internacional* e que, por conseguinte, o artigo 6.º [Regulamento (CEE) n.º 3094/86 do Conselho, de 7 de Outubro de 1986, que prevê determinadas medidas técnicas de conservação dos recursos da pesca], ... *deve ser interpretado, e o seu âmbito de aplicação circunscrito, à luz das pertinentes normas do Direito Internacional do Mar*". Daí que o Tribunal tenha concluído *"que a regulamentação comunitária não pode ser aplicada a um navio registado num Estado terceiro e que navega na zona económica exclusiva de um Estado-membro, gozando o navio de liberdade de navegação nesta zona"* e que "[também] *não pode ser aplicada a um navio que atravessa as águas territoriais de um Estado-membro, na medida em que este exerce nessas águas o direito de passagem inofensiva"* (considerandos 26 e 27 do acórdão); e considerandos 42 a 44 do Ac. de 03.06.2008, Intertanko
[100] Maria Luísa Duarte, União Europeia e Direitos Fundamentais – no espaço da internormatividade, Lisboa, AAFDUL, 2006, p. 86.

25. Para além deste plano geral, a influência da CNUDM no Direito da União Europeia tem sido significativa a vários níveis, destacando-se o seguinte:

a) A vinculação à CNUDM tem-se refletido no conteúdo das convenções internacionais celebradas com Estados terceiros e organizações internacionais em matéria de pescas, transporte marítimo, poluição causada por navios, alargamento da União e trabalho marítimo[101];

b) Tem-se igualmente reflectido no Direito secundário da UE relativo às pescas e à proteção do meio marinho[102]. Exemplificativamente, no considerando 17 do preâmbulo da Diretiva 2008/56/CE ("quadro de ação comunitária no domínio da política para o meio marinho"), é afirmado que *"as obrigações da Comunidade e dos seus Estados-Membros decorrentes desses acordos...* [CNUDM e Acordo relativo à aplicação da Parte XI] *deverão ser inteiramente tidas* [por ela] *em conta"*, notando-se que, *"[p]ara além das disposições aplicáveis às águas marinhas das partes, a Convenção inclui obrigações gerais para assegurar que as actividades sob a jurisdição ou o controlo de uma parte não causem danos para além das suas águas marinhas, e para evitar que danos ou riscos sejam transferidos de uma área para outra ou que um tipo de poluição se transforme noutro tipo"*;

c) A CNUDM constitui um instrumento de balanceamento de interesses diversos (*v.g.*, interesses dos Estados costeiros, dos Estados sem litoral, de Estados nos limites de estreitos internacionais, Estados com preocupações de segurança globais, ...) que é adequado à diferença de situações e interesses dos Estados-Membros[103];

d) Contribui, pelas questões que suscita, para a organização da coordenação interna e externa dos Estados e da União Europeia, a qual é operacionalizada pelo *Common Foreign and Security Policy: Working Party on the Law of the Sea* (COMAR)[104] [105];

---

[101] Ronán Long, "The European Union and the Law of the Sea Convention at the Age of 30", *cit.*, p. 713.

[102] Ronán Long, "The European Union and the Law of the Sea Convention at the Age of 30", *cit.*, p. 713.

[103] Ronán Long, "The European Union and the Law of the Sea Convention at the Age of 30", *cit.*, pp. 714 e 715.

[104] *"The working group deals with law of the sea based in particular on the United Nations Convention on the Law of the Sea (UNCLOS). The group covers all aspects of this, such as navigation rights, resource*

e) Serve de base para a valorização do papel da UE no plano global de tratamento dos assuntos do mar[106]. Assim, o "programa de apoio ao aprofundamento da política marítima integrada" – Regulamento (UE) n.º 1255/2011, do Parlamento Europeu e do Conselho de 30 de novembro de 2011 – inclui entre os seus objetivos gerais o de "[m]*elhorar e reforçar a cooperação e a coordenação externas no respeitante aos objetivos da PMI*[107], *com base no aprofundamento do debate nos fóruns internacionais;* [e], *neste contexto,* [o de exortar] *os países terceiros ... a ratificar e a aplicar a Convenção das Nações Unidas sobre o Direito do Mar (CNUDM)*". E é de destacar o papel da UE no combate à pirataria e actos ilícitos contra a segurança marítima e na protecção dos ecossistemas marinhos vulneráveis do alto mar[108];

f) O relevo da CNUDM manifesta-se ainda na adequação ou abertura do seu sistema de resolução de controvérsias, que permite o recurso a formas regionais de dirimir disputas[109] e, portanto, acomodar a jurisdição exclusiva do TJUE para a solução dos litígios que contendam com as competências exclusivas e partilhadas da União (de que é ilustrativo o caso Mox Plant – Ac. de 30.05.2006, C-459/03)[110].

management and protection of the environment" – http://eu2012.dk/en/EU-and-the-Presidency/About-EU/Arbejdsgrupper/Beskrivelser (consulta última em 03.01.2014).

[105] Ronán Long, "The European Union and the Law of the Sea Convention at the Age of 30", cit., pp. 715 e 716.

[106] Maria Fernandes Teixeira, Os oceanos e mares europeus como móbil da relevância da União Europeia no mundo global do século XXI: a capacidade performativa da Política Marítima Europeia, Dissertação de mestrado, Universidade Católica Portuguesa, Instituto de Estudos Europeus, 30 de setembro de 2009. Disponível in https://infoeuropa.eurocid.pt/files/database/000046001-000047000/000046800.pdf (consulta última em 03.01.2014).

[107] Política marítima integrada.

[108] Ronán Long, "The European Union and the Law of the Sea Convention at the Age of 30", cit., pp. 719 e 720; e José Manuel Sobrino Heredia, "La protección maritime...", cit., pp. 417 e segs.

[109] *Cf.* artigo 282.º da CNUDM: "Se os Estados Partes que são partes numa controvérsia relativa à interpretação ou aplicação da presente Convenção tiverem ajustado, por meio de acordo geral, regional u bilateral, ou de qualquer forma, em que tal controvérsia seja submetida, a pedido de qualquer das partes na mesma, a um procedimento conducente a uma decisão obrigatória, esse procedimento será aplicado em lugar do previsto na presente parte, salvo acordo em contrário das partes na controvérsia".

[110] Como observa Piet Eeckhout, "[i]n Mox Plant the Court's finding was greatly assisted by Article 282 UNCLOS, which gave way to the EU's regional dispute-settlement system" – *EU External Relations Law*, Second Edition, Oxford University Press, 2012, p. 240.

3. A europeização do Direito Internacional do Mar

26. Nos termos do artigo 3.º, n.º 5, do TUE, a União Europeia, "[n]*as suas relações com o resto do mundo, ...contribui...para a rigorosa observância e o desenvolvimento do direito internacional, incluindo o respeito dos princípios da Carta das Nações Unidas*".

27. A UE tem participado nos ou influenciado – para além do seu estatuto formal em certas organizações internacionais, como a OMI[111] – os procedimentos de elaboração de normas jurídicas internacionais. A europeização do Direito Internacional reflete-se na influência da União Europeia nas instâncias internacionais e na limitação da ação externa dos Estados Membros[112] (**3.2.**).

Por outro lado, a aplicação do Direito Internacional pelos Estados-Membros é conformada pelas características estruturais do Direito da União Europeia (**3.1.**).

---

[111] O estatuto da EU em várias organizações internacionais está formalmente limitado pelo facto de não ser um seu membro, por essa qualidade ser reservada aos Estados. É o caso da Organização Marítima Internacional, cuja adesão à mesma foi recomendada ao Conselho pela Comissão, em 2002, assim como pelo Parlamento Europeu, em 2003. Cf. Recomendação da Comissão ao Conselho para que autorize a Comissão a dar início e a conduzir as negociações com a Organização Marítima Internacional (OMI) sobre as condições e modalidades de adesão da Comunidade Europeia, SEC(2002)381 final, de 09.04.2002. Disponível in http://www.europarl.europa.eu/RegData/docs_autres_institutions/commission_europeenne/sec/2002/0381/COM_SEC(2002)0381_PT.pdf (consulta última em 03.01.2014). Na COM/2009/0536 final – Comunicação da Comissão ao Parlamento Europeu, ao Conselho, ao Comité Económico e Social Europeu e ao Comité das Regiões, Desenvolver a dimensão internacional da política marítima integrada da União Europeia – a Comissão refere estar "*a trabalhar para intensificar o papel da União Europeia na IMO, mediante a formalização do mecanismo de coordenação da UE e a obtenção do estatuto de observador oficial, se não mesmo de membro de pleno direito*" (p. 8). Disponível in http://eur-lex.europa.eu/LexUriServ/LexUriServ.do?uri=COM:2009:0536:FIN:PT:PDF (consulta última em 03.01.2014).
Cfr., também, Ponto 34 da Resolução do Parlamento Europeu sobre o reforço da segurança marítima (2003/2235(INI)): "Reitera o seu pedido ao Conselho no sentido de solicitar a adesão da UE à OMI" (disponível in http://eur-lex.europa.eu/LexUriServ/LexUriServ.do?uri=OJ:C:2004:104E:0730:07– 38:PT:PDF (consulta última em 03.01.2014).

[112] O termo europeização não tem "um sentido preciso e estável". Designa, entre outros: *i)* "adapting national and sub-national systems of governance to a European political centre and European-wide norms"; *ii)* "a more positive export/import balance as non-European countries import more from Europe than *vice versa* and European solutions exert more influence in international fora" – Johan P. Olsen, "The Many Faces of Europeanization", in *Journal of Common Market Studies*, 2002 Volume 40. Number 5. pp. 921, 923 e 924.

3.1. A «trilateralização» da relação entre o Direito Internacional e o Direito nacional pelo DUE

28. A relação bilateral entre Direito Internacional Público e Direito nos Estados-Membros "alterou-se para uma relação triangular" entre Direito Internacional, Direito da União Europeia e Direito dos Estados-Membros[113].

29. A aplicação do Direito Internacional nas ordens jurídicas nacionais é condicionada pela respectiva vigência na ordem jurídica da União. Por um lado, esta constitui uma via de relevância do Direito Internacional nos ordenamentos jurídicos nacionais, para além da vinculação individual de cada um dos Estados-Membros [114]. Por outro lado, o mesmo vigora nas ordens jurídicas internas segundo as exigências do Direito da União. Assim, no Acórdão de 03.06.2008, Intertanko, C-308/06[115], o TJUE, reportando-se à área do transporte marítimo, destacou que "é uma área na qual a Comunidade desempenha um *papel de regulador da execução das obrigações internacionais dos Estados-Membros*"[116]. A propósito do caso Mox Plant, Piet Eeckhout notou que "*o Tribunal concluiu que muitas, senão mesmo a maioria, das obrigações da CNUDM invocadas pela Irlanda no tribunal arbitral eram obrigações da Comunidade, no domínio das suas competências ambientais*" e colocou pertinentemente a questão de saber qual é, então, a natureza dessas obrigações para os Estados-Membros, questionando se as "*disposições da CNUDM sobre poluição marítima criam obrigações entre os Estados-Membros ao abrigo do Direito Internacional ou se a vinculação dos Estados às mesmas era um assunto do Direito da UE*"[117] (sublinhado nosso).

---

[113] Julia Schmidt, *Review* ... cit.; e Rainer Wahl, "Europeanisation beyond supremacy", in The Europeanisation of International Law, cit., pp. 18 e 19.
[114] "International law enters their domestic legal systems via the European legal order" – Julia Schmidt, Review of *The Europeanisation of International Law: The Status of International Law in the EU and its Member States* by Jan Wouters, André Nollkaemper and Erika de Wet (editors), [2009] 2 *Web JCLI* http://webjcli.ncl.ac.uk/2009/issue2/schmidt2.html.
[115] Considerando 41 do Acórdão, já citado.
[116] *Cf.*, também, COM (2003)526 final, "The European Union and the United Nations: The choise of multilateralism", p. 4 ("... the EU can help to ensure that decisions taken in the multilateral system are "... effectively followed up and implemented. Second, it suggests how the EU and the UN can work together more effectively") – http://eur-lex.europa.eu/LexUriServ/LexUriServ.do?uri=COM:2003:0526:FIN:EN:PDF (consulta última em 03.01.2014).
[117] EU External Relations Law, cit., p. 239.

A UE, por via de diretivas e de regulamentos, consegue uma aplicação mais efetiva e harmonizada ou uniformizada de parâmetros internacionais no interior dos Estados Membros[118]. E por esta via transforma "direitos e obrigações de raiz internacional em direitos e obrigações decorrentes e regidos"[119] pelo Direito da União Europeia[120]. Procurou tornar, no seu âmbito, obrigatórias normas internacionais e "reforçá-las, seja acelerando a sua aplicação"

---

[118] Liu Nengye e Frank Maes, "Legal Constraints to the European Union's Accession to the International Maritime Organization", cit., p. 283; Ronan Uhel, "Les enjeux environnementaux de la politique maritime de l'Europe", in *Europa Novas Fronteiras*, cit., pp. 103 e 105; e Rainer Wahl, "Europeanisation beyond supremacy", cit., p. 19; COM (2009) 8 final, p. 8 (*"O sector do transporte marítimo na Europa tem consagrado esforços apreciáveis à aplicação das medidas de segurança obrigatórias adotadas em 2002 pela IMO e introduzidas na legislação da UE em 2004..."*); SEC(2002)381 final, Recomendação citada, p. 37 – "As suas competências [da CE] foram estabelecidas pela entrada em vigor de numerosos instrumentos vinculativos (regulamentos e diretivas), adotados com base em resoluções, recomendações e convenções da OMI – e p. 39 ("Sendo certo ser a OMI a instância mais apropriada para o estabelecimento de "normas internacionais no domínio da segurança da navegação e da prevenção da poluição por navios, o sistema jurídico comunitário, dada a sua natureza coerciva, permite uma maior eficácia na aplicação dessas normas").
Cf., ainda, por exemplo, considerando 2 do preâmbulo do Regulamento (CE) n.° 1726/2003 do Parlamento Europeu e do Conselho, de 22 de Julho de 2003, que altera o Regulamento (CE) n.° 417/2002 relativo à introdução acelerada dos requisitos de construção em casco duplo ou equivalente para os navios petroleiros de casco simples: *"A Comissão e os Estados-Membros desenvolverão todos os esforços para garantir o estabelecimento em 2003, a nível mundial, de regras semelhantes às do presente regulamento que altera o Regulamento (CE) n.º 417/2002, através de uma alteração da Convenção MARPOL. O Conselho e a Comissão acolhem favoravelmente a disponibilidade da Organização Marítima Internacional (OMI) para realizar uma reunião suplementar do Comité para a Proteção do Ambiente Marinho (MEPC) em Dezembro de 2003, a fim de facilitar uma solução internacional quanto à retirada acelerada de serviço dos petroleiros de casco simples, bem como uma proibição rápida dos petroleiros de casco simples que transportem petróleos mais pesados."*
[119] Na formulação de Aurel Sari, na crítica ao livro de J. Wouters; A. Nollkaemper; E. de Wet, eds., The Europeanisation of International Law: The Status of International Law in the EU and its Member States, TMC Asser Press, The Hague 2008" – disponível in http://www.aurelsari.co.uk/library/jan-wouters-andre-nollkaemper-and-erika-de-wet/the-europeanisation-of--international-law/ (consulta última em 03.01.2014): "Community law seems to give effect to international law not so much by incorporating it into the Community legal order as rules of international law and clothing it with distinct legal features in the process of doing so, *but rather by transforming rights and obligations arising under international law into rights and obligations arising under and governed by Community law*" – itálico nosso.
[120] Jan Wouters, André Nookaemper e Erika de Wet, "Introduction: the 'Europeanisation of International Law", cit., p. 3.

(e a consistência desta aplicação), seja através de mecanismos adequados de garantia[121].

A promoção de uma "aplicação convergente de normas acordadas internacionalmente", em detrimento de diversos *sub-standards*, no que se refere, por exemplo, à segurança marítima[122], é visível no Regulamento (CE) n.º 725/2004 do Parlamento Europeu e do Conselho, de 31 de março de 2004, relativo ao reforço da proteção dos navios e das instalações portuárias[123]. De acordo com o expresso no artigo 2.º, n.º 1, deste Regulamento, um dos seus objetivos é o de *"proporcionar uma base para a interpretação e aplicação harmonizadas e para o controlo comunitário das medidas especiais para reforçar a proteção do transporte marítimo, adotadas pela Conferência Diplomática da OMI em 12 de Dezembro de 2002, que alterou a [Convenção SOLAS] e adotou o [Código ISPS – Código Internacional para a Segurança dos Navios e das Instalações Portuárias]"* (itálico nosso).

30. Enquanto parte da ordem jurídica da União Europeia, o Direito Internacional impõe-se aos Estados-Membros relevando a sua observância como Direito da União, por cujo cumprimento podem ser responsabilizados[124]. O TJUE pode declarar o incumprimento de obrigação do Direito da União Europeia, incluindo obrigações que resultam, por exemplo, da Convenção de Montego Bay, e pode condenar o Estado-Membro em causa ao pagamento de uma quantia fixa ou, neste quadro, de uma sanção pecuniária compulsória, no limite do montante indicado pela Comissão[125] [126].

---

[121] Lia Athanassiou, "Les societés de classification", in *Revue Hellénique de Droit International*, 59ème année, n.º 2/2006, p. 521.

[122] Eliza Gagatsi, "Review of Maritime Transport Safety and Security Practises and Compliance levels: case studies in Europe and South East Asia", p. 6 – disponível in http://www.ectri.org/YRS07/Papiers/Session-7/Gagatsi.pdf (consulta última 03.01.2014).

[123] O principal objetivo do presente regulamento consiste em estabelecer e aplicar medidas comunitárias destinadas a reforçar a proteção dos navios utilizados no tráfego internacional e no tráfego nacional e das instalações portuárias conexas face às ameaças de ações Ilícitas intencionais.

[124] Jan Wouters, André Nookaemper e Erika de Wet, "Introduction: the 'Europeanisation of International Law", cit., p. 10.

[125] *Cf.* artigo 260.º do TFUE e Ronán Long, "The European Union and the Law of the Sea Convention at the Age of 30", cit., p. 719.

[126] Assim, pelo Acórdão de 09.12.2008 C-121/07, o TJUE decidiu que, "[n]ão tendo adotado, na data em que terminou o prazo fixado, no parecer fundamentado, todas as medidas que

31. Importa igualmente ter presente que a afirmação do carácter infra--convencional do Direito secundário da EU face ao DIP e de que esta deve exercer as suas competências "com observância do direito internacional" é doseada pelos termos limitados do "exame da validade de uma regulamentação comunitária à luz de um tratado internacional"[127][128]. Esta só tem lugar:

a) "[Q]uando a natureza e a sistemática deste [a que a EU esteja vinculada] a isso não se oponham"[129] ou as "disposições das convenções internacionais ... codifiquem regras consuetudinárias consagradas no direito internacional geral" (como é o caso da Convenção de Montego Bay[130]);
b) E se "as suas disposições se revelem, do ponto de vista do seu conteúdo, incondicionais e suficientemente precisas"[131];

No caso Intertanko, o Tribunal considerou que a Comunidade não estava vinculada à Convenção Marpol 73/78, na qual "todos os Estados-Membros da Comunidade são partes contratantes", por não ter "havido uma transferência integral das competências anteriormente exercidas pelos Estados-Membros da Comunida-

---

implica a execução do acórdão de 15 de Julho de 2004, Comissão c. França (C-419/03), relativo à não transposição para o seu direito interno das disposições da Diretiva 2001/18/CE do Parlamento Europeu e do Conselho, de 12 de Março de 2001, relativa à libertação deliberada no ambiente de organismos geneticamente modificados..., a República Francesa não cumpriu as obrigações que lhe incumbem por força do artigo 228.°, n.º 1, CE" (considerando 23).

[127] Considerando 45 do Ac. Intertanko, citado.

[128] Richard Barnes observa que a jurisprudência adota uma perspetiva formalística que nalguns casos importa a "marginalização de instrumentos do Direito do Mar" quando considerado em face do Direito da União Europeia – "The Law of the Sea Convention and the Integrated Regulation of the Oceans", cit., p. 864.

[129] Considerando 54 do Ac. Intertanko, citado: "Há, assim, que verificar se a natureza e a sistemática da Convenção de Montego Bay, nos termos que resultam designadamente do objetivo, do preâmbulo e dos termos desta última, não se opõem ao exame da validade dos atos comunitários à luz das disposições desta convenção."

[130] Considerando 51 do Ac. Intertanko, citado, assim como o seu considerando 55: "A Convenção de Montego Bay tem por objetivo principal codificar, precisar e desenvolver regras de direito internacional geral relativas à cooperação pacífica da comunidade internacional na exploração, utilização e aproveitamento dos espaços marítimos."

[131] Considerando 45 do Ac. Intertanko, citado.

de"[132] [133]. Observou que a *"simples circunstância de a Diretiva 2005/35 ter por objeto a incorporação no direito comunitário de determinadas regras constantes* [da Convenção Marpol 73/78], ... *não basta para que o Tribunal tenha competência para fiscalizar a legalidade desta diretiva à luz da referida convenção"*[134].

No que se refere à Convenção de Montego Bay, o Tribunal destacou que *"não implementa regras destinadas a serem aplicadas direta e imediatamente aos particulares e a conferir a estes últimos direitos ou liberdades suscetíveis de serem invocados contra Estados, independentemente da atitude do Estado da bandeira do navio"*, tendo, por isso, concluído *"que a natureza e a sistemática da Convenção de Montego Bay se opõem a que o Tribunal possa apreciar a validade de um ato comunitário à luz desta última"* [135][136].

No caso Mesquer (Acórdão de 24.06.2008, C-188/07), o Tribunal entendeu que *"a Comunidade não está vinculada pela convenção sobre responsabilidade civil nem pela convenção FIPOL"*[137], por não ter aderido às mesmas e não ser de *"considerar que substituiu os seus Estados-Membros, quanto mais não seja porque nem todos são parte nas referidas convenções"*[138].

32. Parece assim ser de concluir que *"que Direito Internacional vinculativo da UE não tem o inerente, automático, e compreensivo efeito direto que tem o Direito interno, 'nacional' da UE"*, como sublinha Piet Eeckhout[139], que nota que o critério de inferência de direitos – no caso da CNUDM – "dos navios e

---

[132] Considerando 49 do Ac. Intertanko, citado.
[133] Considerando 52 do Ac. Intertanko citado. Piet Eeckhout (*EU External Relations Law, cit.*, p. 398) observa que o Tribunal "atenuou a falta de efeito vinculativo da [Convenção] Marpol 73/78 estabelecendo um princípio de que as disposições do Direito da UE nos domínios abrangidos pela convenção devem ser interpretadas à luz das disposições desta".
[134] Considerando 50 do Ac. Intertanko citado.
[135] Considerandos 64 e 65 do Ac. de 03.06.2008, C-308/06, Intertanko.
[136] Considerandos 64 e 65 Ac. Intertanko, citado.
[137] Convenção Internacional para a constituição de um fundo internacional para compensação pelos prejuízos devidos à poluição por hidrocarbonetos.
[138] Considerando 85 do Ac. de 24.06.2008, Commune de Mesquer c. Total France SA, Total International Ltd., C-188/07.
[139] "The International Legal Order: Black holes, fifty shades of grey, or extending *Van Gend en Loos*?", in *50ème anniversaire de l'arrêt 50th anniversary of the judgment in Van Gend en Loos*, 1963-2013, Actes du Colloque = Conference Proceedings, Luxembourg, 13 mai 2013, Cour de Justice de l'Union Europeenne Court of Justice of the European Union, Organizing committee Antonio Tizzano, Juliane Kokott, Sacha Prechal, 2013, p. 171.

dos seus donos" não é o do Acórdão *Van Gend en Loos* pois, de acordo com este os termos em que são conferidos não são necessariamente diretos ou expressos[140].

3.2. A influência da União Europeia na conformação do Direito Internacional do Mar

33. Na perspetiva da efetividade da sua política marítima, a União Europeia procura articular o desenvolvimento, aplicação e execução dos normativos internacionais com os seus objetivos[141][142], o que passa pela *"promoção de uma ordem internacional multilateral baseado no Direito e pela coordenação de posições legais pelos Estados Membros nos fóruns internacionais"*[143][144].

---

[140] *Idem, ibidem*, p. 174.
[141] "Study for the Assessment of the EU's Role in International Maritime Organisations", Final Report, p. 12, de Prof. Dr. Jan Wouters, Sijbren de Jong, Axel Marx, Philip De Man, Katholieke Universiteit Leuven, Leuven Centre for Governance Studies, 2009. Disponível in http://ec.europa.eu/maritimeaffairs/documentation/studies/documents/eu_role_international_organisations_en.pdf (consulta última em 03.01.2014).
[142] Joe Borg, "The green paper on a future maritime policy for the Union", cit., p. 15 ("While the EU can contribute towards better implementation of international instruments, it should place particular emphasis on using its external competences to establish an international level playing field, particularly where this is required to ensure fair competion for economic operators"); e COM(2009) 8 final, de 21.1.2009, Comunicação da Comissão ao Parlamento Europeu, ao Conselho, ao Comité Económico e Social Europeu e ao Comité das Regiões, Objetivos estratégicos e recomendações para a política comunitária de transporte marítimo no horizonte de 2018, p. 10 ("Apoia, portanto, *o trabalho de organizações internacionais especializadas, como a IMO*, a OIT, a OMC e a OMA, e criou uma rede sólida e em expansão de acordos bilaterais de transporte marítimo e de diálogo com os principais parceiros marítimos e comerciais...") e p. 11 ("A Comissão e os Estados-Membros estão bem colocados para impulsionar a mudança a fim de criar um enquadramento regulamentar internacional global para o transporte marítimo, adaptado aos desafios do século XXI").
[143] Aurel Sari, na crítica ao livro The Europeanisation of International Law ..., cit.; e Frank Hoffmeister, "Outsider or frontrunner? Recent developments under International and European Law on the Status of the European Union in the International Organizations and Treaty Bodies", in *Common Market Law Review*, n.º 44, 2007, p. 66.
[144] Jan Wouters, André Nookaemper e Erika de Wet, "Introduction: the 'Europeanisation of International Law", *cit.*, pp. 1, 3, 7 e 8.

34. Em resultado de iniciativas da União Europeia, mediatizadas pelos seus Estados Membros através do processo de coordenação, novos e mais exigentes parâmetros normativos foram introduzidos pela Organização Marítima Internacional[145] (por exemplo, no que se refere aos requisitos de construção em casco duplo ou equivalente para os navios petroleiros em casco[146].

35. Quando a União Europeia não é parte em instâncias internacionais que atuam em domínios que se inscrevem na área de competência partilhada da União, torna-se mais difícil apresentar uma posição comum. Assim, por

---

[145] Comunicação da Comissão Europeia COM (2009) 8 final, p. 11: "Para que os Estados--Membros possam atuar como equipa eficiente e apoiada em intervenientes sólidos, é necessário melhorar o reconhecimento e a visibilidade da UE na IMO, formalizando o mecanismo de coordenação da UE e atribuindo a esta o estatuto de observador oficial, senão mesmo de membro de pleno direito, da IMO. Isto não afetará os direitos e obrigações dos Estados-Membros da União Europeia na sua qualidade de partes contratantes na IMO. // – A Comissão e os Estados-Membros deverão trabalhar para a criação de um melhor mecanismo de ratificação rápida das convenções da IMO a nível mundial e examinar nomeadamente a possibilidade de substituir a ratificação em função da bandeira pela ratificação em função da frota, definida pelo país de estabelecimento."
No que se refere à forma de a União e os Estados-Membros acordarem uma posição comum sobre a atuação ou decisão a adotar em instâncias internacionais, ver Giulia Bertezzolo, "The European Union facing the global arena: standard-setting bodies and financial regulation", in *European Law Review*, 2009, 34, pp. 275 e 276.

[146] *Cf.* Comunicação da Comissão Europeia COM (2009) 8 final, p. 4 ("As iniciativas comunitárias deverão ter por objetivo (...): // O apoio ao trabalho da Organização Marítima Internacional (IMO) e da Organização Internacional do Trabalho (OIT) em prol do tratamento equitativo dos marítimos..."), p. 6 ("A Comissão, os Estados-Membros e o sector marítimo europeu deverão trabalhar conjuntamente para o objetivo a longo prazo de um transporte marítimo "sem resíduos nem emissões". Para esse efeito, as principais prioridades deverão ser: (...) // Nesse contexto, *a UE deverá trabalhar ativamente no âmbito da IMO* para continuar a limitar ou reduzir as emissões de gases com efeito de estufa dos navios. Conviria adotar um regime juridicamente vinculativo na conferência da CQNUAC a realizar em Copenhaga em Dezembro de 2009. *Na ausência de progressos neste contexto, a UE deverá apresentar propostas a nível europeu....*" // Dar seguimento às propostas apresentadas na Comunicação da Comissão sobre a estratégia comunitária para melhorar as práticas de desmantelamento de navios. Promover a adoção da Convenção da IMO sobre a reciclagem de navios e progressos firmes no sentido da sua futura aplicação. // *Supervisionar a correta aplicação das alterações ao anexo VI da Convenção MARPOL adotadas pela IMO em Outubro de 2008,...*"), p. 7 ("Nos anos próximos, a UE e os Estados-Membros deverão: // *Aumentar a eficácia da participação da UE na IMO e reforçar a cooperação internacional com os parceiros da UE* nos domínios do comércio e do transporte marítimo,..." – itálicos nossos).

exemplo, relativamente ao projeto de convenção sobre o desmantelamento de navios, no quadro da Organização Marítima Internacional, foi registado, relativamente ao pedido da Comissão Europeia no sentido de fazer parte das negociações, que o *"tempo necessário para preparar uma posição comum não parecia compatível com a reatividade que é requerida pela continuidade das negociações"*[147].

3.3. As competências da UE nos assuntos do mar e o princípio da cooperação leal

36. A intervenção da União Europeia no plano internacional tem de ser aferida, como em outras áreas, pela repartição de competências entre a União e os Estados-Membros.

Na delimitação desta repartição, constitui ponto de referência, para além do enunciado das competências no artigo 3.º do TFUE, a citada Declaração de competência da Comunidade Europeia no que respeita às matérias reguladas pela Convenção das Nações Unidas sobre o Direito do Mar de 10 de Dezembro de 1982 e pelo Acordo de 28 de Julho de 1994 Relativo à Aplicação da Parte XI da Convenção[148].

37. No entanto, para além da delimitação de competências entre Estados-Membros e a União Europeia, o dever de cooperação leal entendido como uma obrigação quer de resultados quer de meios ou de conduta[149 151] condiciona

---

[147] *Cf.* The International Maritime Organization and the Draft Convention on Ship Recycling, in http://www.sgmer.gouv.fr/IMG/pdf/Annex_7-8_IMO_and_green_passport.pdf.

[148] JOCE de 23.6.1998, L 179/129 e segs. No artigo 2.º, n.º 3, da Resolução da Assembleia da República n.º 60-B/97, de 14.10, Portugal assinala que, enquanto Estado membro da Comunidade Europeia, transferiu competências para a Comunidade em algumas das matérias reguladas na presente Convenção e que oportunamente será apresentada uma declaração detalhada quanto à natureza e extensão das áreas da competência transferida para a Comunidade, de acordo com o disposto no anexo IX da Convenção.

[149] Liu Nengye e Frank Maes, "Legal Constraints to the European Union's Accession to the International Maritime Organization", cit., pp. 288 a 290. Os autores falam na "judicialização do 'dever de lealdade'".

as iniciativas e posições dos Estados-Membros, projetando-se sobre o exercício das respetivas competências partilhadas e exclusivas[151].

A jurisprudência do TJUE tem salientado que o interesse da União requer que os Estados Membros conformem as suas posições unilaterais com a posição da União Europeia e que atuem conjuntamente na formulação e apresentação de uma posição da União.

O dever de cooperação legal surge como uma garantia do cumprimento do Direito da União Europeia pelos Estados Membros e um instrumento para assegurar a consistência das posições da União Europeia.

38. Entre as manifestações do dever de cooperação com relevo nos assuntos do mar, salienta-se:

i) A conformação da atuação dos Estados-Membros na Organização Marítima Internacional, na medida em que as suas atribuições incidam sobre matérias para as quais a UE tem competências[152].

---

[150] *Cf.* artigo 4.º, n.º 3, do TUE: "Em virtude do princípio da cooperação leal, a União e os Estados-Membros respeitam-se e assistem-se mutuamente no cumprimento das missões decorrentes dos Tratados. // Os Estados-Membros tomam todas as medidas gerais ou específicas adequadas para garantir a execução das obrigações decorrentes dos Tratados ou resultantes dos atos das instituições da União. // Os Estados-Membros facilitam à União o cumprimento da sua missão e abstêm-se de qualquer medida suscetível de pôr em perigo a realização dos objetivos da União."

[151] Considerando 71 do Ac. de 20.04.2010, Comissão Europeia c. Reino da Suécia, C-246/07 ("...Tribunal de Justiça já declarou que este dever de cooperação leal é de aplicação geral e não depende nem do carácter exclusivo da competência comunitária em causa nem do eventual direito de os EstadosMembros assumirem obrigações relativamente a países terceiros").

[152] Em geral, o dever de cooperação "governa a ação dos Estados-Membros nas organizações internacionais nas quais a EU não é um membro, na medida em que trate de assuntos nos quais a EU tem competência ou sobre os quais disponha o Direito da EU" – Piet Eeckhout, EU External Relations Law, *cit.*, pp. 229 e 230.
Cfr. SEC(2002)381 final, no qual, designadamente, se refere: "...o estatuto de observador de que goza a Comissão junto da OMI não lhe permite expressar-se em nome da Comunidade em matérias da competência comunitária exclusiva ou referir-se a decisões adotadas a nível comunitário, uma vez as posições nacionais apenas são consideradas enquanto tal, independentemente do facto de o país que as manifesta ser membro da Comunidade. Nestas circunstâncias, o estatuto de observador prejudica o efeito útil da coordenação de posições, favorecendo, pelo contrário, a emergência de posições contrárias aos interesses comunitários" (p. 3); e, bem assim, que, "[a]tendendo ao reforço das competências da Comunidade no domínio

No Acórdão de 12.02.2009, Comissão v. Grécia, proferido no processo C-45/07, o TJUE censurou o facto de a Grécia ter apresentado ao Comité de Segurança Marítima da OMI proposta para que estabelecesse *check lists* ou outros meios apropriados para assistir os Estados contratantes da Convenção SOLAS na verificação da conformidade dos navios e das instalações portuárias com as exigências do capítulo XI-2 do anexo dessa convenção e do Código ISPS[153]. O Tribunal destacou que a proposta era *"suscetível de dar início a um processo que pod[ia]... conduzir à adoção pela OMI de novas regras relativas a esse capítulo XI-2 e/ou a esse código"*, o que contenderia com o Regulamento (CE) n.º 725/2004 do Parlamento Europeu e do Conselho, de 31 de Março de 2004, relativo ao reforço da proteção dos navios e das instalações portuárias, que inseriu, no essencial, aqueles dois instrumentos internacionais na ordem jurídica comunitária. O Tribunal considerou que *"a República Helénica tomou uma iniciativa que pod[ia] afetar as disposições do regulamento, facto que constituía um incumprimento das obrigações decorrentes dos artigos 10.º CE [artigo 4.º, n.º 3, do TUE], 71.º CE [artigo 91.º TFUE] e 80.º, n.º 2, CE [artigo 100.º]"*[154] [155] (itálico nosso). Destacou o Tribunal, ainda, atenta a invocação pela Grécia do dever de cooperação leal por parte da Comissão, que *"um Estado-Membro não se pode permitir tomar unilateralmente medidas corretivas ou de defesa destinadas a sanar uma eventual violação das normas do direito comunitário por uma instituição"*[156]. Mais considerou que *"a mera circunstância de a Comunidade não ser membro de uma organização internacional não autoriza de maneira nenhuma que um Estado-Membro, agindo a título individual no âmbito da sua participação numa organização internacional, assuma compromissos suscetíveis de afetar regras comunitárias aprovadas para*

---

da segurança do transporte marítimo, afigura-se legítimo ponderar a adesão da Comunidade Europeia à Organização Marítima Internacional (OMI). Com efeito, o reforço da participação comunitária tornou-se necessário para prevenir as infrações dos Estados-Membros às suas obrigações comunitárias e para garantir a coerência da posição comunitária" (p. 36).

[153] Código Internacional para a Segurança dos Navios e das Instalações Portuárias.
[154] Considerando 23.
[155] No Acórdão de 31.03.1971, processo 22/70, o Tribunal afirmara já: "Nos termos do artigo 5.º [atual artigo 4.º, n.º 3, do TUE], os Estados-membros devem, por um lado, tomar todas as medidas adequadas para assegurar a execução das obrigações decorrentes do Tratado ou resultantes de atos das instituições e, por outro lado, abster-se de tomar quaisquer medidas suscetíveis de pôr em perigo a realização dos objetivos do Tratado" (considerando 21).
[156] Considerando 26.

realizar os objetivos do Tratado"[157]. Acresce que *"a não qualidade de membro de uma organização internacional da Comunidade não impede que a competência externa desta última possa ser efetivamente exercida, nomeadamente por intermédio dos Estados- -Membros que agem solidariamente no interesse da Comunidade"*[158] [159].

Estando em causa competência exclusiva da União Europeia, os Estados- -Membros só podem agir no quadro da mesma ou "com a sua autoridade", não podendo tomar qualquer posição individual[160].

ii) Nos termos do dever de cooperação legal, os Estados-Membros têm a obrigação de aplicar as disposições de convenções internacionais a que estão vinculados de forma consentânea com o Direito da União Europeia.

---

[157] Considerando 30.
[158] Considerando 31.
[159] No Acórdão de 20.04.2010, Comissão c. Suécia, C-246/07, estava em causa a apresentação unilateral, pelo Reino da Suécia, de uma proposta para inscrever o PFO no anexo A da Convenção de Estocolmo – Convenção sobre Poluentes Orgânicos Persistentes (POPs) – e a alegação pela Comissão de que tinha como "consequência dividir a representação internacional da Comunidade e comprometer a unidade obtida tanto na primeira conferência das partes nessa Convenção como no contexto da proposta de inscrição de novas substâncias a título do Protocolo de Aarhus" (considerando 44).
O Tribunal observou que, "[q]uando se verifica que a matéria de um acordo ou Convenção é em parte da competência da Comunidade e em parte da competência dos Estados-Membros, importa assegurar uma cooperação estreita entre estes últimos e as instituições comunitárias, tanto no processo de negociação e conclusão como na execução dos compromissos assumidos", "dever de cooperação [que] decorre da exigência de unidade da representação internacional da Comunidade" (considerando 73).
O Tribunal recordou que "os Estados-Membros estão sujeitos a deveres especiais de acção e abstenção quando a Comissão tenha submetido ao Conselho propostas que, *embora não adoptadas por este, constituem o ponto de partida de uma acção comunitária concertada*" e que assim é, "por maioria de razão, numa situação como a do caso em apreço, que se caracteriza ... por uma proposta unilateral que afasta o Estado-Membro em causa da estratégia comum concertada no Conselho e apresentada no seio de um quadro institucional e processual como o da Convenção de Estocolmo" (considerando 103), sendo "susceptível de comprometer o princípio da unidade da representação internacional da União e dos seus Estados-Membros, bem como de enfraquecer o seu poder negocial relativamente às outras partes na Convenção em causa" (considerando 104).
[160] Marise Cremona, "Extending the reach of the AETR principle: Comment on Comission v. Greece (C-45/07)", in *European Law Review*, 2009, Volume 34, p. 763.

No Acórdão de 24.06.2008, Commune de Mesquer c. Total France SA, Total International Ltd, o TJUE, embora afirmando que o artigo 15.º da Diretiva 75/442, em causa, não se opunha a compromissos internacionais dos Estados-Membros decorrentes da convenção sobre responsabilidade civil e a Convenção Internacional para a constituição de um fundo internacional para compensação pelos prejuízos devidos à poluição por hidrocarbonetos (FIPOL), notou que não podiam contender com as obrigações pelo mesmo artigo impostas. Concretamente, considerou que *"caso se verifique que os custos associados à eliminação dos resíduos gerados pelo derrame acidental de hidrocarbonetos no mar não são assumidos pelo referido fundo ou não o podem ser devido ao esgotamento do limite da indemnização previsto para esse sinistro e que, por força das limitações e/ou das isenções de responsabilidade previstas, o direito nacional de um Estado-Membro, incluindo o direito resultante das convenções internacionais, obsta a que esses custos sejam suportados pelo proprietário do navio e/ou pelo seu afretador ..., esse direito nacional deverá então permitir, para assegurar uma transposição conforme do artigo 15.°da diretiva, que os referidos custos sejam suportados pelo produtor do produto gerador dos resíduos assim derramados (...) se, devido à sua atividade, contribuiu para o risco de ocorrência da poluição ocasionada pelo naufrágio do navio"*[161].

iii) Os Estados-Membros têm igualmente a obrigação de, em sede de resolução de conflitos que os oponham surgidos no quadro da aplicação do Direito Internacional do Mar, vigente na ordem jurídica da EU, considerar que *"o Tribunal de Justiça é competente para conhecer dos diferendos relativos à interpretação e à aplicação das ... disposições* [da Convenção de Montego Bay], *bem como apreciar o respeito das mesmas por parte de um Estado-Membro"*[162]. Assim, no Ac. de 30.05.2006, o TJUE considerou que, "[a]*o instaurar um processo de resolução de conflitos contra o Reino Unido da Grã-Bretanha e da Irlanda do Norte no quadro da Convenção das Nações Unidas sobre o Direito do Mar no que se refere à fábrica MOX instalada em Sellafield (Reino Unido), a Irlanda não cumpriu as obrigações que lhe incumbem*

---

[161] Considerando 82.
[162] Considerando 121 do Acórdão, C-459/03, Comissão das Comunidades Europeias contra Irlanda.

por força dos artigos 10.º CE, 292 CE [atual artigo 344.º do TFUE[163]], *192.º e 193.º EA*".

O Acórdão sublinhou o carácter da jurisdição exclusiva do TJUE, face a outros tribunais competentes à luz da Convenção de Montego Bay, tratando--se de matérias incluídas na esfera de competências exclusivas ou partilhadas da União Europeia, assim como evidenciou o posicionamento ou inserção do sistema de resolução de controvérsias da União no quadro dos mecanismos disponíveis na Convenção[164]. O Tribunal enfatizou ainda que os acordos internacionais não podiam pôr em causa a autonomia da ordem jurídica da União, salvaguardada pela referida reserva de jurisdição[165].

Conclusões

Atento o que fica exposto, impõe-se ressaltar, relativamente ao Direito europeu do mar, em síntese, os seguintes aspetos:

1. A vinculação da União Europeia à Convenção das Nações Unidas sobre o Direito do Mar favoreceu o desenvolvimento do Direito da União Europeia do Mar e a estruturação e projeção da ação externa correspondente da União Europeia.
2. A política marítima europeia integrada reflete o adquirido europeu sobre os assuntos do mar e promove uma atuação normativa e institucional de suporte articulada e mais consistente.
3. Há uma europeização do Direito Internacional do Mar, no sentido em que a sua aplicação pelos Estados-Membros é mediatizada pelo Direito da União Europeia. Este, designadamente: *(i)* condiciona a sua interpretação e aplicação; *(ii)* transforma direitos e obrigações elaboradas ao nível do Direito Internacional Público em direitos e

---

[163] *Cf.* artigo 344.º do TFUE: "Os Estados-Membros comprometem-se a não submeter qualquer diferendo relativo à interpretação ou aplicação dos Tratados a um modo de resolução diverso dos que neles estão previstos".
[164] Ronán Long, "The European Union and the Law of the Sea Convention at the Age of 30", *cit.*, p. 718.
[165] Considerandos 122 a 128.

obrigações do Direito da União Europeia, por este regulados; *(iii)* e condiciona o controlo da validade à luz de convenções internacionais, designadamente da CNUDM, de atos de Direito da União Europeia derivado.
4. Por outro lado, a europeização reflete-se na influência da União Europeia nas instâncias internacionais no domínio do Mar e na concomitante articulação que, nesse plano, é devida com a ou à ação dos Estados-Membros.
5. Para além da delimitação de competências entre Estados-Membros e a União Europeia, o dever de cooperação leal, entendido como uma obrigação quer de meios ou de conduta quer de resultados, condiciona as iniciativas e as posições internacionais dos Estados-Membros, projetando-se sobre o exercício das respetivas competências partilhadas e exclusivas.
6. A impossibilidade de a UE atuar diretamente na OMI impõe como forma de a ultrapassar, aos Estados-Membros e às instituições da União Europeia que ajam conjuntamente, salvaguardando o interesse da UE e o exercício das suas competências.

O MAR COMO FONTE DE CONFLITOS ENTRE ESTADOS*

Miguel Galvão Teles
Advogado
Morais Leitão, Galvão Teles, Soares da Silva & Associados

Quero começar por prestar homenagem ao Prof. Marques Guedes, que acabou de nos deixar. Tendo começado no Direito Internacional, foi meu professor de Direito Administrativo em 1957-58, ainda no Campo de Santana – viemos inaugurar a Cidade Universitária para fazer os exames. Amigo de toda a vida, cultivou o Direito do Mar, que tornou de novo vivo em Portugal.

1. Tive oportunidade, num artigo publicado há anos, de relacionar a figura dos espaços marítimos com a da colisão de direitos. Não vou agora repetir-me, retomando directamente a exposição então feita, embora haja aspectos em que a mesma necessita de alguma revisão, à qual estou a procurar proceder para outros efeitos. Refiro-me ao texto "Espaços marítimos, delimitação e colisão de direitos", publicado em 2002, precisamente nos *Estudos em Homenagem ao Prof. Doutor Armando Marques Guedes*[166].

---

* Os mapas incluídos no texto infra podem igualmente ser consultados em:
http://www.icjp.pt/sites/default/files/cursos/documentacao/m_galvao_teles1.pdf
[166] Aqui "Espaços marítimos".

Como quadro geral, há dois pontos prévios que é necessário ter em conta: o primeiro está em que só existe colisão de direitos potenciais quando direitos potenciais de mais de um Estado se sobreponham. O segundo consiste em que uma coisa é uma *colisão de direitos*, outra um *conflito de pretensões*, formuladas de um modo ou doutro. As pretensões podem ser irracionais, meras afirmações de força, ou apresentarem alguma racionalização.

Não me preocuparei com as águas interiores, o mar territorial e a zona contígua. Terei presente que se encontra consuetudinariamente reconhecida e acolhida pela CNUDM uma ZEE, que não se estende para além das 200 milhas a partir das linhas de base das quais se conta a largura do mar territorial (art. 57º), e que estão assegurados direitos sobre a plataforma continental até as 200 milhas, independentemente da configuração geomorfológica do leito do mar e seu subsolo e independentemente ainda de critérios de explorabilidade (CNUDM, art. 76º, nº 1). Trata-se, repito, de pontos consuetudinariamente consagrados.

Sem prejuízo da possibilidade de alguma sobreposição, preocupar-me-ei apenas com aquilo que o Juiz Oda chamou plataforma interna, com exclusão, pois, daquela prevista nos nºs. 4 a 9 do art. 76º da CNUDM.

Na exposição subsequente, e para tornar as coisas mais vivas, procurarei estabelecer ligação com a situação de Timor Leste – em conexão com as relações australo-indonésias.

2. A Convenção de Genebra sobre a plataforma continental – de que, aliás, a Indonésia, ao contrário da Austrália e de Portugal, não foi parte – definia, no art. 1º, plataforma continental nos seguintes termos:

> *"Para os fins dos presentes artigos a expressão* "plataforma continental" *é utilizada para designar:*
> *a) O leito do mar e o subsolo das regiões submarinas adjacentes às costas mas situadas fora do mar territorial até uma profundidade de 200m ou, para além deste limite, até ao ponto onde a profundidade das águas suprajacentes permita a exploração dos recursos naturais das ditas regiões;*
> *b) O leito do mar e o subsolo das regiões submarinas análogas que são adjacentes às costas das ilhas.".*

Em 1969, num acórdão celebérrimo tirado nos casos da Plataforma Continental do Mar do Norte (República Federal da Alemanha/Dinamarca e República Federal da Alemanha/Holanda), o Tribunal Internacional de Justiça, depois de considerar que a regra da equidistância não constituía direito consuetudinário e a sua aplicação em caso de costas côncavas conduziria a um "efeito de amputação", veio, em termos mais do que ambíguos, introduzir a ideia de plataforma continental como **prolongamento natural do território terrestre**, embora tudo houvesse de ser apreciado à luz de princípios equitativos.

Mapa 1

Mar do Norte

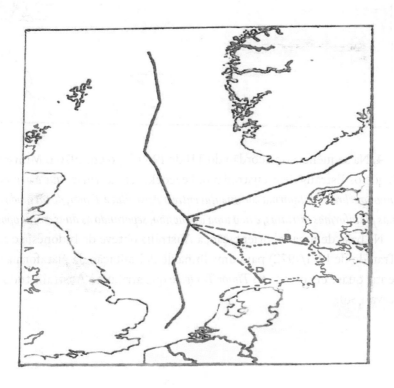

3. Característica geomorfológica situada entre o Norte da Austrália e a Ilha de Timor é a *depressão de Timor (Timor Trough)*, que se estende desde a zona fronteira à ilha indonésia de Roti, a oeste, até a zona fronteira à ilha de Babar, a leste, e que chega a atingir dois mil metros de profundidade.

Mapa 2

Timor Trough

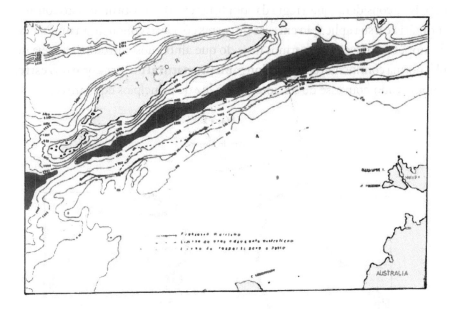

4. Na sequência do acórdão do TIJ de 1969, logo em 1970 o Ministro dos Negócios Estrangeiros australiano, Peacock, veio afirmar *"que a depressão de Timor quebra a plataforma continental entre a Austrália e Timor, de tal modo que há duas plataformas distintas, e não uma e a mesma, separando as duas costas opostas."*.

Na base de uma tal orientação, a Austrália obteve da Indonésia o acordo (Tratado de 1971/1972) para uma linha de delimitação da plataforma continental quase encostada ao *Timor Trough* e que atribuía à Austrália tudo o que ficava a Sul.

Mapa 3

Tratados Australo-Indonésios de 1971 e 1972

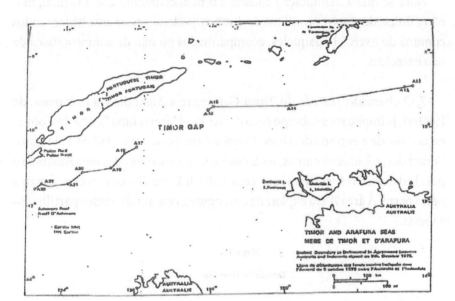

A linha deixava um intervalo entre os pontos A16 e A17 (fixados pela Austrália e Indonésia) mais ou menos fronteiro ao que então era o Timor Português. A um tal intervalo se deu precisamente a designação de *Timor Gap*.

5. A Austrália procurou, porém, "estender" o critério subjacente àquela linha e começou a fazer concessões em frente a "Timor Português". Portugal reagiu, mediante uma concessão efectuada a uma empresa criada pela *Oceanic Exploration Company*, a *Petrotimor*. A concessão era feita pela linha mediana e sobrepunha-se a concessões australianas, abrindo-se assim um conflito entre Portugal e a Austrália, que não chegou a ser resolvido.

6. As bases jurisprudenciais que permitiram vir a falar de colisão de direitos começam no caso Líbia-Malta (1984), onde foram introduzidos os conceitos de *título* de cada Estado e da respectiva *sobreposição*. Aparecem, mais tarde, desenvolvidas no caso de Jan Mayen. Tais bases vieram acompanhadas da contestação de uma projecção geográfica "frontal", substituída por uma *projecção radial*, expressa desde 1988 por Prosper Weil, na obra fundamental *Perspectives du droit de la delimitation maritime*.

Note-se que a delimitação constitui tendencialmente a forma final, mas não a única, de resolver conflitos de direitos, podendo estar envolvidos modos comuns de exercício daqueles, acompanhados ou não de compromissos de não exercício.

7. O chamado Tratado do *Timor Gap*, entre a Austrália e a Indonésia, de 1989-91, já implicava a sobreposição de títulos. Haveria uma "Zona de Cooperação", desde a entrada do *Timor Trough* até um pouco a sul da linha mediana. Foram desenhadas três áreas. As áreas B e C eram exploradas pela Austrália e pela Indonésia, respectivamente, com atribuição de 10% das receitas fiscais à outra parte. A área A era explorada em comum, com rendimentos partilhados a meias.

Mapa 4

Tratado do *Timor Gap*

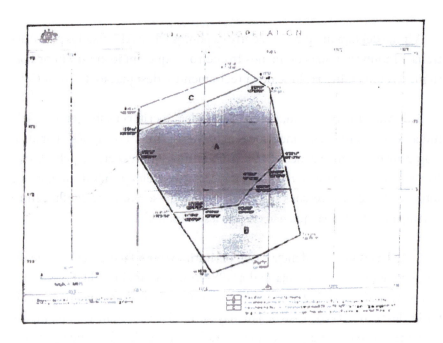

Numa época em que se reconhecia aos Estados título mínimo relativo à plataforma continental até as 200 milhas, o Tratado era exorbitantemente favorável à Austrália. Aliás, a Austrália exercia direitos para além das 200 milhas contadas da sua costa. A Indonésia pagou assim o reconhecimento *de jure* da pretensa integração de Timor Leste e o Tratado referia Timor-Leste como a 27ª província indonésia.

Mapa 5

Limite das 200 milhas a contar do Norte da Austrália

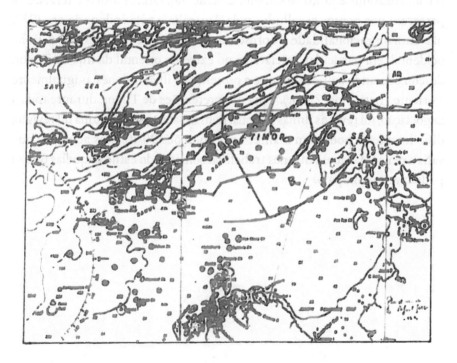

8. Quando a Austrália acabou por reconhecer a independência de Timor Leste, já em 1999, e depois de uma manutenção, provisória e com ressalva da sua ilegalidade, do Tratado do *Timor Gap*, iniciaram-se negociações entre Timor e a Austrália, que vieram a conduzir, em 5 de Julho de 2001, a um *Memorandum of Understanding* entre a UNTAET (*United Nations Administration of East Timor*) e a Austrália, relativo a um *Timor Sea Arrangement*. Este destinava-se a converter-se em *Timor Sea Treaty*, conversão que ocorreu no dia da independência de Timor, em 2 de Maio de 2002.

Comparativamente com o *Timor Gap Treaty*, o *Timor Sea Treaty* eliminou o que eram as áreas B e C e criou, no espaço correspondente ao que fora a Área A, uma *Joint Petroleum Development Area* (JPDA). O acordo parecia favorável a Timor-Leste, porque este tinha algum predomínio na gestão e porque a partilha do petróleo (incluindo gás) se fazia numa proporção de 90% para Timor-Leste e 10% para a Austrália. Mas havia um ponto altamente crítico: parte muito importante do gás – os campos *Sunrise-Troubadour* – situava-se fora da JPDA e poços petrolíferos em exploração, como Coralina e Laminaria, localizavam-se junto ao seu limite ocidental. Ora, as linhas laterais, que passavam por pontos escolhidos pela Austrália e pela Indonésia em 1972, não tinham racionalidade e apresentavam alguma convergência. A linha ocidental, em particular, iniciava-se no extremo oriental da ilha de Timor, desconsiderando o ilhéu de Jaco e a presença de ilhas indonésias igualmente a oriente (Leti, Moa, Zakor). Uma das pretensões de Timor, durante toda a negociação, foi rever as linhas laterais. Bem se sabia que, com uma tal revisão, dificilmente se poderiam manter as proporções 90/10. Mas achou-se que valia a pena. Marques Antunes trabalhou soluções do estilo daquelas que se podem ver no **mapa 6**.

Mapa 6

Hipótese de linhas laterais da *JPDA*

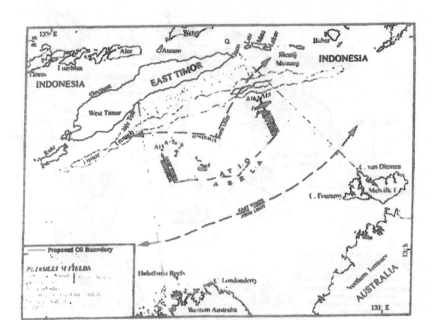

Um membro da UNTAET, que fora aluno de um professor célebre, já falecido, sugeriu a um dos principais membros da delegação negocial que falasse com esse professor sobre o tema. A reacção parece ter sido hostil.

A UNTAET acabou por ceder e o *Timor Sea Treaty* foi assinado com os limites laterais pretendidos pela Austrália.

Curiosamente, a Petrotimor – que reapareceu, mas que, em meu juízo (e assim veio a ser reconhecido) havia deixado caducar a concessão – obteve, do Prof. Vaughan Lowe, parecer em sentido semelhante ao que era sustentado pela UNTAET.

Mapa 7

Hipótese de linhas laterais referidas no parecer do Prof. Vaughan Lowe

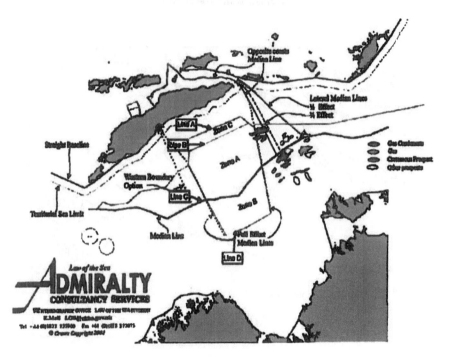

9. Vários de nós nos sentimos afectados pela manutenção das linhas laterais. Havia uma salvaguarda, que era a possibilidade de recorrer a tribunal para delimitar fronteiras. Todavia, por declaração de 22 de Março de 2002, nas vésperas da independência e do momento previsto para assinatura do *Timor Sea Treaty*, o Governo Australiano retirou competência ao Tribunal Internacional de Justiça quanto à delimitação de fronteiras marítimas. Chegou a haver hesitação no que toca à assinatura do tratado, em virtude de alteração de circunstâncias. Reconheço que, apesar do comportamento menos leal da Austrália, me bati pela assinatura. Mantenho a convicção de que, independentemente de tudo, uma recusa desta em tal momento poderia ter consequências incontroláveis.

Mas Mari Alkatiri, por quem tenho – não o escondo – amizade e muita consideração e é um homem de força e carácter, não desistiu dos grandes campos de gás que são *Sunrise-Troubadour*.

Os campos situavam-se em parte na JPDA (20,1%), em parte fora dela (79,9%) e o *Timor Sea Treaty* previa a chamada "unitisation" com repartição nessa proporção (Anexo E). O acordo de "unitização" foi, nessa base, negociado em 2003. Mas o Parlamento de Timor recusou a aprovação.

Mapa 8

"Unitização" do *Greater Sunrise*

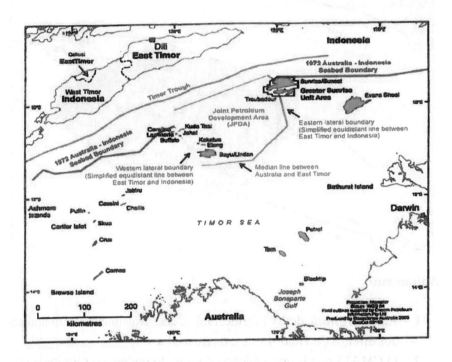

10. Daí resultou um novo tratado, complementar do *Timor Sea Treaty*, *Treaty on Certain Maritime Arrangements on the Timor Sea* [CMATS], assinado em 2006 e entrado em vigor em 2007. Acordou-se em proceder à "unitização" e em que os proveitos do *Sunrise-Troubadour* são repartidos a meias. Simplesmente, durante 50 anos os limites da JPDA são congelados e as partes aceitam que cada uma a explore fora da JPDA nos espaços onde, antes de 19 de Maio de 2002, legislação própria previsse a exploração – o que significa, segundo as *side letters* então subscritas, para Timor Leste a área a norte da linha Australo-Indonésia de 1972 e seu prolongamento, e para a Austrália a Sul desta.

Mapa 9

CMATS

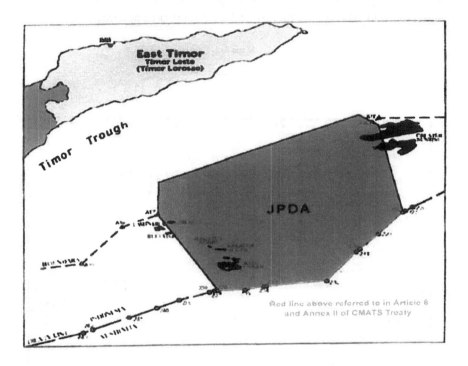

Aditamento

1. Em 2013 e início de 2014 verificaram-se desenvolvimentos respeitantes aos direitos de Timor-Leste e da Austrália.
2. O CMATS previa que a eficácia do tratado pudesse ser limitada (em termos relativamente complexos) se, no prazo de seis anos sobre a sua entrada em vigor, não tivesse sido aprovado, por acordo, incluindo as empresas a quem tivesse sido atribuída prospecção e exploração, um plano de prospecção e exploração do *Sunrise*. Não se chegou a acordo nesta matéria.
3. Em Abril de 2013, Timor-Leste iniciou arbitragem contra a Austrália, prevista no Tratado do Mar de Timor. Ignoro quais sejam os exactos termos do pedido, mas o fundamento será má-fé da Austrália na negociação do CMATS, resultante da prática e utilização de espionagem.

4. Mais recentemente, Timor-Leste intentou, no T.I.J., acção contra a Austrália a pedir a restituição de documentos e outros dados que lhe pertenciam e que foram apreendidos por agentes australianos no escritório de advogado de Timor-Leste, de nacionalidade australiana (caso das *Questões relativas à apreensão e detenção de certos documentos e dados*, Timor-Leste c. Austrália). Requereu a medida provisória de que os documentos fossem entregues ao Tribunal Internacional de Justiça. As partes foram ouvidas sobre o pedido de medidas provisórias. A Austrália sustentou que a pronúncia sobre o pedido de restituição dos documentos devia ser, ela própria, suspensa até o termo do processo arbitral, já em curso, e Timor-Leste opôs-se.

O Tribunal, sem se pronunciar sobre o pedido de medidas provisórias, deliberou continuar o processo, fixando prazos para apresentação de Memória (28 de Abril de 2014) e Contra-Memória (28 de Julho de 2014).

O SECTOR PORTUÁRIO COMO *HUB* NACIONAL

Lídia Sequeira
Economista
Especialista em transportes

O mar é o nosso ativo estratégico desde sempre presente na nossa História, na nossa Cultura, na nossa Economia.

Hoje, como antes, para garantir a ligação de Portugal ao mundo e para afirmar a centralidade da nossa localização geográfica, o transporte marítimo assume um papel determinante e os portos, como nós multimodais da cadeia logística de transporte, são essenciais para agilizar todos os fluxos de transporte e aumentar a eficiência da economia nacional.

Portugal visto do mar e através dos seus portos, não é um país periférico antes se localizando no cruzamento das principais rotas marítimas Norte-Sul e Este– Oeste.

Ao contrário de outros portos da fachada atlântica, os nossos portos não exigem qualquer desvio nas rotas dos grandes navios que atravessam o Oceano Atlântico ou que, vindos do Extremo Oriente, rumam ao Norte da Europa, principal centro consumidor do mundo.

A localização estratégica dos portos nacionais aumenta exponencialmente se considerarmos que, hoje, os maiores portos se localizam no Oceano Pacífico e que a rota tradicional do Pacífico e do Indico para o Norte da Europa se faz através do Canal do Suez, uma das principais zonas com grandes constrangimentos de segurança e com potencial incremento como zona de conflito (Golfo de Adém e Golfo da Arábia).

Hoje, os grandes navios porta-contentores ainda frequentam preferencialmente esta rota, mas até há bem poucos anos grandes armadores como a Maersk chegaram a fazer percursos bem mais longos, utilizando a Rota do Cabo entre o Extremo-Oriente e o Norte da Europa, porque o custo das seguradoras para cobrir o frete marítimo era de tal forma elevado que compensava uma deslocação mais longa, no tempo e no espaço.

O aumento do custo dos combustíveis que, entretanto, disparou de forma galopante, encarregou-se de repor a normalidade no uso dos trajetos tradicionais mas veio criar novas oportunidades à rota Este-Oeste através do Canal do Panamá e abrir, assim, um mar de oportunidades aos portos portugueses em geral e ao Porto de Sines em particular.

O alargamento do Canal do Panamá, cuja inauguração está prevista para Agosto de 2014, vai permitir o aumento do comprimento dos navios que o atravessam de 294 metros, atualmente, para 366 metros, enquanto a largura passará de 32,3 metros para 49 metros e o calado dos 12 metros atuais para 15,2 metros.

Isto significa que, nas condições atuais, o canal apenas permite navios até 4.400 TEUS, enquanto no futuro poderá acolher navios de 12.000 TEUS.

Num futuro próximo, assistiremos ao redesenho de novas rotas e serviços atlânticos, reforçando a posição do Oceano Atlântico e do Brasil, hoje já a oitava maior economia do mundo e um potencial novo *hub* portuário de todo o continente sul-americano.

Os portos nacionais ficarão, então, numa posição privilegiada, sendo os primeiros portos a ser escalados no tráfego oriundo do Pacífico, perdendo o Mediterrâneo uma vantagem competitiva secular.

Para tirar partido destas vantagens geoestratégicas em tempo útil, urge que os portos nacionais sejam dotados das infraestruturas ferroviárias e rodoviárias que lhes permitam cumprir a sua função de nó modal, escoando rapidamente as mercadorias que recebem e expedem por via marítima e alargando o seu *interland* para a Península Ibérica e para o centro da Europa.

Sem ligações ferroviárias que permitam a formação de comboios com 700 metros de comprimento e ligações diretas a Madrid, os portos nacionais não poderão cumprir cabalmente a missão essencial que tinham condições para desempenhar no âmbito da cadeia logística de transportes e nas ligações do espaço europeu ao mundo.

Para além deste fator de competitividade, é importante sublinhar que os portos nacionais têm vindo a fazer um esforço notável no que respeita à sua modernização e a um investimento significativo na infoestrutura de apoio à gestão portuária.

Hoje, através da Janela Única Portuária, que consiste numa plataforma virtual, localizada nas administrações portuárias, todas as entidades que interagem com o porto, públicas e privadas, desenvolvem o processo de apresentação das mercadorias e dos navios por via eletrónica, podendo utilizar as diferentes linguagens informáticas (EDIFACT, FLATE FIL, XML) e os diferentes meios de comunicação atualmente disponíveis (computador, telemóvel, etc.).

Para se ter ideia dos resultados da eficácia deste instrumento de gestão da informação, que é comum a todos os portos nacionais, refiro que em Sines, sem papel e com procedimentos simplificados, em média todas as autorizações são concedidas, no processo do navio e no processo das mercadorias, cerca de dois dias antes da data de previsão da chegada do navio e, na partida, cerca de seis horas antes.

O Porto de Sines assume-se como o maior porto nacional, movimentando 41% da totalidade da tonelagem de mercadorias que utilizam a via marítima para entrar ou sair do país. E é também o maior porto exportador nacional, desde 2010.

Sines tem as principais características físicas exigidas a um porto *hub* e que sumariamente identifico:

- tem uma localização privilegiada situado na confluência das principais rotas marítimas;
- é um porto aberto ao mar, sem restrições de manobra;
- tem fundos até 28 metros medidos ao Zero Hidrográfico;
- tem fundos rochosos, sem necessidade de dragagens para manutenção da sua profundidade atual;
- está apto a receber os maiores navios em operação comercial no mundo.

Associado a estas características, o Porto de Sines tem cinco terminais especializados (Terminal de Granéis Líquidos, Terminal Petroquímico, Terminal de Gás Natural Liquefeito, Terminal Multiusos, Terminal de Contentores), recebendo todo o tipo de carga e dispõe de infraestruturas e equipamentos de ponta que correspondem ao que de melhor existe nos mais modernos portos europeus.

Sines passou, ao longo dos últimos anos, de ativo energético nacional para um ativo estratégico nacional. Sines é um projeto associado a um *cluster* petroquímico de grande envergadura, ao abastecimento de carvão a duas centrais termoelétricas, responsável pelo abastecimento de mais de 60% do gás natural consumido no nosso país. Mas é também um *hub* portuário, cujas características são uma mais-valia para o país e que lhe permitem desempenhar um papel importantíssimo no Sistema Portuário Nacional, contribuindo para a atração de serviços marítimos de longa distância, intercontinentais, que ligam diretamente o nosso país aos principais portos e que faz de Sines um porto alimentador de outros portos nacionais.

Importa sublinhar, ainda, que o Porto de Sines tem capacidade de crescimento em todos os seus terminais, sem constrangimentos de conflito com a expansão urbana, podendo, no caso do Terminal de Contentores, mais do que triplicar a área de expansão prevista para a totalidade da concessão à Port of Singapore Authority.

Para além dos seus fatores de competição internos, acresce que o Porto de Sines dispõe de uma área adjacente de grande dimensão, a Zona Industrial e Logística de Sines, gerida pela AICEP Global Parques, com capacidade de crescimento até aos 4.200 ha, totalmente expropriada e com parte das infraestruturas básicas já executadas.

II

Textos do
*I Curso de Pós-Graduação Direito Administrativo
do Mar*

ESPAÇO MARÍTIMO E DIREITO ADMINISTRATIVO : ENQUADRAMENTO*

Rui Guerra da Fonseca
Professor da Faculdade de Direito da Universidade de Lisboa
Coordenador do Curso de Pós-Graduação em Direito Administrativo do Mar

I. Introdução

Os últimos anos trouxeram um renovado interesse pelo mar. Entre nós – após décadas de dormência, porventura explicável por motivos histórico-simbólicos ligados à propaganda da ditadura, mas também pelo desinvestimento em sectores como o da pesca ([167]) – este renovado interesse resultou da introdução do tema na chamada "agenda política", sob a forte influência de um conjunto

---

* O presente texto constitui a versão escrita da nossa sessão no I Curso de Pós-Graduação em Direito Administrativo do Mar, intitulada "Espaço marítimo e princípios fundamentais de Direito Administrativo do Mar": mantêm-se, na forma escrita, a orientação lectiva e o objectivo que o próprio título apresenta (acrescentaram-se, naturalmente, as referências bibliográficas, entretanto actualizadas, também em razão da utilização do texto na segunda edição do Curso). Aproveita-se a ocasião para alertar o leitor para a existência de citações de obras em formato digital: as obras para 'Kindle' são citadas de acordo com estilo reconhecido, com remissão para localizações ("l.") e não para páginas.

[167] Cfr. Tiago Pitta e Cunha, *Portugal e o Mar*, Fundação Francisco Manuel dos Santos, Lisboa, 2011, pp. 19 ss.; IDEM, "O oceano como motor de actividades económicas em Portugal. Áreas de elevado potencial económico", in *Centenário do Nascimento do Professor Doutor Paulo*

de personalidades que conseguiu mostrar com vigor as vantagens do mar para a economia e desenvolvimento nacionais. Em grande parte, tais vantagens não podem desligar-se da dimensão da nossa zona económica exclusiva (ZEE) e plataforma continental, esta última em processo de alargamento, como é sabido.

Todavia, as motivações económicas para um novo fôlego de interesse pelo mar não são especificamente portuguesas. O mar é um recurso e uma fonte de recursos que vem excitando mais e mais a economia e a realidade internacionais. Existem também, evidentemente, motivações ambientais (a política europeia para o transporte marítimo, em detrimento do transporte rodoviário, é um exemplo), que vão, aliás, dar um contributo fundamental ao nível dos princípios enformadores do Direito Administrativo do Mar. Como existem também motivações políticas para este renovado interesse: mas não apenas estratégicas ou geo-estratégicas no sentido clássico ([168]); não apenas motivações políticas ligadas às mais clássicas e estáticas noções de soberania ([169]), mas substancialmente políticas porque imediatamente relevantes para a comunidade e pessoas que a compõem, designadamente em termos económicos: o mar caminha hoje para voltar a ser visto, ou novamente visto, como um elemento fundamental do "modo de vida em e da comunidade" ([170]). De há uns anos a esta parte, fala-se mesmo de uma "revolução industrial no

---

Cunha – Estudos em Homenagem, coord. António Menezes Cordeiro, Almedina, Coimbra, 2012, pp. 1107 ss.

[168] Note-se que, já em 2003, estimava-se que perto dos 60% da totalidade do comércio marítimo europeu passava na nossa ZEE e mar territorial: cfr. Luís Costa Diogo, *O Contexto do Mar e a Prática. Algumas Abordagens Doutrinárias Sobre Modelos de Autoridade Marítima. O Modelo Final Aprovado pelo Governo*, Cadernos Navais, 4, 2003, pp. 3-4.

[169] Os mais recentes debates nos EUA a respeito da ratificação da Convenção das Nações Unidas sobre o Direito do Mar (CNUDM) giram, sobretudo, em torno das possibilidades de aproveitamento dos recursos marinhos na plataforma continental e ZEE. A administração Obama tem-se empenhado em conseguir, finalmente, a ratificação da Convenção pelos EUA, e, muito embora tal ainda não tenha sucedido, os EUA insistem com outros Estados na necessidade de aplicação da Convenção, como recentemente entre China e Japão sobre as ilhas Senkaku, para o Japão, ou Diaoyu, para a China.

[170] Expressão que amiúde empregamos noutro local para nos referirmos ao "político" (cfr. Rui Guerra da Fonseca, *O Fundamento da Autotutela Executiva da Administração Pública*, Almedina, Coimbra, 2012, passim.

mar" ([171]). Com isso se tem em mente todo um desenvolvimento tecnológico corporizado em fenómenos concretos, muitas vezes ainda tidos por futuristas (eólicas *offshore* colocadas em navios, plataformas multiusos, biocombustíveis, etc.); mas se o Direito do Mar é dos ramos mais desenvolvidos no que toca à disciplina jurídica da investigação científica, por força de múltiplas disposições da CNUDM ([172]), aqui encontramos mais um sólido apoio para o necessário incremento da globalização do Direito Administrativo ([173]).

O mar tem, portanto, um significado político e jurídico (ou jurídico-político) fundamental na relação entre Estados; no comércio e transporte marítimo, que representa cerca de 90% do tráfego comercial internacional (suscitando os problemas tratados no Direito Marítimo e no Direito do Trabalho Marítimo, mas logo vindo a ser problemas de Direito Administrativo: pois boa parte do que se desenvolve quando um navio se aproxima de um porto, por exemplo, são relações jurídico-administrativas com entidades administrativas portuárias ou outras, que existem – independentemente da sua forma – justificadas pelo interesse público); no aproveitamento económico e energético dos espaços marítimos (designadamente, nas "águas territoriais", que são domínio público, sujeitas, portanto, a um regime inequívoco de Direito Administrativo). Enfim, muita coisa se passa no mar, podendo mesmo dizer-se que uma boa parte da actividade humana em terra tem ou pode ter no mar a sua réplica: e neste sentido a (quase) omnipresença da administração aí se verifica também, por ventura com mais intensidade até, pois essa mesma presença não se dilui como em terra habitável.

---

[171] RACHAEL E. SALCIDO, *Offshore Federalism and Ocean Industrialization*, Tul. L. Rev., 82, 2007, pp. 1355 ss.

[172] A CNUDM reserva toda uma parte, a Parte XIII, para a investigação científica (artigos 238.º a 265.º). Sobre o regime jurídico da investigação científica constante da CNUDM, entre tantos, cfr. YOSHIFUMI TANAKA, *The International Law of the Sea*, Cambridge Univ. Press, 2012, l. 14054 ss.; DONALD R. ROTHWELL / TIM STEPHENS, *The International Law of the Sea*, Hart Publishing, 2010, l. 11382 ss.; CARLA AMADO GOMES, *Por mares nunca de antes navegados: gestão do risco e investigação científica no meio marinho*, 2013, disponível em www.icjp.pt; JORGE A. VARGAS, *Mexico and the Law of the Sea*, Martinus Nijhoff Publishers, 2011, pp. 281 ss.; FLORIAN WEGELEIN, *Marine Scientific Research. The Operation and Status of Research Vessels and Other Platforms in International Law*, Martinus Nijhoff Publishers, 2005, max. pp. 59 ss.

[173] Cfr. MATTHIAS RUFFERT / SEBASTIAN STEINECKE, *The Global Administrative Law of Science*, Springer, 2011, pp. 35 ss.

Uma vez que se forma em torno de uma realidade fáctica, que não perde autonomia enquanto tal e sobre a qual recai depois o raciocínio jurídico (como no caso do Direito do Ambiente, do Direito da Energia, etc.), e não sobre certo(s) instituto(s) jurídico(s) que historicamente já dispensa a consideração preliminar das realidades de facto que lhe deram origem (como o Direito Administrativo, o Direito Constitucional, os Direitos Reais, etc.), a autonomia do Direito Administrativo do Mar pode não se apresentar como evidente no confronto com outros ramos do direito que assentam eles próprios na mesma realidade fáctica, como o Direito Internacional do Mar ou o Direito Marítimo [174]. Sucede, porém, que, numa manifestação da vocação "colonizadora" do Direito Administrativo [175], até mesmo ao Direito Marítimo vem sendo apontada a característica da administrativização ("intervencionismo administrativo"), tanto em razão da proliferação de normas de natureza administrativa, como da multiplicação de poderes administrativos nos mais diversos e tradicionais domínios deste ramo, por exemplo: em toda a vida do navio, desde a sua construção ao seu desaparecimento, passando pelo registo, inspecções, etc.; relativamente à tripulação, desde logo quanto aos poderes do capitão; ao transporte de mercadorias especiais, em razão da sua perigosidade para o ambiente ou para a saúde pública; e mesmo no domínio de avarias e de aspectos relativos ao seguro marítimo [176].

Este fenómeno de "administrativização" entronca num mais geral, da mesma natureza, mas que afecta a ordem jurídica no seu conjunto ou pelo menos em termos muito mais abrangentes, e que se mostra na expansiva autonomização do Direito Administrativo da Economia, por exemplo. E também aqui, no caso do Direito Administrativo do Mar, a União Europeia surge como um potente e decidido motor de "administrativização" [177], mercê, desde

---

[174] Para uma definição jurídica de "mar", cfr. FERNANDO LOUREIRO BASTOS, *A Internacionalização dos Recursos Naturais Marinhos*, AAFDL, 2005, pp. 127 ss.

[175] Falando numa "intrínseca vocação imperialista do Direito Administrativo", cfr. PAULO OTERO / PEDRO GONÇALVES, "Nota de abertura", in *Tratado de Direito Administrativo Especial*, I, coord. Paulo Otero e Pedro Gonçalves, Almedina, Coimbra, 2009, p. 5.

[176] Cfr. JOSÉ LUIS GABALDÓN GARCÍA / JOSÉ MARÍA RUIZ SOROA, *Manual de Derecho de la Navegación Marítima*, 3.ª Ed., Marcial Pons, 2006, p. 13.

[177] Convém ter presente, aliás, que Direito Administrativo e Direito da União Europeia em boa parte se identificam, aliás, como já assinalou FAUSTO DE QUADROS ("o Direito da Comunidade Europeia é, na sua essência, Direito Administrativo, e, de modo especial,

logo, da existência de uma política europeia para o mar, com a pretensão de ultrapassar uma visão meramente sectorial das actividades humanas a ele ligadas ([178]). Um aspecto central de influência do Direito da União Europeia neste domínio encontra-se, por exemplo, ao nível da própria noção de espaço marítimo ([179]). Sublinhe-se que o papel da União Europeia no domínio da harmonização legislativa é aqui de grande importância. Como o próprio *Livro Verde* já salientava, "[e]mbora as decisões específicas relativas às actividades devam ser tomadas ao nível nacional ou local, é preciso que haja um certo grau de homogeneidade entre os vários sistemas para assegurar a coerência das decisões que afectam o mesmo ecossistema ou as mesmas actividades transfronteiras, como os oleodutos /gasodutos ou as rotas marítimas" ([180]).

Direito Administrativo da Economia", podendo mesmo dizer-se que a "Ordem Jurídica das Comunidades Europeias (...) nasceu essencialmente do Direito Administrativo" – cfr. *A Nova Dimensão do Direito Administrativo. O Direito Administrativo português na perspectiva comunitária*, Almedina, Coimbra, 1999, pp. 11-13 ss)

[178] No *Livro Verde Para uma futura política marítima da União: Uma visão europeia para os oceanos e os mares* (COM(2006) 275), a Comissão Europeia assinalava já que "O transporte marítimo e os portos são essenciais para o comércio internacional. Para 90% do comércio externo da União Europeia e mais de 40% do seu comércio interno, o transporte é efectuado por via marítima. A União Europeia, com 40% da frota mundial, é incontestavelmente o líder deste sector global no futuro". Do mesmo passo, para a Comissão (de acordo com um estudo do *Irish Marine Institute*), os sectores com maior potencial de crescimento seriam o sector dos cruzeiros, o sector portuário, a aquicultura, as energias renováveis, as telecomunicações submarinas e a biotecnologia marinha.

[179] A expressão confraterniza, porém, com outras que designam a mesma realidade física, mas que colocam o enfoque, ainda que indirectamente, na valorização de certos aspectos – como o ambiental: por exemplo, *meio marinho* ou *ambiente marinho* (cfr. a Directiva 2008/56/CE, do Parlamento Europeu e do Conselho, de 17 de Junho de 2008, que estabelece um quadro de acção comunitária no domínio da política para o meio marinho (Directiva Quadro «Estratégia Marinha»), e o Decreto-Lei n.º 108/2010, de 13 de Outubro, que a transpõe para o direito interno, estabelecendo o regime jurídico das medidas necessárias para garantir o bom estado ambiental do meio marinho até 2020), em torno do qual se erige um princípio de planeamento dos vários usos que o mesmo comporta e de aproveitamento dos respectivos recursos. Esta última vertente convoca a noção de *marine* ou *maritime spatial planning*, objecto da Proposta de Diretiva do Parlamento Europeu e do Conselho que estabelece um quadro para o ordenamento do espaço marítimo e a gestão costeira integrada (2013): para uma perspectiva crítica desta Proposta, cfr. FRANCISCO ALVES ROCHA NORONHA, *O Ordenamento do Espaço Marítimo – Subsídios para um (futuro) regime legal*, diss. mestr. FDUP, policop., 2013, pp. 76 ss.
[180] Cfr. *Livro Verde*, p. 37.

II. Um Direito Administrativo de (determinante mas não exclusiva) fonte internacional

O Direito do Mar é tradicionalmente estudado – e não apenas em Portugal – como Direito *Internacional* do Mar, portanto, um subramo do Direito Internacional Público ([181]). Tal deve-se, de modo muito sintético, a sempre ter o mar constituído um espaço contextual de discussão de soberania e de zonas de influência, sendo então as relações jurídicas estabelecidas a tal respeito relações entre Estados, disciplinadas pelo Direito Internacional Público ([182]). A progressiva autonomização do Direito (Internacional) do Mar, que aqui não podemos desenvolver, encontra pois justificação num crescente aperfeiçoamento do sistema de fontes de direito disciplinadoras de relações jurídicas entre Estados tendo o(s) espaço(s) marítimo por contexto, aperfeiçoamento esse que foi podendo suportar-se numa larga tradição jurídico-principialista, desde Bodin e Grócio, como instrumento para a salvaguarda dos interesses dos Estados costeiros ([183]). Tal tradição aproximou-se de uma espécie de zénite já no século XX, quando, depois de GILBERT GIDEL cunhar a expressão *Droit International Public de la Mer* ([184]), tem lugar a I Conferência das Nações Unidas sobre o Direito do Mar (1958), no âmbito da qual são aprovadas quatro convenções com vocação geral que pretendiam cobrir os mais diversos domínios do que podia ser um ramo de direito autónomo ([185]). A aprovação

---

[181] Descontando, naturalmente, a discussão sobre a distinção entre "Direito do Mar" e "Direito Marítimo": sobre esta problemática, cfr. ARMANDO MARQUES GUEDES, *Direito do Mar*, 2.ª Ed., Coimbra Editora, Coimbra, 1998, pp. 11 ss.; MANUEL JANUÁRIO DA COSTA GOMES, *O Ensino do Direito Marítimo*, Almedina, Coimbra, 2005, pp. 29 ss. Na língua inglesa, as expressões utilizadas são, respectivamente, "(International) Law of the Sea" e "Maritime Law" (este último figurando numa outra polémica distintiva, com a expressão e significado de "Admiralty Law").

[182] Cfr. FERNANDO LOUREIRO BASTOS, "Os modelos de governação dos Oceanos e a Convenção das Nações Unidas sobre o Direito do Mar", *Direito & Política*, 2, 2013, pp. 7 ss.

[183] Cfr. ARMANDO MARQUES GUEDES, *Direito do Mar*, pp. 17 ss.

[184] Expressão que dava título a uma obra em três tomos, datada de 1932-34: cfr. ARMANDO MARQUES GUEDES, *Direito do Mar*, p. 12.

[185] Falamos da Convenção sobre o Mar Territorial e Zona Contígua, da Convenção sobre o Alto Mar, da Convenção a Pesca e Conservação de Recursos Biológicos no Alto Mar, da Convenção sobre a Plataforma Continental, e ainda do Protocolo facultativo relativo ao recurso obrigatório ao Tribunal Internacional de Justiça.

da Convenção das Nações Unidas sobre o Direito do Mar (CNUDM), que ficou também conhecida como Convenção de Montego Bay, em homenagem ao local onde foi assinado o respectivo acto final, a 10 de Dezembro de 1982, selou definitivamente a maturidade do Direito do Mar como subramo do Direito Internacional Público, nessa qualidade hoje ao lado do Direito Internacional dos Direitos Humanos e do Direito Internacional Económico. A vocação universal da CNUDM vem justificando, entretanto, que dela se fale como a *constituição dos oceanos* (expressão atribuída a Tommy T. B. Koh, que foi presidente da III Conferência nas Nações Unidas sobre o Direito do Mar, no âmbito da qual foi aprovada a CNUDM). Mas em parte, curiosamente, talvez esta última pretensão qualificativa espelhe já a ultrapassagem de uma concepção estritamente internacionalista do Direito do Mar.

Note-se, desde logo, que muitos aspectos regulados pela CNUDM já não têm apenas os Estados ou organizações internacionais como únicos destinatários, nem supõem relações estritas e clássicas entre tais sujeitos primários de Direito Internacional ([186]) (por exemplo, as que dizem respeito ao aproveitamento de recursos na Área por parte de "pessoas jurídicas, singulares ou colectivas", em associação com a Autoridade Internacional dos Fundos Marinhos ([187])). Mas em tantos outros momentos, a CNUDM introduz disciplina jurídica em domínios de relação entre Estados e outras entidades, designadamente privadas, que não se distinguem de regimes clássicos de Direito Administrativo senão pela natureza jusinternacional da fonte: é o caso, *v.g.*, do regime relativo à autorização do Estado costeiro para actividades de investigação científica a desenvolver no mar territorial, na zona económica exclusiva e na plataforma continental, constante dos artigos 245.º e seguintes da CNUDM ([188]). E vários outros casos existem (cfr. *infra*).

---

[186] Não os qualificando expressamente como tal, mas distinguindo os Estados e as organizações internacionais de outros sujeitos "menores" para efeitos do Direito Internacional Público, como o indivíduo ou as pessoas colectivas particulares, cfr. EDUARDO CORREIA BAPTISTA, *Direito Internacional Público*, II, Almedina, Coimbra, 2004, em especial pp. 323 ss.
[187] Cfr. *v.g.* art. 153.º, n.º 2, al. *b)*, da CNUDM.
[188] Veja-se que o art. 246.º, nos seus n.ºs 5 e 6, disciplina até a discricionariedade do Estado costeiro na recusa de autorização a actividades de investigação científica a desenvolver na sua zona económica exclusiva, muito embora aqui por outros Estados ou organizações internacionais competentes, poder discricionário esse cujo exercício o Estado costeiro pode excluir da apreciação jurisdicional, em caso de litígio a resolver ao abrigo dos procedimentos

Tomemos o Direito Administrativo como o direito da função administrativa, esta com duas vertentes essenciais: uma vertente material, respeitante à satisfação de necessidades colectivas, designadamente bem-estar e segurança; e uma vertente metodológica, ou de função orientada para o concreto ou para a consecução de resultados de facto intencionados pelas funções político-legislativa e pela própria administração na margem de iniciativa que a lei lhe confere ([189]). Nada obsta a que, verificando-se unidade e autonomia suficientes, o conjunto de regras e princípios respeitantes a relações jurídico-administrativas que tenham o mar por contexto ou objecto possa constituir um subramo do Direito Administrativo, um Direito Administrativo especial, como acontece em tantos outros casos (Direito Administrativo da Economia, Direito Administrativo dos Transportes, Direito Administrativo dos Resíduos, etc.)([190]). Além do mais, não deve perder-se de vista que o Direito do Mar lida

---

de resolução de controvérsias previstos nas Secções 2 e 3 da Parte XV (cfr. art. 297.º, n.º 2, al. *a), i)*, da CNUDM).

[189] Cfr. RUI GUERRA DA FONSECA, *O Fundamento da Autotutela Executiva* ..., pp. 552 ss., e referências aí constantes.

[190] Compulse-se, para tantos exemplos, a obra em vários volumes organizada por PAULO OTERO e PEDRO GONÇALVES, *Tratado de Direito Administrativo Especial*, publicado pela Editora Almedina. Sobre a relação entre "Direito Administrativo geral" e "Direitos Administrativos especiais", cfr. AFONSO RODRIGUES QUEIRÓ, *Lições de Direito Administrativo*, I, Coimbra, 1976, pp. 195 ss.; MARCELLO CAETANO, *Manual de Direito Administrativo*, I, Almedina, Coimbra, 1980, pp. 46 ss.; PAULO OTERO, *Direito Administrativo. Relatório de uma disciplina apresentado no concurso para professor associado na Faculdade de Direito da Universidade de Lisboa*, Lisboa, 1998, p. 306; MARCELO REBELO DE SOUSA, *Lições de Direito Administrativo*, Lex, Lisboa, 1999, pp. 64 ss.; MARCELO REBELO DE SOUSA / ANDRÉ SALGADO DE MATOS, *Direito Administrativo Geral*, I, 2.ª Ed., D. Quixote, Lisboa, 2006, pp. 54 ss.; FAUSTO DE QUADROS, "A europeização do contencioso administrativo", in *Estudos em Homenagem ao Professor Doutor Marcello Caetano*, I, Ed. FDUL, Coimbra Editora, 2006, p. 391; FERNANDO ALVES CORREIA, *Alguns Conceitos de Direito Administrativo*, 2.ª Ed., Almedina, Coimbra, 2001, pp. 30-31; DIOGO FREITAS DO AMARAL, *Curso de Direito Administrativo*, I, Almedina, Coimbra, 1993, pp. 177 ss.; PEDRO MACHETE, *Estado de Direito Democrático e Administração Paritária*, Almedina, Coimbra, 2007, pp. 46 ss.; RENÉ CHAPUS, *Droit administratif général*, I, 15.ª Ed., Montchrestien, Paris, 2001, pp. 10 ss.; RAMÓN PARADA, *Derecho Administrativo*, I, 15.ª Ed., Marcial Pons, Madrid, 2004, pp. 368 ss.; RAMÓN MARTÍN MATEO, *Manual de Derecho Administrativo*, 23.ª Ed., Thomson-Aranzadi, 2004, pp. 61 ss.; ELIO CASETTA, *Manuale di Diritto Amministrativo*, 7.ª Ed., Giuffrè, Milão, 2005, pp. 14-15; E. SCHMIDT-ASSMAN, *Das allgemeine Verwaltungsrecht als Ordnungsidee*, 2.ª Ed., Springer, 2006, pp. 6 ss.; JÖRN IPSEN, *Allgemeines Verwaltungsrecht*, 6.ª Ed., Carl Heymans Verlag, 2009, p. 17. Para outras referência, cfr. RUI GUERRA DA FONSECA, *O Fundamento da Autotutela Executiva* ..., p. 34.

com um objecto mediato que o Direito português qualifica especialmente: pois nos termos do artigo 84.º, n.º 1, al. *a)* da Constituição da República Portuguesa (CRP) as águas territoriais (águas interiores e mar territorial) e os "fundos marinhos contíguos" (a plataforma continental) pertencem ao domínio público, regido pelo Direito Constitucional e sobretudo pelo Direito Administrativo ([191]).

Já poderia falar-se de um Direito Administrativo do Mar a propósito daquele conjunto de princípios e regras de direito estritamente interno que lidam com actividades humanas ligadas ao mar e que ao Estado cabe regular, tanto normativamente como através de actuações concretas (licenças, autorizações, etc.)([192]), em ordem a assegurar o bem estar e a segurança (designadamente, no contexto da gestão pública de recursos escassos): falamos, *v.g.*, de actos permissivos de actividades de pesca ou de outros usos do espaço marítimo, da verificação das condições de segurança de navios e embarcações, da concessão de espaços portuários, da fixação de limites de captura ou de interdições à captura de certas espécies, de actos jurídicos de planeamento da organização e usos do espaço marítimo, etc.

O Direito Internacional não é indispensável ou sequer dogmaticamente necessário para que possa isolar-se um Direito Administrativo do Mar: recorde-se que os Estados Unidos da América não são parte na CNUDM e nem por isso deixa de poder falar-se de regulação administrativa do espaço marítimo sob jurisdição norte-americana, isto é, de um Direito Administrativo do Mar ([193]).

---

[191] Cfr. RUI GUERRA DA FONSECA, *Organização Económica (artigos 80.º a 107.º)*, in *Comentário à Constituição Portuguesa*, II, coord. Paulo Otero, Almedina, Coimbra, 2008, pp. 305 ss. e referências aí constantes. Em especial também, ANA RAQUEL GONÇALVES MONIZ, *O Domínio Público. O critério e o regime jurídico da dominialidade*, Almedina, Coimbra, 2005, pp. 170 ss.

[192] Já por carta do regente D. Pedro (era D. Afonso V menor), datada de 22 de Outubro de 1443, era proibida a navegação para sul do Cabo Bojador, salvo permissão do Infante D. Henrique. E tanto as Ordenações Manuelinas como Filipinas exigiam licença régia para ir à "Guinee, e Índias, e quaisquer Terras e Mares, e lugares de nossa Conquista" (cfr. ARMANDO MARQUES GUEDES, *Direito do Mar* pp. 20-21), claramente um exigência administrativa, ou uma manifestação de um embrionário Direito Administrativo do Mar.

[193] Um exemplo interessante é o da regulação da energia eólica *offshore*, que nos EUA tem suscitado não poucos problemas jurídico-administrativos: a este respeito, cfr. J. FIRESTONE / W. KEMPTON / A. KRUEGER / C. E. LOPER, *Regulating offshore wind power and aquaculture: messages from land and sea*, Cornell JL & Pub. Policy, 14, 2004, pp. 75 ss.; M. W. MARINAKOS,

O que se verifica ao nível do Direito Administrativo do Mar é, outrossim, uma enorme importância do Direito Internacional como fonte, designadamente no que respeita aos poderes do Estado sobre as várias classes de espaço marítimo (o Direito Administrativo do Mar é, aliás, um subramo em que tal se coloca com especial intensidade, por isso, a necessidade de uma "interpretação conforme ao Direito Internacional" das normas internas dos Estados, de que fala CASSESE a propósito do Direito Administrativo Global ou Internacional) ([194]). Mas essa enorme importância das fontes internacionais não descaracteriza o Direito Administrativo do Mar enquanto subramo do Direito Administrativo: antes contribui para a sua autonomia. Assim como não deprecia o Direito Internacional do Mar como subramo do Direito Internacional Público o conjunto de especificidadades ao nível do seu sistema de fontes.

Mas o Direito Administrativo é também um ramo disciplinador da utilização (exploração, distribuição) de recursos públicos e de recursos escassos, aí se mostrando a sua faceta mais especificamente regulatória. No caso das actividades ligadas ao mar, os exemplos são múltiplos: desde o vasto conjunto de regras que estabelecem limites sazonais ou quantitativos à pesca de certas espécies, passando pela disciplina jurídica da actividade de aquicultura marinha ([195]), até ao regime de licenciamento para prospecção e exploração de

---

A Mighty Wind: the Turbulent Times of America's First Offshore Wind Farm and the Inverse of Environmental Justice, Earth Jurisprudence and Environmental Justice Journal 2:1, 5, 2012, pp. 83 ss.; ASHLYN N. MAUSOLF, *Clearing the Regulatory Hurdles and Promoting Offshore Wind Development in Michigan*, University of Detroit Mercy Law Review 89, 2012, pp. 237 ss.; CAROLYN S. KAPLAN, *Congress, the Courts, and the Army Corps: Siting the First Offshore Wind Farm in the United States*, BC Envtl. Aff. L. Rev. 31, 2004, pp. 177 ss. Especificamente sobre as vantagens, neste domínio, da adesão à CNUDM pelos EUA, cfr. KIERAN DWYER, *UNCLOS: Securing the United States' Future in Offshore Wind Energy*, Minn. J. Int'l L. 18, 2009, pp. 265 ss.

[194] Cfr. SABINO CASSESE, *Shrimps, Turtles, and Procedure: Global Standards for National Administrations*, IILJ Working Paper 2004/4, pp. 16 ss.

[195] Cfr. artigos 11.º, 12.º e 12.º-A, do Decreto-Lei n.º 383/98, de 27 de Novembro, bem como os Decretos Regulamentares n.º 14/2000, de 21 de Setembro, e n.º 9/2008, de 18 de Março (e demais legislação relevante aí referida). De salientar que, pelo Despacho n.º 14585/2010, de 13 de Setembro de 2010, dos Ministérios da Defesa Nacional, da Economia, da Inovação e do Desenvolvimento, da Agricultura, do Desenvolvimento Rural e das Pescas, das Obras Públicas, Transportes e Comunicações e do Ambiente e do Ordenamento do Território (*DR*, II, n.º 184, de 21 de Setembro de 2010), foi aprovado o "Manual de Apoio ao Licenciamento de Estabelecimentos de Aquicultura Marinha".

hidrocarbonetos em espaço marítimo ([196]). Está em causa ora a mera utilização do espaço marítimo, ora a extracção de recursos do mesmo, alguns públicos (como os hidrocarbonetos que, encontrando-se no subsolo da plataforma continental, integram o domínio público), outros simplesmente escassos.

Pois bem, se tal já se verificava aquando da I Conferência das Nações Unidas ([197]), com muito mais intensidade a questão dos recursos marinhos (ou da sua escassez) determinou a abertura da III Conferência e dominou a construção do articulado da CNUDM. A criação da figura jurídica "zona económica exclusiva" é, aliás, uma das principais manifestações do peso que a questão dos recursos marinhos teve e tem na CNUDM ([198]), bem o espelhando as diferenças de regime jurídico quanto ao seu aproveitamento, respectivamente, na zona económica exclusiva e na plataforma continental ([199]).

Não se pense, porém, que esta crescente integração entre Direito Internacional e Direito Administrativo é específica do Direito do Mar. Na verdade, o Direito do Mar expressa, por ventura mais intensamente que outros, uma profunda alteração ao nível do Direito Internacional e das suas funções: de um direito de convivência (entre Estados), o Direito Internacional torna-se cada vez mais um direito de cooperação, um instrumento de ligação entre os vários domínios políticos domésticos, contribuindo para a construção de uma política internacional ou global (*global governance*)([200]). No Direito Internacional do Mar esta alteração paradigmática expressa-se na evolução das respectivas funções, de um direito essencialmente de coordenação ou disciplinador da distribuição espacial da jurisdição dos Estados (*zonal management approach*), para um direito de coordenação entre os Estados (*integrated management approach*)([201]). Do ponto de vista do Direito Administrativo, tal constitui uma

---

[196] Cfr. Decreto-Lei n.º 109/94, de 26 de Abril, e a Portaria n.º 790/94, de 5 de Setembro.

[197] A chamada Declaração Truman (1945) a respeito da plataforma continental, sustentando ser *razoável e justo* que o Estado costeiro exerça jurisdição sobre os recursos naturais do subsolo e do leito da plataforma continental é, na verdade, uma afirmação do Direito Administrativo do Estado.

[198] Sobre esta problemática, cfr. YOSHIFUMI TANAKA, *The International Law of the Sea*, l. 3005 ss. e 6655 ss.

[199] Cfr. *maxime* artigos 62.º e seguintes, e 77.º, da CNUDM.

[200] Sobre esta temática, cfr. JOEL TRACHTMAN, *The Future of International Law*, Cambridge Univ. Press, 2013, passim.

[201] Sobre esta evolução, para a qual releva a continuidade dos espaços marítimos, que devem comunicar livremente, cfr. YOSHIFUMI TANAKA, *The International Law of the Sea*, l. 2519 ss. e 9920 ss.

das grandes alavancas que o impulsionam para fora das estritas fronteiras do doméstico, colocando-o a caminho de um Direito Administrativo Global ([202]).

III. O espaço marítimo como âmbito da jurisdição administrativa

A qualificação do(s) espaço(s) marítimo(s) resulta *prima facie* de uma relação entre o Direito Internacional e os direitos nacionais (mesmo tratando-se de Estados não aderentes à CNUDM, *prima facie* dada a extensão e importância do costume internacional no domínio do Direito do Mar, desde logo). Mas à relação entre o sistema jus-internacional e certo sistema jurídico doméstico pode ainda somar-se um terceiro elemento sistemático regional: é o caso do Direito da União Europeia, para os Estados que dela fazem parte. No entanto, as classificações tradicionais (mar territorial, zona contígua, zona económica exclusiva, plataforma continental, alto mar e área) resultam do Direito Internacional e do direito interno dos Estados, havendo aí continuidade ou unidade (tendencial) de critérios de classificação. Já o Direito da União Europeia olha para o espaço marítimo pensando na definição de um âmbito de aplicação das suas próprias fontes, no desenvolvimento e concretização dos princípios que dão identidade ao próprio Direito da União Europeia como sistema, como espaço de concretização da intencionalidade política dos órgãos da União Europeia: por outra palavras, o espaço marítimo como *espaço de governo* ([203]).

Se a relevância do Direito Administrativo em espaço marítimo vai além do simples elenco dos poderes públicos que aí podem ser exercidos (sendo necessária, para a apreensão compreensiva dessa relevância, uma visão global das relações jurídico-administrativas susceptíveis de constituição em torno do mar) o respectivo quadro não deixa de constituir uma primeira amostra

---

[202] Não por acaso, as actividades em espaço marítimo estiveram na origem do cada vez mais estudado e autonomizado Direito Administrativo Global: cfr. SABINO CASSESE, *Shrimps, Turtles, and Procedure* (...), passim.

[203] Espelha-o bem a já referida Directiva Quadro «Estratégia Marinha», e a política marítima integrada (PMI) que vem sendo desenvolvida pela União Europeia (para acesso ao Regulamento (UE) n.º 1255/2011 do Parlamento Europeu e do Conselho, de 30 de Novembro de 2011, que estabelece um programa de apoio ao aprofundamento da política marítima integrada, bem como a outra documentação relevante, acesse-se http://ec.europa.eu/maritimeaffairs/policy/index_pt.htm).

da disciplina na jurisdição administrativa em razão de certa classe de espaço. Vejamo-lo com o caso português.

A Lei n.º 34/2006, de 28 de Julho, determina a extensão das zonas marítimas sob soberania ou jurisdição nacional e os poderes que o Estado português nelas exerce, bem como os poderes exercidos no alto mar, fixando como zonas marítimas sob soberania ou jurisdição nacional as águas interiores, o mar territorial, a zona contígua, a zona económica exclusiva e a plataforma continental (artigos 1.º e 2.º). A distinção entre soberania e jurisdição suscita não poucos problemas, que aqui não podemos desenvolver ([204]). Aquelas zonas marítimas sob jurisdição nacional são as mesmas que o regime jurídico da CNUDM já permite qualificar como tais, esclarecendo, aliás, o artigo 3.º da Lei n.º 34/2006 que as suas normas são interpretadas em conformidade com os princípios e normas do Direito Internacional, designadamente os previstos na CNUDM.

A Lei n.º 34/2006 não se refere às águas interiores, que são as águas superficiais ou subterrâneas do lado terrestre das linhas de base que marcam o início do mar territorial (artigo 8.º da CNUDM, e artigo 4.º, al. *e*), da Lei n.º 58/2005, de 29 de Dezembro – Lei da Água ([205])). Sobre estas, é costume dizer-se que o Estado detém *poderes dominiais* ([206]), não simplesmente porque as mesmas constituam domínio público (pois também o constituem o mar territorial e a plataforma continental), mas para salientar que tais poderes são os que o Estado exerce sobre o território (*v.g.*, exclusivo da pesca, navegação e sobrevoo), não havendo direito de passagem inofensiva nem de passagem em trânsito sem autorização do Estado senão em circunstâncias muito específicas ([207]).

---

[204] Por exemplo, distinguindo entre "soberania territorial" (*territorial sovereignty*) caracterizada pela "plenitude e exclusividade" (*completeness and exclusiveness*), e "direitos de soberania" (*sovereign rights*) limitados em razão da matéria (*ratione materiae*), que seriam os que o Estado costeiro detém na sua zona económica exclusiva, cfr. YOSHIFUMI TANAKA, *The International Law of the Sea*, 1. 2549 ss. Sobre esta temática, aprofundadamente, cfr. MARIA GAVOUNELI, *Functional Jurisdiction in the Law of the Sea*, Martinus Nijhoff Publishers, 2007, passim.

[205] Sobre as noções, relevantes para este efeito, de águas costeiras e águas de transição, cfr. artigo 4.º, als. *b*) e *c*), da Lei n.º 58/2005.

[206] Cfr. JOSÉ LUÍS MOREIRA DA SILVA, *Direito do Mar*, AAFDL, 2003, p. 70.

[207] É por causa de tais circunstâncias que a CNUDM se ocupa das águas interiores no seu artigo 8.º: no n.º 1, dada a situação especial dos Estados arquipélagos; e no n.º 2 para assentar que quando o traçado de uma linha de base recta, de acordo com o método estabelecido no

O mar territorial ([208]) é uma zona marítima de exercício do poder administrativo do Estado por excelência. Aqui se fala de "domínio soberano" ([209]), com uma dupla justificação. Desde logo, uma justificação de Direito Internacional, atendendo ao regime da CNUDM, que expressamente afirma a soberania do Estado sobre o mar territorial (abrangendo o espaço aéreo sobrejacente, bem como o leito e subsolo subjacentes), com as limitações decorrentes da própria Convenção (artigo 2.º). Mas também uma justificação de direito interno, considerando a dominialidade do mar territorial.

O principal limite ao poder soberano do Estado no mar territorial é o direito de passagem inofensiva (artigo 17.º e seguintes da CNUDM), que aliás não pode ser suspenso senão excepcionalmente ([210]). O Estado não pode impedir ou dificultar que navios com bandeira de outros Estados atravessem o seu mar territorial, muito embora sejam consideráveis os seus poderes normativos na disciplina do direito de passagem inofensiva. Com efeito, o Estado costeiro pode adoptar leis e regulamentos (*laws and regulations*)([211]), no respeito pela

artigo 7.º, fechar, como águas interiores, águas que "anteriormente" não eram consideradas como tais, aplicar-se-á às mesmas o direito de passagem inofensiva, nos termos estabelecidos na própria CNUDM (situação que pode ser relevante para o caso português ante o commumente assinalado abuso, da parte de Portugal, do método de linhas de base rectas: sobre este problema, cfr. FAUSTO DE QUADROS / PAULO OTERO / JORGE BACELAR GOUVEIA, *Portugal e o Direito do Mar*, Ministério dos Negócios Estrangeiros, Lisboa, 2004, pp. 37 ss.). Há ainda a circunstância do direito de acesso ao mar dos Estados sem litoral, que implica a liberdade de trânsito para o efeito através do *território* (que abrange as águas interiores) do Estado de trânsito.

[208] O mar territorial português tem como limite exterior a linha cujos pontos distam 12 milhas náuticas do ponto mais próximo das linhas de base (artigo 6.º da Lei n.º 34/2006), significando isso que o Estado português o levou à máxima extensão admissível, de acordo com o artigo 3.º da CNUDM (são, aliás, poucos os Estados que fixam o limite máximo em menos de 12 milhas: à parte outras situações específicas, é o caso da Grécia, da Jordânia, e da Turquia no Mar Egeu). Nos termos do artigo 4.º, al. *h*), da Lei n.º 58/2005, o mar territorial, juntamente com as águas interiores, integra as águas territoriais, que assim se designam porque juridicamente dependentes do território: cfr. ARMANDO MARQUES GUEDES, *Direito do Mar*, p. 93. Aí alerta o Autor para que, em instrumentos internacionais, desde logo na CNUDM, a expressão "território" designa "terra firme". E em instrumentos de direito interno – como a CRP – "águas territoriais" surge como sinónimo de "mar territorial", mas tecnicamente abrange todas as que estão para trás das linhas de base, incluindo fluviais e lacustres.

[209] Cfr. JOSÉ LUÍS MOREIRA DA SILVA, *Direito do Mar*, p. 77.

[210] Cfr. artigo 25.º, n.º 3, da CNUDM.

[211] A distinção tem especial interesse para os sistemas jurídicos de matriz anglo-americana. Note-se que, no caso português, a reserva absoluta de competência legislativa da Assembleia da República – artigo 164.º/ al. *g*), da CRP – diz apenas respeito à "definição dos limites das

CNUDM e outras normas de Direito Internacional, sobre as matérias referidas no artigo 21.º da Convenção ([212]), "respeito" esse que é, desde logo, pelos conceitos normativos de "passagem" e de "passagem inofensiva" (artigos 18.º e 19.º da CNUDM). São ainda poderes normativos os respeitantes à designação de rotas marítimas e prescrição de sistemas de separação de tráfego no mar territorial (artigo 22.º da CNUDM).

No seu mar territorial, o Estado costeiro tem ainda poderes de autotutela administrativa ([213]), designadamente, o poder de tomar as medidas em concreto necessárias para impedir toda a passagem que não seja inofensiva, bem como para impedir qualquer violação das condições a que está sujeita a admissão nas águas interiores de navios que a elas se dirijam ou a escala em instalação portuária situada fora das mesmas (artigo 25.º, n.ºs 1 e 2, da CNUDM). Aqui avulta o direito de visita (artigo 16.º da Lei n.º 34/2006) que, no mar territorial, pode ser exercido quando existirem motivos fundados para presumir que a passagem de certo navio é prejudicial à paz, à boa ordem ou à segurança nacional, abrangendo as situações em que o navio, embarcação ou outro dispositivo flutuante se encontre em preparativos para qualquer actividade daquele tipo, e existindo motivos fundados para presumir a violação das normas internas ou internacionais aplicáveis no mar territorial (n.ºs 1 e 2). Caso no decurso da actividade de fiscalização não seja acatada a ordem de parar, pode ser empreendida perseguição, nos termos do Direito Internacional ([214]). O direito de visita é um procedimento inspectivo, podendo dar lugar

---

águas territoriais, da zona económica exclusiva e dos direitos de Portugal aos fundos marinhos contíguos".

[212] Pese embora se debata a respectiva taxatividade, tal elenco de matérias integra as seguintes, nos termos das várias alíneas do n.º 1 deste preceito: segurança da navegação e regulamentação do tráfego marítimo; protecção das instalações e dos sistemas de auxílio à navegação e de outros serviços ou instalações; protecção de cabos e ductos; conservação dos recursos vivos do mar; prevenção de infracções às leis e regulamentos sobre pesca do Estado costeiro; preservação do meio ambiente do Estado costeiro e prevenção, redacção e controlo da sua poluição; investigação científica marinha e levantamentos hidrográficos; prevenção das infracções às leis e regulamentos aduaneiros, fiscais, de imigração ou sanitários do Estado costeiro.

[213] Sobre a noção de autotutela administrativa e suas vertentes declarativa e executiva, cfr. RUI GUERRA DA FONSECA, *O Fundamento da Autotutela Executiva* ..., pp. 254 ss.

[214] Cfr. artigo 111.º da CNUDM. Sobre o direito de perseguição (*hot pursuit*), cfr. YOSHIFUMI TANAKA, *The International Law of the Sea*, max. l. 7856 ss.; DONALD R. ROTHWELL / TIM

a "medidas cautelares adequadas" (²¹⁵), "designadamente, a apreensão dos bens e documentos que constituem meio de prova, a detenção dos tripulantes infractores e o apresamento do navio" (artigo 19.º da Lei n.º 34/2006). A natureza administrativa destes poderes é reforçada pela natureza administrativa dos titulares da competência (Sistema da Autoridade Marítima – art. 14.º Lei 34/2006). Podem também ser cobradas taxas a navios estrangeiros, mas só por serviços prestados (e não apenas pela passagem) e sem discriminação (artigo 26.º da CNUDM)(²¹⁶).

No que respeita à zona contígua, que se estende até às 24 milhas das linhas de base (artigos 33.º da CNUDM, e 7.º da Lei n.º 34/2006), é comum dizer-se que o Estado já não dispõe de soberania, mas apenas de "jurisdição", porque aqui os seus poderes são de mera fiscalização (²¹⁷). Não sendo este o lugar para nos dedicarmos ao problema da natureza jurídica da zona contígua (²¹⁸), nem tão-pouco à distinção entre "soberania" e "jurisdição" (²¹⁹), verifica-se que os poderes de fiscalização de que o Estado dispõe na zona contígua são em todo o caso poderes de natureza administrativa (²²⁰): nos termos do artigo 33.º da CNUDM, destinados a evitar as infracções (*prevent infringement*) às leis e regulamentos aduaneiros, fiscais, de imigração ou sanitários no seu território

---

STEPHENS, *The International Law of the Sea*, l. 6066 ss.; JOÃO TIAGO SILVEIRA, "A 'Hot Pursuit' nos Mares", Rev. Jur. AAFDL, 24, 2001, pp. 85 ss.

[215] Remetendo implicitamente para os artigos 84.º e 85.º do Código do Procedimento Administrativo (CPA), respeitantes a medidas provisórias.

[216] Deixamos de parte a situação específica dos navios de guerra e de outros navios de Estado para fins não comerciais (artigos 29.º e seguintes da CNUDM).

[217] Cfr. JOSÉ LUÍS MOREIRA DA SILVA, *Direito do Mar*, p. 88.

[218] Sobre o que há grande discussão. Faz curso a ideia de que à zona contígua se aplica supletivamente o regime do alto mar (artigo 86.º da CNUDM) e, por isso, se entende que a zona contígua abrange apenas a coluna de água e a superfície (com exclusão do leito, do subsolo, e do espaço aéreo superior), constituindo então os poderes de fiscalização do Estado um limite às liberdades do alto mar. Em sentido diverso, cfr. JOSÉ LUÍS MOREIRA DA SILVA, *Direito do Mar*, p. 90. Mas encontra-se commumente a sua caracterização como parte integrante da zona económica exclusiva, quando esta haja sido reclamada. Sobre este assunto, veja-se, nesta mesma publicação, o texto da autoria de FERNANDO LOUREIRO BASTOS.

[219] Para além de referências já deixadas *supra*, sobre a noção de "jurisdição", cfr. RUI GUERRA DA FONSECA, *O Fundamento da Autotutela Executiva* ..., pp. 566 ss., e referências aí constantes.

[220] Qualificando-os expressamente como tal, cfr. PEDRO CARIDADE FREITAS, "A Zona Contígua no Direito do Mar", in *Estudos em Homenagem ao Professor Doutor Paulo de Pitta e Cunha*, III, Almedina, Coimbra, 2010, p. 649.

ou no seu mar territorial (n.º 1), e a reprimir as infracções (*punish infringement*) às leis e regulamentos no seu território ou no seu mar territorial (o âmbito material é ainda o do n.º 1, pois só pode haver "repressão" após "fiscalização") ([221]). Nos termos do artigo 16.º da Lei 34/2006, também na zona contígua há direito de visita "quando necessário para evitar ou reprimir as infracções às leis ou regulamentos aduaneiros, fiscais, de imigração ou sanitários no território nacional ou no mar territorial, ou as infracções relativas ao património cultural subaquático ocorridas naquela zona ou no mar territorial". Trata-se, portanto, de poderes de polícia (prevenção de perigos)([222]) e até mesmo de autotutela executiva ([223]).

Na plataforma continental, que se estende até ao limite das 200 milhas contadas das linhas de base (salvo alargamento) o Estado exerce "direitos de soberania" para efeitos de exploração e aproveitamento dos recursos naturais (artigos 76.º e seguintes da CNUDM, e 9.º da Lei 34/2006), situação jurídica que é de Direito Administrativo, assim como os poderes públicos que então se manifestam. Note-se, aliás, que tais direitos são exclusivos: se o Estado não aproveita ou não explora os recursos da sua plataforma, ninguém mais o pode fazer sem o seu expresso consentimento (artigo 77.º da CNUDM), consentimento esse que há-de manifestar-se num título administrativo, já que estamos perante domínio público do Estado (artigo 84.º, n.º 1, al. *a*), da CRP). Estes direitos exclusivos do Estado são, como costumada e correctamente se afirma, finalisticamente limitados (exploração e aproveitamento dos recursos naturais), o que marca uma certa diferença face ao regime dominial do mar territorial: daí que tais direitos não possam prejudicar o exercício de outros por Estados terceiros que visem apenas o uso do espaço (isto é, que não contendam com aquela possibilidade de aproveitamento e exploração, respeitando o direito de inércia do Estado costeiro) – como é o caso de direitos

---

[221] Relativamente a objectos arqueológicos e históricos achados no mar, veja-se ainda o artigo 303.º da CNUDM.

[222] Para uma síntese de referências ao conceito de polícia, cfr. RUI GUERRA DA FONSECA, *O Fundamento da Autotutela Executiva* ..., pp. 302 ss.

[223] A referência ao "território" e ao "mar territorial" significa, juridicamente, uma remissão para o regime do domínio público e para os poderes de autotutela executiva na respectiva protecção. Também no que toca ao regime previsto no artigo 303.º da CNUDM para os objectos arqueológicos e históricos, a norma seria praticamente irrelevante se não implicasse uma remissão para o poder de apreensão.

relativos à navegação, colocação e manutenção de cabos e ductos (artigos 78.º e 79.º da CNUDM) e investigação científica (artigos 246.º da CNUDM, muito embora neste caso com vários detalhes de relevo que aqui não podemos desenvolver ([224])). Mas, na verdade, trata-se de um regime dominial finalisticamente limitado, como é todo o regime dominial, muito embora aqui com a característica de tais limitações serem de fonte internacional, e serem tais limitações não apenas teleológicas mas consistentes no exercício de específicos direitos de terceiros. A natureza administrativa dos poderes do Estado sobre a plataforma continental resulta bem evidente, por exemplo, do regime do Decreto-Lei n.º 49.369, de 11 de Novembro de 1969, relativo à concessão e exploração de petróleo na plataforma continental, e do Decreto-Lei n.º 109/94, de 26 de Abril, que disciplina o acesso e exercício das actividades de prospecção, pesquisa, desenvolvimento e produção de petróleo nas áreas disponíveis da superfície emersa do território nacional, nas águas interiores, do mar territorial e da plataforma continental, bem como da realização de estudos de avaliação prévia.

Por seu turno, na zona económica exclusiva, de acordo com o artigo 73.º, n.º 1, da CNUDM, pode – rigorosamente, *deve* – o Estado costeiro, "no exercício dos seus direitos de soberania de exploração, aproveitamento, conservação e gestão dos recursos vivos [...] tomar as medidas que sejam necessárias, incluindo visita, inspecção, apresamento e medidas judiciais, para garantir o cumprimento das leis e regulamentos por ele adoptados" conformemente à Convenção ([225]). O direito de visita na nossa zona económica exclusiva encontra disciplina jurídica também no artigo 16.º, n.º 1, al. *c)*, da Lei n.º 34/2006, em termos idênticos ao já visto para outras zonas marítimas, descontado o seu âmbito. Muito embora na zona económica exclusiva o carácter funcionalizado dos poderes do Estado seja mais visível (e ao mesmo tempo distinto) do que o

---

[224] Cfr. remissões em nota *supra*.
[225] De acordo com o n.º 3 do mesmo artigo, as sanções estabelecidas pelo Estado costeiro para violações das suas leis e regulamentos de pesca na zona económica exclusiva não podem incluir penas privativas da liberdade (salvo acordo dos Estados interessados), nem qualquer outra forma de pena corporal: o que significa, *a contrario*, que são possíveis (e por ventura constituindo a regra) sanções de natureza administrativa, essencialmente regidas pelo Direito Administrativo. Sobre as sanções administrativas, em geral, cfr. MARCELO MADUREIRA PRATES, *A Sanção Administrativa Geral*, Almedina, Coimbra, 2005.

que se verifica na plataforma continental (²²⁶), nem por isso o Estado costeiro deixa de ser titular de poderes, designadamente normativos, a montante daqueles a que o artigo 73.º da CNUDM se refere. Tais poderes, além de terem por objecto os recursos naturais existentes na zona económica exclusiva (artigo 56.º, n.º 1, al. *a*), da CNUDM), referem-se ainda a ilhas artificiais, instalações e estruturas (artigo 56.º, n.º 1, al. *b*), *i*), e artigo 60.º), à investigação científica (artigo 56.º, n.º 1, al. *b*), *ii*), e artigos 246.º e seguintes), bem como à protecção e preservação do meio marinho (artigo 56.º, n.º 1, al. *b*), *iii*), e disposições várias da Parte XII, designadamente, artigos 210.º, n.º 1, 211.º, n.º 5, e 220.º). No que respeita à actividade de pesca, em especial, atente-se nos aspectos relativamente aos quais a própria CNUDM se refere no artigo 62.º, n.º 4 (²²⁷).

---

[226] Até mesmo porque no que respeita à plataforma continental os direitos do Estado existem "independentemente de ocupação, real ou fictícia, ou de qualquer declaração expressa" (artigo 77.º, n.º 3, da CNUDM), o que não acontece relativamente à zona económica exclusiva.
[227] Sobre estas matérias, cfr. FERNANDO LOUREIRO BASTOS, *A Internacionalização* ..., pp. 636 ss.; LUÍS FILIPE DA SILVA DIAS, "Estudo da Evolução do Direito das Pescas no Direito do Mar", RFDUL, Vol. XLI, n.º 2, 2000, pp. 754 ss. Diz este mesmo artigo 62.º, n.º 4 (julgamos ser útil reproduzi-lo, apesar da extensão): "Os nacionais de outros Estados que pesquem na zona económica exclusiva devem cumprir as medidas de conservação e as outras modalidades e condições estabelecidas nas leis e regulamentos do Estado costeiro. Tais leis e regulamentos devem estar de conformidade com a presente Convenção e podem referir-se, *inter alia*, às seguintes questões: a) Concessão de licenças a pescadores, embarcações e equipamento de pesca, incluindo o pagamento de taxas e outros encargos que, no caso dos Estados costeiros em desenvolvimento, podem consistir numa compensação adequada em matéria de financiamento, equipamento e tecnologia da indústria da pesca; b) Determinação das espécies que podem ser capturadas e fixação das quotas de captura, que podem referir-se, seja a determinadas populações ou a grupos de populações, seja à captura por embarcação durante um período de tempo, seja à captura por nacionais de um Estado durante um período determinado; c) Regulamentação das épocas e zonas de pesca, do tipo, tamanho e número de aparelhos, bem como do tipo, tamanho e número de embarcações de pesca que podem ser utilizados; d) Fixação da idade e do tamanho dos peixes e de outras espécies que podem ser capturados; e) Indicação das informações que devem ser fornecidas pelas embarcações de pesca, incluindo estatísticas das capturas e do esforço de pesca e informações sobre a posição das embarcações; f) Execução, sob a autorização e controlo do Estado costeiro, de determinados programas de investigação no âmbito das pescas e regulamentação da realização de tal investigação, incluindo a amostragem de capturas, destino das amostras e comunicação dos dados científicos conexos; g) Embarque, pelo Estado costeiro, de observadores ou de estagiários a bordo de tais embarcações; h) Descarga por tais embarcações da totalidade das capturas ou de parte delas nos portos do Estado costeiro; i) Termos e condições relativos às empresas conjuntas ou a outros ajustes de cooperação; j) Requisitos em matéria de formação

É certo que os direitos (poderes) que o Estado costeiro detém na sua zona económica exclusiva são teleologicamente atribuídos sobre recursos (vivos e não vivos), e não sobre o espaço propriamente (a coluna de água), o que leva a que se afirme estarmos em presença de "meros direitos de fruição", de natureza económica ([228]). Mas esta última caracterização é concorrente com a administrativa, uma vez que é também diferente o respectivo critério.

Por outro lado, nem mesmo os espaços marítimos além da jurisdição nacional deixam de apresentar relevância para efeitos de exercício de poderes administrativos. No alto mar, em princípio não haveria poderes administrativos do Estado porque não há jurisdição estadual, mas, na verdade, as excepções à liberdade do alto mar (artigo 87.º da CNUDM) mostram que não é exactamente assim. Com efeito, e descontando os casos em que a jurisdição do Estado se manifesta sobre os seus nacionais (pessoas ou navios), deve assinalar-se o apresamento de navio ou aeronave pirata (artigos 101.º e seguintes da CNUDM), o direito de visita (nos termos e condições específicas do artigo 110.º da CNUDM), bem como o direito de perseguição que consubstancia, quando seja o caso, a extensão momentânea do poder administrativo do Estado para além dos espaços sob sua jurisdição (art. 111.º da CNUDM ([229])).

Ainda, de notar que o aumento de espaços atribuídos à comunidade internacional faz crescer a importância do Direito Administrativo Internacional e do Direito Administrativo Global. A Autoridade Internacional dos Fundos Marinhos constitui, a este propósito, um enorme desafio, tendo em conta, desde logo, as características que partilha com a figura do Estado ([230]). E o

---

de pessoal e de transferência de tecnologia de pesca, incluindo o reforço da capacidade do Estado costeiro para empreender investigação de pesca; k) Medidas de execução."

[228] Neste sentido, cfr. ARMANDO MARQUES GUEDES, *Direito do Mar*, pp. 158 ss.; PEDRO CARIDADE FREITAS, "A Zona Contígua ...", p. 651.

[229] O n.º 4 deste mesmo artigo 111.º contém uma curiosa manifestação de autotutela declarativa, ao estabelecer, na sua parte final, que a perseguição só pode iniciar-se "depois de ter sido emitido sinal de parar, visual ou auditivo, a uma distância que permita ao navio estrangeiro vê-lo ou ouvi-lo". Registe-se, em geral, a afirmação de FERNANDO LOUREIRO BASTOS, "Os modelos de governação dos oceanos ...", p. 12, segundo a qual a CNUDM "fornece regras que permitem aos Estados prosseguir um conjunto de actuações, tanto nos espaços que estão dentro da sua jurisdição, como nos espaços comuns ou internacionalizados".

[230] Sobre este aspecto, salientando a existência de um substrato territorial, do exercício exclusivo de poderes originários, de uma estrutura orgânica de natureza político-administrativa, e de uma ordem jurídica própria, que poderá mesmo habilitar a que se fale de um *Direito da*

poder atribuído aos Estados integrantes de organizações regionais de pesca para fiscalizar o respectivo exercício por parte de qualquer embarcação em alto mar ([231]) não coloca menos interessantes desafios à hodierna delimitação de fronteiras (ou sua impossibilidade, em certos domínios?) do Direito Administrativo, tanto em termos de delimitação de jurisdição como, na verdade, fronteiras conceptuais.

IV. Uma principiologia própria

O acervo de princípios que marca, na correspondente medida, a autonomia (relativa) do Direito Administrativo do Mar resulta da confluência de vários aspectos ou dimensões de princípios de Direito Internacional (do Mar) e de Direito Interno (do Mar), sem descurar o relevo do Direito da União Europeia (do Mar). O que se disse já nos pontos antecedentes parece orientar no sentido de uma sobrevalência edificativa dos princípios jusinternacionais, designadamente através da sua projecção sobre o Direito Administrativo interno, fazendo de tais princípios os fundamentais no Direito Administrativo do Mar. Mas tal sobrevalência é apenas tendencial, visto que, não sendo o Direito Administrativo do Mar um direito de fonte exclusivamente internacional (ou supra-estadual), a principiologia de fonte exterior ao direito estadual não encontra sempre a mesma intensidade. Naturalmente, tal relevância aumentará em razão da internacionalização de certo espaço ou zona marítima, do respectivo regime jurídico, e da intensidade da disciplina jusinternacional. Mas também em razão do caso.

Não são irrelevantes para este efeito algumas características fundamentais do Direito Administrativo do Mar. Desde logo, uma especificamente jurídica, qual seja a da dominialidade de uma muito considerável parte do seu objecto mediato – o mar, ou, nos termos do artigo 84.º, n.º 1, al. *a*), da CRP, as *águas territoriais com os seus leitos e os fundos marinhos contíguos* ([232]). Além disso, no

---

Área, cfr. PAULO OTERO, *A Autoridade Internacional dos Fundos Marinhos*, AAFDL, Lisboa, 1988, passim.
[231] Sobre este problema, cfr. FERNANDO LOUREIRO BASTOS, *A Internacionalização* ..., pp. 664 ss.
[232] Sobre esta norma, remetemos novamente para RUI GUERRA DA FONSECA, *Organização Económica (artigos 80.º a 107.º)*, in *Comentário à Constituição Portuguesa*, II, coord. Paulo Otero,

que respeita à zona económica exclusiva, os direitos de que o Estado dispõe, sendo sobre os recursos e não sobre o espaço, não deixam de colocar a questão quanto à possibilidade de extensão de certos aspectos desse regime dominial a esses mesmos recursos ([233]). Mas há também características (apenas, pelo menos) juridicamente relevantes, como a sensibilidade ambiental ou ecossistémica (biodiversidade, correntes, dificuldade na obtenção de informação); havendo igualmente que considerar o carácter em geral mais avultado dos investimentos feitos no mar e a relevância do investimento estrangeiro, assim como a menor acessibilidade pelos cidadãos em geral, e os desafios diferentes em termos de segurança.

Vejamos.

No Direito Internacional do Mar actual podem autonomizar-se quatro princípios fundamentais, sem prejuízo de outros ou de ramificações destes. São eles o princípio da liberdade, o princípio da humanidade ou da abertura aos direitos humanos, o princípio da soberania, e o princípio do património comum da humanidade ([234]).

O *princípio da liberdade* contempla o espaço oceânico como um espaço de liberdade (*liberum*), pelo menos *prima facie*, liberdade essa que se concretiza nos vários usos de que os oceanos podem ser objecto (*v.g.*, navegação, sobrevoo, colocação de cabos e ductos ou *pipelines,* construção e utilização de ilhas artificiais, pesca, investigação científica, entre outros). A formação deste princípio radica na oposição da tese grociana do *mare liberum* à do *mare clausum*, tendo originalmente, e ainda hoje, os Estados como principais interessados ou beneficiários. Mas tanto o desenvolvimento e importância do comércio internacional, como a diversificação das actividades humanas no mar (económicas, científicas, de lazer), sobretudo ao longo do século XX, ditariam um alargamento do escopo deste princípio no que respeita aos seus potenciais beneficiários: já não apenas ou sobretudo os Estados, agora também as pessoas

---

Almedina, Coimbra, 2008, pp. 305 ss. e referências aí constantes; e em especial também, ANA RAQUEL GONÇALVES MONIZ, *O Domínio Público. O critério e o regime jurídico da dominialidade*, Almedina, Coimbra, 2005, pp. 170 ss.

[233] Também colocando este problema, cfr. FRANCISCO ALVES ROCHA NORONHA, *O Ordenamento do Espaço Marítimo ...*, pp. 51 ss.

[234] Sobre estes princípios, cfr. YOSHIFUMI TANAKA, *The International Law of the Sea*, l. 2808 ss.

privadas, singulares ou colectivas. Curiosamente, tal alargamento dos beneficiários fez sentir uma maior necessidade de regulação dos usos dos espaços oceânicos, tanto directamente pelo Direito Internacional, como através do estabelecimento convencional de deveres para os Estados de regulação de múltiplos aspectos relevantes dos espaços marítimos sob a sua jurisdição. Por outras palavras, a abertura ou alargamento dos beneficiários do princípio da liberdade trouxe consigo uma maior administrativização dos espaços marítimos, podendo mesmo falar-se de uma socialização dos mares, reclamando progressivamente intervenções de natureza administrativa (nacionais ou supranacionais) idênticas às conhecidas nos espaços terrestres.

O *princípio da humanidade ou da abertura aos direitos humanos* implica uma leitura dos instrumentos de Direito Internacional do Mar, desde logo da CNUDM, conforme aos direitos humanos e à Declaração Universal dos Direitos do Homem em particular, encontrando a sua justificação principal no grande risco que a actividade marítima comporta. Mas a própria CNUDM contém já diversas normas que concretizam essa conformidade, normas essas normalmente dirigidas aos Estados e que implicam o dever de exercício ou de não exercício de poderes administrativos. Dois exemplos apenas. Nos termos do artigo 18.º, n.º 2, da CNUDM, relativo ao significado de "passagem" para efeitos de composição do conceito normativo de "passagem inofensiva", a passagem deve ser contínua e rápida, compreendendo, porém, o parar e fundear na medida em que tal constitua incidente comum de navegação ou seja imposto por motivos de força maior ou por dificuldade grave ou tenha por fim prestar auxílio a pessoas, navios ou aeronaves em perigo ou em dificuldades. Esta manifestação da abertura aos direitos humanos inviabiliza, nas circunstâncias previstas, o uso de poderes administrativos por parte do Estado destinados a fazer com que o navio em causa retome a passagem, ou colocar em prática outras medidas de reacção a uma passagem não inofensiva. Um outro exemplo encontramos no disposto no artigo 24.º, n.º 2, segundo o qual o Estado costeiro dará a devida publicidade a qualquer perigo de que tenha conhecimento e que ameace a navegação no seu mar territorial. Desta feita, é de um dever de actuação administrativa que se trata.

O *princípio da soberania* preserva o poder de actuação unilateral dos Estados ou a necessidade do seu consentimento para fins de utilização por terceiros de certos espaços marítimos ou dos recursos neles existentes, e constitui um pilar fundamental para a distinção entre espaços marítimos sob jurisdição nacional e além da jurisdição nacional. À primeira vista algo paradoxalmente, as relativizações que o princípio da soberania vem sofrendo – e que são sobretudo expressão dos princípios da liberdade e do património comum da humanidade (cfr. *infra*) – não têm conduzido ao seu acantonamento ou sequer redução. Pelo contrário, verifica-se mesmo uma extensão da soberania dos Estados através do que pode designar-se "territorialização do *offshore*", para o que a CNUDM deu um contributo fundamental. Na verdade, ao firmar o regime da zona económica exclusiva, por exemplo, a Convenção de Montego Bay alargou os direitos dos Estados costeiros aos respectivos recursos ([235]), alargamento que, *mutatis mutandis*, tornamos a encontrar na possibilidade de alargamento da plataforma continental ([236]). Esta tendência, acentuada no pós II Guerra Mundial em função da procura de recursos por parte dos Estados (designadamente, do petróleo, e mais recentemente do gás), que já se manifestara nas Convenções de 1958, importa a consequência de uma progressiva extensão do Direito Administrativo do Estado.

O *princípio do património comum da humanidade* pretende salvaguardar os interesses da humanidade como um todo relativamente ao mar, salientando ora a mera relatividade da susceptibilidade da sua apropriação pelo Estado, ora a existência de espaços marítimos que não a comportam de todo. Trata-se de um contrabalanço relativamente ao princípio da liberdade e ao princípio da soberania, que é desde logo de perspectiva e, portanto, também metodológico: enquanto o princípio da soberania olha o espaço marítimo a partir do mar territorial (assim justificando, por exemplo, a consagração da zona contígua), vendo os poderes do Estado rarefazerem-se "progressivamente" na direcção do alto mar, o princípio do património comum da humanidade adopta ângulo de visão oposto, partindo da área e do alto mar em direcção a terra. A zona económica exclusiva e o seu regime constituem talvez a melhor síntese destes princípios e seus aspectos metodológicos, sendo de destacar

---

[235] Pese embora tal alargamento haja sido temperado pela instituição de direitos dos Estados sem litoral e geograficamente desfavorecidos (artigos 69.º e 70.º da CNUDM), regime este que, no entanto, pode ceder em favor do Estado costeiro cuja economia dependa preponderantemente do aproveitamento dos recursos vivos da sua zona económica exclusiva.

[236] Apesar de, então, ficar o Estado sujeito ao regime do artigo 82.º da CNUDM (pagamentos e contribuições relativos ao aproveitamento da plataforma continental além das 200 milhas).

o disposto no artigo 58.º, n.º 2, da CNUDM, nos termos do qual o regime fundamental do alto mar se aplica à zona económica exclusiva, na medida em que não seja incompatível com o disposto na Parte V da CNUDM. Este princípio do património comum da humanidade não favorece, à partida, o alargamento do Direito Administrativo dos Estados. Porém, a criação da Autoridade Internacional dos Fundos Marinhos e o estabelecimento do regime do aproveitamento dos recursos na área ([237]) constituíram um passo sólido na formação de um Direito Administrativo Global, e, por seu turno, a associação dos Estados partes à exploração de tais recursos significa uma reentrada em cena do Direito Administrativo doméstico ([238]).

Outros princípios devem ainda ser referidos, designadamente: (i) *o princípio da preferencialidade ou apoio aos Estados geograficamente desfavorecidos e em desenvolvimento*, com uma uma dimensão que vai além do Direito Internacional em termos de cooperação, projectando-se numa influência sobre o Direito Administrativo interno dos Estados, por exemplo, aquando do exercício do poder regulamentar (com especial interesse para os regulamentos independentes); (ii) o *princípio da cooperação na preservação e conservação do meio marinho*, patente, por exemplo, nos deveres dos Estados no que respeita aos recursos na sua zona económica exclusiva ([239]); (iii) o *princípio*

---

[237] Cfr. *maxime*, artigos 150.º e seguintes da CNUDM, e o Acordo Relativo à Aplicação da Parte XI da Convenção, de 28 de Julho de 1994.

[238] Mesmo quando através de instrumentos de direito privado, já que não existe um direito privado puro aplicável ou aplicado pela administração pública. Note-se, por exemplo, que em Portugal, de acordo do artigo 2.º, n.º 5, do Código do Procedimento Administrativo, os princípios gerais da actividade administrativa nele previstos, bem como as suas normas que constituam concretização de preceitos constitucionais, "são aplicáveis a toda e qualquer actuação da Administração Pública, ainda que meramente técnica ou de gestão privada".

[239] Na confluência entre os dois princípios referidos, situam-se outros dois sub-princípios, a saber, do máximo rendimento constante (o Estado tem que ter em conta as necessidades económicas das comunidades costeiras que vivem da pesca e as necessidades especiais dos países em desenvolvimento) e da gestão sustentável (o Estado não pode colocar em risco as espécies vivas da zona económica exclusiva em razão de excesso de captura (artigo 61.º, n.ºs 2 e 3, da CNUDM). Tal acervo é importante, por exemplo, a propósito do problema da discricionariedade do Estado na determinação da sua capacidade de aproveitamento face ao máximo de captura admissível (valores que os Estados tendem muitas vezes a fazer equivaler): trata-se de um problema de margem de livre apreciação e de margem de livre decisão – portanto, uma questão típica do exercício de poderes administrativos – relativamente ao qual os princípios

da compatibilização de usos ou do máximo aproveitamento, reclamando uma articulação inter-sectorial (²⁴⁰).

Dos antecedentes deve destacar-se o *princípio do planeamento* (que não pode aqui ser tratado com detalhe)(²⁴¹). O planeamento incidente sobre o espaço marítimo tem dois objectos principais: o uso do espaço marítimo e aproveitamento dos seus recursos, e a protecção do ambiente marinho. Quanto a esta última, são vários os instrumentos internacionais que solicitam dos Estados partes a elaboração de planos ou de normas que se aproximam de instrumentos de planeamento relativos à prevenção e combate à poluição do meio marinho e protecção ecossistémica (²⁴²). Já no que respeita aos usos, a situação é um pouco distinta. Relativamente às actividades económicas, o princípio do planeamento já resulta até da CRP (artigos 80.º, al. *e*), 81.º, als. *j*) e *n*))(²⁴³). Em termos mais abrangentes, bem pode dizer-se que a essencial dominialidade do espaço marítimo reclama o respectivo planeamento em termos de usos, como exigência dos princípios democrático e da igualdade (²⁴⁴).

em questão assumem importância como padrão para aferir da eventual arbitrariedade (constraposta à discricionariedade) da actuação das entidades administrativas competentes.

²⁴⁰ Este princípio encontra grande favorecimento em termos europeus: já o *Livro Verde* se lhe referia expressamente (cfr. p. 26), e a Directiva-Quadro «Estratégia Marinha» atribui--lhe relevo em vários momentos. O mesmo se diga a respeito da Prosposta de Lei de Bases de Ordenamento do Espaço Marítimo (Proposta n.º 133/XII), que se encontra ainda em processo de discussão parlamentar no momento em finalizamos o presente texto.

²⁴¹ Cfr. MARTA CHANTAL RIBEIRO, "Marine planning in Portugal", *Rev. FDUP*, Vol. 4, 2007, pp. 395 ss.; FRANCISCO ALVES ROCHA NORONHA, *O Ordenamento do Espaço Marítimo ...*, pp. 28 ss.

²⁴² As áreas marinhas protegidas têm aqui um papel de vanguarda: cfr. MARTA CHANTAL RIBEIRO, "The 'Rainbow': the first national marine protected area proposed under the high seas", *The International Journal of Marine and Coastal Law*, Vol. 25, n.º 2, 2010, pp. 183 ss.; IDEM, "Ecossistemas de profundidade, AMPs oceânicas, plataforma continental além das 200mn e pioneirismo português", *Rev. CEDOUA*, Vol. 25, n.º 1, 2010, pp. 117 ss.; IDEM, "A criação de AMPs nas zonas da plataforma continental situadas além das 200 mn: Direito do Mar, CPLP e experiência portuguesa pós– Rainbow", *Rev. CEDOUA*, Vol. 25, n.º 1, 2010, pp. 23 ss.; IDEM, "Rainbow, um exemplo mundial: a primeira área marinha protegida nacional em perspectiva sob águas do alto mar", *Rev. CEDOUA*, Vol. 20, n.º 2, 2007, pp. 47 ss.; IDEM, *A protecção da biodiversidade marinha através de áreas protegidas nos espaços marítimos sob soberania ou jurisdição do Estado: discussões e soluções jurídicas contemporâneas: o caso português*, diss. dout., FDUP, 2011, passim.

²⁴³ Cfr. RUI GUERRA DA FONSECA, *Organização Económica ...*, pp. 84 ss. e 189 ss.

²⁴⁴ A este respeito, veja-se a discussão na Austrália sobre a democraticidade no acesso ao espaço marítimo, designadamente, no sentido de saber se os regimes jurídicos existentes não

Em Portugal, embora de naturezas (jurídicas) muito diversas entre si, são vários os instrumentos que dão corpo a este princípio: desde o Decreto-Lei n.º 348/86, de 16 de Outubro ([245]), aos planos de ordenamento da orla costeira, passando necessária e essencialmente pela definição da Estratégia Nacional para o Mar ([246]), mas também pelo Relatório da Comissão Estatégica dos Oceanos ([247])([248]).

beneficiariam desproporcionalmente as empresas com maior capacidade económica quanto ao desenvolvimento de actividades económicas em espaço marítimo.

[245] Que, estabelecendo as bases gerais dos estatutos orgânicos das administrações dos portos, por diversas vezes se refere à importância do planeamento integrado da realidade portuária.

[246] A Estratégia Nacional para o Mar 2013-2020 foi aprovada pela Resolução do Conselho de Ministros n.º 12/2014, de 12 de Fevereiro, que revogou a anterior Resolução do Conselho de Ministros n.º 163/2006, de 16 de Novembro.

[247] Como é sabido, em Portugal, o designado "POEM" – Plano de Ordenamento do Espaço Marítimo, não chegou a entrar em vigor, tendo o respectivo procedimento sido interrompido pelo processo legislativo cuja iniciativa se corporizou na já referida proposta de lei de bases de ordenamento do espaço marítimo.

[248] O princípio do planeamento relativamente ao espaço marítimo tem uma particular incidência ao nível europeu, como resulta da própria Directiva-Quadro «Estratégia Marinha» (cfr. *supra*), e do também já citado Regulamento (UE) n.º 1255/2011 do Parlamento Europeu e do Conselho, de 30 de Novembro de 2011, que estabelece um programa de apoio ao aprofundamento da política marítima integrada (vejam-se, em especial, os artigos 2.º e 3.º). A Comissão Europeia, por seu turno, há muito que pretende fazer valer um princípio de planeamento de nível regional e substancialmente integrado, como já se afirmava no *Livro Verde*, p. 49 (atente-se, aliás, na seguinte passagem a p. 42: "A política marítima futura deverá criar instrumentos e métodos destinados a assegurar a coerência dos sistemas de ordenamento do espaço terrestre e do espaço marítimo, a fim de evitar duplicações da regulamentação e impedir a transferência para o espaço marítimo de problemas de ordenamento terrestre não resolvidos. Poder-se-ia, por exemplo, associar as partes interessadas de ambos os lados, tão estreitamente quanto possível, nos processos de ordenamento de cada tipo de sistema. Uma visão comum, sob a forma de um plano de desenvolvimento espacial global, marítimo e costeiro, permitiria estabelecer um conjunto coerente de objectivos e princípios políticos. Quanto mais as actividades económicas se afastam da costa, maior é a possibilidade de serem exercidas em águas sujeitas ao direito de passagem inofensiva. A União Europeia e os seus Estados-Membros deverão tomar as iniciativas necessárias para garantir que as regras multilaterais evoluam de forma a tornar este direito compatível com a necessidade de um ordenamento do espaço *offshore*. Na sua estratégia temática para a protecção do meio marinho, a Comissão indicou que o ordenamento do espaço marítimo deve abranger os ecossistemas regionais. Solicitou aos Estados-Membros que instituíssem procedimentos de ordenamento adequados. Para o efeito, os Estados-Membros deverão recorrer, conforme adequado, às organizações regionais existentes cujas actividades tenham impacto nas actividades marítimas, nomeadamente a HELCOM, para o Báltico, a OSPAR, para o Atlântico Nordeste, UN-MAP

V. Excurso conclusivo

O espaço marítimo não se rege apenas por normas jusinternacionais, sendo o mesmo dizer que o Direito do Mar não é apenas Direito *Internacional* do Mar (muito embora a sua componente jusinternacional seja quase omnipresente). Como se vê, o Direito Administrativo tem uma importância primordial no *governo do espaço marítimo*, tanto directamente como por solicitação do Direito Internacional ([249]). Em termos práticos, é relevante observá-lo, já que tal importa um "transporte" para todos os espaços marítimos sob jurisdição nacional dos princípios de Direito Administrativo interno, com a consequência de que não existem poderes públicos aí exercidos (salvo os de natureza legislativa e judicial) fora do respectivo enquadramento, o que consubstancia uma importante garantia. Por outro lado, a projecção dos princípios de Direito do Mar de fonte jusinternacional ou europeia sobre o direito interno dos Estados produz também as suas consequências: pois independentemente do respectivo cumprimento ou concretização pelo legislador, eles têm uma dimensão de vinculatividade que se projecta sobre o exercício do poder administrativo, e se mostra tanto nos momentos de aprovação de normas de natureza administrativa (onde não haja reserva de lei), como nos momentos de concretização (actos não normativos), podendo influenciar a interpretação de princípios gerais da actividade administrativa de Direito Administrativo interno ([250]).

---

e o processo de Barcelona, para o Mediterrâneo, bem como organizações regionais e internacionais de pesca.").

[249] Importância essa que é tanto maior quanto a governação dos oceanos obedece ainda a um paradigma essencialmente (inter)estadual: sobre este, cfr. FERNANDO LOUREIRO BASTOS, "Os modelos de governação ...", pp. 14 ss.

[250] Esta vertente não foi contemplada no texto *supra*. Note-se, porém, que o princípio da prossecução do interesse público a que a administração pública se encontra constantemente vinculada na sua actividade (artigos 266.º, n.º 1, da CRP, e 4.º do CPA) pode sofrer mutações no contexto do Direito do Mar, designadamente, não equivalendo a um estrito interesse *nacional*. A coerência do sistema assim o impõe, dada a posição do Direito Internacional na ordem jurídica portuguesa (artigo 8.º da CRP), quando, por exemplo, daquele resulte o dever do Estado de considerar ou mesmo acautelar a situação de outros Estados no exercício do seu poder administrativo em espaço marítimo. Ampliação semelhante poderão ter que sofrer o princípio do respeito pelos direitos e interesses legalmente protegidos dos "cidadãos", bem como os princípios da igualdade e da justiça e imparcialidade (artigos 4.º, 5.º e 6.º do CPA), por exemplo, quando a CNUDM ou outra fonte de Direito Internacional do Mar estabeleçam

Para além do aspecto estritamente dogmático, a dependência do governo do espaço marítimo relativamente ao Direito Administrativo faz-se sentir a respeito da utilização e exploração dos recursos que nele se encontram. A dominialidade sujeita a utilização e exploração do espaço marítimo e seus recursos a títulos de natureza administrativa, sendo o Direito Administrativo que regula a respectiva atribuição, condições e cessação. Para um Estado como Portugal, que pretende intensificar a exploração do seu mar como "recurso", tal coloca exigências prementes, desde logo porque a inexistência de regimes jurídicos suficientemente seguros, do ponto de vista dos agentes económicos, os afasta do investimento em espaço marítimo ([251]).

Tudo visto, o espaço marítimo assume cada vez mais a qualidade de "espaço de Direito Administrativo" ou de "espaço de relações jurídico-administrativas", respondendo tanto a solicitações de Direito Internacional, em boa parte explicáveis pela evolução deste nas últimas décadas, como a solicitações de Direito interno, como ainda a necessidades outras que se apresentam ao direito como "carências".

Em última análise, é o espaço marítimo apresentando-se como "espaço de governo" que reclama a presença e regulação insubstituível do Direito Administrativo.

Lisboa, Fevereiro de 2014

---

regras de não discriminação não apenas entre Estados mas entre pessoas (individuais ou colectivas) que sejam relevantes no exercício do poder administrativo.

[251] O aspecto da segurança jurídica é a este respeito essencial: destaca-o FRANCISCO ALVES ROCHA NORONHA, a propósito do conceito de ordenamento do espaço marítimo, mas tão ou mais importante que as soluções materialmente consagradas, é a existência de normas de planeamento assentes e com garantias de perenidade, quer das próprias normas, quer dos títulos administrativos de uso ou aproveitamento do espaço marítimo que ao seu abrigo ou tendo-as por pressuposto venham a ser concedidos ao abrigo de regimes específicos (a sujeição de tais títulos – ou de alguns deles – ao regime do Código dos Contratos Públicos não parece acautelar suficientemente tal necessidade de segurança jurídica) – cfr. *O Ordenamento do Espaço Marítimo* ..., pp. 30 ss. e 61 ss.

TÍTULOS DE UTILIZAÇÃO E EXPLORAÇÃO DO DOMÍNIO PÚBLICO MARÍTIMO

Miguel Assis Raimundo
Professor da Faculdade de Direito da Universidade de Lisboa
Coordenador do Curso de Pós-Graduação em Direito Administrativo do Mar
Advogado

I. O domínio público marítimo (DPM)

1. O DPM como matéria de relevância constitucional

1. A Constituição da República Portuguesa de 1976 dedica, desde a revisão constitucional de 1989, um preceito (o actual art. 84º) à identificação de um elenco de bens que integram o domínio público, numa opção que encontra paralelo histórico na Constituição de 1933 (cf. o respectivo art. 49º)[252].

---

[252] Sobre a evolução histórica da consagração constitucional da figura do domínio público, remetemos para Rui Medeiros/Lino Torgal, "Anotação ao art. 84.º", in Jorge Miranda/Rui Medeiros, *Constituição Portuguesa Anotada*, Tomo II – *Organização Económica. Organização do Poder Político. Artigos 80.º a 201.º*, Coimbra: Coimbra Editora, 2006, pp. 70 ss.; José Joaquim Gomes Canotilho/Vital Moreira, *Constituição da República Portuguesa Anotada*, Vol. I, 4ª ed., Coimbra: Coimbra Editora, 2007, anotação ao art. 84º; Rui Guerra da Fonseca, "Organização Económica (arts. 80.º a 107.º)", in Paulo Otero (Coord.), *Comentário à Constituição Portuguesa*, II Volume, Coimbra: Almedina, 2008, anotação ao art. 84º.

O regime jurídico concreto é deixado em grande medida à margem de conformação do legislador, sendo os modos de utilização destes bens precisamente um dos elementos desse regime, mencionado expressamente na Constituição como matéria a regular (art. 84º/2).

Em confirmação da relevância conferida ao tema, a definição e o regime dos bens do domínio público é submetida a reserva de lei, e especificamente a reserva relativa da competência legislativa da Assembleia da República (art. 165º/1/v))[253].

2. A elevação desta matéria à dignidade constitucional tem diversas consequências concretas; elenquemos três que nos parecem mais relevantes.

A primeira consequência é a garantia institucional da figura do domínio público[254] e, tão ou mais importante do que isso, daquilo que poderíamos chamar a sua intencionalidade global[255]. Embora a Constituição nada diga em concreto sobre o regime do domínio público, tal expressão, no sentido e contexto em que é utilizada, remete para uma certa tradição jurídica e para uma ideia directora de titularidade e utilização colectivas dos bens, sem susceptibilidade de entrada no comércio privado[256]. Veja-se, aliás, como o art.

---

[253] Concordamos com aqueles que entendem que a ligeira diferença textual entre o art. 84º/2 e o art. 165º/1/v) não tem significado, devendo considerar-se incluída na reserva – que, note-se, é de densificação total – também a matéria dos limites do domínio público (isto é, sobretudo, dos limites abstractos do domínio público face à propriedade particular confinante). Aliás, vemos com dificuldade como seria possível distinguir, para efeitos de uma norma de reserva legislativa, a regulação dos limites do domínio público do seu regime; a incindibilidade de uma e outra matéria parece evidente. No sentido que nos parece preferível, R. Medeiros/L. Torgal, "Anotação...", in *Constituição...*, II", cit., 85; R. Guerra da Fonseca, "Organização Económica...", cit., 319, nota. No sentido criticado, J. J. Gomes Canotilho/Vital Moreira, *CRP Anotada, I*, cit., 1007.

[254] Ana Raquel Gonçalves Moniz, *O Domínio Público – O critério e o regime jurídico da dominialidade*, Coimbra: Almedina, 2005, 119; R. Guerra da Fonseca, "Organização Económica...", cit., 302; Diogo Freitas do Amaral, *Curso de Direito Administrativo*, Vol. II, 2.ª ed. (com a colaboração de Pedro Machete e Lino Torgal), Coimbra: Almedina, 2011, 576 e nota.

[255] No mesmo sentido essencial, referindo que "a recepção pela CRP do conceito *domínio público* pretende uma normatividade" que assenta na ideia de uma insusceptibilidade de apropriação privada ou incomerciabilidade devido à natureza de utilidade social dos bens, R. Guerra da Fonseca, "Organização Económica...", cit., 301, e desenvolvendo a mesma ideia, 302, 327.

[256] Afirmando que a fórmula semântica utilizada remete para o carácter *qualificadamente público* de certos bens, J. J. Gomes Canotilho/Vital Moreira, *CRP Anotada, I*, cit., 1001; cf. igualmente a posição de R. Guerra da Fonseca acima citada.

84º/2 contém um comando expresso e inequívoco ao legislador, que é o de atribuir os bens do domínio público (quer os que o sejam *ex constitutione*, quer os que o legislador adicione nos termos do art. 84º/1/f)) às pessoas colectivas públicas de população e território previstas no nosso direito: de acordo com o art. 84º/2, o Estado, as regiões autónomas e as autarquias locais *têm necessariamente* uma esfera composta por bens dominiais[257], já que, como nota Sérvulo Correia, "a pessoa colectiva territorial deve possuir bens dominiais para corresponder ao escopo da sua existência"[258].

Nesse sentido, não sem razão, pode afirmar-se que a salvaguarda constitucional dos bens do domínio público está ligada à própria cláusula de bem estar e ao princípio do Estado Social ínsitos na Constituição[259]. De facto, a Administração prossegue diversas funções, e algumas delas, através da própria existência de bens tendentes à utilização colectiva e da salvaguarda dessa utilização[260]. A sujeição dos bens (ou conjuntos de bens) referidos no art. 84º/1 à dominialidade pública apresenta-se como uma garantia de uma vivência comunitária de abertura e liberdade por parte dos cidadãos. Por oposição a mares, rios, estradas ou linhas férreas privados, em que os respectivos proprietários teriam um direito de excluir outras utilizações ou de as limitar, temos esses bens como públicos. Se se vir bem, isso apresenta-se como instrumental para, e promotor da, plena satisfação de múltiplos direitos fundamentais[261]: o livre desenvolvimento da personalidade (art. 26º/1), os direitos dos cidadãos de se deslocarem e fixarem livremente no território nacional, de dele saírem

---

[257] O que não quer dizer que outros entes menores não possam ter bens do domínio público: quer apenas dizer que as pessoas colectivas de população e território têm, necessariamente, de o ter. Assim, A. R. Gonçalves Moniz, *O Domínio Público*, cit., 399; R. Medeiros/L. Torgal, "Anotação...", in *Constituição*..., II", cit., 91; R. Guerra da Fonseca, "Organização Económica...", cit., 320-322.

[258] José Manuel Sérvulo Correia, "Defesa do domínio público", in AA/VV, *Liber amicorum de Francisco Salgado Zenha*, Coimbra: Coimbra Editora, 2003, pp. 445 ss., 452.

[259] Assim, R. Medeiros/L. Torgal, "Anotação...", in *Constituição*..., II", cit., 75.

[260] Falando no desenvolvimento de funções públicas *através* dos bens dominiais, nomeadamente através da sua abertura à livre circulação, J. M. Sérvulo Correia, "Defesa do domínio público", cit., 451 e nota, citando Guicciardi.

[261] Fazendo uma ligação significativa do regime do domínio público à promoção e defesa dos direitos fundamentais, R. Guerra da Fonseca, "Organização Económica...", cit., 305, 316, 328.

e de a ele regressarem (art. 44º)[262], o direito de reunião (art. 45º), o próprio direito ao trabalho (art. 58º/1), ou o direito à fruição cultural (art. 78º/1), apenas para citar alguns dos direitos que mais imediatamente dependem da possibilidade de deslocação livre e desimpedida dos cidadãos pelo território.

A segunda consequência, relacionada com a anterior, é a de que, embora a Constituição não defina o regime do domínio público, vincula ainda assim a sua definição de acordo com a referida intencionalidade global, que é a da destinação colectiva destes bens; a concretizar-se em aspectos de regime, digamos, "naturais", como a inalienabilidade voluntária ou a particular resistência ou mesmo impossibilidade de apropriação privada pelas vias da usucapião.

É possível dizê-lo sem cair na crítica de interpretar a Constituição à luz da lei ordinária: de facto, a questão prende-se com o que significa a expressão "domínio público", que foi expressamente utilizada pelo Constituinte[263]. Como nota Rui Guerra da Fonseca, está fora de dúvida que não é automática a recepção, na Constituição, de todos os traços de regime do domínio público que a lei ou a doutrina viessem afirmando até à aprovação da Lei Fundamental; mas, por outro lado, não pode haver dúvidas de que a referência ao domínio público vem carregada com um lastro conceptual (aliás partilhado, genericamente, por outros ordenamentos que conhecem a figura[264]) que parece poder sintetizar-se na ideia geral de exclusão do comércio ou não comerciabilidade[265]. Devem, pois, considerar-se sujeitas a um controlo material efectivo as opções legislativas nesta matéria, quer as relativas aos bens a incluir no domínio público, quer as relativas ao tipo de utilização que deles é feita.

Finalmente, a terceira indicação relevante que se retira do elenco do art. 84º é a sujeição, por opção do próprio Constituinte, ao regime da figura assim

---

[262] Referindo-o expressamente, R. Medeiros/L. Torgal, "Anotação...", in *Constituição...*, II", cit., 75.

[263] Cf. em sentido análogo J. J. Gomes Canotilho/Vital Moreira, *CRP Anotada, I*, cit., 1005. Referindo o risco daquela inversão metodológica, R. Medeiros/L. Torgal, "Anotação...", in *Constituição...*, II", cit., 74, e também, implicitamente, R. Guerra da Fonseca, "Organização Económica...", cit., 302.

[264] Cf. por exemplo José Bermejo Vera, *Derecho Administrativo – Parte Especial*, 6ª ed., Cizur Menor (Navarra): Thomson-Civitas, 2005, p. 475.

[265] R. Guerra da Fonseca, "Organização Económica...", cit., 302, 327. Sobre o ponto, com grande desenvolvimento e a partir, precisamente, do domínio público marítimo, veja-se Maria del Pino Rodríguez González, *El dominio público marítimo-terrestre: titularidad y sistemas de protección*, Madrid/Barcelona: Universidad de Las Palmas de Gran Canaria/Marcial Pons, 1999.

consagrada (o domínio público), de determinados bens (ou classes de bens, ou dependências), entre os quais se encontram, com relevância para o presente trabalho, as águas territoriais, bem como os seus leitos e fundos marinhos contíguos (art. 84º/1/a)), e ainda os jazigos minerais (art. 84º/2/c)), podendo estes últimos situar-se em áreas submersas.

3. A Constituição não se limita a garantir um regime em abstracto; nem sequer a prever uma cláusula geral que utilizasse conceitos indeterminados, como se dissesse que serão sujeitos a este regime os bens que sejam inerente ou naturalmente públicos, por exemplo. Identifica coisas concretas (ou conjuntos de coisas, ou realidades físicas das quais podem destacar-se coisas) que ficam sujeitas ao regime da dominialidade, salvo revisão constitucional.

Daqui decorrem dois corolários.

Primeiro: o legislador ordinário não pode consagrar regimes que redundem, expressamente ou na prática, na privação do carácter dominial das dependências referidas nas alíneas a) a e) do art. 84º/1, sendo a desafectação um acto exclusivamente admissível para os bens do domínio público que o sejam apenas por qualificação legal[266].

Segundo: o intérprete, apesar da heterogeneidade do elenco dessas alíneas[267], fica dotado de elementos que lhe permitem a indução dos elementos ou características essenciais dos bens do domínio público, ou pelo menos dos "modos de pensamento legislativo" que permitem extrapolar esses elementos. Pensamos que não é necessário encontrar um critério único para conferir relevância aos operadores do art. 84º/1 que permita que sejam utilizados de forma adequada, designadamente, na tarefa de legitimar constitucionalmente a decisão de dominializar um bem[268]. Assim, deve entender-se que as alíneas a) a e) funcionam como *parâmetro de aferição da correcção da decisão legislativa de submeter outros bens ao regime dominial*, ou seja, esse elenco baliza a liberdade de

---

[266] Assim, J. J. Gomes Canotilho/Vital Moreira, *CRP Anotada, I*, cit., 1007.
[267] R. Medeiros/L. Torgal, "Anotação...", in *Constituição...*, II", cit., 80; R. Guerra da Fonseca, "Organização Económica...", cit., 304-305.
[268] Em sentido que nos parece ligeiramente diferente, R. Guerra da Fonseca, "Organização Económica...", cit., particularmente 304-305 e 318, referindo neste último local que o facto de o legislador se ter referido a coisas e não a utilidades "degrada o valor normativo-vinculante dessas mesmas utilidades".

conformação legislativa na concretização da cláusula aberta de dominialidade contida na alínea f) do art. 84º/1.

Este segundo corolário deve, contudo, ser complementado por uma precisão adicional. Parece-nos evidente, também, que independentemente do que se entenda acerca da *produtividade dogmática* dos casos contidos nas diversas alíneas do art. 84º/1, nenhuma decisão de classificação pode abstrair da referência ao sistema constitucional como um todo[269]. É preciso sublinhar devidamente que a decisão do legislador de classificar bens como dominiais está sujeita a outros limites para lá dos que se retiram do art. 84º/1, devendo notar-se, em particular, a necessidade de ser observado o sistema de direitos fundamentais e os preceitos que definem o modelo de organização económica do Estado[270], de existirem motivos de interesse público relevante e de ser observado o princípio da proporcionalidade – para que não seja violada, por exemplo, por uma desmesurada extensão dos bens dominiais, a força normativa da liberdade de iniciativa económica privada e do direito de propriedade privada (arts. 61º e 62º da CRP), bem como a garantia institucional do sector privado dos meios de produção contida no art. 82º da CRP[271].

2. A delimitação concreta do DPM

4. Como resulta de modo imediato do art. 84º/1/a) da Constituição, o domínio público marítimo é uma espécie de um género mais amplo que abrange diversas dependências ou realidades físicas que têm um elemento comum entre si: a água. A esse género mais amplo chamam a doutrina e a lei *domínio público hídrico*, o qual é, por sua vez, uma parcela do chamado domínio público natural, ao qual se referem as alíneas a) a c) do art. 84º/1, por oposição ao domínio público artificial, que integra as coisas referidas nas alíneas d) e e) do mesmo preceito[272].

---

[269] É também o que resulta de R. Guerra da Fonseca, "Organização Económica...", cit., 316-317.
[270] R. Guerra da Fonseca, "Organização Económica...", cit., 316-317, 328.
[271] R. Medeiros/L. Torgal, "Anotação...", in *Constituição...*, II", cit., 82; J. J. Gomes Canotilho/Vital Moreira, *CRP Anotada, I*, cit., 1004.
[272] José Pedro Fernandes, "Domínio Público", in AA/VV, *Dicionário Jurídico da Administração Pública*, vol. V, Lisboa: s. ed., 1991, pp. 166 ss.; A. R. Gonçalves Moniz, *O Domínio Público*, cit., 168 ss.; R. Medeiros/L. Torgal, "Anotação...", in *Constituição...*, II", cit., 80; J. J. Gomes Canotilho/Vital Moreira, *CRP Anotada, I*, cit., 1002; R. Guerra da Fonseca, "Organização Económica...",

É possível, pois, recortar um domínio público hídrico *ex constitutione*, do qual fazem parte:

Domínio público marítimo:

a) As águas territoriais, ou seja, (i) as águas que se estendem por 12 milhas marítimas a partir da linha de base (a linha de baixa-mar), também designadas como "águas exteriores", (ii) as águas compreendidas entre a linha de base do mar territorial e a linha de máxima da preia-mar[273], também designadas como "águas interiores" (e que abrangem as águas de baías, fozes de rios, portos[274] e ancoradouros[275]), e (iii) as águas arquipelágicas, no caso dos arquipélagos dos Açores e da Madeira[276], mas já não a zona económica exclusiva ou a zona contígua[277];

b) Os leitos dessas águas e os fundos marinhos contíguos, ou seja, a plataforma continental, constituída pela extensão natural do território até ao bordo exterior da margem continental ou até ao limite das 200 milhas[278],

---

cit., 305-306; Joana Mendes, "Direito Administrativo da Água", in Paulo Otero/Pedro Gonçalves, *Tratado de Direito Administrativo Especial*, vol. II, Coimbra: Almedina, 2009, pp. 11 ss., 37 ss.; Alexandra Leitão, "A utilização do domínio público hídrico por particulares", (disponível em icjp.pt), 2012, 3.

[273] Linha esta que não é estática, pois depende do alcance das marés vivas – cf. STA 03-11-2005 (Jorge de Sousa), proc. 1001/05; STA 21-04-2005 (Pais Borges), proc. 1363/02. O DPM é uma área do domínio público particularmente sujeita ao "princípio da variabilidade física" de que fala J. Bermejo Vera, *Derecho Administrativo – Parte Especial*, cit., p. 476.

[274] Sobre isto, Rui Guerra da Fonseca, "Governação do sector portuário", in AA/VV, *O Governo da Administração Pública*, Coimbra: Almedina, 2013, pp. 145 e ss., p. 148 e nota e referências aí citadas.

[275] J. J. Gomes Canotilho/Vital Moreira, *CRP Anotada, I*, cit., 1003.

[276] R. Medeiros/L. Torgal, "Anotação...", in *Constituição...*, II", cit., 76; J. J. Gomes Canotilho/Vital Moreira, *CRP Anotada, I*, cit., 1002.

[277] R. Guerra da Fonseca, "Organização Económica...", cit., 306.

[278] R. Medeiros/L. Torgal, "Anotação...", in *Constituição...*, II", cit., 76; J. J. Gomes Canotilho/Vital Moreira, *CRP Anotada, I*, cit., 1002.

Domínio público hidráulico:

c) Os lagos, as lagoas e os respectivos leitos (*domínio público lacustre*) e os cursos de água navegáveis ou flutuáveis e os respectivos leitos (*domínio público fluvial*).

5. Porém, deve notar-se que nem o domínio público hídrico, nem sequer o DPM, se esgotam nestas referências contidas na Constituição[279].
Ao abrigo da credencial constitucional constante do art. 84º/1/f), o legislador ordinário estendeu o regime da dominialidade a outros bens, qualificando-os igualmente como parte do DPM; assim, as margens das massas de água referidas na Constituição são expressamente dominializadas pela lei da titularidade dos recursos hídricos[280] (art. 11º), o que já não deve considerar-se abrangido pela "tipologia constitucional" dos bens do DPM[281].

A principal consequência desta afirmação é que há que colocar todo o cuidado no recorte daquilo que é DPM *ex constitutione* e DPM apenas *ex lege*, porque obviamente apenas o primeiro goza da força normativa dada pela norma constitucional.

Assim, para lá do DPM *ex constitutione*, integram o DPM *ex lege* os bens e coisas que não se integram no art. 84º/1/a) da CRP e são referidos na Lei n.º 54/2005.

O regime da Lei n.º 54/2005 mantém, no essencial, uma linha de continuidade com o regime constante do Decreto-Lei n.º 468/71, de 5 de Novembro, embora haja algumas inovações[282].

---

[279] R. Guerra da Fonseca, "Organização Económica...", cit., 308.
[280] Lei n.º 54/2005, de 15 de Novembro, já alterada pela Lei n.º 78/2013, de 21 de Novembro. Sobre este regime, veja-se José Robin de Andrade, "Um novo regime da titularidade de águas públicas", *Revista Jurídica do Urbanismo e do Ambiente*, 2005, pp. 109 ss.; J. Mendes, "Direito Administrativo da Água", cit., 39 ss.
[281] Assim, R. Guerra da Fonseca, "Organização Económica...", cit., 307.
[282] Designadamente a integração dos baldios municipais e paroquiais no domínio público hídrico dos municípios e das freguesias (arts. 6º/2 e 3 e 8º/2 da Lei n.º 54/2005). De facto os baldios sempre colocaram, historicamente, alguns problemas de delimitação e regime, sendo por exemplo controvertida a possibilidade de os integrar nos domínios públicos municipal e paroquial; cf., por todos, José Casalta Nabais, "Alguns perfis da propriedade colectiva nos países do *civil law*", in AA/VV, *Estudos em Homenagem ao Prof. Doutor Rogério Soares*, Studia Iuridica 61, Coimbra: Coimbra Editora, 2001, pp. 223 ss..

6. A delimitação concreta do DPM não assenta apenas no estabelecimento de critérios normativos, mas na realização das operações necessárias ao *conhecimento e cadastro efectivos* dos bens dominiais, já que muitas vezes existem dúvidas sérias acerca dos limites do DPM[283]. Aqui, por força do regime actualmente contido no Decreto-Lei n.º 353/2007, de 26 de Outubro, a Administração tem uma importante tarefa, que tem produzido inúmeros actos de delimitação[284].

Além disso, há que chamar a atenção para uma importante alteração ao regime jurídico relativo à invocação de direitos privados anteriores a 1864 ou 1868 (datas que marcaram a criação do DPM em Portugal).

Neste caso, a lei exige dos interessados na invocação de direitos históricos de natureza privada sobre parcelas de leitos ou margens das águas do mar ou águas navegáveis ou flutuáveis (sujeitos a uma presunção de dominialidade: art. 12º da Lei n.º 54/2005) uma conduta activa, a saber, a propositura de acções destinadas a declarar esses direitos, até 1 de Julho de 2014 (cf. art. 15º da Lei n.º 54/2005, que regula igualmente os meios de prova)[285]. A invocação de tais direitos já era permitida pelo Decreto-Lei n.º 468/71, mas a Lei n.º 54/2005 prevê agora um prazo máximo para a mesma ocorrer[286].

A doutrina explica que a solução resulta da "ponderação entre a protecção dos direitos privados e a estabilidade do domínio público", tendo o legislador considerado que, existindo desde 1971 a possibilidade de invocação destes direitos, "não se justificava permitir indefinidamente a possibilidade

---

[283] Sobre o tema, com grande desenvolvimento, a já citada obra de M.ª del Pino Rodríguez González, *El dominio público marítimo-terrestre...*, cit., *passim*.

[284] Constituindo tarefa pública a de promover os procedimentos de delimitação (nomeadamente, a nomeação das comissões de delimitação) dos leitos e margens dominiais confinantes de terrenos de outra natureza (mormente, privados), nos termos do Decreto-Lei n.º 353/2007 – cf. sobre isto J. Mendes, "Direito Administrativo da Água", cit., 42, com a prevenção de que a Autora escrevia num quadro institucional hoje desactualizado, por força da fusão do INAG na Agência Portuguesa do Ambiente.

[285] Inicialmente o prazo era 1 de Janeiro de 2014, mas a Lei n.º 78/2013 alterou o artigo 15º da Lei 54/2005, operando a sua extensão por mais seis meses. A mesma lei determinou ainda a revisão da Lei n.º 54/2005 até à mesma data.

[286] Sobre a efectivação judicial desta delimitação, José Miguel Júdice/José Miguel Figueiredo, *Acção de reconhecimento da propriedade privada sobre recursos hídricos*, Coimbra: Almedina, 2013.

de reconhecimento de direitos privados anteriores a 1864 ou 1868"[287], o que não afasta algumas dúvidas sobre a constitucionalidade desta opção[288].

7. Por fim, deve referir-se que a Lei n.º 54/2005 procede à importante tarefa que o art. 84º/2, 1ª parte, comete ao legislador ordinário: definir a que entes territoriais pertencem os terrenos do domínio público. No que a este trabalho importa, deve salientar-se que o DPM (que inclui, como se viu, as margens, além dos bens referidos na Constituição) é configurado, pela Lei n.º 54/2005, como atribuído ao Estado (arts. 3º e 4º). Além disso, a Lei n.º 54/2005 autonomiza ainda um conjunto de "outras águas públicas", algumas delas definidas, precisamente, pelo facto de se lançarem no mar (cf. art. 7º).

II. O regime jurídico da utilização e exploração do DPM

1. Aspectos gerais

8. Por definição, os bens dominiais são susceptíveis de uso por três classes de sujeitos, cuja diferenciação é útil não apenas do ponto de vista teórico, mas também pela diversidade dos usos e pelos títulos que os suportam.

Assim, o uso pode ser levado a cabo: (i) pela(s) própria(s) entidade(s) de cujo domínio público o bem faz parte; (ii) por outras entidades públicas; (iii) pelos particulares[289].

De entre os usos que podem ser feitos pelos particulares, é comum distinguir-se, por um lado, o uso geral (ou comum), que pode ser feito por todos os particulares ou por uma categoria genericamente determinada deles, por força de uma "autorização implícita no próprio destino do bem a um uso público"[290], dos usos especiais ou excepcionais, que levam consigo o traço, que pode ter mais ou menos intensidade, de carecerem de um acto específico que permita o acesso – no limite, reservando esse acesso, de forma qualificada,

---

[287] J. Mendes, "Direito Administrativo da Água", cit., 43.
[288] J. M. Júdice/J. M. Figueiredo, *Acção de reconhecimento...* cit., pp. 6-7.
[289] Fazendo a mesma tripartição, J. J. Gomes Canotilho/Vital Moreira, *CRP Anotada*, I, cit., 1006.
[290] A expressão é de J. J. Gomes Canotilho/Vital Moreira, *CRP Anotada*, I, cit., 1005.

a apenas um sujeito[291]. Tal distinção aparece hoje consagrada nos arts. 56º a 73º da Lei da Água (doravante, LA)[292], que distingue a utilização de recursos hídricos particulares (que não interessam ao presente estudo), a utilização *comum* dos recursos hídricos do domínio público e a utilização *privativa* dos recursos hídricos do domínio público.

Não importa qualquer contradição com a natureza dominial, nomeadamente com a sua natureza "fora do comércio", o facto de se permitir a utilização por outros sujeitos que não as pessoas colectivas suas titulares[293]. É mesmo essa a vocação principal do domínio público: as vias públicas ou as praias não existem para ser usadas pelas próprias pessoas colectivas territoriais (isto é, pelos seus titulares de órgãos e agentes no desempenho das suas funções), mas por aqueles mesmos que constituem os destinatários da sua acção e o seu substrato pessoal (os cidadãos).

Com efeito, o facto de serem submetidos ao regime da dominialidade não afecta as características físicas dos bens: eles permanecem susceptíveis de uso ou exploração com fins económicos[294]. Faz parte dos fins da comunidade, e aproveita à mesma comunidade, assegurar um controlo sobre esses bens, pois desse modo consegue-se que, limitando e regulando os modos de aproveitamento económico, a comunidade possa beneficiar em alguma medida dos mesmos, como quando se estabelecem modos de remuneração do sujeito público directamente indexados ao valor do aproveitamento desses bens[295].

---

[291] Para estes conceitos, v., entre tantos, J. P. Fernandes, "Domínio Público", cit.; Fernando Alves Correia, "A concessão de uso privativo do domínio público: Breves notas sobre o regime jurídico de um instrumento de valorização e rentabilização dos bens dominiais", *Direito e Justiça*, (n.º especial referente ao VI Colóquio Luso-Espanhol de Direito Administrativo, coordenado por José Luís Martinez López-Muñiz e Fausto de Quadros), 2005, pp. 101 ss.; Ana Raquel Gonçalves Moniz, "A concessão de uso privativo do domínio público: um instrumento de dinamização dos bens dominiais", in AA/VV, *Ars Iudicandi – Estudos em Homenagem ao Prof. Doutor António Castanheira Neves*, vol. III, Coimbra: Coimbra Editora, 2008, pp. 293 ss.; A. Leitão, "A utilização...", cit., 4.

[292] Lei n.º 58/2005, de 29 de Dezembro, alterada por último e republicada pelo Decreto-Lei n.º 130/2012, de 22 de Junho.

[293] J. J. Gomes Canotilho/Vital Moreira, *CRP Anotada, I*, cit., 1006.

[294] J. J. Gomes Canotilho/Vital Moreira, *CRP Anotada, I*, cit., 1007; J. Bermejo Vera, *Derecho Administrativo – Parte Especial*, cit., p. 485.

[295] J. Bermejo Vera, *Derecho Administrativo – Parte Especial*, cit., p. 486. Por exemplo, no regime do Decreto-Lei n.º 109/94, de 26 de Abril, relativo à prospecção e exploração de hidrocarbonetos, a exploração de petróleo que eventualmente aconteça, além dos impostos gerais,

Além disso, da mesma forma que as pessoas colectivas territoriais se desdobram em entidades instrumentais para melhor prossecução dos seus fins, os bens encabeçados por pessoas colectivas de população e território podem ser afectos, no seu uso, a outras entidades públicas não territoriais, ocorrendo nesse caso uma cisão entre titularidade e posse, mas permanecendo ambas na esfera de pessoas colectivas públicas[296]. A possibilidade de tal atribuição de uso a entidades públicas diversas do titular, que carece apenas de um acto administrativo de afectação, encontra hoje habilitação expressa no art. 9º/1 da Lei n.º 54/2005[297].

2. Uso comum

9. Conforme já foi notado pela doutrina, são significativas as alterações trazidas ao regime nacional de permissão de usos privados dos bens do domínio público hídrico (e portanto também do DPM) pela reforma legislativa que teve início em 2005 e o seu ponto mais marcante na aprovação da LA[298].

A primeira alteração relevante concerne à adopção de um modelo regulatório que é antes de mais votado à obtenção de resultados ambientais satisfatórios, o que se entende prosseguir através da flexibilidade.

Assim, a um elenco taxativo de usos sujeitos à obtenção de título, sucede uma cláusula geral que recorta a exigência de títulos de acordo com o impacto que o uso tem sobre o estado das águas (art. 56º da LA), de tal modo que mesmo certos usos de recursos hídricos particulares podem requerer título

---

é ainda sujeita a um imposto especial, com taxas progressivas que tomam como referência as quantidades extraídas (arts. 49º e 51º), o que configura um modo de redistribuir pela comunidade algum do benefício económico decorrente da exploração de um bem do domínio público (o jazigo de petróleo ou gás).

[296] Dando os exemplos dos institutos públicos e das empresas públicas, J. J. Gomes Canotilho/ Vital Moreira, *CRP Anotada*, I, cit., 1005. Note-se que esta nossa afirmação não significa uma tomada de posição sobre a questão de saber se o domínio público só pode ser encabeçado por entes territoriais. Mas qualquer que seja a resposta a essa questão, o que se diz no texto é válido: é sempre possível a um ente público, mantendo na sua esfera o bem dominial, permitir o uso a entidades instrumentais.

[297] Para o caso espanhol, onde tais formas de utilização estão especialmente reguladas, J. Bermejo Vera, *Derecho Administrativo – Parte Especial*, cit., pp. 482-483.

[298] J. Mendes, "Direito Administrativo da Água", cit., 101 ss.

para serem levados a cabo, por terem um impacto significativo desse ponto de vista (art. 62º da LA)[299].

O mesmo recurso a cláusulas gerais se encontra na definição dos casos abrangidos pelos diferentes tipos de títulos[300], bem como no estabelecimento da ordem de preferência de usos em casos onde mais do que um uso exista ou seja proposto para uma parcela dominial[301].

Por outro lado, as causas de alteração ou revogação dos títulos de utilização revelam igualmente a preocupação primacial com a defesa do ambiente[302].

10. Neste quadro em que a técnica legislativa se pauta pela abertura e relativa vaguidade, para salvaguardar que *os diferentes usos ficam sempre sujeitos a um regime adequado tendo em conta as suas características*, compreende-se que o uso comum do domínio público não esteja sujeito a qualquer título de utilização, ficando apenas sujeito às ressalvas do cumprimento da lei geral e dos condicionamentos previstos nos planos aplicáveis *e da não alteração significativa da qualidade e da quantidade da água* (art. 58º LA), devendo entender-se que aqueles que levem a cabo este tipo de uso ficam obrigados ao cumprimento dos deveres resultantes do art. 57º da LA[303].

Fora essas vinculações, o uso comum pautar-se-á pelas características que a doutrina habitualmente lhe atribui, consistentes na "generalidade, igualdade, liberdade e, em regra, gratuitidade, sendo apenas limitado pelo princípio da tolerância mútua, segundo o qual o uso e fruição de uns não pode ser prejudicado pelo uso e fruição de outros"[304].

---

[299] J. Mendes, "Direito Administrativo da Água", cit., 102; A. Leitão, "A utilização...", cit., 4. Na síntese feliz de J. Bermejo Vera, *Derecho Administrativo – Parte Especial*, cit., p. 480, a necessidade de obtenção de um título existe quando a utilização do DPM é "mais intensa, perigosa ou rentável, ou exija obras e instalações de qualquer tipo".
[300] J. Mendes, "Direito Administrativo da Água", cit., 102.
[301] J. Mendes, "Direito Administrativo da Água", cit., 108.
[302] J. Mendes, "Direito Administrativo da Água", cit., 104-107.
[303] A. Leitão, "A utilização...", cit., 5.
[304] A. Leitão, "A utilização...", cit., 5. Chamando a atenção para as profundas raízes históricas deste regime, J. Bermejo Vera, *Derecho Administrativo – Parte Especial*, cit., p. 479. Sobre o regime do uso comum, com desenvolvimento, cf. Marta Garcia Perez, *La utilización del dominio publico maritimo-terrestre. Estudio especial de la concesión demanial*, Madrid: Marcial Pons, 1995, pp. 90 e ss..

11. Questão que pode colocar-se é a de saber se estes dados tradicionais do uso comum podem ser, aqui e ali, afastados ou mitigados, na medida necessária a permitir que esse uso seja equilibrado por outros imperativos valiosos, como a preservação do bem (que pode ficar em risco com uma utilização desregrada) ou a conciliação entre diferentes usos suportados pela coisa.

Considerações desta ordem foram em geral acolhidas pelo Regime Jurídico do Património Imobiliário Público (Decreto-Lei n.º 280/2007, de 7 de Agosto), que distingue, coerentemente e na sequência da lição da doutrina, entre uso comum *ordinário* e uso comum *extraordinário*, permitindo, quanto a este, a sujeição a autorização e/ou ao pagamento de taxas (cf. arts. 25º e 26º do RJPIP)[305].

Em escrito recente, Alexandra Leitão notou, porém, a ausência de menção, na LA, entre os usos que carecem de título, e em particular de autorização, ao uso comum, designadamente na sua dimensão de uso comum extraordinário[306]. Com efeito, quando a LA se refere ao uso comum, parece submetê-lo apenas ao cumprimento de determinadas prescrições substantivas e não à exigência de título [art. 58º: "(...) não estando este uso e fruição sujeito a título de utilização (...)"].

Posição diferente foi aparentemente sustentada por Joana Mendes. Ao referir-se ao alargamento do conceito de uso privativo pela LA, a autora escreve: "(...) previu-se que as utilizações comuns do domínio público hídrico – em regra não sujeitas a título de utilização – estão sujeitas aos condicionamentos legais e regulamentares (designadamente, os decorrentes dos planos) e *podem mesmo ser sujeitas a autorização prévia* caso se verifique que produzem "[alterações significativas] da qualidade e da quantidade da água" (artigo 58.º, *a contrario*). Com efeito, o conceito de utilização privativa abrange não apenas aquelas "em que alguém obtiver para si a reserva de um maior aproveitamento desses recursos do que a generalidade dos utentes" – conceito que estava implícito no regime jurídico anterior – mas também aquelas "que [implicarem] alteração no estado dos mesmos recursos ou [colocarem] esse estado em perigo" (artigo 59.º)" (itálico nosso)[307].

---

[305] A. Leitão, "A utilização...", cit., 5.
[306] A. Leitão, "A utilização...", cit., 5-6.
[307] J. Mendes, "Direito Administrativo da Água", cit., 102.

12. Começaremos por concordar com Joana Mendes quanto à ideia de que a redacção do art. 58º é ambígua. O legislador afirma realmente que o uso comum não está sujeito a título de utilização, mas, acrescenta, "desde que": (i) cumpra a lei *e* (ii) não produza alteração significativa do estado das águas.

Ora, se para nós não faz sentido que o não cumprimento da lei por um cidadão no uso comum dos bens do domínio público tenha por consequência a exigência de título[308], já lança mais dúvidas a segunda "condição" de que fala o legislador: a alteração significativa do estado das águas. Nesta, o intérprete fica na dúvida: de facto, uma forma (talvez a única) de parar, com eficácia, um uso comum que ponha em causa o estado das águas é a exigência de um título para esse uso. Admitimos que, numa primeira leitura, a consequência seja, como parece resultar da leitura *a contrario sensu* feita por Joana Mendes, que pelo menos nestes segundos casos pode exigir-se um título, *de entre os títulos referidos na própria LA*. Já não vemos é qualquer base normativa para que esse título tenha necessariamente de ser a *autorização prévia* – título que, como nota Alexandra Leitão, está notoriamente reservado, pela LA, para as utilizações de recursos hídricos *particulares* (cf. art. 62º/1)[309].

Tomando posição, entendemos que mesmo que os arts. 25º e 26º do RJPIP não sejam aqui directamente aplicáveis (pois a LA encontra-se em relação de lei geral-lei especial com o RJPIP, pelo que a superveniência deste face àquela não parece ter implicado a sua derrogação neste ponto – art. 7º/3 do Código Civil), deve entender-se que cabe dentro dos poderes-deveres de gestão e conservação dos bens dominiais a *regulação* do uso comum que caiba à natureza do bem e ao(s) tipo(s) de uso(s) que dele pode fazer-se.

Imagine-se, por exemplo, que um rochedo integrado no DPM tem grutas com interesse cultural, parcialmente submersas e em condições altamente exigentes do ponto de vista da sua preservação; poderá o Estado limitar o número e a frequência das entradas nesse rochedo, cobrando um valor pela entrada?

---

[308] Quando um banhista se diverte a poluir o mar, a consequência é a ordem de uma autoridade para parar com o comportamento ilícito e a eventual responsabilidade civil, criminal ou contra-ordenacional, mas essas consequências são só relativas àquele episódio de poluição; ninguém se lembraria de dizer que o banhista terá de obter uma licença para voltar a ter acesso ao mar no futuro.
[309] A. Leitão, "A utilização...", cit., 6.

Sem grande hesitação, diremos que sim: se há um interesse na preservação do bem que só é adequadamente satisfeito, numa óptica de proporcionalidade, com a limitação de acesso, ela deve fazer-se. Mas, note-se, não pensamos que isso entre na noção de uso privativo contida no art. 59º da LA (aquela em que alguém "obtiver para si a reserva de um maior aproveitamento desses recursos do que a generalidade dos utentes, ou aquela que implicar alteração no estado dos mesmos recursos ou colocar esse estado em perigo"), mas antes, simplesmente, na noção de uso comum regulado, a que se vem chamando, precisamente, uso comum extraordinário.

Esta particular faceta de uso comum, pode dizer-se (com respaldo, se não em aplicação directa, pelo menos, como lugar paralelo, nos arts. 25º e 26º do RJPIP), fica algures *a meio caminho* entre o uso comum ordinário ou "puro" (aquele em que os utentes entram na praia quando entendem, estendem a sua toalha onde entendem, tomam banho onde entendem e saem da praia quando entendem) e o uso privativo. É que mesmo admitindo, com Joana Mendes, que a LA ampliou bastante o conceito de uso privativo face ao que tradicionalmente era defendido pela doutrina e resultava da lei, seria a nosso ver desproposentado entender que nesses casos, quando o Estado franqueasse o acesso à gruta a um interessado, estaria a permitir um uso privativo do bem, legitimado por um título de utilização *de entre os títulos de utilização referidos na LA* (que, aliás, não se vê qual seria: concessão, licença, autorização?).

Aquilo que nos leva a dizer que é desproposentado entender que nestes casos de uso comum regulado está em causa um uso privativo é também a circunstância de que, se assim fosse, isso obrigaria a cumprir o regime do título que a LA e o Decreto-Lei n.º 226-A/2007 estabelecem. Isso produziria consequências absurdas[310].

---

[310] Mesmo que se admitisse, por exemplo, que o "título" que legitimaria o turista a entrar na gruta fosse uma autorização prévia – aquele título que tem menos formalismo na lei – isso significaria que cada turista ficaria sujeito, para acesso à gruta, ao regime dos arts. 16º a 18º do Decreto-Lei n.º 226-A/2007, ou seja, à apresentação de pedido por escrito (cf. art. 16º/2), recebendo depois em casa o documento que comprovaria o título definitivo, incluindo os "termos, condições e requisitos técnicos" (art. 18º); este procedimento só poderia, no limite, ser dispensado pelo PEOT ou plano de bacia (art. 16º/1 do Decreto-Lei n.º 226-A/2007).

13. Em suma, a correcta interpretação do art. 58º da LA, em nosso entender, revela que num espaço normativo entre o uso comum não controlado (ordinário, puro) e o uso privativo (necessariamente titulado por um dos títulos previstos e regulados na LA), o pensamento legislativo comporta, sob pena de consequências desadequadas, uma figura de *uso comum regulado* ou *controlado*.

Nem sequer é preciso justificar esta solução com a detecção de uma lacuna oculta e posterior recurso à analogia: para nós, a adequada consideração dos elementos literal, teleológico e sistemático da interpretação, bem como o imperativo da atenção às consequências (a chamada *sinépica*), permite fundamentar esta solução no próprio direito legislado. Por outro lado, parece poder notar-se que independentemente da existência de título, a própria figura geral do poder de polícia servirá a justificar, pelo menos, alguns tipo de regulação do uso comum[311].

Dito isto, até não nos choca que se considere que estaremos, aí, perante um uso comum "titulado": o que dizemos é que esse título *não se reconduz aos títulos previstos e regulados pela LA e pelo Decreto-Lei n.º 226-A/2007*, sendo antes um título autónomo e *inominado*, sujeito a um regime completamente diferente do regime desses outros títulos regulados pela lei, e caracterizado por grande flexibilidade, imediatismo, informalidade e limitação temporal: retomando mais uma vez o exemplo acima dado, do acesso à gruta, aqui o título é solicitado verbalmente, sem qualquer formalismo típico dos requerimentos administrativos, o funcionário emite de imediato o título e cobra a taxa respectiva, e o título tem uma validade temporal ínfima (que habitualmente, não ultrapassa o próprio dia em que é emitido e às vezes é ainda menor).

É a própria lei, parece-nos, a dar uma caução implícita a esta figura do uso comum regulado. Na verdade, em muitos casos, verifica-se que o Estado aprova normas cujo sentido é apenas o de estabelecer o quadro no qual se realiza ou pode realizar uma dada utilização do DPM, sem sentir necessidade de estabelecer um regime de controlo prévio através da atribuição de autorizações, licenças ou concessões.

---

[311] Referindo-se à "permissão de exercício livre com reserva de excepção proibitiva imposta em casos concretos pela Administração", baseada nos poderes gerais de impor medidas de "polícia dominial" ou de ordem pública, M. Garcia Perez, *La utilizacion*, cit., p. 117.

14. Note-se que este quadro de abertura normativa relativamente às fronteiras entre uso comum e uso privativo significa, em última análise, que podem existir casos de fronteira nos quais seja difícil diferenciar entre esses dois grandes tipos de uso. Reconhecemos que a nossa posição, ao sustentar que cabe ainda no conceito legal de uso comum um uso comum regulado, contribui ainda para aumentar a complexidade da diferenciação teórica.

Porém, em última análise, esta dificuldade de fixar fronteiras é imputável, não ao intérprete, mas à opção patente do legislador de pretender sujeitar cada tipo de uso a um regime de controlo adequado às suas características; isto, obviamente, secundariza a preocupação com a qualificação do uso como comum ou privativo.

À Administração caberá, pois, decidir sobre a questão, sempre com o fito de não aplicar de forma desproporcionada e demasiado complexa e burocrática[312] os procedimentos de controlo, já que nos encontramos, como se disse, em áreas importantes para o cumprimento de direitos e liberdades fundamentais dos cidadãos, que passam em boa medida pela possibilidade de uso dos bens dominiais.

3. O uso privativo

3.1. Aspectos gerais

15. Recortados desta forma o uso comum e o uso privativo, cumpre analisar o essencial do regime deste último tipo de uso.

Como já resulta da exposição antecedente, o uso privativo de bens do domínio público hídrico (incluindo, portanto, do DPM) está sempre sujeito à prévia obtenção de título de utilização, nos termos dos arts. 56º e 59º/2 da LA. Esses títulos são a licença e a concessão[313].

---

[312] Relembrem-se os princípios da desburocratização e da eficiência: art. 10º do CPA.
[313] A autorização e a comunicação prévia (que pode substituir a primeira) só são aplicáveis a usos de recursos hídricos particulares, pelo que não as estudaremos aqui. Sobre as figuras e o seu regime, J. Mendes, "Direito Administrativo da Água", cit., 111. Por outro lado, v. o que diremos adiante sobre os títulos de utilização privativa dos recursos hídricos que coexistem com (ou integram) outras situações jurídicas.

Do regime posto pela Lei da Água e pelo Decreto-Lei n.º 226-A/2007 em matéria de condições de atribuição do uso privativo, ressalta a intenção do legislador em reservar à entidade que decide sobre a matéria uma margem significativa de margem de livre decisão[314].

De facto, à entidade decisora, além da verificação do cumprimento dos requisitos taxativos dos quais depende a atribuição do uso, cabe uma típica tarefa de ponderação entre os imperativos de protecção do ambiente[315], a eficiência económica na afectação dos recursos[316] e outros valores relevantes.

Actualmente, é a Agência Portuguesa do Ambiente a entidade administrativa que tem como competência, enquanto Autoridade Nacional da Água (assumindo portanto as anteriores competências do INAG) e também sucessora nas competências das administrações de região hidrográfica, emitir os títulos de utilização dos recursos hídricos e fiscalizar o cumprimento da sua aplicação[317]. Esta competência apenas é afastada no que tange às áreas do domínio público hídrico afectas às administrações portuárias e às entidades gestoras de empreendimentos de fins múltiplos sustentados em infra-estruturas hidráulicas públicas previstos no art. 76º, sendo estas as entidades que exercem as competências de licenciamento e fiscalização da utilização dos recursos hídricos nesses locais[318], e nos casos de delegação previstos no art. 13º do Decreto-Lei n.º 226-A/2007.

16. O regime jurídico dito do "licenciamento zero"[319] não veio bulir com a necessidade dos referidos títulos de utilização.

---

[314] Assim, A. Leitão, "A utilização...", cit., 6.
[315] Sobre a importante marca dos imperativos ambientais no regime da LA e do Decreto-Lei n.º 226-A/2007, veja-se J. Mendes, "Direito Administrativo da Água", cit., 103, 106-107.
[316] Como refere A. Leitão, "A utilização...", cit., 6, "O uso privativo (...) deve contribuir para a valorização económica do domínio público e para o desenvolvimento económico em geral (...)".
[317] Art. 3º/3/d) do Decreto-Lei n.º 56/2012 (lei orgânica da APA) e arts. 7º e 8º da LA, na redacção dada pelo Decreto-Lei n.º 130/2012.
[318] Art. 76º/3/b) LA (para as entidades gestoras de empreendimentos de fins múltiplos) e arts. 13º/1 da LA e 38º do Decreto-Lei n.º 226-A/2007 (para as administrações portuárias). As diversas normas estatutárias das administrações portuárias (que são sociedades anónimas de capitais públicas) dobram esta competência, como nota R. Guerra da Fonseca, "Governação do sector portuário", cit., p. 170.
[319] Constante do Decreto-Lei n.º 48/2011, de 1 de Abril, já alterado pelo Decreto-Lei n.º 141/2012, de 11 de Julho.

Com efeito, o Decreto-Lei n.º 48/2011 simplifica diversos actos de "ocupação do espaço público", prevendo para eles um regime de mera comunicação prévia (arts. 10º e ss.). Alguns desses actos configuram usos privativos de bens do domínio público (o que se retira do art. 10º/1 e 4 do Decreto-Lei n.º 48/2011, que faz menção expressa ao conceito), e alguns deles são perfeitamente concebíveis em espaços do DPM.

Porém, numa análise mais detida, conclui-se que o domínio público a que se refere o diploma é apenas o domínio público *das autarquias locais* (assim, expressamente, o art. 10º/1, proémio, bem como o preâmbulo do diploma); ora o domínio público das autarquias locais, como vimos acima, não inclui a titularidade de bens ou coisas integrantes do DPM, os quais são pela Lei n.º 54/2005 considerados da titularidade do Estado.

Compreende-se, assim, que o art. 13º do Decreto-Lei n.º 48/2011 venha clarificar que o "disposto na presente subsecção [a que submete a comunicação prévia alguns usos de bens dominiais] não prejudica o regime legal aplicável ao domínio público hídrico, nomeadamente o domínio público hídrico pertencente aos municípios e freguesias estabelecido nas Leis n.ºs 54/2005, de 15 de Novembro, e 58/2005, de 29 de Dezembro (...)".

3.2. Regime geral aplicável aos diversos títulos

17. Os regimes da LA e do Decreto-Lei n.º 226-A/2007 em matéria de utilização dos recursos hídricos estruturam-se em torno de uma distinção do tipo "parte geral/parte especial", contendo regime aplicável a todos os títulos de utilização (cf. arts. 1º a 15º, a maior parte dos preceitos dos arts. 26º a 39º e os arts. 40º a 78º), bem como regimes especiais aplicáveis aos diversos títulos (no que aqui releva, arts. 19º a 22º e 34º, para a licença, e 23º a 25º e 35º, para a concessão).

O regime geral aplicável aos diversos tipos de títulos e de utilizações revela que o legislador, conferindo embora um relevo central aos imperativos de protecção do ambiente, o que resulta de algum modo imposto pela própria Directiva Quadro, que fixa metas concretas na matéria[320], e mesmo acolhendo um "princípio de actualização permanente" em homenagem a esses im-

---

[320] J. Mendes, "Direito Administrativo da Água", cit., 101-102.

perativos[321], não desprotege os interesses económicos dos particulares que pretendem realizar usos privativos dos bens do domínio hídrico.

Quer dizer, nota-se, na "fórmula" concreta do regime na matéria, que o legislador não foi alheio à incidência de imperativos de economicidade (em sentido positivo), o que há-de entender-se, a nosso ver, como condição da legitimidade, mesmo constitucional, de um determinado regime, pois revela a intenção de ponderação e balanceamento entre os diversos interesses em presença.

18. Assim, desde logo, os interesses económicos do particular assumem importância central na definição dos prazos de validade dos títulos, quer na licença, quer na concessão, atendendo-se ao tempo necessário para a amortização do investimento (art. 67º/2, parte final, da LA, para a licença[322]) e "à natureza e à dimensão dos investimentos associados, bem como à sua relevância económica e ambiental", para a concessão (art. 25º/2 do Decreto-Lei n.º 226-A/2007).

Por outro lado, a protecção dos interesses económicos e do próprio valor da água enquanto bem com significado económico, que não tem de ser conflituante com o seu valor ambiental e social ou dele excludente, concretiza-se ainda no inovador e interessante regime das vicissitudes dos títulos, que ficam sujeitos, em medida significativa, a um princípio de livre transaccionabilidade voluntária, e em alguns casos, são mesmo susceptíveis de sucessão *mortis causa* (cf. arts. 26º e ss. do Decreto-Lei n.º 226-A/2007)[323].

O mesmo imperativo de protecção dos interesses económicos do titular do uso privativo decorre ainda da expressa obrigação que para o Estado e demais autoridades competentes resulta ainda, para dar apenas mais alguns exemplos impressivos:

---

[321] Carla Amado Gomes, "Mudam-se os tempos, mudam-se os actos administrativos... Contributo para a construção de um regime de modificação do acto administrativo por alteração superveniente dos pressupostos", in Carla Amado Gomes, *Textos dispersos de Direito Administrativo*, Lisboa: AAFDL, 2013, pp. 131 e ss., (publicado originalmente em 2006), p. 135.

[322] Em todo o caso, é verdade que a lei aparentemente não permite que o período da licença seja superior a 10 anos, caso o exija o prazo de amortização do investimento concreto a realizar. Justificar-se-ia, porventura, uma norma de excepção; mesmo sem ela, não parece impossível defender a existência de uma lacuna, a integrar nos termos gerais.

[323] Sobre este ponto, J. Mendes, "Direito Administrativo da Água", cit., 105, 112-113.

(a) do art. 6º do Decreto-Lei n.º 226-A/2007: um dever, imposto à Administração, de proteger a exclusividade do uso, sob pena de responsabilidade civil pelos danos causados ao utilizador pela falta dessa protecção[324];
(b) da limitação das faculdades de modificação das condições dos títulos pela entidade competente, de acordo com uma ponderação entre a onerosidade criada por tal modificação e o benefício ambiental obtido (cf. art. 28º/2 do Decreto-Lei n.º 226-A/2007), o que se articula, no sentido oposto, com a consagração de regras que prevêem a revisão dos actos com base na alteração de circunstâncias (art. 69º/6 da LA)[325], ou ainda
(c) dos critérios estabelecidos para a resolução de *conflitos entre usos*: depois de uma remissão para o planeamento, diz-se que será "em qualquer caso dada prioridade à captação de água para abastecimento público face aos demais usos previstos, e em igualdade de condições é preferido o uso que assegure a utilização economicamente mais equilibrada, racional e sustentável, sem prejuízo da protecção dos recursos hídricos" (art. 64º/1 LA).

19. Num aspecto digno de nota, refira-se que a lei enfrenta também o complexo problema da articulação dos procedimentos de atribuição de títulos com outros procedimentos de controlo.

De certo modo em linha com o princípio de precedência da AIA, que o Código dos Contratos Públicos transformou em princípio geral do direito da contratação pública[326], o art. 37º/1 do Decreto-Lei n.º 226-A/2007 dispõe como regra que a atribuição do título deve fazer-se apenas depois da realização da AIA ou da sua dispensa.

Contudo, nos casos em que a atribuição deva fazer-se por procedimento concursal (cf. *infra*), a lei procura concretizar uma tramitação *paralela e interligada* entre o concurso e o procedimento de AIA, dispondo-se que este tem início

---

[324] J. Mendes, "Direito Administrativo da Água", cit., 107.
[325] C. Amado Gomes, "Mudam-se os tempos...", cit., pp. 158-159.
[326] Neste sentido, v. o que escrevemos em Miguel Assis Raimundo, "A Avaliação de Impacto Ambiental na Formação e Execução dos Contratos Públicos", *O Direito*, **ano 142º**, (I), 2010, pp. 197-226, (= *Estudos sobre Contratos Públicos*, pp. 201 ss.).

depois do início daquele, ficando de algum modo a decisão final do concurso dependente do decurso do procedimento de AIA (cf. art. 37º/2 Decreto-Lei n.º 226-A/2007). Se não nos parece, de todo, uma solução a generalizar (pela indefinição em que deixa os demais participantes no procedimento), a mesma poderá ser aplicada com proveito em alguns concursos (sobretudo, os de objecto particularmente complexo) fora do âmbito do diploma em apreço.

3.3. Regime da concessão

20. A concessão é prevista para os usos previstos no art. 61º da LA e no art. 23º do Decreto-Lei n.º 226-A/2007, alguns dos quais abarcam o uso de bens do DPM, como é o caso da utilização de terrenos do domínio público hídrico que se destinem à edificação de empreendimentos turísticos e similares, da captação de água para produção de energia, e da implantação de infraestruturas hidráulicas.

A concessão é definida, por comparação com a licença, pelo carácter mais denso e mais estável (*rectius*, menos precário) do direito de uso privativo que confere ao particular[327]/[328].

A maior densidade decorre da inclusão, no direito de uso do concessionário, de faculdades que não são atribuídas ao titular de licença (cf. art. 68º/2 da LA e seu confronto com o art. 67º).

A maior estabilidade/menor precariedade decorre do facto de a licença estar sujeita a um limite temporal de 10 anos (art. 67º/2), enquanto a concessão pode ir aos 75 anos (art. 68º/6).

Em consonância com esta posição mais segura do concessionário (isto é, para a "securitizar", para usar um termo em voga), o legislador impõe um instrumento bilateral (o contrato) como modo de atribuição e regulação das condições da concessão (cf. art. 68º/1 LA). De todo o modo, não pode ignorar-se que hoje, reconhecidamente, o instituto da alteração de circunstâncias

---

[327] Assim, J. Mendes, "Direito Administrativo da Água", cit., 110-111, que nota que o art. 3º do Decreto-Lei n.º 226-A/2007 apontaria para uma equiparação entre os direitos do concessionário e do titular de licença de uso, mas essa equiparação é posta em causa pelo *plus* atribuído ao concessionário pelo art. 68º/2 da LA.

[328] J. Bermejo Vera, *Derecho Administrativo – Parte Especial*, cit., p. 483, chega a dizer que a autorização corresponde a "uma espécie de concessão debilitada".

tem âmbito geral, aplicando-se quer a formas de actuação unilaterais quer a formas contratuais[329], o que pode determinar a cessação antecipada dos títulos, qualquer que seja a sua natureza.

21. Para a atribuição das concessões, estão previstas formas que asseguram a igualdade de oportunidades entre os interessados (art. 68º/3 a 5 LA).

Não se trata de um aspecto exclusivo da concessão, estando prevista igualmente a atribuição de licenças por procedimento concursal, por força do art. 21º do Decreto-Lei n.º 226-A/2007, ocorrendo a este propósito, pois, uma manifestação da ideia de que a susceptibilidade de concorrência é um conceito transversal ao ordenamento jurídico, incidindo sobre bens escassos e susceptíveis de interessar a mais do que um sujeito, independentemente do modo concreto da sua atribuição (por acto ou contrato), relevando sobretudo o objecto atribuído[330].

A escolha de modos concorrenciais de atribuição permite assim à Administração uma escolha das candidaturas mais adequadas de acordo com critérios económicos, e ambientais, que irão densificar o interesse geral e

---

[329] Fundamentando esta tese com grande desenvolvimento, C. Amado Gomes, "Mudam-se os tempos...", cit., e Carla Amado Gomes, *Risco e Modificação do Acto Autorizativo Concretizador de Deveres de Protecção do Ambiente*, Coimbra: Coimbra Editora, 2007.

[330] Sobre o conceito e os critérios da susceptibilidade de concorrência e sobre a sua relevância em múltiplos domínios da actuação administrativa, quer unilateral quer bilateral, cf. Miguel Assis Raimundo, *A formação dos contratos públicos. Uma concorrência ajustada ao interesse público*, Lisboa: AAFDL, 2013, 51 ss., 587 ss.; Idem, "O objeto sujeito à concorrência de mercado no Código dos Contratos Públicos", in *Estudos de Homenagem ao Prof. Doutor Jorge Miranda*, vol. IV – *Direito Administrativo e Justiça Administrativa*, Lisboa: Faculdade de Direito da Universidade de Lisboa/Coimbra Editora, 2012, pp. 675 ss.. Veja-se igualmente Mark Kirkby, "Actos administrativos sujeitos a procedimentos adjudicatórios de contratação pública – o artigo 1.º, n.º 3, do Código dos Contratos Públicos", *Revista de Contratos Públicos*, (4), 2012, pp. 103 ss.; em sede de aproveitamento de bens do domínio público, Diogo Freitas do Amaral/Lino Torgal, "Licença de Utilização do Domínio Público: Concorrência em Procedimento Atributivo de Licença de Extracção de Inertes e Modo de Fiscalização dessa Actividade", in Diogo Freitas do Amaral/Lino Torgal, *Estudos sobre Concessões e outros Actos da Administração (Pareceres)*, Coimbra: Almedina, 2002, pp. 347-397; e especificamente em sede de usos privativos dos recursos hídricos, Pedro Nuno Rodrigues, "As propostas não solicitadas e o regime da contratação pública: reflexões a pretexto dos procedimentos de atribuição de usos privativos de recursos hídricos por iniciativa particular", *Revista de Direito Público e Regulação*, (3), 2009, pp. 59 ss..

assegurar que os bens dominiais são aproveitados por quem está em melhores condições de o fazer[331].

Assim, a atribuição da concessão por iniciativa pública exige, em regra, o concurso, assim como a atribuição por iniciativa privada que seja seguida da manifestação de interesse por outros além do requerente (art. 68º/3 e 5 LA).

O procedimento concursal a que se refere a LA é regulado na sua tramitação pelo Decreto-Lei n.º 226-A/2007, diploma que a jurisprudência já entendeu não ter sido revogado pelo art. 14º/2 do Decreto-Lei n.º 18/2008, de 29 de Janeiro, que aprovou o Código dos Contratos Públicos[332]. A iniciativa de lançamento do concurso deve considerar-se uma decisão discricionária da Administração[333].

22. Também é possível a atribuição directa da concessão. O primeiro grupo de casos em que isso pode acontecer é aquele em que o beneficiário da atribuição seja "uma empresa pública a quem deva caber a exploração de empreendimentos de fins múltiplos, referidos no artigo 75.º, ou de empreendimentos equiparados, nos termos do n.º 2 do artigo 13.º", devendo nesse caso a atribuição ser realizada por decreto-lei (cf. art. 68º/4 LA).

Estamos, pois, perante mais um grupo de casos, a acrescentar ao caso da própria atribuição do uso privativo às administrações portuárias, que é feito por portaria (art. 13º/2 LA), de dispensa de concorrência na atribuição do título, em atenção à existência de uma operação inter-administrativa[334].

O segundo grupo de casos é aquele em que o requerimento de iniciativa privada de um particular, após publicitação de edital, não seja seguido de manifestação de interesse por outros sujeitos (art. 68º/5 LA).

---

[331] M. Garcia Perez, *La utilizacion*, cit., pp. 184-185.
[332] TCAS 15-09-2011 (Paulo Pereira Gouveia), proc. 7754/11.
[333] Neste sentido, TCAS 29-09-2011 (Coelho da Cunha), proc. 465/11/A. Assim é também no direito espanhol: M. Garcia Perez, *La utilizacion*, cit., p. 184; no mesmo sentido, em geral sobre a decisão de atribuição de títulos de utilização do DPM, J. Bermejo Vera, *Derecho Administrativo – Parte Especial*, cit., pp. 480-481.
[334] Sobre este fundamento de dispensa da concorrência (sobretudo a propósito da actividade contratual), Alexandra Leitão, *Contratos Interadministrativos*, Coimbra: Almedina, 2011, maxime 311 ss.; Alexandra Leitão, "Contratos entre entidades adjudicantes (Ac. no proc. n.º C-480/06 do TJUE)", *Revista de Contratos Públicos*, (2), 2011, pp. 111 ss.; M. A. Raimundo, *A formação dos contratos públicos...* cit., 646 ss.; Idem, "O objeto sujeito à concorrência de mercado...", cit., 688 ss..

Aqui, o fundamento de dispensa da concorrência é já aquele que noutro lugar designámos como o prévio recurso ao mercado (neste caso, sem sucesso); a circunstância de a concorrência já ter demonstrado, neste caso, ser improdutiva, o que dispensa que ela seja novamente promovida[335].

A circunstância de a lei não prever expressamente outros fundamentos de dispensa da concorrência não quer dizer que eles não possam ser retirados de uma interpretação coerente e sistematicamente orientada: vale o princípio geral de que a concorrência não se impõe sempre e independentemente de outros interesses em presença[336]. Dado que o CCP deve ser considerado direito subsidiário, nesta matéria, face às regras de atribuição dos títulos constantes do Decreto-Lei n.º 226-A/2007 e da LA, pode perfeitamente recorrer-se às normas aí previstas para chegar a outros fundamentos de dispensa da concorrência[337].

3.4. Regime da licença

23. Sujeitos a licença estão os seguintes tipos de usos privativos (art. 60º LA), também eles, na maior parte dos casos, podendo incidir sobre bens do domínio público marítimo:

a) A captação de águas;
b) A rejeição de águas residuais;
c) A imersão de resíduos;
d) A ocupação temporária para a construção ou alteração de instalações fixas ou desmontáveis, apoios de praia ou similares e infraestruturas e equipamentos de apoio à circulação rodoviária, incluindo estacionamentos e acessos ao domínio público hídrico;
e) A implantação de instalações e equipamentos referidos na alínea anterior;

---

[335] Cf. M. A. Raimundo, *A formação dos contratos públicos...* cit., pp. 920 e ss..
[336] Neste sentido, M. A. Raimundo, *A formação dos contratos públicos...* cit., pp. 55 e ss., 913 e ss..
[337] Como defendemos noutro lugar – cf. Miguel Assis Raimundo, "Os fundamentos de afastamento da concorrência na contratação pública: diálogo luso-brasileiro", *Revista de Contratos Públicos (Brasil)*, ano 2, (2), set. 2012/fev. 2013, pp. 137 ss. (aqui, pp. 142 ss.).

f) A ocupação temporária para construção ou alteração de infraestruturas hidráulicas;
g) A implantação de infraestruturas hidráulicas;
h) A recarga de praias e assoreamentos artificiais e a recarga e injeção artificial em águas subterrâneas;
i) As competições desportivas e a navegação, bem como as respetivas infraestruturas e equipamentos de apoio;
j) A instalação de infraestruturas e equipamentos flutuantes, culturas biogenéticas e marinhas;
k) A sementeira, plantação e corte de árvores e arbustos;
l) A realização de aterros ou escavações;
m) Outras atividades que envolvam a reserva de um maior aproveitamento desses recursos por um particular e que não estejam sujeitas a concessão[338].

24. Ao contrário do que sucedeu com a atribuição das concessões de uso privativo, a LA não se pronunciou sobre os modos de atribuição das licenças (designadamente, sobre a adopção de procedimentos concorrenciais), deixando ao legislador essa opção (art. 67º/5).

Assim, o Decreto-Lei n.º 226-A/2007 consagrou um regime segundo o qual em alguns usos, a regra é a atribuição concursal (art. 21º/1 do Decreto-Lei n.º 226-A/2007), estando igualmente previsto que quando ocorra requerimento do particular, será publicado edital suscitando o interesse de outros sujeitos, após o que poderá ter lugar procedimento concursal (cf. art. 21º/4 do Decreto-Lei n.º 226-A/2007).

25. Como se disse acima, concessão e licença diferenciam-se precisamente pelo carácter mais precário da posição jurídica conferida por este último título.

A jurisprudência tem ilustrado de forma particular a precariedade aqui envolvida, na decisão de casos em que os particulares procuram fazer valer

---

[338] Trata-se, como se vê, de uma norma residual, que revela que o elenco de usos privativos não é taxativo e que a licença é o título aplicável para os usos que possam ainda ser considerados como privativos e não encontrem previsão expressa na lei.

um suposto direito ao ressarcimento do valor das infra-estruturas que constroem em área de DPM, ao abrigo de licenças de uso privativo, invocando, para o efeito, a inconstitucionalidade das normas que sucessivamente têm previsto (e continuam a prever) a reversão gratuita desses bens após o prazo da licença[339].

Em diversas decisões que levam muito longe a discussão da precariedade dos direitos emergentes de licença, os tribunais administrativos têm construído uma jurisprudência importante para compreender a *repartição de riscos* inerente a toda a pretensão particular de exercício de actividades privadas em bens do DPM. Com efeito, a jurisprudência chama a atenção para o facto de ter de ser o próprio particular a ponderar os diversos aspectos, mormente os proventos que esperava obter com a actividade e os custos da amortização do investimento[340]. Não pode o particular pretender que findo o prazo da licença o Estado o indemnize por essas perdas, pela simples razão de que nesses casos, o que leva à aquisição dos bens eventualmente construídos sobre a parcela dominial não é um motivo de interesse público, mas antes *a reversão de bens que estavam afectos a um fim privado*. A solução não afecta a garantia constitucional da propriedade privada nem o princípio da boa fé, já que a natureza precária do direito é desde logo anunciada e publicitada pelo ordenamento jurídico[341].

---

[339] Cf. o art. 8º/1 do revogado Decreto-Lei n.º 46/94, de 22 de Fevereiro, e hoje o art. 69º/2/b) da LA.

[340] Paradigmática é a excelente decisão do STA (Pleno) 16-02-2005 (Santos Botelho), proc. 342/02.

[341] STA (Pleno) 16-02-2005 (Santos Botelho), proc. 342/02. Já nos parece menos conseguido o argumento, repetido em alguns arestos, segundo o qual as construções elevadas em parcelas do DPM (por exemplo, um apoio de praia) não seriam *propriedade* do titular da licença. Na verdade, não vemos a quem mais poderia pertencer essa propriedade (em termos jurídico--civis), como parece resultar, correctamente, entre outros, do Parecer do Conselho Consultivo da PGR n.º 10/2006, de 17-01-2008, homologado pelo SEOTC em 16-06-2008 (um caso no qual nem sequer existia título e onde, ainda assim, se considerou que havia propriedade privada), e do acórdão do TCAN 23-10-2008 (Medeiros de Carvalho), proc. 02591/06.3BEPRT. O que sucede é que a lei prevê que após o termo da licença, a propriedade se transfira para o Estado, em atenção ao referido carácter precário e transitório do direito de utilização do DPM. Neste caso, o direito de propriedade acaba por seguir inapelavelmente as vicissitudes do título jurídico-público que permitiu a sua constituição.

3.5. Usos privativos especiais

26. Falámos até aqui, note-se, em títulos *autónomos* de uso privativo do DPM. A adjectivação justifica-se, pois para além deles, a permissão de uso (privativo) de bens dominiais pode decorrer de outras situações jurídicas, em relação às quais aquela permissão se assumirá como concorrente ou acessória.

Em particular, isso acontece com a titularidade do direito de explorar um serviço ou obra pública, que leva consigo o direito de utilizar bens do domínio público necessários ao desenvolvimento das actividades concedidas (cf. art. 415º/c) do CCP)[342].

Nesse caso, o direito de uso privativo integra a posição jurídica complexa do concessionário, o que tem como principal consequência a de lhe ser aplicável, por isso, o regime do contrato de concessão de obra ou serviço público, no que diz respeito à formação, extinção e outros aspectos da vida do contrato.

Em linha com estas considerações, o art. 38º/3 do Decreto-Lei n.º 226-A/2007 vem dispor que o regime da atribuição de uso privativo às administrações portuárias "não prejudica o regime jurídico das concessões de serviço público de movimentação de cargas em áreas portuárias, nem de outras concessões, licenças e autorizações relativas a usos portuários e logísticos, incluindo usos complementares, acessórios ou subsidiários, celebradas ao abrigo de regimes específicos aplicáveis nas áreas de jurisdição portuária, nem as concessões outorgadas ao abrigo do Decreto-Lei n.º 254/99, de 7 de Julho."

De facto, os diversos actos ou contratos referidos nesta norma podem ter subjacente o uso privativo de bens do domínio público hídrico, sem que para os mesmos seja exigido um título autónomo[343].

---

[342] Sobre isto, Ana Raquel Gonçalves Moniz, "Contrato público e domínio público", in Pedro Gonçalves (Coord.), *Estudos de Contratação Pública*, vol. I, Coimbra: CEDIPRE/Coimbra Editora, 2008, pp. 831-892, (aqui, pp. 844-845), que acrescenta que o direito de uso privativo pode ainda aparecer titulado, não por um contrato no qual seja acessório (como nas concessões de obras e serviços), mas por um único acto permissivo, que, em rigor, permite não só o exercício de uma certa actividade, mas também o referido uso – aconselhando a autora a manter a separação entre as duas realidades, nos casos em que da lei decorra que nenhuma delas consome a outra.

[343] Cf., por exemplo, a Base VII das bases da concessão do serviço público de movimentação de contentores no Porto de Sines, aprovadas pelo Decreto-Lei n.º 384-A/99, de 24 de Setembro.

Contudo, deve sublinhar-se que mesmo nos casos que agora referimos, em que o uso privativo é de algum modo confundido ou obscurecido por outras situações jurídicas resultantes de acto ou contrato, as normas *substantivas* que digam respeito aos termos do uso privativo de bens dominiais – em particular, no que aos bens do domínio hídrico diz respeito, os elencados nos arts. 57º e 63º/1 e 2 da LA, bem como nos arts. 2º a 5º do Decreto-Lei n.º 226-A/2007 – devem ser observadas pelo titular do uso, desde que, evidentemente, isso não ponha em causa o outro ou os outros valores em presença (por exemplo, nos casos das concessões, o exercício da concessão).

De facto, deve entender-se que aquelas normas, enquanto disciplinadoras do aspecto *material* das *condições de uso*, são sempre aplicáveis, qualquer que seja o fundamento legitimador desse uso: uso comum ou usos privativos (assim, inequivocamente, quanto aos arts. 57º e 63º/1 e 3 LA), e de entre estes, concessão, licença, autorização ou comunicação prévia (quanto aos restantes preceitos citados)[344].

Próxima desta situação é a daquelas actividades que, não integrando embora concessões de serviço ou obra pública, pressupõem actos específicos de titulação de um uso específico de bens do DPM, ou, pelo menos, que *confina* com esse uso, em que ou o título específico *consome* a necessidade de um título de utilização do DPM[345], ou se *cumula* com essa necessidade[346].

3.6. Extensão da aplicação do regime dos títulos a espaço marinho não pertencente ao DPM?

27. Conforme salientado acima, a delimitação do domínio público marítimo determina que haja uma área abundante de espaço marinho que não integra

---

[344] Neste último sentido, A. Leitão, "A utilização...", cit., 6.
[345] Pode considerar-se, exemplificativamente, o caso da actividade de pesca lúdica – cf. Decreto-Lei n.º 246/2000, de 29 de Setembro, alterado e republicado pelo Decreto-Lei n.º 101/2013.
[346] Veja-se o Decreto-Lei n.º 108/2009, de 15 de Maio, alterado e republicado pelo Decreto-Lei n.º 95/2013 (operadores marítimo-turísticos), que exige que o operador obtenha os competentes títulos ao abrigo da LA (o que resulta do artigo 16º do diploma); e o Regulamento da Actividade de Observação de Cetáceos nas Águas de Portugal Continental, aprovado em anexo ao Decreto-Lei n.º 9/2006, de 6 de Janeiro, com as alterações introduzidas pelo Decreto-Lei n.º 92/2010, de 26 de Julho (veja-se, no preâmbulo, a referência à necessidade de observar a regulação prevista em matéria de utilização do domínio público hídrico).

esse domínio público, sem prejuízo de se encontrar sob jurisdição nacional. É o que acontece com as águas (mas não com os fundos marinhos) da Zona Económica Exclusiva.

A questão que aí se coloca, obviamente, é a de saber qual o regime que regula a utilização desse espaço, designadamente quando estejamos perante fenómenos (reais ou hipotéticos) que possam ser qualificados como de uso privativo[347].

28. Repare-se que a questão é tanto mais pertinente quanto não parece poder ser posto em causa o poder, que é um *poder-dever*, de um Estado realizar ou promover a realização do aproveitamento e da gestão das águas sob a sua jurisdição.

Esse poder-dever resulta de uma profusão de fontes, nas quais pontifica a Convenção das Nações Unidades sobre o Direito do Mar (CNUDM), de 1982, ratificada pelo Estado português[348].

De facto, da CNUDM resultam, por exemplo, obrigações de criação, pelos Estados costeiros, de um quadro legal e regulamentar claro, proporcional, não discriminatório e adequadamente publicitado quanto à navegação nas suas águas[349]; obrigações de notificação ao tráfego e deveres de cuidado em matéria de ilhas artificiais, instalações e estruturas na ZEE[350] e na plataforma continental[351], o que implica a obrigação de avaliação de impacto ambiental para projectos a realizar nessas áreas[352]; deveres de mapeamento dos recursos

---

[347] Por exemplo, a instalação de centrais eólicas em alto mar, de áreas de cultura de algas, etc. – cf. os estudos incluídos no presente volume.
[348] Resolução da Assembleia da República n.º 60-B/97, de 14 de Outubro, e Decreto do Presidente da República n.º 67-A/97, da mesma data.
[349] Cf. os artigos 16º, 21º, 22º, 25º, 41º, 44º e 131º da CNUDM.
[350] Cf. art. 60º da CNUDM.
[351] Cf. art. 80º da CNUDM.
[352] Cf. art. 206º da CNUDM. O preceito em questão é um dos apoios para a sustentação daquele é, porventura, um dos primeiros princípios solidamente assentes de um "Direito Administrativo Global": o princípio da avaliação dos impactos ambientais significativos, designadamente com efeitos trans-fronteiriços. Sobre a questão, Miguel Assis Raimundo, "A vertente procedimental de tutela do ambiente: procedimentos de avaliação e ponderação ambiental", in Carla Amado Gomes/Tiago Antunes (Coords.), *Actas do Colóquio "A Revisão da Lei de Bases do Ambiente", Dias 2 e 3 de Fevereiro de 2011, Faculdade de Direito da Universidade de Lisboa*, Lisboa: ICJP, 2011, pp. 143 ss. (e-book disponível em icjp.pt), p. 146.

vivos na ZEE, designadamente pesqueiros, definição de capturas permissíveis, preservação dos recursos vivos de acordo com o critério do Máximo Rendimento Constante (MRC), divulgação de informação a todos os interessados[353]; dever de promoção da utilização óptima dos recursos vivos na ZEE, com a consagração de uma ideia de subsidiariedade entre a capacidade de captura do Estado costeiro e as de outros Estados, aos quais deve dar acesso aos excedentes, mediante acordos[354], tendo os Estados sem litoral e os Estados geograficamente desfavorecidos pretensão particular a tais excedentes[355]; e mesmo um expresso dever de cooperação com outros Estados na utilização dos recursos em alto mar[356]/[357].

O que é importante sublinhar é que estas obrigações do Estado português só podem efectivar-se (ou, pelo menos, podem efectivar-se *melhor*) pela criação de mecanismos de regulação ou mesmo de controlo prévio de utilizações das águas, tal como acontece com o regime de atribuição de títulos de utilização do DPM.

Surge, naturalmente, uma dificuldade. Dado que o regime dos títulos que acaba de ser analisado delimita o seu campo de aplicação por recurso à categoria do domínio público[358], é legítimo perguntar pela possibilidade (e pela base habilitante) da sua extensão a espaços que não o integram.

Adiantamos que em nosso entender, essa extensão é legítima, embora tenha de ser feita com adaptações.

[353] Cf. art. 61º da CNUDM.
[354] Cf. arts. 62º, 64º da CNUDM.
[355] Cf. arts. 69º, 70º da CNUDM.
[356] Cf. arts. 116º ss. da CNUDM.
[357] Em geral sobre o fenómeno da internacionalização dos recursos marinhos, cf. Fernando Loureiro Bastos, *A internacionalização dos recursos naturais marinhos: contributos para a compreensão do regime jurídico-internacional do aproveitamento conjunto de petróleo e de gás natural nas plataformas continentais, do potencial aproveitamento de recursos minerais na área, da pesca no alto mar e os efeitos da regulamentação convencional respectiva em relação a terceiros estados*, Lisboa: AAFDL, 2005.
[358] Assim como o fazem normas sobre usos especiais: cf. por exemplo o regime que regula a actividade de animação turística e dos operadores marítimo-turísticos (Decreto-Lei n.º 108/2009, de 15 de Maio, alterado e republicado pelo Decreto-Lei n.º 95/2013), que faz menção ao pagamento, pelos operadores marítimo-turísticos, das taxas previstas na Lei da Água e legislação complementar "quando esteja em causa a reserva de áreas do domínio público hídrico para o exercício da atividade ou instalação de estruturas de apoio ou quando tal utilização implicar alteração no estado dos recursos ou colocar esse estado em perigo." (art. 16º/8/b) do Decreto-Lei n.º 108/2009).

29. Cumpre sublinhar desde logo que em alguns casos, ocorre, como que pela natureza das coisas, um fenómeno de *acessoriedade* do uso privativo das águas sobrejacentes da ZEE face aos fundos marinhos (que integram o DPM). Nestes casos, a dificuldade acima referida parece ser de muito mais fácil resolução.

Isso acontece, por exemplo, na actividade de prospecção e exploração de depósitos de hidrocarbonetos, que é titulada por uma licença ou concessão dirigida, primacialmente, a assegurar o uso privativo dos fundos marinhos e dos jazigos minerais (estes últimos, aliás, também pertencentes ao domínio público)[359], mas que naturalmente ocupará, para se efectivar, uma área acessória de águas sobrejacentes, para actividades instrumentais da prospecção e exploração do fundo marinho (transporte de equipamento, medições, etc.), com capacidade de excluir outros sujeitos dessa mesma área.

Nesses casos, terá de entender-se que o problema não chega a colocar-se de modo autónomo, ou, talvez mais rigorosamente: nesses casos, a centralidade assumida pela necessidade inquestionável de um suporte físico para a actividade de aproveitamento de outro bem dominial faz com que fique *acessória mas necessariamente* afecta uma parcela de águas não pertencentes ao DPM mas sob jurisdição nacional.

30. Nos demais casos, a definição do concreto regime aplicável – pois tem de existir um – parece apenas poder fazer-se assumindo a existência de uma lacuna e a necessidade de a integrar pelos processos habituais.

Nessa medida, é evidente que as razões que justificam um regime de títulos de ocupação como o da Lei da Água se verificam, igualmente, nas águas marinhas que não integram o DPM, pois a essência do regime do DPM é assegurar a fruição e utilização de um certo bem em benefício da colectividade, para o que se torna necessário regular (e até certo ponto, limitar) as situações em que há uma pretensão individual de utilização privativa do bem.

É certo que o regime do DPM está construído, como se viu, com base num pressuposto: o da *titularidade ou propriedade colectiva* (pela comunidade nacional) dos bens do DPM, enquanto bens do domínio público. Ora, as águas

---

[359] Cf. o já referido Decreto-Lei n.º 109/94.

da ZEE não partilham desse pressuposto, antes representam, propriamente, águas *sob a jurisdição* nacional.

Porém, à partida, não parece ser decisivo dizer que as águas sob jurisdição nacional, por o serem, não podem ser objecto de formas de regulação do Estado português que sejam *semelhantes* às previstas para o DPM. Embora as águas da ZEE possam não pertencer ao DPM, elas partilham com este domínio público uma nota fundamental, que é a do seu carácter não apropriável por particulares: essa nota aproxima-as muito mais do que as diferencia a circunstância de umas fazerem parte do DPM do Estado português e outras estarem apenas sob a sua jurisdição. O regime da sua utilização precisa, pois, de ser construído com base nesse pressuposto.

Nessa construção, podem desempenhar um papel importante os regimes esparsos que já existem para certos tipos de uso privativo[360], até porque esses regimes não são já marcados por uma lógica de engrandecimento "egoísta" do próprio Estado, mas sim direccionados para o desenvolvimento sustentável (como vimos, a propósito da LA), para a salvaguarda dos recursos para as gerações futuras e para a utilização racional dos recursos naturais[361], finalidades que são comuns quer ao regime do DPM quer ao regime jurídico aplicável às águas da ZEE e aos respectivos fundos marinhos.

É evidente que admitir que o regime em questão se construa por analogia com o regime do DPM significa colocar na esfera competencial da Administração Pública portuguesa a primeira linha de decisão sobre alocação de recursos e resolução de conflitos de usos nas águas da ZEE.

Não se trata, porém, de competências que não resultem já da própria ideia de *jurisdição* dos Estados sobre as águas da sua ZEE, que é, como vimos, *concretizada* pela própria CNUDM numa série de obrigações que só podem ser cumpridas de forma adequada com regimes regulatórios que permitam

---

[360] Como os regimes da aquicultura ou da energia das ondas – cf. os estudos sobre a matéria incluídos no presente volume.
Note-se que alguns regimes de condicionamento relativos a actividades específicas que têm por suporte o mar se aplicam, indiferentemente, a actividades exercidas em águas do DPM ou outras águas sob jurisdição nacional – cf., por exemplo, os já citados regimes da pesca lúdica (art. 2.º do Decreto-Lei n.º 108/2009) e da observação de cetáceos (art. 2.º do Decreto-Lei n.º 9/2006).
[361] Como nota J. Bermejo Vera, *Derecho Administrativo – Parte Especial*, cit., pp. 461-462, a propósito da justificação do domínio público marítimo, e p. 475.

controlos prévios sobre as actividades a desenvolver nas águas do alto mar. Não é possível, por exemplo, potenciar a investigação científica no alto mar, ou garantir que os projectos em alto mar não produzem impactos excessivos sobre o ambiente marinho, sem regimes que estabeleçam as condições e a intensidade do controlo administrativo sobre essa actividade.

Parece, por isso, plenamente justificada uma aplicação, por analogia, onde se justifique, do regime do DPM, funcionando como critério norteador da necessidade e da medida dessa aplicação, precisamente, o critério geral que fundamenta, como vimos, todo o edifício dos títulos de utilização: o critério da *afectação do estado das águas* pela actividade em questão.

A TITULARIDADE E A ADMINISTRAÇÃO DO DOMÍNIO PÚBLICO HÍDRICO POR ENTIDADES PÚBLICAS[362]

João Miranda
Professor da Faculdade de Direito da Universidade de Lisboa

§ 1.º Enquadramento

1. O artigo 84.º, n.º 1, alínea a) da Constituição portuguesa estabelece que pertencem ao domínio público "as águas territoriais com os seus leitos e os fundos marinhos contíguos, bem como os lagos, lagoas e cursos de água navegáveis ou flutuáveis, com os respetivos leitos". Estas são algumas das coisas públicas constantes do catálogo de bens do domínio público[363] que o legislador constituinte previu, não obstante se consagrar também uma *cláusula aberta*

---

[362] Corresponde, de forma mais desenvolvida, a uma parte da matéria lecionada na sessão proferida, em 19 de outubro de 2012, sobre "Planeamento do espaço marítimo, ordenamento do território e recursos hídricos", no curso de pós-graduação de Direito Administrativo do Mar, organizado pelo Instituto de Ciências Jurídico-Políticas da Faculdade de Direito da Universidade de Lisboa.

[363] A inclusão no texto constitucional de um artigo específico sobre a definição e o regime dos bens do domínio público teve lugar na revisão constitucional de 1989, não tendo sido, todavia, pacífica no âmbito da discussão parlamentar e continuando a ser discutida presentemente na doutrina (cfr. ANA RAQUEL MONIZ, *O domínio público. O critério e o regime jurídico da dominialidade*, Coimbra, 2004, pp. 117-119; JORGE MIRANDA / RUI MEDEIROS, *Constituição portuguesa anotada*, II, Coimbra, 2006, pp. 74-75).

em matéria de bens dominiais, uma vez que o legislador ordinário pode integrar no âmbito da dominialidade pública outros bens não previstos constitucionalmente, bem como sujeitá-los a um regime jurídico-público.

O alcance do preceito em causa não pode ser encontrado de forma isolada no texto constitucional, devendo ser completado com recurso aos instrumentos de Direito Internacional convencional. Em especial, no que tange ao domínio público hídrico, cumpre atentar no disposto na Convenção de Montego Bay – Convenção da ONU sobre Direito do Mar de 1982[364].

A Constituição alude a várias categorias de bens integrados no domínio público hídrico, cujo alcance e sentido remetemos para *infra* quando abordarmos a matéria da composição e titularidade das coisas públicas no domínio da água. Podemos, no entanto, assentar, desde já, que, de acordo como o n.º 1 do artigo 1.º da Lei n.º 54/2005, de 15 de novembro, o domínio público hídrico integra as águas dominiais e os terrenos conexionados com aquelas (leitos e margens, zonas adjacentes, zonas de infiltração máxima e zonas protegidas) e nele se compreendem três realidades diversas: o domínio público marítimo, o domínio público lacustre e fluvial e o domínio público das restantes águas.

O domínio público hídrico integra o *domínio público natural*, isto é, na sua composição cabem apenas os bens naturais e não os bens resultantes da ação do homem (*domínio público artificial*)[365].

§ 2.º Composição e titularidade do domínio público marítimo

2. As categorias de bens integradas no domínio público marítimo surgem expressamente referidas no enunciado do artigo 84.º da Constituição, sem prejuízo do maior desenvolvimento que se vislumbra no elenco constante do artigo 3.º da Lei n.º 54/2005, de 15 de novembro:

---

[364] A Convenção das Nações Unidas sobre o Direito do Mar (Convenção de Montego Bay de 10 de dezembro de 1982) foi aprovada pela Resolução da Assembleia da República n.º 60-B/97, ratificada pelo Decreto do Presidente da República n.º 67-A/97 e está publicada no *Diário da República*, I Série A, 1.º Suplemento, n.º 238, de 14 de outubro de 1997.

[365] Sobre a distinção entre *domínio público natural* e *domínio público artificial*, v., por todos, MARCELLO CAETANO, *Manual de Direito Administrativo*, II, 10.ª edição, 5.ª reimpressão, Coimbra, 1994, p. 896.

a) Águas costeiras e territoriais;
b) Águas interiores, sujeitas à influência das marés, nos rios, lagos e lagoas;
c) Leito das águas costeiras e territoriais e das águas interiores sujeitas à influência das marés;
d) Fundos marinhos contíguos da plataforma continental, abarcando toda a zona económica exclusiva;
e) Margens das águas costeiras e das águas interiores sujeitas à influência das marés.

3. A primeira categoria de bens integrados no domínio público hídrico abarca as "águas territoriais", conceito também constante da Constituição, que a doutrina[366] tem considerado como sendo as águas exteriores que, à luz do artigo 3.º da Convenção de Montego Bay e do artigo 1.º, n.º 1, da Lei n.º 33/77, de 28 de maio, se estendem a partir das linhas de base (as linhas de baixa-mar na costa)[367] pela largura de doze milhas marítimas.

Em segundo lugar, igualmente estão abrangidas no domínio público marítimo as águas interiores, isto é, as águas compreendidas entre a linha de base do mar territorial e a linha máxima de preia-mar (artigo 8.º da Convenção de Montego Bay)[368].

Em terceiro lugar, o leito das águas costeiras e territoriais e das águas interiores sujeitas à influência das marés integra ainda o leque de direitos de soberania do Estado costeiro, como expressamente decorre do artigo 2.º, n.º 2, da Convenção de Montego Bay.

Em quarto lugar, onde a Constituição apenas aludia a "fundos marinhos contíguos", o legislador da Lei n.º 54/2005, de 15 de novembro, foi mais explícito, utilizando a fórmula "fundos marinhos contíguos da plataforma continental" e esclarecendo que aí está abrangida toda a zona económica exclusiva.

---

[366] Cfr. GOMES CANOTILHO / VITAL MOREIRA, *Constituição da República Portuguesa Anotada*, I, 4.ª edição, Coimbra, 2007, p. 1002; JORGE MIRANDA / RUI MEDEIROS, *op. cit.*, p. 76.
[367] Para a determinação das linhas de base, v., igualmente, o disposto nos artigos 7.º, 14.º e 15.º da Convenção de Montego Bay.
[368] A dominialidade pública das águas interiores consta igualmente do artigo 4.º, n.º 1, alínea a) do Decreto-Lei n.º 477/80, de 15 de outubro, diploma que estabelece o regime do inventário do património geral do Estado, e tal já resultava do n.º 1 do artigo 1.º do Decreto n.º 5787-IIII, entretanto revogado pela Lei n.º 54/2005, de 15 de novembro.

A expressão *plataforma continental*[369] compreende, segundo o artigo 76.º da Convenção de Montego Bay, o leito e o subsolo das áreas submarinas, para além do mar territorial em toda a extensão do prolongamento natural do território terrestre do Estado costeiro até ao bordo exterior da margem continental ou até 200 milhas marítimas medidas a partir das linhas de base a partir das quais se mede a largura do mar territorial. Por seu turno, o artigo 77.º da Convenção qualifica os direitos exercidos pelo Estado costeiro sobre a plataforma continental como "direitos de soberania" na exploração e aproveitamento dos recursos naturais de modo exclusivo. Com efeito, mesmo que o Estado não a explore nem retire o aproveitamento dos recursos naturais da mesma, ninguém pode realizar atividades nela sem consentimento desse Estado, o que permite identificar a *exclusividade* e a *inerência* como suas caraterísticas fundamentais[370].

A *zona económica exclusiva*[371] é igualmente integrada no domínio público marítimo, constituindo uma "zona situada além do mar territorial e a este adjacente", que possui uma largura que "não se estenderá além das 200 milhas marítimas das linhas de base a partir das quais se mede a largura do mar territorial" (artigos 55.º e 57.º da Convenção de Montego Bay)

Em quinto e último lugar, integram ainda o domínio público marítimo as margens das águas costeiras e das águas interiores sujeitas à influência das marés.

No que tange à *margem*, esta é definida como a "faixa de terreno contígua ou sobranceira à linha que limita o leito das águas" (artigo 11.º, n.º 1, da Lei n.º 54/2005, de 15 de novembro), formulação idêntica à que constava no artigo 3.º, n.º 1, do Decreto-Lei n.º 468/71, de 5 de novembro, e que era interpretado pela doutrina como impondo duas condições para a integração das margens

---

[369] Sobre o conceito de plataforma continental, v. JAIME VALLE, A plataforma continental – Alguns aspectos do seu actual regime jurídico, in Revista Jurídica, n.º 25, 2002, pp. 39 e ss.; LOUREIRO BASTOS, A internacionalização dos recursos naturais marinhos. Contributo para a compreensão do regime jurídico-internacional do aproveitamento conjunto de petróleo e de gás natural nas plataformas continentais, do potencial aproveitamento de recursos minerais na área, da pesca no alto mar e os efeitos da regulamentação convencional respectiva em relação a Terceiros Estados, Lisboa, 2005, pp. 280 e ss.

[370] Cfr. ANA RAQUEL MONIZ, *op. cit.*, p. 177.

[371] Sobre o conceito de *zona económica exclusiva*, v., por todos, LOUREIRO BASTOS, *op. cit.*, pp. 309 e ss.

no domínio público estadual: pertença dos terrenos ao Estado; existência de leitos e de margens que digam respeito a águas públicas[372].

Importa ainda atentar no critério enunciado na lei para a demarcação da largura da margem. Assim, à luz do n.º 2 do artigo 11.º da Lei n.º 54/2005, de 15 de novembro, "a margem das águas do mar, bem como a das águas navegáveis ou flutuáveis que se encontram à data da entrada em vigor da lei sujeitas à jurisdição de autoridades marítimas e portuárias, tem a largura de 50m". E o n.º 6 do artigo 11.º do mesmo diploma acrescenta o seguinte: "A largura da margem conta-se a partir da linha limite do leito. Se, porém, esta linha atingir arribas alcantiladas, a largura da margem é contada a partir da crista do alcantil".

4. No caso específico das regiões autónomas, a Lei n.º 54/2005, de 15 de novembro assinala ainda que "se a margem atingir uma estrada regional ou municipal existente, a sua largura só se estende até essa via" (artigo 11.º, n.º 7).

A questão que se pode suscitar aqui é a seguinte: justifica-se a diminuição dos terrenos sujeitos ao regime da dominialidade nas regiões autónomas por causa do diminuto espaço territorial das ilhas?

Em sentido afirmativo, pode invocar-se que nessas regiões a margem corresponde a uma extensão muito significativa das áreas suscetíveis de ocupação urbana e que, caso a dominialidade se funde na garantia de acesso às águas, tal já está assegurado mercê da existência de infraestruturas rodoviárias públicas.

Em contrapartida e em sentido diametralmente oposto, pode alegar-se que a função da margem é também a de proporcionar a fiscalização e a polícia das águas pelo Estado[373], atividade pública que assim seria restringida. A isto acresceria que, no plano prático, a delimitação da largura da margem deixaria de estar definida na lei, passando a resultar de uma decisão administrativa de realização de uma infraestrutura viária e que, por último, isso pode constituir

---

[372] Cfr. FREITAS DO AMARAL / JOSÉ PEDRO FERNANDES, Comentário à Lei dos Terrenos do Domínio Hídrico (Decreto-Lei n.º 468/71, de 5 de novembro), Coimbra, 1978, pp. 101 e ss.

[373] Argumentação expendida no Parecer n.º 5945, de 18 de janeiro de 2002, da Comissão do Domínio Público Marítimo, publicado no Boletim da Comissão do Domínio Público Marítimo, n.º 116, 2002, pp.. 12 -17.

um expediente para serem ocupados terrenos que deveriam estar sujeitos a um regime de Direito Público e que, em muitos casos, estão sujeitos a erosão.

A questão em causa já chegou inclusive a ser suscitada perante o Tribunal Constitucional, que foi chamado a apreciar a constitucionalidade da norma do artigo 1.º do Decreto n.º 30/IX da Assembleia da República, de acordo com o qual a exceção para as estradas construídas se aplicaria também às "estradas regionais ou municipais a construir, mediante deliberação dos respetivos governos regionais".

No Acórdão n.º 131/2003, de 11 de março[374], o Tribunal Constitucional julgou, todavia, inconstitucional a referida norma com fundamento na violação do princípio da reserva de lei [artigos 165.º, n.º 1, alínea v) e 84.º, n.º 2, da CRP), solução que se nos afigura a mais consonante com a própria natureza do domínio público hídrico cuja criação há de resultar, regra geral, de um processo natural e não estar dependente de fenómenos de transformação artificial dos bens.

5. Para além das margens, também os leitos podem integrar o domínio público marítimo, entendendo-se por leito, de acordo com o n.º 1 do artigo 10.º da Lei n.º 54/2005, de 15 de novembro, "o terreno coberto pelas águas quando não influenciadas por cheias extraordinárias, inundações ou tempestades"[375].

No caso do leito das águas do mar e das águas sujeitas à influência das marés, o seu limite é fixado pela linha da máxima preia-mar de águas vivas equinociais, que é definida para cada lugar de acordo com o espraiamento das vagas, respetivamente, em condições médias de agitação do mar ou em condições de cheias médias (artigo 10.º, n.º 2, da Lei n.º 54/2005, de 15 de novembro)[376].

---

[374] Publicado no *Diário da República*, II série, de 20 de setembro de 1986, pp. 13255 e ss.
[375] Segundo FREITAS DO AMARAL / JOSÉ PEDRO FERNANDES, *op. cit.*, p. 81, a utilização da expressão "terreno" no Decreto-Lei n.º 468/71, de 5 de novembro, que se mantém presentemente na Lei n.º 54/2005, de 15 de novembro, visou esclarecer que o leito abrange quer a superfície (solo), quer o subsolo.
[376] Em Acórdão proferido em 4 de dezembro de 2007, no âmbito do Proc. n.º 7A3094, o Supremo Tribunal de Justiça, considerou que se deve entender "que se localiza na margem do mar o terreno que tem uma confrontação com o mar e outra com a foz de um rio atingida pelas ondas do mar em condições de agitação média", pois "nessa situação fica reduzida a

6. A respeito da titularidade do domínio público marítimo, o artigo 4.º é perentório no sentido da sua atribuição exclusiva ao Estado. Fica, pois, afastada a possibilidade de existência de domínio público marítimo das regiões autónomas.

Não obstante isso, pode suscitar-se a dúvida de saber se os Estatutos Político-Administrativos da Madeira e dos Açores não acabam por obnubilar, sobretudo a respeito das águas territoriais, a titularidade estadual do domínio público marítimo. Efetivamente, a integração no domínio público regional dos bens do domínio público historicamente pertencentes ao Estado e aos antigos distritos autónomos, resultante, respetivamente, da *cláusula geral de dominialidade pública regional* do artigo 144.º do Estatuto Político-Administrativo da Região Autónoma da Madeira[377] e do artigo 22.º do Estatuto Político-Administrativo da Região Autónoma dos Açores[378], constitui, pelo menos, um fator de incerteza quanto à titularidade dos referidos bens. Acresce que o primeiro Estatuto consagra que "a Região Autónoma da Madeira abrange ainda o mar circundante e seus fundos, designadamente as águas territoriais e a zona económica exclusiva, nos termos da lei" e o segundo Estatuto determina que "constituem ainda parte integrante do território regional as águas interiores, o mar territorial e a plataforma contíguos ao arquipélago".

Ora, se é verdade que a Constituição consagra a existência de domínio público regional (artigo 84.º, n.º 2), como decorrência direta da autonomia político-administrativa das regiões autónomas, não pode deixar de salientar-se que, sob pena de inconstitucionalidade[379], as citadas disposições dos estatutos não podem possuir o alcance que a sua letra poderia indiciar, devendo, pelo contrário, ser encaradas no quadro da extensão do território nacional também

---

nada – ou seja, a zero metros – a distância em relação à linha de máxima preia mar de águas vivas equinociais" (cfr. www.dgsi.pt).

[377] Aprovado pela Lei n.º 13/91, de 5 de junho, com as alterações introduzidas pela Lei n.º 130/99, de 21 de agosto, e pela Lei n.º 12/2000, de 21 de junho.

[378] Aprovado pela Lei n.º 39/80, de 5 de agosto, com as alterações introduzidas pelas Leis n.º 9/87, de 26 de março, n.º 61/98, de 27 de agosto, e 2/2009, de 12 de janeiro.

[379] Como justamente assinalam JORGE MIRANDA / RUI MEDEIROS, *op. cit.*, p. 92, "interpretadas literalmente – e a menos que se esboce uma interpretação conforme à Constituição das referidas regras (...) – estas normas estatutárias afiguram-se inconstitucionais, já que – e desde logo – admitem a integração no domínio público regional de bens essenciais ao exercício de funções soberanas e, designadamente, à defesa nacional".

aos arquipélagos dos Açores e da Madeira[380] (artigo 5.º da Constituição) e da natureza unitária do Estado (artigo 6.º da Constituição).

De resto, este é o entendimento que tem prevalecido na generalidade da doutrina nacional[381] e que encontra tradução também na jurisprudência constitucional[382] e na orientação seguida pelo Conselho Consultivo da Procuradoria-Geral da República[383], de acordo com as quais a pertença, por inerência, do domínio público marítimo ao Estado se funda na sua essencialidade para assegurar a independência e a defesa nacional do Estado [artigo 9.º, alínea a) da Constituição][384] e na necessidade de preservar a soberania do Estado português no quadro das relações internacionais (artigo 7.º, n.º 1, da Constituição). De forma eloquente, refere-se no já aludido Acórdão do Tribunal Constitucional n.º 131/03, de 11 de março, que "por força do princípio da unidade do Estado e da obrigação que lhe incumbe de assegurar a defesa nacional (...), não é possível a transferência para os governos regionais de determinados bens, nomeadamente os que integram o domínio público marítimo, domínio público necessário do Estado. Assim sendo, os Estatutos Político-Administrativos das regiões autónomas não operaram qualquer transferência desses bens do domínio público marítimo, que continuam, assim, a ser bens do Estado".

Donde que não se pode deixar de concluir que os bens do domínio público marítimo pertencem exclusivamente ao Estado. Naturalmente, a titularidade do Estado não preclude a possibilidade de as regiões autónomas, no exercício dos respetivos poderes legislativos próprios [artigo 227.º, n.º 1, alínea a) da CRP], virem a emitir atos legislativos de concretização de aspetos de "caráter regulamentador", nomeadamente quanto às condições de utilização desses

---

[380] Por isso mesmo, trata-se apenas, na feliz expressão de PAZ FERREIRA, *Domínio público e privado da Região*, in *A autonomia como fenómeno cultural e político*, obra coletiva, Angra do Heroísmo 1987, p. 76, de bens "situados na área territorial da região".

[381] Cfr. JORGE MIRANDA / RUI MEDEIROS, *op. cit.*, pp. 92-93; GOMES CANOTLHO / VITAL MOREIRA, *op. cit.*, pp. 1004-1005; ANA RAQUEL MONIZ, *op. cit.*, pp. 172-173.

[382] Cfr. Acórdãos do Tribunal Constitucional n.º 280/90, de 23 de outubro, e n.º 330/99, de 2 de junho de 1999, n.º 402/08, de 1 de julho, e 654/2009, de 16 de dezembro de 2009.

[383] Cfr. Pareceres do Conselho Consultivo da Procuradoria-Geral da República n.º 92/88, in *Pareceres*, III, pp. 573 e ss. e n.º 16/91, de 11 de fevereiro de 1993, publicado no *Diário da República*, II série, de 20 de setembro de 1986, pp. 13255 e ss.

[384] O mesmo vale, naturalmente, para o domínio público aéreo.

bens por particulares e aos respetivos títulos jurídicos necessários, porquanto a reserva de competência legislativa da Assembleia da República plasmada no artigo 165.º, n.º 1, alínea v) da CRP há de abranger apenas os elementos essenciais da dominialidade (categorias de bens, meios de aquisição e cessação e formas de exploração)[385].

§ 3.º Composição e titularidade do domínio público lacustre e fluvial

7. A composição do domínio público lacustre e fluvial encontra-se plasmado no artigo 5.º da Lei n.º 54/2005, de 15 de novembro.

O primeiro critério adotado pelo legislador para integrar certos bens no domínio público lacustre e fluvial foi o da navegabilidade ou flutuabilidade de cursos de água, de lagos, de lagoas, de canais e de valas[386]. De todo o modo, este critério foi temperado com o da afetação de determinadas coisas à prossecução do interesse público, daí se explicando a inclusão no domínio público lacustre ou fluvial dos seguintes bens:

a) Cursos de água não navegáveis nem flutuáveis desde que localizados em terrenos públicos ou aproveitáveis para fins de utilidade pública, como a produção de energia elétrica ou a irrigação [artigo 5.º, alínea c)];
b) Canais e valas abertas por entes públicos [artigo 5.º, alínea d)];
c) Albufeiras criadas para fins de utilidade pública, como são os casos da produção de energia elétrica ou da irrigação [artigo 5.º, alínea e)].
d) Acresce ainda a possibilidade de serem englobados outros bens se, por razões de natureza, se impuser a dominialidade pública, como acontece nos seguintes casos:
e) Lagos e lagoas formados pela natureza em terrenos públicos [artigo 5.º, alínea f)];

---

[385] Neste sentido, v. Ac. do Tribunal Constitucional n.º 402/08, de 1 de julho.
[386] Suscitando dúvidas sobre a existência de um tradicionalismo inerente aos conceitos de navegabilidade e de flutuabilidade, v. RUI GUERRA DA FONSECA, *Comentário à Constituição Portuguesa*, II, obra coletiva, Coimbra, 2008, p. 308.

f) Lagos e lagoas circundados por diferentes prédios particulares ou existentes dentro de um prédio particular, sempre que aqueles sejam alimentados por corrente pública [artigo 5.º, alínea g)];
g) Cursos de água não navegáveis nem flutuáveis nascidos em prédios privados, logo que transponham abandonados os limites dos terrenos ou prédios onde nasceram ou para onde foram conduzidos pelo seu dono, se no final forem lançar-se no mar ou em outras águas públicas Lagos e lagoas circundados por diferentes prédios particulares ou existentes dentro de um prédio particular, sempre que aqueles sejam alimentados por corrente pública [artigo 5.º, alínea h)].

À semelhança do que se verifica com o domínio público marítimo, também os leitos e as margens dos bens acima mencionados se integram no domínio público.

No caso dos leitos dos rios, é de assinalar os mouchões[387], os lodeiros[388] e os areais neles acumulados por deposição aluvial (artigo 10.º, n.º 1, da Lei n.º 54/2005, de 15 de novembro).

Quanto à fixação dos limites do leito, o legislador optou por limitá-la pela "linha que corresponder à estrema dos terrenos que as águas cobrem em situações de cheias médias, sem transbordar para o solo natural, habitualmente enxuto", sendo "essa linha (...) definida, conforme os casos, pela aresta ou crista superior do talude marginal ou pelo alinhamento da aresta ou crista do talude molhado das motas, cômoros, valados, tapadas ou muros marginais" (artigo 10.º, n.º 3, da Lei n.º 54/2005, de 15 de novembro).

No que tange à largura das margens, a mesma tem 30m ou 10m, consoante se trate de águas navegáveis ou flutuáveis ou de águas que não revistam essas caraterísticas, nomeadamente torrentes, barrancos e córregos de caudal descontínuo (artigo 11.º, n.ºs 3 e 4, da Lei n.º 54/2005, de 15 de novembro).

8. Ao contrário do que se verifica com o domínio público marítimo, não existe uma titularidade exclusiva do Estado em matéria de domínio público lacustre e fluvial.

---

[387] Os mouchões são as ilhas cultiváveis que se formam nos rios.
[388] Os lodeiros constituem as acumulações de lodos que emergem dos rios.

Na verdade, não só se admite que nas regiões autónomas[389] pertencem, regra geral, a estas os bens aí situados, como, para além disso, pode haver domínio público lacustre ou fluvial dos municípios e das freguesias (artigo 6.º, n.ºs 1 a 3, da Lei n.º 54/2005, de 15 de novembro).

Assim, a pertença de lagos e de lagoas ao domínio público municipal ou ao domínio público da freguesia depende da sua localização em terrenos municipais ou da freguesia, ou ainda em terrenos baldios e de logradouro comum municipais ou paroquiais.

9. De acordo com o n.º 4 do artigo 6.º, da Lei n.º 54/2005, de 15 de novembro, as águas particulares constituem um conceito residual, embora as regras sobre titularidade pública do domínio lacustre e fluvial não prejudiquem os direitos reconhecidos nos seguintes casos previstos no Código Civil:

a) Águas originariamente públicas que tenham entrado no domínio privado até 21 de março de 1868[390], por pré-ocupação[391], doação régia ou concessão (artigo 1386.º, n.º 1, alínea d), do Código Civil);
b) Águas públicas concedidas perpetuamente para regas ou melhoramentos agrícolas (artigo 1386.º, n.º 1, alínea e), do Código Civil);
c) Águas subterrâneas existentes em terrenos públicos, municipais ou de freguesia, exploradas mediante licença e destinadas a regas ou melhoramentos agrícolas (artigo 1386.º, n.º 1, alínea f), do Código Civil[392]);

---

[389] O Estatuto Político-Administrativo da Região Autónoma da Madeira é omisso a respeito de um elenco de bens do domínio público regional. Em contrapartida, o Estatuto Político-Administrativo da Região Autónoma dos Açores coincide com o regime consagrado na Lei n.º 54/2005, de 15 de novembro, determinando no artigo 22.º, n.º 2, que pertencem ao domínio público da Região "os lagos, as lagoas, as ribeiras e outros cursos de água, com os respetivos leitos, lagoas, ribeiras e outros cursos de água, com os respetivos leitos e margens e, bem assim, os que por lei forem reconhecidos como aproveitáveis para produção de energia elétrica ou para irrigação".
[390] Derradeiro dia da vigência da legislação anterior ao Código de 1867.
[391] A pré-ocupação constituía um título de aquisição de qualquer água pública, que era admitido no antigo direito (cfr. PIRES DE LIMA / ANTUNES VARELA, *Código Civil Anotado*, III, 2.ª edição, Coimbra, 1987, p. 293).
[392] Como bem refere ANA RAQUEL MONIZ, *op. cit.*, p. 190, nota de rodapé 118, o preceito em causa suscita algumas dúvidas, visto que, por natureza, a licença de uso privativo do domínio público não atribui ao respetivo beneficiário o direito de propriedade sobre as coisas

d) Poços, galerias, canais, levadas, aquedutos, reservatórios, albufeiras e demais obras destinadas à captação, derivação ou armazenamento de águas públicas ou particulares (artigo 1387.º, n.º 1, alínea a) do Código Civil);
e) Leito ou álveo das correntes não navegáveis nem flutuáveis que atravessam terrenos particulares (artigo 1387.º, n.º 1, alínea b) do Código Civil).

As quatro primeiras hipóteses correspondem a situações que se encontravam tituladas anteriormente e que cujos direitos adquiridos por sujeitos privados se pretende acautelar. A quinta situação possui um alcance distinto, decorrendo a natureza privada da circunstância de o leito ou álveo darem entrada em terrenos particulares, pelo que a qualificação como águas particulares não depende aqui de nenhum título mas apenas da sua incorporação em terrenos privados.

§ 4.º Composição e titularidade do domínio público das restantes águas

10. Para além das duas categorias já abordadas, existe ainda uma terceira, de caráter residual, que o legislador qualificou, precisamente por causa disso, como *domínio público hídrico das restantes águas* (artigo 7.º). O elenco do citado preceito legal abrange:

a) Águas nascidas e águas subterrâneas existentes em terrenos ou prédios públicos;
b) Águas nascidas em prédios privados, logo que transponham abandonadas os limites dos terrenos ou prédios onde nasceram ou para onde foram conduzidas pelo seu dono, se no final forem lançar-se no mar ou em outras águas públicas;
c) Águas pluviais que caiam em terrenos públicos ou neles corram;
d) Águas pluviais caídas em terrenos privados se, transpuserem os prédios e se forem lançar-se no mar ou em outras águas públicas;

objeto da licença. Por isso, conclui que não são as águas subterrâneas localizadas em terrenos públicos que são águas particulares mas tão-somente as águas resultantes da exploração de tais águas subterrâneas.

e) Águas das fontes públicas e dos reservatórios públicos.

No caso do domínio público hídrico das restantes águas, o critério fundamental para a inclusão das águas nesta categoria parece ser o da sua localização, o do seu atravessamento ou o do seu lançamento em outros bens do domínio público hídrico.

11. Quanto à sua titularidade, o legislador optou também aqui por admitir que a propriedade seja repartida pelo Estado, pelas regiões autónomas, pelas autarquias locais e pelas freguesias.

Evidencia-se, de todo o modo, que nos terrenos situados nas Regiões Autónomas da Madeira e dos Açores, em princípio e salvo propriedade municipal ou da freguesia, são aquelas regiões que exercem a propriedade sobre os bens em causa (artigo 8.º, n.º 1, da Lei n.º 54/2005, de 15 de novembro).

Em contrapartida, os bens pertencem ao município ou à freguesia, consoante os terrenos públicos mencionados no elenco referido no número anterior couberem ao concelho e à freguesia ou forem baldios municipais ou paroquiais, assim como na eventualidade de ter cabido ao município ou à freguesia e custeio e a administração das fontes, poços ou reservatórios públicos (artigo 8.º, n.º 1, da Lei n.º 54/2005, de 15 de novembro).

Naturalmente, as regras relativas à titularidade pública do domínio hídrico das restantes águas não prejudicam os direitos reconhecidos a particulares nos mesmos casos previstos no Código Civil para as águas do domínio público lacustre ou fluvial (artigo 8.º, n.º 3, da Lei n.º 54/2005, de 15 de novembro).

§ 5.º **Implicações da dinâmica das águas sobre a sua titularidade**

12. A situação dos bens do domínio hídrico é mutável e dinâmica, nomeadamente por causa de fenómenos da natureza. Exemplos disso mesmo são o avanço e o recuo de águas, que obrigam a equacionar a natureza dos leitos dominiais abandonados pelas águas e das parcelas privadas contíguas a leitos dominiais corroídas ou invadidas pelas águas, matéria que se encontra disciplinada nos artigos 13.º e 14.º da Lei n.º 54/2005, de 15 de novembro.

Em caso de recuo das águas, o artigo 13.º determina que "os leitos dominiais que forem abandonados pelas águas, ou lhes forem conquistados não acrescem às parcelas privadas da margem que porventura lhes sejam contíguas, continuando integrados no domínio público se não excederem as larguras fixadas no artigo 10.º [limites do leito] e entrando automaticamente no domínio privado do Estado no caso contrário".

Deste modo, o recuo das águas não envolve a transmissão da propriedade de uma entidade pública para um sujeito privado, mas pode traduzir-se em regimes de dominialidade diferentes consoante a amplitude das larguras do leito abandonadas ou conquistadas. Isto significa que, em determinadas condições, é admissível que a área de terreno conquistada às águas seja integrada nos bens do domínio privado da Administração e, portanto, suscetível de ser objeto do comércio jurídico privado, como, de resto, é reconhecido expressamente pelo artigo 18.º, n.º 1, da Lei n.º 54/2005, de 15 de novembro.

Na vigência do Decreto-Lei n.º 468/71, de 5 de novembro, a doutrina discutiu se o respetivo artigo 6.º, cujo enunciado coincide quase integralmente com o atual artigo 13.º da Lei n.º 54/2005, de 15 de novembro, derrogava o preceituado no artigo 1328.º, n.º 1, do Código Civil, do qual resulta que "pertence aos donos dos prédios confinantes com quaisquer correntes de água tudo o que, por ação das águas, se lhes uniu ou neles for depositado, sucessiva e impercetivelmente".

Em abono de uma resposta afirmativa à questão colocada, milita o forte argumento esgrimido pela doutrina[393] e pelo Conselho Consultivo da Procuradoria-Geral da República[394] de que os princípios que regem o estatuto dos bens do domínio público obriga a considerar que, estando esses bens integrados, por definição, na titularidade pública, seria descabido que um leito que ficasse a descoberto fosse transferido do Estado para outra pessoa (privada) de forma gratuita, pela simples circunstância de ter ocorrido uma acessão natural. Esta linha de argumentação mantém-se plenamente pertinente face à disciplina legal presentemente em vigor, pelo que se deve considerar derrogado o estabelecido no artigo 1328.º, n.º 1, do Código Civil[395].

---

[393] Cfr. FREITAS DO AMARAL / JOSÉ PEDRO FERNANDES, op. cit., pp. 113 e ss.
[394] Cfr. Parecer n.º 33/1992, de 9 de julho de 1992, in Pareceres, IV, pp. 157 e ss.
[395] A referida derrogação tornou-se operativa a partir de 3 de fevereiro de 1972, data do início da vigência do Decreto-Lei n.º 468/71, de 5 de novembro.

13. Na situação inversa de avanço das águas, o legislador adotou como critério fundamental para a qualificação da natureza dos terrenos a existência ou não de corrosão das parcelas privadas contíguas a leitos (artigo 14.º da Lei n.º 54/2005, de 15 de novembro). Assim, na hipótese de ter existido corrosão, automaticamente esses bens perdem a natureza privada, integrando-se as águas automaticamente no domínio público. Caso tal não suceda, as parcelas de terrenos permanecem privadas, sem embargo de o legislador habilitar a Administração a promover a expropriação por utilidade pública. Isto não significa, porém, a existência de presunção legal de utilidade pública da expropriação, devendo, em concreto, a entidade administrativa fundamentar a necessidade de apropriação pública dos bens para prossecução do interesse público.

§ 6.º Reconhecimento da propriedade privada sobre parcelas de leitos e margens públicos

14. O reconhecimento da propriedade privada sobre parcelas de leitos e margens das águas do mar ou de quaisquer águas navegáveis ou flutuáveis suscita vários problemas, que procuraremos analisar de seguida.

A matéria encontra-se presentemente regulada no artigo 15.º da Lei n.º 54/2005, de 15 de novembro, e tem como antecedente fundamental a disciplina constante do artigo 8.º do Decreto-Lei n.º 468/71, de 5 de novembro[396].

Embora, por definição, os leitos e as margens de águas do mar ou de águas navegáveis ou flutuáveis sejam bens do domínio público, a verdade é que o legislador não poderia deixar de reconhecer os direitos adquiridos sobre esses terrenos por sujeitos privados, antes da entrada em vigor do Decreto de 31 de dezembro de 1864 e do Código Civil de 1867.

O primeiro diploma estabeleceu, de forma pioneira, a dominialidade pública dos leitos e das margens, preceituando o respetivo artigo 2.º que são *"domínio público imprescritível, os portos do mar e praias e os rios navegáveis e flutuáveis, com as suas margens, os canais e valas, os portos artificiais e docas existentes ou que de futuro se construam"*.

---

[396] Assinalando a influência fundamental da doutrina da Comissão do Domínio Público Marítimo no teor do artigo 8.º do Decreto-Lei n.º 468/71, de 5 de novembro, v. FREITAS DO AMARAL / JOSÉ PEDRO FERNANDES, *op. cit.*, p. 125.

Por sua vez, o Código Civil de Seabra determinava no artigo 380.º § 4.º que *"as faces ou rampas e os capelos dos cômoros, valadas, tapadas, muros de terra ou de pedra e cimento erguidos artificialmente sobre a superfície do solo marginal, não pertencem ao leito ou álveo da corrente, nem estão no domínio público, se à data da promulgação do Código Civil não houverem entrado nesse domínio por forma legal"*. Ou seja, as arribas alcantiladas constituíam coisas públicas, salvo se tivessem sido objeto de propriedade privada antes de 22 de março de 1868, data da entrada em vigor do referido marco fundamental da legislação civil portuguesa.

Atentemos agora no regime presentemente consagrado no artigo 15.º da Lei n.º 54/2005, de 15 de novembro.

O n.º 1 do artigo 15.º consagra duas inovações de monta face ao regime anterior. Por um lado, consagra-se que o reconhecimento da propriedade privada sobre parcelas de leitos e margens públicos passa a ser efetuado pelos tribunais e não pela Administração Pública. Por outro lado, estabelece-se agora um prazo para o exercício do direito de ação judicial para reconhecimento da propriedade privada (1 de janeiro de 2014), sob pena de caducidade do referido direito.

A primeira alteração afigura-se-nos positiva, visto que, na verdade, o reconhecimento da propriedade privada integra a *reserva de jurisdição* e constitui um ato materialmente jurisdicional[397]. Devem ser os tribunais e não a Administração a resolver, de acordo com o Direito, os conflitos concretos de composição de interesses quanto à natureza pública ou privada das coisas. Assim, sempre que os particulares pretenderem ver reconhecida a propriedade privada sobre parcelas de leitos e margens públicos, caberá aos tribunais resolver as questões de direito que envolvam a qualificação da natureza dos bens.

---

[397] Na vigência do regime anterior, confrontados com o problema de o reconhecimento ser efetuado pela Administração Pública, FREITAS DO AMARAL / JOSÉ PEDRO FERNANDES, *op. cit.*, p. 125, afirmaram que esta seria competente para o reconhecimento por se tratar de saber se uma coisa era ou não do domínio público, sem prejuízo da suscetibilidade de impugnação contenciosa desse ato. Todavia, apenas os tribunais judiciais seriam competentes para reconhecer que uma coisa pertence a um particular. Na verdade, porém, afigura-se-nos que esta distinção realizada pelos Autores se revela um pouco artificial, pois o reconhecimento de que uma parcela de terreno é propriedade privada implica forçosamente a sua não sujeição a um regime de dominialidade pública.

A segunda modificação suscita-nos as maiores reservas e cremos, inclusive, que a mesma se mostra inconstitucional pelas razões que avançaremos de seguida.

Na verdade, constitui uma decorrência inevitável da formulação do n.º 1 do artigo 15.º, da Lei n.º 54/2005, de 15 de novembro, que, caso os sujeitos privados não intentem as ações judiciais de reconhecimento da propriedade privada até à data aí estabelecida, nunca mais poderão fazê-lo, integrando-se definitivamente as parcelas de terreno em causa no domínio público hídrico.

Sendo certo que, desde o momento da entrada em vigor da Lei n.º 54/2005, de 15 de novembro[398], até 1 de janeiro de 2014, decorreram cerca de oito anos, não se antevê razões suficientes para o estabelecimento de um prazo para o exercício do direito de ação judicial[399]. Nem se diga que este prazo será fomentador da paz e da segurança jurídicas, uma vez que persistirão os litígios relativos ao reconhecimento da propriedade privada sobre parcelas de leitos e margens públicos, quanto mais não seja porque os n.º 2 e 3 do artigo 15.º do referido diploma continuarão a permitir que tal aconteça, desde que os particulares efetuem a prova aí prescrita.

Ora, esta solução legal ofende a garantia constitucional do direito de propriedade privada, consagrada no artigo 62.º da Constituição e da autonomia privada, que se infere dos princípios constitucionais da igualdade, da liberdade, da propriedade privada, da liberdade de trabalho e da liberdade de empresa. A norma em concreto não pode deixar de ser encarada como uma medida legislativa expropriativa do direito de propriedade dos particulares que não exercerem o direito de ação judicial até 1 de janeiro de 2014, pois, mesmo que venham a estar em condições de proceder à prova documental depois dessa data[400], ficam privados do direito e nem sequer terão direito a perceber qualquer tipo de indemnização, como, aliás, imporia o n.º 2 do artigo 62.º da Constituição.

---

[398] A norma constante do artigo 30.º da Lei n.º 54/2005, de 15 de novembro, determinou que a sua entrada em vigor aconteceria no momento da entrada em vigor da Lei da Água, aprovada pela Lei n.º 58/2005, de 29 de dezembro, o que teve lugar no dia 30 de dezembro de 2012.
[399] O problema não reside, pois, em determinar se o prazo de oito anos é curto ou se um prazo mais dilatado já seria suficiente para acautelar os direitos de propriedade privada dos particulares mas sim no simples estabelecimento de um prazo.
[400] De assinalar que a reconstituição documental de toda a história relativa a um determinado bem revela-se, em certos casos, uma árdua tarefa que requer muito tempo.

Do mesmo modo, a norma legal revela-se inconstitucional por privar os cidadãos do exercício do direito de ação judicial, assim violando o direito de acesso ao direito e à tutela jurisdicional efetiva, plasmado no artigo 20.º da Constituição. Sem se pôr em causa a possibilidade abstrata de o legislador estabelecer prazos de caducidade para a propositura de uma ação judicial[401], não se considera, no caso concreto, demonstrado o cumprimento do princípio da proporcionalidade. Na realidade, não nos deparamos aqui com um simples condicionamento ao exercício de um direito fundamental mas sim com uma verdadeira restrição, tanto mais injustificada constitucionalmente se tivermos em linha de conta que a propositura de ações para reconhecimento da propriedade não está geralmente dependente de qualquer prazo.

Por isso mesmo, a norma em apreço não pode deixar de ser encarada como uma norma restritiva dos direitos fundamentais acabados de referir e, nessa medida, ela colide com o preceituado no artigo 18.º, n.º 2, da Constituição, visto que consagra uma restrição desproporcionada a dois direitos fundamentais de natureza análoga a um direito, liberdade e garantia: direito de acesso à justiça; e direito de propriedade privada.

Igualmente é preterido com a solução ora consagrada o princípio do Estado de Direito democrático, na sua dimensão relativa à segurança jurídica de todos aqueles que depositaram uma confiança nas atuações dos poderes públicos, que sai gorada com a norma de caducidade do direito de ação judicial do artigo 15.º, n.º 1, da Lei n.º 54/2005, de 15 de novembro.

A título complementar, a solução consagrada na lei afigura-se dificilmente compaginável com a inexistência de um registo das águas do domínio público e, em geral, de um registo de bens do domínio público. Com efeito, a obrigação imposta pelo legislador à Agência Portuguesa do Ambiente no sentido de organizar e de manter atualizado um registo das águas do domínio público, contendo as classificações necessárias, nomeadamente quanto à navegabilidade e flutuabilidade dos cursos de água, lagos e lagoas (artigo 20.º, n.º 1, da Lei n.º 54/2005, de 15 de novembro), ainda não foi cumprida até à data, tornando-se, por isso, particularmente complexa a prova para os particulares que pretenderem ver reconhecida a sua propriedade privada sobre certos bens.

---

[401] Cfr. JORGE MIRANDA / RUI MEDEIROS, *op. cit.*, p. 434.

Encerrado este breve excurso sobre os problemas de constitucionalidade que suscita a previsão do n.º 1, é agora chegado o momento de analisar cada uma das hipóteses de reconhecimento da propriedade privada, contempladas no artigo 15.º, da Lei n.º 54/2005, de 15 de novembro, que são as seguintes:

1.ª) O interessado dispõe de documentos que lhe permitam provar que os terrenos eram, por título legítimo, objeto de propriedade privada antes de 31 de dezembro de 1864 ou, tratando-se de arribas alcantiladas, antes de 22 de março de 1868 (n.º 1);

2.ª) O interessado no reconhecimento não dispõe dos documentos suscetíveis de comprovar a propriedade mas ainda assim encontra-se em condições de demonstrar que nas datas referidas no n.º 1 os terrenos estavam na posse em nome próprio de particulares ou na fruição conjunta de indivíduos compreendidos em certa circunscrição administrativa;

3.ª) O interessado não se encontra em condições de apresentar documentos anteriores a 1864 ou 1868, porque estes se tornaram entretanto ilegíveis ou foram destruídos por incêndio ou facto semelhante ocorrido na conservatória ou registo competente mas consegue provar que, antes de 1 de dezembro de 1892, os terrenos eram objeto de propriedade ou posse privadas;

4.ª) O interessado consegue demonstrar que o terreno foi objeto de um ato de desafetação ou foi mantido na posse pública pelo período necessário à formação de usucapião.

Analisemos separadamente cada uma das mencionadas hipóteses.

Na primeira hipótese, a apresentação de prova documental deverá demonstrar a existência de um *título legítimo* para a integração dos terrenos na propriedade privada, o que nos remete para os modos de aquisição da propriedade enunciados no artigo 1316.º do Código Civil: contrato, sucessão por morte, usucapião, ocupação e acessão. No entanto, trata-se de uma enumeração exemplificativa, como resulta da utilização da fórmula *"outros modos previstos na lei"*.

Na segunda hipótese, os interessados no reconhecimento beneficiam de uma presunção *iuris tantum*, sem embargo dos direitos de terceiros, o que equivale a considerar que até prova em contrário a ilidir a presunção, nos termos gerais do n.º 2, do artigo 350.º do Código Civil, o terreno é particular. Na situação presente, são aceites todos os meios de prova admitidos em direito (prova documental, testemunhal, pericial, por inspeção judicial ou através de presunções), salvo, como tem sido assinalado pela doutrina[402], a prova obtida por confissão, visto que esta é inadmissível se, como preceitua o artigo 354.º, alínea b) do Código Civil, recair sobre factos relativos a direitos indisponíveis, como é o caso do domínio público. De assinalar ainda que não é exigível a demonstração da propriedade, bastando a simples prova da posse sobre os terrenos.

Na terceira hipótese, contempla-se novamente uma presunção *iuris tantum* a favor do interessado no reconhecimento, sem prejuízo dos direitos de terceiros, sendo suficiente que se faça a prova da propriedade ou da posse antes de 1 de dezembro de 1892, data da publicação do Decreto n.º 8, que procedeu à organização dos Serviços Hidráulicos. Valem também aqui as mesmas considerações tecidas relativamente à situação anterior ao nível dos meios de prova admissíveis.

Finalmente, na quarta hipótese, o legislador da Lei n.º 54/2005, de 15 de novembro, veio acrescentar à situação de desafetação, que já resultava do regime do Decreto-Lei n.º 468/71, de 5 de novembro, a possibilidade de reconhecimento da propriedade privada se se demonstrar que os terrenos foram mantidos na posse pública pelo período necessário à formação de usucapião. Esta hipótese corresponde a uma *"válvula de escape"*, encontrada pelo legislador para permitir que os eventuais interessados possam ver reconhecido a propriedade sobre os terrenos em causa, que se justifica plenamente em face da restrição resultante do n.º 1 do artigo 15.º da Lei n.º 54/2005, de 15 de novembro.

A desafetação implica a cessação da dominialidade pública, ocorrendo esta, de acordo com a lição de MARCELLO CAETANO, *"por virtude do desaparecimento das coisas, ou em consequência do desaparecimento da utilidade pública que as coisas prestavam ou de surgir um fim de interesse geral que seja mais convenientemente preenchido noutro regime"*[403].

---

[402] Cfr. FREITAS DO AMARAL / JOSÉ PEDRO FERNANDES, *op. cit.*, pp. 129-130.
[403] Cfr. MARCELLO CAETANO, *op. cit.*, p. 956.

Acresce que a desafetação pode ser expressa ou tácita, subdividindo-se a primeira ainda em desafetação genérica (quando uma lei retira a natureza dominial a toda uma categoria de bens) e em desafetação singular (quando por lei se determina que certa coisa não possui caráter dominial ou não está afeta a uma utilidade pública)[404]. De acordo com o artigo 19.º da Lei n.º 54/2005, de 15 de novembro, existe uma *reserva de lei* em matéria de desafetação de bens do domínio público hídrico, não sendo admissível que tal operação seja promovida mediante ato administrativo.

Por outra banda, a desafetação tácita tem lugar pelo desaparecimento da utilidade pública que justifica a integração de determinada coisa na dominialidade pública, transitando a mesma para os bens do domínio privado da Administração.

A invocação da desafetação de um terreno anteriormente público e da sua passagem para o domínio privado da entidade pública respetiva implica a sujeição a um regime de Direito Privado e a suscetibilidade de inserção no comércio jurídico. Logo, uma vez desafetado o bem, o interessado pode procurar adquirir o bem à Administração, nos termos gerais do disposto nos artigos 77.º e seguintes do Regime Jurídico do Património Imobiliário Público, aprovado pela Decreto-Lei n.º 280/2007, de 7 de agosto.

No que tange à manutenção de um terreno na posse pública pelo período necessário à formação de usucapião, há que atentar, em primeira linha, na definição de posse pública constante do artigo 1262.º do Código Civil: *"posse pública é a que se exerce de modo a poder ser conhecida pelos interessados"*. A demonstração de uma posse pública, isto é, daquela que é exercida à vista de todos e sem oposição, constitui um requisito obrigatório para a aquisição originária da propriedade por usucapião, após, consoante os casos, o expirar dos prazos aludidos nos artigos 1294.º e 1296.º do Código Civil, acrescidos de mais metade desses prazos, conforme resulta da manutenção em vigor da Lei n.º 54, de 16 de julho de 1913[405], que determina que a usucapião, pelos particulares, de

---

[404] Adota-se aqui a classificação de MARCELLO CAETANO, *op. cit.*, p. 956.
[405] Existe uma abundante jurisprudência neste sentido, podendo citar-se arestos mais antigos, como o Acórdão do Tribunal da Relação de Évora, de 11 de março de 1976, in *Boletim do Ministério da Justiça*, n.º 257, pp. 159 e ss. ou o Acórdão do Supremo Tribunal de Justiça de 6 de dezembro de 1984, proferido no Proc. n.º 72 065, assim como decisões mais recentes de que são exemplos o Acórdão do Tribunal da Relação de Lisboa de 12 de maio de 2011, proferido

bens pertencentes ao domínio privado do Estado só se verifica com o decurso do prazo estabelecido na lei ordinária e mais metade.

Naturalmente, tendo presente a imprescritibilidade dos bens do domínio público (artigo 19.º do Regime Jurídico do Património Imobiliário Público), que veda a aquisição desses bens por usucapião, para que um particular possa ver reconhecida judicialmente a propriedade privada sobre parcelas de leitos e margens públicos terá de proceder a uma reconstituição de todo o historial relativo à situação dos bens, provando que esses bens já eram privados antes de 31 de dezembro de 1864 ou, tratando-se de arribas alcantiladas, antes de 22 de março de 1868. Isto significa que valem aqui os mesmos prazos definidos no n.º 1 do artigo 15.º da Lei n.º 54/2005, de 15 de novembro.

15. Uma nota breve a respeito da solução encontrada no direito espanhol para resolver o problema dos enclaves privados nas praias e na zona marítimo-terrestre. Essa solução resulta da *Ley de Costas*, aprovada pela *Ley* n.º 22/1988, de 29 de julho), que, degradando a natureza do direito dos anteriores proprietários sobre aquelas parcelas de terrenos, lhes reconheceu, porém, o direito a uma utilização privativa dos bens, por um prazo de trinta ano, prorrogável por idêntico período de tempo, com dispensa de pagamento de qualquer taxa.

Não obstante as virtualidades que a opção seguida no direito espanhol possa apresentar, dificilmente a mesma seria suscetível de acolhimento no direito português, tendo em conta que, entre nós, a atribuição de poderes exclusivos de fruição de bens do domínio público, geralmente pressupõe o pagamento de taxas, pelo benefício que o titular da licença ou o concessionário extrai da utilização privativa do bem (artigo 28.º, n.º 1, do Regime Jurídico do Património Imobiliário Público).

16. As questões respeitantes ao reconhecimento da propriedade privada sobre bens do domínio público hídrico revelam-se complexas, valendo a pena, neste contexto, fazer referência a um caso que foi apreciado pelo Conselho Consultivo da Procuradoria-Geral da República no Parecer n.º 10/2006,

---

no Proc. n.º 184/08.0TCLRS.L1-2 e o Acórdão do Tribunal da Relação de Coimbra de 7 de fevereiro de 2012, proferido no Proc. n.º 358/06.8TBSRE.C2, disponíveis em www.dgsi.pt.

de 17 de janeiro de 2008[406]. Estava em causa a edificação de uma moradia numa área delimitada da Praia de Mira – portanto num bem do domínio público –, devidamente autorizada pelo município, por tempo indeterminado, tendo uma sentença judicial considerado que o particular exerceu a posse, pacífica, pública e ininterrupta sobre a construção e, nessa medida, adquiriu a propriedade da construção da mesma.

O Conselho Consultivo considerou que a realização e a manutenção da construção no domínio público não constituía uma ocupação abusiva, mas estava sujeita à utilização que a Administração, na prossecução do interesse público, designadamente em cumprimento das normas de ordenamento do território e de proteção da orla costeira, pretendesse dar ao local onde se encontrava a edificação. Foi admitido ainda no referido parecer que, se tal se mostrasse adequado, se admitia o recurso pelo Estado à expropriação por utilidade pública da construção, sem prejuízo do dever de indemnizar.

No essencial, a pronúncia do Conselho Consultivo suscita-nos muitas reservas, porquanto não se antevê de que modo se pode consentir no reconhecimento de um direito de propriedade sobre um bem do domínio público, constituído apenas em 1931 e, portanto posterior a 31 de dezembro de 1864. Com efeito, não é compaginável a caraterística da imprescritibilidade dos bens do domínio público com a suscetibilidade de aquisição originária do direito de propriedade sobre a construção em causa.

O Conselho Consultivo procurou ainda mitigar o resultado da sua conclusão, afirmando que, em face da natureza dos bens e da sua afetação à prossecução de finalidades públicas, a construção ficaria onerada por uma restrição de utilidade pública[407], decorrente da utilização que a Administração pretenda dar ao local onde foi erigida a construção, nomeadamente para concretização do interesse público plasmado em normas de ordenamento do território e de proteção da orla costeira.

Sucede, todavia, que a referida oneração só faria sentido se se reconhecesse previamente a propriedade privada da construção. Ora, divergindo nós quanto

---

[406] Cfr. www.dgsi.pt.
[407] Exemplo de restrição de utilidade pública imposta sobre a propriedade privada constitui a previsão no artigo 25.º, da Lei n.º 54/2005, de 15 de novembro, das *zonas adjacentes*, que são as áreas contíguas às margens que como tais sejam classificadas por se encontrarem ameaçadas pelo mar ou pelas cheias.

a essa premissa fundamental, a pronúncia do Conselho Consultivo não pode merecer o nosso apoio.

17. Diferentemente, se passariam as coisas se, efetivamente, existisse o reconhecimento da propriedade privada. Quando tal acontece, seria de equacionar a imposição de uma servidão administrativa, no uso do mencionado bem, ao abrigo do preceituado no artigo 21.º da Lei n.º 54/2005, de 15 de novembro. Com efeito, aí dispõe-se que "todas as parcelas privadas de leitos ou margens de águas públicas estão sujeitas às servidões estabelecidas por lei e nomeadamente a uma servidão de uso público, no interesse geral de acesso às águas e de passagem ao longo das águas da pesca, da navegação, da flutuação, quando se trate de águas navegáveis ou flutuáveis, e ainda da fiscalização e policiamento das águas pelas entidades competentes" (n.º 1).

A constituição desta servidão administrativa visa, pois, permitir o uso comum e geral dos terrenos adjacentes ao domínio público hídrico por todos os cidadãos, para acesso às águas ou para a prática da pesca, navegação e flutuação, assim como o exercício de poderes de polícia administrativa pelas autoridades marítimas, portuárias e hidráulicas[408].

Deste modo, a natureza privada das aludidas parcelas não prejudica a sua sujeição a um conjunto vasto de poderes da Administração Pública sobre elas, nomeadamente através da imposição, por via legal[409], da referida servidão administrativa[410], que comprime o direito de propriedade privada, embora

---

[408] Em Acórdão proferido em 14 de maio de 1996, no âmbito do Proc. n.º 38310, o Supremo Tribunal Administrativo teve oportunidade de afirmar, a respeito do alcance do então artigo 12.º, n.º 1, do Decreto-Lei n.º 468/71, de 5 de novembro, que corresponde sem alterações ao atual artigo 21.º, n.º 1, da Lei n.º 54/2005, de 15 de novembro, que a referida servidão "não pode ser instituída em benefício do proprietário dos terrenos que não possuem comunicação com a via pública, para efeito de permitir o acesso e a fruição e aproveitamento económico das instalações piscícolas neles existentes".

[409] Como bem foi referido no Acórdão do Supremo Tribunal de Justiça, de 4 de junho de 2009, proferido no âmbito do Proc. n.º 9B008, "a imposição da aludida servidão de margem, inerente a todas as parcelas privadas de leitos ou margens de águas públicas, resulta da própria lei: desta decorre a automática oneração do prédio marginal ou marginante com a servidão, sem necessidade de posterior ato legislativo ou da autoridade administrativa a impô-la" (cfr. www.dgsi.pt).

[410] Esta servidão administrativa não se confunde, todavia, com a figura do *direito de uso público*, defendida, entre nós, por BERNARDO AZEVEDO, *Servidão de direito público. Contributo para*

este possa vir a recuperar toda a sua amplitude se, entretanto, desaparecer a finalidade pública que justificou aquele direito real administrativo menor.

Nos casos de existência de parcelas privadas de leitos e margens de águas públicas, admite-se ainda que a Administração possa expropriar as parcelas em apreço, se tal se revelar instrumental para a execução de obras de limpeza e de desobstrução das águas públicas (n.ºs 4 e 6).

§ 7.º A administração do domínio público hídrico

18. À luz da regra geral estabelecida no artigo 9.º, n.º 1, da Lei n.º 54/2005, de 15 de novembro, só as entidades de direito público podem administrar o domínio público hídrico. A título excecional, admite-se, porém que, entidades privadas possam administrar bens do domínio público hídrico com base num título de utilização emitido pela autoridade administrativa competente para o licenciamento (n.º 2 do mesmo artigo).

Uma vez que no presente estudo apenas curamos da administração do domínio público por entidades públicas, a segunda situação descrita não será aqui analisada.

19. No âmbito dos poderes de administração dos bens do domínio público hídrico pelas respetivas entidades titulares, é de admitir a possibilidade de celebração de contratos interadministrativos de cedência precária de utilização de imóveis do domínio público hídrico para utilização por outras entidades públicas[411], que se encontram regulados nos artigos 23.º e 53.º a 58.º do Regime Jurídico do Património Imobiliário Público.

---

o seu estudo, Coimbra, 2005, pp. 95 e ss., e retratada pelo Autor como uma situação em que as "coisas pertencem, em regra, a sujeitos privados (que assumem a condição de terceiros por relação à colectividade que delas aproveita), encontrando-se os membros da comunidade utente, por sua vez, necessariamente ligados entre si por um vínculo de habitação (*universitas incolarum*)". Exemplo deste instituto no Direito da Água seria a limitação imposta aos poderes de disposição do proprietário da fonte ou nascente por causa de um determinado interesse coletivo, que está consagrada no artigo 1392.º do Código Civil.

[411] Em geral, sobre os contratos interadministrativos de cedência de utilização de bens públicos, v. ALEXANDRA LEITÃO, *Contratos interadministrativos*, Coimbra, pp. 294 e ss.

Entre os aspetos mais relevantes do regime de administração do domínio público por entidades públicas constante do Decreto-Lei n.º 280/2007, de 7 de agosto avultam:

a) A onerosidade do contrato, sendo a compensação financeira a prestar determinada pelos encargos e despesas com a conservação e manutenção dos imóveis (artigo 54.º);
b) A atribuição de competência à Direção-Geral do Tesouro e Finanças para a condução do procedimento de formação do contrato de cedência de utilização dos bens e para a fiscalização do cumprimento do contrato pelo cessionário (artigos 55.º e 57.º, respetivamente);
c) A transferência para o cessionário das despesas com a conservação e manutenção do imóvel cedido (artigo 56.º);
d) A obrigação de restituição e desocupação dos imóveis no fim do prazo de duração do contrato (artigo 58.º).

A suscetibilidade de cedências de utilização de bens do domínio público hídrico a outras entidades públicas pode constituir, caso seja devidamente explorado, um mecanismo interessante de descentralização de tarefas de gestão dos bens para entidades mais próximas dos cidadãos, como sucede com as autarquias locais.

20. No âmbito da administração de bens do domínio público hídrico do Estado, sobressai a Agência Portuguesa do Ambiente, I.P.[412], uma vez que exerce, de acordo com o artigo 3.º, n.º 3, do Decreto-Lei n.º 56/2012, de 12 de março[413], as funções de Autoridade Nacional da Água, isto é, constitui a entidade administrativa responsável pelo cumprimento da Lei da Água, aprovada pelo Lei n.º 58/2005, de 29 de dezembro, no território nacional

---

[412] A Agência Portuguesa do Ambiente sucedeu nas competências do Instituto da Água, I.P. e das Administrações de Região Hidrográfica, I.P., do Norte, Centro, Tejo, Alentejo e Algarve [artigo 34.º, n.º 3, alíneas m) e p), respetivamente, do Decreto-Lei n.º 7/2012, de 17 de janeiro, que aprovou a orgânica do Ministério da Agricultura, do Mar, do Ambiente e do Ordenamento do Território].

[413] Diploma que aprovou a orgânica da Agência Portuguesa do Ambiente, I.P.

O referido artigo 3.º, n.º 3, do Decreto-Lei n.º 56/2012, de 12 de março, discrimina os poderes atribuídos à Agência Portuguesa do Ambiente, entre os quais avultam os seguintes:

a) Planeamento de recursos hídricos;
b) Promoção do uso eficiente da água;
c) Emissão de títulos de utilização dos recursos hídricos e fiscalização do cumprimento da sua aplicação;
d) Aplicação do regime económico-financeiro dos recursos hídricos;
e) Gestão de situações excecionais de seca e de cheia;
f) Promoção de meios de conciliação de conflitos entre utilizadores de recursos hídricos;
g) Promoção da gestão integrada da zona costeira, assegurando a sua proteção e valorização.

21. Os bens integrados no domínio público hídrico estão, por regra, afetados ao interesse público do uso das águas. No entanto, como resulta do Decreto-Lei n.º 100/2008, é de admitir a possibilidade de afetação desses bens a usos alternativos, desde que compatíveis com a sua natureza, ou caso desapareça a afetação exclusiva ao interesse público do uso das águas.

Quanto aos usos compatíveis, o mencionado diploma contempla, em termos porventura excessivamente amplos e imprecisos, as condições em que tal pode ter lugar, limitando-se a prescrever a possibilidade de delegação de poderes de licenciamento e fiscalização de utilização de águas e de elaboração de planos específicos de gestão das águas, assim como da atribuição da utilização privativa sobre os bens do domínio público hídrico (artigo 3.º, n.º 1).

Situação diversa é a da reafectação do domínio público marítimo integrado em áreas sem utilização portuária reconhecida[414], pretendendo-se aí melhorar a integração dessas áreas no tecido urbano envolvente, nomeadamente atra-

---

[414] À luz do disposto no artigo 2.º, n.º 1, do aludido diploma podem ser "declaradas áreas sem utilização portuária reconhecida aquelas onde não se verifique o tráfego marítimo de mercadorias e passageiros, a náutica de recreio, a pesca ou a construção e reparação de embarcações, bem como atividades logísticas ou que não se integrem nos programas de ordenamento e expansão dos portos".

vés da realização de operações urbanísticas que permitam a requalificação de espaços que entretanto perderam a sua utilização portuária reconhecida (artigos 5.º a 9.º).

O SISTEMA DA AUTORIDADE MARÍTIMA

José Velho Gouveia
Capitão do Porto de Sines e Comandante Local da Polícia Marítima

1. Introdução

A aula subordinada ao tema "Sistema da Autoridade Marítima" (SAM) tem por objetivo apresentar aos alunos do curso de Pós-Graduação em Direito Administrativo do Mar, do Instituto de Ciências Jurídico-Políticas da Faculdade de Direito de Lisboa, o enquadramento legal nacional sobre o exercício da autoridade do Estado no mar, tarefa do Estado que, em Portugal, se enquadrada no âmbito do SAM. O SAM é definido como um quadro institucional que integra um conjunto de entidades com responsabilidade de atuação no mar e no domínio público marítimo (DPM) e que engloba todas as tarefas a executar naqueles espaços.

Nunca é demais salientar o interesse de Portugal no mar e a necessidade que temos de o conhecer, controlar e aproveitar. Numa altura em que pretendemos voltar-nos de novo para o imenso *mundo* que se abre mesmo ali ao lado e que bem pode ser uma saída lógica e legítima para Portugal, importa conhecer a forma como nos posicionamos perante este espaço de oportunidade que nos identifica como nação e nos poderá garantir a tão desejada prosperidade económica no futuro.

Temos de acabar de vez com o preconceito de que somos pequenos e que nos encontramos fora – deslocalizados – dos grandes centros económicos do globo. Ao invés, devemos ter sempre presente que a nossa localização geográfica nos coloca, afortunadamente, numa posição central no mundo e voltados para uma bacia oceânica imensa cujo protagonismo crescerá nas próximas décadas.

Por isso, Portugal, enquanto país marítimo que se deseja, assumiu já grandes responsabilidades em áreas de interesse internacional de apoio à navegação marítima como a busca e salvamento marítimo em que, anualmente são salvas muitas vidas humanas – aproximadamente uma vida salva por cada por ação realizada. Isto exige um grande esforço de meios e um gasto que nunca ninguém questionou nem deverá questionar.

Mas falta conhecer melhor e com maior rigor o nosso mar. Com a extensão da plataforma continental além das 200 milhas náuticas, que se espera para os próximos anos, Portugal passará a deter soberania sobre quase 4 milhões de km^2 de território, o que nos coloca entre os 20 maiores Estados do mundo em extensão territorial.

Este facto é por demais relevante em termos do exercício da autoridade do Estado no Mar pois Portugal deverá garantir a sua soberania neste enorme espaço, devendo possuir instrumentos e ferramentas adequados para o efeito. Estes instrumentos e ferramentas deverão contemplar regimes legais claros, simplificados, juridicamente bem sustentados e que protejam o interesse nacional em termos de dividendos que deverá reclamar pela exploração sustentável dos recursos, mas também os meios necessários ao controlo do que que passa nestes espaços e à defesa dos interesses nacionais em caso de não cumprimento dos preceitos estabelecidos. Não devemos esquecer que esta exploração poderá ser feita por terceiros, mas que terá necessariamente de ser por nós consentida.

Seria ingenuidade não ter, nessa altura, tais regimes legais em vigor, assim como seria inaceitável não existirem meios para controlar as atividades que vierem a desenvolver-se neste espaço. Isto dependerá certamente de uma grande vontade política, mas também da mobilização da sociedade civil que deverá envolver-se cada vez mais neste desígnio de regresso de Portugal ao mar.

O SAM consubstancia a moldura de atuação das entidades nacionais que exercem a autoridade do Estado no mar, seja na investigação científica, na vigilância e monitorização das atividades marítimas, na proteção e preservação do meio marinho e no combate à poluição, na segurança marítima – onde se inclui a salvaguarda da vida humana no mar -, na fiscalização das atividades marítimas, na exploração sustentável dos recursos marinhos vivos e não vivos, ou na repressão e combate da criminalidade por via marítima.

O modelo atual do SAM resulta do enquadramento que lhe foi dado pelo Decreto-Lei n.º 43/2002, de 2 de março, e legislação associada, onde é adotado um novo conceito e onde se assume um carácter de transversalidade, passando a integrar todas as entidades, civis e militares, com responsabilidades no exercício da autoridade marítima. Este quadro institucional passou a dispor de meios de coordenação nacional de nível ministerial e de coordenação operacional de alto nível, que têm vindo a potenciar uma nova dinâmica na conjugação de esforços, maximizando resultados nas diferentes áreas de responsabilidade deste Sistema.

Importa, assim, conhecer os fundamentos do SAM, a sua organização, os principais atores e a forma como todos se articulam com vista a obter a máxima eficiência e eficácia das competências e meios de cada um.

2. Conceitos

Sistema da autoridade marítima

De acordo com o estabelecido no Decreto-Lei n.º 43/2002, de 2 de março, o SAM é entendido como o quadro institucional formado pelas entidades, órgãos ou serviços de nível central, regional ou local que, com funções de coordenação, executivas, consultivas ou policiais, exercem poderes de autoridade marítima.

Autoridade marítima

Por autoridade marítima, entende-se o poder público a exercer nos espaços marítimos sob soberania ou jurisdição nacional, traduzido na execução dos atos do Estado, de procedimentos administrativos e de registo marítimo, que contribuam para a segurança da navegação, bem como no exercício de fiscalização e de polícia, tendentes ao cumprimento das leis e regulamentos aplicáveis nos espaços marítimos sob jurisdição nacional.

Espaços marítimos sob soberania ou jurisdição nacional

Os espaços marítimos nacionais – chamados na lei "zonas marítimas" - encontram-se hoje definidos em consonância com a Convenção das Unidas sobre o Direito do Mar. A Lei n.º 34/2006, de 28 de julho, estabelece que Portugal assume os direitos que aquela Convenção lhe permite sobre as águas interiores (AI), o mar territorial (MT), a zona contígua (ZC), a zona económica exclusiva (ZEE) e a plataforma continental (PC) - depois de aprovada a delimitação que resultar da proposta apresentada por Portugal em 2009 para a sua extensão além das 200 milhas náuticas. Esta proposta está a ser analisada no âmbito da Comissão de Limites da Plataforma Continental das Nações Unidas.

Esta Lei refere que o *exercício da autoridade do Estado Português nas zonas marítimas sob a sua soberania ou jurisdição e no alto mar, (...) compete às entidades, aos serviços e organismos que exercem o poder de autoridade marítima no quadro do Sistema da Autoridade Marítima, à Marinha e à Força Aérea, no âmbito das respetivas competências.*

3. O exercício da autoridade do Estado do mar

O exercício da Autoridade do Estado no mar é conseguido através da prossecução de todo um conjunto de ações por parte dos Estados costeiros com vista à salvaguarda dos seus próprios interesses e à prestação de serviços à comunidade marítima que decorrem da adoção de normas e regulamentação internacional.

Esta autoridade do Estado reside institucionalmente em organizações do tipo guarda costeira que podem ter mais ou menos competências e responsabilidades em função do país e da sua estrutura governamental.

Proliferam pelo mundo diferentes modelos para o exercício da autoridade do Estado no Mar. Estas estruturas existem em muitos países costeiros mas não obedecem a um modelo universal. Como se disse, cada um tem o seu próprio modelo que implementa em função das suas necessidades.

Por exemplo, na Europa, poderíamos dizer que existem dois padrões distintos relativamente à forma como os Estados costeiros entendem a sua responsabilidade e interesse para com este tipo de atividade, que correspondem a um conjunto de países do Norte e do Sul. Isto deve-se, em boa parte, às diferentes caraterísticas destes países onde se incluem a geografia, a história, os modelos da sociedade, as ameaças e riscos a que estão expostos, entre outros aspetos que ajudam a moldar a própria personalidade soberana destes Estados.

No mundo, podemos encontrar de tudo, modelos mais ou menos desenvolvidos, mas sempre adaptados às necessidades dos Estados.

Apesar de não haver um modelo universal para este tipo de organizações, há premissas a que devem obedecer para poderem prosseguir a sua missão com sucesso.

Uma delas, que é verdadeiramente fundamental, em particular em países como Portugal onde existe uma hierarquia muito vincada no Governo, prende-se com a necessidade de dependerem de um governante com peso político, se não mesmo do Primeiro-Ministro. Isto porque se se situarem num nível baixo dessa hierarquia, a coordenação de todas as entidades que atuam neste âmbito será muito difícil.

Outra, exige que as competências atribuídas a estas entidades tenham correspondência em termos de ferramentas e meios para prosseguirem a sua missão. Em Portugal, por exemplo, há uma grande dispersão de capacidades pelas entidades do SAM sendo que nem sempre correspondem às competências de cada uma.

O exercício da autoridade do Estado no mar engloba todas as tarefas consideradas do interesse do Estado costeiro, onde se incluem especialmente as que se relacionam com a segurança e o cumprimento da lei – tarefa que é conhecida internacionalmente como law *enforcement*. Embora, dependendo dos modelos, possam participar nestas tarefas meios militares, elas são de natureza policial.

Assim, o envolvimento das Forças Armadas é mais ou menos efetivo consoante o modelo em vigor em cada Estado. A duplicação de meios é de evitar e, por isso, há muitos países, como Portugal, em que os meios militares, especialmente da Marinha e da Força Aérea, estão ao serviço do SAM assegurando mesmo algumas das suas funções típicas.

O modelo português

Portugal tem-se mantido mais ou menos fiel a um modelo que encontra raízes em França e em que as tarefas do Estado no Mar se encontram entregues a um conjunto de entidades diferentes, com capacidades próprias e específicas de atuação neste espaço. Neste modelo, pela já aludida dispersão de responsabilidades e meios, e ainda pela quantidade de entidades envolvidas, é necessário haver uma coordenação forte. Aliás, essa necessidade começa, desde logo, como supramencionado, na coordenação ministerial, que, em Portugal, reside no Ministro da Defesa Nacional (MDN).

Para este efeito, foi prevista a existência de um Conselho Coordenador Nacional (CCN) que assumiria o papel de motor e de *controlador* de tudo o que se relacionasse com a atuação do Estado no Mar. A razão pela qual o CCN do SAM não existe na prática é muito simples: em Portugal não é fácil aceitar que alguém no mesmo grau hierárquico coordene a nossa própria atuação. O CCN do SAM é presidido pelo MDN, facto que em 2002 não parecia suscitar grandes problemas. Porém, mercê dos desenvolvimentos político-institucionais entretanto ocorridos, a realidade viria a revelar-se uma coisa bem diferente.

Lembre-se que o mesmo sucedeu aquando da criação – embora para fins diferentes dos do SAM -, da Comissão Interministerial para os Assuntos do Mar (CIAM), em 2006, que sendo inicialmente constituída por diversos ministros com responsabilidades no mar, sob coordenação do MDN, padeceu de mal semelhante, uma vez que também aqui a coordenação feita por um par não foi bem aceite, tendo conduzido à necessidade de elevar este papel de coordenação ao nível do Primeiro-Ministro.

Pese embora não exista perfeita linearidade nesta abordagem em termos dos países do no sul da Europa, onde se incluem Portugal, a França, a Itália ou a Grécia, prevalece um modelo em que a componente de segurança numa perspetiva de segurança nacional precisa de ser forte e em que as respetivas Marinhas ou detêm um papel preponderante da atuação do Estado no Mar, ou estão na origem das entidades que garantem esse importante papel do Estado, como é o caso das guardas costeiras.

O diploma que institui o SAM resultou de trabalhos determinados pelo Governo e enquadrados por duas resoluções do Conselho de Ministros, respetivamente de 1996 e de 1998. A primeira, a RCM n.º 185/96, de 28 de novembro, criou um grupo de trabalho interministerial com vista a delimitar, definir e organizar a atividade dos departamentos de Estado com responsabilidades nos domínios das costas e das águas sob jurisdição marítima nacional, tendo em vista a redefinição de atribuições, a reestruturação interna e a reformulação do enquadramento do SAM. Aqui encontramos ainda a indicação da necessidade de criar as necessárias sinergias que compatibilizem a elevação da qualidade do serviço público prestado à comunidade, em particular aos agentes económicos, e da eficácia das ações de controlo e fiscalização, com a garantia da máxima economia de meios.

A ação do Estado português no mar vem do tempo da fundação do País, em que D. Afonso Henriques terá incumbido D. Fuas Roupinho de proteger as costas do Reino, especialmente de ações de pirataria, que eram comuns já naquela altura.

Ao longo da nossa História houve inúmeras situações em que tivemos de nos confrontar com a necessidade de possuir meios para atuar no mar em defesa dos interesses nacionais. Talvez pudéssemos dizer que na sua grande maioria, estas ações se enquadravam no âmbito do que hoje se designa como *função guarda-costeira*, mas muitas eram ainda de facto, ações de exercício de defesa nacional.

Sobressai nesta evolução, a figura do capitão do porto como sustento do modelo português de exercício de autoridade do Estado no mar. Esta figura, já mais do que bissecular, teve origem no *patrão d'El Rei* e no *Patrão-Mor*, figuras quinhentista e seiscentista, respetivamente, às quais estavam cometidas competências em matéria de segurança da navegação, exames e vistorias a navios e embarcações, alguns registos, e ainda de segurança portuária.

Ainda hoje, o capitão do porto – que é também comandante local da Polícia Marítima – tem responsabilidades em áreas fundamentais do interesse público, estando-lhe cometidas funções na área da segurança, tanto em termos *safety* como *security* (onde se incluem competências no salvamento marítimo e costeiro, socorro a náufragos e assistência a banhistas nas praias), funções operacionais no assinalamento marítimo no seu espaço de jurisdição, e ainda, nos 3.º e 4.º graus de intervenção previstos no Plano Mar Limpo, funções relacionadas com o combate à poluição do mar.

Talvez valha a pena recordar que, em termos organizacionais, prevaleceu durante séculos a unicidade orgânica e técnica que, vindo de finais do século XVIII, apenas seria alterada com a extinção do Ministério da Marinha, em 1974.

No que respeita às matérias do foro administrativo e económico, houve duas tentativas de encaixar as matérias do mar num ministério dedicado em

1983 (1983-1985) e depois em 1991 (1991-1995). Apesar da ideia não ser má, estas tentativas não lograriam alcançar o sucesso desejado, até pelas matérias que afinal acabaram por ficar de fora desta tutela.

Na orgânica do atual Governo, temos novamente um ministério a tutelar o mar, mas, mais uma vez, em termos de atuação do Estado no espaço marítimo, não foi possível integrar aqui algumas entidades e funções fundamentais para que o exercício da autoridade do Estado no mar recebesse ordens de apenas uma tutela. No arranjo conseguido, recebeu a tutela da Administração Marítima (em cujo âmbito se incluem diversos poderes de autoridade como a Autoridade Nacional da Pesca, Autoridade Nacional de Imersão de Resíduos, Autoridade Nacional de Controlo de Tráfego Marítimo ou Autoridade Competente para a Proteção do Transporte Marítimo e dos Portos) mas não a Autoridade Marítima Nacional nem a Unidade de Controlo Costeiro da GNR.

Voltando ao Decreto-Lei n.º 43/2002, importa salientar que o mesmo dá especial relevo à intervenção gradual da Marinha nas denominadas *missões de interesse público*, nomeadamente no campo da aplicação e verificação do cumprimento das leis e regulamentos marítimos, em espaços sob soberania ou jurisdição nacional (entre outros, o controlo de navios, a fiscalização das pescas, o combate à poluição e repressão de outros ilícitos marítimos), cuja legitimação reside ainda no direito internacional, que lhe confere instrumentos para o combate ao narcotráfico, ao terrorismo e ao tráfico de pessoas. Este diploma adere a essa lógica de consolidação dos meios institucionais e organizativos da Marinha como pilar essencial da Autoridade Marítima.

Com efeito, deve ser enfatizado o esforço que a Marinha tem dedicado às tarefas que, não enquadradas no âmbito específico da defesa nacional, são determinantes para o conhecimento do que passa no nosso espaço marítimo e para proteger o interesse nacional no mar. Um destes exemplos, porventura o mais significativo, é o da busca e salvamento marítimo que decorre de obrigações assumidas pelo País por via da ratificação da Convenção SAR de 1979 e que obriga a possuir um dispositivo permanente que garanta a execução desta nobre tarefa com elevadíssimos padrões de eficácia.

Assim, em síntese, não existe em Portugal, como temos vindo a dar conta, uma guarda costeira, existindo, porém, aquilo a que se pode chamar *função guarda costeira* e que é prosseguida por um conjunto de entidades distintas cuja atuação tem por base comum os princípios do SAM e em que os atores são pares em termos da responsabilidade que partilham.

Sobressai, naturalmente, neste quadro, o papel multifacetado e incontornável da figura do capitão do porto como autoridade marítima local a quem compete exercer a autoridade do Estado nos espaços sob sua jurisdição, designadamente em matéria de fiscalização marítima, policiamento marítimo e segurança da navegação, de pessoas e bens, e estando-lhe cometidas um vasto quadro de competências técnico-administrativas – que ascende a muitas dezenas -, nos termos definidos na lei.

4. Áreas do SAM

De acordo com o estabelecido no Decreto-Lei n.º 43/2002, o SAM engloba muitas das áreas de responsabilidade e interesse do Estado no Mar. Aquele diploma, enuncia as seguintes:

a) Segurança e controlo da navegação

Esta é uma tarefa partilhada por muitas entidades, todas as que, de uma forma ou de outra, possuem responsabilidades e/ou meios operacionais para participar na segurança marítima.

Uma efetiva vigilância do tráfego marítimo é premissa basilar no exercício da autoridade de qualquer Estado costeiro nos espaços marítimos sob sua soberania ou jurisdição. Em Portugal, esta tarefa tem vindo a ser alcançada através dos meios militares existentes no país como navios da Marinha, aeronaves da Força Aérea e sistemas C2 de cariz militar. A não existência, durante muito tempo, de sistemas de vigilância remota, embora sendo uma necessidade para um país com as características geomorfológicas e de grande maritimidade como Portugal, foi, durante décadas, apontada como uma lacuna que era necessário colmatar, de forma a complementar, também em investimento de meios, os quadros de estratégia marítima que têm vindo a ser discutidos e aprovados.

Em 2009, com a entrada em funcionamento do *vessel traffic service* (VTS) do continente, foi criado o Sistema Nacional de Controlo de Tráfego Marítimo (SNCTM). O Decreto-Lei n.º 263/2009, de 28 de setembro, que o cria, estabelece um quadro geral de intervenção dos órgãos e serviços públicos responsáveis pelo controlo de tráfego marítimo nas zonas marítimas sob soberania ou jurisdição nacional, e procede à 1.ª alteração do Decreto-Lei n.º 43/2002, de 2 de março, à 3.ª alteração do Decreto-Lei n.º 180/2004, de 27 de julho, e à 1.ª alteração do Decreto-Lei n.º 198/2006, de 19 de outubro.

O SNCTM é coordenado pela Autoridade Nacional de Controlo de Tráfego Marítimo (ANCTM), a qual exerce as suas competências em todo o território nacional e que reside no presidente do conselho diretivo do Instituto Portuário e dos Transportes Marítimos, I. P. (IPTM, I. P.) – atualmente Direção-Geral dos Recursos Naturais, Segurança e Serviços Marítimos (DGRM).

Considera-se que este sistema foi mal concebido na altura, pois já existiam outras ferramentas que concorriam para o mesmo objetivo e que não foram integradas no sistema. Na verdade, aquele diploma limita o âmbito de aplicação da informação gerada pelo sistema e não refere como fazendo parte deste sistema outras ferramentas como o *automatic identification system* (AIS), o *long range identification and tracking of ships* (LRIT), o Sistema Integrado de Vigilância e Controlo Costeiro (SIVICC), ou o Latitude 32, que, entre outras funções, serve para controlar as embarcações de recreio.

O BluemassMed, que foi desenvolvido durante os últimos anos, é um projeto-piloto que visa a integração da vigilância marítima no Mediterrâneo e aproximações atlânticas, financiado pela Comissão Europeia e cofinanciado por Espanha, França, Grécia, Itália, Malta e Portugal. Tem como objetivo aumentar a interoperabilidade dos atuais sistemas de controlo e localização integrada e testar a capacidade dos parceiros do projeto na permuta de informações de vigilância associadas as diversas áreas de intervenção dos estados costeiros, nomeadamente, à segurança marítima, controlo fronteiriço e poluição marinha.

Em Portugal, integra vários organismos dos Ministérios das Finanças, Defesa Nacional, Administração Interna, Justiça, Economia e Emprego e Agricultura e Mar.

Fundamentais são também para este propósito os meios operacionais da Marinha, da Força Aérea, da Autoridade Marítima Nacional e da GNR por terem a capacidade de andar no mar ou sobrevoá-lo e complementar a informação gerada pelos sistemas eletrónicos colocados na costa ou que usam satélites.

b) Preservação e proteção dos recursos naturais

Esta tarefa também é partilhada por várias entidades do SAM. Assumem especial relevância as entidades que tutelam a pesca e a conservação dos recursos vivos e não vivos.

Embora a gestão dos recursos vivos na ZEE tenha sido entregue à União Europeia por via da nossa adesão à Comunidade Económica Europeia em 1986, o papel das entidades nacionais é fundamental para o conhecimento dos recursos e para defender o interesse português junto da Comunidade. A negociação nesta matéria é muito exigente e requer um grande conhecimento da realidade, pois só assim seremos credíveis e poderemos defender os nossos interesses.

Há várias entidades que intervêm nesta matéria, entre elas, a DGRM, o Instituto Português do Mar e da Atmosfera, I.P. (IPMA) – que tem em vista adquirir a breve trecho um novo navio de investigação para substituir o "Noruega" -, o Instituto Hidrográfico (IH), ou as Regiões Autónomas dos Açores e da Madeira.

Esta tarefa requer, também, uma forte capacidade de fiscalização. Lembre--se que nos Açores o Estado foi condenado a pagar uma choruda indemnização à comunidade local de pescadores por alegada incapacidade de fiscalização desta atividade praticada ilegalmente por embarcações estrangeiras.

c) Preservação e proteção do património cultural subaquático

No atual Governo, a tutela do património e, portanto, do património cultural subaquático -, reside na Presidência do Conselho de Ministros, através da Direção-Geral do Património Cultural, que recebeu as responsabilidades do IGESPAR onde já tinha, por sua vez, sido integrado o Centro Nacional de Arqueologia Náutica e Subaquática.

A fiscalização está, mais uma vez, a cargo das entidades com meios para ir ao mar, designadamente a Autoridade Marítima Nacional.

d) Preservação e proteção do meio marinho

A preservação e proteção do meio marinho é uma tarefa de cariz genérico que incumbe a todos, incluindo-se aqui, em última instância, todos os cidadãos.

e) Prevenção e combate à poluição

Enquanto, como se referiu, a prevenção da poluição é, na verdade, uma responsabilidade de todos os cidadãos e de muitas entidades públicas e privadas, já o combate da poluição do mar está atribuída à Direção do Combate à Poluição (DCPM) da Direção-Geral da Autoridade Marítima (DGAM).

A poluição do mar deverá ter começado com a ida do homem para o mar que se antes era uma ameaça à segurança do homem – ainda o é em boa verdade – passou a ser também vulnerável à ameaça humana que o considerou durante muito tempo um reservatório de capacidade de absorção quase infinito para o lixo produzido pela civilização humana.

Em termos da navegação, esta ameaça tornou-se evidente com o aparecimento da propulsão a *diesel* a partir do final do século XIX. Com a construção de navios cada vez maiores e mais potentes, os oceanos passaram a ser a rota mais utilizada para o transporte de mercadorias.

Com alguns acidentes ocorridos a partir da década de 1960 como o do Torrey Canyon (1967), o Amoco Cadiz (1978), o Exxon Valdez (1989), e mais recentemente o Erika (1999) e o Prestige (2002), entre muitos outros, a comunidade marítima internacional sentiu necessidade de criar mecanismos cada vez mais rigorosos para tentar evitar que catástrofes ambientais deste tipo se repetissem em qualquer parte do mundo.

Para fazer frente a eventuais problemas desta natureza, existe em Portugal um plano de contingência, como previsto em regulamentação internacional, designadamente na *International Convention on Oil Pollution Preparedness, Response and Co-operation* (OPRC, 1990). O Plano Mar Limpo foi elaborado na sequência da Resolução do Conselho de Ministros nº 25/93, de 15 de abril, e surgiu como resposta ao acidente sofrido pelo navio "Aragon", que afetou severamente a ilha de Porto Santo. Este plano de emergência para o combate à poluição das águas marinhas, portos, estuários e trechos navegáveis dos rios, por hidrocarbonetos e outras substâncias perigosas – embora se tenha aplicado essencialmente a hidrocarbonetos -, tem por objetivo estabelecer um dispositivo de resposta a situações de derrames daquelas substâncias, definir as responsabilidades das entidades intervenientes e fixar as competências das autoridades encarregadas da execução das tarefas que aquela resposta comporta.

Numa base de dados existente na DCPM estão contabilizados os milhares de derrames de substâncias nocivas detetados em espaços marítimos portugueses, embora se estime que correspondam a uma pequena percentagem dos que realmente ocorrem sem que seja possível tomar conhecimento da sua existência. Neste contexto, a União Europeia, através da Agência Europeia da Segurança Marítima, colocou à disposição dos Estados-Membros (EM) a CleanSeaNet, uma ferramenta que deteta derrames deste tipo no mar e que comunica aos respetivos resultados aos EM.

Importa ainda aqui referir que além das responsabilidades legalmente atribuídas à Autoridade Marítima, as administrações dos portos possuem, com mais clareza jurídica desde 2002, responsabilidades próprias no combate à poluição nos espaços sob sua jurisdição.

f) Assinalamento marítimo, ajudas e avisos à navegação

Desde cedo na história da navegação marítima foi sentida a necessidade de ajudar os navegantes a orientarem-se no mar e a obterem, com exatidão, a sua posição. Tal não foi, porém, tarefa fácil para os que nela se embrenharam durante décadas ou mesmo séculos. Esta necessidade começou por ser colmatada com o recurso a fogueiras em locais ermos, mantidas pelas comunidades piscatórias e posteriormente pelas confrarias religiosas, tendo estes esforços vindo a ser complementados com a emissão de sons a partir de terra, que serviam para dar uma indicação da sua proximidade. A escolha do posicionamento dos faróis e a prioridade da sua construção foram criteriosa e estrategicamente definidos tendo em consideração a aproximação a zonas de risco, a entrada de barras e o acesso aos portos, a existência de zonas de tráfego comercial e a existência de importantes comunidades piscatórias.

As primeiras referências a luzes na costa portuguesa remontam a 1528, altura em que, na entrada do rio Douro, por ordem do Bispo D. Miguel da Silva, no local designado por S. Miguel-o-Anjo, se acendiam fogueiras sem carácter permanente, destinadas a ajudar os navegantes a entrar no porto com segurança.

Só durante o século XVIII, por iniciativa e alvará pombalino (1758), foram os serviços de farolagem organizados e estruturados, iniciando-se a construção de raiz de infraestruturas especificamente dedicadas a albergarem faróis. A publicação do alvará do Marquês de Pombal deu origem à construção dos faróis como hoje os conhecemos, designadamente o da Nossa Senhora da Guia (1761) – o primeiro farol a ser instalado de forma perene –, o do Cabo da Roca (1772), o do Bugio (1775), embora implantado na torre do Forte de S. Lourenço da Cabeça Seca (1643), e o de S. Julião (1775). À construção sucessiva dos restantes faróis, correspondeu também a aplicação das tecnologias mais recentes às respetivas lanternas e óticas e, mais recentemente, a aplicação de tecnologia de localização e posicionamento, em permanente busca dos mais modernos sistemas de navegação, sempre com o objetivo de garantir facilidade, rapidez e fiabilidade à determinação da posição e à segurança de todos os navegantes.

Criada em 1924, a Direção de Faróis (DF) assumiu a responsabilidade por todo o assinalamento marítimo costeiro e portuário, tendo, a partir de 2002 passado a ser responsável apenas pelo assinalamento costeiro e pelos dispositivos de assinalamento definidores da entrada dos principais portos nacionais mantendo, no entanto, as suas competências de direção técnica para todo o assinalamento marítimo. Com a publicação do Decreto-Lei nº 46/2002, de 02 de março, as administrações portuárias passaram a assumir a responsabilidade pelo assinalamento marítimo portuário, nos seus espaços de jurisdição, mas o facto de, em geral, não disporem de meios, competências e conhecimentos neste tipo de atividade, conduziu à celebração de protocolos de manutenção com a DF para aquele efeito.

Além destas responsabilidades, a DF assumiu a partir de 2003, a operação, monitorização e controlo das 4 estações da rede DGPS (GPS digital) nacional, previamente montadas e testadas pelo IH. Esta rede é constituída por duas estações no Continente (Farol da Cabo Carvoeiro - Peniche e ex-ERN Sagres), uma no Arquipélago dos Açores (Ilha do Faial) e outra no Arquipélago da Madeira (Ilha do Porto Santo). Com a exatidão no posicionamento conseguida com este sistema, os navios e embarcações que disponham de um equipamento para receção deste sinal passaram a contar com mais um serviço prestado por Portugal como Estado costeiro à navegação que pratica águas jurisdicionais portuguesas, contribuindo para a segurança no mar.

É interessante notar, neste contexto, a evolução dos métodos de posicionamento no mar desde a altura em que o uso das estrelas era fundamental até aos mais modernos sistemas de posicionamento global como, entre outros, o GPS e o Galileo, que se espera para breve. Foi preciso perderem-se milhares de vidas para que esta evolução fosse impulsionada.

Se no que respeita à latitude, há referências muito antigas ao seu conhecimento e determinação rigorosa – para o que os portugueses em muito contribuíram de diversas formas –, já quanto à longitude a dificuldade permaneceu até bem mais tarde.

Mesmo assim, os portugueses nunca abandonaram os estudos conducentes à descoberta da longitude como bem o comprovam os trabalhos dos físicos de D. João II que partilhavam com alguns físicos árabes, aliados dos portugueses, manuscritos com as suas ideias sobre o intrigante assunto. Estes trabalhos foram entregues por Pêro da Covilhã na sua viagem épica em busca de terra do Prestes João ao físico e astrónomo Samuel Gabay que terá referido: *"dão-me conta das suas Tábuas de Declinação do Sol e pedem-me para lhes enviar os meus estudos sobre o mesmo assunto, a fim de buscarem um meio mais preciso de achar a latitude e (inda que eu creia ser cousa impossível de obter) a longitude no mar!"*. Estas palavras são bem elucidativas da dificuldade da tarefa de procurar medir o tempo no mar com rigor.

Viria a ser apenas na sequência de uma iniciativa do Parlamento inglês – o famoso *Longitude Act*, de 8 de julho de 1714, através do qual se ofereceu a mais alta remuneração em dinheiro a quem conseguisse a forma de medir a longitude com um erro de ½ grau (20 000 libras) – que, em 1773, o inglês John Harrison viu recompensado o esforço de uma vida devotada à construção de um instrumento inovador para medir o tempo a bordo dos navios. Pode bem dizer-se que o seu relógio, chamado H4 por ter sido o último de uma série de 3 por si construídos – H1, H2 e H3 – foi o verdadeiro precursor dos modernos cronómetros usados a bordo.

Ainda no âmbito das competências da DF, é de realçar o exercício das funções inspetivas, como suporte ao exercício da responsabilidade de direção técnica de todo o assinalamento marítimo, a emissão de pareceres sobre todas as construções que possam colidir com a servidão de assinalamento, em complementaridade com as competências do IH inerentes às questões concernentes com a segurança da navegação e com a competência para a conceção e execução de projetos de assinalamento marítimo, frequentemente em conjunto com o IH.

No total, existem, na costa portuguesa, 45 faróis (27 no continente, 14 nos Açores e 4 na Madeira), 482 farolins, 328 boias e balizas, além de sinais sonoros.

g) Fiscalização das atividades de aproveitamento económico dos recursos vivos e não vivos

No âmbito do SAM cabe também a fiscalização das atividades que são desenvolvidas no mar ou ainda, nalguns caso, em espaço do DPM.

É exercida por todas as entidades de polícia que fazem parte do SAM e pela Autoridade de Segurança Alimentar e Económica na sua área de especialidade. Embora esta entidade não existisse em 2002, altura da instituição do SAM, possui competências que são enquadráveis no SAM.

Esta fiscalização é dirigida à repressão de atividades ilícitas, mas assume também um especial papel na área da prevenção.

Para uma melhor coordenação das ações destas entidades foi criado, pelo Decreto-Regulamentar n.º 86/2007, de 12 de dezembro, o Centro Nacional Coordenador Marítimo (CNCM), que reúne periodicamente e onde são dirigidas as ações de fiscalização ou de controlo das atividades ilícitas de que se tome conhecimento. Este Centro localiza-se no Comando Naval, em Oeiras.

Segundo a lei, este Centro regula, de forma integrada, a articulação entre as autoridades de polícia e outras entidades técnicas a quem estão cometidas competências nos espaços sob soberania e jurisdição nacional. Estabelece, ainda, em razão da matéria, quais as autoridades/entidades que coordenam as ações/operações a desenvolver naqueles espaços.

h) Salvaguarda da vida humana no mar e salvamento marítimo

Portugal, ao ratificar as Convenções SOLAS de 1974 e SAR de 1979, assumiu responsabilidades perante a comunidade marítima internacional no que respeita à salvaguarda da vida humana no mar. Isto significa que ficou obrigado a garantir a existência de um dispositivo constituído por meios com capacidade oceânica e outras ferramentas associadas, dedicado ao salvamento marítimo.

Os serviços de busca e salvamento marítimo contribuem para o salvamento de milhares de vidas em todos os oceanos do planeta. Não obstante, apesar dos esforços aplicados nesta nobre tarefa dos Estados costeiros, continuam a perder a vida no mar muitos marinheiros profissionais ou simples cidadãos que nele se aventuram em lazer ou à procura de melhores oportunidades de vida – como é o caso de muitos milhares de africanos que morrem no Mediterrâneo à procura de realizarem o sonho europeu.

No âmbito nacional, esta tarefa encontra sustento jurídico nos Decreto--Lei nº 15/94, de 22 de janeiro, e 44/2002, de 02 de março, havendo ainda que atentar no Decreto-Lei nº 134/2006, de 25 de julho, que criou o Sistema Integrado de Operações de Proteção e Socorro (SIOPS), e que funciona no âmbito da Autoridade Nacional da Proteção Civil.

A direção superior do Sistema Nacional de Busca e Salvamento Marítimo está a cargo do Ministro da Defesa Nacional, competindo a coordenação das ações no terreno aos *Maritime Rescue Coordination Center* (MRCC).

No quadro de atuação da Autoridade Marítima, é aos capitães dos portos que compete desenvolver as ações e operações necessárias à prestação deste serviço, devendo assumir-se como responsáveis pelas ações em que forem chamados a intervir, e até que a coordenação passe para o MRCC competente.

Por outro lado, também na dependência direta da DGAM, o Instituto de Socorros a Náufragos (ISN), criado em 21 de abril de 1892, por vontade da Rainha D. Amélia, como instituição privada, mas que transitou para a tutela do Estado em 1958, desenvolve a sua ação no âmbito do salvamento marítimo e socorro a náufragos prestando ainda assistência a banhistas nas praias. Está dotado de meios humanos e materiais para estes fins – mais de 70 embarcações, que vão das de grande capacidade a botes de borracha, distribuídas por 30 estações salva-vidas. Conta ainda com um impressionante currículo neste domínio, tendo prestado assistência a centenas de milhares de cidadãos e contribuído, decisivamente, para o salvamento de muitos milhares de vidas.

Na totalidade, o dispositivo nacional de busca e salvamento marítimo conta com meios da Marinha, da Autoridade Marítima Nacional, da Força Aérea, da Proteção Civil, da GNR e de outras entidades que, fazendo parte da estrutura auxiliar da busca e salvamento marítimo, tal como definida no Decreto-Lei n.º 15/94, contribuem para este objetivo.

i) Proteção civil com incidência no mar e na faixa litoral

As ações de proteção civil estão sob responsabilidade da Autoridade Nacional da Proteção Civil. Os preceitos por que se rege este importante serviço público constam na Lei de Bases da Proteção Civil, (Lei n.º 27/2006, de 3 de julho).

É nesta Lei que encontramos o sustento para a participação das Forças Armadas e da Autoridade Marítima em ações desta natureza. Desde logo, a participação de um representante da Autoridade Marítima Nacional na Comissão Nacional da Proteção Civil demonstra a importância desta Autoridade ter assento nas decisões tomadas neste contexto. Mas também o facto da Autoridade Marítima Nacional ser agente de proteção civil suporta a necessidade de contar com uma organização que tem uma implantação territorial ao longo de toda a costa, local sensível por natureza, mas propício a acidentes naturais e também provocados pela ação humana.

A este título, a DGAM, através dos órgãos sob sua dependência, contribui para a prevenção e resposta em caso de necessidade no que respeita à proteção civil, relacionando-se, para o efeito, com todas as restantes entidades que detêm competências neste campo e exerce funções nos domínios do aviso, alerta, intervenção, apoio e socorro.

A ação do capitão do porto na área da proteção civil deve ser conjugada com o disposto no Decreto-Lei n.º 44/2002, e com o Decreto-Lei n.º 134/2006 (SIOPS), já aqui referidos. No primeiro diploma, vem referido que compete ao capitão do porto *dirigir operacionalmente, enquanto responsável da proteção civil, as ações decorrentes das competências que, neste âmbito, lhe estão legalmente cometidas, em cooperação com outras entidades e sem prejuízo das competências da tutela nacional da proteção civil.* No segundo, estabelece-se que *o Centro Coordenador Operacional nacional (CCON) coordena as ações de todas as entidades necessárias à intervenção e articula-se com o Centro de Coordenação de Busca e Salvamento Marítimo - MRCC de Lisboa, sem prejuízo do disposto nos Decretos-Lei n.ºs 15/94, de 22 de janeiro, e 44/2002, de 02 de março.*

j) Proteção da saúde pública

Esta tarefa é prosseguida especificamente pela Autoridade de Saúde apoiada por todas as outras entidades do SAM no possível e adequado.

k) Prevenção e repressão da criminalidade, nomeadamente no que concerne ao combate ao narcotráfico, ao terrorismo e à pirataria

Esta tarefa está a cargo das autoridades de polícia que fazem parte do SAM devendo todas, dentro das atribuições de cada uma, contribuir para este objetivo. É também prosseguida pela Marinha e pela Força Aérea, quando considerado necessário e adequado.

Os atos ilícitos aqui identificados estão, por diferentes razões, na ordem do dia. O mar é escolhido muitas vezes para fazer chegar produtos ilícitos a locais muito distantes da origem a partir de onde são depois distribuídos a partir de redes montadas para o efeito. São recorrentes em Portugal as notícias de apreensões de estupefacientes e outros produtos traficados por via marítima. O seu controlo exige de todas as entidades com responsabilidades na matéria uma eficaz coordenação e conjugação de esforços quer em termos de recolha e tratamento de informações, quer em termos da ação no terreno.

O CNCM, já aqui mencionado, poderá assumir um papel relevante nesta coordenação.

l) Prevenção e repressão da imigração clandestina

Também esta tarefa está a cargo das autoridades de polícia que fazem parte do SAM, cabendo, especificamente, ao Serviço de Estrangeiros e Fronteiras (SEF) a coordenação das ações levadas a cabo neste âmbito.

m) Segurança da faixa costeira e no domínio público marítimo e das fronteiras marítimas e fluviais

Esta é mais uma das tarefas em que o papel de todos os que detêm capacidades e meios para atuar é fundamental. Aqui se podem incluir ações de vigilância, controlo, coordenação, prevenção e resposta. Como já se referiu, a zona aqui contemplada assume-se como um espaço de grande sensibilidade quer em termos sociais quer económicos e ambientais. Apenas com uma ação firme e empenhada de todos os intervenientes no SAM é possível cumprir com sucesso esta tarefa do Estado.

5. Atores e intervenientes

Como estabelecido no Decreto-Lei n.º 43/2002, exercem o poder de autoridade marítima, no quadro do SAM, e no âmbito das respetivas competências, as seguintes entidades:

a) Autoridade Marítima Nacional;
b) Polícia Marítima;
c) Guarda Nacional Republicana;
d) Polícia de Segurança Pública;
e) Polícia Judiciária;
f) Serviço de Estrangeiros e Fronteiras;
g) Inspeção-Geral das Pescas;
h) Instituto da Água;
i) Instituto Marítimo-Portuário;
j) Autoridades portuárias;
k) Direcção-Geral da Saúde.

Por sua vez, o CCN do SAM é composto pelos seguintes elementos:

a) Ministro da Defesa Nacional, que preside;
b) Ministro da Administração Interna;
c) Ministro do Equipamento Social;
d) Ministro da Justiça;
e) Ministro da Agricultura, do Desenvolvimento Rural e das Pescas;
f) Ministro do Ambiente e do Ordenamento do Território;
g) Autoridade Marítima Nacional;
h) Chefe do Estado-Maior da Força Aérea;
i) Comandante-geral da Polícia Marítima;
j) Comandante-geral da Guarda Nacional Republicana;

k) Diretor nacional da Polícia de Segurança Pública;
l) Diretor nacional da Polícia Judiciária;
m) Diretor do Serviço de Estrangeiros e Fronteiras;
n) Presidente do Instituto Marítimo-Portuário;
o) Diretor-geral das Pescas e Aquicultura;
p) Inspetor-geral das Pescas;
q) Diretor-geral da Saúde;
r) Presidente do Instituto da Água;
s) Um representante de cada uma das Regiões Autónomas dos Açores e da Madeira, a nomear pelo presidente do respetivo Governo;
t) O membro do Governo responsável pela coordenação da política de combate à droga e à toxicodependência, sempre que estiverem agendados assuntos com aquela relacionados.

Desde 2002, a bem conhecida dinâmica dos governos portugueses a extinguir e a criar organismos alterou já a designação de muitas destas entidades tendo também introduzido alterações importantes ao nível do quadro de competências das mesmas.

Se quiséssemos identificar as entidades que hoje deveriam fazer parte deste quadro, deveríamos ter as seguintes:

a) Autoridade Marítima Nacional;
b) Polícia Marítima;
c) Guarda Nacional Republicana (muito por causa da Unidade de Controlo Costeiro);
d) Polícia de Segurança Pública;
e) Polícia Judiciária;
f) Serviço de Estrangeiros e Fronteiras;
g) Autoridade Tributária e Aduaneira;
h) Autoridade de Segurança Alimentar e Económica;
i) Direção-Geral dos Recursos Naturais, Segurança e Serviços Marítimos;
j) Autoridade Nacional de Controlo de Tráfego Marítimo;
k) Autoridade Competente para a Proteção do Transporte Marítimo e dos Portos;
l) Gabinete de Prevenção e de Investigação de Acidentes Marítimos;

m) Agência Portuguesa do Ambiente;
n) Administrações portuárias;
o) Direcção-Geral da Saúde.

Deixa-se uma ressalva relativamente à ANPC que podendo não integrar diretamente o SAM tem, contudo, um papel importante neste domínio.

6. Desenvolvimentos recentes

Como temos vindo a referir, tem havido algumas interpretações da lei, no que respeita ao uso de meios militares em ações que se enquadram no âmbito policial, que questionam a própria constitucionalidade dos preceitos do SAM no que respeita à ligação entre a AMN e a Marinha.

De modo a clarificar alguns aspetos desta matéria, foi recentemente publicado o Decreto-Lei n.º 235/2011, de 31 de outubro, que, de acordo com o respetivo preâmbulo, *procede à clarificação da dependência hierárquica da Autoridade Marítima Nacional e à consequente adequação da legislação relativa à Polícia Marítima, alterando, para o efeito, o Decreto-Lei n.º 44/2002, de 2 de março, e o Decreto-Lei n.º 248/95, de 21 de setembro, alterado pelo Decreto-Lei n.º 220/2005, de 23 de dezembro, que estabelece o Estatuto do Pessoal da Polícia Marítima.*

Ainda no preâmbulo, este diploma, refere que *"Em face da crescente complexidade dos desafios e amplitude de riscos que se colocam nos espaços marítimos sob soberania, jurisdição e responsabilidade nacionais, importa continuar a reconhecer a necessidade de serem alinhadas as múltiplas legitimidades de intervenção e atinentes respostas, constituindo propósito abrangente mas comum a produção de segurança marítima por parte de diversos departamentos do Estado costeiro".*

Como que respondendo às dúvidas a que fizemos alusão, este diploma legal reconhece *que atualmente a Marinha representa uma moldura institucional com legitimidades heterogéneas e capacidades multifuncionais, onde se identifica uma componente de ação militar que constitui o ramo naval das Forças Armadas, histórica e conceptualmente designado de Armada, e uma componente de ação não militar, fora do propósito imediato e do âmbito próprio das Forças Armadas, que constitui uma outra estrutura do Ministério da Defesa Nacional, designada Autoridade Marítima Nacional.*

O que está, de facto, em questão, é o reconhecimento de que as componentes de atuação da Marinha - a militar e a não militar –, não se confundem, devendo articular-se sinergicamente numa lógica funcional de alinhamento e complementaridade entre as capacidades militares puras e as que são dispensadas a ações no quadro do SAM.

Pese embora este esforço do legislador, persistem muitas dúvidas em relação à bondade das normas aqui estabelecidas e à forma como, em termos operacionais, vão ser postas em prática.

7. Algumas perspetivas futuras nesta matéria

É de esperar que no futuro a demanda de novos recursos obrigue os Estados a reposicionar-se em termos a defesa dos seus interesses estratégicos.

Não tenhamos dúvidas de que o projeto de alargamento – de forma pacífica – do território nacional trará aos portugueses muitas oportunidades, mas acarretará, em algumas décadas, novos desafios e necessidades. Entre todos, o da garantia da soberania sobre os recursos marinhos sobrepor-se-á aos restantes.

A procura dos espaços marítimos portugueses para a realização de trabalhos de investigação científica tem demonstrado um interesse internacional crescente pelo conhecimento do que lá existe. E não podemos ser ingénuos em relação a isso: tudo tem, a prazo, um interesse económico para o qual temos de estar atentos.

A negociação dos termos em que *seremos obrigados* a permitir este conhecimento e, principalmente, a exploração destes nossos recursos deverá ser feita de forma consciente, competente e inteligente.

Por outro lado, a necessidade de termos meios com capacidade para atuar num espaço de quase 4 milhões de km^2, por vezes em difíceis condições de tempo e mar, deve estar presente nas estratégias dos governos que conduzirão os destinos do País nas próximas décadas, sob pena de nada servir o esforço que tem vindo a ser feito neste contexto.

Também a necessidade de olhar para o interesse nacional acima dos interesses institucionais ou corporativos é um ponto que deve ser ensinado na escola e na vida profissional de cada um.

A segurança no mar, que é uma premissa basilar do SAM, é também o garante de um desenvolvimento económico a partir do mar mas, por sua vez, precisa de uma economia pujante para se lhe poder dedicar toda a atenção e meios necessários a garanti-la. Esta dicotomia é fundamental para que o regresso de Portugal ao mar se faça nas devidas condições e para que possamos explorar os seus recursos com proveito para todos os portugueses.

Um outro campo em que deveremos ter de atuar muito em breve, e que terá um relacionamento muito estreito com o SAM, senão mesmo constituir mais uma tarefa deste quadro, é o ordenamento do espaço marítimo. Esta responsabilidade do Estado ditará a forma como queremos organizar o nosso espaço marítimo e criar as condições legais para a exploração e conservação dos seus recursos.

Deverá ser publicada a prazo uma lei de bases do ordenamento do espaço marítimo onde são estabelecidas as regras orientadoras da gestão do espaço e das atividades que ali se desenvolvam. Esta lei é de uma necessidade elementar mas carece de ter aprovados em simultâneo os regimes legais específicos para cada área que regula. Por isso, esta lei é também fundamental no âmbito do SAM pois contribuirá para uma melhor gestão dos meios ao seu dispor e para uma maior eficiência e eficácia na sua utilização.

Finalmente, devemos fechar este texto voltando à questão essencial que está subjacente ao conceito do SAM: a postura do Estado perante a exigência de estar dotado de meios que lhe permitem exercer a sua autoridade em tão vastos espaços. E aqui é preciso que os governantes não se esqueçam das responsabilidades que lhe serão imputadas em caso de não acautelarem os interesses nacionais no mar.

O modelo nacional não será certamente o perfeito – se é que algum dos existentes tem essa pretensão. Mas tem-se mostrado adequado a um país com parcos recursos para duplicar capacidades, especialmente quando os meios em questão são demasiados caros para as nossas possibilidades.

O enquadramento legal pode ser facilmente alterado, mas deverá ter em conta as estruturas existentes e a forma como a atuação será feita numa perspetiva de não fazer perigar o sucesso do modelo.

A possibilidade de se criar uma guarda costeira nunca foi posta verdadeiramente de parte, e até poderia permitir ganhos administrativos e mesmo de operacionalidade. Mas deverá ser muito bem pensada. Já houve abordagens europeias a esta questão, mas sempre com grande resistência por parte de alguns Estados-Membros, como Portugal, que não consideram adequado criar uma estrutura ao nível da União com tais características. Entre a inevitabilidade apregoada por uns e a impossibilidade defendida por outros, o tempo se encarregará de mostrar o que melhor servirá os propósitos de uma gestão integrada e europeia do mar europeu, onde teriam, necessariamente, de se atender as especificidades de cada um.

Portugal deverá estar atento a todas as movimentações a este respeito pois está em vias, como já referimos, de possuir uma das maiores plataformas continentais do mundo, o que atrairá novos interessados e poderá conferir-nos um maior poder negocial, também no seio da União Europeia.

Para já, subsiste o SAM, que com os seus defeitos e virtudes, vai garantindo que o exercício da autoridade do Estado português no mar se faz com competência e reconhecimento público, satisfazendo ao mesmo tempo as necessidades e obrigações de Portugal neste contexto.

Lisboa, novembro de 2013

OS MODELOS DE GOVERNO DE PORTOS

Amadeu Rocha
Conselho de Administração da APDL

Introdução

O modelo de governação dos portos ao nível mundial caracteriza-se por uma multiplicidade de tipologias de organizações cujos principais aspectos diferenciadores são:

- âmbito / área de influência: trata-se de um porto de âmbito local, nacional ou internacional;
- localização: o porto localiza-se na costa litoral, no estuário ou num rio;
- gestão: modelo de gestão pública (Estado, Província ou Município) ou privada;
- organização da estrutura: porto de serviços (service port), porto fornecedor de equipamentos (tool port), porto senhorio (landlord port) e porto privado (private port).

O próprio conceito de governação dos portos pode ter dois níveis de interpretação distintos: o governo do porto e o governo da administração portuária. O primeiro corresponde à gestão do "cluster" porto que engloba um conjunto de agentes públicos e privados que interagem entre si e concorrem para o serviço portuário, enquanto que o segundo relaciona-se com a gestão e organização ao nível interno da própria administração portuária (corporate governance). Com efeito, um porto é mais que uma administração portuária e deve ser gerido como um negócio no seu todo em harmonia com as respectivas comunidades portuárias locais, como são exemplos actuais de gestão portuária moderna os portos do Norte da Europa e mesmo os portos da nossa vizinha Espanha.

A proximidade da gestão é a melhor estratégia para impactar positivamente o nível da operacionalidade e funcionalidade do porto e desta forma melhorar a qualidade dos serviços prestados aos exportadores, importadores e transportadores marítimos e terrestres que o usam. O porto moderno necessita de fluidez nas operações e agilidade na tomada de decisões, o que só se consegue com uma gestão efectiva e de proximidade e não com uma gestão à distância e centralizadora.

Interessa ainda anotar que a par da proximidade da gestão importa cuidar da autonomia económica e financeira da administração portuária, pois um porto com autonomia financeira para levar por diante os seus projectos de desenvolvimento é meio caminho andado para o sucesso, salvaguardando, como é óbvio, que as apostas de investimento são as melhores e estão devidamente fundamentadas em termos de escolha pública. A administração portuária deve ter uma gestão auto sustentável em termos económicos e financeiros e, consequentemente, procurar um resultado de exploração positivo que lhe permita levar por diante os seus projectos de investimento sem recorrer aos dinheiros públicos.

Assim, ainda que cada um dos modelos, centralizado e descentralizado, tenha as suas vantagens e desvantagens, a opção pelo modelo descentralizado parece-nos o mais acertado no caso português, não só pela tradição de décadas de gestão descentralizada dos portos portugueses mas também porque é o modelo que melhor confere os meios para uma gestão de proximidade e flexibilidade que os portos necessitam.

Ao longo dos últimos anos temos assistido, por um lado, a uma mudança na gestão das administrações portuárias e, por outro, a um cada vez maior envolvimento do sector privado na gestão dos portos. Com efeito, os portos, anteriormente geridos por entidades públicas, estão a tornar-se entidades autónomas cada vez mais inseridas no mercado concorrencial, sem interferência dos governos centrais e maior influência privada. Estas mudanças suportam-se na convição de que *"an enterprise based economy would allow for greater flexibility and efficiency in the market and a better response to consumer demands"* (Notteboom e Winkelmans cit. in Verhoeven, 2010). A vasta literatura que aborda a temática da gestão de portos identifica uma evolução que se caracteriza por cinco fases distintas da gestão e vulgarmente conhecidas pelas cinco gerações de portos como ao quadro abaixo reproduz:

EVOLUÇÃO DA GESTÃO DOS PORTOS: 5 GERAÇÕES

1.ª Geração	2.ª Geração	3.ª Geração	4.ª Geração	5.ª Geração
INTERFACE MAR-TERRA	CENTRO DE TRANSPORTE E DISTRIBUIÇÃO	CENTRO LOGÍSTICO PLATAFORMA DO COMÉRCIO INTERNACIONAL	PORTO EM REDE COMUNIDADE PORTUÁRIA SERVIÇOS LOGÍSTICOS INTEGRADOS	LOGÍSTICA COLABORATIVA e-LOGISTICS NETWORKS AGENTES DE SOFTWARE USO DA WEB APRENDIZAGEM COLABORATIVA

A leitura do quadro pode ser sintetizada como segue:

- na 1ª geração de portos temos o conceito de porto como uma simples infra-estrutura física de interface entre o mar e a terra, em que o porto é visto como ponto isolado e uma gestão muito fechada sobre si próprio.
- na 2ª geração o porto passa a ter um papel de centro de distribuição e intermodal de transportes e há uma abertura e interacção com os restantes modos de transporte e uma ligação mais forte ao seu hinterland (área de influência do porto).
- na 3ª geração o porto torna-se num centro logístico em que o objectivo principal é a redução do tempo de passagem portuária e o acrescentar valor à mercadoria enquanto esta permanece em porto.

- na 4ª geração o porto é visto como um nó de cadeia logística de transportes que procura dar resposta a uma economia de rede com uma oferta de serviços logísticos integrados e com um forte envolvimento de todos os actores da comunidade portuária.
- na 5ª geração o porto não é só um facilitador e integrador das diferentes actividades que nele são exercidas mas também um empreendedor que procura angariar negócios para o porto, onde novas tecnologias de informação são o suporte para a realização desses negócios.

Nos dias de hoje, os portos modernos procuram integrar-se nas cadeias logísticas de transportes que servem a economia mundializada. De facto, um porto faz parte do ciclo de vida dos produtos que por ele passam, pelo que conhecer as cadeias logísticas dos principais desses produtos é um desafio que se coloca à gestão portuária moderna. Este desafio casa bem com a visão de "Porto Amplo" que assenta numa estratégia de funcionamento do porto em rede, integrando o conhecimento da sua zona de influência marítima (*foreland*) e a sua zona de influência terrestre (*hinterland*). Nesta linha de pensamento, cada vez mais é reconhecida a importância do transporte terrestre (rodo e ferroviário) como um elemento importante para a redução de custos logísticos devendo os portos serem os patrocinadores desta estratégia de criar corredores de ligação do porto aos grandes centros de distribuição e consumo. Objectivamente, o que se pretende é que o transporte nos vários segmentos e ao longo de toda a cadeia se comporte como se fosse de um fluído através de um "pipeline logístico", sem custos de fricção e sem rupturas (função intermodal do porto).

Esta visão de porto exige uma mudança de paradigma do modelo de gestão portuária em que o *leitmotiv* passa a ser a integração do porto nas cadeias logísticas que serve e nesta medida o porto tem de fazer parte activa nas tarefas de cuidar dos factores críticos de sucesso daquelas cadeias: reduzir o tempo de ciclo, melhorar a visibilidade e gerir cada cadeia como um sistema integrado, dando enfoque ao transporte porta a porta. Assim, o porto beneficiará com uma aproximação aos seus clientes finais, procurando moldar esta aproximação em função das movimentações estratégias internacionais daqueles clientes. Este alinhamento estratégico do porto com os seus clientes na prossecução duma maior competitividade do porto pode direccionar a gestão para formas mais eficientes e diferenciadoras de logística portuária de entrada e de saída e contribuir para a conquista de maior *hinterland*. O porto do futuro não cuidará somente de prestar os tradicionais serviços inerentes às operações de embarque e desembarque de mercadorias aos utilizadores portos, mas cuidará também de fornecer outras actividades portuárias não tradicionais tais como as de logística, de turismo e de recreio – lazer.

No que aos portos portugueses diz respeito a mudança mais profunda que ocorreu no seu modelo de gestão nos últimos anos foi o envolvimento dos privados na função de operador, ou seja a passagem de um modelo predominantemente do tipo *tool port* para o de *landlord port*, o que significa dizer que as actividades operacionais e comerciais inerentes à prestação de serviços nos portos, mormente a movimentação de cargas nos cais e terminais, deixaram de ser realizadas pelas administrações portuárias para passarem a ser exercidas por empresas privadas. Este marco de viragem na gestão dos portos portugueses conduziu a um maior envolvimento do sector privado nos portos, colocando nas mãos da empresa operadora do terminal o domínio sobre os factores de produção, cais, terraplenos, equipamentos e meios humanos, necessários à prestação do serviço de movimentação de cargas. Este envolvimento tem-se traduzido numa maior produtividade das operações portuárias, em resultado de uma maior eficiência na gestão dos meios de produção, e num aumento significativo do investimento privado nos portos, que até aqui vinha sendo realizado, quase na sua totalidade, pelas administrações portuárias.

Esta mudança do modelo de gestão nos portos portugueses exigiu dos agentes privados, não só uma profunda reestruturação que passou por fusões, extinções, reorganizações e alianças estratégicas, mas também por uma postura empresarial e de investidor num negócio que até aqui tinha sido fortemente dominado pelo sector público. Se a resposta dos agentes foi e tem sido efectiva, na medida em que tiveram de apresentar propostas aos concursos públicos de concessões portuárias e que, hoje, são os prestadores de serviços de movimentação de cargas, questionar-se-á que mudança houve no funcionamento e gestão dos agentes públicos directamente implicados no ciclo do navio e da carga nos portos.

A concretização da política de concessões portuárias originou uma reestruturação das administrações portuárias, a qual passou por uma da redução drástica do seu pessoal operacional e por um repensar das suas funções, dado que administração do porto passará a desempenhar um papel crucial ao estimular a responsabilidade empresarial e social dos portos, garantindo níveis de qualidade de serviço aceitáveis e padrões elevados ao nível do ambiente, segurança e protecção, vistos como práticas comerciais adequadas.

A modernização dos portos portugueses não passa somente pela reestruturação do processo produtivo portuário, conseguido através da concessão das actividades operacionais e comerciais aos agentes privados, mas também pela reestruturação do processo administrativo, ou seja da acção dos agentes públicos que intervêm nos portos. Os agentes públicos mais relevantes nos portos, para além da administração portuária, também designada de autoridade portuária, são as autoridades alfandegária (Alfândega), marítima (Capitania), sanitária (Sanidade de Fronteiras), e de fronteira (Serviços de Estrangeiros e Fronteiras) cuja intervenção pode influenciar de sobremaneira a eficácia dos serviços prestados aos navios e cargas. A denominação "autoridade portuária", no plano da interpretação dos conceitos, induzir-nos-ia a pensar que existe uma única autoridade que representa os poderes e interesses públicos nos portos. Ora, na realidade, nos portos portugueses, existem quatro autoridades públicas com organismos e tutelas diferentes que actuam, na maioria das vezes, de uma forma desarticulada e sem uma perspectiva da eficácia do serviço prestado.

É uma verdade empírica que o processo administrativo pode minar o processo produtivo. Com efeito, podemos ser muito eficientes na afectação dos meios de produção e obter elevados níveis de produtividade na realização das operações portuárias prestadas ao navio e à carga, mas se o despacho aduaneiro da carga, o desembaraço do navio e a inspecção sanitária não são atempados e eficazes, então os ganhos e eficiência e eficácia daquele fluxo físico do navio e da carga, obtidos pelos operadores do porto, em regra privados, serão diluídos por ineficiência e ineficácia do fluxo informativo que lhe está associado e que é gerado pelos agentes públicos. É imperioso que o exercício das funções de controlo e fiscalização dos agentes públicos seja realizado numa óptica da eficácia da gestão de um serviço prestado ao utilizador do porto e não deixar que a supremacia da eficácia administrativa e burocrática prejudique os agentes económicos.

Urge agir no sentido de colocar a burocracia ao serviço da indústria e das empresas! Daí a importância capital da simplificação dos procedimentos administrativos e burocráticos das diferentes autoridades públicas para um mais ágil e fluído ciclo do navio e da carga em porto. A administração portuária não pode ser uma verdadeira autoridade com mais quatro autoridades públicas que actuam no porto ao mesmo nível hierárquico que o seu, sem sequer ter poderes de articulação das diversas autoridades. Parece-nos ainda estar latente a necessidade da racionalização das autoridades públicas que intervêm nos portos, propondo-se a integração de parte dos poderes públicos numa só autoridade, a portuária, aglutinando competências que muitos identificam como próxima da figura do *harbour master* que existe nos portos do norte da Europa. Esta autoridade passaria a incluir as atribuições das autoridades marítima e sanitária, deixando que as atribuições alfandegárias e de controlo de fronteiras, por razões da sua especificidade, continuassem a ser exercidas por uma autoridades autónomas. É mais fácil a articulação entre três autoridades do que de cinco! Hoje, continua premente esta integração, ou articulação se quisermos ser mais brandos, das autoridades públicas nos portos, já que o seu papel constitui um factor crítico de sucesso para o novo modelo de exploração e gestão que os nossos portos estão experimentando, o *landlord port*. Se queremos portos fluidos e ágeis temos não só de cuidar da fluidez do processo produtivo portuário relacionado com as actividades operacionais do ciclo físico do navio e da carga em porto, mas também da agilidade do processo administrativo e informativo associado àquele ciclo operacional.

A concluir esta já longa introdução, regista-se que o presente artigo foi inspirado num trabalho de tese de mestrado do autor intitulado de "O papel da Administração Pública e o envolvimento do sector privado na gestão dos portos portugueses", publicada pela APDL – Administração dos Portos do Douro e Leixões em 2005, correspondendo os dois pontos abordados de seguida a um excerto integral do texto da citada tese de mestrado e que se relaciona com o tema abordado.

Modelos de organização e gestão de portos

A organização de um sistema portuário varia enormemente de país para país e pode, até mesmo variar dentro do próprio país. Pois, se é verdade que o porto desempenha um papel importante no desenvolvimento da economia como um todo, não é menos verdade que existem expectativas e motivações diversas relativamente ao mesmo, por parte das diferentes entidades envolvidas na actividade portuária, nem sempre coincidentes, embora convergindo no objectivo-alvo: a carga e/ou descarga de navios. Em face desta convivência de interesses, público e privado, torna-se importante definir uma missão clara e objectiva do porto para que o seu modelo de organização e gestão possa, na medida do possível, satisfazer eficazmente os diferentes interesses (Goss, 1990).

Existem duas escolas de pensamento que se colocam em confronto quanto à finalidade dos portos. Uma é a escola liberal ou alemã que considera a existência de um porto como forma de contribuir para o desenvolvimento das trocas comerciais e, portanto, a melhor maneira de alcançar um elevado nível de desenvolvimento é deixar funcionar as forças do mercado, a fim destas decidirem sobre a implantação do porto ou não, do financiamento das suas instalações e das modalidades de funcionamento. A outra escola, denominada de holandesa (não-liberal), considera que o porto é um elemento de ordenamento do território e do desenvolvimento económico e, portanto, aberto a todos os interessados e oferecendo um serviço de interesse público. Neste caso, compete ao Estado definir a implantação ou não do porto, definir o seu papel e modalidades de funcionamento, o que não significa, necessariamente, a sua intervenção na gestão e no financiamento das instalações (Cambon, 1994: 20).

Na primeira escola, estamos perante uma perspectiva microeconómica dos portos que coloca em realce a prestação de bom nível de serviço ao melhor preço; enquanto que na segunda escola a perspectiva é macroeconómica e, como tal, coloca em destaque os objectivos económico-sociais e de interesse geral para a comunidade ou de interesse público, como sejam a criação de condições de atrair actividades geradoras de emprego, ordenamento regional, captação de divisas, etc. Não obstante termos duas escolas de pensamento, ambas acabam por considerar que a missão ou finalidade última de um porto deve ser a minimização do custo total da passagem da mercadoria pelo porto. A isto, alguns países mais dinâmicos e desenvolvidos, acrescem que o porto deve acrescentar valor à mercadoria durante o seu período de estadia em porto.

A classificação dos sistemas portuários é, em regra, feita com base em dois critérios: o legal e o técnico. O primeiro tem a ver com o enquadramento institucional do sistema como um todo e o segundo relaciona-se com a sua gestão e funcionamento (UNCTAD, 1993).

O critério legal diz-nos que a estrutura institucional é, na maioria dos casos, suportada na tradição e nas formas de organização política do passado, sendo corrente a distinção entre quatro categorias dominantes: os portos estatais, municipais, autónomos e privados. Uma outra terminologia usada é de portos centralizados, descentralizados e privados, sendo que: os centralizados podem incluir as categorias de estatais e de autónomos, os descentralizados, os de municipais e autónomos e, por fim, os privados que incluem os portos de posse privada. Devemos encarar as categorias atrás referidas como formas dominantes de organização e não como modelos estanques e mutuamente exclusivos, pois o facto de um porto ser municipal não significa que não possa ter características de autonomia.

O quadro, de seguida apresentado, sumaria as vantagens e desvantagens dos vários regimes de exploração portuária. Os *portos estatais ou centralizados* são os que dependem directamente das autoridades centrais competentes; *os autónomos* são os que são geridos por uma entidade independente, denominada de estabelecimento público, que age dentro do quadro da política geral definida pelo governo; *os portos municipais* são os que estão sob a alçada duma comuna ou outra colectividade local e *os portos privados* são os que são pertença e geridos por entidades privadas.

Principais vantagens e desvantagens dos regimes de exploração portuária

REGIME	VANTAGENS	DESVANTAGENS
ESTATAL	– Igualdade de tratamento de todos os utentes – Espírito não lucrativo das suas tarifas – Melhor coordenação e superintendência em situação de crise	– Centralização e ingerências do tipo político – Peso burocrático característico do serviço público – Falta de um organismo de cúpula que coordene toda a actividade portuária
MUNICIPAL	– Tomada de decisões mais rápida – Interesse da Administração e dos cidadãos na resolução dos problemas – Aval financeiro dos Municípios ou Câmaras de Comércio	– Ingerência da política local – Não isenção dos inconvenientes burocráticos – Perigo de confusão entre recursos financeiros do porto e do Município
ORGANISMO AUTÓNOMO	– Melhor eficácia do trabalho – Melhor da representação dos utentes na sua gestão – Recrutamento de quadros com base na competência – Autonomia financeira	– Instabilidade dos meios financeiros do porto – Luta de interesses antagónicos – Conselho de Administração numeroso
EMPRESAS PARTICULARES GESTÃO PRIVADA	– Eficiência e espírito comercial – Redução ao mínimo das rotinas e formalidades administrativas – Grande flexibilidade nas relações com os clientes	– Possibilidade de sobrepor os interesses da empresa gestora aos interesses públicos – Risco de aumento desmedido de tarifas

Com base no critério técnico, ou seja ao nível de gestão e administração, encontramos, de igual modo, um elevado grau de diversidade, sendo que existem no mundo muitos portos eficazes com sistemas de gestão muito diferentes. Com efeito, podemos apontar o exemplo dos portos de Singapura e Hong Kong, ambos localizados em ilhas com populações principalmente chinesas, com influência britânica e submetidas durante o mesmo tempo à administração colonial. Não obstante, embora em Singapura a autoridade portuária execute e controle todas as operações, em Hong Kong predomina o sector privado, sendo ambos os portos conhecidos pela sua eficácia.

O Prof. Richard Goss (1979) defende a ideia de que a administração e organização de portos deveria ajustar-se ao sistema de governo e às crenças das gentes desse mesmo país, ainda que estas últimas venham expressas como valores excessivamente simplificados. Não existe uma solução ideal para a gestão e administração de portos, contudo devem procurar-se as formas de melhorar a sua eficácia, o que passa, em muitos casos, pela adaptação de experiências de outros países.

A Europa é um bom exemplo da diversidade dos sistemas de gestão e administração de portos, onde podemos identificar três tradições principais (Suykens, 1996):

- *a tradição latina* que pressupõe uma certa, ainda que variável, influência do governo e que é própria dos países da Europa do Sul: França, Espanha, Portugal, Itália e Grécia. Ainda que em muitos casos se tenham estabelecido portos autónomos, como p.e. em França, a influência do governo faz-se sentir ao nível da coordenação, supervisão e controlo.
- a tradição anglo-saxónica que tem utilizado o modelo de trust-ports originário da Grã-Bretanha e que se expandiu por todo o mundo, ainda que esta tendência esteja mudando com rapidez. De facto, na Grã-Bretanha alguns portos foram nacionalizados depois da II Guerra Mundial, para mais tarde em 1981, virem a ser privatizados. Em 1991, o governo elegeu uma política de privatização dos principais trust-ports que ainda hoje mantém em agenda.
- a tradição hanseática, predominante no noroeste europeu, caracteriza-se pela gestão local ou municipal, como é o caso dos portos da Escandinávia, Hamburgo, Bremen, Amsterdão, Roterdão, Antuérpia, Ghent e Ostende. Esta descentralização de gestão de portos não impede que haja pequenas diferenças e que a influência do governo central varie

de país para país. Estes portos têm manifestado elevadas performances de gestão, sendo os mais eficientes e eficazes da Europa.

Os modelos de gestão, quanto às formas de autoridade portuária, classificam-se em três categorias que se distinguem entre si pela maior ou menor participação daquelas no processo produtivo portuário (Pannevis e Kruk, 1991): o porto-senhorio ou proprietário (*landlord-port*), o porto-útil (*tool-port*) e o porto-operador ou de serviços (*service-port*).

A distinção entre os três tipos de gestão é feita através dos seguintes factores: posse das infra-estruturas e das superstruturas, em particular do equipamento de movimentação das cargas, e o emprego da mão-de-obra portuária. Quanto à posse, ela pode ser pública: estado, província ou municipal; ou privada: companhia de navegação, empresa de estiva, companhia de caminho de ferro e outras, ou ainda pode ser uma combinação entre as duas.

Examinemos as principais características de cada um dos modelos de gestão:

- *Landlord-port*: a autoridade portuária possui, desenvolve e mantém as infra-estruturas que são locadas ou concessionadas às empresas privadas que asseguram os investimentos em superstruturas necessárias ao desenvolvimento da actividade. As companhias privadas dedicam-se às actividades operacionais que abrange um vasto leque de actividades da indústria portuária: movimentação de cargas, armazenagem e distribuição, pilotagem, reboques, atracação e desatracação de embarcações e fornecimento a navios.
A mão-de-obra portuária utilizada na movimentação de cargas é contratada pelas empresas de estiva e requisitada a um centro de mão-de-obra (*pool*) em situações de picos de actividade. São exemplos deste tipo de portos os de Roterdão, Antuérpia e Nova Iorque. Estes portos são abertos à competitividade intra-porto, já que os diversos operadores privados que operam nos cais ou terminais exercem a sua actividade concorrendo entre si.
- *Tool-port*: a autoridade portuária possui, desenvolve e mantém as infraestruturas e as superstruturas, incluindo parte do equipamento portuário utilizado nas operações de movimentação de carga que

alugam às empresas privadas que asseguram a direcção técnica das operações portuárias. A mão-de-obra portuária utilizada nestas operações é contratada pelas empresas de estiva e em alguns casos requisitada ao centro de mão-de-obra portuária (*pool*).

De notar que a autoridade portuária desenvolve funções de regulador, coordenador e supervisor das actividades portuárias, ao mesmo tempo que participa activamente no processo produtivo portuário através dos equipamentos e respectivos manobradores que coloca à disposição das empresas privadas a fim de serem utilizados nas operações de carga e/ou descarga de navios.

As empresas privadas, embora em alguns casos possuidoras de equipamento horizontal, são obrigadas a utilizar o equipamento vertical e respectivo pessoal da autoridade portuária, o que limita o domínio da gestão da totalidade dos meios de produção. As demais actividades portuárias são desenvolvidas quer por empresas públicas, quer privadas. Leixões, Santos e Le Havre são exemplos de *tool-ports*.

– *Service-port*: a autoridade portuária possui, desenvolve e mantém as infra e superstruturas, incluindo todo o equipamento utilizado nas operações portuárias que é operado pelos seus próprios trabalhadores. Para além das operações portuárias que são na sua totalidade realizadas com meios humanos e materiais da autoridade portuária, as restantes actividades cabem a entidades públicas e privadas, embora, por regra, as primeiras predominem sobre as segundas.

A maioria dos portos nos países em vias de desenvolvimento pertence a este grupo, com destaque para o porto de Singapura que detém as melhores performances a nível mundial. Os portos-operadores limitam a competitividade intra-porto, já que uma única entidade, em regra pública, domina toda a actividade.

Considerando os factores principais que caracterizam os diferentes modelos, infra-estruturas, superstruturas e mão-de-obra portuária, podemos reproduzir o que atrás ficou dito no quadro seguinte, querendo o SIM traduzir o domínio sobre o factor de produção e o NÃO pretende significar o inverso:

Modelos e factores de produção

	INFRA ESTRUTURA	SUPRA ESTRUTURA	MÃO-DE-OBRA PORTUÁRIA
LANDLORD	SIM	NÃO	NÃO
TOOL	SIM	SIM	NÃO
SERVICE	SIM	SIM	SIM

Qual o melhor modelo a adoptar para um dado porto? A escolha de um modelo depende da análise de vários critérios relacionados com o estádio de desenvolvimento do país em análise, tais como: recursos financeiros disponíveis, volume de negócios envolvido, aceitação da propriedade privada a nível nacional, atitudes do país face à privatização e o nível da capacidade de gestão (UNCTAD, 1992). É evidente que cada um dos modelos tem pontos fracos e pontos fortes e convirá tê-los presente para que possamos usar uma estratégia de minimizar o efeito negativo dos primeiros e explorar o efeito positivo dos segundos. Estes pontos fracos e fortes são retratados, de forma sucinta, no quadro que se segue:

Pontos fortes e fracos dos modelos de gestão

	PONTOS FORTES	PONTOS FRACOS
LANDLORD PORT * PORTO SENHORIO	– Uma só entidade, a empresa privada, executa a operação portuária e possui e explora o equipamento portuário. – O operador do terminal, a empresa privada, torna-se leal ao porto devido aos investimentos que realiza. – A empresa privada está mais habilitada a exercer uma actividade comercial e de marketing, por forma a alcançar melhores performances.	– A autoridade portuária terá de responder aos vários pedidos de "facilities" por parte dos operadores privados, existindo a possibilidade de criar sobre-capacidade.
TOOL PORT * PORTO ÚTIL	– O investimento em equipamento portuário, em particular o de guindagem, é decidido e fornecido pela entidade pública, possibilitando que não se dupliquem as "facilities".	– Divisão da responsabilidade pela operação portuária entre a autoridade portuária e a empresa de estiva. – Ambas as entidades, a autoridade portuária e a empresa de estiva, possuem e operam equipamentos.
SERVICE PORT * PORTO DE SERVIÇOS	– Unicidade de comando na gestão das infra e superstruturas e das operações portuárias.	– A autoridade portuária realiza as operações portuárias, o que não constitui a parte central das suas funções. – Não existe papel para os agentes privados nas operações portuárias. – Elevado número e grande diversidade de actividades exercidas pela mesma entidade: a autoridade portuária.

De acordo com o modelo de gestão adoptado, a autoridade portuária terá uma estrutura e funcionamento diferente em cada modelo, atendendo à sua maior ou menor participação nas actividades industriais e comerciais: assistência na manobra do navio, operações de movimentação de cargas, armazenagem, transporte, etc. Com efeito, de acordo com as perspectivas atrás citadas, a estrutura da autoridade portuária variará: se nos situarmos na perspectiva macroeconómica os interesses do Estado ou públicos devem estar maioritariamente representados nos conselhos de administração das autoridades portuárias, por forma a assegurar que as políticas do governo serão seguidas e que as decisões beneficiam a comunidade em geral; por outro lado, se nos situarmos na perspectiva micro-económica não há, à priori, um requisito para que os interesses públicos estejam representados no conselho de administração das autoridades portuárias, actuando estas como empresas equiparadas a tantas outras de outros sectores, podendo mesmo pertencer ao sector privado.

Concluindo, a organização dum porto, independentemente da forma de autoridade portuária, deve procurar responder ao objectivos seguintes (UNCTAD, 1992):

- o porto deve ser um instrumento da política de desenvolvimento económico e de transportes que é obrigatoriamente elaborada e implementada ao nível do governo. Este objectivo é, em geral, privilegiado nos casos em que os portos são centralizados, i.e. geridos directamente pelo Estado;
- o porto deve estar ao serviço do desenvolvimento da região em que se insere. Este objectivo é, em regra, privilegiado pelos portos municipais;
- a gestão financeira dos portos deverá ser particularmente rigorosa para equilibrar o seu funcionamento e assegurar o mais baixo custo da passagem portuária, permitindo, desta forma, o desenvolvimento portuário. Este objectivo é, em regra, privilegiado pelos portos privados.

Ora, parece que os três objectivos não deixam de estar presentes, no todo ou em parte, na organização de um porto, pelo que a melhor síntese dos três objectivos precedentes parece estar concretizada através de um estatuto próprio, com elevado grau de autonomia e flexibilidade de gestão, que possa ser adaptável à procura do melhor compromisso entre os três objectivos analisados.

Modernização da gestão pública e os portos

Se existe algo em que todos os portugueses concordam é na necessidade de modernizar e agilizar as organizações públicas, pelo que a discussão sobre políticas e acções de modernização da função pública constitui um tema do maior interesse e actualidade. As medidas e acções preconizadas vão desde o saneamento orçamental até às questões da gestão pública, passando pela racionalização administrativa e por uma forte tendência para a descentralização. Trata-se, na essência, de repensar a gestão pública para além dos cortes orçamentais, pois os problemas de desenho organizacional, da estratégia, da gestão da mudança, da cultura organizacional, são cada vez mais determinantes.

As organizações públicas portuguesas caracterizam-se por uma administração burocrática (Belchior, 1982), assentando no paradigma da racionalidade administrativa que consiste em alinhar a função pública sobre os princípios da ciência da administração clássica. Assim, dá-se primazia aos modelos institucionais e legais, à coordenação horizontal e ao controle pela conformidade e pela hierarquia.

Contudo, a integração na Comunidade Europeia (CE), a possibilidade de levar a cabo investimentos cada vez mais importantes, a descentralização, a diversidade de novas tarefas para acompanhar o mundo em mudança e o emergir da sociedade da informação (Drucker, 1988), entre outros factores, traduzem-se numa necessidade absoluta de inovar ao nível da produtividade e do rigor da gestão. Trata-se do emergir duma nova cultura que assenta na valorização do capital humano e dos resultados em oposição à cultura tradicional burocrática, clientelista e proteccionista (Rocha, 1991: 181-182). Assim, o tema da reforma administrativa impõe-se por si, reforçado pela integração na CE, pela discussão da redistribuição de competências centrais face a autoridades locais e, na agenda política actual, pela questão da regionalização.

As reformas administrativas que têm constituído assunto da agenda política dos países ocidentais, a partir dos anos 60, enformam de dois paradigmas: a teoria da escolha pública e a escola managerial (Rocha, 1993a). O primeiro focaliza na necessidade do governo eleito se sobrepor aos interesses dos burocratas e não perder o controlo do orçamento; o segundo realça a importância de injectar modelos e instrumentos de gestão empresarial na administração pública. Embora, partindo de assunções diferentes, ambos procuram o mesmo objectivo: gerir de forma mais eficiente e responsável os serviços públicos.

Se nos debruçarmos sobre o que tem sido escrito sobre esta questão verificamos que diversos elementos, por vezes complementares, outras vezes alternativos, têm sido acentuados, como sejam: a modernização administrativa, a desburocratização e a simplificação de processos, a descentralização, a reestruturação organizacional, a privatização e a adopção de mecanismos de mercado, a melhoria dos serviços, a qualidade e a produtividade, tudo ligado ao mesmo objectivo: a reforma administrativa.

Os portos portugueses são caracterizados por possuírem uma estrutura altamente burocratizante e uma cultura ritualista, onde predomina a regra da máxima eficácia na máxima legalidade, o que constitui uma postura avessa à mudança e à inovação (Silveira, 1992). Este sentimento de que os portos são estruturas onde predomina a burocracia redundante não é, ao contrário do que possa parecer, dos nossos dias. Pois, já em 1972 um gestor portuário se referia ao excesso da burocratização e dos controles apertados na edição do relatório de contas anual da organização que era responsável: *"... Se a APDL--Administração dos Portos do Douro e Leixões pelas razões aqui expressas, verá em breve a sua conversão em Empresa Pública, conforme vem sendo anunciado no planeamento económico, usufruindo, pois, de maior autonomia que lhe é outorgada pelo novo regime, maior liberdade de actuação, livre de controles rígidos e de peias e nivelamentos burocráticos ... que necessariamente terá de operar-se no caminho de uma maior eficiência e produtividade".*

Os especialistas em gestão portuária da UNCTAD-United Nations Conference on Trade and Development têm dado preferência ao paradigma managerial como forma de melhorar as performances em termos de qualidade e produtividade dos serviços portuários. Com efeito, os princípios de gestão propostos para os portos suportam-se na teoria do 'TQCM-Total Quality-Control Management', segundo a qual o objectivo da gestão é melhorar a qualidade dos serviços, reduzir os custos e eliminar os desperdícios. Consequentemente, as ferramentas e instrumentos de gestão são idênticos a qualquer outras utilizadas pelas organizações privadas onde aquela filosofia teve sucesso e, portanto, termos ou expressões como sejam: visão sistémica do porto, o cliente é rei, o princípio da gestão participativa, círculos de qualidade, objectivos, marketing, decisões de rotina, decisões tácticas e decisões estratégicas, devem tornar-se familiares dos gestores e restantes trabalhadores que actuam numa organização portuária (UNCTAD, 1992: 41-45).

Esta abordagem é coincidente com a que foi feita por Peters e Waterman (1982) ao proporem a adopção de modelos e técnicas de gestão empresarial para combater as ineficiências e disfunções inerentes ao modelo burocrático característico das organizações públicas. Contudo, o Prof. Oliveira Rocha (1996) alerta para o seguinte:

> *"... Sem negar a necessidade de trabalhar melhor, com menos custos e com vista à satisfação das necessidades dos cidadãos, o modelo managerial não parece particularmente bem talhado para o sector público, não podendo a gestão das organizações públicas ser uma imitação da gestão empresarial. Há que ter em conta a especificidade do sector público e o ambiente político onde as organizações operam..."*

Podemos ser levados a pensar que tal afirmação se enquadra mais no contexto da modernização administrativa dos serviços da administração central e que não tem cabimento nos portos, já que estes fazem parte da administração indirecta do Estado. Ora, não obstante as especificidades da administração portuária, esta não deixa de ter um carácter público de gestão, mais acentuado nuns países do que noutros, e, consequentemente, ser modelada pelo ambiente político que envolve a gestão das políticas públicas.

De facto, um porto é um sistema que pode ser comparável com outros tipos de sistemas existentes na economia, com algumas diferenças que lhe são específicas. Em muitos países a autoridade portuária é uma das componentes do sistema e está organizada como qualquer outra entidade económica, embora muitas das vezes seja designada por autoridade portuária. Esta deve ser olhada de forma similar a qualquer outra componente do sistema, mas não esquecendo que os seus objectivos são muito mais vastos dos que normalmente são fixados a qualquer empresa privada, bem como não esquecendo que têm constrangimentos à sua acção, p.e. directrizes e controlos que as privadas são alheias. Os objectivos de preservar o interesse público e os constrangimentos impostos pelo governo, que ela própria autoridade representa no sistema, constituem os factores modeladores.

Na verdade, as autoridades portuárias não existem numa concepção puramente microeconómica do sistema. Contudo, elas devem ser capazes de funcionar com o mesmo dinamismo e eficiência das outras empresas que fazem parte do sistema, caso contrário todo o sistema será defeituoso, o que se tornará prejudicial para o interesse da economia nacional num quadro de competitividade acrescida e duma mudança constante nos padrões de procura portuária. O que se espera da autoridade portuária é que ela seja a força-motriz que promova melhorias do sistema porto no seu conjunto.

Se os especialistas em gestão pública[415] concluem que não basta a imitação da gestão empresarial para solucionar as disfunções e ineficiências da organizações públicas, a questão que se nos coloca é o que fazer para melhorar as performances destas organizações.

Oliveira Rocha (1990) sustenta que a reforma da administração pública passa por uma desadministração marcada pela redução do peso do Estado na economia, pela criação de uma lógica de mercado e pela descentralização do poder. Este receituário pode também aplicar-se ao portos. A diminuição do peso do Estado tem sido largamente praticada em vários países, concretizando-se na retirada das administrações portuárias das operações de carácter comercial e industrial que têm lugar nos portos. A criação da lógica de mercado tem-se imposto pelo acentuado clima de competitividade, traduzindo-se na preocupação de melhorar os padrões de qualidade dos serviços e na adopção de filosofias de gestão suportadas na promoção e no marketing. A descentralização do poder dos organismos centrais do governo também têm sido uma prática, através da transferência de competências para as autoridades portuárias, criação de delegações locais representantes dos órgãos centrais e nalguns casos, p.e. em Espanha, a regionalização do sistema portuário está em estudo e faz parte do programa político do actual governo.

Porém, para que haja uma efectiva melhoria da performance das organizações portuárias não basta desadministrar. Torna-se imprescindível que a estratégia de modernização envolva a participação de todos os trabalhadores

---

[415] No Congresso Europeu de Administração Pública realizado em Roterdão em 15 de Setembro de 1995 concluiu-se que "a gestão dos negócios públicos tem que abandonar a imitação da gestão empresarial para desenvolver um modelo que não só resolva os problemas do 'welfare state' como desenvolva novos métodos de gestão apropriados às necessidades futuras do governo." (Rocha, 1996)

portuários, sem diferenciar os estivadores dos funcionários da administrações portuárias, ao longo de todo o processo de mudança. Este envolvimento deve ser considerado logo no início da concepção e formulação de uma política de reforma, procurando os consensos necessários que evitem os conflitos laborais.

Uma política de concessão das actividades de movimentação de cargas nos portos às empresas de estiva que não defina de forma clara e objectiva o que irá ser feito dos trabalhadores das administrações portuárias estará ameaçada por fortes convulsões laborais e pré-destinada ao fracasso. Com efeito, qual o trabalhador que estará interessado na mudança se esta lhe vem ameaçar o seu lugar ou seu estatuto? Esta questão tem sido colocada insistentemente como uma das principais críticas feitas aos programas de reforma da administrativa no nosso país (Rocha, 1991).

Por outro lado, torna-se necessário que as organizações portuárias abandonem o modelo de gestão administrativista e carreirista tradicional e adoptem modernas técnicas de gestão de recursos humanos, tomando consciência de que as pessoas são o seu mais rico recurso e factor de modernização. Assim, uma política salarial e de benefícios sociais motivadora e a concepção de um plano estratégico de desenvolvimento de recursos humanos, onde a competência, a valorização profissional e o reconhecimento do mérito sejam considerados, constituem factores críticos de sucesso no processo de modernização da gestão portuária.

Acresce que estas modernas técnicas de gestão de recursos humanos só funcionam em pleno num ambiente de mercado, o que implica que as áreas de prestação de serviços portuários sejam olhadas como mercados e os seus destinatários como clientes (Nascimento Rodrigues e Lopes do Santos, 1992). Por seu turno, a adopção desta visão de mercado reclama por um gestão orientada pelo mercado e numa avaliação permanente dos resultados alcançados, como sugere, de forma implícita, Lopes dos Santos[416]:

> *"O que há de diferente na relação das organizações públicas e privadas com os seus clientes é que as privadas como buscam resultados, têm de se centrar efectivamente nos seus clientes, enquanto que as públicas se acham por si só legitimadas e tendem a centrar-se sob si próprias."*

---

[416] Vide artigo 'O Estado e o Cidadão', Jornal Expresso de 30/01/93.

O marketing portuário, nele se incluindo o marketing do porto, o marketing dos agentes que operam no porto e o marketing dos transportadores marítimos, enquanto filosofia de gestão torna-se uma função essencial à modernização da gestão portuária (Felício, 1997).

Importa, por último, registar que os modelos eficientes de gestão dos serviços prestados por organizações públicas portuárias, a exemplo de qualquer outro tipo de organização pública, sustentados nas premissas atrás referidas, só resultarão positivamente se for abandonada a tradicional prática de nomeação política dos cargos responsáveis por aquelas organizações (Rocha, 1993b). A competência profissional dos gestores portuários é um ingrediente primordial em todo o processo de mudança, procurando que estes passem da figura de meros representantes e controladores do poder político instalado para verdadeiros facilitadores e catalisadores da reforma portuária.

Leixões, Abril de 2013

Bibliografia:

Belchior, Manuel. 1982. 'A modernização da Administração Pública.' *Prospectivas 82*, pp. 25-37.
Cambon, M. Jacques. 1994. 'Politique Portuaire et Development.' *Journal de la Marine Marchande*, Vendredri 16 Décembre, pp. 18-29.
Drucker, Peter F. 1988. 'O advento da nova organização.' Tradução de Salvyano Cavalcanti de Paiva. *Revista Diálogo*, Vol. 22, Nº 1, 1989, pp. 2-7.
Felício, J. Augusto. 1997. 'O porto como centro de negócios.' *Revista Cargo*, Ano VII, Nºs 70 e 71, pp. 14-15 e 12-13.
Goss, Richard. 1979. 'A comparative study of seaport management and administration.' (*Governemnet Economics Service, Department of Industry, Trade and Prices, London*)
Goss, Richard. 1990. 'Economic policies and seaports: strategies for port authorities.' *Maritime Policy Management*, Vol. 17, Nº 4, pp. 273-287.
Nascimento Rodrigues e Lopes dos Santos. 1992. 'Sector público precisa ter visão de mercado.' *Revista Exame*, Dezembro, pp. 167-172.
Pannevis, M.A. e C.B. Kruk. 1991. 'Para um novo modelo de gestão do Porto de Leixões.' *Conferência Portuária Internacional*, Porto, Associação Nacional de Operadores Portuários – Norte, 1991, pp. 151 – 183.
Peters, Thomas J. e Robert H. Waterman Jr. 1982. 'In search of excellence.' Biblioteca de Economia e Gestão, Publicações D. Quixote, 2ª Edição, Lisboa, 1987.
Rocha, J.A. Oliveira. 1990, 'A Desadministração do Estado'. *Colóquios de Administração Pública da Universidade do Minho*. Braga.

Rocha, J.A. Oliveira. 1991. 'Princípios de Gestão Pública.' Ed. Presença, Lisboa.
Rocha, J.A. Oliveira. 1993a. 'Para uma Administração dos Cidadãos.' *Conferência sobre o Estado da Administração Pública*. Sindicato dos Quadros Técnicos do Estado. Lisboa.
Rocha, J.A. Oliveira. 1993b. 'A gestão de recursos humanos na Administração Pública como instrumento de mudança: avanços e recuos.' *Colóquios de Sociologia das Organizações*. Universidade do Minho, Braga.
Rocha, J.A. Oliveira. 1996. 'Gestão Pública e Modernização Administrativa.' *Texto de apoio às aulas da disciplina de Administração Pública Portuguesa do Mestrado em Administração Pública*. Universidade do Minho, Braga.
Silveira, Paula e Nelson Trindade. 1992. 'A gestão na Administração Pública: Usos, Manias e Costumes.' Ed. Presença. Lisboa.
Suykens, Fernand. 1996. 'Modelos de titularidad portuaria. Titularidad regional o municipal.' *Puertos del Estado, Boletin de Información Mensuel*, Madrid, Nº 32, pp. 7-13.
United Nations Conference on Trade and Development. 1992. 'Development and improvement of ports. The principles of modern port management and organization.' (Texto: TD/B/C.4/AC.7/13).
United Nations Conference on Trade and Development. 1993. 'Legal aspects of port management.' (Texto: SHIP/639).
Verhoven, Patrick. 2010. 'A review of port authority functions: towards a renaissance?' *Maritime and Policy Management*, Vol. 37, Taylor & Francis, London, pp. 247-270.

AS CONCESSÕES PORTUÁRIAS*

Pedro Melo
Mestre em Direito
Sócio da PLMJ – Sociedade de Advogados, RL **

1. Enquadramento geral sobre o sector portuário nacional

1.1. Num país costeiro como é Portugal, os portos são, reconhecidamente, estruturas de suporte muito relevantes para o desenvolvimento económico nacional, sem prejuízo do papel capital que detêm para a nossa própria soberania.

O interesse por esta inequívoca vantagem competitiva portuguesa tem vindo a acentuar-se nos últimos anos, a par e passo com a crescente importância que (finalmente) foi atribuída ao mar e às imanentes actividades marítimas.

No estudo pioneiro do Professor Ernâni Lopes[417], foi preconizado para os portos e transportes marítimos, em síntese, o seguinte conjunto de acções: (i).

---

* O presente texto foi elaborado a partir da minha intervenção no âmbito da Pós-Graduação subordinada ao tema "Direito Administrativo do Mar", organizada pelo Instituto de Ciências Jurídico-Políticas da Faculdade de Direito de Lisboa (2012/2013).
** Licenciado, Pós-graduado e Mestre em Direito pela Faculdade de Direito de Lisboa. Sócio da PLMJ – Sociedade de Advogados, RL, na qual é responsável pela Área de Prática de Direito Público. As opiniões constantes deste artigo são, contudo, intrinsecamente pessoais e, em caso algum, vinculam a referida Sociedade de Advogados.
[417] Não posso aqui deixar de prestar homenagem ao Professor Doutor Ernâni Lopes que, indiscutivelmente, foi quem colocou o mar na ordem do dia em Portugal, sobretudo, após

a transformação dos portos nacionais em plataformas logísticas, dotando-os de adequadas ligações rodoviárias e ferroviárias aos principais centros urbanos e às cidades espanholas mais próximas; (ii). a reestruturação da nossa rede portuária através da criação de um *"mega-hub"* em Sines, com ligação a Lisboa e a Madrid, e de *"hubs"* nos portos de Lisboa / Setúbal e Leixões / Aveiro; (iii). a reponderação das funções do Porto de Lisboa, articulando as necessidades de *"hub logístico"* com o conceito de Lisboa enquanto cidade náutica e turística.

Como reflexo da inquestionável importância dos portos nacionais para a economia portuguesa, o Governo pátrio gizou, muito recentemente, um acervo significativo de medidas para este sector tendo em vista torná-lo mais competitivo a nível internacional[418].

Ainda a título vestibular, importa assinalar que, actualmente, os portos configuram bastante mais do que meros locais nos quais embarcam e desembarcam pessoas e mercadorias: são hoje verdadeiros "clusters" de actividades muito diversificadas[419], onde pontificam as actividades de movimentação de cargas (contentorização) e de apoio à navegação turística e de recreio.

No domínio da actividade de movimentação de cargas, há inúmeros sectores ou indústrias aí envolvidos, como seja a indústria automóvel, a indústria do papel e a indústria agro-alimentar.

---

a publicação do seu trabalho, de grande fôlego, designado por "Hypercluster da Economia do Mar", SaeR, 2009.

[418] Cfr. o Plano Estratégico dos Transportes (2011-2015), aprovado pela RCM n.º 45/2011, de 10 de Novembro. Para uma análise (muito crítica) deste documento governativo, *vide* Susana Tavares da Silva, "Notas sobre a Regulação dos Transportes: um apontamento crítico ao Plano dos Transportes", *in* Novos Caminhos para o Direito dos Transportes, IDET n.º 6, Almedina, Coimbra, 2013, pp. 29 a 33.
Observe-se, ainda, que em Abril de 2013, o Governo aprovou uma redução da designada "TUP – Carga" (taxa de utilização portuária) que tem por fito reduzir os custos das operações portuárias, com o fim último de tornar os portos portugueses mais competitivos e, por essa via, favorecer as exportações.
Refira-se, por último, que, muito recentemente (Junho de 2013), a Administração do Porto de Lisboa lançou um concurso limitado por prévia qualificação para a atribuição da concessão do Terminal de Cruzeiros de Lisboa, o que também se insere no desiderato de dinamizar o sector portuário nacional.

[419] Chamando a atenção para este ponto em concreto, cfr. Rui Guerra da Fonseca, "Governação do Sector Portuário", *in* O Governo da Administração Pública, Almedina, Coimbra, 2013, pp. 149 a 152.

1.2. Como é sabido, em Portugal continental dispomos de sete portos (Viana do Castelo, Douro e Leixões, Aveiro, Figueira da Foz, Lisboa, Setúbal e Sines), no Arquipélago dos Açores estão situados cinco portos (S. Miguel, Santa Maria, Terceira, Graciosa e os portos do Triângulo e do Grupo Ocidental) e na Madeira encontramos três portos (porto turístico do Funchal, porto comercial do Caniçal e porto de Porto Santo).

Observe-se que nos referimos aqui aos designados "portos artificiais", por contraponto aos chamados "portos naturais".

Laconicamente, pode dizer-se que aqueles (os "portos artificiais") constituem um conjunto de infra-estruturas situadas em área marítima, fluvial ou lacustre, funcionalizadas à movimentação de passageiros e/ou de mercadorias (integram o domínio público portuário), enquanto que estes (os "portos naturais") configuram zonas marítimas, fluviais ou lacustres que permitem a ancoragem de embarcações (integram o domínio público marítimo).

1.3. A organização institucional do sector portuário é descentralizada e comandada partir das denominadas "Administrações Portuárias", afectas à gestão de cada um dos aludidos portos[420].

Estas fundamentais unidades de gestão portuária são, hodiernamente, empresas públicas sob a forma societária (portanto, pessoas colectivas privadas), disciplinadas por diplomas legais específicos e, ainda, pelo regime jurídico do sector empresarial do Estado.

A regulação da actividade portuária pertenceu nos últimos anos ao designado IPTM, I.P. (Instituto Portuário e dos Transportes Marítimos, I.P.)[421], estando hoje a cargo do IMT, I.P. (Instituto da Mobilidade e dos Transportes, I.P.)[422].

---

[420] Referimo-nos à Administração do Porto de Viana do Castelo, S.A., à Administração do Porto do Douro e Leixões, S.A., à Administração do Porto de Aveiro, S.A., à Administração do Porto da Figueira da Foz, S.A., à Administração do Porto de Lisboa, S.A., à Administração dos Portos de Setúbal e Sesimbra, S.A., à Administração do Porto de Sines, S.A., à Portos dos Açores, S.A. e à APRAM, S.A. (Funchal).

[421] O IPTM foi extinto pelo DL n.º 7/2012, de 17 de Janeiro, sendo as suas atribuições e competências repartidas entre a Direcção-Geral de Política do Mar e a Direcção-Geral de Recursos Naturais, Segurança e Serviços Marítimos.

[422] As atribuições (ou missões) e competências do IMT, I.P. estão previstas no DL n.º 126-C/2011, de 29 de Dezembro.

2. Os portos como bens do domínio público e a sua exploração por particulares

2.1 Entre nós, os portos marítimos integram o designado domínio público (*"domínio público infra-estrutural"*)[423].

Refira-se, a este propósito, que os portos marítimos fazem parte do domínio público estadual (*domínio público necessário do Estado*), não podendo ser objecto de transmissão para o domínio público regional, atento o princípio da unidade do Estado e a sua indiscutível relevância para a defesa nacional (cfr. o artigo 273º da CRP)[424].

2.2. A utilização e a exploração de bens dominiais, designadamente por particulares, depende da observância de específicas vinculações legais fixadas para o efeito.

Na verdade, e em síntese, a nossa Constituição consagra uma reserva de lei[425] referente aos bens do domínio público a três níveis:

---

[423] Tal é o que resulta da conjugação normativa entre o n.º 1, alínea f), e o n.º 2 do artigo 84.º da Constituição da República Portuguesa ("CRP") e o artigo 4.º, alínea e), do Decreto-Lei n.º 477/80, de 15 de Outubro.
Para uma análise exaustiva do artigo 84.º da Constituição pátria, introduzido pela revisão constitucional de 1989, cfr. Rui Guerra da Fonseca, "Comentário à Constituição Portuguesa" (Coordenação de Paulo Otero), Vol. II, Almedina, Coimbra, 2008, pp. 295 a 342.
Realce-se que os portos marítimos são considerados bens do domínio público em diversos ordenamentos jurídicos estrangeiros. É o que se passa, entre outros, em França (cfr. o artigo 538.º do «Code Civil», dispositivo legal este que foi revogado em 2006, pelo denominado «Code général de la propriété des personnes publiques», que, contudo, manteve a mesma orientação classificativa no que toca aos portos marítimos gauleses) e, de igual modo, em Espanha (cfr. o artigo 132.º, n.º 2, da «Constitución Española» e ainda a importante Ley 48/2003, de 26 de noviembre, modificada pela Ley 33/2010, de 5 de agosto). Para uma análise sumária deste último diploma legal espanhol, cfr. Ignacio Arroyo Martínez e outros, "Leyes sobre Puertos del Estado", Editorial Tecnos, 2010, pp. 13 a 16.
Sobre a inclusão dos portos marítimos no domínio público em França, cfr. Jacqueline Morand-Deviller, "Droit Administratif des Biens", 5e Édition, Montchrestien, Paris, 2007, p. 63. Em Espanha, cfr. Juan Alfonso Santamaría Pastor, "Princípios de Derecho Administrativo General", Vol. II, Primera Edición, Iustel, Madrid, 2004, p. 544.

[424] Neste sentido, cfr. o Acórdão do Tribunal Constitucional n.º 131/2003, de 11 de Março, Processo n.º 126/2003 (*in* DR, I Série-A, de 4 de Abril de 2003).

[425] Cfr. o artigo 84.º, n.º 2 e o artigo 165.º, n.º 1, alínea v) da Constituição da República Portuguesa. Como bem observam J.J. Gomes Canotilho e Vital Moreira, "Constituição da

a) Reserva de lei classificativa dos bens dominiais;
b) Reserva de lei de titularidade desses bens; e
c) Reserva de lei quanto ao respectivo regime de utilização.

Por seu turno, e em conformidade com a referida estatuição constitucional, é a lei ordinária que estabelece o denominado regime jurídico do património imobiliário público[426].

De acordo com a disciplina jurídica geral do património imobiliário público, os bens dominiais podem ser objecto de utilização e de exploração por particulares, mediante actos ou contratos administrativos, respectivamente, *"licenças"* ou *"contratos de concessão"*[427].

No que concerne, especificamente, à exploração privada dos portos marítimos nacionais, importa atender ao Decreto-Lei n.º 298/93, de 28 de Agosto, que estabelece o regime jurídico da operação portuária e define as correspectivas condições de acesso e de exercício daquela actividade.

Nos exactos termos do invocado diploma legal, a "operação portuária" consiste na *"actividade de movimentação de cargas a embarcar ou desembarcar na zona portuária, compreendendo as actividades de estiva, desestiva, conferência, carga, descarga, transbordo, movimentação e arrumação de mercadorias em cais, terminais, armazéns e parques, bem como de formação e decomposição de unidades de carga, e ainda de recepção, armazenagem e expedição de mercadorias"*[428].

De salientar que este tipo de actividade pode ser realizado quer nas *"áreas portuárias de prestação de serviço público"*, quer nas *"áreas portuárias de serviço privativo"*.

República Portuguesa Anotada", Vol. I, 4ª Edição Revista, Coimbra Editora, Coimbra, 2007, p. 1007, *"o regime legal dos bens do domínio público é da competência reservada da AR (art. 165º/v), embora não totalmente"*.

[426] Cfr. o Decreto-Lei n.º 280/2007, de 7 de Agosto.
Em geral, sobre a temática do domínio público, cfr. José Pedro Fernandes, "Domínio Público", in DJAP, Vol. IV, Lisboa, 1991, pp. 166 a 190 (refira-se que este autor integra os portos marítimos no que designa por *"domínio público da circulação"*). Veja-se, ainda, com grande desenvolvimento e maior actualidade, Ana Raquel Gonçalves Moniz, "O Domínio Público – O critério e o regime jurídico da dominialidade", Almedina, Coimbra, 2005.

[427] Cfr., respectivamente, os artigos 27.º e 30.º, n.º 1, do Decreto-Lei n.º 280/2007.

[428] Cfr. o artigo 2.º, alínea a), do Decreto-Lei n.º 298/93.

No primeiro caso, as operações portuárias, na acepção acima indicada, podem ser (e tem sido esta a prática) objecto de concessão de serviço público, atribuída a empresas de estiva[429].

No segundo caso, as operações portuárias podem ser objecto de uso privativo de parcelas sob a jurisdição das autoridades portuárias, sendo que, nesta situação, as operações de movimentação de cargas se destinam (ou têm origem), exclusivamente, a um determinado estabelecimento industrial[430].

Esclareçam-se quatro aspectos de relevo neste âmbito:

(i). a prestação ao público da actividade de movimentação de cargas é legalmente considerada de interesse público, nos termos do artigo 3.º, n.º 1, do Decreto-Lei n.º 298/93;

(ii). as empresas de estiva são, nos termos da lei, as pessoas colectivas licenciadas para o exercício da actividade de movimentação de cargas na zona portuária (cfr. o artigo 2.º, alínea g), do invocado diploma legal);

(iii). a concessão de serviço público de movimentação de cargas, atribuída a empresas de estiva, pode integrar igualmente uma concessão de obra pública (cfr. o artigo 26.º, n.º 1, do Decreto-Lei n.º 298/93), e

(iv). conquanto, por regra, a actividade de movimentação de cargas seja prestada ao público, por empresas de estiva, com base em concessões de serviço público, é também admissível que esta actividade seja exercida por via de licenciamento e ainda, directamente, pelas autoridades portuárias (cfr. artigo 3.º, n.ºs 3 e 4, do Decreto-Lei n.º 298/93).

Em face do especial significado económico das operações portuárias levadas a cabo por concessionárias de serviço público, portanto, da actividade de movimentação de cargas conduzida por empresas de estiva e que tem lugar nas preditas "áreas portuárias de prestação de serviço público", é a este tipo de concessões que nos referiremos no âmbito do presente trabalho[431].

---

[429] Cfr. o artigo 2.º, alínea c), e o artigo 3.º, n.ºs 1 e 2, do Decreto-Lei n.º 298/93.
[430] Cfr. o artigo 2.º, alínea d), e o artigo 5.º do Decreto-Lei n.º 298/93.
[431] Não nos pronunciaremos, portanto, sobre a actividade de movimentação de cargas nas denominadas "áreas portuárias de serviço privativo". Mencione-se, apenas, que tal actividade é exercida nas referidas "áreas portuárias de serviço privativo" com base em contratos de concessão de uso privativo do domínio público, de concessões de exploração de bens dominiais,

AS CONCESSÕES PORTUÁRIAS

Assim, cumpre assinalar, desde já, que a disciplina jurídica desta específica actividade portuária foi desenvolvida pelo Decreto-Lei n.º 324/94, de 30 de Dezembro, diploma que aprovou as *"bases gerais das concessões do serviço público de movimentação de cargas em áreas portuárias"*.

Este diploma legal, que é fulcral no edifício legislativo da actividade de movimentação de cargas nos portos marítimos, engloba, como não poderia deixar de ser, atento o seu amplo alcance, a vasta maioria das matérias nucleares para o exercício daquela actividade, disciplinando, *inter alia*, o procedimento pré-contratual a utilizar pela Administração Portuária tendo em vista a adjudicação da concessão, os bens que integram o estabelecimento concessório, o regime de exploração da concessão, o prazo do contrato, o resgate, o sequestro e as causas de rescisão e caducidade da concessão[432].

2.3. Sabendo-se que as concessões administrativas, designadamente as concessões de serviço público, foram objecto, pela primeira vez, de uma ampla regulamentação legal por via do Código dos Contratos Públicos (CCP)[433], é nossa intenção apurar, no presente estudo, se a entrada em vigor do Decreto- -Lei n.º 18/2008, de 29 de Janeiro, que aprovou aquele Código, implicou a

de concessões de serviço público ou de obra pública, *"desde que as mercadorias provenham ou se destinem ao seu próprio estabelecimento industrial e as operações se enquadrem no exercício normal da actividade prevista no respectivo título de uso privativo ou no objecto da concessão"* (cfr. o artigo 5.º do Decreto-Lei n.º 298/93).
Sobre o contrato de concessão de uso privativo de domínio público, cfr., ainda com muito interesse, Diogo Freitas do Amaral, "A Utilização do Domínio Público pelos Particulares", Lisboa, 1965. Mais recentemente, cfr., Pedro Gonçalves, "A Concessão de Serviços Públicos", Almedina, Coimbra, 1999, pp. 85 a 89.
[432] Observe-se que, em Abril de 2013, o Governo anunciou a revisão deste quadro legal, desconhecendo-se, contudo, ao tempo em que escrevemos, quais as linhas gerais da revisão anunciada.
Em todo o caso, observe-se que o designado Regime Jurídico do Trabalho Portuário, aprovado pelo Decreto-Lei n.º 280/93, de 13 de Agosto, foi alvo de uma importante revisão operada através da Lei n.º 3/2013, de 14 de Janeiro.
[433] O Decreto-Lei n.º 18/2008, de 29 de Janeiro, foi rectificado pela Declaração de Rectificação n.º 18-A/2008, de 28 de Março, e alterado pelo Decreto-Lei n.º 223/2009, de 11 de Setembro, pelo Decreto-Lei n.º 278/2009, de 2 de Outubro, pela Lei n.º 3/2010, de 27 de Abril, e pelo Decreto-Lei n.º 131/2010, de 14 de Dezembro. O Decreto-Lei n.º 18/2008 foi ainda sujeito a importantes adaptações nas Regiões Autónomas dos Açores e da Madeira, operadas, respectivamente, pelos Decretos Legislativos Regionais n.ºˢ 34/2008/A, de 28 de Julho, e 34/2008/M, de 14 de Agosto.

alteração do *"bloc de la légalité"* incidente sobre as concessões portuárias em apreço, ou seja, sobre as concessões de movimentação de cargas.

Antes, porém, de partirmos para a análise desta problemática e de alguns dos pontos cardeais da disciplina normativa das concessões de serviço público no domínio portuário, cumpre fazer um breve excurso sobre a *colocação dogmática* desta categoria de contratos no nosso ordenamento jurídico.

3. O conceito e a natureza jurídica dos contratos de concessão de serviço público

3.1. Entre nós, o conceito normativo de contrato de concessão de serviço público surgiu com o Código dos Contratos Públicos.

Assim, de acordo com o preceituado no artigo 407.º, n.º 2, do Código dos Contratos Públicos, *"entende-se por concessão de serviços públicos o contrato pelo qual o co-contratante se obriga a gerir, em nome próprio e sob sua responsabilidade, uma actividade de serviço público, durante um determinado período, sendo remunerado pelos resultados financeiros dessa gestão ou, directamente, pelo contraente público"*[434].

Observe-se, todavia, que a definição legalmente consagrada deste tipo contratual corresponde, em larga medida, aos entendimentos doutrinais pátrios mais avalizados sobre esta matéria e há muito difundidos entre nós[435].

---

[434] Saliente-se que o conceito normativo nacional de contrato de concessão de serviço público corresponde, basicamente, à definição comunitária constante nas Directivas n.ºs 2004/17/CE e 2004/18/CE, ambas do Parlamento Europeu e do Conselho, de 31 de Março de 2004 (cfr., respectivamente, o artigo 1.º, n.º 3, alínea b), e o artigo 1.º, n.º 4). A primeira das Directivas citadas revogou a Directiva 93/38/CEE do Conselho, de 14 de Junho de 1993, e a segunda das Directivas invocadas revogou a Directiva 92/50/CEE do Conselho, de 18 de Junho de 1992, a Directiva 93/36/CEE do Conselho, de 14 de Junho de 1993 e a Directiva 93/37/CEE do Conselho, de 14 de Junho de 1993. As referidas Directivas (Directivas n.ºs 2004/17/CE e 2004/18/CE) foram modificadas pela Directiva n.º 2005/51/CE, da Comissão, de 7 de Setembro de 2005. A Directiva n.º 2004/18/CE foi rectificada pela Directiva n.º 2005/75/CE, do Parlamento Europeu e do Conselho, de 16 de Novembro de 2005. É esperada, para breve, uma revisão das Directivas n.ºs 2004/17 e 2004/18.

[435] De facto, como já ensinava Marcello Caetano, "quando a pessoa colectiva de direito público em cujas atribuições entra a criação e a exploração com exclusivo de certo serviço público de carácter empresarial não quer assumir o encargo da respectiva gestão poderá, se a lei autorizar, encarregar outra pessoa, geralmente uma entidade privada, dessa gestão, por conta própria, mediante um acto jurídico pelo qual lhe transfira temporariamente o exercício dos direitos e poderes necessários e imponha as obrigações e deveres correspondentes. Esse acto jurídico é

De resto, na mesma linha, já tínhamos a noção comum de concessão que foi proposta na *"Comunicação Interpretativa da Comissão Europeia sobre as Concessões em Direito Comunitário"*[436].

3.2. Esclareça-se, que pese embora o conceito doutrinal de concessão de serviço público esteja há muito tempo arreigado entre nós, nem sempre é fácil apreender, em concreto, a destrinça entre este tipo contratual e o contrato de concessão de obras públicas, *maxime*, quando aquele (o contrato de concessão de serviço público) co-envolve a execução de uma obra, v.g. a instalação do designado "estabelecimento da concessão"[437].

Naturalmente, se o contrato de concessão de serviço público não implicar a execução de qualquer obra (p. ex. nas denominadas concessões de "segunda geração"), a diferença entre uma e outra figura contratual é patente: não havendo obra pública a executar, não se poderá falar, com propriedade, em contrato de concessão de obras públicas.

Ao invés, compreendendo o contrato de concessão de serviço público a realização de uma obra, a distinção entre um e outro poderá ser menos clara.

Em todo o caso, julgamos que essa distinção deverá ser feita mediante a conjugação de dois critérios: o critério da *"instrumentalidade"* da obra a executar, com o critério do "objecto"[438].

---

a concessão do serviço público" (cfr. Marcello Caetano, "Manual de Direito Administrativo", Vol. II. 10ª Edição, 4ª reimpressão, Almedina, Coimbra, 1991, p. 1099). Por seu turno, Pedro Gonçalves escreve, embora advertindo para as dificuldades de um recorte conceptual que englobe todas as variantes e potencialidades do contrato de concessão de serviço público, que o mesmo pode ser apresentado como "um acto constitutivo de uma relação jurídica administrativa pelo qual uma pessoa, titular do serviço público, atribui a outra pessoa o direito de, no seu próprio nome, organizar, explorar e gerir esse serviço" (cfr. Pedro Gonçalves, "A Concessão de Serviços Públicos", Almedina, Coimbra, 1999, p. 130).

[436] Cfr. JOUE, 2000/C 121/02, de 29 de Abril de 2000.

[437] Refira-se que nos termos do artigo 26.º, n.º 2, do Decreto-Lei n.º 298/93, a actividade de movimentação de cargas, conquanto deva ser atribuída pelas Autoridades Portuárias às empresas de estiva através de uma concessão de serviço público, pode também incluir uma concessão de obras públicas. Em todo o caso, para nós, essa concessão não perderá a sua natureza prevalecente de concessão de serviço público (a concessão de obra pública é, nestas circunstâncias, instrumental em relação ao serviço público de movimentação de cargas).

[438] Razão pela qual temos fortes óbices à definição comunitária de concessão de serviço público que parece querer prescindir do seu específico objecto. Sobre esta questão, veja-se

De facto, se a obra a realizar pelo concessionário for meramente instrumental, por exemplo, visando apenas a montagem da "rede" ou do "estabelecimento" indispensável para a prossecução do serviço público, ou, ainda, se a obra executada não tiver uma verdadeira relevância financeira em face dos investimentos necessários para a consecução do serviço público, estaremos, muito provavelmente, perante uma concessão de serviço público e não diante de uma concessão de obra pública.

Por outro lado, dever-se-á atender ao objecto do contrato em causa, pois, mediante o exame do conteúdo concreto do contrato, apurar-se-á se, por via desse instrumento contratual, se opera uma efectiva transferência da gestão de um determinado serviço público (do sector público) para o concessionário (sector privado) ou, se, pelo contrário, estamos afinal perante a mera exploração de uma obra e não, em rigor, de um serviço público, *hoc sensu*[439-440].

Diogo Duarte de Campos, "A Escolha do Parceiro Privado nas Parcerias Público-Privadas", Colecção PLMJ, Coimbra Editora, Coimbra, 2010, p. 75.

[439] Relativamente à distinção entre o contrato de concessão de obras públicas e o contrato de concessão de serviço público, cfr., para mais desenvolvimentos, Pedro Gonçalves, "A Concessão de Serviços Públicos", ob. cit., pp. 151 a 156. Também com interesse, cfr. Fernanda Maçãs, "A Concessão de Serviço Público e o Código dos Contratos Públicos", *in* Estudos de Contratação Pública – I, Coimbra Editora, Coimbra, 2008, pp. 391 a 393 e Pedro Melo, "A Distribuição do Risco nos Contratos de Concessão de Obras Públicas", Almedina, Coimbra, 2011, pp. 53 e 54.

[440] Sobre o conceito de serviço público, v., na doutrina pátria, Magalhães Collaço, "Concessões de Serviços Públicos – Sua Natureza Jurídica", Imprensa da Universidade, Coimbra, 1914, pp. 53 a 70; Marcello Caetano, "Subsídios para o Estudo da Teoria da Concessão de Serviços Públicos", *in* Estudos de Direito Administrativo, Edições Ática, Lisboa, 1974, pp. 89 a 104; Ana Maria Guerra Martins, "A emergência de um novo Direito Comunitário da Concorrência – As Concessões de Serviços Públicos", RFDUL, Coimbra Editora, Coimbra, 2001, pp. 77 a 104, e ainda Pedro Gonçalves e Licínio Lopes Martins, "Os Serviços Públicos Económicos e a Concessão no Estado Regulador", *in* Estudos de Regulação Pública – I, CEDIPRE, Coimbra Editora, Coimbra, 2004, pp. 183 a 186. Na nossa jurisprudência, v., com interesse, o acórdão do STA, de 21 de Maio de 2008, Proc. n.º 862/07, disponível em *www.dgsi.pt*.
De notar, em termos de "contencioso administrativo pré-contratual", que a impugnação de actos administrativos e, bem assim, dos documentos conformadores dos procedimentos de formação dos contratos de empreitada de obras públicas, de concessão de obras públicas, de prestação de serviços e de fornecimento de bens, segue um regime próprio (cfr. artigos 100.º a 103.º do Código de Processo nos Tribunais Administrativos); regime este, note-se, que não é aplicável aos contratos de concessão de serviços públicos, pelo que a distinção entre este tipo de contrato e o contrato de concessão de obras públicas está longe de ser meramente teórica. Sobre este tema, cfr. José Carlos Vieira de Andrade, "A Justiça Administrativa – Lições", 12ª Edição, Almedina, Coimbra, 2012, pp. 231 e 232. No mesmo sentido, v., ainda, Mário Aroso

3.3. Do que não há dúvidas, porém, é da natureza jurídica do contrato de concessão de serviço público enquanto contrato administrativo[441].

Com efeito, nos termos do Código dos Contratos Públicos, reveste a natureza de contrato administrativo *"o acordo de vontades, independentemente da sua forma ou designação, celebrado entre contraentes públicos e co-contratantes ou somente entre contraentes públicos, que se integre em qualquer uma das seguintes categorias:*

a). *contratos que, por força do presente Código, da lei ou da vontade das partes, sejam qualificados como contratos administrativos ou submetidos a um regime substantivo de direito público;*
b). *contratos com objecto passível de acto administrativo e demais contratos sobre o exercício de poderes públicos;*
c). *contratos que confiram ao co-contratante direitos especiais sobre coisas públicas ou o exercício de funções dos órgãos do contraente público;*
d). *contratos que a lei submeta, ou que admita que sejam submetidos, a um procedimento de formação regulado por normas de direito público e em que a prestação do co-contratante possa condicionar ou substituir, de forma relevante, a realização das atribuições do contraente público"*[442].

É certo que a actual definição legal de contrato administrativo, prevista no Código dos Contratos Públicos, não é inequívoca, como, de resto, já não era incontroversa a definição que constava do n.º 1 do artigo 178.º do Código do Procedimento Administrativo [443].

---

de Almeida e Carlos Alberto Fernandes Cadilha, "Comentário ao Código de Processo nos Tribunais Administrativos", 3ª Edição Revista, Almedina, Coimbra, 2010, pp. 661. Refira-se, por fim, que as Directivas n.ᵒˢ 2004/17/CE e 2004/18/CE continuam apenas a regular os contratos de empreitada de obras públicas, de concessão de obras públicas, de prestação de serviços e de fornecimento de bens, excluindo, expressamente, os contratos de concessão de serviços públicos (cfr., respectivamente, os artigos 18.º e 17.º) que ficam apenas sujeitos às regras e princípios gerais do TUE.

[441] Para uma breve síntese sobre a origem e a evolução do contrato administrativo, cfr., por último, ANTÓNIO FRANCISCO DE SOUSA, "Direito Administrativo", Prefácio, Lisboa, 2009, pp. 736 a 739.

[442] Cfr. artigo 1.º, n.º 6, do Código dos Contratos Públicos.

[443] Em geral, sobre o conceito de contrato administrativo, cfr., J.M. Sérvulo Correia, "Contrato Administrativo", DJAP, Vol. III, Lisboa, 1990, pp. 55 a 89. No que toca ao conceito deste tipo contratual, constante do n.º 1 do artigo 178.º do Código do Procedimento Administrativo,

No entanto, se considerarmos os critérios mais correntemente utilizados pela doutrina para recortar o conceito de contrato administrativo, ou seja, o critério da "taxatividade legal", da "natureza dos sujeitos", do "objecto do contrato", do "fim do contrato" e ainda o critério das "cláusulas exorbitantes" ou das "cláusulas de sujeição", não podemos deixar de concluir neste sentido, isto é, no sentido de que o contrato de concessão de serviço público configura um contrato administrativo[444].

cfr., por todos, Mário Esteves de Oliveira *et alli*, "Código do Procedimento Administrativo", Comentado, 2ª Edição, Almedina, Coimbra, 1999, pp. 809 a 813. De realçar que o Código do Procedimento Administrativo não se cingiu à apresentação de uma definição legal de contrato administrativo e à enumeração das suas espécies mais usuais, já que incluía também, no seu artigo 179.º, uma norma geral de habilitação em matéria de celebração deste tipo de contratos (que hoje se encontra plasmada no artigo 278.º do Código dos Contratos Públicos). Assim, excepto quando a lei o impedisse ou que tal impedimento resultasse da natureza das relações a estabelecer, as competências dos órgãos da Administração poderiam ser exercidas através da outorga de contratos administrativos. Sobre o assunto, Paulo Otero considera que se pode *"alicerçar uma tese defensora da preferência legal pela utilização do contrato administrativo em relação ao acto administrativo"* (cfr. Paulo Otero, "Legalidade e Administração Pública – O Sentido da Vinculação Administrativa à Juridicidade", Almedina, Coimbra, 2007, p. 838).
Na jurisprudência, *vide*, com interesse para a determinação – muitas vezes espinhosa – do que se deveria entender por contrato administrativo, à luz do n.º 1 do artigo 178.º do Código do Procedimento Administrativo, o acórdão do Tribunal de Conflitos, de 10 de Março de 2005, Proc. n.º 021/03, disponível em *www.dgsi.pt*.
Relativamente ao conceito de contrato administrativo à luz do Código dos Contratos Públicos, cfr., Marcelo Rebelo de Sousa e André Salgado de Matos, "Contratos Públicos – Direito Administrativo Geral", Tomo III, Edições Dom Quixote, Lisboa, 2008, p. 31. Estes últimos autores defendem que *"a noção de contrato administrativo continua a ser a mesma do antigo art. 178.º, n.º 1 do CPA; os critérios do art. 1.º, 6 CCP não passam de indicadores do carácter administrativo de contrato e a sua aplicação continua a suscitar as mesmas dificuldades e objecções apontadas à formulação tradicional dos critérios em que se inspiraram"*. V., ainda, sobre o contrato administrativo no regime vigente (CCP), Pedro Gonçalves, "A Relação Jurídica Fundada em Contrato Administrativo", CJA n.º 64, pp. 38 e 39, e, também, Mário Aroso de Almeida, "Contratos Administrativos e Poderes de Conformação do Contraente Público no Novo Código dos Contratos Públicos", CJA n.º 66, CEJUR, Braga, 2007, pp. 5 a 9.

[444] Laconicamente: segundo o critério da "taxatividade legal", são administrativos os contratos que sejam expressamente considerados como tal pela lei, sendo contratos de direito privado todos os demais. De acordo com o critério da "natureza dos sujeitos", são administrativos os contratos em que a Administração seja parte e não administrativos os restantes. De acordo com o critério do "objecto do contrato", são contratos administrativos aqueles que incidam sobre relações jurídicas administrativas; são contratos de direito privado aqueles que incidam sobre relações jurídicas de direito privado. Atento o critério do "fim do contrato", são contratos administrativos aqueles que visem a prossecução de fins de imediata utilidade pública e

Na verdade, de acordo com o conceito normativo de contrato de concessão de serviço público, já enunciado, e compulsados que sejam os referidos critérios delimitadores de um contrato administrativo[445], verificamos que a definição legal daquele tipo contratual comporta todos os elementos necessários para que se possa sustentar, indubitavelmente, que o mesmo consubstancia um contrato de natureza administrativa[446].

Assim, e desde logo, uma vez que o concedente é, necessariamente, um contraente público, fica preenchido o critério da "natureza dos sujeitos"[447].

Depois, na medida em que o objecto do contrato em alusão visa assegurar o desenvolvimento de uma actividade tendente à satisfação de uma necessidade colectiva, de onde deriva, insofismavelmente, a prossecução de uma actividade de interesse público ou de utilidade pública imediata, preenche-se, por esta via, o critério do "objecto do contrato" e, de igual modo, o critério do "fim do contrato".

Acresce que os contratos de concessão de serviço público são regulados por normas (substantivas) de direito público, pelo que se preenche também o critério do "regime de sujeição"[448].

contratos de direito privado da Administração aqueles que visem a prossecução de fins que só mediatamente prossigam tal utilidade. Segundo o critério do "regime de sujeição", são contratos administrativos aqueles cujo conteúdo atribui poderes de supremacia ao contratante administrativo sobre o contratante particular, que ficaria subordinado àquele em termos que seriam inadmissíveis, ou pelo menos anormais, no direito civil. Sobre estes critérios cfr., por todos, Marcelo Rebelo de Sousa e André Salgado de Matos, "Contratos Públicos – Direito Administrativo Geral", ob. cit., pp. 23 a 28.

[445] Para uma crítica geral aos vários critérios apontados, cfr. Maria João Estorninho, "Requiem pelo Contrato Administrativo", Almedina, Coimbra, 1990, pp. 71 a 113. Defendendo o fim da distinção entre contratos administrativos e contratos de direito privado da Administração, cfr. Pedro Melo, "Os Contratos da Administração Pública no Projecto de Revisão do CPA", in Revista Direito & Política, n.º 4, pp. 175 a 178.

[446] De acordo com Marcelo Rebelo de Sousa e André Salgado de Matos, "Contratos Públicos – Direito Administrativo Geral", ob. cit., p. 14, *"o facto de o contrato administrativo visar produzir efeitos jurídicos sobre relações jurídicas administrativas tem implícitos diversos aspectos caracterizadores do conceito de contrato administrativo: este é um acto de administração, na medida em que envolve o exercício da função administrativa; é um acto jurídico, pois visa a produção de efeitos de direito; é um acto não normativo, uma vez que os seus sujeitos e a relação jurídica a que respeita são determináveis no contexto em que o contrato é celebrado; e é um acto de gestão pública, pois prossegue o interesse público em termos que acarretam a sua prevalência sobre os interesses particulares eventualmente conflituantes com o primeiro, sendo, como consequência, disciplinado pelo direito administrativo".*

[447] Cfr. o artigo 3.º do Código dos Contratos Públicos.

[448] Cfr. os artigos 280.º a 335.º e 407.º a 428.º do Código dos Contratos Públicos.

Aliás, quanto a este último critério, fazemos notar que a própria conformação procedimental dos contratos de concessão de serviços públicos é regulada, eminentemente, por normas de direito administrativo[449].

Por fim, refira-se que os contratos de concessão de serviços públicos são contratos administrativos por qualificação legal, ou, por outras palavras, são contratos que preenchem o critério da "taxatividade legal"[450].

Em face do exposto, impõe-se a conclusão de que os contratos de concessão de serviço público se reconduzem à categoria dos contratos administrativos.

A principal consequência desta conclusão, é a de que este tipo de contratos está sujeito a um regime jurídico-administrativo, quer no plano substantivo, quer no plano adjectivo[451].

Finalmente, atento o que fica dito, resulta também que as empresas concessionárias (v.g. de serviços públicos) integram a categoria das denominadas "sociedades de interesse colectivo"[452], fazendo consequentemente parte do designado "sector privado"[453].

[449] Cfr., em geral, as disposições da Parte II do Código dos Contratos Públicos.
[450] Cfr. os artigos 280.º, n.º 2, e 407.º a 428.º do Código dos Contratos Públicos.
[451] No plano substantivo, os contratos de concessão de serviços públicos são regulados, essencialmente, pelo disposto nos artigo 407.º a 428.º do Código dos Contratos Públicos (relevam ainda, evidentemente, as normas ínsitas no Título I, da Parte III do Código dos Contratos Públicos, isto é, as regras legais aplicáveis aos contratos administrativos em geral). No plano adjectivo, importa considerar o preceituado no Estatuto dos Tribunais Administrativos e Fiscais e no Código de Processo nos Tribunais Administrativos.
[452] De acordo com Freitas do Amaral, "as sociedades de interesse colectivo são empresas privadas, de fim lucrativo, que por exercerem poderes públicos ou estarem submetidas a uma fiscalização especial da Administração Pública, ficam sujeitas a um regime específico traçado pelo Direito Administrativo" (cfr. Diogo Freitas do Amaral, "Curso de Direito Administrativo", Vol. I, 3ª Edição, Almedina, Coimbra, 2006, p. 725). É interessante notar que, logo nas suas primeiras lições, Marcello Caetano advogou a integração das sociedades concessionárias na categoria das "emprezas de interesse colectivo" (cfr. Marcello Caetano, "Direito Administrativo", Lisboa, 1934, lições coligidas pelos alunos António Gomes, Lopes de Sousa, Nunes Correia e Sanches de Baêna, p. 159).
[453] As sociedades de interesse colectivo são pessoas colectivas privadas e, por conseguinte, segundo o disposto no artigo 82.º, n.º 3, da Constituição da República Portuguesa pertencem ao sector privado. Note-se que já foi sustentada uma posição diversa, considerando que as sociedades concessionárias fariam parte do sector público. Nesse sentido, v., Armando M. Marques Guedes, "Concessão", ob. cit., p. 541. Como escreveu este autor, *"em termos genéricos, tomada a expressão no seu mais amplo sentido organizativo e estrutural, a entidade concessionária figura como órgão indirecto da Administração. (...) A concessão constitui, também ela, um processo de administração indirecta; ou, – o que é o mesmo – de descentralização institucional"*.

4. Reflexos do diploma preambular do Código dos Contratos Públicos no quadro jurídico das concessões portuárias

4.1. A revogação do correspectivo regime

O Decreto-Lei n.º 18/2008, que aprovou o Código dos Contratos Públicos inclui, no seu diploma preambular, uma norma revogatória (cfr. o artigo 14.º) que, para além de especificamente nomear um conjunto de diplomas legais que se deverão considerar revogados (cfr. o n.º 1 do referido artigo 14.º), pretende, também, ter um alcance alargado, revogando genericamente toda a legislação regulada pelo novo Código.

Em concreto, de acordo com o n.º 2 do artigo 14.º do decreto preambular do Código dos Contratos Públicos, "é igualmente revogada toda a legislação relativa às matérias reguladas pelo Código dos Contratos Públicos, seja ou não com ele incompatível".

Nos números subsequentes (cfr. os n.ºˢ 3 e 4 do artigo 14.º), o Legislador estabeleceu um conjunto de excepções à norma revogatória geral *supra* citada, mantendo em vigor, por um lado, *"actos legislativos que consagrem regimes transitórios em matéria de contratação pública"* e, por outro lado, diplomas regulamentares necessários à aplicação do Código dos Contratos Públicos que com ele sejam compatíveis (por exemplo, a Portaria que, ao abrigo do Decreto-Lei n.º 59/99, de 2 de Março, aprovou as minutas tipo do programa de concurso e do caderno de encargos de contratos de empreitada de obras públicas[454]).

Como facilmente se poderia antecipar, uma norma revogatória genérica com a amplitude da que se transcreveu, é susceptível de causar problemas interpretativos sobre o seu real alcance.

Efectivamente, assim sucedeu, por exemplo, com o Decreto-Lei n.º 86/2003, de 26 de Abril (a denominada "Lei das Parcerias Público Privadas")[455]. Ob-

---

[454] Note-se que a Portaria em causa, a Portaria n.º 104/2001, de 21 de Fevereiro, foi entretanto revogada pela Portaria n.º 959/2009, de 21 de Agosto.
[455] Defendendo que o Decreto-Lei n.º 86/2003, de 26 de Abril não foi revogado, cfr. Nazaré da Costa Cabral, "As Parcerias Público-Privadas", Cadernos IDEFF n.º 9, Almedina, Coimbra, 2009, pp. 147 a 149 e Gonçalo Guerra Tavares e Nuno Monteiro Dente, "Código dos Contratos Públicos – Comentado", Vol. I, Almedina, Coimbra, 2009, pp. 54 e 55. No sentido oposto, *vide* Pedro Siza Vieira "O Código dos Contratos Públicos e as parcerias público privadas" *in* Estudos da Contratação Pública (organização Pedro Gonçalves), Vol. I, Coimbra Editora,

serve-se, no entanto, que este problema específico está hoje ultrapassado porquanto sobreveio, em 2012, um novo diploma regulador das PPP (cfr. o DL n.º 111/2012, de 23 de Maio).

Todavia, tanto quanto é do nosso conhecimento, a Doutrina ainda não curou de saber se também a legislação específica que regula (i). o regime jurídico da operação portuária (Decreto-Lei n.º 298/93, de 28 de Agosto) e (ii). as Bases gerais das concessões do serviço público de movimentação de cargas (Decreto-Lei n.º 324/94, de 30 de Dezembro) foi revogada – total ou parcialmente – pela entrada em vigor do Código dos Contratos Públicos.

Na análise desta matéria é fundamental ter em consideração, desde logo, as coordenadas gerais sobre a cessação da vigência da lei constantes do Código Civil.

Assim, de acordo com o artigo 7.º do Código Civil, a lei que não seja temporária apenas deixa de vigorar se for revogada por outra lei[456].

Porém, a revogação tanto pode ser expressa como pode ser implícita, o que sucederá quando resultar *"da incompatibilidade entre as novas disposições e as regras precedentes ou da circunstância de a nova lei regular toda a matéria da lei anterior"* (cfr. o artigo 7.º, n.º 2, do Código Civil).

Como exemplos oferecidos pela Doutrina pátria relativamente à parte final do n.º 2 do artigo 7.º Código Civil (revogações globais implícitas), podemos indicar os seguintes: a publicação de um Código do Registo Predial ou Civil; a publicação de uma lei do inquilinato, com o objectivo de substituir integralmente o anterior regime; a publicação de uma nova lei de expropriações.

Coimbra, 2008, p. 513. Dando nota da discussão na Doutrina, mas sem tomar posição, *vide* Maria Eduarda Azevedo, "As Parcerias Público-Privadas: Instrumento de um Nova Governação Pública", Colecção Teses, Almedina, Coimbra, p. 316.
Em nossa opinião, o Decreto-Lei n.º 86/2003, de 26 de Abril, não havia sido revogado como um todo. Sem prejuízo, existiam disposições, *v.g.* sobre o reequilíbrio económico-financeiro das parcerias público-privadas que se teriam de considerar revogadas. Ou seja, parece-nos que o Código dos Contratos Públicos não operou uma revogação *in totum* do Decreto-Lei n.º 86/2003, de 26 de Abril, mas antes uma revogação meramente parcial (desde logo, porque grande parte, porventura o fundamental da sua regulamentação, se situa a montante da regulamentação prevista no Código dos Contratos Públicos). Sublinhe-se o que se deixou acima assinalado: este problema está hoje ultrapassado atenta a superveniência do DL n.º 111/2012, de 23 de Maio.
[456] Cfr. o artigo 7.º, n.º 1, do Código Civil.

Por outro lado, como bem observa a mesma avalizada Doutrina, é de salientar que *"não é necessário, em casos desta natureza, analisar disposição por disposição e verificar a incompatibilidade entre elas. Deve presumir-se que o legislador quis revogar inteiramente a legislação anterior sobre a mesma matéria"*[457].

Em todo o caso, importa considerar o disposto no n.º 3 do mesmo artigo, que esclarece que *"a lei geral não revoga a lei especial, excepto se outra for a intenção inequívoca do legislador"*.

Deste enunciado legal tem o nosso Supremo Tribunal de Justiça[458] concluído que *"a regra é a de que, se não houver revogação nos termos do n.º 2 do artigo 7.º, a lei geral não revoga a lei especial* (excepto se outra for a intenção inequívoca do legislador, acrescentaríamos nós, pois que não devemos absolutizar o princípio *"legi speciali per generalem non derogatur"*[459]).

Destarte, de acordo com a lição de Vaz Serra que, apesar de escrita em 1966[460], ainda se mantém totalmente actual: *"o problema é, pura e simplesmente, de interpretação de uma lei geral posterior, resumindo-se em apreciar se esta quer ou não revogar a lei especial anterior.*

Como problema de interpretação que é, deve ser resolvido mediante os critérios gerais de interpretação das leis nada permitindo exigir que a lei geral posterior revogue expressamente a lei especial anterior, para que esta se considere revogada".

Ora, como se sabe, a interpretação é um *"acto metodológico de determinação do sentido jurídico-normativo de uma fonte jurídica em ordem a obter dela um critério jurídico (um critério normativo de direito) no âmbito de uma problemática realização do direito e enquanto momento normativo-metodológico dessa mesma realização"* [461].

Superada que foi a Doutrina tradicional da interpretação jurídica e vista esta como a concretização do direito, não poderá deixar de se considerar dois

---

[457] Cfr. Pires de Lima e Antunes Varela, "Código Civil Anotado", Volume I, 4ª edição, Coimbra Editora, Coimbra, 1987, p. 56.
[458] Cfr. o Acórdão de 13 de Março de 2008, processo 08B395, disponível em www.dgsi.pt.
[459] Cfr. A. Santos Justo, "Introdução ao Estudo do Direito", 3ª Edição, Coimbra Editora, Coimbra, 2006, p. 199.
[460] Cfr. Adriano Vaz Serra, "Anotação a Acórdão de 11 de Junho de 1966", *in* Revista de Legislação e Jurisprudência, n.º 99, Coimbra, p. 334.
[461] Cfr. António Castanheira Neves, "Relatório com a justificação do sentido e objectivo pedagógico, o programa, os conteúdos e os métodos de um curso de introdução ao estudo do direito (Interpretação Jurídica)", Policopiado, Coimbra, pp. 2 e 3.

pólos: *"um no sistema (na intencionalidade normativa que o sistema vai manifestando), outro no problema (no problema específico do caso concreto decidendo)"*[462].

Deste modo, para se aferir se o artigo 14.º, n.º 2, do decreto preambular do Código dos Contratos Públicos implicou a revogação – total ou parcial – do Decreto-Lei n.º 298/93 e do Decreto-Lei n.º 324/94, haverá, em primeiro lugar, que tentar perceber o problema que aqueles diplomas legais convocam para, posteriormente, se analisar a resposta normativa dada a esse mesmo problema.

Ante omnia, impõe-se apurar se haverá qualquer razão juridicamente consistente que determine a manutenção daqueles regimes em vigor.

Ora, em nosso juízo, a resposta a esta questão não poderá deixar de ser negativa.

Com efeito, se em 1993 (e mesmo em 1994) o nosso ordenamento jurídico carecia de um regime geral sobre concessões de serviço público, fazendo, por isso, todo o sentido que fosse criado, como foi, um regime próprio para as concessões de serviço público de movimentação de cargas, actualmente, por força do Código dos Contratos Públicos, já dispomos de tal regime de concessões (sendo, aliás, um dos traços mais inovadores deste Código).

Assim, parece poder concluir-se, com meridiana clareza, que o sector das concessões de serviço público de movimentação de cargas (já) não reclama do Legislador uma especial disciplina jurídica.

Acresce, que foi o próprio Legislador, no preâmbulo do Código dos Contratos Públicos, que explicitou que o referido Código tem por objectivo o *"alinhamento com as mais recentes directivas comunitárias"*, salientando que o Código *"procede ainda a uma sistematização racional e a uma uniformização de regimes substantivos dos contratos administrativos atomizados até agora"*.

Como é evidente, a manutenção de um específico regime pré-contratual e de um específico regime substantivo distinto do que hoje se encontra plasmado no Código dos Contratos Públicos (para a generalidade dos contratos de concessão), buliria com aqueles objectivos e, seguramente, não permitiria criar o *"conjunto homogéneo de normas relativas aos procedimentos pré-contratuais públicos"*, desiderato também expressamente anunciado no preâmbulo daquele Código.

---

[462] *Idem*, pp. 79 e 80.

Ou seja, se o sector das concessões portuárias de movimentação de cargas não reclama um regime específico, o "sistema" deixa notas claras e impressivas no sentido de que se pretendeu, com o Código dos Contratos Públicos, criar uma disciplina unitária (por contraposição à existência de regimes atomizados), pelo que tudo converge na conclusão de que o artigo 14.º, n.º 2, do decreto preambular do Código dos Contratos Públicos revogou, parcialmente[463], o Decreto-Lei n.º 298/93, de 28 de Agosto e o Decreto-Lei n.º 324/94, de 30 de Dezembro.

Aliás, a conclusão a que se chegou parece confirmada pela própria letra do n.º 2 do artigo 14.º do Decreto-Lei n.º 18/2008, porquanto – e este parece-nos um dado decisivo – o referido inciso legal não se limita a revogar toda a legislação atinente à contratação pública, acrescentando ainda que tal revogação incide, também, sobre regimes que sejam, ou não, com ele incompatíveis.

Isto é, pretendeu-se, inequivocamente, revogar todos os regimes sobre que incide o Código dos Contratos Públicos, mesmo que, em abstracto, tais regimes pudessem ser compatibilizados com o novo Código.

Ora, esta precisão do Legislador do Código só pode consistir na *"menção revogatória clara"* que propõe Menezes Cordeiro[464] *"quando se vise firmar um regime genérico e homogéneo"*.

Impõe-se, pois, de todos os ângulos em análise, a ilação de que o Decreto-Lei n.º 298/93 e o Decreto-Lei n.º 324/94, devem considerar-se (parcialmente) revogados por força do disposto no artigo 14.º, n.º 2, do diploma preambular do Código dos Contratos Públicos.

Vejamos, em seguida, algumas das mais significativas consequências da conclusão a que chegámos.

---

[463] Dizemos parcialmente porque, por exemplo, o Decreto-Lei n.º 298/93, de 28 de Agosto regula outras matérias que nada têm que ver com a contratação pública (designadamente, as condições de acesso à actividade de estiva), pelo que nessa parte se manterá em vigor (na medida em que tais matérias se encontram objectivamente fora do âmbito de aplicação da norma revogatória do CCP).

[464] Cfr. António Menezes Cordeiro, "Da aplicação da lei no tempo e das disposições transitórias" *in* Cadernos de Ciência da Legislação, INA, n.º 7, p. 17, *apud* Abílio Neto, Código Civil Comentado, Ediforum, 16ª Edição, p. 18.

4.2. O procedimento de formação do contrato de concessão de serviço público de movimentação de cargas

No que concerne à formação do contrato de concessão de serviço público de movimentação de cargas nos portos marítimos, *rectius*, nas designadas *"áreas portuárias de prestação de serviço público"*, importa considerar o disposto no artigo 27.º do Decreto-Lei n.º 298/93 e, bem assim, o preceituado no artigo 2.º, n.º 1, do Decreto-Lei n.º 324/94.

De ambos os incisos legais decorre, com meridiana clareza, que o procedimento pré-contratual a adoptar, pelas Autoridades Portuárias, tendo em vista a adjudicação de um contrato daquela natureza, é o concurso público[465].

Sucede, todavia, em face do que acima se advogou quanto ao impacte revogatório do Decreto-Lei n.º 18/2008 sobre o regime jurídico da operação portuária, que as aludidas normas jurídicas deste regime, devem agora considerar-se derrogadas, e, por conseguinte, atender-se à disciplina jurídica do Código dos Contratos Públicos no que respeita a esta matéria.

Assim, a obrigatoriedade do lançamento de um concurso público, conforme se encontra expressamente previsto no regime jurídico da operação portuária, para a adjudicação de um contrato de concessão de serviço público de movimentação de cargas, deixa de ser inevitável na medida em que o Código dos Contratos Públicos estabelece, a par do concurso público, outro tipo de procedimentos pré-contratuais relativamente à atribuição de concessões de serviço público[466].

---

[465] Note-se que de acordo com o disposto no artigo 2.º, n.º 2, do Decreto-Lei n.º 324/94, ao procedimento adjudicatório de concurso público era aplicável *"com as devidas adaptações, o regime dos concursos das empreitadas de obras públicas"*, sendo que à data daquele diploma legal (Decreto-Lei n.º 324/94), a disciplina jurídica das empreitadas de obras públicas estava consagrada no Decreto-Lei n.º 405/93, de 10 de Dezembro. Hoje, como se sabe, toda a matéria pré-contratual e, quase toda a matéria referente à execução do contrato de empreitada de obras públicas, está consagrada no Código dos Contratos Públicos.
Em geral, sobre a formação dos contratos administrativos, cfr. Miguel Assis Raimundo, "A Formação dos Contratos Públicos – Uma Concorrência Ajustada ao interesse público", AAFDL, 2013.

[466] De referir que no pretérito regime da contratação pública, o contrato de concessão de serviço público não era abrangido nem pelo Decreto-Lei n.º 197/99, de 8 de Junho, nem pelo Decreto-Lei n.º 59/99, de 2 de Março. Em todo o caso, a precedência de concurso público era a regra, por força do disposto no artigo 183.º do Código do Procedimento Administrativo.

AS CONCESSÕES PORTUÁRIAS

Com efeito, neste âmbito, passa a ser possível recorrer a outros procedimentos adjudicatórios, para além do concurso público, como é o caso do concurso limitado por prévia qualificação e do procedimento por negociação[467].
Isto, realce-se, em função do tipo de contrato. Mas não se exclui, antes se admite, *expressis verbis*, que um contrato de concessão de serviço público seja adjudicado por ajuste directo. E isto em três circunstâncias distintas:

(i). quando as prestações que integram o seu objecto se destinem primacialmente a permitir à entidade adjudicante a prestação ao público de serviços de telecomunicações[468];

(ii). quando o contrato seja declarado secreto, nos termos da lei, ou a sua execução deva ser acompanhada de especiais medidas de segurança, ou ainda quando estejam em causa a defesa de interesses essenciais do Estado[469];

(iii). por razões de interesse público relevante, o que, obviamente, pressupõe a existência de uma situação verdadeiramente excepcional e como tal especificamente fundamentada[470].

Acresce que, porventura, será, igualmente, admissível a adjudicação de um contrato desta natureza por via do procedimento de diálogo concorrencial[471].

Nestes termos, diversamente do que se verificava até à vigência do Código dos Contratos Públicos, podemos concluir que as concessões de serviço público de movimentação de cargas não carecem, necessariamente, de ser precedidas de um procedimento adjudicatório de concurso público; ao invés,

---

[467] Cfr. o artigo 31.º, n.º 1, do Código dos Contratos Públicos.
[468] Por remissão do artigo 31.º, n.º 1, para o artigo 24.º, n.º 1, alínea d), ambos do Código dos Contratos Públicos.
[469] Por remissão do artigo 31.º, n.º 1, para o artigo 24.º, n.º 1, alínea f), ambos do Código dos Contratos Públicos.
[470] Cfr. o artigo 31.º, n.º 3, do Código dos Contratos Públicos.
[471] Por remissão do artigo 31.º, n.º 1, para o artigo 30.º, ambos do Código dos Contratos Públicos. Sobre este procedimento adjudicatório, cfr., entre nós e por último, Gonçalo Guerra Tavares e Nuno Monteiro Dente, "Código dos Contratos Públicos – Comentado", Vol. I, Almedina, Coimbra, 2009, pp. 175 a 183. Com muito interesse, cfr., na doutrina estrangeira, Sue Arrowsmith, "The Law of Public and Utilities Procurement", Sweet & Maxwell, London, 2005, pp. 629 a 667.

há agora um leque de possibilidades que estão longe de se esgotar no paradigmático concurso público.

A este propósito, importa dizer que, em nossa opinião, o procedimento de negociação pode oferecer especiais vantagens às Autoridades Portuárias (e também aos futuros concessionários), quando cotejado com o tradicional procedimento de concurso público, atentas as virtualidades daquele tipo adjudicatório que decorrem de uma maior flexibilidade que o mesmo encerra, já que, *inter alia*, o procedimento de negociação não está imbuído (e limitado) pelos corolários do princípio da estabilidade do concurso e do (simétrico) princípio da intangibilidade das propostas[472-473].

4.3. O prazo das concessões portuárias

Um dos aspectos mais relevantes que resultam do efeito revogatório do diploma preambular do Código dos Contratos Públicos relativamente ao regime das concessões de serviço público de movimentação de cargas, prende-se com o prazo de vigência destas relações jurídicas administrativas.

Efectivamente, tal prazo assume um papel nevrálgico para os potenciais concessionários, pois, do mesmo depende, em grande medida, a amortização dos investimentos que têm de ser feitos e a consequente remuneração dos correspectivos accionistas.

Ora, segundo o disposto no artigo 29.º do Decreto-Lei n.º 298/93, *"o prazo das concessões de serviço público de movimentação de carga não pode exceder 30 anos e deve ser estabelecido em função dos investimentos em equipamentos fixos ou em obras*

---

[472] Em geral, sobre os princípios da estabilidade do concurso e da intangibilidade ou imutabilidade das propostas, cfr., na jurisprudência nacional, respectivamente, o Acórdão do TCA Sul, de 24.09.2009, Proc. n.º 05132/09, e o Acórdão do TCA Sul, de 11.03.2010, Proc. n.º 05878/10, ambos disponíveis em *www.dgsi.pt*.
Defendendo que o princípio da intangibilidade das propostas e que o princípio da comparabilidade objectiva das propostas constituem, ambos, uma decorrência do princípio (estruturante) da igualdade, cfr. Cláudia Viana, "Os Princípios Comunitários da Contratação Pública", Coimbra Editora, Coimbra, 2007, p. 126, nota 392.

[473] Sobre o procedimento de negociação na formação de contratos, cfr. Paulo Otero, "Da Negociação no Procedimento de Adjudicação de Contratos Públicos", *in* Estudos em homenagem ao Professor Doutor Diogo Freitas do Amaral, Almedina, Coimbra, 2010, pp. 921 a 961. Mais desenvolvidamente, cfr. Luís Verde de Sousa, "A Negociação nos Procedimentos de Adjudicação", Almedina, Coimbra, 2010.

portuárias". Em conformidade com esta prescrição legal, temos a Base XIII deste tipo de concessões, aprovada pelo Decreto-Lei n.º 324/94.

Sucede que, por virtude do disposto no artigo 410.º, n.º 1, do Código dos Contratos Públicos, o prazo de vigência dos contratos de concessão de serviço público *"é fixado em função do período de tempo necessário para amortização e remuneração, em normais condições de rendibilidade da exploração, do capital investido pelo concessionário".*

Observe-se que esta disposição legal está perfeitamente em linha com o entendimento doutrinal pátrio mais avalizado sobre o assunto[474] e, bem assim, com as considerações comunitárias sobre a matéria[475].

Flui, portanto, do exposto, que as concessões de serviço público de movimentação de cargas deixam de estar limitadas a uma vigência máxima de 30 anos, devendo, pelo que já acima se explicou, considerarem-se revogadas as invocadas disposições do regime jurídico da operação portuária.

Na verdade, a partir de agora, por força do disposto no Código dos Contratos Públicos, aquele tipo de relação concessória poderá ter uma duração superior a 30 anos, já que o que é determinante para a estipulação do prazo destas concessões é o período de tempo necessário para amortizar e remunerar os capitais investidos pelos concessionários.

Assim, serão as partes desse contrato que, sem a anterior limitação de um prazo máximo de 30 anos, convencionarão o prazo contratual mais adequado, matéria esta que poderá ser negociada se for adoptado um procedimento de negociação (de outra sorte, isto é, sendo seguido, por hipótese, um procedimento de concurso público, será a entidade adjudicante, suportada em estudos

---

[474] Cfr. Marcello Caetano, "Manual de Direito Administrativo", Vol. II, 10ª Edição, 4ª reimpressão, Almedina, Coimbra, 1991, pp. 1117 e a 1120.

[475] Com efeito, segundo o ponto 46 do "Livro Verde sobre as Parcerias Público-Privadas e o Direito Comunitário em matéria de Contratos Públicos e Concessões", da Comissão Europeia, de 30 de Abril de 2004 (COM 2004, 327 Final), *"o período em que o parceiro privado assumirá a exploração de uma obra ou de um serviço deve ser estabelecido em função da necessidade de garantir o equilíbrio económico e financeiro de um projecto. A duração da relação de parceria deve, sobretudo, ser fixada de modo a não restringir ou limitar a livre concorrência para lá do necessário à garantia de amortização dos investimentos e a uma remuneração razoável dos capitais investidos".* No mesmo sentido, tínhamos já a "Comunicação Interpretativa da Comissão sobre as Concessões em Direito Comunitário", de 29 de Abril de 2000 – 2000/C 121/02 (cfr. Ponto 3.1.3 desta Comunicação).

económico-financeiros, que definirá o prazo da concessão a adjudicar e, nesta situação, será este, forçosamente, o prazo de vigência do contrato).

Uma das questões que a este propósito se poderá suscitar é a de saber o momento a partir do qual o referido prazo deverá ser contado.

Para nós, o prazo do contrato de concessão deverá, por regra, ter como termo inicial (*"dies a quo"*) a data da celebração do contrato, sem prejuízo de admitirmos como possível que tal prazo apenas se inicie com o princípio da exploração da concessão, caso isso haja sido devidamente especificado nos documentos pré-contratuais (ou convencionado, em igualdade de circunstâncias, com todos os concorrentes no âmbito de um procedimento de negociação).

Em todo o caso, deve observar-se que, na (raríssima) circunstância de o contrato de concessão ser omisso neste ponto, o período de vigência da concessão será de 30 anos (cfr. o artigo 410.º, n.º 2, do Código dos Contratos Públicos).

4.4. O reequilíbrio financeiro nas concessões portuárias

Uma outra matéria de indiscutível relevância é, naturalmente, a que respeita ao reequilíbrio financeiro dos contratos de concessão a que temos vindo a aludir.

Com efeito, nunca é indiferente para quem contrata, sobretudo para quem contrata a longo prazo, como sucede neste tipo de relações jurídicas administrativas, saber-se em que circunstâncias haverá direito a um reequilíbrio da equação económico-financeira subjacente ao contrato celebrado.

Ora, de acordo com as bases gerais das concessões do serviço público de movimentação de cargas nos cais e terminais portuários, aprovadas pelo Decreto-Lei n.º 324/94, *"a modificação do contrato determinada unilateralmente pela concedente implicará, na medida em que afecte o equilíbrio económico da exploração, a revisão das contrapartidas financeiras da concessão"* (cfr. a Base XIV).

Assim, à luz das referidas Bases das concessões em apreço, dir-se-ia que somente a modificação unilateral do contrato de concessão seria susceptível de conduzir a um reequilíbrio financeiro do mesmo, dado que a predita Base XIV é a única previsão existente a este respeito em tal regime.

De notar que esta previsão legal estava em linha com o disposto no artigo 180.º, alínea a), do Código do Procedimento Administrativo ("CPA")[476], já que aí também se preceituava que o exercício do poder de modificação unilateral (*"ius variandi"*) dos contratos administrativos[477] deveria respeitar *"(...) o seu equilíbrio financeiro"*.

Saliente-se que, muito embora a aludida Base XIV do regime geral das concessões portuárias de movimentação de cargas estivesse em linha com o disposto no Código do Procedimento Administrativo (ou seja, o exercício do *"ius variandi"* tinha, necessariamente, como contrapartida, a manutenção do equilíbrio financeiro do contrato), tal não poderia significar, pelo menos em nossa opinião, que só o exercício de tal poder, de modificação unilateral, desse azo a um reequilíbrio financeiro do contrato.

Na verdade, segundo o nosso julgamento, por força do princípio basilar do equilíbrio comutativo dos contratos, uma vez alterado o equilíbrio contratual de um contrato administrativo por motivo imputável à Administração, ou até por "facto imprevisto", deverá, por regra, haver lugar à reposição do equilíbrio económico-financeiro.

De resto, mesmo no quadro legal pretérito, encontramos normas legais referentes a tipos contratuais (administrativos) relevantes, que permitem ilustrar esta opinião: é o caso, desde logo e sem preocupações de exaustão, do artigo 196.º do Decreto-Lei n.º 59/99, de 2 de Março[478].

De facto, nessa norma e sob a epígrafe "maior onerosidade", estipulou o legislador que sempre que o dono de obra praticasse ou desse causa a facto de onde decorresse uma maior dificuldade na execução da empreitada, o empreiteiro teria direito ao ressarcimento dos prejuízos incorridos; o que é justamente uma manifestação do aludido princípio do equilíbrio comutativo dos contratos e, obviamente, também uma expressão inequívoca da boa fé contratual.

---

[476] Note-se que os artigos 178.º a 189.º do Código do Procedimento Administrativo foram expressamente revogados pelo Decreto-Lei n.º 18/2008 (cfr. artigo 14.º, n.º 1, alínea c), do referido diploma legal).

[477] Em geral, sobre esta temática, cfr. Lourenço Vilhena de Freitas, "O Poder de Modificação Unilateral do Contrato Administrativo pela Administração", AAFDL, Lisboa 2007.

[478] Diploma que aprovou o regime jurídico do contrato de empreitada de obra pública (hoje revogado também pelo Decreto-Lei n.º 18/2008).

O mesmo se poderá dizer sobre o disposto no artigo 198.º de tal importante regime jurídico: em face de uma alteração superveniente do ambiente circunstancial em que um determinado contrato de empreitada foi celebrado, é reconhecido ao empreiteiro o direito à revisão do contrato, com o fito último do reequilíbrio financeiro deste[479].

Isto dito, não podemos escamotear o facto da prescrição ínsita na referida Base XIV das bases gerais das concessões portuárias de movimentação de cargas, poder criar sérias dificuldades aos concessionários que pretendam reequilibrar financeiramente os contratos que celebraram com as Administrações Portuárias, fora dos casos de exercício do poder de modificação unilateral.

Na verdade, com base numa interpretação (puramente) literal da predita Base XIV, somente haveria lugar à reposição do equilíbrio financeiro do contrato de concessão de movimentação de cargas, como contrapartida do exercício do *"ius variandi"* por parte da Autoridade Portuária.

Sucede que, por força do efeito revogatório resultante do diploma preambular que aprovou o Código dos Contratos Públicos (cfr. o artigo 14.º, n.º 2, do Decreto-Lei n.º 18/2008), o regime das concessões portuárias de movimentação de cargas a que temos vindo a aludir, deve actualmente considerar-se derrogado também quanto à matéria do reequilíbrio financeiro de tais concessões.

Com efeito, sobre a temática em apreço, devemos agora atender ao disposto no artigo 282.º do Código dos Contratos Públicos.

Relativamente a este preceito legal, importa começar por observar que só haverá direito ao reequilíbrio financeiro nos casos *"especialmente"* previstos na lei ou, *"excepcionalmente"*, nos casos previstos no próprio título contratual (cfr. o artigo 282.º, n.º 1, do Código dos Contratos Públicos).

Esta disposição legal, cuja redacção é desnecessariamente prolixa, parece-nos que deve ser interpretada no sentido de que somente haverá tal direito desde que (i). o mesmo esteja especificamente previsto na lei aplicável ao

---

[479] Com particular interesse sobre esta temática, embora com base no Decreto-Lei n.º 235/86, de 18 de Agosto, cfr. Paulo Otero, "Estabilidade Contratual, Modificação Unilateral e Equilíbrio Financeiro em Contrato de Empreitada de Obras Públicas", ROA, Ano 56, Lisboa, 1996, pp. 913 a 958.
Sobre o reequilíbrio financeiro nos contratos de empreitada de obras públicas à luz do actual Código dos Contratos Públicos, cfr. Pedro Melo, "O Direito das Obras Públicas", in Tratado de Direito Administrativo Especial, Vol. VI, Almedina, Coimbra, 2012, pp. 526 a 530.

contrato administrativo (sendo que o Código dos Contratos Públicos elenca quase todas as situações que podem fazer nascer esse direito na esfera do co-contratante da Administração, o concessionário[480], para o que aqui importa), ou que (ii). o contrato, por razões particulares, contenha uma estatuição incidente sobre a matéria do reequilíbrio financeiro distinta da previsão legal geral (ou seja, uma estatuição contratual que, justificadamente, vá para além, ou fique aquém, do que dispõe o Código dos Contratos Públicos sobre o tema).

É, contudo, indispensável, conjugar o preceituado no n.º 1 do artigo 282.º do Código dos Contratos Públicos, com o disposto no n.º 2 do mesmo inciso legal, pois que, para além do necessário arrimo legal ou esteio contratual, é ainda necessário (i). ter em conta a repartição do risco entre as partes (matéria que exige aturada análise no caso concreto)[481]; (ii). apurar se o evento invocado como causa para o pedido de reposição do equilíbrio financeiro do contrato, alterou efectivamente os pressupostos originários do contrato celebrado, e (iii). verificar se o contraente público conhecia ou não devia desconhecer tais pressupostos[482].

Por outro lado, cumpre ter presente que o reequilíbrio financeiro dos contratos administrativos pode ser alcançado por diversas formas, como sejam, (i). o pagamento ao co-contratante do montante necessário à reposição do equilíbrio originário do contrato; (ii). a prorrogação do prazo de execução de alguma das prestações do contrato (ou de todas elas)[483], e (iii). a revisão de preços[484].

---

[480] Cfr., por exemplo, o disposto no artigo 314.º do Código dos Contratos Públicos.

[481] Sobre o conceito de risco contratual e a sua alocação às partes, cfr. Pedro Melo, "A Distribuição do Risco nos Contratos de Concessão de Obras Públicas", ob. cit. em especial, pp. 74 a 79

[482] Censurando, com razão, este requisito legal, cfr. Marcelo Rebelo de Sousa e André Salgado de Matos, ob. cit., p. 145.

[483] Sobre as implicações de uma eventual prorrogação do prazo de concessão em sede de contratação pública, veja-se, Diogo Duarte de Campos, "A Escolha do Parceiro Privado nas Parcerias Público-Privadas", Colecção PLMJ, Coimbra Editora, Coimbra, 2010, pp. 78 e 79 e, em especial, nota 228.

[484] Cfr. o artigo 282.º, n.º 3, do Código dos Contratos Públicos.

Realçamos o facto de este comando legal (cfr. o artigo 282.º, n.º 3, do Código dos Contratos Públicos) ser de aplicação supletiva, pelo que as partes podem convencionar outras formas de repor o equilíbrio financeiro do contrato[485].

Concluindo, deve considerar-se derrogada a Base XIV do regime das concessões portuárias de movimentação de cargas pelo que dispõe o Código dos Contratos Públicos sobre esta matéria e, por conseguinte, a plêiade de possibilidades de que agora os concessionários dispõem para pedirem a reposição do equilíbrio financeiro daquelas relações concessórias é mais vasta.

4.5. A partilha de benefícios nas concessões portuárias

Não podemos terminar o presente estudo sem fazer referência a uma importante inovação consagrada, pela primeira vez no nosso ordenamento, pelo Código dos Contratos Públicos, e que, em nossa opinião, poderá ter repercussões importantes nos contratos de concessão de movimentação de cargas nas zonas portuárias de serviço público: a designada "partilha de benefícios" *("clawback")*[486].

Efectivamente, de acordo com a norma ínsita no artigo 420.º, alínea d), do Código, o concedente poderá *"exigir a partilha equitativa do acréscimo de benefícios financeiros, nos termos do disposto no artigo 341.º"*.

Ora, nos exactos termos do preceituado no artigo 341.º do Código, *"nos contratos que configurem uma parceria pública-privada, sempre que ocorrer um acréscimo anormal e imprevisível dos benefícios financeiros para o co-contratante que não resulte da sua eficiente gestão e das oportunidades por si criadas, há lugar à partilha equitativa desses benefícios entre o co-contratante e o contraente público"*.

---

[485] Para mais desenvolvimentos sobre o princípio do equilíbrio financeiro, cfr. Diogo Freitas do Amaral (em colaboração com Lino Torgal), Curso de Direito Administrativo, Vol. II., pp. 617 a 620, Pedro Gonçalves, "O Contrato Administrativo – Uma Instituição do Direito Administrativo do Nosso Tempo", Almedina, Coimbra, 2002, pp. 112 e 123, e António Menezes Cordeiro, "Subsídios para a dogmática administrativa, com exemplo no princípio do equilíbrio financeiro", Cadernos O Direito, n.º 2, Almedina, Coimbra, 2007, pp. 105 a 112.

[486] A "partilha de benefícios" anda geralmente associada a operações de refinanciamento dos contratos de concessão que têm vindo a modelar as principais parcerias público-privadas nacionais.

Importa, antes de mais, referir que não podem subsistir dúvidas sobre a qualificação das concessões portuárias objecto do presente estudo, como contratos que se inscrevem no conceito de parcerias público-privadas (cfr. o artigo 2.º, n.ºs 1, 4, alínea b), e 6, do Decreto-Lei n.º 86/2003, de 26 de Abril)[487].

Esclareça-se, em todo o caso, que ainda que assim não fosse, a alínea d), do artigo 420.º, do Código dos Contratos Públicos, determina que a partilha de benefícios é um direito do concedente, pelo que se impõe, em qualquer caso, sublinhe-se, uma breve análise dos principais traços desta relevante figura, expressamente prevista no predito artigo 341.º do Código, atenta a sua aplicação injuntiva aos contratos a que temos vindo a aludir.

Assim, é mister que esteja em causa (i). um acréscimo anormal, logo, não despiciendo, atenta a "economia" do contrato de concessão, dos benefícios financeiros do concessionário; (ii). tal acréscimo, para além de significativo, deve ser "imprevisível", o que implica analisar, casuisticamente, o ambiente circunstancial em que tal contrato foi celebrado; (iii). o acréscimo de benefícios financeiros – aspecto decisivo – não pode ficar a dever-se à eficiente gestão do concessionário ou a oportunidades por este criadas, dado que, se assim for (como muitas vezes sucede), o acréscimo de benefícios financeiros não deve ser partilhado com o concedente e, por fim, (iv). tenha-se presente que a partilha deve ser "equitativa", pelo que, por regra, deverá ser igual para cada uma das partes do contrato (poderá assim não acontecer se, analisada a "fonte" de tais benefícios, se concluir, fundamentadamente, que uma das partes teve um papel mais importante na obtenção dos mesmos).

Deve também deixar-se assinalada a supletividade do disposto no n.º 2, do artigo 341.º do Código, norma que estabelece a forma por que deve ser feita tal partilha de benefícios.

Importa, pois, reter, que em futuros contratos de concessão de movimentação de cargas[488], o concedente dispõe deste direito e, por conseguinte, trata-se

---

[487] Sobre o assunto, cfr., entre outros, Diogo Duarte de Campos, "A Escolha do Parceiro Privado nas Parcerias Público-Privadas", Colecção PLMJ, Coimbra Editora, Coimbra, 2010, pp. 51 a 54.
[488] Admitimos, em abstracto, que seja possível sustentar a aplicação desta regra legal a contratos de concessão ainda em vigor, o que dependerá, naturalmente, de uma análise mais aprofundada e necessariamente feita caso a caso. Dizemos que admitimos esta hipótese em abstracto, já que esta nossa posição não resulta evidente em face do disposto quer no artigo

de matéria cuja regulamentação contratual (ou pré-contratual) é de grande importância para que se evitem celeumas contratuais durante a execução do contrato a este propósito[489].

5. Conclusões

Do que antecede, é possível extrair as seguintes principais conclusões:

1.ª). O sector portuário português constitui uma inequívoca vantagem competitiva nacional a que tem sido prestada cada vez maior atenção.
2.ª) Os portos marítimos integram o domínio público, em concreto, o denominado domínio público infra-estrutural. Está em causa o domínio público estadual, não sendo admissível a transferência destes *bens* para o domínio público regional.
3.ª) Os bens dominiais podem ser objecto de utilização ou de exploração por particulares, mediante a atribuição de uma licença ou a celebração de um contrato de concessão;
4.ª). A actividade de movimentação de cargas em áreas portuárias de prestação de serviço público pode ser objecto de concessão de serviço público a empresas de estiva, sendo tal actividade regulada por legislação específica: (i). o DL n.º 298/93, de 28 de Agosto, e (ii). o DL n.º 324/94, de 30 de Dezembro;
5.ª) Embora o Código dos Contratos Públicos não tenha procedido à revogação expressa dos diplomas legais *supra* identificados, deve entender-se que os mesmos foram parcialmente revogados com a entrada em vigor daquele Código.

12.º, n.º 2, *in fine*, do Código Civil, quer no artigo 16.º do decreto preambular ao Código dos Contratos Públicos.

[489] O mesmo se deve dizer para a relevante matéria dos casos de força maior. Com efeito, dada a ausência de uma regulamentação legal exaustiva sobre a temática do caso de força maior no Código dos Contratos Públicos e uma vez que os actuais diplomas das concessões portuárias são parcos sobre a aludida matéria, é muito recomendável que as partes de um contrato de concessão de movimentação de cargas convencionem devidamente a correspectiva disciplina contratual. Sobre esta problemática, cfr. Pedro Melo, "Algumas Reflexões sobre a Força Maior nos Contratos Administrativos de Concessão de Obras Públicas", *in* Estudos em Homenagem ao Professor Doutor Alberto Xavier, Vol. III, Almedina, Coimbra, 2013, pp. 641 a 655.

6.ª) Efectivamente, consta do decreto preambular do Código dos Contratos Públicos uma norma revogatória genérica de grande amplitude, cuja interpretação impõe a revogação parcial do DL n.º 298/93 e, bem assim, do DL n.º 324/94;

7.ª) Em face da referida revogação parcial, a disciplina jurídica aplicável a várias matérias anteriormente previstas naqueles diplomas para os contratos de concessão de serviço público de movimentação de cargas, foi significativamente alterada, designadamente, (i) deixou de ser unicamente possível a adopção do concurso público para a atribuição de concessões de serviço público de movimentação de cargas; (ii) deixou de haver um prazo limite para as concessões portuárias; (iii) alargaram-se os fundamentos que legitimam o recurso ao instituto do reequilíbrio financeiro e (iv) deverá ser reconhecida a possibilidade da designada "partilha de benefícios" entre o concessionário e o concedente.

Lisboa, 9 de Janeiro de 2014.

PODERES ADMINISTRATIVOS SOBRE NAVIOS

Mateus Andrade Dias
Advogado, Andrade Dias & Associados

(i) Considerações preliminares

A título de considerações iniciais gostaríamos de dar uma palavra de agradecimento ao Senhor Professor Miguel Assis Raimundo e ao Senhor Professor Rui Guerra da Fonseca pelo convite que endereçaram à nossa sociedade de advogados (Andrade Dias & Associados) para participar nesta iniciativa muito interessante. Necessário é dizer ainda que é com enorme gosto que participamos num projeto dedicado à fascinante área do Direito Administrativo do Mar.

Impõe-se ainda proceder a um forte e rasgado elogio público à Faculdade de Direito da Universidade de Lisboa pelos amplos e profícuos esforços que tem desenvolvido no estudo e na reflexão sobre as questões do Direito do Mar, do Direito Marítimo e do Direito Administrativo do Mar.

(ii) Introdução

Importância do tema
A importância significativa do tema que nos foi proposto retira-se do caso no qual a nossa sociedade teve a boa fortuna de estar envolvida e que se descreve sumariamente como segue:

- Navio tanque que colidiu com um graneleiro, afundando este último.
- Não houve vítimas e o navio tanque seguiu a sua viagem para o destino para descarga – porto africano.
- O primeiro porto europeu escalado logo após a descarga em África foi um porto Português.
- O inspetor do Port State Control / Controlo do Estado do Porto foi a bordo para executar uma inspeção com Prioridade I mas inicial e terá indicado à tripulação que o recebeu que iria efetuar uma *"investigação"* à colisão.
- O inspetor começou por pedir para ver os livros de bordo da altura da colisão, ao que lhe foi dito que tinham sido retirados de bordo mas que existiriam cópias.
- O inspetor quis entrevistar os oficiais que estavam a bordo à altura da colisão mas os mesmos tinham saído no porto anterior.
- O inspetor entrevistou um membro da tripulação e concluiu que deveria fazer uma inspeção mais detalhada porque o tripulante não dominava o inglês.
- O inspetor detetou deficiências ao nível da gestão do navio – linguagem comum a bordo – e deteve o navio. A bandeira, por via de uma Organização Reconhecida, teve que levar a cabo uma auditoria ao sistema de gestão de segurança.
- A detenção acabou por ser levantada porquanto:
    - os livros tinham sido retirados por ordem do armador e da bandeira para evitar alterações e perda da prova.
    - Existam cópias a bordo e outros registos que davam a informação solicitada.
    - As duas bandeiras dos dois navios tinham investigado o acidente.
    - A bandeira não detetou qualquer desconformidade no sistema de gestão.
    - E os tripulantes tinham sido despedidos por terem incumprido com os seus deveres.

O caso acima relatado levanta questões muito importantes e interessantes que se relacionam com a discricionariedade muito ampla de que dispõem os inspetores do Estado do Porto no exercício de poderes administrativos de inspeção e detenção de navios. Levanta ainda outras questões sobre a delimitação do que é exercício de poderes de investigação – que cabe aos Estados de Bandeira – e de poderes de inspeção – que cabe ao Estado do Porto – e questões relativas aos eventuais desentendimentos de comunicação em língua estrangeira e outras sobre as consequências nefastas para os interesses do navio.

As consequências nefastas de um mau exercício por parte do Estado do Porto deste poder administrativo muito amplo sobre os navios podem ser: (i) uma eventual perda de contratos de utilização dos navios e perda de frete; (ii) uma eventual redução de fretes; (iii) um aumento do perfil de risco; (iv) um eventual aumento dos prémios de seguro.

Como se vê, o poder administrativo de controlo do navio pelo Estado do Porto é amplo e, se mal exercido, pode trazer consequências nefastas para o seu proprietário e/ou fretador e/ou afretador e/ou operador comercial. Esperamos que com a descrição de um dos aspetos desta temática consigamos cativar o interesse dos alunos.

Pontos a tratar

Tendo dado nota da importância do tema, procederemos então a uma descrição sucinta do âmbito dos poderes administrativos sobre navios e do âmbito de intervenção das autoridades administrativas ao longo da vida do Navio e onde a dicotomia Estado da Bandeira / Estado do Porto será uma ideia chave a reter.

O Estado da Bandeira ou, melhor dizendo, as autoridades do Estado da Bandeira são aquelas autoridades que têm a incumbência de fiscalizar e de certificar o navio que arvora (ou que se propõe arvorar) a sua bandeira atestando, assim, que o *"seu"* navio cumpre com os critérios técnicos de segurança que aquele Estado de Bandeira aplica ou pretende ver assegurados e, ainda, que têm a incumbência de certificar-se de que o *"seu"* navio assim se mantém ao longo da sua vida comercial.

O Estado do Porto ou, melhor dizendo, as autoridades do Estado do Porto são aquelas autoridades que têm a incumbência de fiscalizar se os navios estrangeiros que entram e navegam nas suas águas interiores e portos cumprem com os critérios técnicos de segurança aplicáveis na generalidade dos Estados de Bandeira e aplicáveis no Estado do Porto.

A importância, e a relevância deste tema, para o Direito Administrativo do Mar resulta da frase muito ilustrativa proferida pelo Senhor Professor Rui Guerra da Fonseca na conferência inaugural do primeiro curso de Pós Graduação de que dou apenas nota da ideia como segue:

> "o *Direito Administrativo do mar regula o navio desde a sua* nascença *ou construção, passando pela sua vida útil até ao seu desmantelamento ou* morte".

Assim, e fazendo uso de tão útil metáfora, identificaremos os seguintes poderes administrativos sobre navios: 1. Poderes à "nascença":– durante a construção do Navio; 2. Poderes em "vida":– durante a operação ou vida comercial do Navio; e 3. Poderes na "morte":– na demolição ou desmantelamento do Navio e na remoção do destroço do Navio.

Estruturaremos a nossa exposição usando esta ordem de "poderes" terminando por apresentar algumas conclusões sobre o tema.

(iii) Poderes à "nascença":– durante a construção do Navio

Identificamos logo de início um poder amplo de certificação (poder este entendido em sentido amplo e que inclui vários sub poderes ou várias faculdades tais como de inspeção; de vistoria; de fiscalização; de verificação; de controlo; de validação e de certificação) que cabe às autoridades administrativas do Estado da Bandeira do navio durante a sua construção. O poder de certificação começa, ou pode começar, a ser exercido nas fases iniciais da própria aprovação do projeto de construção do navio.

Este poder administrativo de certificação destina-se a permitir a aferição da conformidade das características técnicas do navio em construção ao nível do casco, das máquinas e dos demais equipamentos de salvação etc. e no momento da sua construção com as disposições técnicas das principais Convenções Internacionais e demais regulamentação em vigor na ordem jurídica internacional e interna do Estado da Bandeira aplicáveis na área da segurança marítima.

A regulamentação internacional e interna nesta área é vasta mas de entre esta pode destacar-se a seguinte:

- A constante da "International Convention for the Safety of Life at Sea" (SOLAS), 1974, como emendada pelos sucessivos Protocolos com Anexos (Convenção Internacional sobre a Salvaguarda da Vida Humana no Mar);
- A constante da "International Convention for the Prevention of Pollution from Ships", 1973, modificada pelo Protocolo de 1978 e pelo Protocolo de 1997 (MARPOL Convention) (Convenção Internacional de Prevenção de Poluição no Mar);
- Os Erika Packages (Pacotes Erika); e
- Legislação nacional que implementa e desenvolve as disposições de tais Convenções Internacionais e as disposições da União Europeia.

Este conjunto vasto de regulamentação Internacional, Europeia e nacional manifesta-se por exemplo:

- Na exigência – nos termos da Organização Marítima Internacional e da União Europeia e da legislação Nacional – de os navios tanque petroleiros não poderem ser construídos e não poderem navegar sem duplo casco, sendo esta exigência obrigatória para qualquer nova construção e, ainda, estipulando-se uma proibição de entrada em Portos Europeus para navios com determinada idade de construção que não tenham duplo casco. Dando-se indicação ainda de um calendário rígido para o desmantelamento dos navios mais antigos sem casco duplo consoante a tonelagem do navio e o ano da sua construção nos termos da Convenção Marpol; e / ou
- Na exigência de existência de cobertura estanque para navios de transporte de 12 ou mais passageiros caso pretendam navegar a uma certa distância ou milhas náuticas da costa nos termos da Convenção SOLAS.

De notar que Portugal assinou e ratificou as Convenções Solas e Marpol juntamente com muitas outras convenções internacionais aplicáveis também em sede de construção e à área da segurança marítima (por exemplo, a "International Convention on Load Lines" / Convenção Internacional Sobre as Linhas de Carga etc.).

Ao nível do Direito da União Europeia revela-se necessário destacar o conjunto de Diretivas e de Regulamentos que emanaram dos sucessivos Pacotes Erika. Na verdade, na sequência do acidente marítimo com o Navio petroleiro Erika de casco uno que arvorava bandeira de Malta e que se partiu em dois em Dezembro de 1999 na costa da Bretanha, França libertando em consequência desse acidente cerca de 10.000 toneladas de crude, a União Europeia criou uma série de três pacotes de medidas legislativas com vista a melhorar a segurança da navegação marítima e com vista a tentar evitar a ocorrência de desastres deste tipo.

O primeiro pacote que foi denominado por *"Pacote Erika 1"* apresentou medidas nas seguintes áreas relevantes:

1. No âmbito do Port State Control / Controlo do Estado do Porto: por via da imposição de uma obrigação aos Estados da União de aplicarem uma proibição de entrada nos seus portos aos navios com mais de 15 anos que tenham sido detidos mais de duas vezes;
2. No âmbito das sociedades classificadoras: por via da implementação de exigências legais mais apertadas na aprovação e na monitorização das sociedades classificadoras que são aprovadas como Organizações Reconhecidas; e
3. Antecipando o calendário da implementação da exigência de os navios navegarem com casco duplo para 2005, 2010 e 2015 consoante a tonelagem.

O "Pacote Erika 2" por seu turno introduziu medidas nas seguintes áreas relevantes:

1. Introdução de um sistema comunitário de monitorização, controlo e informação de tráfego marítimo;
2. Instituição de um fundo de compensação por poluição por hidrocarbonetos em águas comunitárias; e
3. Instituição de uma Agência Europeia de Segurança.

Por último, o "Pacote Erika 3" previu medidas nas seguintes áreas de intervenção:

1. Reforço da qualidade das administrações de bandeira;
2. Alterações ao regime do Port State Control;
3. Alterações ao sistema de monitorização de tráfego de marítimo;
4. Implementação de estruturas autónomas de investigação de acidentes;
5. Limitação de responsabilidade pelo transporte de passageiros; e
6. Seguro de responsabilidade civil obrigatório.

A grande maioria das medidas acima elencadas nos sucessivos Pacotes Erika está já consagrada no nosso sistema jurídico faltando apenas, conforme julgamos saber, a instituição de um fundo de compensação por poluição por hidrocarbonetos em águas comunitárias (fora, como é óbvio, dos sistemas já vigentes na grande maioria dos Estados Europeus e que são resultantes da Convenção CLC 1969 e / ou da Convenção CLC 1992 ou da Convenção de Bancas 2001). De notar, com orgulho e agrado, que a Agência Europeia de Segurança Marítima – European Maritime Safety Authority / EMSA está já em funcionamento e instalada em Lisboa.

Dada então uma informação breve sobre o quadro legal que suporta o exercício dos poderes administrativos sobre navios à nascença ou na construção (quadro que é o mesmo a usar em "vida"), cumpre então dar nota sobre quais são então esses poderes que são exercidos à nascença, isto é, quais são os poderes do Estado da Bandeira à nascença ou durante a construção e como são os mesmos exercidos.

Como se disse supra, são estes poderes administrativos de certificação da existência e do cumprimento de exigências técnicas ao nível do casco, máquinas, equipamento de salvação e outros e que são levados a cabo pela Administração de Bandeira (isto é, pelo Estado onde o navio será embandeirado) ainda o navio não está construído mas que se agudizam aquando da conclusão da sua construção.

Estes poderes administrativos de certificação podem ser exercidos pelos Estados de Bandeira de duas formas, a saber:

- Diretamente:– isto é, por intermédio de quadro de pessoal próprio afeto à Administração de Bandeira; ou
- Indiretamente:– por intermédio de Organizações Reconhecidas ou, o que é o mesmo, por intermédio de Sociedades Classificadoras que estão reconhecidas pelo Estado da Bandeira como Organizações Reconhecidas.

Poderes exercidos diretamente
Em Portugal, os poderes de certificação à nascença são exercidos diretamente pelas seguintes entidades:

a) Direção Geral de Recursos Naturais, Segurança e Serviços Marítimos. Esta Direção Geral está integrada no Ministério da Agricultura, do Mar, do Ambiente e do Ordenamento do Território e, por força do Decreto-Lei 49-A/2012 de 29 Fevereiro, sucedeu nas competências do Instituto Portuário e dos Transportes Marítimos
A Direção Geral de Serviços Marítimos exerce a dupla função de Estado da Bandeira e de Estado do Porto, isto é, é a entidade que valida a existência das mencionadas condições técnicas de segurança dos navios em construção e, ainda, é a entidade que exerce em Portugal a função de Estado do Porto (Port State Control), fazendo-o diretamente – em uso de quadro de pessoal próprio – ou indiretamente – por intermédio de Organizações Reconhecidas. Organizações Reconhecidas no que respeita com as competências de certificação.

b) Capitanias dos Portos
As Capitanias dos Portos são, por sua vez, parte integrante do sistema da autoridade marítima nacional. Exercem funções típicas de Estado da Bandeira e de Estado do Porto. São parte integrante da estrutura orgânica do Ministério da Defesa. A Direção Geral da Autoridade Marítima é a estrutura hierárquica acima das Capitanias.
Os poderes da DGSM e/ou das Capitanias exercem-se neste âmbito da certificação mediante a inspeção, o controlo e a validação de que os navios cumprem com as condições técnicas de segurança previstas nas várias camadas de regulamentação Internacional, Europeia e Nacional e acima sumariamente descritas.

O processo de certificação culmina na emissão de certificados respeitantes ao do navio que constituem documentos emitidos por aquelas autoridades públicas e que atestam ou evidenciam, por escrito, que determinado navio foi inspecionado e que, após a realização de tal inspeção, reúne determinadas características técnicas ao nível da segurança que permitem navegar.

São vários e de vária ordem os certificados que podem ser emitidos pelos Estados da Bandeira, diretamente ou indiretamente, sendo os mais importantes os certificados de navegabilidade; de arqueação; de conformidade de equipamento; de conformidade de segurança; de lotação etc..

Por último diga-se ainda que o DGSM atuará em relação a todos os navios que não tenham quaisquer restrições na área de navegação pretendida ou quando a Capitania não disponha dos meios / conhecimentos técnicos para o fazer.

A Capitania atuará em relação aos navios registados no tráfego local (isto é, que apenas podem operar nas áreas de jurisdição da Capitania, dentro de porto ou até uma certa distância da costa) e quando a Capitania disponha dos meios humanos para o fazer. Isto é assim porque os navios que apenas operam no tráfego local estão isentos de muitos dos certificados que os outros navios sem restrições na navegação não estão e, assim, estão isentos das inspeções que visem certificar os navios sem restrições de navegação. A Capitania detém também uma competência residual em relação à emissão do certificado de lotação.

Poderes exercidos indiretamente

Diferentemente, mas sendo esta a regra e o exercício direto a exceção, os Estados de Bandeira optam em geral por exercer os poderes de certificação por via indireta, fazendo-o por intermédio de Organizações Reconhecidas.

Na origem das Organizações Reconhecidas estão as chamadas Sociedades Classificadoras. As Sociedades Classificadores são sociedades comerciais de direito privado com características de multinacionais que visam o lucro e que são detidas por acionistas privados. As sociedades classificadoras empregam pessoal com competências técnicas para exercer os poderes de certificação dos navios e os poderes de verificação se os Navios cumprem com as condições técnicas de segurança exigidas por aquelas camadas de legislação Internacional, Europeia e Interna.

É nestas sociedades classificadoras que os Estados de Bandeira delegam os seus poderes de certificação da conformidade dos navios com as condições técnicas de segurança. Esta delegação de poderes é feita mediante a celebração de um contrato celebrado entre o Estado de Bandeira e a sociedade classificadora aprovada para levar a cabo tal controlo e certificação. As sociedades classificadoras aprovadas ou nas quais o Estado de Bandeira delegue e contrate passam a denominar-se por Organizações Reconhecidas, passando a constar de uma lista de sociedades classificadoras aprovadas pelos Estado da Bandeira em questão.

São estas as seguintes sociedades classificadoras que têm estatuto de organizações reconhecidas em Portugal: American Bureau of Shipping; Bureau Veritas; Det Norske Veritas; Germanischer Lloyd; Lloyd's Register; RINA e RINAVE.

A aprovação de uma sociedade classificadora como uma organização reconhecida é feita por intermédio de um contrato celebrado entre o Estado de Bandeira e a Sociedade Classificadora. Em Portugal, os contratos são feitos por intermédio da DGSN com a respetiva sociedade classificadora. O contrato ou acordo a celebrar deverá conter, por imperativo legal, disposições mínimas sobre os poderes do Estado de Bandeira; disposições sobre responsabilidade civil e sobre os deveres das Organizações Reconhecidas e disposições sobre a suspensão da atividade da Organização Reconhecida.

Como prova de que os poderes na construção são vastos e extensos e, ainda, de que tais poderes são em regra delegados nas sociedades classificadoras salienta-se desde já que os requisitos de projeto, de construção, de instalação de equipamentos e de manutenção relativamente ao casco, máquinas e às instalações elétricas e de controlo de navios são os que tenham sido aprovados pelas Organizações Reconhecidas.

Assim, passam a ser as organizações reconhecidas a aprovar os projetos de construção dos navios e a certificá-los atestando, assim, que o navio em construção e / ou o já construído cumpre com os critérios técnicos de segurança das disposições Internacionais, Europeias e internas. As organizações reconhecidas podem emitir relatórios / pareceres e nessa sequência ser o próprio Estado da Bandeira a emitir determinado certificado necessário ou, em alternativa – o que é mais comum -, ser a própria organização reconhecida a emitir o certificado relevante.

Por último, importa dizer que esta interessante e única delegação de poderes levanta questões muito interessantes de responsabilidade civil das sociedades classificadoras / organizações reconhecidas perante os Estados de Bandeira que as aprovam e de que é exemplo a ação intentada pelo Reino de Espanha contra a ABS no caso do Prestige. Levanta ainda esta temática questões muito interessantes sobre se as Sociedades Classificadores / Organização Reconhecidas serão responsáveis perante terceiros que não somente os Estados de Bandeira e/ou os proprietários dos navios que aquelas certificam em caso de acidente marítimo. Na verdade, esta temática levanta questões interessantes sobre os quadros legais da responsabilidade civil contratual e extracontratual.

(iv) Poderes em "vida":– durante a operação ou vida comercial do Navio

Tendo dado nota do poder de certificação na construção ou à nascença do navio iremos, então, de seguida dar nota dos poderes que são exercidos em vida ou durante a operação ou vida comercial do navio.

Estes poderes subdividem-se em três grandes áreas, a saber:

(i) No exercício de poderes de certificação por parte do Estado da Bandeira que são idênticos aos exercidos no momento da construção do navio e que são exercidos nos mesmos moldes do que foi anteriormente descrito:
   a) Verificação da conformidade das condições técnicas de segurança do navio com a regulamentação internacional, europeia e interna;
   b) Direta: por intermédio de estrutura bicéfala (DGSM / Capitanias);
   c) Indireta: por intermédio de organização reconhecida; e
   d) Culminando tudo na emissão de certificados.

(ii) Na emissão do despacho de largada, entendido este em sentido amplo, por parte da Capitania do Porto no âmbito de exercício de poderes do Estado do Porto; e

(iii) No controlo levado a cabo no âmbito do Port State Control (DGSM) e em exercício de poderes do Estado do Porto.

Poderes de certificação do Estado da Bandeira em vida do navio

Estes poderes são idênticos aos que são exercidos no momento da construção do navio e são exercidos mais ou menos nos mesmos moldes do que anteriormente descrito:– isto é, visam verificar se os navios cumprem com as condições técnicas de segurança previstas na regulamentação internacional, europeia e interna e, assim, se podem ou não manter os seus certificados válidos e atualizados.

Os poderes de certificação em vida podem subdividir-se em:

a) Poderes de inspeção e vistoria obrigatória e regular com vista à renovação dos certificados dos navios. Como é claramente percetível, as condições técnicas de segurança dos navios não são estanques e mudam com o uso e a sua operação, em especial se os navios não forem objeto de manutenção adequada. Nesta conformidade, os certificados técnicos emitidos por altura da construção (e os emitidos durante a vida comercial) têm prazos de validade estritos e certos devendo, passado certo tempo sobre a última vistoria a que foram sujeitos os navios (ou, doutro modo, passando certo tempo sobre a emissão do certificado relevante), ser os navios de novo vistoriados com vista a verificar se os navios reúnem as condições técnicas de segurança necessárias à obtenção da renovação dos seus certificados técnicos cujo prazo de validade está a expirar; e

b) Poderes de inspeção e vistoria por motivo de acidente de que os Estados de Bandeira dispõem e que abarca um sub poder para cancelar ou suspender certificados válidos em caso de acidente marítimo e de impor aos proprietários reparações ou intervenções técnicas com vista a levantarem tal suspensão de certificado e/ou com vista a emitirem novos certificados (note-se que a adicionar a este poder em caso de sinistro marítimo, as administrações dos Estados de Bandeira dispõem ainda de um amplo poder de investigação em caso de sinistro marítimo).

A importância do exercício deste poder amplo e forte reside no facto de que nenhum navio opera no comércio marítimo se não cumprir com tais inspeções periódicas, isto é, se não dispor de certificados técnicos válidos emitidos pelo seu Estado de Bandeira ou por uma organização reconhecida:– isto é, os navios não podem navegar entre portos ficando impedidos de ser explorados comercialmente se não dispuserem de certificados técnicos válidos e para tanto têm de se submeter às inspeções periódicas dos Estados da Bandeira.

Poder de emissão do despacho de largada do Estado do Porto

O segundo poder a exercer em vida ou durante a operação comercial do navio é exercido pela Capitania do Porto e consubstancia-se na faculdade de autorizar ou não a entrada de um navio e / ou a sua saída de um porto e na faculdade de emissão de uma autorização para a realização de trabalhos a bordo ou para a realização de exercícios de salvamento rotineiros durante a estadia do navio em porto.

O poder de emissão do despacho de largada, entendido em sentido amplo, subdivide-se nos seguintes poderes ou faculdades:

a. Poder de autorizar a entrada do navio em caso de arribada forçada: um navio que se encontre em situação de perigo para a sua carga e / ou para o navio no mar e que necessite de escalar um porto não previsto na sua viagem necessita de autorização da Capitania para o fazer;
b. Poder de autorizar a entrada do navio em caso de normal escala do navio para realizar operações comerciais normais de carga: a Capitania dispõe do poder de autorizar a sua entrada e a sua saída de porto;
c. Poder de visita: a Capitania dispõe do poder de proceder a visita ao navio quando o navio está em porto. Este poder pode ser exercido após a entrada do navio em porto e/ou antes da sua saída de porto. Poder de visita este que é obrigatório em caso de arribada forçada e facultativo nos outros casos (Note-se que alguns navios estão isentos de visita facultativa, a saber, os registados no tráfego local; os rebocadores e as embarcações auxiliares, locais e costeiras e os navios mercantes com bandeira comunitária);
d. Poder de fiscalização e de legalização de parte da documentação de bordo: o diário de navegação, o diário de máquinas e o livro de registos

de óleos dos navios nacionais são numerados e rubricados pelo Capitão do Navio, pelo Capitão do Porto e pela Organização Reconhecida quando o navio esteja registado na Capitania e verificados anualmente pelo Capitão do Porto;
e. Poder de emissão do despacho de largada ou de autorização de saída do navio de porto: o navio não pode sair livremente de um porto. Deverá apresentar um pedido de emissão do despacho de largada ou saída por intermédio do seu representante no porto – o agente de navegação –, podendo fazê-lo atualmente em Portugal na Janela Única Portuária ou em papel na Capitania.
A Janela Única Portuária é a plataforma informática online que permitiu desmaterializar todos os processos relacionados com o navio e a sua carga e à qual todas as entidades envolvidas neste processo têm direito de acesso para apresentar pedidos e emitir despachos de validação ou de autorização. As autoridades alfandegárias; sanitárias; estrangeiros e fronteiras; portuária; Veterinária e Capitania, e os agentes de navegação, acedem à Janela Única Portuária e podem nesta receber pedidos do navio apresentados pelo agente de navegação e emitir todas as autorizações necessárias para que o navio possa entrar em porto, executar as suas operações de carga e largar de porto.
É de notar que os navios de guerra e outros navios de Estado, de tráfego local, de pesca e os rebocadores e embarcações auxiliares, locais ou costeiros estão isentos de despacho de largada.

Os poderes administrativos relacionados com o despacho de largada, entendido este em sentido amplo, e que são exercidos em Portugal pelas Capitanias dos Portos estão salvaguardados ou assegurados por um amplo poder sancionatório aplicado a título de contra ordenação e por um poder implícito de atraso ou de não emissão do despacho de largada, que estão também na titularidade do Senhor Capitão do Porto. A título de exemplo a realização de reparações a bordo ou de exercícios de salvamento rotineiros sem autorização do Capitão do Porto enquanto o navio está em porto constitui contra ordenação punível com coima de valor elevado.

Terminando, e como ponto de ligação entre este poder que é das Capitanias e o poder que será descrito de seguida que é da DGSM, verifica-se também em vida ou durante a operação comercial do navio existir em Portugal uma estrutura bicéfala no exercício de poderes administrativos no âmbito do controlo dos navios pelo Estado do Porto. As Capitanias são as entidades competentes para emitir o despacho de largada de navios e assim recusar a sua emissão. Mas, as medidas e as inspeções do Estado do Porto a navios estrangeiros são levadas a cabo pela DGSM e não pelas Capitanias. Deste último ponto daremos nota de seguida.

Poder de controlo da observância das condições técnicas de segurança dos navios estrangeiros por parte do Estado do Porto (DGSM) / Port State Control

O sistema do Port State Control ou de controlo da observância das condições técnicas de segurança dos navios estrangeiros por parte do Estado do Porto foi criado porque se concluiu, a nível internacional, que alguns Estados de Bandeira e / ou algumas Organizações Reconhecidas atuando em nome e representação de alguns Estados de Bandeira não cumpriam cabalmente com os seus deveres de verificação e certificação das condições técnicas de segurança dos navios que certificavam e que arvoravam as suas bandeiras isto porque, quer ao nível do casco e máquinas – controlo ao abrigo das Convenções SOLAS e Marpol – quer ao nível da própria tripulação do navio – Convenção STCW – e quer ao nível da gestão da tripulação e da operação do navio – Código ISM -, os navios apresentavam deficiências técnicas de segurança que estavam as mais das vezes na origem de acidentes marítimos muito graves.

De notar, a título de comentário, que o Prestige se encontrava plenamente certificado pelo seu Estado de Bandeira e pela Organização Reconhecida relevante – a ABS – por altura do acidente que o levou a partir-se e a causar o desastre ambiental que sucedeu nas costas francesa, espanhola e portuguesa.

Concretizando, com a criação de registos internacionais abertos em que algumas das administrações marítimas de bandeira não eram eficazes e não controlavam eficazmente as condições técnicas de segurança dos navios ao abrigo daquela regulamentação técnica internacional dos navios que arvoravam as suas bandeiras e/ou com a constatação de que tal também se verificava ao nível de algumas organizações reconhecidas porque, apesar de certificados, os navios não cumpriam com tais critérios técnicos de segurança e afundavam e/ou sofriam acidentes marítimos graves, chegou-se à conclusão de que os navios deveriam ser também objeto de novo controlo ou de controlo adicional ou à posteriori da sua conformidade técnica mas desta feita a executar pelas autoridades do estado do porto no qual os navios estrangeiros escalassem.

Nesta conformidade, as administrações marítimas estatais da Europa e do Atlântico Norte aceitaram ficar vinculadas ao Memorando de Entendimento de Paris sobre Controlo do Estado do Porto (Paris Memorandum of Understanding on Port State Control).

Há que notar em primeiro lugar que o MOU não constitui uma convenção internacional e não vincula juridicamente o Estado Português. Constitui um bom e pleno exemplo de *"soft law"* que funciona e que é eficaz. Porém, os seus critérios e metodologias fazem parte da ordem jurídica interna dado que foram passados para a ordem jurídica interna por via de lei ou de decreto-lei.

Os critérios e a metodologia constantes do MOU constituem uma base de trabalho comum a usar na inspeção e na verificação das condições técnicas de segurança dos navios estrangeiros, na inspeção e na verificação das condições de segurança das tripulações e das cargas dos navios ao abrigo das Convenções Internacionais acima mencionadas e de outras que lidam com a certificação, treino e tempo de trabalho dos tripulantes (a "International Convention on Standards of Training, Certification and Watch-keeping for Seafarers, 1978 (STCW 78)), com a poluição (a Marpol); com as Linhas de Carga e com a Arqueação dos navios etc..

O sistema do Port State Control previsto no MOU prevê em geral para os Estados que a ele adiram e que o implementem:

a. O uso de critérios comuns nas inspeções a realizar por via da definição de tipos de inspeção diferenciados; da definição do n.º de inspeções a realizar e da definição dos tipos de navios a inspecionar;
b. O uso de lista de deficiências e de critérios a aplicar comuns;
c. A aplicação de sanções comuns de acordo com o tipo de deficiências apuradas;
d. A criação e a manutenção de uma base de dados online de inspeções:– sistema Thetis e uma lista de navios detidos;
e. A elaboração de listagens de acordo com cores dos Estados de Bandeira: Branca: as melhores bandeiras cujos Navios apresentam menos deficiências; Cinzenta: estatuto intermédio; Negra: as piores; e

f. A previsão de um sistema de recurso comum:– recurso facultativo para o Secretariado do Memorando. A usar em alternativa ao sistema nacional de recurso de cada Estado contra as medidas impostas pelo inspetor.

O sistema do MOU teve tanto sucesso e foi tão eficaz na prevenção de desastres marítimos que viu a sua metodologia e estruturas replicarem-se a outras regiões do Mundo com a criação do Abuja MOU; do Black Sea MOU; do Caribean MOU; do Indian Ocean MOU; do Mediterranean MOU; do Tokyo MOU e do Vina del Mar MOU.

Em Portugal, a entidade que exerce os poderes do Estado do Porto de controlo das condições técnicas dos navios estrangeiros no âmbito do MOU é a DGSM.

Em termos gerais, o regime legal sobre o Port State Control em vigor em Portugal consta do Decreto-Lei nº 61/2012 de 14 de Março.

Implementação dos critérios e da metodologia do MOU em Portugal

A lei Portuguesa determina o perfil ou a formação que o inspetor do Port State Control deve ter para poder levar a cabo inspeções a navios no âmbito do MOU. Impõe a emissão de uma autorização e ainda que o candidato tenha uma credenciação própria para atuar como inspetor. A credenciação ou a experiência típica para se poder exercer as funções de inspetor passa por se ter credenciações como engenheiro naval ou experiência como Capitão da Marinha Mercante ou como Chefe de Máquinas.

A lei impõe uma obrigação aos inspetores credenciados de se munirem e mostrarem sempre um cartão de identificação no exercício das suas funções, i.e., durante a realização de inspeções.

Em termos gerais, e no que concerne com os critérios de controlo propriamente dito, o legislador Português transpôs a definição dos perfis de risco dos navios constante do sistema comum do MOU – o sistema THETIS – e que foi construído em uso de parâmetros de risco que determinam a respetiva prioridade para inspeção, os intervalos e o âmbito da inspeção. Prevê assim a lei o uso de parâmetros genéricos que se baseiam na idade do navio, no desempenho do estado da bandeira, das organizações reconhecidas e no perfil da empresa operadora / gestora e, ainda, parâmetros históricos que se baseiam no número de deficiências e detenções ocorridas durante um determinado período passado.

Fazendo uso daqueles parâmetros genérico e históricos e de um critério de periodicidade, o Port State Control pode proceder aos seguintes tipos de inspeção:

- Periódicas: conforme intervalos pré estabelecidos de acordo com o respetivo perfil de risco, sendo que o intervalo aumenta à medida que o risco diminui; e
- Adicionais: obrigatórias ou discricionárias (de acordo com a avaliação técnica ou profissional do inspetor).

O perfil de risco que se alcança por aplicação dos parâmetros genéricos e históricos aos navios permite qualificar os navios em navios de inspeção de "Prioridade I" ou de "Prioridade II". Mais se procede ainda à determinação de uma quota anual mínima de inspeção dos navios que escalam em portos nacionais: todos os navios de "Prioridade I" têm de ser inspecionados.

Por outro lado, e fazendo uso de um critério qualitativo sobre o fim ou o objeto da inspeção a levar a cabo, isto é, sobre o que é que tem de ser inspecionado, a lei transpôs também a definição dos seguintes tipos de inspeção: inicial, mais detalhada e expandida.

Inspeção inicial

No decurso de uma inspeção inicial e que será, assim, a inspeção mais básica e mais simples de todas, o inspetor do Port State Control está obrigado a aferir e a verificar o que segue:

a. Proceder à verificação dos certificados e dos documentos listados no Anexo 10 do Memorando de Paris / Anexo V do Decreto-Lei 61/20012 de 14 Março:– isto é, está obrigado a verificar se o navio dispõe de certificado de arqueação; de certificados de segurança; de certificado de linhas de carga; de certificado de prevenção por poluição por hidrocarbonetos etc. válidos e em vigor;
b. Proceder à verificação de que a condição geral do navio, e que as condições de higiene do navio, cumprem com as regras e standards

internacionais geralmente aceites, a saber, na ponte, nos alojamentos, no deck, incluindo castelo da proa, nos porões de carga e na casa das máquinas; e
c. Proceder, se tal não tiver sido feito anteriormente, à verificação de que as deficiências detetadas anteriormente por qualquer outra autoridade foram já corrigidas de acordo com o timing dado pela inspeção anterior.

Esta será em bom rigor o tipo de inspeção mais básico e simples a executar pelo inspetor e a partir da qual, consoante a avaliação técnica ou profissional do inspetor que é amplamente discricionária, poderá ou não potenciar a continuação para uma inspeção mais extensa e aprofundada.

Inspeção mais detalhada

O inspetor poderá então passar para a realização de uma inspeção mais detalhada quando, durante a realização de uma inspeção inicial, verifique que tem razões inequívocas para crer que as condições em que se encontra o navio, o seu equipamento ou a sua tripulação não respeitam substancialmente os requisitos técnicos de uma Convenção.

No texto da lei, surgem razões inequívocas quando o inspetor verifique, **de acordo com o seu julgamento profissional**, existirem provas de que as condições em que se encontra o navio, o seu equipamento ou a sua tripulação não respeitam substancialmente os requisitos de uma convenção.

A ausência de certificados ou documentos válidos constitui razão inequívoca e objetiva, entre outras listadas no Anexo VI do Decreto-Lei 61/2012, para que o inspetor passe de uma inspeção inicial para uma mais detalhada.

A inspeção mais detalhada incluirá sempre uma análise detalhada aos seguintes pontos / áreas:

– Zonas onde se detetaram razões inequívocas;
– Outras áreas ao acaso de entre as seguintes áreas de risco:
  – Documentação;
  – Estado da estrutura;
  – Estanquidade;
  – Sistemas de emergência;

- Radiocomunicações;
- Operações de carga; e
- Prevenção da poluição etc..

Mais terá o inspetor que tomar em consideração o elemento humano previsto nas convenções, ISM e STCW durante a inspeção mais detalhada. Uma outra razão inequívoca para se levar a cabo uma inspeção mais detalhada resulta também quando o inspetor recolha informação de que o capitão e/ou a tripulação não estão familiarizados com as operações de bordo essenciais para a segurança da navegação ou a prevenção da poluição, ou de não terem sido realizadas tais operações.

Inspeção expandida

Por último, o inspetor deverá sempre levar a cabo uma inspeção expandida, isto é, a mais extensa e completa de todas, em relação aos seguintes navios:

- Navio com perfil de alto risco não inspecionado durante os últimos 6 meses; ou
- Navio de passageiros, petroleiros, transporte de gás, químicos ou graneleiros com mais de 12 anos; ou
- Navio com um perfil de alto risco ou navio de passageiros, petroleiros, transporte de gás, navios químicos ou graneleiros, com mais de 12 anos em caso de fatores prevalecentes ou imprevistos; ou
- Navio submetidos a nova inspeção na sequência de uma recusa de acesso ao porto.

O inspetor está obrigado a verificar durante a realização de uma inspeção expandida a condição geral do navio e o elemento humano, fazendo-o obrigatoriamente nas seguintes áreas de risco:

- Documentação
- Estado da estrutura
- Estanquidade
- Sistemas de emergência
- Radiocomunicações

- Operações de carga
- Prevenção da poluição etc

A realização de uma inspeção, seja ela inicial, mais detalhada ou expandida, estará sempre sujeita às condições de exequibilidade prática ou aos constrangimentos de segurança das pessoas a bordo, do porto e do navio. O inspetor deverá sempre usar o seu juízo profissional para decidir qual o grau apropriado de inspeção a executar e qual o grau apropriado do teste a cada item dos acima listados. O inspetor deve estar ciente ainda de que a execução segura das operações do navio, i.e., das operações de carga, poderá impedir a execução de tais testes. Mais terá o inspetor que tomar em consideração o elemento humano previsto nas convenções, ISM e STCW e incluir controlos operacionais nas suas inspeções.

A falta de cumprimento das condições técnicas impostas pelas Convenções dá lugar a deficiências ou a *"non conformities"*.

No final da inspeção, o inspetor está obrigado a redigir e a assinar um relatório detalhado que é preparado em formulário pré aprovado redigido em inglês e português onde detalhará as características do navio, o tipo de inspeção que executou e as deficiências encontradas e a sanção aplicada.

Tipos de sanção

Após a realização de uma inspeção, seja ela inicial, mais detalhada ou expandida, e caso o inspetor encontre não conformidades, isto é, deficiências técnicas ao nível da segurança do navio ou da sua tripulação ou da sua operação, e consoante a sua gravidade e natureza, poderá aplicar sanções administrativas nos termos do Paris MOU e da legislação nacional que o transpôs.

A primeira e mais comum sanção aplicada é a de proceder à emissão de uma ordem de correção da deficiência detetada concedendo um determinado prazo para tal correção. Esta sanção aplicar-se-á geralmente a deficiências menos graves e constitui uma ordem do inspetor do PSC (por exemplo, proceder a uma pequena reparação de um equipamento que não colide com a segurança da navegação, do navio, da tripulação ou da sua carga dentro de certo prazo certo).

A segunda e mais gravosa sanção a aplicar pelo inspetor é a sanção de detenção do navio. Esta sanção de detenção aplica-se em relação às deficiências mais graves e consubstancia-se no fato de o navio ficar retido ou proibido de sair de porto enquanto não corrigir a deficiência detetada.

A ordem de detenção é do inspetor do Port State Control mas necessita de colaboração do Capitão do Porto para ser eficaz, isto é, o Capitão do Porto não emite o despacho de largada ou de saída do navio enquanto este estiver detido pelo Port State Control. Constitui a sanção mais gravosa para os interesses do navio porquanto impede-o de operar / navegar, isto é, de auferir rendimento por via do frete. A sanção de detenção tem de ser notificada ao Capitão do navio, à organização reconhecida da bandeira do navio e ao Estado da Bandeira por via do representante diplomático.

O inspetor do Port State Control tem o dever legal de envidar todos os esforços para evitar deter ou atrasar indevidamente um navio porquanto a detenção indevida ou o atraso indevido dá à companhia / proprietário / gestor o direito de ser ressarcida por perdas e danos, sendo o ónus da prova da companhia.

Outras consequências da sanção de detenção

A decisão de detenção tem outras consequências gravosas para além das que se elencaram em relação ao frete para os navios. Pode, em determinadas condições, fazer com que um dado navio deixe de poder escalar determinados portos legitimando o Capitão do Porto a recusar a entrada desses navios por tempo determinado (dentro de certo prazo); ou por tempo indeterminado (sem prazo de duração mas reversível); ou levar a uma recusa de acesso permanente.

De facto, a recusa de entrada em porto por ordem do Capitão do Porto pressupõe sempre a existência de navio reincidente, isto é, de navio que é detido por mais do que uma vez.

As recusas de acesso ao porto podem ser de três tipos:

a) Recusa por tempo determinado:– decisão de 1ª Recusa.
   Esta ordem de recusa menos gravosa aplica-se a:
   – Navio que arvore bandeira de estado cuja taxa de detenção justifique a sua inserção na lista negra do MOU e que tenha sido detido mais de duas vezes nos 36 meses anteriores num porto da União ou de Estado do Paris MOU e seja detido uma terceira vez.

Ou
- Navio que arvore bandeira de estado cuja taxa de detenção justifique a sua inserção na lista cinzenta do Memorando de Paris e que tenha sido detido duas vezes nos 24 meses anteriores num porto da União ou de Estado do Paris MOU e seja detido uma terceira vez.

A decisão de 1.ª recusa de acesso ao porto só é revogada após 3 meses, ou após 12 meses se o navio for entretanto alvo de uma segunda decisão de recusa posterior e quando se preencherem certas condições técnicas.

b) Recusa por tempo indeterminado:– decisão de 3ª recusa
Esta ordem de recusa intermédia em termos de gravidade será emitida em relação a navio que é detido após a emissão de uma segunda decisão de recusa de entrada em porto.
Trata-se de decisão a revogar após terem passados 24 meses conquanto se verifiquem certas condições técnicas.

c) Recusa de acesso permanente:– após a decisão de 3.ª recusa:
A ordem de recusa permanente será emitida em relação a:
- Navios que, após que tenham decorridos os 24 meses sobre a terceira recusa, não cumpram com as condições técnicas exigíveis;

Ou
- Navios que sejam detidos após a emissão de uma terceira decisão de recusa

Meios de impugnação da decisão de detenção e das restantes sanções

As decisões de detenção e as restantes sanções podem ser sindicadas por intermédio das seguintes vias a usar pelo proprietário do navio ou pelo gestor do navio:

a) Recuso hierárquico facultativo por intermédio de alegações escritas dirigidas ao Diretor Geral da DGSM a apresentar em 10 dias contados da data da notificação da decisão;
Ou,

b) Recurso judicial para o tribunal marítimo a apresentar no prazo de 3 meses a contar da data da notificação da decisão.

Em alternativa, as autoridades do Estado da Bandeira do navio podem reclamar por escrito para o secretariado do MOU indicando as razões porque é que as sanções devem ser eliminadas ou alteradas. Este instrumento necessita de concordância do Estado da Bandeira mas, ao ser "avalizado" por uma autoridade independente dos interesses do navio será o instrumento mais potente e eficaz a usar. Em princípio não é cumulável com os outros dois.

Como nota importante diga-se que a nova lei sobre Port State Control não contém nenhuma indicação clara neste sentido. Apenas impõe um dever à autoridade / inspetor de indicar os meios extra judiciais e judiciais na notificação que faz ao Capitão do navio da aplicação da sanção:– artigo 38 Decreto-Lei nº 61/2012. Porém, era este o regime anterior e crê-se que se manterá em vigor.

Note-se por último que a impugnação das decisões não tem efeito suspensivo mas em caso de anulação, revogação ou alteração da decisão / sanção há uma obrigação do Estado do Porto em corrigir no sistema Thetis o cadastro do navio, isto é, de eliminar da base de dados comum aos países do MOU a sanção que foi revogada ou alterada.

(v) Poderes na "morte": na demolição e desmantelamento e na remoção do destroço do Navio

Também na sua morte, ou no processo que o levará a sua morte, está o navio sobre forte poder administrativo que o controlará, isto é, que determinará quais as atitudes admissíveis por parte do seu proprietário se e quando o mesmo decidir proceder à sua demolição. Mais poderá a autoridade administrativa ordenar a sua morte por via de ordem de desmantelamento.

Mais será ainda o navio fortemente condicionado em caso de se tornar um destroço, impondo a lei um conjunto vasto e sério de deveres a cargo do proprietário e do armador do navio em caso de encalhe ou de afundamento ou de acontecimento de mar que resulte em que o navio, ou parte do mesmo, fique em situação de destroço.

Daremos conta de alguns aspetos da Convenção de Hong Kong que, apesar de não estar em vigor nem de Portugal ter a ela aderido constitui instrumento convencional muito útil e relevante para a matéria da demolição e do desmantelamento de navios. Não obstante, o Regulamento (EU) n.º 1257/2013 do Parlamento e do Conselho de 20 Novembro de 2013 procedeu à transposição, com adaptações, das disposições da Convenção de Hong Kong para direito europeu.

De seguida descreveremos o regime interno da demolição e do desmantelamento, terminando por fazer alusão ao regime da remoção de destroços.

Poderes na demolição e no desmantelamento

Nota breve sobre a "Hong Kong International Convention for the Safe and Environmentally Sound Recycling of Ships, 2009" e ao Regulamento (EU) n.º 1257/2013 do Parlamento e do Conselho de 20 Novembro de 2013

Como se disse supra, a Hong Kong International Convention for the Safe and Environmentally Sound Recycling of Ships, 2009 ou convenção de Hong Kong constitui convenção internacional de que Portugal não é estado signatário e nem está ainda em vigor na ordem jurídica internacional.

Porém tratou-se da primeira iniciativa da comunidade internacional em tentar garantir que navios, que são objeto de processo de demolição, e as partes componentes que lhe são retiradas e recicladas, no final da sua vida operacional não criam, no decurso do processo da sua demolição / reciclagem, riscos desnecessários para a vida, para a saúde humana e para o meio ambiente. Em boa verdade, visou a convenção apenas evitar ou mitigar os riscos resultantes dos processos de desmantelamento que se verificam ainda em países como o Bangladesh, a India etc.

A convenção contém, em primeiro lugar, disposições sobre design, construção e preparação dos navios, isto é, disposições a aplicar durante ainda o processo de construção dos navios está em curso, disposições / imposições estas que se destinam a facilitar a demolição segura e saudável dos navios e sem comprometer a segurança e a eficiência operacional dos navios.

Contém ainda a convenção disposições sobre a operação segura e saudável das instalações de demolição e estabelece mecanismos destinados a dar exequibilidade a estas disposições mediante obrigações de certificação e de informação tais como:

- Dispondo uma obrigação a impor aos navios enviados para demolição de se munirem de um inventário dos materiais perigosos que o compõem. A convenção contém uma lista de materiais perigosos que não poderão ser manuseados pelos estaleiros de construção, reparação e demolição; e
- Dispondo uma obrigação de os navios serem vistoriados aos materiais perigosos após a sua construção, durante as vistorias regulares obrigatórias e antes da sua demolição.

Por outro lado, a convenção impõe às instalações de demolição / desmantelamento o dever de preparar um plano de demolição / desmantelamento do Navio antes de iniciarem qualquer operação de demolição / desmantelamento.

Os Estados signatários da convenção deverão assegurar-se que as instalações de demolição / desmantelamento cumprem com tais disposições da convenção.

Apesar de ainda não estar em vigor entende-se ser a convenção um instrumento muito útil e necessário que virá, com certeza, permitir que a indústria da demolição e do desmantelamento de navios passe a ser uma indústria mais regulada e menos nociva para o ambiente e para a saúde dos trabalhadores que a ela se dedicam.

Os comentários acima valem *mutatis mutandis* para as disposições constantes do Regulamento (EU) n.º 1257/2013 do Parlamento e do Conselho de 20 Novembro de 2013 que não será aplicável nunca antes de 31 Dezembro de 2015.

Regime interno da demolição e do desmantelamento

Em Portugal, o quadro legal sobre a demolição e o desmantelamento consta essencialmente dos artigos 91 a 98 do Regulamento Geral das Capitanias.

A nossa lei dispõe como princípio geral o de que as embarcações registadas em Portugal apenas podem ser demolidas mediante autorização da Capitania do Porto de Registo do próprio navio e após apresentação, por parte do proprietário do navio, de requerimento destinado a isso mesmo, isto é, destinado a manifestar a intenção do proprietário em obter a demolição do seu navio e a apresentar o pedido de que a mesma seja autorizada. A demolição é no quadro legal interno uma destruição do navio a pedido do proprietário não sendo, em caso algum, livre:– depende sempre de autorização da Capitania do porto de registo do navio a dar após requerimento.

O desmantelamento parecer ser, nas palavras da lei, uma destruição física já não a pedido do proprietário mas sim ordenado pela autoridade marítima. Tal parece poder suceder, isto é, a autoridade marítima poderá ordenar legitimamente o desmantelamento do navio quando o navio seja considerado inavegável e insuscetível de reparação ou, em alternativa, quando o navio constitua um estorvo à navegação ou um perigo para a navegação (veremos infra que o conceito de inavegabilidade para este efeito não é fácil de concretizar).

Processo de demolição

O requerimento destinado a obter a autorização para demolição do navio deverá ser apresentado pelo proprietário, juntamente com os documentos do navio, na Capitania do Porto de registo do navio se o navio se encontrar em Portugal ou, se o navio se encontrar no estrangeiro, junto da autoridade consular do porto estrangeiro onde o navio português se encontre.

Após a apresentação deste pedido ou após a apresentação do requerimento para obtenção da autorização para demolição, a autoridade marítima mandará vistoriar o navio, vistoria essa que será executada por dois peritos, para determinar quais as condições de navegabilidade do navio e qual o seu valor.

De seguida, a autoridade marítima tornará público por meio de aviso o pedido de demolição dando indicação do valor do navio no aviso que publicar.

Acresce ainda que, a autoridade marítima está obrigada a juntar ao processo administrativo de demolição uma certidão dos ónus e dos encargos que incidam sobre o navio. Em uso desta certidão e da demais informação de que disponha, a autoridade marítima está obrigada a notificar / citar os credores e os demais interessados para, querendo, deduzirem oposição ao pedido de demolição, a apresentar no prazo de 15 dias. Se for apresentada oposição por parte de um dos credores ou por parte de qualquer interessado, e após a obtenção de parecer da D.M.M. (antiga Direção de Marinha Mercante / Direção Geral da Autoridade Marítima – Conselho Consultivo ou o Diretor Geral da DGAM?), o Capitão do Porto terá de decidir, tendo em conta a vistoria efetuada e o seu valor, se o navio deve ser demolido ou não.

Por outro lado, se não existir oposição por parte dos credores ou dos interessados ou, havendo-a, se a oposição for julgada improcedente pelo Capitão do Porto, e, após audição da DMM, for deferido o pedido de demolição apresentado, o Capitão do Porto notifica o proprietário para depositar na Caixa Geral de Depósitos / por intermédio de depósito autónomo, e no prazo de 15 dias, o valor da avaliação do navio, devendo este depósito ser efetuado à ordem do tribunal com competência sobre a área de jurisdição da Capitania onde o processo de demolição está a correr.

Feito o depósito pelo proprietário da quantia equivalente ao valor do navio dado pela avaliação da Capitania, procede então o Capitão do Porto à remessa do processo administrativo de demolição para o tribunal com jurisdição sobre a área de jurisdição da Capitania para se processar, de seguida, e nos termos das disposições do Código de Processo Civil sobre a execução para pagamento de quantia certa, a convocação dos credores, a verificação e a graduação e o pagamento dos créditos que incidem sobre o navio, podendo, então, a autoridade marítima ordenar a demolição do navio no porto onde este se encontra.

Processo de desmantelamento

O processo de desmantelamento (destruição física ordenada pela autoridade marítima) segue os mesmos termos do processo de demolição sem necessidade de depósito por parte do proprietário do seu valor mas impondo-se uma limitação ao proprietário quanto ao destino a dar ao navio desmantelado, isto é, impedindo-se o proprietário de dispor ou desfazer-se do conjunto desmantelado durante os 30 dias subsequentes ao desmantelamento.

Da demolição ou do desmantelamento elabora-se auto pela autoridade marítima, ou pelo agente consular, com jurisdição sobre o local onde se proceder à operação de demolição ou de desmantelamento que é, posteriormente, enviado à autoridade marítima do porto de registo para efeitos do abate do registo do navio.

Como se disse, o desmantelamento parece ser, nas palavras da lei, uma destruição física ordenada pela autoridade marítima. Tal parece poder suceder, isto é, a autoridade marítima poderá ordenar legitimamente o desmantelamento do navio quando o navio seja considerado inavegável e insuscetível de reparação ou, em alternativa, quando o navio constitua um estorvo à navegação ou um perigo para a navegação.

Nos termos da lei, o navio será considerado como estando inavegável quando:

- a reparação do navio danificado não seja justificável por antieconómica ou quando não seja possível – 1075 Novo Código do Processo Civil; e/ou
- o navio não obedeça às condições técnicas a que deva obedecer e não preencha os requisitos necessários à viagem que vai empreender e à carga que vai transportar – artigo 8º do Estatuto Legal do Navio constante do Decreto-lei 201/98 10.07.

Como se depreende da leitura atenta das duas disposições legais acima descritas, a noção de inavegabilidade não é inequívoca. Se por um lado a primeira noção, a mais antiga, aponta para um critério da exequibilidade prática da sua reparação e/ou da sua justificação económica, o segundo, mais atual, aponta para um critério de índole meramente técnica. Fica por saber então qual dos dois prevalece e se apenas o preenchimento de um deles permitirá a emissão de ordem legítima de desmantelamento.

Poderes na remoção de destroço do Navio

No caso bem diferente de a "morte" ou da extinção física do navio se dar por mero efeito da sua operação comercial, isto é, de a "morte" se dar porque o mesmo encalhou, afundou ou foi interveniente em acidente de mar dir-se-ia, talvez um pouco precipitadamente, que o navio estaria aqui livre de quaisquer poderes administrativos e que o seu proprietário estaria livre de quaisquer obrigações podendo apenas, "quiçá", deixá-lo a ganhar ferrugem no local onde o mesmo sofreu o acidente. Em bom rigor, e na nossa ordem jurídica, houve um tempo em que tal assim se passavam as coisas e que, ainda, assim se passarão as coisas em algumas zonas do globo.

Porém, cedo se percebeu que os navios encalhados, afundados ou que tivessem sido intervenientes em acidente de mar constituíam, muitas vezes, entrave e risco para a navegação dentro ou fora dos portos se se mantivessem na posição onde tinham encalhado ou afundado e / ou que constituíam risco de dano para o ambiente marinho e / ou que constituíam risco de dano para os recursos marinhos podendo, assim, prejudicar atividades como a pesca, o turismo, a exploração do porto, a navegação marítima etc.

Perante o elevado custo que representa para os proprietários remover os navios encalhados ou afundados e o pouco incentivo em fazê-lo, atento o seu pouco valor após o acidente (a maioria das vezes tendo apenas valor para sucata), entendeu-se necessário dotar os governos de instrumentos legais que permitissem compelir os proprietários a remover os navios que se afundassem e / ou que encalhassem e que causassem os riscos de danos acima descritos.

Os esforços têm sido feitos a nível da comunidade internacional por intermédio da aprovação da Nairobi International Convention on the Removal of Wrecks, 2007 e, a nível interno, pela aprovação do Decreto-lei 64/2005 de 15 de Março que aprovou o regime interno da remoção de destroços. Daremos conta sumariamente destes dois regimes.

Regime internacional

Num esforço de regular eficazmente o problema da remoção dos destroços de navios encalhados e / ou afundados que ficavam abandonados ao seu destino pelos seus proprietários, a comunidade internacional redigiu e aprovou a Nairobi International Convention on the Removal of Wrecks, 2007.

Trata-se outra vez de convenção internacional de que Portugal não é signatário e que não está em vigor e que não foi ainda objeto de Regulamento da União Europeia.

Porém, e com vista a endereçar os problemas dos destroços não removidos e dos riscos a estes ligados, a convenção de Nairobi contém uma base legal destinada a compelir os Estados signatários da mesma a removerem, ou a fazerem remover, os destroços de navios que possam potencialmente afetar ou colocar em risco a segurança de vidas e da navegação, de bens ou do meio marinho ou do ambiente, sempre que os destroços se encontrem localizados para além do mar territorial dos países signatários.

A convenção permite, no entanto, que as suas disposições possam ser aplicadas para cá do mar territorial dos estados em sistema de *"opt in"*. Na verdade, a convenção prevê um regime internacional a vigorar fora do âmbito da jurisdição quase plena de que os estados costeiros gozam sobre o seu mar territorial (jurisdição que os permite aprovarem e implementarem um regime legal compulsório de remoção dos destroços situados para cá do mar territorial) e que pode ser estendido, caso o estado costeiro assim o entenda, para vigorar também no seu mar territorial.

A convenção contém assim disposições legais sobre as obrigações que ficam a cargo do estado costeiro em proceder à localização do destroço e em proceder à preparação / redação e publicitação de avisos à navegação sobre a localização do destroço. Esta obrigação é extensível aos estados com costas contíguas.

Contém ainda a convenção critérios de avaliação do risco que envolve o destroço considerando a profundidade a que o mesmo se encontra, a proximidade do destroço de rotas de navegação, a densidade e o tipo de tráfego na zona onde o mesmo está e, contém ainda, critérios de risco ambiental a usar pelos estados costeiros na marcação e nas decisões a tomar sobre o destroço.

A convenção contém ainda critérios para facilitar a remoção de destroços, nomeadamente estipulando quais são os direitos e os deveres do proprietário e do estado costeiro, i.e., quando é que a obrigação de remoção é do proprietário e quando é que o Estado pode intervir em sua substituição e quais as consequências desta decisão.

A convenção estabelece ainda uma obrigação a cargo do proprietário registado do navio de localizar, marcar e remover o navio e os seus destroços e de manter seguro obrigatório para cobrir as obrigações que decorrem para o proprietário dos termos da Convenção. A convenção estabelece ainda esquemas de resolução de litígios.

Regime interno da remoção de destroços (Decreto lei 64/2005 de 15 Março)

Diga-se em abono da verdade que como reação à pouca eficácia compulsória do regime anterior – e que constava de escassos artigos do Regulamento Geral das Capitanias – e onde a grande falha parecia residir na ausência de disposições claras sobre quais os deveres dos proprietários e quais os poderes das autoridades perante a inércia dos proprietários e "bebendo" das disposições da Convenção de Nairobi, o legislador Português introduziu, na nossa opinião, um regime realista e relativamente eficaz para a remoção de destroços.

O regime interno da remoção de destroços aplica-se quando ocorra sinistro marítimo ou outro acontecimento de mar (por exemplo, tempestade) que cause afundamento ou encalhe de um navio, afundamento ou encalhe este que cause prejuízo à navegação, ou prejuízo ao regime e à exploração do porto ou cause danos para o ambiente, nomeadamente, aos recursos aquícolas ou piscícolas.

Note-se em primeiro lugar que a noção do que é um navio para este efeito não é unívoca, tendo o signatário já estado envolvido num caso em que o Capitão do Porto aplicou o regime da remoção de destroços a *"pontões"* que caíram de bordo de um navio e que ficaram encalhados nas praias da costa alentejana e do algarve.

Por outro lado, e independentemente da noção do que será um navio, a lei dispõe uma obrigação geral sobre o proprietário de remover o navio, ainda que o mesmo se trate apenas de um destroço ou de que do mesmo apenas existam destroços e de custear tal remoção.

Prevê assim a lei dois tipos de procedimento a seguir no processo de remoção de destroços de navios: (i) processo em que o destroço não tenha causado poluição marinha e (ii) um outro quando o destroço causou poluição. Vejamos os dois de seguida.

Procedimento normal

A lei impõe em primeiro lugar ao proprietário a obrigação de, no prazo de 4 dias úteis, contados da data em que se deu o acontecimento de mar / encalhe, prestar a favor da autoridade que coordena o processo, uma caução idónea (sob a forma de garantia bancária ou por outra via de outro tipo idóneo a determinar de acordo com as características do navio, da carga e do risco que ambos colocam e das condições económicas do caucionante – seja sob forma de carta de garantia da mútua do navio ou do segurador de casco e máquinas), que será a restituir no final, para garantir as despesas de remoção do navio. Por experiência própria, muito cuidado terá que ser colocado na fixação deste montante porquanto não poucas vezes o navio não valerá grande coisa e o incentivo para caucionar será pouco, devendo, julga-se, aferir-se, ainda que preliminarmente, quais os custos prováveis e razoáveis da remoção do navio e das suas substâncias poluentes para que se possa pedir um valor razoável e fundamentado ao proprietário. Entende-se e advoga-se que se deve dar prevalência ao uso e à aceitação de cartas de garantias das mútuas P&I ou dos seguradores de casco e máquinas (in casu, o segurador líder das apólices de co seguro que normalmente seguram os navios), atendendo à solvabilidade financeira destas últimas (superiores à de qualquer banco português) e atenta a facilidade na sua obtenção e entrega.

Impõe ainda a lei ao proprietário uma obrigação de apresentar no prazo de 30 dias, contados após o acontecimento de mar, um plano de remoção do navio para ser aprovado pelo Capitão do Porto. Este plano tem de ser comunicado à administração portuária, se ocorrer em porto, ou a outra entidade com jurisdição sob área protegida em que tenha ocorrido o acontecimento de mar.

Procedimento em caso de poluição

Em caso de poluição para o meio marinho, ou em caso de risco de poluição para o meio marinho, em consequência da carga que o navio transporte e/ou das suas bancas e demais substâncias poluentes que possam estar a bordo do navio, a lei impõe também ao proprietário uma obrigação de prestar uma caução autónoma e diferente da caução anterior imposta para as despesas de remoção junto do Capitão do Porto, caução esta a prestar sob a forma de garantia bancária ou de outro tipo idóneo a determinar pelo Capitão do Porto – sob forma de carta de garantia da mútua do navio ou do segurador de casco e máquinas -, para garantir os custos das despesas de limpeza ou de remoção de substâncias poluentes. Esta caução deverá ser apresentada num prazo a determinar pelo Capitão do Porto e mediante notificação prévia para o efeito. Entende-se e advoga-se também aqui que se deve dar prevalência ao uso e à aceitação de cartas de garantia das mútuas P&I ou dos seguradores de casco e máquinas (in casu, o segurador líder das apólices de co seguro que normalmente seguram os navios), atendendo à solvabilidade financeira destas últimas (superiores às de qualquer banco português) e atenta a facilidade na sua obtenção e entrega.

O Capitão do Porto detém ainda o poder de instaurar processos de contra ordenação no caso de ocorrer poluição do meio marinho, de aplicar coimas aos proprietários e aos Capitães dos navios e, nessa conformidade, de exigir caução autónoma para garantir o pagamento da coima e das custas do processo.

Dispõe a lei ainda uma obrigação ao proprietário de apresentar, em 20 dias e após notificado para o efeito, um plano de remoção das substâncias poluentes para aprovação do Capitão do Porto. A aprovação por parte do Capitão do Porto depende de prévia obtenção de pareceres de outras entidades administrativas que possam ter de ser envolvidas:– administração portuária, se ocorrer em porto, ou outra entidade com jurisdição sob área protegida.

Constituindo faculdade muito eficaz e útil a cargo do Capitão do Porto e a usar quando o risco de poluição for elevado, a lei atribui ao Capitão do Porto / Administração do Porto / Outra entidade a faculdade legal de se substituir ao proprietário e de contratar terceiro, por ajuste direto, para proceder à remoção das substâncias poluentes quando a remoção não seja imediatamente executada ou suportada pelo proprietário.

Indica ainda a lei quem coordena o uso por Portugal dos mecanismos previstos nas convenções internacionais de que Portugal seja parte sobre poluição, isto é, a CLC 1969 / Protocolo de 1992 e as convenções sobre os fundos suplementares.

Disposições comuns aos dois procedimentos

Quer o acontecimento de mar tenha resultado num mero encalhe sem qualquer risco de poluição para o meio marinho ou quer tenha resultado nesse risco, o Capitão do Porto deve proceder à elaboração de um auto sumário (sem prejuízo dos poderes de investigação em inquérito autónomo ao sinistro marítimo de que a Capitania continua a dispor), auto esse que deve ser enviado para diversas entidades administrativas, a saber, para os Ministérios que tutelem as áreas do ambiente, pescas, transporte marítimo e para as administrações portuárias ou para as entidades com jurisdição sobre áreas protegidas. Este auto deve conter uma identificação do navio e uma descrição das suas características, o porto de registo, o segurador, o proprietário, o agente de navegação e o segurador da carga. O auto deve também ser notificado ao IGESPAR que tem de emitir parecer em 48 horas sobre a existência de vestígios arqueológicos ou sobre trabalhos de prevenção ou acompanhamento arqueológicos que devam ter lugar.

A lei impõe ainda ao Capitão do Porto uma obrigação de comunicação ao estado de bandeira do navio quando o navio encalhado ou afundado seja estrangeiro, estando ainda obrigado o Capitão do Porto a proceder a idêntica comunicação para o cônsul ou para a embaixada desse mesmo estado da bandeira estrangeira do navio.

O "abandono" em sentido jurídico do navio por parte do seu proprietário, quer este seja voluntário – mediante declaração expressa do proprietário nesse sentido a proferir em cinco dias úteis após o acontecimento de mar –, ou "forçado" – pela verificação das condições objetivas da declaração de abandono –, não é liberatório quanto às responsabilidades por perdas e danos do proprietário e/ou do armador resultantes do acidente de mar.

Em caso de abandono forçado, isto é, caso falte a declaração de abandono por parte do seu proprietário e não se saiba quem é o seu proprietário e o navio esteja à deriva por 30 dias sem comandante e sem agente de navegação, a autoridade alfandegária pode determinar a sua venda.

A lei prevê, também (assim como atribui ao Capitão do Porto o poder de determinar por ajuste direto a remoção imediata de substâncias poluentes em caso de risco elevado de poluição e de atraso do proprietário em removê--las), que o Capitão do Porto possa substituir-se ao proprietário e ao armador na remoção do destroço ou do navio. Neste caso, o proprietário e o armador ficarão solidariamente responsáveis pelas despesas incorridas pela Capitania ou pela Administração do Porto ou entidade com poderes sobre área protegida nas seguintes operações:

– Remoção de substâncias poluentes;
– Remoção do navio ou do destroço;
– Pelos prejuízos causados pelo afundamento, encalhe, abandono, não remoção ou remoção defeituoso.

Caso a Capitania / Administração do Porto tiverem custeado as operações de remoção do navio e das substâncias poluentes e caso pretendem recuperá--las do proprietário e/ou do armador devem aquelas notificar o proprietário e o armador para que estes procedam ao pagamento de tais custos no prazo de 60 dias, sob pena de execução fiscal em caso de falta de pagamento.

A lei atribui ainda à Capitania poderes de instaurar processos de contra ordenação por incumprimento das disposições do regime da remoção de destroços nomeadamente por atraso ou não apresentação de planos de remoção.

(vi) Conclusões

Do supra exposto retiraremos as seguintes conclusões:
1. Os navios ficam sujeitos ao exercício de extensos e fortes poderes administrativos por parte das autoridades administrativas desde a sua construção e até à sua morte;
2. Na construção e/ou em vida, as autoridades administrativas procedem à verificação da existência das condições técnicas de segurança do navio mediante a realização de vistorias que culminam na emissão de certificados que atestam que tais condições de segurança se verificam, certificados estes que são necessários / indispensáveis para a sua operação comercial. Estes poderes são normalmente exercidos pelos estados de bandeira, diretamente ou por via de organizações reconhecidas;
3. Em vida ou durante a operação comercial do navio as autoridades administrativas procedem ainda a um duplo controlo da existência das condições técnicas de segurança do navio, da sua operação, da sua gestão e/ou da sua carga no âmbito do exercício dos poderes do estado do porto sobre os navios estrangeiros e fazendo-o ao abrigo de uma ampla discricionariedade;
4. Na demolição, isto é, na "morte autorizada", ou no desmantelamento, isto é, na "morte imposta ou forçada", são também as autoridades administrativas que ditam o destino do navio, sendo este poder exercido também ao abrigo de alguma discricionariedade;
5. Na morte acidental por altura do encalhe ou do afundamento, e quer o navio se torne ou não em destroço, pode a administração substituir-se ao proprietário e ordenar a sua remoção e a limpeza de substâncias poluentes, podendo cobrar de seguida do proprietário e do armador todos os custos em que incorrer, podendo, ainda, a administração exigir várias cauções ao proprietário e, assegurando a lei todas estas faculdades com o arsenal de poder contra ordenacional de aplicar coimas, de valor elevado, em caso de não cumprimento por parte do proprietário e do armador das determinações da autoridade e dos deveres que a lei impõe a estes últimos;
6. As autoridades podem em última instância declarar o abandono do navio e determinar a sua venda pela autoridade alfandegária caso falte

uma declaração voluntária de abandono do proprietário e não se saiba quem é o seu proprietário e o navio esteja à deriva por 30 dias sem comandante e sem agente de navegação; e
7. Poderes administrativos amplos e fortes que deverão ser exercidos da melhor maneira possível pelas autoridades.

Bibliografia

Professor Dr. Manuel Januário da Costa Gomes, Leis Marítimas, 2.ª Edição, Almedina
Luís da Costa Diogo e Rui Januário, Direito Comercial Marítimo, Quid Juris
Aleka Mandaraka-Sheppard, Modern Maritime Law and Risk Management, Second Edition, Informa

Sites de consulta obrigatória
http://www.imo.org
http://www.parismou.org
http://www.marinha.pt
http://www.imarpor.pt
http://www.dgrm.min-agricultura.pt/xportal/xmain?xpid=dgrm

Legislação de leitura obrigatória não constante das Leis Marítimas, 2.ª Edição, Almedina

Decreto-Lei 49-A/2012 de 29 Fevereiro:– IPTM / DGRNSSM
Decreto-Lei 13/2012 de 20 Janeiro:– novo regime das Organizações Reconhecidas
Decreto-lei 370/2007 de 6.11:– Despacho de largada
Decreto-Lei nº 61/2012 de 14 de Março:– Novo regime do Port State Control
Regulamento (EU) n.º 1257/2013 do Parlamento e do Conselho de 20 Novembro de 2013

Acórdão sobre Port State Control (ao abrigo do regime antigo): Acórdão do STJ, Secção Cível de 17 Janeiro de 2008

A TRIBUTAÇÃO DA ACTIVIDADE MARÍTIMA EM PORTUGAL
– ALGUNS ASPECTOS FUNDAMENTAIS

Clotilde Celorico Palma
Doutora em Direito

1. Nota Introdutória

O Livro Branco "A política europeia de transportes no horizonte 2010: a hora das opções"[490], veio salientar de forma muito clara a importância vital dos serviços de transporte marítimo para a economia da União Europeia. Talvez não tenhamos a consciência de que cerca de 90 % de todo o comércio entre a UE e o resto do mundo é transportado por via marítima. Como à data se salientava, o transporte marítimo de curta distância representa 69 % do volume de mercadorias transportadas entre os Estados membros.

O certo é que o sector dos transportes marítimos da UE e das actividades conexas continua a ser um dos mais importantes do mundo.

Ora, actualmente 70% da frota mundial está registada sob um pavilhão estrangeiro, ou seja, os navios encontram-se, via de regra, registados numa bandeira que não a do país de domicílio ou da sede dos seus proprietários. Destes 70%, mais de um terço dos navios dos navios estão registados em

---

[490] COM (2001) 370.

registos cujos custos de registo e tributação são significativamente reduzidos e onde os requisitos de tripulação são flexíveis, designadamente na Libéria e no Panamá. Com efeito, tem-se constatado que os armadores recorrem cada vez mais a estes registos para reduzir os custos do registo inicial dos navios, bem como os custos de manutenção dos mesmos.

Em 2011, o *top ten* dos *open registries* era constituído pelas seguintes jurisdições: 1.º Panamá, 2.º Libéria, 3.º Ilhas Marshall, 4.º Malta, 5.º Bahamas, 6.º Chipre, 7.º Antígua e Barbuda, 8.º Bermudas, 9.º Saint Vincent, 10.º Ilhas Caimão[491].

A actividade marítima internacional revela-se, cada vez mais, uma área competitiva a nível internacional e tem merecido por parte da Comissão Europeia uma especial atenção devido aos objectivos de incremento da frota europeia.

Desde a década de 70 que a frota comunitária se vê confrontada com a concorrência de navios registados em países terceiros, pouco preocupados em assegurar o cumprimento das disposições internacionais em vigor em matéria social e de segurança.

A falta de concorrência entre os navios que arvoram pavilhão da UE foi reconhecida no final da década de 80 e, na falta de medidas harmonizadas à escala europeia, vários Estados membros adoptaram diversas modalidades de auxílio ao transporte marítimo.

As orientações da UE sobre os auxílios estatais aos transportes marítimos são muito claras e determinam que podem ser criados sistemas de auxílio à actividade marítima desde que prossigam objectivos gerais, tais como a salvaguarda do emprego na UE (quer a bordo, quer em terra), a melhoria da segurança, e a preservação do saber-fazer na União Europeia, desenvolvendo as competências marítimas[492].

---

[491] *Shipping Statistics and Market Review Report*, Institute of Shipping Economics and Logistics (ISL), Vol.56, n. º7, Julho de 2012.

[492] A Comissão definiu, em 1989, as suas primeiras orientações sobre esta matéria para garantir uma certa convergência entre as acções dos Estados membros. As actuais são de 2004 – Comunicação C (2004) 43 da Comissão – *Orientações comunitárias sobre auxílios estatais aos transportes marítimos, Jornal Oficial n.º C 013 de 17/01/2004, p. 0003 – 0012* –, sendo que se previa a respectiva revisão após sete anos. Em 2012 a Comissão lançou um procedimento de consulta sobre esta matéria, procedimento este que decorreu entre 14 de Fevereiro de 2012 e 14 de Maio de 2012. Contudo, apesar do período de consulta já estar encerrado, ainda não

Em Portugal temos dois registos de embarcações, o Registo convencional português e o MAR – Registo Internacional de Navios da Madeira, parte integrante do regime da Zona Franca da Madeira (ZFM) ou Centro Internacional de Negócios da Madeira (CINM).

Em conformidade com os dados do *IPTM* – Instituto Portuário e dos Transportes Marítimos, actual Direcção-Geral dos Recursos Naturais, Segurança e Serviços Marítimos (DGRM), no Registo convencional português encontram-se apenas registados onze embarcações, a saber: nove porta contentores, um batelão, e um navio de passageiros.

Por sua vez, de acordo com dados disponíveis a 31 de Outubro de 2012, o MAR tinha um total de cento e quarenta e sete navios de comércio.

Isto é, sem o MAR a frota nacional seria praticamente inexistente.

2. Regime fiscal dos registos portugueses de embarcações

No Registo convencional português aplica-se o regime geral de tributação, nomeadamente em sede de Imposto sobre o Rendimento das Pessoas Colectivas (IRC), de Imposto sobre o Rendimento das Pessoas Singulares (IRS) e de Imposto sobre o Valor Acrescentado (IVA), com pequenas particularidades comuns ao MAR, nomeadamente no respeitante a este último tributo.

No caso do MAR acresce ao regime geral um atractivo conjunto de benefícios fiscais especificamente concebidos para o efeito.

2.1 Regime fiscal comum

2.1.1 Tributação em Imposto sobre o Rendimento das Pessoas Colectivas

Em IRC regista-se, em especial, a existência de uma isenção específica contemplada no artigo 13.º do Código do Imposto sobre o Rendimento das Pessoas Colectivas (CIRC).

Como é sabido, são sujeitos passivos de IRC as pessoas colectivas (sociedades comerciais, sociedades civis sob forma comercial, cooperativas, empresas

se encontra no site da Comissão nenhum desenvolvimento sobre esta matéria, nem no que se refere a um eventual relatório sobre os resultados da consulta, nem tão pouco no tocante à revisão dessas orientações.

públicas e demais pessoas colectivas de direito público ou privado) com sede ou direcção efectiva em território português que são consideradas residentes no território nacional.

O IRC incide sobre os rendimentos obtidos, no período de tributação, pelos respectivos sujeitos passivos.

Os sujeitos passivos residentes são, para efeitos deste imposto, divididos em duas categorias consoante exerçam ou não, a título principal, uma actividade de natureza comercial, industrial ou agrícola.

Os sujeitos passivos residentes que exerçam a título principal uma actividade de natureza comercial, industrial ou agrícola (considerando-se ser sempre esse o caso das sociedades comerciais ou civis sob forma comercial, das cooperativas e das empresas públicas), são tributados em IRC pelo respectivo lucro. Isto é, o IRC incide sobre o lucro das entidades referidas desde que exerçam, a título principal, uma actividade de natureza comercial, industrial ou agrícola.

Consideram-se actividades de natureza comercial, industrial ou agrícola todas aquelas que consistam na realização de operações económicas de carácter empresarial, incluindo as prestações de serviços.

Os sujeitos passivos residentes que não exercem a título principal uma actividade de natureza comercial, industrial ou agrícola, estão sujeitos a IRC pelo seu rendimento global, o qual corresponde à soma algébrica dos rendimentos das diversas categorias consideradas para efeitos de IRS.

Relativamente às formas de determinação do lucro tributável, o IRC assenta no princípio de que a tributação é sobre o lucro real revelado pela contabilidade, corrigido de acordo com as normas fiscais.

Quanto à extensão da obrigação de imposto, relativamente às pessoas colectivas e outras entidades com sede ou direcção efectiva em território português, vigora o princípio da tributação mundial, i.e., o IRC incide sobre a totalidade dos seus rendimentos, incluindo os obtidos fora desse território (cfr. artigo 4.º do CIRC).

Já quanto às pessoas colectivas e outras entidades que não tenham sede nem direcção efectiva em território português, estas ficam sujeitas a IRC apenas quanto aos rendimentos nele obtidos.

Consideram-se obtidos em território português os rendimentos imputáveis a estabelecimento estável aí situado, sendo que, de acordo com o disposto no artigo 5.º do CIRC, se considera estabelecimento estável qualquer instalação fixa através da qual seja exercida uma actividade de natureza comercial, industrial ou agrícola.

Note-se que um local ou um estaleiro de construção, de instalação ou de montagem, as actividades de coordenação, fiscalização e supervisão em conexão com os mesmos ou as instalações, plataformas ou barcos de perfuração utilizados para a prospecção ou exploração de recursos naturais, só constituem um estabelecimento estável se a sua duração e a duração da obra ou da actividade exceder seis meses.

De salientar, em especial, como referimos, a existência de uma isenção em IRC para as actividades marítimas acolhida no artigo 13.º do CIRC. De acordo com este normativo, são isentos de IRC os lucros realizados pelas pessoas colectivas e outras entidades de navegação marítima e aérea não residentes provenientes da exploração de navios ou aeronaves, desde que isenção recíproca e equivalente seja concedida às empresas residentes da mesma natureza e essa reciprocidade seja reconhecida pelo Ministro das Finanças, em despacho publicado no *Diário da República*.

2.1.2. Tributação em Imposto sobre o Rendimento das Pessoas Singulares

Em IRS não existe qualquer especificidade a registar.

Recorde-se, em linhas muito sumárias, que ficam sujeitas a IRS as pessoas singulares que residam em território português e as que, nele não residindo, aqui obtenham rendimentos.

São consideradas residentes em território português as pessoas que, no ano a que respeitam os rendimentos, tenham nele permanecido mais de 183 dias, seguidos ou interpolados ou, tendo permanecido por menos tempo, aqui disponham, em 31 de Dezembro desse ano, de habitação em condições que façam supor a intenção de a manter e ocupar como residência habitual.

No caso de as pessoas residirem no território português, o IRS incide sobre a totalidade dos seus rendimentos, incluindo os obtidos fora desse território. Tratando-se de não residentes, o IRS incide unicamente sobre os rendimentos obtidos em território português (de acordo com as categorias de rendimentos do IRS).

Este imposto tributa o valor anual dos rendimentos das pessoas singulares (quer em dinheiro quer em espécie, seja qual for o local onde se obtenham, a moeda e a forma por que sejam auferidos) provenientes de diversas categorias de rendimentos.

Recorda-se que entre nós existe um regime fiscal para os residentes não habituais em sede de IRS, aprovado pelo Decreto-Lei n.º 249/2009, de 23 de Setembro, tendo entretanto sido publicada a Portaria n.º 12/2010, de 7 de Janeiro, que o complementa[493].

Este regime, aplicável apenas a pessoas singulares, pretende atrair para Portugal (oste regime aplica-se em todo o território nacional, incluindo a Região Autónoma da Madeira) profissões de alto valor acrescentado. Para o efeito, prevê-se a aplicação do método de isenção como método de eliminação da dupla tributação internacional dos rendimentos de fonte estrangeira obtidos pelos residentes não habituais e a tributação mitigada e proporcional dos rendimentos do trabalho dependente e independente (incluindo os obtidos em Portugal) ao nível dos sujeitos passivos de IRS a quem seja reconhecida esta qualidade.

Considera-se que não têm residência habitual em território português os sujeitos passivos que, tornando-se fiscalmente residentes, nomeadamente ao abrigo do disposto no Código do IRS, não tenham em qualquer dos cinco anos anteriores sido tributados como tal em sede de IRS[494].

O sujeito passivo que seja considerado residente não habitual adquire o direito a ser tributado como tal pelo período de dez anos consecutivos renováveis.

Os rendimentos líquidos das categorias A e B auferidos em actividades de elevado valor acrescentado, com carácter científico, artístico ou técnico, por residentes não habituais em território português, são tributados à taxa especial de 20 %.

Estes rendimentos podem ser englobados por opção dos respectivos titulares residentes em território português.

---

[493] Sobre este regime veja-se Ricardo da Palma Borges e Pedro Ribeiro de Sousa, "O novo regime fiscal dos residentes não habituais", *Fiscalidade*, n.º 40, Outubro – Dezembro 2009), pp. 5-57, e, em versão revista e melhorada, in *Estudos em Memória do Prof. Doutor J. L. Saldanha Sanches*, Volume V, Coimbra Editora, Coimbra, 2011, pp. 709-772.

[494] Sobre este regime veja-se a Circular n.º 2/2010, de 6 de Maio, da Direcção de Serviços do Imposto sobre o Rendimento das Pessoas Singulares.

A tabela de actividades de elevado valor acrescentado inclui profissões de variados ramos de actividade: arquitectos e engenheiros, artistas plásticos, actores e músicos, auditores e consultores fiscais, médicos e dentistas, professores universitários, profissões liberais, investidores, administradores e gestores.

2.1.3. Tributação em Imposto sobre o Valor Acrescentado

Em sede de IVA é que estão contemplados, no regime geral, os benefícios mais significativos aplicáveis à actividade marítima[495].

Assim, de acordo com o disposto no artigo 13.º do Código do Imposto sobre o Valor Acrescentado (CIVA), estão isentas deste imposto as seguintes operações:

a) As importações das embarcações referidas na alínea f) do n.º 1 do artigo 14.º do CIVA e dos objectos, incluindo o equipamento de pesca, nelas incorporados ou que sejam utilizados para a sua exploração;
b) As importações, efectuadas por armadores de navios, do produto da pesca resultante das capturas por eles efectuadas que não tenha sido objecto de operações de transformação, não sendo consideradas como tais as destinadas a conservar os produtos para comercialização, se efectuadas antes da primeira transmissão dos mesmos;
c) As importações de bens de abastecimento que, desde a entrada em território nacional até à chegada ao porto ou aeroporto nacionais de destino e durante a permanência nos mesmos pelo período normal

---

[495] Lembramos que o IVA é um imposto de matriz comunitária. A matriz comunitária do imposto resulta do facto de termos, na União Europeia, um sistema comum do IVA que faz parte do "adquirido comunitário" (*"acquis communautaire"*). Esta característica tem efeitos limitativos da actuação dos diversos Estados membros neste domínio. Por este motivo, os Estados membros não são livres de adoptar qualquer medida em sede deste imposto para além daquelas que vêem previstas no Direito da União Europeia, dado que têm de actuar dentro dos limites da respectiva legislação, limitando-se assim as pretensões dos contribuintes e a actuação da Administração Fiscal ao permitido pelas regras do Direito da União. Sobre as características fundamentais deste tributo, *vide* Xavier de Basto, *A tributação do consumo e a sua coordenação internacional*, CCTF n.º 164, Lisboa 1991, p. 39 a 73, e Clotilde Celorico Palma, *Introdução ao Imposto sobre o Valor Acrescentado*, Cadernos IDEFF n.º1, Almedina, 5ª edição, Julho 2011, pp. 17 a 29.

necessário ao cumprimento das suas tarefas, sejam consumidos ou se encontrem a bordo das embarcações que efectuem navegação marítima internacional;

Esta isenção não é aplicável a provisões de bordo que se encontrem nas seguintes embarcações:

i) As que estejam a ser desmanteladas ou utilizadas em fins diferentes da realização dos que são próprios da navegação marítima internacional, enquanto durarem tais circunstâncias;
ii) As utilizadas como hotéis, restaurantes ou casinos flutuantes ou para fins semelhantes, durante a sua permanência num porto ou em águas territoriais ou interiores do território nacional;
iii) As de recreio, durante a sua permanência num porto ou em águas territoriais ou interiores do território nacional;
iv) As de pesca costeira;
v) As de guerra com pavilhão português;

A referida isenção não é igualmente aplicável a combustíveis e carburantes que não sejam os contidos nos depósitos normais.

Por sua vez, de acordo com o previsto no artigo 14.º do CIVA, estão isentas as seguintes operações:

a) As transmissões de bens de abastecimento postos a bordo das embarcações afectas à navegação marítima em alto mar e que assegurem o transporte remunerado de passageiros ou o exercício de uma actividade comercial, industrial ou de pesca (esta isenção não se aplica tratando-se de barcos desportivos e de recreio);
b) As transmissões de bens de abastecimento postos a bordo das embarcações de salvamento, assistência marítima e pesca costeira, com excepção, em relação a estas últimas, das provisões de bordo;
c) As transmissões, transformações, reparações, operações de manutenção, construção, frete e aluguer de embarcações afectas às actividades referidas supra, assim como as transmissões, aluguer, reparação e conservação dos objectos, incluindo o equipamento de pesca,

incorporados nas referidas embarcações ou que sejam utilizados para a sua exploração;
d) As prestações de serviços não mencionadas supra, efectuadas com vista às necessidades directas das embarcações referidas e da respectiva carga;
Estas isenções não se aplicam tratando-se de barcos desportivos e de recreio.
e) As transmissões de bens de abastecimento postos a bordo das embarcações de guerra classificadas pelo código 8906 00 10 da Nomenclatura Combinada, quando deixem o país com destino a um porto ou ancoradouro situado no estrangeiro;

Note-se que para efeitos do CIVA se entende por bens de abastecimento:

i) As provisões de bordo, sendo considerados como tais os produtos destinados exclusivamente ao consumo da tripulação e dos passageiros;
ii) Os combustíveis, carburantes, lubrificantes e outros produtos destinados ao funcionamento das máquinas de propulsão e de outros aparelhos de uso técnico instalados a bordo;
iii) Os produtos acessórios destinados à preparação, tratamento e conservação das mercadorias transportadas a bordo.

De acordo com o disposto no artigo 14.º do CIVA estão ainda isentas:

a) O transporte de pessoas provenientes ou com destino ao estrangeiro, bem como o das provenientes ou com destino às Regiões Autónomas, e ainda o transporte de pessoas efectuado entre as ilhas naquelas Regiões;
b) As prestações de serviços realizadas por intermediários que actuam em nome e por conta de outrem, quando intervenham em operações descritas no referido artigo ou em operações realizadas fora da UE;
c) O transporte de mercadorias entre as ilhas que compõem as Regiões Autónomas dos Açores e da Madeira, bem como o transporte de mercadorias entre estas regiões e o continente ou qualquer outro Estado membro e vice-versa;

Finalmente, conforme o estatuído no artigo 15.º do CIVA, estão isentos de IVA os bens cuja transmissão se destine a ser efectuada a bordo de uma aeronave ou de um navio, durante um voo ou uma travessia marítima cujo local de chegada se situe noutro Estado membro ou fora do território da União europeia.

2.2 Regime fiscal do MAR

Tal como começámos por referir, o MAR é parte integrante do regime do CINM, pelo que para compreendê-lo importará, ainda que sumariamente, analisar as características gerais deste regime.

2.2.1. Características gerais do regime do CINM

O regime fiscal da ZFM ou CINM foi criado em 1980, através do Decreto-Lei n.º 500/80, de 20 de Outubro, com o objectivo de desenvolvimento económico e social da Região Autónoma da Madeira (RAM).

O regime teve origem na criação de uma Zona Franca Industrial, circunscrita a um enclave territorial, mediante Decreto-Lei n.º 500/80, de 20 de Outubro, autorizando a criação de uma zona franca na Madeira, *"que revestirá a natureza industrial, constituindo uma área de livre de importação e exportação de mercadorias"*. De Zona Franca Industrial evoluiu para Centro Internacional de Negócios[496].

O Decreto Legislativo Regional n.º 53/82, de 23 de Agosto, veio alargar o âmbito da Zona Franca, passando a autorizar que nesta se exercessem todas as actividades de natureza industrial, comercial ou financeira. As actividades financeiras, concretamente, as sucursais financeiras exteriores, são regulamentadas pela primeira vez no DL n.º 163/86, de 26 de Junho. O Decreto--Lei n.º 165/86, de 26 de Junho, definiu os incentivos fiscais para promoção e captação de investimentos na ZFM.

Tal como foi depois acolhido no EBF, com quatro sectores de actividade, o regime é completado com o Decreto-Lei n.º 96/89, de 28 de Março, que veio criar o MAR, determinando a aplicação de benefícios fiscais às empresas e

---

[496] Pelo que é mais correcta a utilização da designação Centro Internacional de Negócios.

às tripulações. A adaptação do regime, sendo coligidos os diversos benefícios fiscais, ocorre em 1989 com o EBF.

Configura-se como um regime de auxílios de Estado sob a forma fiscal, com objectivos de desenvolvimento regional de uma pequena ilha ultraperiférica, expressa e especialmente protegida pelo artigo 349.º do TFUE[497], necessitando, enquanto tal, de ser devidamente notificado e aprovado pela Comissão Europeia[498].

O regime foi aprovado pela primeira vez pela Comissão a 26 de Maio de 1987, por um período de três anos com início em 1989 e produção de efeitos até 31 de Dezembro de 2011, a título da derrogação prevista no actual artigo 107.º n.º 3, alínea a), do TFUE, como um regime de auxílios fiscais composto por um registo internacional de navios, uma zona franca industrial, um sector de serviços financeiros e um sector de serviços internacionais. Com características idênticas, veio a ser novamente aprovado a 18 de Dezembro de 1991, por um período de três anos e com produção de efeitos até 31 de Dezembro de 2011, e a Fevereiro de 1995, por um período de seis anos e com produção de efeitos até 31 de Dezembro de 2011 (regime constante actualmente do artigo 33.º do Estatuto dos Benefícios Fiscais/EBF, entretanto parcialmente revogado).

Após os trabalhos do grupo do Código de Conduta da Fiscalidade das Empresas e da revisão das regras sobre auxílios de Estado e fiscalidade directa

---

[497] Este normativo, ao determinar, no seu n.º 2, que se deverá ter em consideração *"a situação social e económica estrutural (...), dos Açores, da Madeira e das ilhas Canárias, agravada pelo grande afastamento, pela insularidade, pela pequena superfície, pelo relevo e clima difíceis e pela sua dependência económica em relação a um pequeno número de produtos, factores estes cuja persistência e conjugação prejudicam gravemente o seu desenvolvimento (...)"*, vem, de forma específica, dar maior intensidade aos normativos relativos à política de coesão económica e social relativamente a estas regiões, a qual, como se prevê expressamente nesta disposição, se impõe horizontalmente na definição das outras políticas, nomeadamente em domínios como as políticas aduaneira, fiscal, de auxílios de Estado e as zonas francas.

[498] Sobre esta matéria veja-se, entre nós, Clotilde Celorico Palma e Carlos Baptista Lobo "Limitações internacionais à definição da política fiscal", *Estudos de Homenagem ao Professor Doutor Paulo de Pitta e Cunha*, II Volume, Almedina, Julho de 2010, António Carlos dos Santos, *Auxílios de Estado e Fiscalidade*, Almedina, 2003, Patrícia Silveira da Cunha, "Auxílios de Estado Fiscais e Princípio da Não Discriminação Fiscal", *Estudos Jurídicos e Económicos em homenagem ao Professor João Lumbrales*, Coimbra Editora, 2000, Margarida Mesquita, "O Regime Comunitário dos Auxílios de Estado e as suas Implicações em sede de Benefícios Fiscais", *Cadernos de Ciência e Técnica Fiscal* n.º 158, Lisboa 1989.

e sobre auxílios de Estado com finalidades de desenvolvimento regional, o regime voltou a ser aprovado por um período de quatro anos e com produção de efeitos até 31 de Dezembro de 2011 (regime constante do artigo 35.º do EBF, entretanto revogado).

Finalmente, o regime que actualmente consta do artigo 36.º do EBF foi aprovado a 27 de Junho de 2007, por um período de seis anos e com produção de efeitos até 31 de Dezembro de 2020.

O regime fiscal do CINM constava, até 31 de Dezembro de 2011, dos artigos 33.º, 35.º e 36.º do EBF, tratando-se de um regime global unitário que abrange quatro sectores de actividade, a saber, as actividades financeiras e os serviços internacionais, o MAR e a Zona Franca Industrial.

Com efeito, na sua história recente, poderemos distinguir três regimes de incentivos fiscais aplicáveis no CINM: Regime I, Regime II e Regime III ou regime novo[499].

O Regime I, constante do artigo 33.º do EBF, consubstanciou-se num conjunto de benefícios fiscais, dos quais se destacava uma isenção de IRC, aplicáveis aos aludidos quatro sectores de actividade. Este conjunto de benefícios produziu efeitos até 31 de Dezembro de 2011 e a admissão de entidades no regime ocorreu até 31 de Dezembro de 2000, existindo, contudo, benefícios concedidos pela Comissão Europeia que não têm limitação temporal.

O Regime II (artigo 35.º do EBF, entretanto revogado pela Lei que aprovou o OE para 2012), apresentava características próprias que o diferenciavam do regime anterior, a saber, introduziram-se requisitos de admissão das entidades em função do número de postos de trabalho criados e do contributo para a diversificação e modernização da Região e limitaram-se os benefícios de IRC a *plafonds*[500].

---

[499] Sobre a evolução do regime da ZFM veja-se Francisco Costa, "Critérios e objectivos da revisão do regime fiscal da Zona Franca da Madeira", *Fisco* n.º 58, 1993, *Conferência O Novo Regime Fiscal da Zona Franca da Madeira*, Junho de 1993, co-organização da Fisco e da Sociedade de Desenvolvimento da Madeira, e Alberto Xavier, *Direito Tributário Internacional*, op. cit., pp. 563 a 600.

[500] O modelo deste regime foi fortemente influenciado pelas Orientações relativas aos auxílios estatais com finalidade regional, publicadas em 10 de Março de 1998, pela Comunicação sobre a aplicação das regras relativas aos auxílios estatais às medidas que respeitam à fiscalidade directa das empresas, publicada em 10 de Dezembro de 1998, pela Alteração das Orientações aos auxílios estatais com finalidade regional, por forma a tomar em consideração o n.º 2 do

Desde logo, este regime foi amputado do sector dos serviços financeiros excluindo-se expressamente as actividades de intermediação financeira, de seguro e das instituições auxiliares de intermediação financeira e de seguros, bem como as actividades tipo «serviços intragrupo» (centros de coordenação, de tesouraria e de distribuição). Assim, no tocante à delimitação das actividades a exercer, abrangem-se os sectores da zona franca industrial, dos serviços internacionais e do *shipping*.

Como requisito principal de licenciamento surgiu-nos, pela primeira vez, a criação de postos de trabalho, condição *sine qua non* para efeitos de aplicação do regime.

Às empresas licenciadas entre 1 de Janeiro de 2003 e 31 de Dezembro de 2005, determinou-se a aplicação de uma taxa de IRC de 1% em 2003-2004, de 2% em 2005-2006 e de 3% em 2007-2011.

O Regime II vigorou, assim, em termos de admissão de licenciamento de entidades, durante o período de 2003-2006 e os beneficiários admitidos até essa data usufruíram dos auxílios concedidos até 31 de Dezembro de 2011.

O Regime III ou novo regime (regime actualmente em vigor), previsto no artigo 36.º do EBF, é aplicável às entidades que se licenciem para operar no CINM no período entre 1 de Janeiro de 2007 e 31 de Dezembro de 2013 e os benefícios concedidos produzem efeitos até 31 de Dezembro de 2020[501].

---

artigo 299.º do Tratado CE relativo às regiões ultraperiféricas da União, publicada em 9 de Setembro de 2000 e, indirectamente, pelos trabalhos do Grupo do Código de Conduta da Fiscalidade das Empresas. Sobre este regime *vide*, da autora, "O regime do CINM e os direitos, as liberdades e as garantias dos contribuintes", *Garantias dos Contribuintes no Sistema Tributário*, Livro de Homenagem ao Professor Doutor Diogo Leite de Campos, Editora Saraiva, 2013, "A crise económica e o regime fiscal do Centro Internacional de Negócios da Madeira", *A Fiscalidade como instrumento de recuperação económica*, Vida Económica, Março 2011, "O regime do Centro Internacional de Negócios da Madeira – Um instrumento de competitividade fiscal?", Jornal de Contabilidade, APOTEC, n.º 351, Junho 2006, "Características fundamentais do novo regime fiscal do Centro Internacional de Negócios da Madeira", Revista TOC n.º 42, Setembro de 2003, "O novo regime fiscal do Centro Internacional de Negócios da Madeira – Enquadramento e características fundamentais", Fisco n.º 107/108, Março de 2003, ano XIV, e Ricardo Borges, Fernando Brás e Patrick Dewerbe, "The Madeira Free Zone and its standpoint within the European Union", *Fiscalidade* n.º 16, Outubro de 2003.

[501] Sobre o novo regime veja-se, da autora, "Novo regime do Centro Internacional de Negócios da Madeira – Características fundamentais", *Revista TOC* n.º 100, Julho 2008 e "Novo regime do Centro Internacional de Negócios da Madeira", *RFPDF* n.º1, Março-Maio 2008.

Todos os tipos de actividades de serviços poderão instalar-se e desenvolver a sua actividade no âmbito do Centro Internacional de Negócios da Madeira, com excepção das actividades puramente financeiras (i.e., actividades bancárias, de seguros e resseguros).

O regime do CINM que se encontra actualmente em vigor para efeitos de licenciamento de entidades, tem três componentes: Zona Franca Industrial, serviços internacionais e *shipping*.

No essencial, mantém as linhas estruturantes do anterior Regime II: tributação a taxas reduzidas de IRC e limitação da concessão do benefício através da aplicação de *plafonds* máximos à matéria colectável objecto do benefício fiscal em IRC. Relativamente às entidades devidamente licenciadas a partir de 1 de Janeiro de 2007 e até 31 de Dezembro de 2013 para o exercício de actividades industriais, comerciais, de transportes marítimos e serviços de natureza não financeira, consagra-se um regime geral degressivo dos benefícios concedidos, passando-se a tributar os rendimentos em IRC às taxas de 3% nos anos 2007 a 2009, de 4% nos anos 2010 a 2012 e de 5% nos anos 2013 e seguintes (i.e., até 31 de Dezembro de 2020).

As taxas reduzidas de imposto serão apenas aplicáveis aos lucros provenientes de actividades de serviços desenvolvidas exclusivamente com entidades não residentes em território português ou com outras entidades igualmente licenciadas no âmbito do CINM. Não existem quaisquer restrições, no entanto, ao desenvolvimento de actividades com entidades residentes em Portugal, sendo que os lucros daí resultantes serão tributados à taxa normal de IRC em vigor na Região Autónoma da Madeira.

As sociedades do CINM estão isentas de Imposto do Selo sobre documentos, livros, papéis, contratos, operações, e outros actos e produtos previstos na Tabela Geral do Imposto do Selo desde que os restantes intervenientes sejam entidades não residentes no território nacional.

As sociedades licenciadas no CINM beneficiam igualmente das seguintes isenções:

– Imposto Municipal sobre a Transmissão Onerosa de Imóveis (IMT) devido pelas aquisições de bens imóveis destinados à sua instalação;

– Imposto sobre as mais-valias relativamente a transmissões onerosas de terrenos para construção e de bens ou valores do activo imobilizado por elas mantidos como reserva ou para fruição;
– Taxas e impostos locais.

Todas as entidades licenciadas a operar no âmbito do Centro Internacional de Negócios da Madeira têm acesso à rede de convenções para evitar a dupla tributação ratificadas por Portugal.

São aplicáveis às entidades referidas, bem como aos seus sócios ou accionistas, para as situações não especificadas, os demais benefícios fiscais e condicionalismos previstos para o CINM.

As entidades que estejam licenciadas ao abrigo dos regimes previstos nos artigos 33.º e 35.º do EBF puderam beneficiar do novo regime a partir de 1 de Janeiro de 2012.

O Regime I foi avaliado no âmbito dos trabalhos do Fórum da OCDE e no Grupo do Código de Conduta, não apresentando quaisquer problemas na óptica da concorrência fiscal prejudicial[502].

O regime do CINM não é típico de um paraíso fiscal, sendo sim um regime preferencial, na medida em que determina a aplicação de taxas de tributação mais baixas, sendo totalmente transparente, aplicando-se as mesmas regras relativas à fiscalização, controlo e supervisão aplicáveis no demais território nacional, não existindo quaisquer peculiaridades em matéria de sigilo,

---

[502] A credibilidade do regime do MAR foi reforçada em 1999 com a publicação do *Relatório Primarolo*, que analisou diversos regimes de auxílio para aferir a sua compatibilidade com o Código de Conduta, tendo-se concluído que o regime de auxílios do CINM aplicável às sociedades de *shipping* e os incentivos aplicáveis aos navios registados no MAR não são prejudiciais. No plano interno tem existido uma política indefinida relativamente ao CINM, verificando--se, desde logo, que se sucedem alterações legislativas inconsequentes, pouco claras, que têm vindo a desferir golpes duros ao regime e a colocá-lo em causa face a regimes congéneres. De entre as questões mais paradoxais ressaltam a exigibilidade do Pagamento Especial por Conta (PEC) a entidades isentas licenciadas no CINM através da Lei n.º 60-A/2005, de 30 de Dezembro, que aprovou o OE para 2006 e o caso do "abandono" da negociação do aumento dos *plafonds* por parte do Governo. No que toca ao PEC, depois de um longo percurso, foi necessário que o TC, por Acórdão n.º 494/2009, de 29 de Setembro, viesse declarar a inconstitucionalidade, com força obrigatória geral, da alteração inserida no CIRC. Sobre esta questão veja-se António Carlos dos Santos, "A deriva constitucional do actual regime do pagamento especial por conta", *Fisco* n.º 122/123, 2007.

designadamente no que se reporta à troca de informações. A concessão de benefícios fiscais (essencialmente em sede de IRC) é a única excepção ao regime geral aplicável no continente.

Como a própria Comissão reconheceu, em resposta ao Parlamento Europeu, a ZFM não tem características de "actividade *off-shore*"[503], nunca tendo figurado em nenhuma lista oficial de territórios ou regiões qualificadas como paraísos fiscais, quer da OCDE, quer do Grupo de Acção Financeira (GAFI), instituído pelo G-7 para o combate ao branqueamento de capitais proveniente do tráfico de droga.

Foram realizados vários estudos sobre o contributo do regime para o desenvolvimento regional, procurando-se, designadamente, apurar da proporcionalidade dos benefícios concedidos face aos resultados económicos atingidos. De entre estes destaca-se, nomeadamente, o estudo elaborado pelo *Centre for European Policy Studies*[504], de Bruxelas, que concluiu *"julgamos ser da máxima importância para a região e também do interesse da própria EU, que a Madeira seja autorizada a manter o regime actual, na sua totalidade, até ao ano 2011 ou mesmo até mais tarde"*[505].

De acordo com dados oficiais, nomeadamente do Instituto Nacional de Estatística, o CINM representa cerca de um quinto da economia da Madeira, com forte prevalência das actividades dos sectores não financeiros[506].

Em termos gerais, poderemos apresentar os seguintes quadros quanto à caracterização geral do CINM e do MAR em 1 de Outubro de 2012[507]:

---

[503] Pergunta escrita E-204/93 apresentada por Sotiris Kostopoulos (PSE) a 17 de Fevereiro de 1993 (94/C 219/01), JO C 219/91, de 8.8.94.

[504] *The Madeira International Business Centre: The Economic Context and European Interests*, report prepared by Wolfgang Hager and Matthias Levin, January 2002.

[505] Nos termos deste estudo conclui-se ainda que *"O regime da Madeira não é um offshore no sentido normal do termo. As licenças são sujeitas a regras muito rígidas, as companhias a operar na Madeira têm de ser residentes em Portugal e por isso sujeitas a supervisão de entidades oficiais portuguesas"*.

[506] De acordo com os dados disponíveis, o CINM representa para a RAM 21% do PIB (Fonte: INE/Contas Regionais, 2002), 21% do IVA liquidado (Fonte: SRPF, 2004), receitas significativas a título de taxas de instalação e funcionamento e dividendos, 10% da massa salarial da RAM (Fonte: SDM), cerca de 3.000 postos de trabalho em 2008, sendo a maioria qualificados, bem como sinergias com outros sectores da economia (turismo, imobiliário, telecomunicações, comércio).

[507] De acordo com os dados obtidos junto da Sociedade de Desenvolvimento da Madeira.

Caracterização Geral do CINM

31 de Outubro de 2012	Total de sociedades licenciadas
Serviços Internacionais	1.833
Zona Franca Industrial	47
Serviços Financeiros	18
Sub-Total	1.898 *
Entidades registadas no MAR	232
Total	2.130

* Inclui 81 sociedades que não transitaram para o Regime III.

Caracterização Geral do MAR

31 de Outubro de 2012	Total de entidades registadas no MAR
Navios de Comércio	147
Embarcações de Recreio	50
Iates de Comércio	35
Entidades registadas no MAR	232

Com excepção dos navios de pesca, o MAR pode aceitar o registo de todos os navios comerciais, incluindo plataformas petrolíferas e iates comerciais ou privados.

O MAR oferece vantagens operacionais específicas, assim como um regime fiscal atractivo aplicável quer aos navios registados, quer às sociedades licenciadas no CINM. Todas as convenções internacionais ratificadas por Portugal são totalmente aplicáveis e respeitadas pelo MAR, que garantiu medidas adequadas para assegurar uma fiscalização de todas as embarcações registadas, contribuindo para que o Registo da Madeira se encontre presentemente incluído na Lista Branca do Paris MOU.

2.2.2 Regime do registo de navios e embarcações

Visto o regime nas suas linhas gerais, poderemos, em resumo, indicar como principais vantagens do registo de navios e embarcações comerciais as seguintes:

- Registo comunitário com pleno acesso à cabotagem continental e insular no âmbito da UE, devido ao estatuto do MAR como Registo comunitário;
- Flexibilidade nos requisitos de nacionalidade das tripulações. O comandante e 50% da tripulação de segurança do navio deverão ser cidadãos do continente europeu ou de países de língua oficial portuguesa, podendo este requisito ser dispensado em casos devidamente justificados;
- Um regime de segurança social competitivo. Os membros da tripulação de navios registados no MAR e respectivos empregadores não estão obrigados a fazer descontos para o sistema português de segurança social. No entanto, um sistema alternativo de seguro deverá ser providenciado e a tripulação poderá optar pelo regime voluntário português ou qualquer outro tipo de sistema de protecção social;
- Os salários auferidos pelas tripulações dos navios registados no MAR estão isentos de qualquer tributo;
- Um regime de hipotecas competitivo, permitindo que ambas as partes possam escolher o sistema legal de um determinado país para regular a criação da hipoteca;
- Tributação das sociedades de *shipping* à taxa reduzida de 5% de IRC a partir de 1 de Janeiro de 2013 e até 31 de Dezembro de 2020;
- Isenção de Imposto sobre os Produtos Petrolíferos (ISP) sobre o combustível;
- Isenção de IVA se a actividade for comercial e exercida em alto mar, com direito a reembolso do IVA suportado;
- Isenção de Imposto do Selo;
- Acesso aos tratados de dupla tributação celebrados por Portugal;
- O MAR não é considerado uma bandeira de conveniência;

- Reconhecimento pelas organizações marítimas internacionais relevantes da qualidade associada ao MAR, nomeadamente a sua inclusão na Lista Branca do Paris MOU;
- Admissão de registos temporários, *flag in* e *flag out*, pelo período de 5 anos, prorrogáveis por períodos iguais e sucessivos;
- Aplicação de convenções internacionais IMO e OIT ratificadas por Portugal;
- O regime fiscal do CINM é plenamente aplicável às sociedades de transporte marítimo (*shipping*) devidamente licenciadas, quer disponham ou não de navios registados no MAR;
- O MAR permite igualmente que os navios registados na Madeira sejam detidos e geridos por sociedades estrangeiras, não sendo obrigatória a constituição de uma sociedade no CINM para proceder ao registo de um navio. Neste caso, será necessário proceder à nomeação de um representante legal na Madeira dotado de poderes legais suficientes;
- Empresas sócias e accionistas de sociedades licenciadas no CINM residentes noutros Estados membros da União Europeia ou Espaço Económico Europeu podem beneficiar da Directiva n.º 90/435/CEE, do Conselho, de 23 de Julho[508];
- Empresas sócias ou accionistas não residentes neste espaço económico, assim como sócios ou accionistas privados, poderão beneficiar da aplicação da rede de tratados de dupla tributação ratificados por Portugal;
- Estas entidades beneficiam igualmente de isenção de imposto sobre mais-valias realizadas na venda de participações em sociedades licenciadas no CINM.

2.2.3 Regime do registo de iates privados e comerciais

Quanto ao regime aplicável aos iates privados e comerciais, poderemos resumir as seguintes vantagens:

---

[508] Trata-se da usualmente designada Directiva mães e filhas, cujo objectivo é a eliminação da dupla tributação económica dos juros distribuídos.

- Registo comunitário com pleno acesso à navegação em águas de países da União Europeia;
- Baixa tributação;
- Reembolso do IVA no caso de o iate desenvolver uma actividade comercial;
- Isenção de IVA na aquisição de combustível para iates comerciais assim como no desenvolvimento de operações de *charter*;
- Dispensa da obrigatoriedade de constituição de uma empresa local;
- Inexistência de limitações à nacionalidade das tripulações dos iates comerciais registados no MAR;
- Regime de segurança social flexível para a tripulação dos iates comerciais;
- Todas as embarcações registadas beneficiam do estatuto do MAR como registo comunitário e poderão navegar sem quaisquer restrições em águas comunitárias;

Note-se ainda que todos os iates registados no MAR arvoram a bandeira portuguesa e beneficiam dos serviços da Conservatória do Registo Comercial Privativa do CINM.

As sociedades de *charter* licenciadas no CINM têm pleno acesso ao regime fiscal em vigor, com aplicação de taxas reduzidas de imposto sobre lucros até 2020.

Estas entidades beneficiam igualmente da aplicação das convenções para evitar a dupla tributação ratificadas por Portugal.

O MAR oferece, assim, um conjunto de vantagens aplicáveis a iates e a sociedades de *charter*, quer a nível operacional, quer a nível fiscal, que o posicionam muito favoravelmente comparativamente a outros registos.

De notar, por último, que recentemente se constatou que 84% da frota alemã estava registada em *open registries*, o que determinou a obrigação de registar os navios numa bandeira comunitária, tendo tal facto surtido um efeito positivo no MAR.

3. Breve alusão aos regimes de *tonnage tax*

A principal evolução registada nos últimos anos relativamente às medidas de auxílio dos Estados membros ao transporte marítimo, consiste na generalização dos sistemas de tributação de taxa fixa com base na tonelagem ("imposto sobre a tonelagem"). O imposto sobre a tonelagem entrou rapidamente em vigor na Grécia, tendo sido progressivamente alargado aos Países Baixos (1996), Noruega (1996), Alemanha (1999), Reino Unido (2000), Dinamarca, Espanha e Finlândia (2002) e à Irlanda (2002). A Bélgica e a França decidiram igualmente adoptá-lo em 2002 e a Itália adoptou um regime de *tonnage tax* que entrou em vigor em 1 de Janeiro de 2005.

Para o efeito deveremos ter presente que, por volta dos anos 70, devido à deslocalização dos registos para os designados *open registries*, a frota da então Comunidade Económica Europeia começou a registar quebras bastante significativas. Esta redução foi desde logo assumida pelas instâncias comunitárias como um assunto prioritário e relevante, dado o peso do sector na Alemanha e na Grécia, dois dos maiores países em termos de embarcações e construção naval.

A UE sempre procurou ter um sector marítimo competitivo em termos internacionais.

Neste contexto, e face à crescente diminuição da frota comunitária, a Comissão Europeia começou a aprovar regimes de tributação pela arqueação ou de tonelagem, conhecidos por *tonnage tax regimes*, solicitados por determinadas jurisdições da União Europeia, em sede de regime de auxílios de Estado, com o intuito de incentivar os armadores comunitários a efectuarem o registo das embarcações em registos comunitários, beneficiando assim de taxas reduzidas de tributação. Simultaneamente, a Comissão começou a desenvolver linhas de orientação para este tipo de regime[509]. Como a Comissão elucida nas suas *Orientações* comunitárias sobre auxílios estatais aos transportes marítimos, "*Por imposto sobre a tonelagem entende-se que o armador paga um montante de imposto*

---

[509] Estas medidas de redução fiscal que se aplicam de forma selectiva aos transportes marítimos são consideradas auxílios estatais. Do mesmo modo, o sistema que consiste em substituir o regime normal de imposto sobre o rendimento das sociedades por um imposto sobre a tonelagem é um auxílio estatal.

directamente associado à tonelagem explorada. O imposto sobre a tonelagem deverá ser pago independentemente dos ganhos ou perdas reais da empresa".[510]

A aprovação dos regimes de *tonnage tax* derivou da necessidade de estimular o segmento de *shipping*, com o desiderato de evitar o *flagging-out*, de promover a manutenção dos postos de trabalho de marítimos europeus e o seu *know-how* na então Comunidade Económica Europeia.

De acordo com as respostas dadas pelos Estados membros a um questionário da Comissão em meados de 2002 e com os dados estatísticos mais recentes, os Estados membros que introduziram medidas de auxílio, designadamente sob a forma de redução fiscal, conseguiram que uma tonelagem significativa, tendo em conta a totalidade dos registos, voltasse a arvorar o pavilhão nacional.

As primeiras *guidelines* da UE sobre os *tonnage tax regimes* surgem nos anos 80, mas não surtiram à data os efeitos desejados, tendo sido revistas em 1997 e de novo em 2004.

Em Novembro de 2010, a Direcção Geral da Concorrência procedeu à revisão dos regimes de auxílios de Estado, com a intenção de apurar se a aprovação dos *tonnage tax regimes* era eficiente, se se tinha evitado um *flagging-out*, se tinha promovido a criação de emprego para marítimos europeus e se estes regimes tinham alcançado os objectivos para que foram autorizados.

Actualmente, dos vinte e sete Estados membros da UE, são poucos os que ainda não têm um *tonnage tax regime*, encontrando-se nesta situação, designadamente, o Luxemburgo, Portugal e a Hungria.

Note-se, contudo, que, quando os resultados da actividade não geram lucro, a aplicação de um regime de *tonnage tax* pode revelar-se perniciosa. Dado que a tributação é feita com base na arqueação bruta da frota, em anos de crise para a indústria marítima, como, por ex., 2009, a tributação pelo lucro pode revelar-se mais adequada e vantajosa, já que poderá no limite significar uma não tributação por falta de proveitos a tributar, enquanto pelo *tonnage tax regime* é sempre calculado imposto, independentemente da actividade ser ou não lucrativa.

Regra geral, todas as jurisdições que impuseram um *tonnage tax regime* preveem taxas decrescentes a aplicar, na medida em que se presume que as

---

[510] Comunicação C (2004) 43 da Comissão – Orientações comunitárias sobre auxílios estatais aos transportes marítimos, já cit.

embarcações de menores dimensões acabam por gerar lucros mais elevados que os navios maiores.

Acresce que em todas elas se estipula um período mínimo de permanência no *tonnage tax regime*, sob pena de aplicação de sanções de pelo menos 10 anos.

Contudo, apesar de registarem semelhanças, cada regime de *tonnage tax* tem as suas particularidades e diferenças. Com efeito, enquanto nuns regimes de *tonnage tax* apenas as actividades de transportes marítimo de pessoas e bens em águas internacionais ficam sujeitos ao regime, noutros regimes também a actividade de *management* dos navios fica incluída.

Em termos de modelos de *tonnage tax* na UE e no Espaço Económico Europeu, podemos essencialmente falar em três modelos, a saber, o holandês, o norueguês e o grego.

O *tonnage tax regime* de modelo holandês foi introduzido em 1996 e implementado por várias jurisdições europeias: a Bélgica, a Dinamarca, a França, a Alemanha, a Irlanda, a Itália, a Holanda, a Polónia, a Espanha, o Reino Unido e a Eslovénia. Crê-se que na Suécia, cujo pedido de implementação de um regime de *tonnage tax* se encontra actualmente pendente, este venha a ser implementado nos termos deste modelo.

Em conformidade com o modelo holandês, a matéria colectável é calculada de acordo com a tonelagem ou arqueação líquida do navio e não com base no lucro tributável.

Os rendimentos que relevam e que ficam sujeitos a esta tributação com base na tonelagem são os seguintes:

- Rendimentos resultantes da actividade internacional do navio (transporte internacional de pessoas e bens);
- Rendimentos provenientes de actividade de rebocagem e assistência a navios fora dos portos nacionais, desde que 50% da actividade seja operada em alto mar;
- Rendimentos de operações de *charter* ou de navios em regime de *bareboat*, desde que a algumas actividades de gestão estejam a cargo da sociedade, entidade, pessoa singular ou colectiva que detém o navio;
- Mais-valias resultantes da venda do navio.

Os demais rendimentos ficam sujeitos a tributação geral em imposto sobre as sociedades.

Em regra, podem beneficiar do *tonnage tax regime* sociedades de *shipping*, pessoas singulares, fundações e estabelecimentos estáveis de sociedades estrangeiras. Já na Dinamarca apenas as sociedades podem beneficiar da aplicação do *tonnage tax regime*.

Por sua vez, o modelo norueguês foi introduzido em 1996 e segue as orientações da UE, dado pertencer ao Espaço Económico Europeu. O enquadramento do regime de *tonnage tax* dentro dos parâmetros definidos nas *guidelines* da União Europeia ocorreu em 2007, data em que foi revisto. Este modelo foi também adoptado pela Finlândia.

O lucro é tributado apenas aquando da sua distribuição, da liquidação da sociedade ou no momento em que a sociedade abandona o regime de *tonnage tax*. O *tonnage tax* é calculado com base numa taxa degressiva na tonelagem liquida.

Quanto ao modelo grego, foi introduzido em 1957 e foi adoptado pela Grécia, Malta e Chipre[511].

Este regime, de acordo com as suas regras originais e ao contrário do que acontece nas jurisdições que adoptaram os modelos holandês e norueguês, não é facultativo, ficando os armadores obrigatoriamente sujeitos ao mesmo.

Note-se, contudo, que em Malta e no Chipre a sujeição ao regime não é obrigatória, mas os possuidores de navios ficam obrigados ao pagamento de uma taxa de registo e de uma taxa anual calculada de acordo com o *tonnage tax*.

De acordo com este modelo, todos os rendimentos derivados da actividade de *shipping* ficam sujeitos ao *tonnage tax regime*, ficando o armador ou sociedade isentos de tributação sob qualquer outra forma. Ou seja, ficam incluídos as mais-valias realizadas com a alienação dos navios, os rendimentos da actividade e os dividendos recebidos, entre outros.

O regime de Malta foi introduzido em 2004, segue o modelo grego, mas apresenta algumas especificidades. Às sociedades que prossigam actividades de *shipping* não é cobrado imposto sobre o rendimento das pessoas colectivas,

---

[511] Actualmente a forma de cálculo em Malta e em Chipre diferem um pouco do modelo original.

desde que se mostrem pagas todas as taxas de registo e o imposto calculado de acordo com o *tonnage tax* e desde que mantenham uma contabilidade separada, para que se possa aferir quais os rendimentos respeitantes a essa actividade e quais os rendimentos respeitantes a outras actividades. Esta isenção aplica-se igualmente às mais-valias realizadas com a alienação de navios e embarcações e/ou de participações sociais dessas sociedades de *shipping*. As entidades que podem beneficiar deste regime de *tonnage tax* podem renunciar aos seus benefícios, mas não deixam de estar obrigadas ao pagamento das taxas de registo e anual de acordo com os cálculos do *tonnage tax*.

De salientar que este regime de Malta se encontra actualmente sob o escrutínio da Comissão Europeia, tendo esta instaurado um procedimento de averiguação, dado considerar que o regime poderá estar a ser aplicado a beneficiários a que não deveria ser aplicado e por potencialmente estar a ser escolhido, em detrimento de outros registos, em virtude da sua taxa de tributação inferior quando comparado com outros regimes de *tonnage tax* na União Europeia, desvirtuando assim as regras da concorrência[512].

Note-se, por último, que os regimes de *tonnage tax* implementados na UE regra geral não contendem com o regime do CINM, dado não exigirem que as embarcações estejam registadas sob o pavilhão daquela jurisdição. Por ex., uma embarcação registada no CINM detida por uma sociedade na Holanda é elegível ao benefício do *tonnage tax* naquele país, dado as embarcações registadas no CINM arvorarem o pavilhão português.

4. Conclusões

Como vimos, a 1 de Setembro de 2012 o Registo convencional português tinha apenas um total de onze navios. Por sua vez, de acordo com dados disponíveis a 1 de Outubro de 2012, o MAR tinha um total de cento e quarenta e sete navios de comércio.

Isto é, sem o MAR a frota nacional seria praticamente inexistente.

Ora, enquanto no Registo convencional se aplica o regime geral de tributação, nomeadamente em sede de IRC, IRS e de IVA, Sendo de registar a isenção prevista para as actividades marítimas no artigo 13.º do CIRC e as

---

[512] *Vide* EC IP/12/843, de 20 de Julho de 2012.

isenções acolhidas no Código do IVA, no caso do MAR acresce ao regime geral um competitivo conjunto de benefícios fiscais especificamente concebidos para o efeito.

O Registo Internacional de Navios da Madeira, fazendo parte integrante da Zona Franca da Madeira ou Centro Internacional de Negócios da Madeira, foi precisamente criado com o objectivo de não só evitar o processo de *flagging out* dos seus navios para outras bandeiras como também de atrair novos navios e armadores, tendo em vista um programa de desenvolvimento económico e social de uma pequena ilha ultraperiférica.

Este regime é, tal como vimos, um regime totalmente aceite pela UE e pela OCDE, tendo sido devidamente escrutinado em ambas as instâncias.

A criação do regime de auxílios aplicáveis ao Registo Internacional de Navios da Madeira foi, desde sempre, considerada justificável pela Comissão europeia em sede de auxílios estatais, por facilitar o desenvolvimento das actividades marítimas e promover o emprego, conforme o interesse comunitário e a realização do mercado interno.

O MAR, como registo de navios português, está entre os registos internacionais de maior qualidade, tendo sido implementadas medidas para assegurar eficazes sistemas de fiscalização de todos os navios registados. Todas as convenções internacionais de que Portugal é signatário são plenamente aplicáveis e respeitadas pelo MAR, assegurando-se que todos os requisitos técnicos, de segurança, estabilidade e funcionamento do navio estão em conformidade com as convenções internacionais que vinculam o Estado português, contribuindo para que este registo se encontre incluído na Lista Branca do *Paris Memorandum of Understanding*.

A existência do Regime do MAR, por si só já deveras atractivo para armadores nacionais e internacionais a operar em águas internacionais, explica, nomeadamente, porque é que Portugal é dos poucos Estados membros da União Europeia que não adoptou um regime de tributação por tonelagem.

Como referimos, a grande vantagem dos *tonnage tax regimes* é a taxa de tributação efectiva bastante reduzida, sobretudo quando a actividade desenvolvida está a ser lucrativa.

A aposta no mar como grande desígnio nacional passa, inevitavelmente, pela criação e implementação de regimes de incentivos fiscais às actividades relacionadas com o transporte marítimo. Neste contexto, deveremos fazer os possíveis por fazer um cabal aproveitamento dos mecanismos de auxílios de Estado disponíveis e implementar os auxílios já existentes, como é o caso do MAR, tendo em vista uma maior competitividade do país num relevante sector de actividade para o qual estamos, natural e especialmente, vocacionados.

A ECONOMIA INTERNACIONAL E O MAR: O CASO DAS PESCAS

Pedro Infante Mota
Professor Auxiliar da Faculdade de Direito da Universidade de Lisboa

"A Terra é azul" [513].

1. Introdução

Os oceanos cobrem ¾ da superfície da Terra, contêm 97% da água do planeta e absorvem cerca de 30% do dióxido de carbono produzido pelos humanos (amortecendo os impactos do aquecimento global); mais de três biliões das pessoas dependem da biodiversidade marinha e costeira para o seu sustento; o valor de mercado para as indústrias e recursos marinhos e costeiros está estimado, em termos globais, em 3 triliões de dólares norte-americanos por ano ou cerca de 5% do PIB mundial; a pesca emprega, direta ou indiretamente, mais de 200 milhões de pessoas ([514]); os custos do transporte terrestre são sete

---

[513] Yuri Gagarin, 12-4-1961.
[514] http://www.un.org/en/sustainablefuture/oceans.shtml (página visitada em 10-1-2014). E é cada vez maior a importância e o potencial dos recursos biogenéticos do mar. Por exemplo, alguns organismos marinhos contêm químicos tóxicos naturais que podem ser eficazes no combate a algumas doenças humanas e a bactéria *Deinococcus radiodurans* é um organismo resistente a radiação que pode sobreviver a 30 000 grays de radiação ionizante, ao passo que um humano pode morrer por força da exposição a apenas 5 grays (cf. Marco COLAZINGARI, *Economic Perspectives on Marine-Derived Products*, in Ocean Yearbook, 2008, pp. 219 e 224). É de notar ainda em termos de biotecnologia que a venda do primeiro peixe transgénico passou a ser permitida pelos Estados Unidos no dia 5 de Janeiro de 2004. O chamado "GloFish1" é um

vezes superiores aos do transporte marítimo ([515]); cerca de 80% do comércio internacional em termos de volume e mais de 70% em termos de valor é transportado por via marítima ([516]); mais de 3 500 navios de carga cruzam os oceanos Pacífico, Atlântico e Índico nos dias de hoje e transportam consigo cerca de 15 milhões de contentores ([517]).

Dada a importância do mar, não admira a afirmação, repetida amiudadamente, que os países podem ser prejudicados pela sua própria geografia. Sintomaticamente, existem atualmente 48 países menos avançados ([518]), dos quais cerca de 30 são países encravados, sem costa marítima ([519]).

peixe zebra de aquário geneticamente modificado para brilhar no escuro através de diversos pigmentos fluorescentes. Cf. Rebecca BRATSPIES, Can transgenic fish save fisheries?, in *Globalization: Effects on Fisheries Resources*, William Taylor, Michael Schechter e Lois Wolfson, Cambridge University Press, 2007, p. 483.

[515] Douglas IRWIN, *Free Trade under Fire*, Princeton University Press, 2009, p. 192. E é bom ter presente que os gases do efeito de estufa são dominados pela fase da produção, não pela do transporte. Por exemplo, a carne de borrego produzida na Nova Zelândia e que tem de percorrer cerca de 11 000 milhas por barco até chegar à Europa produz ¼ das emissões de CO2 dos borregos criados na Grã-Bretanha, por força da maior eficiência produtiva e dos métodos de produção mais amigos do ambiente daquele país (menos intensivos em termos energéticos, menos fertilizantes, etc.). Também em termos de impacto ambiental, é preferível que os nova-iorquinos consumam mais vinhos franceses do que californianos, na medida em que a emissão de carbono é mais intensa por unidade no caso do transporte por camião através do território norte-americano do que no caso do transporte marítimo. Cf. *Idem*, p. 65.

[516] CONFERÊNCIAS DAS NAÇÕES UNIDAS PARA O COMÉRCIO E DESENVOLVIMENTO, *Review of Maritime Transport 2012*, Nações Unidas, Nova Iorque e Genebra, 2012, p. xiii.

[517] Spiegel Special International Edition 7/2005, *Globalization: The New World*, p. 120. Vista como uma das mais importantes revoluções do século XX em matéria de transportes (cf. David HUMMELS, *Transportation Costs and International Trade in the Second Era of Globalization*, in Journal of Economic Perspectives, 2007, p. 141), a introdução do contentor nos anos 50 correspondeu a uma redução do custo de carregar um navio de 5,83 dólares norte-americano por tonelada para 15,8 cêntimos, além de implicar uma redução significativa no tempo que os navios gastam nos portos a carregar e a descarregar (cf. BANCO MUNDIAL, *Global Economic Prospects 2007: Managing the Next Wave of Globalization*, ed. World Bank 2007, p. 35). Com efeito, em 1956, os trabalhadores das docas conseguiam mover apenas 1,7 toneladas por hora para um navio de carga, mas, cinco anos mais tarde, já era possível carregar 30 toneladas por hora. Cf. THE ECONOMIST, *The humble hero*, 18-5-2013.

[518] CONFERÊNCIAS DAS NAÇÕES UNIDAS PARA O COMÉRCIO E DESENVOLVIMENTO, *The Least Developed Countries Report 2012: Harnessing Remittances and Diaspora Knowledge to Build Productive Capacities*, Nações Unidas, Nova Iorque e Genebra, 2012.

[519] Mas o facto de um país não ter costa marítima não é, em si mesmo, uma causa de pobreza. Veja-se, nesse sentido, os exemplos do Botsuana, Suíça e Luxemburgo.

2. Os Números Do Sector Piscícola

Os recursos naturais representam uma parte importante e crescente do comércio mundial, correspondendo a cerca de 24% do comércio total de mercadorias em 2008 [520]. E, durante o período 2003-2008, os preços dos combustíveis aumentaram 234% e os dos minérios 178%, mas os preços dos produtos piscícolas e dos produtos florestais aumentaram apenas 38% e 26%, respetivamente [521]. Graças em parte ao aumento continuado dos preços dos produtos primários, o valor das exportações de recursos naturais em dólares norte-americanos multiplicou-se por mais de seis entre 1998 e 2008, passando de 613 biliões para 3,7 triliões de dólares [522]. No entanto, apesar do valor crescente em dólares das exportações de peixe, o seu peso no comércio mundial de recursos naturais desceu, entre 1998 e 2008, de 8,6% para 2,6%, como consequência do crescimento ainda maior dos combustíveis e produtos minerais [523]. Os combustíveis representavam, em 2008, 77% do comércio mundial de recursos naturais e 18% do comércio total de mercadorias [524].

No caso específico dos produtos piscícolas, é importante observar que, tradicionalmente, os mercados piscícolas estavam limitados, geograficamente, pela rápida deterioração dos produtos em causa. Até há cem anos, o mercado era local na maioria dos produtos piscícolas e o peixe seco e o peixe salgado eram os principais produtos exportados para mercados longínquos.

Atualmente, os produtos piscícolas constituem o produto alimentar mais comercializado [525] e, em termos de volume, cerca de 37% da produção mundial de peixe (capturado e de aquacultura) é comercializada internacionalmente [526]. O comércio mundial de peixe desenvolveu-se muito nas últimas

---

[520] OMC, *World Trade Report 2010: Trade in natural resources*, ed. OMC, 2010, p. 40.
[521] *Idem*, p. 52.
[522] *Idem*, p. 54.
[523] *Idem*.
[524] *Idem*.
[525] No caso dos países em desenvolvimento, as exportações de peixe superam largamente as exportações de outros produtos alimentares como arroz, carne, açúcar, café e tabaco. Cf. BIORES, *Taking stocks: Perverse subsidies in the fisheries sector*, Volume 6, Issue 3, August--September 2012, p. 18.
[526] Marc ALLAIN, *Trading away our oceans: why trade liberalization of fisheries must be abandoned*, Greenpeace International, Amesterdão, 2007, p. 19.

três décadas, passando de 8 biliões de dólares norte-americanos em 1976 para 101,8 biliões em 2008 e, em termos reais, as exportações de peixe aumentaram 104% entre 1985 e 2008 [527].

No caso da aquacultura, esta era pouco importante em 1970, com uma produção de apenas 3,5 milhões de toneladas (cerca de 5,1% do fornecimento total de produtos alimentares de origem piscícola), mas, em 2006, representava já 41,8% do fornecimento total de produtos alimentares de origem piscícola, com uma produção de 66,7 milhões de toneladas [528] e calcula-se que a contribuição da aquacultura atinja os 60% em 2020 [529].

Os principais produtores em termos de aquacultura são países em desenvolvimento [530] e mais de 220 espécies de peixe e marisco são cultivadas presentemente em todo o mundo [531]. O êxito da aquacultura resulta muito do facto de os preços reais de espécies como o salmão e o camarão corresponderem atualmente a cerca de 1/3 dos preços praticados há 25 anos. Apesar da diminuição dos preços, a expansão da aquacultura no caso das espécies referidas manteve-se lucrativa por força da diminuição dos custos de produção resultante da melhoria das tecnologias de produção e da redução dos custos logísticos e de distribuição [532].

Ao mesmo tempo, os custos ambientais associados ao crescimento da aquacultura podem ser importantes:

---

[527] Lahsen ABABOUCH e Sally WASHINGTON, *Private standards and certification in fisheries and aquaculture: current practice and emerging issues*, FAO Fisheries and Aquaculture Technical Paper No. 553, Organização das Nações Unidas para a Alimentação e a Agricultura, Roma, 2011, p. 2.
[528] Frank ASCHE e Martin SMITH, *Trade and Fisheries: Key Issues for the World Trade Organization*, Staff Working Paper ERSD-2010-03, World Trade Organization Economic Research and Statistics Division, 2010, p. 8.
[529] Lahsen ABABOUCH e Sally WASHINGTON, *Private standards and certification in fisheries and aquaculture: current practice and emerging issues*, FAO Fisheries and Aquaculture Technical Paper No. 553, Organização das Nações Unidas para a Alimentação e a Agricultura, Roma, 2011, p. 1.
[530] *Idem*, p. 76.
[531] Rebecca BRATSPIES, Can transgenic fish save fisheries?, in *Globalization: Effects on Fisheries Resources*, ed. William Taylor, Michael Schechter e Lois Wolfson, Cambridge University Press, 2007, p. 470.
[532] Frank ASCHE e Martin SMITH, *Trade and Fisheries: Key Issues for the World Trade Organization*, Staff Working Paper ERSD-2010-03, World Trade Organization Economic Research and Statistics Division, 2010, p. 10.

"Tropical Southeast Asia currently has about 110 000 shrimp farms covering around 3,2 million acres (1,3 million hectares). Globally, shrimp farming is worth about $60 billion. Shrimp farms are a major fator in habitat loss in these regions, displacing mangroves, salt marshes, and freshwater wetlands. Nearly 40% of the decline in mangrove forests is due to shrimp farms. Shrimp farming produces many environmental problems: demand for fish meal to feed farmed shrimp; pollution with chemicals such as antibiotics, pesticides, disinfectants, and fertilizers, some of which bioaccumulate; and eutrophication, due to large amounts of waste" [533].

No que diz respeito às exportações, o peso dos países em desenvolvimento no comércio internacional de produtos piscícolas aumentou de 37%, em 1976, para 49%, em 2006, e representa uma fonte importante de divisas e de emprego. No caso das importações, os países desenvolvidos correspondiam a 80% do total de importações em 2006 (contra 86% em 1976) [534]. Se tivermos presente o valor total das exportações e o valor total das importações dos países em desenvolvimento, verificamos que, em 2008, as primeiras ultrapassaram as segundas em 26,5 biliões de dólares [535].

Em termos de obstáculos ao comércio internacional de recursos naturais, é no sector da pesca que se regista o menor número de direitos aduaneiros consolidados [536]. Os valores consolidados (o limite superior acordado para um direito aduaneiro) são, normalmente, superiores aos valores efetivamente cobrados e a diferença entre uns e outros é maior no caso dos países em desenvolvimento do que no caso dos países desenvolvidos [537].

---

[533] Dana DESONIE, *Oceans: How we use the Seas*, Chelsea House, Nova Iorque, 2008, p. 149.
[534] Frank ASCHE e Martin SMITH, *Trade and Fisheries: Key Issues for the World Trade Organization*, Staff Working Paper ERSD-2010-03, World Trade Organization Economic Research and Statistics Division, 2010, p. 10.
[535] Lahsen ABABOUCH e Sally WASHINGTON, *Private standards and certification in fisheries and aquaculture: current practice and emerging issues*, FAO Fisheries and Aquaculture Technical Paper No. 553, Organização das Nações Unidas para a Alimentação e a Agricultura, Roma, 2011, p. 2.
[536] OMC, *World Trade Report 2010: Trade in natural resources*, ed. OMC, 2010, p. 115.
[537] Idem.

Cobertura das consolidações

	Pesca	Floresta	Minérios	Combustíveis
Todos os países	65,0	74,0	72,6	68,9
Países ricos	98,3	98,6	99,9	90,1
Outros países	62,4	72,1	70,5	67,2

Fonte: *World Trade Report 2010: Trade in natural resources*, p. 115.

No que concerne aos direitos aduaneiros, muitas matérias-primas, desde os metais e minérios até aos combustíveis e a madeira, estão atualmente pouco ou nada protegidos na maioria dos principais mercados. Em geral, a proteção pautal no sector dos recursos naturais é inferior à verificada na totalidade do comércio de mercadorias e esta conclusão vale tanto para os países desenvolvidos como para os países em desenvolvimento [538]. A única exceção é o sector da pesca, em que o nível de proteção pautal é superior ao dos outros recursos naturais [539].

Média simples dos direitos aduaneiros aplicados aos sectores de recursos naturais (2007)

Sector	Países ricos	Outros países	Todos os países
Pescas	2,2	15,1	14,2
Floresta	0,6	6,5	6,1
Combustíveis	0,5	6,2	5,8
Minérios	0,8	6,0	5,7
Todas as mercadorias	5,4	10,7	10,3

Fonte: *World Trade Report 2010: Trade in natural resources*, p. 114.

---

[538] *Idem*, p. 114.
[539] *Idem*.

Direitos aduaneiros médios consolidados nos sectores de recursos naturais (2007)

	Pesca	Floresta	Minérios	Combustíveis
Todos os países	31,4	26,5	28,6	25,3
Países ricos	2,5	1,2	1,6	1,5
Outros países	34,2	28,9	30,9	27,5

Fonte: *World Trade Report 2010: Trade in natural resources*, p. 115.

No caso das taxas à exportação, elas são muito mais frequentes no sector dos recursos naturais que em outros sectores ([540]). De acordo com os exames de política comercial realizados no âmbito da OMC, a aplicação de taxas à exportação é muito mais provável (o dobro) no caso dos recursos naturais do que em outros sectores ([541]). Calcula-se que entre 15 a 25% do comércio mundial de peixe esteja coberto por taxas à exportação ([542]).

Finalmente, o recente relatório "O Estado Mundial da Pesca e da Aquicultura" elaborado pela Organização das Nações Unidas para a Alimentação e a Agricultura avança com outros dados também bastante interessantes. Primeiro, as capturas de peixe e a aquicultura foram responsáveis por fornecer ao mundo cerca de 148 milhões de toneladas de peixe em 2010 (com um valor total de 217,5 biliões de dólares), das quais 128 milhões de toneladas foram utilizadas como alimento pelas pessoas ([543]). Segundo, o comércio de peixe representou, em 2010, cerca de 10% do total das exportações agrícolas (excluindo os produtos florestais) ([544]) e 1% do comércio mundial de mercadorias

---

[540] As taxas à exportação cobrem 11% do comércio de recursos naturais (5% no caso do comércio das outras mercadorias). Cf. *Idem*, pp. 116-117.
[541] *Idem*, p. 116.
[542] *Idem*, p. 117.
[543] ORGANIZAÇÃO DAS NAÇÕES UNIDAS PARA A ALIMENTAÇÃO E A AGRICULTURA (FAO), *The State of World Fisheries and Aquaculture 2012*, Roma, 2012, p. 3.
[544] Segundo o Artigo I da Constituição da Organização das Nações Unidas para a Alimentação e Agricultura (FAO), o termo "agricultura" e seus derivados inclui as pescas e os produtos do mar. No caso da OMC, pelo contrário, o Acordo sobre a Agricultura não é aplicável ao peixe e produtos piscícolas nem aos produtos florestais. O Acordo sobre a Agricultura da OMC define no seu Anexo 1 os produtos agrícolas por referência ao Sistema Harmonizado de Designação e Classificação de Mercadorias. A definição abarca não só produtos agrícolas básicos como o trigo, o leite e os animais vivos, mas também os produtos deles derivados, como o pão, a manteiga e a carne, assim como produtos elaborados, como o chocolate e salsichas. Estão

em termos de valor (⁵⁴⁵). Terceiro, o peso da China na produção mundial de peixe passou de 7%, em 1961, para 35%, em 2010 (⁵⁴⁶). Quarto, nas últimas três décadas (1980-2010), a produção mundial de peixe recorrendo à aquicultura aumentou quase 12 vezes, a uma taxa anual média de 8,8% (⁵⁴⁷). Quinto, os países em desenvolvimento desempenham um papel importante no comércio mundial de produtos piscícolas, tendo as suas exportações ascendido, em 2010, a 49% das exportações mundiais de peixe em valor e a 59% em volume (⁵⁴⁸). Sexto, para muitos países em desenvolvimento, o comércio de peixe representa uma fonte significativa de divisas, além de um papel importante como criador de receitas, fonte de emprego e garante da segurança alimentar e nutrição. A indústria pesqueira dos países em desenvolvimento depende em grande medida dos países desenvolvidos como pontos de venda para as suas exportações. Em 2010, em termos de valor, 67% das exportações de peixe dos países em desenvolvimento tiveram como destino os países desenvolvidos (⁵⁴⁹). Sétimo, o abastecimento mundial de alimentos baseados no peixe aumentou consideravelmente nas cinco últimas décadas, com uma taxa média de crescimento de 3,2% por ano no período entre 1961 e 2009, superando o aumento da população mundial de 1,7% ao ano (⁵⁵⁰). Oitavo, o abastecimento mundial de peixes comestíveis *per capita* aumentou de uma média de 9,9 kg (em peso vivo) na década de 1960 para 18,4 kg em 2009. Dos 126 milhões de toneladas de pescado disponível para consumo humano em 2009, o menor

---

igualmente incluídos os vinhos, as bebidas espirituosas e os produtos do tabaco, fibras como as de algodão, lã e seda, e as peles de animais em bruto destinadas à produção de couro. Em termos de códigos do Sistema Harmonizado, os produtos compreendidos são os que figuram nos capítulos 1 a 24 do Sistema Harmonizado, com algumas exceções, em especial o capítulo 3 (peixe), e algumas posições e subposições dos capítulos 5, 15, 16 e 23. Adicionalmente, são incluídos na definição de produtos agrícolas os que figuram em algumas posições e subposições dos capítulos 29, 33, 35, 38, 41, 43, 50, 51, 52 e 53. Portanto, produtos não agrícolas são todos os que não estão abarcados pelo Acordo sobre a Agricultura. Cf. OMC, *World Tariff Profiles 2013*, ed. OMC, Genebra, 2013, p. 194.

⁵⁴⁵ ORGANIZAÇÃO DAS NAÇÕES UNIDAS PARA A ALIMENTAÇÃO E A AGRICULTURA (FAO), *The State of World Fisheries and Aquaculture 2012*, Roma, 2012, p. 67.
⁵⁴⁶ *Idem*, p. 4.
⁵⁴⁷ *Idem*, p. 8.
⁵⁴⁸ *Idem*, p. 158.
⁵⁴⁹ *Idem*, p. 70.
⁵⁵⁰ *Idem*, pp. 3-4.

consumo de peixe registou-se em África (9,1 kg *per capita*), enquanto o continente asiático foi responsável por 2/3 do consumo total (20,7 kg *per capita*), a Oceânia por 24,6 kg, a América do Norte por 24,1 kg, a Europa por 22 kg e a América Central e Caribe por 9,9 kg ([551]). Por último, calcula-se que o número total de embarcações pesqueiras no mundo é de aproximadamente 4,36 milhões em 2010 ([552]).

O mar, ou as atividades a ele associadas, tem ainda uma importância que não se limita aos aspectos estritamente económicos. No caso dos acordos da Organização Mundial do Comércio, por exemplo, uma das principais exceções aos objetivos do "desenvolvimento da produção e do comércio de mercadorias e serviços" e da "redução substancial dos direitos aduaneiros e de outros entraves ao comércio" (considerandos n.ºs 1 e 3 do preâmbulo do Acordo que Cria a OMC) diz respeito ao famoso *Merchant Marine Act* de 1920 (mais conhecido por *Jones Act*), ou seja, da legislação norte-americana que proíbe:

> "A utilização, a venda ou a locação financeira de navios construídos ou reconstruídos no estrangeiro para utilizações comerciais entre pontos situados em águas nacionais ou em águas de uma zona económica exclusiva" ([553]).

De facto, a cabotagem de mercadorias e passageiros está sujeita às restrições estabelecidas no artigo 27 da Lei da Marinha Mercante de 1920 (Lei Jones) e à Lei de Serviços de Barcos de Passageiros de 1886 ([554]). A Lei Jones reserva

---

[551] *Idem.* Portugal, por sua vez, consome perto de 60 kg *per capita* por ano, muito por causa do elevado consumo de bacalhau, o que nos leva a ser um dos países com maior consumo de pescado *per capita*, ficando no mundo industrializado apenas aquém do consumo do Japão e da Islândia. Cf. Tiago Pitta e CUNHA *Blue Growth for Portugal – Uma visão empresarial da economia do mar*, COTEC, 2012, p. 164.

[552] ORGANIZAÇÃO DAS NAÇÕES UNIDAS PARA A ALIMENTAÇÃO E A AGRICULTURA (FAO), *The State of World Fisheries and Aquaculture 2012*, Roma, 2012, p. 47.

[553] O texto desta exceção pode ser encontrado in Eduardo Paz FERREIRA e João ATANÁSIO, *Textos de Direito do Comércio Internacional e do Desenvolvimento Económico*, Volume I – Comércio Internacional, Almedina, 2004, p. 75.

[554] O transporte de mercadorias entre portos norte-americanos, seja diretamente, seja através de portos estrangeiros, é conhecido por cabotagem. As leis norte-americanas mencionadas visam assegurar a existência de uma frota mercante norte-americana que possa ajudar a assegurar a defesa nacional durante tempos de guerra e emergência nacional.

o serviço de cabotagem a barcos matriculados, construídos e mantidos nos Estados Unidos que sejam propriedade de uma pessoa física ou jurídica estado-unidense e 3/4 dos tripulantes devem ser cidadãos dos Estados Unidos [555]. Segundo a Administração Marítima do Departamento de Transporte, as frotas afetadas pela Lei Jones ascendem a um total de 38 000 barcos, que representam um investimento de 48 000 milhões de dólares norte-americanos e transportam mais de 1 000 milhões de toneladas de carga por ano [556].

O próprio investimento estrangeiro em embarcações de pavilhão norte-americano que realizam atividades de comércio costeiro limita-se a 25% da propriedade e do controlo. Os investidores estrangeiros podem possuir 100% de uma embarcação de pavilhão norte-americano que realiza atividades de comércio internacional, desde que o proprietário da embarcação esteja organizado e constituído ao abrigo das leis dos Estados Unidos, que o diretor e o presidente da administração sejam cidadãos norte-americanos e que o número de cidadãos estrangeiros se limite à minoria de membros da administração necessária para constituir um quórum. As embarcações em que a propriedade e o controlo estrangeiros superem 25% não podem transportar mercadorias nem passageiros entre portos estado-unidenses [557].

São muito raros os casos em que o Secretário do Departamento de Segurança Interna autorizou derrogações às disposições da Lei Jones e da Lei de Serviços de Barcos de Passageiros. Desde 2006, foi concedida uma derrogação

---

[555] O próprio Adam Smith considerava que, "como a proteção é de muito maior importância que a opulência" (cf. Adam SMITH, *Inquérito sobre a Natureza e as Causas da Riqueza das Nações*, Volume I, Tradução e notas de Teodora Cardoso e Luís Cristóvão Aguiar, 4.ª ed., Fundação Calouste Gulbenkian, Lisboa, 1999, p. 771 [Livro IV, Capítulo II]) o acto de navegação era, talvez, a mais sensata de todas as regulamentações comerciais da Inglaterra. Os Actos de Navegação (1651) de Cromwell foram estabelecidos com o objetivo de excluir os navios estrangeiros do comércio entre as colónias e a Grã-Bretanha. Os navios seriam construídos na Grã-Bretanha e três quartos da tripulação deveria ser inglesa. A marinha e o comércio holandeses, concorrentes terríveis, são particularmente visados pelos Actos de Navegação, o que muito contribuiu para o desencadear de três guerras marítimas anglo-holandesas. Os Actos de Navegação foram revistos repetidamente entre 1650 e 1770, mas o seu objetivo manteve-se inalterado. Cf. Larry SAWERS, *The Navigation Acts revisited*, in Economic History Review, 1992, p. 262.

[556] OMC, *Trade Policy Review – United States, Report by the Secretariat* (WT/TPR/S/235/Rev.1), 29-10-2010, parágrafo 95.

[557] *Idem*, p. 57.

em Abril de 2010 a um navio de manuseio de âncoras para operar em águas do Alasca e também se autorizaram derrogações por força da necessidade de limpeza do petróleo vertido resultante do incidente na plataforma *Deepwater Horizon* no Golfo do México ([558]).

Como seria de esperar, o preço dos navios construídos nos Estados Unidos é, normalmente, três a quatro vezes o preço praticado no mercado mundial ([559]) e o *Jones Act* impunha à economia norte-americana, quando da entrada em vigor dos acordos da OMC, um custo anual de pelo menos 3 biliões de dólares norte-americanos ([560]).

3. A Fragmentação do Regime Jurídico

Contendo o mar uma variedade imensa de recursos valiosos (alimentos, minérios, energia, ecossistemas), alguns autores salientam que:

> "When such resources are unowned or found in a 'common pool', they may be exploited inefficiently because of some familiar externality problems associated with the creation of property rights. As we shall suggest, international cooperation is necessary to address these externalities" ([561]).

No caso das pescas, a cooperação internacional tem girado em torno de diversos tratados e organizações internacionais, incluindo a Convenção Internacional sobre o Direito do Mar, a Organização das Nações Unidas para a Alimentação e Agricultura, a Convenção sobre o Comércio Internacional das Espécies Selvagens da Fauna e da Flora Ameaçadas de Extinção (CITES), a Organização Mundial do Comércio, a Convenção sobre Diversidade Biológica, o *Codex Alimentarius*, etc..

---

[558] *Idem*, parágrafo 96.
[559] COMISSÃO DAS COMUNIDADES EUROPEIAS, *Report on United States Barriers to Trade and Investment*, Bruxelas, Dezembro de 2003, p. 57.
[560] Carlos Primo BRAGA e Bernard HOEKMAN, *Protection and Trade in Services: A Survey*, Policy Research Working Paper n.º 1747, The World Bank, 1997, p. 13.
[561] Eric POSNER e Alan SYKES, *Economic Foundations of the Law of the Sea*, in American Journal of International Law, 2010, p. 571.

Naturalmente, a multiplicação de fóruns e regimes internacionais e consequente possibilidade de um país submeter, ao mesmo tempo ou consecutivamente, à consideração de dois ou mais tribunais internacionais o mesmo litígio ou aspectos relativos ao mesmo litígio suscita alguns problemas importantes [562].

Uma das situações mais importantes de sobreposição de jurisdições ocorreu no afamado caso *Swordfish* [563]. Não tendo as partes reconhecido o mesmo procedimento para a resolução do litígio em causa, o caso *Swordfish* caracterizou-se pela ocorrência de processos paralelos, um no âmbito da OMC, outro no âmbito do Tribunal Internacional para o Direito do Mar.

Como o próprio nome do caso indica, era objeto do litígio o espadarte, espécie piscícola altamente migratória, que deambula pelas águas da zona económica exclusiva do Chile e do alto mar adjacentes. Operando os pescadores da Comunidade Europeia nas águas adjacentes à zona económica exclusiva do Chile, este país receava uma captura excessiva do espadarte e, consequentemente, que a sua existência na zona económica exclusiva pudesse ser posta em perigo. A fim de evitar tal situação, o art. 165.º da Lei Geral de Pesca e Agricultura do Chile proibia a descarga e o trânsito do espadarte capturado nas águas do alto mar adjacentes à zona económica exclusiva do Chile quer por navios chilenos, quer por navios estrangeiros, nos portos chilenos, quando as capturas não respeitassem as regras de conservação impostas pelo Chile. A proibição de acesso aos portos nacionais imposta pelo Chile aos barcos de pesca comunitários violava, segundo a Comunidade Europeia, algumas disposições do GATT de 1994. O Chile entendia, pelo contrário, que o litígio em questão não tinha natureza comercial, estando, sim, em causa

---

[562] MARGARET YOUNG, por exemplo, defende que a resolução de litígios relativos a restrições ao comércio de espécies marinhas em perigo de extinção pode ser suscitada junto do sistema GATT/OMC, do Tribunal Internacional para o Direito do Mar, do Tribunal Permanente de Arbitragem e do Tribunal Internacional de Justiça (cf. Margaret YOUNG, *Trading Fish, Saving Fish: The Interaction between Regimes in International Law*, Cambridge Studies in International and Comparative Law, Cambridge University Press, 2011, p. 184). Mais à frente, a mesma autora observa que, "with its compulsory dispute settlement system, the World Trade Organization contains a stronger compliance system than other regimes and has become a 'policy magnet'". Cf. *Idem*, p. 246.

[563] Este caso *Swordfish* constitui, igualmente, o caso mais proeminente de corridas internacionais "to the courthouse". Cf. Yuval SHANY, *The Competing Jurisdictions of International Courts and Tribunals*, Oxford University Press, 2003, p. 149.

medidas de conservação essenciais à pesca sustentada do espadarte. Ainda segundo o Chile, a Comunidade Europeia fracassou na adopção das medidas de conservação indispensáveis, de cooperar consigo (como Estado costeiro), em violação do disposto na Convenção das Nações Unidas sobre o Direito do Mar, e os barcos de pesca espanhóis deixaram de poder entrar nos portos chilenos, não em razão da sua nacionalidade, mas porque as autoridades chilenas competentes concluíram que aqueles barcos estavam a pôr em causa as suas medidas de conservação em relação aos cardumes de espadarte. A Comunidade Europeia rejeitou de modo enérgico as medidas de conservação impostas pelo Chile para além da sua zona económica exclusiva, entendendo que elas consubstanciavam uma violação das disposições da Convenção de *Montego Bay* relativas às liberdades do alto mar.

Como é evidente, o decurso em paralelo de dois processos, um na OMC, outro na Convenção de *Montego Bay*, trazia consigo o risco de acabar em interpretações e conclusões contraditórias e incompatíveis entre si, uma vez que, em ambos os casos, os órgãos responsáveis pela resolução do litígio em cada uma das organizações tinham competência para analisar a questão do acesso dos barcos de pesca comunitários aos portos chilenos. A OMC podia concluir que o Chile se encontrava obrigado a permitir o acesso aos seus portos dos barcos de pesca comunitários, por via do princípio da liberdade de trânsito consagrado no art. V do GATT de 1994, e o Tribunal Internacional para o Direito do Mar podia concluir que o Chile gozava do direito de exercer plena soberania sobre os seus portos, ao abrigo do Direito do Mar, incluindo o direito de proibir o acesso a barcos de pesca estrangeiros. Apesar de a Convenção de *Montego Bay* conter disposições relativas às suas relações com outros acordos e outros sistemas de resolução de litígios, elas eram inaplicáveis neste caso. O art. 282.º, por exemplo, prevê que um outro acordo que contenha um sistema de resolução de litígios que possa conduzir a uma decisão obrigatória pode impedir a aplicação da Parte XV da Convenção das Nações Unidas sobre o Direito do Mar caso de sejam observadas as seguintes condições: o litígio deve incidir sobre a interpretação ou aplicação da Convenção das Nações Unidas sobre o Direito do Mar e os Estados Partes devem ter ajustado que o litígio em causa seja submetido a um procedimento conducente a uma decisão obrigatória, a pedido de qualquer das partes no mesmo. Estas condições, no entanto, tornavam inaplicável o art. 282.º ao caso *Swordfish*, visto que a questão apresentada no âmbito do sistema de resolução de litígios da OMC não dizia respeito à interpretação ou aplicação da Convenção das Nações Unidas sobre o Direito do Mar. Além disso, o Chile e a Comunidade Europeia não chegaram a qualquer acordo para submeter o litígio a um procedimento diferente e, finalmente, questionou-se se os procedimentos perante o Painel e o Órgão de Recurso poderiam levar a uma decisão obrigatória, na medida em que os seus relatórios devem ser adotados pelo Órgão de Resolução de Litígios antes de se tornarem vinculativos.

Ao abrigo do Memorando de Entendimento sobre as Regras e Processos que Regem a Resolução de Litígios, a Comunidade Europeia apresentou um pedido de consultas em 19 de Abril de 2000, tendo as consultas ocorrido em Genebra no dia 14 de Junho do mesmo ano. Uma vez que as consultas não permitiram chegar a uma solução mutuamente satisfatória, a Comunidade Europeia requereu, em 6 de Novembro de 2000, a criação de um Painel, tendo este sido criado em 12 de Dezembro do mesmo ano. De acordo com a Comunidade Europeia, a legislação chilena impedia o acesso aos portos chilenos para operações de descarga ou de transbordo do espadarte capturado por parte dos barcos de pesca comunitários a operar no Sudeste do Oceano Pacífico. Por conseguinte, a Comunidade Europeia considera que as medidas impostas pelas autoridades chilenas violavam o GATT de 1994, em particular, os seus artigos V, nºs 1 a 3, e XI, n.º 1. No entanto, o facto de o caso se encontrar pendente na OMC não impediu que, também em Dezembro de 2000, as partes tivessem solicitado ao Tribunal Internacional para o Direito do Mar a análise do caso ([564]). Segundo o Chile, o Tribunal Internacional para o Direito do Mar deveria examinar se a Comunidade Europeia observou o disposto nos artigos 64.º (cooperar na conservação de espécies altamente migratórias), 116.º a 119.º (conservação e gestão dos recursos vivos do alto mar), 297.º (resolução de litígios) e 300.º (requer boa fé e que o exercício dos direitos, jurisdição e liberdades não constitua abuso de direito) da Convenção de *Montego Bay*. Ainda segundo o Chile, a Comunidade Europeia violou as suas obrigações ao

---

[564] Relativamente à questão de saber se um caso pendente na OMC constitui um obstáculo à admissão da queixa, a Convenção sobre o Direito do Mar não contém nenhuma regulação expressa. Cf. Peter-Tobias STOLL e Silja VÖNEKY, *The Swordfish Case: Law of the Sea v. Trade*, in Zeitschrift für ausländisches öffentliches Recht und Völkerrecht, 2002, p. 26.

não comunicar à Organização para a Alimentação e a Agricultura o volume das suas capturas.

Porém, antes da OMC e do Tribunal Internacional para o Direito do Mar se debruçarem sobre os méritos do caso, a Comunidade e o Chile alcançaram um acordo provisório, nos termos do qual concordaram em desenvolver um plano conjunto de gestão e de investigação haliêutica para a proteção das populações de espadarte no Sudeste do Oceano Pacífico, pelo que, em finais do mês de Janeiro de 2001, a Comunidade Europeia e o Chile suspenderam os procedimentos junto da OMC e do Tribunal Internacional para o Direito do Mar. No fim, obrigando-se a respeitar as suas obrigações no âmbito da Convenção das Nações Unidas sobre o Direito do Mar, os barcos de pesca da Comunidade Europeia que tradicionalmente operavam no Sudeste do Oceano Pacífico passaram a ter acesso aos portos chilenos. Em Novembro de 2003, o Chile e a Comunidade Europeia reiteraram o seu acordo em suspender o processo para a criação de um Painel no âmbito da OMC e, em Janeiro de 2004, o procedimento junto do Tribunal Internacional para o Direito do Mar voltou a ser suspenso por mais dois anos.

A suspensão dos trabalhos foi renovada sucessivamente, até que, em 28 de Maio de 2010, a União Europeia e o Chile informaram o Órgão de Resolução de Litígios da OMC de que o caso ante o Tribunal Internacional para o Direito do Mar tinha sido descontinuado, por acordo das partes. Em conformidade com o n.º 6 do artigo 3.º do Memorando de Entendimento da OMC sobre Resolução de Litígios, a União Europeia e o Chile disseram, então, que tencionavam notificar qualquer solução mutuamente acordada para o litígio, uma vez ratificada ao abrigo das respetivas ordens jurídicas. Além disso, o Chile e a União Europeia disseram que tinham acordado, incondicionalmente, que não exerceriam qualquer direito processual que lhes pertencesse ao abrigo do Memorando de Entendimento sobre Resolução de Litígios relativamente ao caso *swordfish* ([565]).

Portanto, o caso *Swordfish* foi submetido a dois tribunais diferentes, ambos com jurisdições especializadas, mais ou menos simultaneamente, e com a probabilidade de chegarem a conclusões incompatíveis. Não estava também

---

[565] OMC, *Chile – Measures Affecting the Transit and Importation of Swordfish, Joint Communication from the European Union and Chile* (WT/DS193/4, G/L/367/Add.1), 3-6-2010.

em causa uma questão de litispendência, uma vez que as queixas apresentadas diziam respeito a diferentes aspectos da questão: o Tribunal Internacional do Direito do Mar foi chamado a decidir uma questão relativa à liberdade de pesca no alto mar, o painel da OMC a analisar uma questão sobre a liberdade de trânsito [566].

4. A Distinção Produto/Processo de Produção

Interagimos agora mais intensa e rapidamente do que nunca em todo o globo [567]. Desde finais da II Guerra Mundial, as taxas de crescimento do comércio internacional foram sempre superiores às taxas de crescimento da produção e a quota das exportações relativamente à produção global era, em 2008, superior a 30% [568].

O mais importante dos princípios fundamentais do sistema GATT/OMC [569] é, certamente, o da não discriminação, o qual se desdobra em duas vertentes: a cláusula da nação mais favorecida e a cláusula do tratamento nacional. Mas a discriminação entre produtos originários de membros da OMC ou a eles destinados só é proibida quando se verifique entre "produtos similares" [570].

---

[566] Karin OELLERS-FRAHM, *Multiplication of International Courts and Tribunals and Conflicting Jurisdiction – Problems and Possible Solutions*, in Max Planck Yearbook of United Nations Law, Volume 5, 2001, pp. 86-87.

[567] Pedro Infante MOTA, *Direito, Política e Economia: História, Conceptualização e Dimensão da Globalização*, in Direito & Política, N.º 2, Janeiro – Março 2013, pp. 56-76.

[568] Paul KRUGMAN, Maurice OBSTFELD e Marc MELITZ, *International Economics: Theory & Policy*, 9.ª ed., Pearson International Edition, 2012, p. 10.

[569] O sistema GATT/OMC tem por principais objetivos promover a liberalização do comércio mundial, a não discriminação e a previsibilidade e transparência das políticas comerciais a nível mundial.

[570] Ao que parece, dezassete disposições do GATT utilizam o termo "produtos similares". A expressão "produtos similares" aparece também no art. 5.º, n.º 5, do Acordo sobre as Medidas de Investimento Relacionadas com o Comércio; nos art. 2.º, n.ºs 1, 2 e 6, e art. 4.º, n.º 1, do Acordo sobre a Aplicação do Artigo VI do GATT de 1994; nos art. 6.º, n.º 3, art. 11.º, n.º 2, e art. 15.º, n.ºs 1, 2, 3 e 6, e nota de rodapé n.º 46 do Acordo sobre as Subvenções e as Medidas de Compensação; nos art. 2.º, n.º 1, e art. 4.º, n.º 1, do Acordo sobre as Medidas de Salvaguarda; e no art. 2.º, n.º 1, do Acordo sobre os Obstáculos Técnicos ao Comércio. Por fim, a expressão "produto diretamente concorrente ou sucedâneo" aparece na nota interpretativa ao n.º 2 do art. III, do GATT e a expressão "produtos diretamente concorrentes" no art. XIX, n.º 1, do GATT e nos art. 2.º, n.º 1, e art. 4.º, n.º 1, do Acordo sobre as Medidas de Salvaguarda. Ainda no âmbito do Anexo 1ᴬ do Acordo OMC, é de notar que o art. 15.º, n.º 2, alínea *b*), do Acordo

Em nenhum lugar do GATT ([571]) se encontra, porém, uma definição de "produtos similares" ([572]).

Regra geral, o sistema GATT/OMC proíbe discriminações baseadas no processo pelo qual um produto é fabricado, extraído, capturado ou colhido. Mais exactamente, as distinções dos produtos com base nas características do processo de produção, ou do produtor, que não sejam determinantes das características do produto final, são vistas *a priori* como ilegítimas ([573]). No apuramento da similitude de dois produtos, o nacional e o importado (cláusula do tratamento nacional) ou entre importados (cláusula da nação mais favorecida), está assim presente uma distinção fundamental: por um lado, temos os chamados "processos e métodos de produção incorporados", que originam

---

sobre a Aplicação do Artigo VII do GATT de 1994 dá uma definição de "mercadorias similares" e o art. 2.º, n.º 6, do Acordo sobre a Aplicação do Artigo VI do GATT de 1994 e a nota de rodapé n.º 46 do Acordo sobre as Subvenções e as Medidas de Compensação uma definição de "produtos similares". Estas definições circunscrevem-se, no entanto, aos respetivos acordos.

[571] GATT é a sigla inglesa para Acordo Geral sobre Pautas Aduaneiras e Comércio. É geralmente aceite que a data relevante para efeitos do art. 30.º da Convenção de Viena sobre o Direito dos Tratados, de 23 de Maio de 1969, é a data de conclusão de um tratado, independentemente do facto de o tratado poder ter sido ratificado, ou entrado em vigor, em momentos diversos. Assim sendo, no caso do Acordo OMC, a data relevante é o dia 15 de Abril de 1994 e não o dia 1 de Janeiro de 1995, data da sua entrada em vigor e daí falar-se em GATT de 1994 e não de 1995, valendo o mesmo raciocínio para o GATT de 1947, que, recorde-se, entrou em vigor no dia 1 de Janeiro de 1948. No presente estudo, utilizaremos indistintamente as expressões "GATT" e "Acordo Geral".

[572] Em parte, isto deveu-se ao facto de o conceito de "produto similar" ser utilizado em várias disposições diferentes do GATT que servem vários objetivos diferentes. Cf. Robert E. HUDEC, GATT/WTO Constraints on National Regulation: Requiem for an "Aim and Effects" Test, in *Essays on the Nature of International Trade Law*, Cameron May, Londres, 1999, p. 366.

[573] *Idem*, pp. 364-365. Ainda segundo este autor, a "distinção produto/processo" implica que os regulamentos que proíbam a venda de bens importados produzidos de maneira prejudicial para o ambiente ou bens importados feitos por crianças violam os artigos III ou XI do GATT, mesmo que tais regulamentos sejam aplicados igualmente aos produtos nacionais (cf. Robert E. HUDEC, The Product-Process Doctrine in GATT/WTO Jurisprudence, in *New Directions in International Economic Law: Essays in Honour of John H. Jackson*, Marco Bronckers e Reinhard Quick ed., Kluwer Law International, Londres-Haia-Boston, 2000, p. 187). O termo "processos e métodos de produção" encontra a sua origem no n.º 25 do art. 14.º do Acordo sobre os Obstáculos Técnicos ao Comércio do Ciclo de Tóquio (1973-79): "os procedimentos de resolução dos diferendos acima referidos podem ser invocados quando uma Parte considerar que obrigações decorrentes do presente acordo estão a ser iludidas pela elaboração de prescrições baseadas mais em procedimentos e métodos de produção do que nas características dos produtos".

uma modificação detectável, evidente, no produto final; por outro lado, os "processos e métodos de produção não incorporados", que não provocam qualquer transformação perceptível no produto final ([574]). Por exemplo, não tem qualquer efeito no peixe enquanto tal ou no seu valor nutritivo ou gustativo junto do consumidor a proibição de utilizar na pesca uma rede arrastão, embora tal medida possa ajudar a proteger o ambiente. É impossível determinar, simplesmente olhando para uma mesa, se no seu fabrico foi utilizada madeira de florestas geridas de modo sustentável ou madeira extraída ilegalmente. Em contraste, o gado criado com hormonas de crescimento implica que seja possível encontrar resíduos de hormonas na carne ([575]) e a exposição do atum a químicos na água afeta o atum enquanto produto ([576]).

Apesar das reservas que possa suscitar, a proibição das distinções dos produtos baseadas nas características do processo de produção ou do produtor que não sejam determinantes das características do produto final deve-se às seguintes razões:

> "Os riscos de estabelecer e aceitar normas ecológicas para processos e métodos de produção no âmbito do GATT são, hoje em dia, de dois tipos. Primeiro, essas normas seriam muito provavelmente as utilizadas nos países desenvolvidos, permitindo assim que as normas ambientais fossem facilmente manipuláveis para fins proteccionistas. Segundo, o estabelecimento de normas ecológicas para processos e métodos de produção poderia ser utilizado como porta de abertura para esticar o conceito no futuro e ser tido como um precedente para incorporar outros objetivos não relacionados com o comércio, tais como normas

---

[574] Muito embora "o utilizador do processo e método de produção seja quase sempre um país rico e o país objeto de crítica frequentemente um país em desenvolvimento" (cf. Steve CHARNOVITZ, *The Law of Environmental "PPMs" in the WTO: Debunking the Myth of Illegality*, in The Yale Journal of International Law, 2002, p. 62), nem sempre a questão "processos e métodos de produção não incorporados" opõe os países em desenvolvimento aos países ricos. Veja-se, por exemplo, o conflito entre a União Europeia e os Estados Unidos em relação aos organismos geneticamente modificados.

[575] Mitsuo MATSUSHITA, Thomas SCHOENBAUM e Petros MAVROIDIS, *The World Trade Organization: Law, Practice, and Policy*, Oxford University Press, 2003, pp. 461-462.

[576] Raj BHALA, *Modern GATT Law: A Treatise on the General Agreement on Tariffs and Trade*, Sweet & Maxwell, Londres, 2005, p. 640.

laborais, direitos do homem, boa governança, e todos os tipos de outras pressões nacionais que dificilmente têm alguma coisa a ver com a OMC" [577].

Imagine-se, por exemplo, a União Europeia a impedir a importação de produtos norte-americanos enquanto alguns Estados Federados continuarem a aplicar a pena de morte e a Índia a proibir a importação de produtos originários de países que maltratassem as vacas, animal sagrado para a grande maioria da sua população, ou seja, a sobrevivência do sistema comercial multilateral seria seriamente posta em risco [578].

A questão fundamental é, pois, se introduzirmos a possibilidade de medidas restritivas do comércio ligadas ao processo de produção, como é que estabelecemos um limite apropriado para impedir abusos?

A permissão de restrições ao comércio internacional baseadas em métodos e processos de produção não incorporados abriria muito provavelmente a porta à entrada abusiva de interesses proteccionistas, com repercussões sistémicas consideráveis, e poderia mesmo ser vista como uma intromissão na soberania dos países em desenvolvimento [579].

Em termos práticos, o desafio de descobrir qual a origem das peças e dos componentes de um dado produto e de provar a sua compatibilidade, por exemplo, com os padrões ambientais determinados pelos países importadores seria uma tarefa hercúlea e uma imensa barreira ao comércio [580]. E permitir que cada país adote medidas unilaterais restritivas do comércio com base, por exemplo, em diferentes condições ambientais noutro país "would invite chaos and retaliation" [581].

---

[577] Magda SHAHIN, Trade and Environment: How Real Is the Debate?, in *Trade, Environment, and the Millennium*, 2.ª ed., Gary Sampson e Bradnee Chambers ed., 2002, p. 57.

[578] É possível, no entanto, que, por exemplo, as considerações religiosas caiam no âmbito da alínea a) do art. XX do GATT. Cf. Steve CHARNOVITZ, *The Moral Exception in Trade Policy*, in Virginia Journal of International Law, 1998, pp. 729-730.

[579] Mark HALLE, The WTO and sustainable development, in *The WTO in the Twenty-First Century: Dispute Settlement, Negotiations, and Regionalism in Asia*, Yasuhei Taniguchi, Alan Yanovich e Jan Bohanes Ed., Cambridge University Press, 2007, p. 401.

[580] Martin WOLF, *Why Globalization Works*, Yale University Press, New Haven e Londres, 2004, p. 193.

[581] Thomas SCHOENBAUM, *Free International Trade and Protection of the Environment: Irreconcilable conflict?*, in American Journal of International Law, 1992, p. 723.

É certo que o importante Sistema Harmonizado de Designação e Codificação de Mercadorias elaborado sob os auspícios do Conselho de Cooperação Aduaneira (agora denominado de Organização Mundial das Alfândegas) não proíbe que o tratamento pautal distinga entre produtos com base em aspetos não físicos. Mas também é verdade que a classificação pautal a nível internacional atende predominantemente a descrições físicas e daí CHRISTIANE CONRAD concluir que "it is conventionally believed that there is not much room for the consideration of aspects other than physical properties in determining which products are alike " [582].

Mesmo que se defenda que o sentido comum do termo "produto" não pode ser visto separadamente do correspondente processo de produção, afete este

---

[582] Christiane CONRAD, *Processes and Production Methods (PPMs) in WTO Law: Interfacing Trade and Social Goals*, Cambridge University Press, 2011, pp. 34 e 204-205. No essencial, o Sistema Harmonizado fornece uma estrutura jurídica e uma tipologia de produtos para efeitos de classificação pautal. Nesse sentido, o Sistema Harmonizado compreende mais de 5 000 mercadorias, cada uma identificada através de um código de seis dígitos, agrupadas em 1 241 posições (indicam um grupo ou família de produtos e são identificadas através dos quatro primeiros dígitos), divididas em 97 capítulos (identificados por meio dos dois primeiros dígitos), articulados, por fim, em 21 secções. Por exemplo, 01 é o código para o Capítulo 1 ("Animais Vivos"), 01.03 é o código para os "Animais vivos da espécie suína", enquanto 0103.10 é o código para os "Animais vivos da espécie suína reprodutores de raça pura". Dentro de cada capítulo, as mercadorias apresentam-se classificadas, sistematicamente, por ordem progressiva da sua complexidade, tendo sempre em conta o seu grau de acabamento ou a sua situação no processo de fabrico. Com base nesta estrutura jurídica, cada parte contratante compromete-se, de acordo com o art. 3.º, n.º 1, alínea a), da Convenção Internacional sobre o Sistema Harmonizado de Designação e Codificação de Mercadorias, a alinhar as respetivas nomenclaturas pautal e estatísticas pelo Sistema Harmonizado, nomeadamente utilizando todas as posições e subposições do Sistema Harmonizado, sem aditamentos nem modificações, bem como os respetivos códigos numéricos. Pretende-se, deste modo, criar um denominador comum às nomenclaturas aduaneiras. Nada impede, contudo, que as partes contratantes criem, no âmbito das respetivas nomenclaturas pautal e estatísticas, subdivisões para a classificação de mercadorias a um nível mais detalhado que o Sistema Harmonizado, desde que tais subdivisões sejam acrescentadas e codificadas para além do código numérico de seis dígitos que figura no anexo à Convenção (art. 3.º, n.º 3, da Convenção Internacional), ou seja, só o código numérico de seis dígitos do Sistema Harmonizado é vinculativo para as suas partes contratantes. O Sistema Harmonizado de Designação e Codificação de Mercadorias entrou em vigor no dia 1 de Janeiro de 1988 e, atualmente, cerca de 98% do comércio internacional de mercadorias é classificado respeitando o Sistema Harmonizado. O texto da Convenção Internacional sobre o Sistema Harmonizado de Designação e Codificação de Mercadorias, de 14 de Junho de 1983, pode ser encontrado in Jornal Oficial das Comunidades Europeias L 198, de 20-7-1987.

ou não o produto final, tal interpretação teria de encontrar algum amparo no contexto e nos respetivos objetos e fim do GATT, isto é, os outros elementos referidos no n.º 1 do art. 31.º da Convenção de Viena sobre o Direito dos Tratados, de 23 de Maio de 1969. Acontece que o contexto não parece permitir tal interpretação, em particular a alínea e) do art. XX do GATT ([583]). De facto, se um país quiser proibir a importação de artigos fabricados nas prisões, tal discriminação será inteiramente justificável ao abrigo da alínea e) do art. XX, a menos que o país em causa permita a comercialização no território nacional de artigos fabricados nas suas prisões. Por conseguinte, a possibilidade de negar a similitude dos produtos no âmbito dos artigos I e III do GATT, pelo simples facto de serem ou não fabricados em prisões, tornaria inútil a exceção prevista na alínea e) do art. XX ([584]). Tal interpretação seria claramente incompatível com a obrigação defendida pelo Órgão de Recurso de o intérprete de um tratado dever dar sentido e efeito a todos os termos do tratado: "um intérprete não é livre de adotar uma interpretação que possa ter por resultado tornar redundantes ou inúteis cláusulas ou parágrafos inteiros de um tratado" ([585]).

Mas será que faz verdadeiramente sentido a distinção entre produto e processo e método de produção num mundo ecologicamente (e não só) cada vez mais interdependente? Não é o processo de produção de um bem o aspecto mais importante numa perspectiva ambiental? Por exemplo, defender que um país deve aceitar um semicondutor importado por ele ser fisicamente similar a um semicondutor produzido internamente é absurdo se o fabrico

---

[583] A alínea e) do art. XX do GATT dispõe que:
"Sob reserva de que tais medidas não sejam aplicadas por forma a constituírem um meio de discriminação arbitrária ou injustificada entre os países onde existam as mesmas condições, ou uma restrição disfarçada ao comércio internacional, nada neste Acordo será interpretado como impedindo a adopção ou a aplicação por qualquer Membro das medidas: (...) e) relativas a artigos fabricados nas prisões".
[584] Ao mesmo tempo, há quem saliente que os nºs 1 e 4 do art. III do GATT dizem respeito a medidas que afetem a venda, colocação à venda, compra, transporte, distribuição ou utilização de produtos. Ou seja, "measures embraced by both paragraphs may affect any of several listed stages of the product life cycle rather than the product in terms of physical properties. Also, Article III:1 mentions explicitly quantitative requirements regarding 'mixture, *processing* or *use* of products'". Cf. Christiane CONRAD, *Processes and Production Methods (PPMs) in WTO Law: Interfacing Trade and Social Goals*, Cambridge University Press, 2011, p. 152.
[585] Relatório do Órgão de Recurso no caso *Korea – Definitive Safeguard Measure on Imports of Certain Dairy Products* (WT/DS98/AB/R), 14-12-1999, parágrafo 80.

daquele violar o Protocolo de Montreal, relativo à proteção da camada de ozono ([586]). Além disso, a distinção entre produto e processo de produção já foi introduzida no âmbito do sistema comercial multilateral. Para além da já referida alínea *e)* do art. XX do GATT, também o Acordo TRIPS tem presente a distinção entre produto e processo de produção (embora o *software* original e o *software* copiado sejam produtos similares, o "processo de produção" de cada um é bastante diferente) e o Acordo sobre a Agricultura reconhece a importância dos métodos de produção na proteção do ambiente (n.º 12, alínea *a*), do Anexo 2) ([587]). O próprio relatório do Órgão de Recurso no caso *European Communities – Measures Affecting Asbestos and Asbestos Containing Products* sugere que a tomada em consideração dos gostos e hábitos dos consumidores na determinação da similitude dos produtos pode permitir maior margem de manobra na distinção de produtos com base em características não físicas ([588]). E, naturalmente, será inconcebível aceitar uma vantagem comparativa resultante de trabalho escravo.

Como resolver, então, esta disputa respeitante aos "processos e métodos de produção não incorporados" (quando não previstos nos acordos da OMC),

---

[586] Daniel ESTY, *Greening the GATT: Trade, Environment, and the Future*, Institute for International Economics, Washington, D.C., 1994, pp. 51 e 105.

[587] No caso dos Acordos sobre os Obstáculos Técnicos ao Comércio e sobre a Aplicação de Medidas Sanitárias e Fitossanitárias, a distinção entre "processos e métodos de produção incorporados" e "processos e métodos de produção não incorporados" é tida em conta, embora não seja acolhida expressamente. No caso do primeiro Acordo, ao se definir regulamento técnico como o "documento que identifica as características de um produto ou de *processos e métodos de produção relacionados com essas características*, incluindo as disposições administrativas aplicáveis, cujo cumprimento é obrigatório..." (Anexo I), ficam de fora do Acordo as regras sobre os processos e métodos de produção que tenham o propósito, por exemplo, de reduzir um dano ambiental causado pela produção de um determinado produto. No caso do segundo Acordo, determina-se no seu Anexo A que "as medidas sanitárias ou fitossanitárias incluem todas as leis, decretos, regulamentações, prescrições e procedimentos aplicáveis, incluindo, nomeadamente, os critérios relativos ao produto final; *os processos e métodos de produção...*" (itálicos aditados). Contudo, uma vez que o Acordo sobre a Aplicação de Medidas Sanitárias e Fitossanitárias se aplica somente às medidas que visam proteger no território do país importador a saúde e a vida das pessoas e dos animais (Anexo A, n.º 1), os "processos e métodos de produção não incorporados" típicos não caem no seu âmbito de aplicação (os processos e métodos de produção desenhados para melhorar o ambiente do país exportador).

[588] Relatório do Órgão de Recurso no caso *European Communities – Measures Affecting Asbestos and Asbestos Containing Products* (WT/DS135/AB/R), 12-3-2001, parágrafo 139.

cuja resolução a contento de todos é vital para a continuidade e o desenvolvimento harmonioso do sistema comercial multilateral?

A resposta pode ser encontrada no relatório apresentado no caso *United States – Import Prohibition of Certain Shrimp and Shrimp Products* ([589]), no qual o Órgão de Recurso reconhece que, em princípio, é possível a um país importador subordinar o acesso ao seu mercado à adopção pelos países exportadores de certas políticas. Mais exactamente, depois de observar que o Painel tinha constatado que a medida dos Estados Unidos em questão relevava da categoria de medidas excluídas da proteção do prólogo do art. XX, o Órgão de Recurso declarou o seguinte:

> "No caso em apreço, o Painel constatou que a medida dos Estados Unidos em questão relevava desta categoria de medidas excluídas, pois o artigo 609.º subordinava o acesso ao mercado de camarão nos Estados Unidos à adopção pelos países exportadores de certas políticas de conservação prescritas pelos Estados Unidos. Afigura-se-nos, contudo, que a sujeição do acesso ao mercado interno de um Membro ao respeito ou à adopção pelos membros exportadores de uma política ou políticas prescritas unilateralmente pelo Membro importador pode, em certa medida, constituir um elemento comum às medidas previstas em qualquer uma das exceções enunciadas nas alíneas *a)* a *j)* do artigo XX. As alíneas *a)* a *j)* abrangem medidas que são reconhecidas como *exceções às obrigações substantivas* estabelecidas no GATT de 1994, em virtude de as políticas internas incorporadas nessas medidas terem sido reconhecidas como tendo uma natureza importante e legítima. Não é necessário dar por adquirido que o facto de exigir aos países

---

[589] O enquadramento deste importante caso é o seguinte: os Estados Unidos publicaram em 1987 regulamentos que obrigavam todos os navios de pesca de camarão a utilizarem dispositivos de exclusão de tartarugas marinhas aprovados ou a reduzirem o tempo de pesca de arrasto em zonas determinadas onde a mortalidade das tartarugas marinhas fosse elevada. Estes regulamentos, que entraram em vigor em 1990, foram modificados de modo a tornar obrigatória a utilização dos dispositivos de exclusão de tartarugas marinhas. O art. 609.º, adotado a 21 de Novembro de 1989, impôs, a partir do dia 1 de Maio de 1991, o mais tardar, uma proibição de importar camarões pescados com técnicas de pesca comercial susceptíveis de prejudicar as tartarugas marinhas. Esta proibição não era aplicável aos países que tivessem sido certificados.

exportadores que respeitem ou adotem certas políticas (mesmo que cobertas, em princípio, por algumas das exceções) prescritas pelo país importador tem como resultado a insusceptibilidade *a priori* de justificação ao abrigo do artigo XX. Tal interpretação torna inútil grande parte das exceções específicas previstas pelo artigo XX, senão mesmo todas, resultado esse que seria incompatível com os princípios de interpretação a cuja aplicação estamos adstritos" ([590]).

Portanto, o Órgão de Recurso não questionou que os Estados Unidos pudessem fazer depender as importações de camarões de um sistema de proteção das tartarugas equivalente ao sistema por si utilizado.

Ao mesmo tempo, o Órgão de Recurso faz depender a legalidade das medidas comerciais aplicadas em função do processo de produção da observância de alguns requisitos, a saber:

i) O Membro da OMC interessado na introdução de um determinado processo e método de produção deve realizar negociações sérias com todos os países que exportam o produto em questão para o seu território, com o objetivo de concluir acordos bilaterais ou multilaterais de proteção e conservação do recurso natural em causa (no caso *Shrimp*, as tartarugas marinhas), antes de aplicar a proibição de importar o produto em questão (no caso em análise, camarão) ([591]);

ii) O Membro da OMC em causa deve ter em consideração as diferentes condições existentes nos diversos países que exportam o produto em causa ([592]);

iii) Todos os países exportadores devem beneficiar do mesmo período transitório ([593]);

---

[590] Relatório do Órgão de Recurso no caso *United States – Import Prohibition of certain Shrimp and Shrimp Products* (WT/DS58/AB/R), 12-10-1998, parágrafo 121.
[591] *Idem*, parágrafo 166.
[592] *Idem*, parágrafos 163-165.
[593] *Idem*, parágrafos 173-174. Enquanto os 14 países da região das Caraíbas/Atlântico Ocidental dispunham de um período transitório de três anos para que os seus navios de pesca de camarão passassem a utilizar "dispositivos de exclusão de tartarugas marinhas", os restantes países exportadores de camarões com destino aos Estados Unidos (incluindo os queixosos: Índia, Malásia, Paquistão e Tailândia) dispuseram de apenas quatro meses para

iv) O esforço realizado na transferência da tecnologia necessária (no caso *Shrimp*, estava em causa tecnologia que evitava a captura das tartarugas quando da pesca do camarão) para todos os países exportadores deve ser o mesmo ([594]);

v) O processo de certificação das importações deve ser transparente e permitir a audição dos países afetados, bem como a possibilidade de recurso contra a não certificação ([595]).

O facto de o Órgão de Recurso ter revisto cuidadosamente o processo e método de produção em causa e ter criticado especificamente o modo como os Estados Unidos estavam a aplicar a lei demonstra claramente que os processos e métodos de produção não incorporados podem ser justificados ao abrigo do artigo XX do GATT ([596]).

A respeito dos requisitos avançados pelo Órgão de Recurso no caso *United States – Import Prohibition of Certain Shrimp and Shrimp Products*, é de particular importância, atendendo à interdependência ecológica do mundo actual, a exigência de cooperação internacional, facto que é reconhecido no princípio 12 da Declaração do Rio e em vários tratados internacionais de proteção do ambiente (por exemplo, no art. 5.º da Convenção

---

pôr em prática a prescrição relativa à utilização obrigatória dos "dispositivos de exclusão de tartarugas marinhas". Ora, de acordo com o Órgão de Recurso, apesar de as diferenças nos períodos fixados para a execução da prescrição referida se deverem às decisões do Tribunal do Comércio Internacional, os Estados Unidos não deixavam "de ser responsáveis pelas consequências jurídicas do impacto discriminatório das decisões deste tribunal. Como todos os outros membros da OMC e da comunidade dos Estados em geral, os Estados Unidos assumem a responsabilidade das acções do conjunto dos poderes públicos, incluindo o poder judicial". Cf. *Ibidem*, parágrafo 173.

[594] *Idem*, parágrafo 175.
[595] *Idem*, parágrafo 180.
[596] Steve CHARNOVITZ, *The Law of Environmental "PPMs" in the WTO: Debunking the Myth of Illegality*, in The Yale Journal of International Law, 2002, p. 97; Jan McDONALD, *Domestic regulation, international standards, and technical barriers to trade*, in World Trade Review, 2005, p. 256. Mas, como realça DOUGLAS KYSAR, o caso *Shrimp/Turtle* não põe em causa a anterior jurisprudência do GATT relativa ao âmbito de aplicação do art. III, uma vez que as medidas comerciais aplicadas pelos Estados Unidos, impondo um determinado processo ou método de produção, foram avaliadas no contexto das exceções gerais do art. XX. Cf. Douglas KYSAR, *Preferences for Processes: The Process/Product Distinction and the Regulation of Consumer Choice*, in Harvard Law Review, 2004, p. 547.

sobre Diversidade Biológica) ([597]). Alguns autores defendem mesmo que o dever de cooperação internacional resulta do direito consuetudinário

[597] Nos termos do princípio 12 da Declaração do Rio sobre Ambiente e Desenvolvimento: "Os Estados deverão cooperar para promover um sistema económico aberto e de suporte, que conduza ao crescimento económico e ao desenvolvimento sustentável em todos os países, de forma a melhor ponderar os problemas de degradação ambiental. As medidas de política comercial com objetivos ambientais não deverão constituir um meio de discriminação arbitrária ou injustificável nem uma restrição disfarçada ao comércio internacional. Deverão evitar-se acções unilaterais tendo em vista a resolução dos desafios ambientais fora da área da jurisdição do país importador. As medidas de carácter ambiental, que digam respeito a problemas ambientais transfronteiriços ou mundiais, deverão, tanto quanto possível, basear--se num consenso internacional".
Muito embora a Declaração do Rio não exclua por completo o recurso a medidas unilaterais, ela dá clara preferência à cooperação internacional, o que não surpreende. As restrições comerciais unilaterais permitem a um país ou grupo de países impor os seus valores a outros países, pelo que o recurso a esse tipo de medidas só será admissível perante a ameaça de um dano imediato, sério e irreparável. Ainda segundo ROBERT HOWSE, "só é possível aplicar medidas unilaterais se um país recusar negociar de boa-fé uma solução cooperativa para problemas comuns" (Cf. Robert HOWSE, *The Appellate Body Rulings in the Shrimp/Turtle Case: A New Legal Baseline for the Trade and Environment Debate*, in Columbia Journal of Environmental Law, 2002, p. 506) A Declaração do Rio resultou da Conferência das Nações Unidas sobre Ambiente e Desenvolvimento, mais conhecida por Cimeira da Terra, realizada em Junho de 1992, no Rio de Janeiro, que, entre outras coisas, aprovou a agenda 21, um plano mundial que visa o "desenvolvimento sustentável", conduziu a quatro novos tratados internacionais sobre alterações climáticas, diversidade biológica, desertificação e pesca no alto mar, criou a Comissão das Nações Unidas sobre Desenvolvimento Sustentável, com o objetivo de acompanhar a aplicação dos acordos do Rio e servir de fórum permanente de negociação da política mundial nos domínios do ambiente e do desenvolvimento. O texto da Declaração do Rio pode ser encontrado in International Legal Materials, vol. XXXI, 1992, pp. 876-880. Quanto ao seu valor, a Declaração do Rio sobre Ambiente e Desenvolvimento é talvez o instrumento intergovernamental que expõe mais de perto os princípios do direito do ambiente, mas é claramente não vinculativo e somente as disposições que são costume internacional serão vistas como vinculativas (cf. John JACKSON e Edith Brown WEISS, The Framework for Environment and Trade Disputes, in *Reconciling Environment and Trade*, John Jackson e Edith Brown Weiss ed., Transnational Publishers, Ardsley-Nova Iorque, 2001, p. 12). Por exemplo, na Opinião proferida no caso *Legality of the Threat or Use of Nuclear Weapons*, o Tribunal Internacional de Justiça declarou que "a existência da obrigação geral dos Estados de assegurar que as atividades dentro da sua jurisdição e controlo respeitam o ambiente de outros Estados ou de áreas fora do controlo nacional é parte atualmente do corpo do direito internacional relativo ao ambiente". Cf. TRIBUNAL INTERNACIONAL DE JUSTIÇA, *Legality of the Threat or Use of Nuclear Weapons*, Parecer Consultivo de 8-7-1996, parágrafo 29.

internacional (⁵⁹⁸). Mais recentemente, a própria Assembleia Geral das Nações Unidas afirmou que:

> "Green economy policies in the context of sustainable development and poverty eradication should: (*a*) Be consistent with international law; e (*h*) Not constitute a means of arbitrary or unjustifiable discrimination or a disguised restriction on international trade, avoid unilateral actions to deal with environmental challenges outside the jurisdiction of the importing country and ensure that environmental measures addressing transboundary or global environmental problems, as far as possible, are based on international consensus" (⁵⁹⁹).

A questão da cooperação internacional é tanto mais importante quando sabemos que os países em desenvolvimento alegam, muitas vezes, que os países industrializados beneficiaram de décadas ou mesmo de séculos de ausência de regras de proteção do ambiente (⁶⁰⁰). Mesmo nos dias de hoje, muitos dos

---

⁵⁹⁸ Meinhard HILF, *Libertad del comercio mundial contra protección del medio ambiente?*, in Revista Electrónica de Estudios Internacionales, n.º 1, 2000, p. 14.

⁵⁹⁹ ASSEMBLEIA GERAL DAS NAÇÕES UNIDAS, *The future we want* (A/RES/66/288), 11-9-2012, parágrafo 58.

⁶⁰⁰ E daí o princípio n.º 7 da Declaração do Rio, de 1992, dizer que "os Estados devem cooperar num espírito de parceria mundial com vista a preservar, proteger e recuperar a saúde e a integridade do ecossistema terrestre. *Os Estados têm responsabilidades comuns embora diferenciadas, tendo em conta os diferentes contributos para a degradação do ambiente, a nível mundial*" (itálico aditado). O chamado princípio das responsabilidades comuns embora diferenciadas encontra-se consagrado, por exemplo, no art. 3.º, n.º 1, da Convenção Quadro sobre Alterações Climáticas de 9 de Maio de 1992: "as Partes Contratantes devem proteger o sistema climático para benefício das gerações presentes e futuras da humanidade, com base na equidade e de acordo com as suas responsabilidades comuns mas diferenciadas e com as respetivas capacidades. Assim, as Partes constituídas por países desenvolvidos devem tomar a liderança no combate à alteração climática e aos seus efeitos adversos". Há mesmo quem considere que o princípio das responsabilidades comuns embora diferenciadas pode ser caracterizado atualmente "como um princípio de direito ou um princípio fundamental do direito internacional do ambiente" (cf. Yoshiro MATSUI, *Some Aspects of the Principle of "Common but Differentiated Responsibilities"*, in International Environmental Agreements: Politics, Law and Economics, 2002, p. 166). O princípio das responsabilidades comuns embora diferenciadas também já foi referido no âmbito da OMC, designadamente num relatório de um Painel: "o Painel exorta a Malásia e os Estados Unidos a cooperarem plenamente, a fim de concluírem o mais cedo possível um acordo que permita proteger e conservar as tartarugas marinhas, para satisfação de todos os

problemas ambientais existentes a nível mundial resultam de acções levadas a cabo sobretudo nos países ricos, nomeadamente, o mais importante problema ambiental da actualidade (o aquecimento global).

Outra questão fundamental a respeito do art. XX do GATT é saber se existe um limite de competência implícito na sua alínea *g*) entre o recurso natural esgotável e o membro da OMC que procura justificar a sua medida ao abrigo daquela alínea ([601]). Enquanto alguns autores defendem que apenas as medidas que visam objetos ou comportamentos dentro do território do país que adotou a medida são justificáveis ao abrigo do art. XX, outros entendem que as exceções gerais não contêm qualquer limitação geográfica. A história das negociações relativas ao artigo XX do GATT não permite, igualmente, clarificar a obscuridade das exceções gerais a respeito do seu âmbito geográfico ([602]). Apesar de tudo, no caso concreto dos processos e métodos de produção não incorporados, é evidente que eles se referem a circunstâncias ou comportamentos externos ao país que adota a medida se aplicados às importações ([603]).

É certo que o Órgão de Recurso deu um novo impulso ao debate ao declarar no caso *United States – Import Prohibition of Certain Shrimp and Shrimp Products* que:

---

interesses em causa, e tendo em conta o princípio de que os Estados têm responsabilidades comuns mas diferenciadas na conservação e proteção do ambiente". Cf. Relatório do Painel no caso *United States – Import Prohibition of Certain Shrimp and Shrimp Products, Recourse to Article 21.5 by Malaysia* (WT/DS58/RW), 15-6-2001, parágrafo 7.2.

[601] O art. XX do GATT nada diz sobre a localização dos valores protegidos (cf. Christiane CONRAD, *Processes and Production Methods (PPMs) in WTO Law: Interfacing Trade and Social Goals*, Cambridge University Press, 2011, p. 54). O texto do prólogo art. XX do GATT e da respetiva alínea *g*) é o seguinte:
"Sob reserva de que tais medidas não sejam aplicadas por forma a constituírem um meio de discriminação arbitrária ou injustificada entre os países onde existam as mesmas condições, ou uma restrição disfarçada ao comércio internacional, nada neste Acordo será interpretado como impedindo a adopção ou a aplicação por qualquer [Membro] das medidas: *g*) relativas à conservação de recursos naturais esgotáveis, se tais medidas são aplicadas conjuntamente com restrições à produção ou ao consumo nacionais".

[602] Christiane CONRAD, *Processes and Production Methods (PPMs) in WTO Law: Interfacing Trade and Social Goals*, Cambridge University Press, 2011, p. 305.

[603] *Idem*, pp. 281-285.

"As tartarugas marinhas são animais altamente migratórios, que se deslocam em águas que relevam da jurisdição de diversos Estados costeiros, bem como em alto mar. (...) Sabemos que todas as espécies de tartarugas marinhas em questão neste processo, ou seja, as visadas pelo artigo 609.º podem ser encontradas em águas sobre as quais os Estados Unidos exercem jurisdição. Bem entendido, não se alega que *todas* as populações destas espécies migrem para águas sujeitas à jurisdição dos Estados Unidos, ou as atravessem, num qualquer momento. Nem o recorrente, nem os restantes participantes reivindicam direitos de propriedade exclusiva sobre as tartarugas marinhas, pelo menos não quando elas nadam livremente no seu habitat natural – os oceanos. Não nos pronunciamos sobre a questão de saber se existe um limite de jurisdição implícito na alínea *g*) do artigo XX nem, sendo esse o caso, sobre a natureza e alcance desse limite. Notamos apenas que, atendendo às circunstâncias específicas deste caso, existe um nexo suficiente entre as populações marinhas migratórias e ameaçadas de extinção em causa e os Estados Unidos, para efeitos da alínea *g*) do artigo XX" [604])

Mas também o é que ficou por resolver a questão de saber se a alínea *g*) do artigo XX impõe ou não limites jurisdicionais ou territoriais à sua invocação, além de que não ficou claro quais os requisitos indispensáveis à ocorrência de um "nexo suficiente". O Órgão de Recurso diz apenas que as tartarugas marinhas são reconhecidas internacionalmente como espécies ameaçadas de extinção, migratórias e que nadam no alto mar e em águas que relevam da jurisdição de diversos Estados costeiros, incluindo os Estados Unidos.

Nalguns casos, porém, é evidente que existe "a global 'commons' or public good dimension", o que cria um "nexo suficiente" [605]. É sabido, por exemplo, que as florestas tropicais são um habitat natural para muitas espécies em

---

[604] Relatório do Órgão de Recurso no caso *United States – Import Prohibition of Certain Shrimp and Shrimp Products* (WT/DS58/AB/R), 12-10-1998, parágrafo 133.
[605] Robert HOWSE, *Back to Court after Shrimp/Turtle? Almost but not Quite Yet: India's Short Lived Challenge to Labor and Environmental Exceptions in the European Union's Generalized System of Preferences*, in American University International Law Review, 2003, pp. 1376-1377.

perigo de extinção e, muito importante, metade dos tratamentos médicos descobertos nos anos mais recentes tem origem em plantas tropicais [606].

Convém ter presente, enfim, que a alínea *g*) exige que as medidas relativas à conservação de recursos naturais esgotáveis sejam aplicadas "conjuntamente com restrições à produção ou ao consumo nacionais" [607]. Em virtude deste requisito, a alínea *g*) do art. XX impõe a existência de um nexo entre as medidas comerciais que visam proteger o ambiente e a regulamentação nacional que lida com o mesmo problema ambiental, ou seja, não é possível a um Membro da OMC impor as suas preocupações em matéria de conservação do ambiente a países terceiros e não tomar internamente medidas que visam responder também ao mesmo problema ambiental.

5. O Caso Australia – *Importation of Salmon*

Uma parte significativa dos produtos piscícolas é capturada ou cultivada numa parte do planeta, transportada para outra parte para processamento e finalmente consumida noutra parte. Decerto, esta "globalização" requer sistemas sofisticados que garantam padrões sanitários e de higiene ao longo de toda a cadeia de valor.

Com alguma frequência, surgem notícias de que as exportações de produtos piscícolas por parte dos países em desenvolvimento nem sempre respeitam as normas, diretrizes ou recomendações internacionais relevantes [608]. Por exemplo, no Verão e Outono de 2001, apareceram notícias na Europa sobre

---

[606] Daniel ESTY, *Greening the GATT: Trade, Environment, and the Future*, Institute for International Economics, Washington, D.C., 1994, p. 18.

[607] Por vezes, somente as restrições ao consumo deverão ser tomadas em consideração. Por exemplo, não existindo florestas tropicais na União Europeia, somente as restrições ao consumo no interior da União de produtos derivados de tais florestas deverão ser tomadas em consideração.

[608] Aliás, também através do comércio entre países desenvolvidos, envolvendo peixe vivo ou congelado, têm sido documentados muitos movimentos intra e intercontinentais de importantes parasitas e elementos patogénicos. Por exemplo, a enguia do tipo *Anguillicola crassus* causou danos sérios às populações da enguia europeia do tipo *Anguilla Anguilla* no final dos anos 80 e início dos anos 90 através das importações de enguias vivas do Japão e da Nova Zelândia. Cf. Mohamed FAISAL, Health challenges to aquatic animals in the globalization era, in *Globalization: Effects on Fisheries Resources*, ed. William Taylor, Michael Schechter e Lois Wolfson, Cambridge University Press, 2007, p. 125.

os níveis elevados de cloranfenicol e nitrofuranos (antibióticos banidos na União Europeia) nos carregamentos de camarão a partir da Ásia Oriental. ([609]). Noutra ocasião, o Senador Marion Berry do Mississípi alegou que o peixe-gato vietnamita criado no delta do rio Mekong estava contaminado pelo chamado agente laranja ([610]).

No contexto internacional, a proteção dos valores em causa é assegurada, por exemplo, pela Organização Mundial do Comércio (principalmente pelos acordos sobre a aplicação de medidas sanitárias e fitossanitárias e sobre os obstáculos técnicos ao comércio), Comissão do *Codex Alimentarius*, Organização Mundial da Saúde Animal (o antigo Gabinete Internacional de Epizootias), Convenção sobre Diversidade Biológica, etc..

Dos vários instrumentos internacionais, o mais relevante é, seguramente, o Acordo relativo à Aplicação de Medidas Sanitárias e Fitossanitárias. A Organização Mundial do Comércio é, muito provavelmente, a organização internacional mais importante a ver a luz do dia desde a criação das Nações Unidas e a organização internacional normalmente associada ao fenómeno da globalização económica e os cinco membros permanentes do Conselho de Segurança das Nações Unidas aceitam a jurisdição compulsória do Órgão de Recurso da OMC ([611]).

Em concreto, o Acordo relativo à Aplicação de Medidas Sanitárias e Fitossanitárias reconhece expressamente o direito dos membros da OMC adotarem medidas de proteção da saúde das pessoas, animais e plantas, mas regula o processo pelo qual elas podem ser estabelecidas, incluindo a base das decisões (artigos 2.º, n.º 2, 3.º, n.º 2, e 5.º, n.º 1), o que pode ser tomado em consideração (artigos 5.º, n.º 2, e 5.º, n.º 3), a transparência do processo decisório (art. 7.º e Anexo B), quem deve ser consultado (artigos 3.º, n.º 4, 9.º e 12.º) e quão restritivas podem ser as medidas sanitárias ou fitossanitárias adotadas (artigos 5.º, n.º 4, 5.º, n.º 5, e 5.º, n.º 6).

---

[609] Peter DEBAERE, *Small fish-big issues: the effect of trade policy on the global shrimp market*, in World Trade Review, 2010, p. 358.

[610] Kara PETTEWAY, *Free Trade vs. Protectionism: The Case of Catfish in Context*, in North Carolina Journal of International Law and Commercial Regulation, 2004, p. 483.

[611] O Órgão de Recurso é mesmo o único tribunal internacional cuja jurisdição é aceite, sem reservas, e utilizado regularmente pelos Estados Unidos, a grande potência militar dos nossos tempos.

Um limite importante à liberdade de um Membro da OMC determinar o nível adequado de proteção sanitária ou fitossanitária no seu território decorre do n.º 5 do art. 5.º do Acordo relativo à Aplicação de Medidas Sanitárias e Fitossanitárias. Nos termos desta disposição:

> "Com o objetivo de assegurar a coerência na aplicação do conceito de nível adequado de proteção sanitária ou fitossanitária contra os riscos para a saúde e a vida das pessoas e dos animais ou para a proteção vegetal, cada membro evitará estabelecer distinções arbitrárias ou injustificadas nos níveis que considere adequados em situações diferentes, caso essas distinções resultem numa discriminação ou numa restrição disfarçada ao comércio internacional. Os membros cooperarão no comité [das medidas sanitárias e fitossanitárias], em conformidade com os nºs 1, 2 e 3 do artigo 12.º do presente acordo para elaborar diretrizes destinadas a favorecer a aplicação prática da presente disposição. Para elaborar essas diretrizes, o comité terá em conta todos os fatores pertinentes, incluindo o carácter excepcional dos riscos para a saúde aos quais as pessoas se expõem voluntariamente".

Uma vez que o n.º 5 do art. 5.º diz respeito não à coerência entre medidas, mas sim à coerência entre níveis adequados de proteção sanitária ou fitossanitária, a incoerência dos níveis adequados de proteção torna-se suspeita do ponto de vista do Acordo relativo à Aplicação de Medidas Sanitárias e Fitossanitárias sempre que, por exemplo, um Membro da OMC estabelece um elevado nível adequado de proteção para os riscos associados a um produto importado e um baixo nível adequado de proteção no caso dos produtos nacionais.

No caso *European Communities Measures Concerning Meat and Meat Products (Hormones)*, o Órgão de Recurso deu o seguinte exemplo de uma não violação do princípio da coerência:

> "Não partilhamos as conclusões do Painel de que as diferenças acima mencionadas nos níveis de proteção a respeito das hormonas adicionadas presentes na carne tratada e das hormonas presentes de maneira natural nos produtos alimentares são simplesmente arbitrárias e injustificadas. Pelo contrário, consideramos que existe uma distinção

fundamental entre hormonas adicionadas (naturais ou sintéticas) e hormonas presentes de maneira natural na carne e noutros produtos alimentares. A respeito das últimas, as Comunidades Europeias simplesmente não adotaram qualquer acção regulamentar; exigir que elas interditem totalmente a produção e consumo de tais produtos alimentares ou limitem a concentração de resíduos presentes de maneira natural nos produtos alimentares supõe que os poderes públicos intervenham tão massivamente em todos os domínios da natureza e da vida quotidiana da população que a comparação torna-se, ela própria, absurda (...)" [612].

Ainda que existisse um forte elemento comum (as hormonas naturais eram as mesmas), a diferença entre a administração artificial e a ocorrência natural do mesmo tipo de substância era tal que tornava as duas situações incomparáveis.

Em contraste, o Órgão de Recurso encontrou uma violação do princípio da coerência no caso *Australia – Measures Affecting Importation of Salmon*:

> "**154.** (...) O Painel iniciou a sua análise observando que, atendendo à diferença nas medidas sanitárias e fitossanitárias e os correspondentes níveis de proteção para os produtos de salmão, por um lado, e as quatro categorias de outros peixes e produtos derivados do peixe, por outro, esperar-se-ia que tal diferença tivesse alguma justificação, por exemplo, um risco mais elevado derivado das importações de salmão. Todavia, como notou o Painel:
>
> ... os argumentos, relatórios, estudos e opiniões de peritos que nos foram apresentados a este respeito, em vez de sugerirem que ... [o salmão do Pacífico capturado no oceano], apresenta um risco *mais elevado*, o que justificaria as medidas sanitárias mais rigorosas impostas a esses produtos, provam que as duas categorias de não salmonídeos [arenque usado como isco e peixes ornamentais vivos], às

---

[612] Relatório do Órgão de Recurso no caso *European Communities Measures Concerning Meat and Meat Products (Hormones)* (WT/DS26/AB/R, WT/DS48/AB/R), 16-1-1998, parágrafo 221.

quais se aplicam medidas sanitárias mais indulgentes representam um risco ao menos tão elevado, quando não maior, que o associado ao salmão do Pacífico capturado no oceano.

155. Em consequência, o Painel chegou à conclusão de que, com base na informação que lhe foi submetida, as distinções nos níveis de proteção sanitária que se refletem no tratamento dado pela Austrália ao salmão do Pacífico capturado no oceano, por um lado, e ao arenque usado como isco e aos peixes ornamentais vivos, por outro, são 'arbitrárias ou injustificáveis' no sentido do segundo elemento do n.º 5 do artigo 5.º. (...).

158. A Austrália determinou expressamente que o seu nível adequado de proteção a respeito do salmão do Pacífico capturado no oceano é 'um nível de proteção sanitária alto ou muito conservador' destinado a reduzir o risco até chegar a 'níveis muito baixos', 'ainda que não esteja baseado num enfoque de risco zero'. O nível de proteção que se reflete no tratamento que a Austrália confere ao arenque usado como isco e aos peixes ornamentais vivos é definitivamente mais baixo. Notamos a constatação fáctica do Painel de que cabe supor que o arenque e os peixes ornamentais vivos representam um risco ao menos tão alto, quando não maior, que o associado ao salmão do Pacífico capturado no oceano. Em consequência, apoiamos a constatação do Painel (...).

159. No que toca ao terceiro elemento do n.º 5 do artigo 5.º, a saber, que as distinções arbitrárias ou injustificáveis nos níveis de proteção têm por resultado 'uma discriminação ou uma restrição disfarçada do comércio internacional', observamos que o Painel identificou três 'sinais de aviso', assim como três 'fatores de natureza mais substancial' ('fatores adicionais'). O Painel considerou que cada um destes 'sinais de aviso' e 'fatores adicionais' podem ser tomados em consideração no que respeita à sua decisão relativa ao terceiro elemento do n.º 5 do artigo 5.º. No parágrafo 8.159 do seu relatório, O Painel formulou a seguinte conclusão:

> Baseando-nos em todos os 'sinais de aviso' e 'fatores adicionais' acima referidos, *considerados no seu conjunto,* ... as distinções nos níveis

de proteção impostos pela Austrália para, por um lado, ... [o salmão do Pacífico capturado no oceano] e, por outro, o arenque ... usado como risco e os peixes ornamentais vivos, ... tem por resultado 'uma restrição disfarçada do comércio internacional' no sentido do terceiro elemento do artigo 5.º, n.º 5" ([613]).

Os três sinais de aviso que o Painel teve em conta e que o Órgão de Recurso considerou apropriados foram os seguintes:

(i) O carácter arbitrário e injustificável das diferenças nos níveis de proteção;
(ii) A diferença muito substancial nos níveis de proteção entre a proibição à importação de salmão capturado no Oceano Pacífico e a tolerância relativamente às importações de arenque usado como isco e de peixe vivo ornamental; e
(iii) A incompatibilidade da medida sanitária e fitossanitária em causa com os artigos 5.º, n.º 1, e 2.º, n.º 2, do Acordo relativo à Aplicação de Medidas Sanitárias e Fitossanitárias ([614]).

O Painel teve em conta, ainda, três fatores adicionais, a saber:

(i) As duas medidas sanitárias e fitossanitárias substancialmente diferentes aplicadas pela Austrália (proibição à importação versus tolerância à importação) implicavam que o salmão fosse discriminado face ao arenque usado como isco e ao peixe vivo ornamental;
(ii) A alteração substancial, mas inexplicada, da conclusão entre o Projecto de Relatório de 1995, o qual recomendava a permissão de importação do salmão capturado no Oceano Pacífico ao abrigo de determinadas condições, e o Relatório Final de 1996, que recomendava a manutenção da proibição de importação; e

---

[613] Relatório do Órgão de Recurso no caso *Australia – Measures Affecting Importation of Salmon* (WT/DS18/AB/R), 20-10-1998, parágrafos 154-155 e 158-159.
[614] *Idem*, parágrafos 161-166.

(iii) A ausência de controlos sobre a circulação de produtos de salmão dentro da Austrália [615].

O Órgão de Recurso considerou que apenas o primeiro fator adicional deveria ser excluído do exame do terceiro elemento do n.º 5 do art. 5.º do Acordo relativo à Aplicação de Medidas Sanitárias e Fitossanitárias, tendo a razão invocada sido a seguinte:

> "Todas as 'distinções arbitrárias ou injustificáveis' nos níveis de proteção levam logicamente a uma discriminação entre produtos, independentemente de os produtos serem os mesmos ou não (por exemplo, uma discriminação entre as importações de salmão procedentes de diferentes países ou entre o salmão importado e o de origem nacional) ou de produtos distintos (por exemplo, entre o salmão, por um lado, e o arenque utilizado como isco ou os peixes ornamentais vivos, por outro). Em consequência, o primeiro 'fator adicional' não é diferente do primeiro sinal de aviso nem deve ser tido em conta como um *fator distinto* na decisão sobre se se uma medida sanitária ou fitossanitária tem por resultado 'uma restrição disfarçada do comércio internacional'" [616].

Subsequentemente, com vista a colocar em conformidade com o Acordo relativo à Aplicação de Medidas Sanitárias e Fitossanitárias a medida declarada incompatível, a Austrália afrouxou a proibição de importação de salmão do Canadá e aumentou os controlos à importação dos outros produtos piscícolas em causa no litígio:

> "Recordamos que, em consequência das recomendações e resoluções do Órgão de Resolução de Litígios no litígio inicial, a Austrália conta agora, em apoio das novas medidas que aplica, com uma avaliação, não só dos riscos relacionados com os salmões mas também com os dos peixes distintos dos salmões e os peixes ornamentais vivos. Assim, a

---

[615] *Idem*, parágrafos 167-176.
[616] *Idem*, parágrafo 169.

Austrália não só estabeleceu um regime de importação menos restritivo do comércio para os salmões objeto do presente litígio, mas também reforçou, ou reforçará, as restrições à importação de peixes distintos dos salmões, incluindo em particular os arenques usado como isco e os peixes ornamentais vivos referidos no litígio inicial" ([617]).

Ou seja, como assinala JEFFREY ATIK:

"A successful challenge by Canada of a series of inconsistent Australian measures via Article 5.5 led to some greater access for Canadian salmon and less access for imports of baitfish and ornamental fish (presumably not from Canada). The outcome is an intriguing example of regulatory contagion – an attack on one measure induced changes to other measures. One can imagine the outrage of bait and ornamental fish producers who see the Australian market for their products closed off through the action of the Canadian salmon industry! If the ultimate finding of the Article 5.5 inquiry in *Australia-Salmon* is that the salmon import ban was a disguised restraint, it is difficult to imagine how the imposition of restrictions on other products (for sake of consistency) lessens this conclusion" ([618]).

6. As Subvenções ao Sector Piscícola

A prática da concessão de subvenções à pesca é antiga. A Escócia, por exemplo, concedia no século XVIII subvenções à pesca de arenque e baleias ([619]). Historicamente, as subvenções à indústria pesqueira têm assumido as mais diversas formas: privilégios, empréstimos a taxas de juro reduzidas e garantias bancárias para construção e reparação de navios; descontos no preço do com-

---

[617] Relatório do Painel no caso *Australia – Measures Affecting Importation of Salmon, Recourse to Article 21.5 of the DSU by Canada* (WT/DS18/RW), 18-2-2000, parágrafo 7.91.
[618] Jeffrey ATIK, *The Weakest Link: Demonstrating the Inconsistency of "Appropriate Levels of Protection" in Australia-Salmon*, in Risk Analysis, Vol. 24, No. 2, 2004, p. 489.
[619] Chen-Ju CHEN, *Fisheries Subsidies under International Law*, Springer, 2010, p. 1. Atualmente, importa ter presente a definição de subvenção constante do art. 1.º do Acordo da OMC sobre Subvenções e Medidas de Compensação.

bustível e apoios aos salários dos pescadores e aos preços do peixe; aquisição de novos equipamentos; e construção de armazéns e estabelecimentos de processamento do peixe [620].

Ainda que seja difícil obter informação e quantificar os apoios dos Estados ao sector pesqueiro, pensa-se que eles podem representar cerca de 20% do valor das receitas em tal sector [621]. Por exemplo, o Japão, *the leading subsidiser* [622], concede por ano entre 2 a 3 biliões de dólares norte-americanos à sua indústria pesqueira [623] e, como acontece com os subsídios agrícolas:

> "Countries with fewer resources are heavily outspent by major economies when it comes to fishing subsidies. As FAO [Organização das Nações Unidas para a Alimentação e Agricultura] experts have observed, fishing subsidies that reduce costs or increase revenues of producers can be expected to have trade effects, including allowing subsidized producers to achieve increased shares of domestic or international markets" [624].

---

[620] Derek DOSTAL, *Global Fisheries Subsidies: Will the WTO Reel in Effective Regulations?*, in University of Pennsylvania Journal of International Economic Law, 2005, p. 826.

[621] David SCHORR, *Healthy Fisheries, Sustainable Trade: Crafting New Rules on Fishing Subsidies in the World Trade Organization*, A World Wildlife Fund Position Paper and Technical Resource, 2004, p. 10. Num estudo muitas vezes citado, alguns autores concluem que, em 2003, os subsídios ao sector das pescas equivaliam a um valor situado entre os 25 e 29 biliões de dólares norte-americanos (cf. Rashid SUMAILA, Ahmed KHAN, Andrew DYCK, Reg WATSON, Gordon MUNRO, Peter TYDEMERS e Daniel PAULY, *A bottom-up re-estimation of global fisheries subsidies*, in Journal of Bioeconomics, 2010, p. 201). Um estudo posterior estima que o valor das subvenções à pesca ascendia, em 2009, a cerca de 35 biliões de dólares norte-americanos. Cf. PARLAMENTO EUROPEU, *Fisheries*, Directorate-General for International Policies, Policy Department B: Structural and Cohesion Policies, 2013, p. 27 «http://www.europarl.europa.eu/studies»

[622] Oliver DELVOS, *WTO Disciplines and Fisheries Subsidies – Should the "SCM Agreement" Be Modified?*, in Victoria University of Wellington Law Review, 2006, p. 361.

[623] Margaret YOUNG, *Fragmentation or interaction: the WTO, fisheries subsidies, and international law*, in World Trade Review, 2009, p. 478.

[624] David SCHORR, *Healthy Fisheries, Sustainable Trade: Crafting New Rules on Fishing Subsidies in the World Trade Organization*, A World Wildlife Fund Position Paper and Technical Resource, 2004, p. 14.

Em 2010, a Organização das Nações Unidas para a Alimentação e a Agricultura considerou que 80% das populações mundiais de peixes tinham chegado ao limite da sua exploração ou encontravam-se além da fronteira de sustentabilidade biológica [625]. Alguns cálculos concluem mesmo que o excesso da capacidade de pesca pode superar em 250% os recursos piscícolas existentes atualmente [626], ou seja, "há demasiados navios a tentar capturar o pouco peixe que existe" [627].

O excesso de capacidade da indústria pesqueira é, em muitos casos, apoiado diretamente por elevadas subvenções governamentais e, com frequência, tais subvenções permitem às frotas pesqueiras operar em locais que não seriam lucrativos sem tal apoio, levar a cabo práticas insustentáveis em termos ambientais e que frotas pesqueiras pouco rentáveis permaneçam operacionais. Além disso, as subvenções pagas à uma empresa dedicada ao sector das pescas podem ter um impacto direto sobre os custos de produção suportados pelos seus concorrentes. À medida que o peixe se torna mais escasso, aumenta o custo de encontrar e capturar o próximo peixe. Logo, uma subvenção que permita a uma empresa ou frota capturar mais do que a sua quota justa de peixe pode alterar a estrutura de custos dos concorrentes. Os efeitos desta corrida aos recursos são especialmente evidentes quando as frotas concorrem, por exemplo, na captura de peixes migratórios ou em que as frotas procuram aceder aos recursos piscícolas de países terceiros.

A incapacidade dos regimes da Convenção Internacional sobre o Direito do Mar e da Organização das Nações Unidas para a Alimentação e Agricultura para lidar com as subvenções ao sector pesqueiro implicou que as atenções

---

[625] Carlos Teijo GARCÍA, El desarrollo progresivo de las normas sobre subvenciones pesqueras en el Derecho de la OMC: una aproximación a la conservación de los recursos pesqueros desde la perspectiva del Derecho internacional del comercio, in *Protección de Intereses Colectivos en el Derecho del Mar y Cooperación Internacional*, Julio Jorge Urbina e Teresa Pontes Iglesias (coordinadores científicos), iustel, Madrid, 2012, p. 109.

[626] David SCHORR, *Healthy Fisheries, Sustainable Trade: Crafting New Rules on Fishing Subsidies in the World Trade Organization*, A World Wildlife Fund Position Paper and Technical Resource, 2004, p. 7.

[627] COMISSÃO DAS COMUNIDADES EUROPEIAS, *Reforma da política comum das pescas (Livro Verde)*, Bruxelas, 22-4-2009, COM(2009) 163 Final, p. 5.

da maioria das partes interessadas se centrassem cada vez mais nos acordos da OMC ([628]). Alguns exemplos demonstram isso mesmo.

Por um lado, para fazer face aos aumentos dramáticos da capacidade de pesca, à crescente poluição dos mares, às técnicas ilegais de captura de peixe, etc., a Organização das Nações Unidas para a Alimentação e Agricultura impulsionou, no início dos anos 90, a criação do chamado Código de Conduta para Pescas Responsáveis. Redigido por 170 países, o código foi adotado pela Organização das Nações Unidas para a Alimentação e Agricultura em 31 de Outubro de 1995. Ainda que o código não tenha carácter vinculativo, ele contém um conjunto de princípios e artigos visando promover a conservação dos recursos pesqueiros e dos seus ecossistemas e a sustentabilidade das pescas em todo o mundo ([629]).

Muito significativo é o facto de o código referir reiteradamente os princípios, direitos e obrigações estabelecidos em acordos da Organização Mundial do Comércio. Assim, o código estabelece que as suas disposições devem ser interpretadas e aplicadas em conformidade com os princípios, direitos e obrigações estabelecidos no Acordo da Organização Mundial do Comércio e noutros acordos internacionais relevantes (art. 11.2.1); que o comércio internacional de peixe e produtos piscícolas não deve pôr em causa o desenvolvimento sustentável das pescas e a utilização responsável dos recursos aquáticos vivos (art. 11.2.2); que os Estados devem assegurar que as medidas que afetem o comércio internacional de peixe e produtos piscícolas são transparentes, baseadas, quando aplicáveis, em provas científicas, e estão de acordo com as regras internacionais acordadas (art. 11.2.3); que as medidas comerciais relativas ao peixe adotadas pelos Estados para proteger a vida ou saúde das pessoas e dos animais, os interesses dos consumidores ou o ambiente não devem ser discriminatórias e devem estar de acordo com as regras comerciais acordadas a nível internacional, em particular os princípios, direitos e obrigações estabelecidos nos acordos da OMC sobre a aplicação de medidas sanitárias e fitossanitárias e sobre os obstáculos técnicos ao comércio (art. 11.2.4); que os

---

[628] Margaret YOUNG, *Trading Fish, Saving Fish: The Interaction between Regimes in International Law*, Cambridge Studies in International and Comparative Law, Cambridge University Press, 2011, p. 91.

[629] ORGANIZAÇÃO DAS NAÇÕES UNIDAS PARA A ALIMENTAÇÃO E A AGRICULTURA (FAO), *Code of Conduct for Responsible Fisheries*, Roma, 2011, p. v.

Estados devem liberalizar mais o comércio do peixe e produtos piscícolas e eliminar as barreiras e distorções ao comércio, como os direitos aduaneiros, quotas e obstáculos não pautais, em conformidade com os princípios, direitos e obrigações do Acordo OMC (art. 11.2.5); que os Estados devem cooperar entre si e participar ativamente nos fóruns regionais e multilaterais relevantes, tais como a OMC, a fim de assegurar um comércio não discriminatório e equitativo do peixe e produtos piscícolas, assim como uma vasta adesão às medidas de conservação dos recursos piscícolas acordadas multilateralmente (art. 11.2.14) [630].

Por outro lado, a Assembleia Geral das Nações Unidas afirmou muito recentemente que:

> "We reaffirm our commitment in the Johannesburg Plan of Implementation to eliminate subsidies that contribute to illegal, unreported and unregulated fishing and overcapacity, taking into account the importance of this sector to developing countries, and we reiterate our commitment to conclude multilateral disciplines on fisheries subsidies that will give effect to the mandates of the World Trade Organization Doha Development Agenda and the Hong Kong Ministerial Declaration to strengthen disciplines on subsidies in the fisheries sector, including through the prohibition of certain forms of fisheries subsidies that contribute to overcapacity and overfishing, recognizing that appropriate and effective special and differential treatment for developing and least developed countries should be an integral part of World Trade Organization fisheries subsidies negotiation, taking into account the importance of the sector to development priorities, poverty reduction and livelihood and food security concerns. We encourage

---

[630] Claro está, o Código de Conduta para Pescas Responsáveis também se afasta em certas ocasiões dos princípios fundamentais do sistema GATT/OMC. Por exemplo, o art. 11.2.15 estabelece que os Estados e as organizações internacionais relevantes devem assegurar que a promoção do comércio internacional de peixe não afeta adversamente os direitos nutricionais e necessidades das pessoas para quem o peixe é crítico em termos de saúde e bem-estar e para quem outras fontes alternativas de alimento não estão disponíveis nem são comportáveis. Aparece, deste modo, o conceito de "segurança alimentar", que, no caso dos acordos da OMC, só aparece no preâmbulo do Acordo sobre a Agricultura, que não é aplicável aos produtos piscícolas.

States to further improve the transparency and reporting of existing fisheries subsidies programmes through the World Trade Organization. Given the state of fisheries resources, and without prejudicing the Doha and Hong Kong ministerial mandates on fisheries subsidies or the need to conclude these negotiations, we encourage States to eliminate subsidies that contribute to overcapacity and overfishing, and to refrain from introducing new such subsidies or from extending or enhancing existing ones" [631].

O sistema GATT/OMC oferece, ainda, uma vantagem importante relativamente a outros regimes internacionais. Ao contrário do que acontece, por exemplo, com a Organização das Nações Unidas para a Alimentação e a Agricultura, podem aderir à OMC "qualquer Estado ou território aduaneiro distinto que possua plena autonomia na condução das suas relações comerciais externas e em relação a outras questões previstas no presente acordo e nos acordos comerciais multilaterais..." (art. XII, n.º 1, do Acordo que Cria a OMC), donde resulta que podem existir membros que não são Estados, encontrando-se nesta situação Hong Kong, Macau, Taipé Chinês e União Europeia. Assim, por força da sua impossibilidade de aderir formalmente à Organização das Nações Unidas para a Alimentação e a Agricultura, o Taipé Chinês tem manifestado reticências relativamente ao envolvimento daquela organização internacional no desenho da disciplina internacional das subvenções à pesca [632].

Do ponto de vista da sustentabilidade dos recursos, é possível distinguir dois tipos diferentes de subvenções na indústria pesqueira. Numa primeira categoria, encontram-se as subvenções que afetam adversamente os recursos pesqueiros ao encorajarem o esforço de pesca. A segunda categoria compreende as subvenções cuja finalidade passa por reduzir o esforço de pesca para

---

[631] ASSEMBLEIA GERAL DAS NAÇÕES UNIDAS, *The future we want* (A/RES/66/288), 11-9-2012, parágrafo 173.
[632] Margaret YOUNG, *Trading Fish, Saving Fish: The Interaction between Regimes in International Law*, Cambridge Studies in International and Comparative Law, Cambridge University Press, 2011, pp. 269 e 289.

que esta atividade seja mais sustentável do ponto de vista ambiental e para permitir a recuperação das populações de peixe ([633]).

Entre as chamadas subvenções "positivas", cabe mencionar:

a) Os planos de desmantelamento de navios, com o intuito de reestruturar a frota e encorajar a eliminação gradual de certas embarcações de pesca;
b) A assistência financeira a projectos ou atividades que impliquem a transferência dos pescadores para outras atividades profissionais;
c) As ajudas à construção e/ou modernização dos barcos pesqueiros, sem aumentar a capacidade de pesca, com o objetivo de potenciar a eficácia, qualidade e utilização dos recursos no sector das pescas ([634]).

Podemos incluir, igualmente, entre as subvenções positivas as que visam apoiar os esforços de controlo e combate da pesca ilegal, auxiliar as comunidades cuja vida e subsistência dependem da pesca artesanal e pagar a retirada das licenças de pesca.

Uma vez que o Acordo sobre a Agricultura exclui o peixe e os produtos piscícolas do seu âmbito de aplicação, as subvenções concedidas aqueles produtos estão sujeitas ao Acordo sobre as Subvenções e as Medidas de Compensação ([635]). Contudo, este acordo não faz qualquer referência específica às subvenções concedidas ao peixe e aos produtos piscícolas.

---

[633] OMC, *GATT/WTO Rules on Subsidies and Aids Granted in the Fishing Industry*, Note by the Secretariat (WT/CTE/W/80), 9-3-1998, p. 17.
[634] *Idem*, p. 18.
[635] O Acordo que Cria a Organização Mundial do Comércio tem vários acordos e instrumentos jurídicos anexos:
– O Anexo 1, relativo aos acordos comerciais multilaterais e que abarca três anexos, o 1A referente às mercadorias; o 1B constituído pelo Acordo Geral sobre o Comércio de Serviços e o 1C atinente ao Acordo sobre os Aspectos do Direito de Propriedade Intelectual relacionados com o comércio;
– O Anexo 2, relativo ao Memorando de Entendimento sobre as Regras e Processos que regem a Resolução de Litígios;
– O Anexo 3, respeitante ao Mecanismo de Exame das Políticas Comerciais; e
– O Anexo 4, concernente aos Acordos Comerciais Plurilaterais (Acordo sobre o Comércio de Aeronaves Civis e Acordo sobre Contratos Públicos).

Grande parte das subvenções à pesca são concedidas por países importadores líquidos de peixe e, por isso, as subvenções proibidas pelo Acordo sobre as Subvenções e as Medidas de Compensação (artigos 3.º e 4.º) têm escassa relevância neste contexto ([636]). Logo, a maioria das subvenções à pesca cairá no âmbito das chamadas subvenções acionáveis (artigos 5.º a 7.º do Acordo sobre as Subvenções e as Medidas de Compensação). Mais concretamente, muitos autores alegam que o n.º 1, alínea *a*), do art. 6.º do Acordo sobre as Subvenções e as Medidas de Compensação poderia permitir disciplinar efetivamente as subvenções à pesca ([637]), isto apesar de tal disposição já não se encontrar em vigor (art. 31.º do Acordo sobre as Subvenções e as Medidas de Compensação) ([638]).

No caso específico do Anexo 1A, o único constituído por vários acordos, fazem parte do mesmo o GATT de 1994, o Acordo sobre a Agricultura, o Acordo relativo à Aplicação de Medidas Sanitárias e Fitossanitárias, o Acordo sobre os Obstáculos Técnicos ao Comércio, o Acordo sobre as Medidas de Investimentos relacionadas com o Comércio, o Acordo sobre a Aplicação do Artigo VI do GATT de 1994, o Acordo sobre a Aplicação do Artigo VII do GATT de 1994, o Acordo sobre a Inspecção antes da Expedição, o Acordo sobre as Regras de Origem, o Acordo sobre os Procedimentos em Matéria de Licenças de Importação, o Acordo sobre as Subvenções e as Medidas de Compensação e o Acordo sobre as Medidas de Salvaguarda. Caso haja um conflito entre uma disposição do GATT de 1994 e uma disposição de um outro acordo que figure no Anexo 1A, prevalecerá a disposição do outro acordo na medida do conflito (nota interpretativa geral do Anexo 1A). O texto desta nota interpretativa geral do Anexo 1A pode ser encontrado in Eduardo Paz FERREIRA e João ATANÁSIO, *Textos de Direito do Comércio Internacional e do Desenvolvimento Económico*, Volume I – Comércio Internacional, Almedina, 2004, p. 71. Por vezes, alguns dos acordos comerciais multilaterais que fazem parte do Anexo 1ᴬ determinam eles próprios a sua prioridade relativamente a outros acordos do mesmo Anexo. Por exemplo, o n.º 1 do art. 21.º do Acordo sobre a Agricultura dispõe que "as disposições do GATT de 1994 e dos outros acordos comerciais multilaterais constantes do anexo 1A do Acordo que cria a Organização Mundial do Comércio serão aplicáveis sob reserva das disposições do presente acordo".

[636] A maioria das subvenções à pesca é concedida pelo Japão, EUA e União Europeia que são importadores líquidos de pescado e estão concebidas para estimular a oferta de peixe nos respetivos mercados internos. Cf. Carlos Teijo GARCÍA, El desarrollo progresivo de las normas sobre subvenciones pesqueras en el Derecho de la OMC: una aproximación a la conservación de los recursos pesqueros desde la perspectiva del Derecho internacional del comercio, in *Protección de Intereses Colectivos en el Derecho del Mar y Cooperación Internacional*, Julio Jorge Urbina e Teresa Pontes Iglesias (coordinadores científicos), iustel, Madrid, 2012, p. 115.

[637] Seung Wha CHANG, *WTO Disciplines on Fisheries Subsidies: A Historic Step Towards Sustainability?*, in Journal of International Economic Law, 2003, p. 903.

[638] Nos termos do n.º 1, alínea *a*), do art. 6.º do Acordo sobre as Subvenções e as Medidas de Compensação, "considera-se que existe um prejuízo grave na acepção da alínea *c*) do artigo 5.º no caso de o total das subvenções *ad valorem* concedidas a um produto ser superior a 5%".

Caso as subvenções concedidas não sejam específicas, elas não serão proibidas (art. 2.º do Acordo sobre as Subvenções e as Medidas de Compensação). Por exemplo, ao representarem uma infraestrutura geral (art. 1.1.(a.1) iii) do Acordo sobre as Subvenções e as Medidas de Compensação), os recifes artificiais construídos pelo Governo não devem ser considerados uma subvenção [639].

7. A Problemática da Rotulagem

7.1. Considerações gerais

Muito raramente as restrições comerciais constituem o instrumento óptimo (*first-best policy instrument*) para lidar com os problemas ambientais que apareçam no momento da produção ou do consumo [640]. Outras soluções mais eficientes passam, por exemplo, pelo intercâmbio de conhecimentos científicos, pela transferência de tecnologia, pela total liberalização comercial dos bens e serviços "amigos do ambiente" e pela aplicação de rótulos ecológicos [641]. De todas estas soluções, a que tem suscitado maior debate é a última [642].

[639] Seung Wha CHANG, *WTO Disciplines on Fisheries Subsidies: A Historic Step Towards Sustainability?*, in Journal of International Economic Law, 2003, p. 894.

[640] Somente no caso em que o poluidor estrangeiro não tem outra escolha senão vender todos os seus produtos no país poluído, pode um direito aduaneiro aplicado às importações ser considerado um incentivo eficiente à 'internalização' pelo poluidor da sua poluição transfronteiriça. Cf. Ernst-Ulrich PETERSMANN, *International and European Trade and Environmental Law after the Uruguay Round*, Kluwer Law International, Londres-Haia-Boston, 1995, p. 15.

[641] Muito importante seria seguramente a liberalização comercial total dos bens e serviços "amigos do ambiente", na medida em que representaria uma iniciativa importante na promoção da transferência de tecnologia ambiental para os países em desenvolvimento. As nações beneficiárias obteriam melhores resultados ambientais a um custo mais reduzido. Os países exportadores veriam os mercados aumentar para os seus bens e serviços ecológicos. Todos ganhariam. Na Declaração Ministerial de Doha (2001), os membros da OMC concordaram em realizar negociações sobre "a redução ou, caso se revele apropriado, a eliminação dos obstáculos pautais e não pautais sobre bens e serviços ambientais" (considerando n.º 31 (iii)). O texto da Declaração Ministerial de Doha pode ser encontrado in Eduardo Paz FERREIRA e João ATANÁSIO, *Textos de Direito do Comércio Internacional e do Desenvolvimento Económico*, Volume I – Comércio Internacional, Almedina, 2004, pp. 745-762.

[642] De notar que existem também rótulos aplicáveis a serviços. Por exemplo, o regulamento (CE) n.º 66/2010 do Parlamento Europeu e do Conselho de 25 de Novembro de 2009 relativo a um sistema de rótulo ecológico da União Europeia aplica-se aos bens e serviços fornecidos

Habitualmente, os rótulos voluntários ou obrigatórios dividem-se em três grupos:

i) Os chamados rótulos simples, que alertam os consumidores sobre apenas uma fase do ciclo de vida de um produto (por exemplo, que um produto é reciclável ou biodegradável);
ii) Os rótulos negativos, que alertam os consumidores sobre as características negativas de um produto (por exemplo, os cigarros são prejudiciais à saúde); e
iii) Os rótulos ecológicos, que refletem as características ambientais de um produto durante todo o seu ciclo de vida, examinando o impacto ambiental dos produtos desde a fase de obtenção das matérias-primas até ao tratamento dos resíduos [643].

Apoiando-se nos mecanismos de mercado para promover a utilização de produtos amigos do ambiente, os rótulos ecológicos permitem que o consumidor seja informado do modo como determinados bens são produzidos, a fim de poder realizar uma escolha informada, baseada na importância que atribui ao impacto ambiental dos respetivos métodos de produção. O THE ECONOMIST, por exemplo, defende que:

> "O meio correcto de lidar com o desejo das pessoas de comer camarão capturado sem risco para as tartarugas marinhas, carne livre de hormonas ou seja o que for não passa pela imposição dos valores de um país a outros, mas por rotular os produtos apropriadamente. Os consumidores, não os governos, podem então escolher o que comer e o comércio permanece livre" [644].

---

para distribuição, consumo ou utilização no mercado comunitário, a título oneroso ou gratuito (JO L 27, 30-1-2010, pp. 1-19).
[643] Arthur APPLETON, Environmental Labelling Schemes Revisited: WTO Law and Developing Country Implications, in *Trade, Environment, and the Millennium*, 2.ª ed., Gary Sampson e Bradnee Chambers ed., 2002, pp. 237-238.
[644] THE ECONOMIST, *Why greens should love trade*, 9-10-1999.

No fundo, os rótulos permitem que os consumidores possam votar em certos produtos através dos seus hábitos de consumo ([645]).

O êxito de muitos sistemas de rotulagem tem sido, no entanto, algo limitado ([646]), o que não surpreende. Desde logo, existem diversos sistemas de rotulagem, o que implica grande probabilidade de confusão entre os consumidores e produtores. Em 2009, por exemplo, existiam 18 esquemas de normas e certificação aplicáveis a nível global às pescas e aquacultura e inúmeros esquemas nacionais ([647]). Muitas vezes, os consumidores não conseguem sequer identificar ou diferenciar os produtos com base na informação fornecida.

De modo a que os rótulos relativos a "processos e métodos de produção não incorporados" possam constituir efetivamente uma realidade comercial, seria da maior utilidade que todos os membros da OMC interessados negociassem, em conjunto com outras instituições relevantes (por exemplo, a Organização das Nações Unidas para a Alimentação e Agricultura), um quadro jurídico internacional que unificasse critérios e pusesse termo a alguma da confusão reinante em matéria de rotulagem, de modo a que as empresas que realmente respeitam o ambiente possam ser premiadas pelo esforço realizado. Se os países da Comunidade Internacional tiverem êxito nesse esforço, criando regras claras e uniformes, se o consumidor estiver preparado para pagar um prémio aos produtos que respeitam o ambiente, e isso numa escala significativa, é provável que os produtores sejam induzidos a realizar o ajustamento solicitado pelo mercado. E embora o objetivo de harmonizar ou de reconhecer mutuamente os métodos e processos de produção com incidência no ambiente com base em diretrizes estabelecidas a nível multilateral possa ser um objetivo louvável, mormente por possibilitar a realização de economias de escala, ele deve ser atingido faseadamente, além de que a tónica deve ser posta não necessariamente na utilização de determinadas tecnologias ou métodos de

---

[645] Émilie CONWAY, *Étiquetage obligatoire de l'origine des produits au bénéfice des consommateurs: portée et limites*, in Revue Québécoise de Droit International, 2011, p. 4.

[646] Samir GANDHI, *Regulating the Use of Voluntary Environmental Standards Within the World Trade Organization Legal Regime: Making a Case for Developing Countries*, in Journal of World Trade, 2005, p. 857

[647] Lahsen ABABOUCH e Sally WASHINGTON, *Private standards and certification in fisheries and aquaculture: current practice and emerging issues*, FAO Fisheries and Aquaculture Technical Paper No. 553, Organização das Nações Unidas para a Alimentação e a Agricultura, Roma, 2011, pp. 8-9.

produção, mas antes na obtenção de resultados. Nesse sentido, vai, por exemplo, o n.º 8 do art. 2.º do Acordo sobre os Obstáculos Técnicos ao Comércio:

> "Sempre que seja adequado, os membros elaborarão regulamentos técnicos que tenham por base requisitos de produtos definidos em termos de desempenho funcional e não com base em características de concepção ou descritivas".

No âmbito do sistema de resolução de litígios da OMC, um Painel concluiu também que, na prática, a medida de implementação deve prever a possibilidade de uma eficácia comparável [648], tendo esta conclusão sido depois confirmada pelo Órgão de Recurso:

> "Em nossa opinião, o Painel raciocinou e concluiu acertadamente que subordinar o acesso ao mercado à adopção de um programa *comparável em eficácia* permite a flexibilidade suficiente na aplicação da medida para evitar uma 'discriminação arbitrária ou injustificável'" [649].

Seria, ainda, da maior utilidade que os países mais ricos custeassem, em colaboração com as organizações internacionais competentes, programas de assistência financeira e técnica aos países em desenvolvimento. Por exemplo, o custo de uma certificação no âmbito do denominado *Marine Stewardship Council* varia e depende da complexidade, da quantidade de informações disponíveis e do nível de interesse das partes interessadas [650]. Informações circunstanciais indicam que o custo de uma certificação varia entre 15 000

---

[648] Relatório do Painel no caso *United States – Import Prohibition of Certain Shrimp and Shrimp Products (Article 21.5)* (WT/DS58/RW), 15-6-2001, parágrafo 5.93.

[649] Relatório do Órgão de Recurso no caso *United States – Import Prohibition of Certain Shrimp and Shrimp Products (Article 21.5)* (WT/DS58/AB/RW), 22-10-2001, parágrafo 144.

[650] O *Marine Stewardship Council* (MSC) é a organização de certificação mais conhecida, "with currently over 100 fisheries and many more seafood products certified" (cf. Rainer FROESE e Alexander PROELSS, *Evaluation and legal assessment of certified seafood*, in Marine Policy, 2012, p. 1284). Sobre a problemática da rotulagem no sector das pescas, ver, por exemplo, Christine LEBLANC, *Ecolabelling in the Fisheries Sector*, in Ocean Yearbook, 2003, pp. 93-141.

e 120 000 dólares norte-americanos e talvez ainda mais para avaliações mais complexas com múltiplas unidades de certificação [651].

Atualmente, muitos países pobres, por falta de recursos financeiros e de capacidade técnica, têm algumas dificuldades em observar os critérios de certificação impostos pelos países ricos, especialmente se esses critérios tiverem em conta somente as condições geográficas, climáticas, ambientais e económicas destes últimos e se variarem de país para país [652].

7.2. O sistema GATT/OMC e a rotulagem

Durante a vigência do GATT de 1947, o painel que analisou o famoso caso *United States Restrictions on Imports of Tuna* não se opôs à introdução de um rótulo nas embalagens de atum, garantindo aos consumidores que o atum não tinha sido capturado através de processos prejudiciais para os golfinhos [653].

---

[651] http://www.msc.org (página visitada em 25-3-2013).

[652] A este respeito, o Princípio 11 da Declaração do Rio sobre Ambiente e Desenvolvimento estabelece que "os Estados devem aprovar e pôr em vigor legislação efetiva sobre o ambiente. Os padrões ambientais, os objetivos e as prioridades de gestão deverão refletir o contexto de ambiente e de desenvolvimento em que se aplicam. Esses padrões aplicados nalguns países podem ser desajustados e de custos económicos e sociais injustificados para outros países, em particular para países em desenvolvimento". De igual modo, um Painel defendeu que "as políticas ambientais devem ser esboçadas tendo em conta a situação de cada país, quer em termos das suas necessidades actuais, quer em termos dos seus meios económicos. (...) As medidas de conservação devem adaptar-se, *inter alia*, às condições ambientais, sociais e económicas que prevaleçam no lugar em que vão ser aplicadas. Cf. Relatório do Painel no caso *United States – Import Prohibition of certain Shrimp and Shrimp Products* (WT/DS58/R), 15-5-1998, parágrafo 7.52.

[653] É de notar que a Lei norte-americana de Informação ao Consumidor para a Proteção dos Golfinhos (a lei que especificava a norma de rotulagem) continha um elemento geográfico, uma vez que exigia apenas às embarcações de pesca a operar nas zonas tropicais da área oriental do Oceano Pacífico a prova de que cumpriam determinadas condições especificadas para as suas capturas não serem consideradas nocivas para os golfinhos (cf. Relatório do Painel no caso *United States Restrictions on Imports of Tuna* (DS21/R), posto a circular em 3-9-1991, nunca adotado, parágrafo 2.12). Porém, atendendo à natureza particular da associação entre golfinhos e o atum observada unicamente naquela área geográfica, considerou-se que a medida norte-americana era razoável com base nos elementos científicos então disponíveis relativamente ao comportamento dos golfinhos (cf. Jessica KARBOWSKI, *Grocery Store Activism: A WTO Compliant Means to Incentivize Social Responsibility*, in Virginia Journal of International Law, 2009, p. 759). De facto, nas zonas tropicais da área oriental do Oceano Pacífico (curiosamente, somente nestas águas), os cardumes de atum nadam, frequentemente, por baixo de grupos

Uma vez que o atum podia ser vendido nos Estados Unidos com ou sem o rótulo *Dolphin Safe*, qualquer vantagem que pudesse resultar da utilização do rótulo dependeria da livre escolha dos consumidores ([654]), isto é, o carácter voluntário do sistema de rotulagem foi determinante para estabelecer a sua compatibilidade com o Acordo Geral ([655]).

de golfinhos e, por isso, quando o atum é pescado com as redes habituais, os golfinhos são também apanhados pelas redes e morrem se não forem libertados. E, como o Painel reconheceu, o sistema de rotulagem aplicado pelos Estados Unidos ao atum pescado nas zonas tropicais da área oriental do Oceano Pacífico aplicava-se a todos os países cujas embarcações operassem nessa zona geográfica e, por isso, ele não fazia qualquer distinção entre os produtos originários do México e os produtos originários de outros países. Cf. Relatório do Painel no caso *United States Restrictions on Imports of Tuna* (DS21/R), posto a circular em 3-9-1991, nunca adotado, parágrafo 5.43.

[654] Idem, parágrafo 5.42. Ao aprovar o sistema de rotulagem dos Estados Unidos e rejeitar simultaneamente o boicote à importação de atum aplicado pela administração norte-americana, o Painel do caso *Tuna/Dolphin* parece apoiar o entendimento de que o comportamento dos consumidores no mercado providencia uma fonte de influência mais legítima sobre as práticas de produção estrangeiras do que a atividade política dos cidadãos e seus representantes (cf. Douglas KYSAR, *Preferences for Processes: The Process/Product Distinction and the Regulation of Consumer Choice*, in Harvard Law Review, 2004, p. 625). De notar, ainda, que, relativamente ao valor dos relatórios dos painéis não adotados, o Órgão de Recurso, ao mesmo tempo que considera que "os relatórios dos painéis não adotados não têm nenhum estatuto jurídico no sistema do GATT ou da OMC, uma vez que não foram aprovados por decisão das PARTES CONTRATANTES do GATT ou dos membros da OMC", defende que "um Painel podia, apesar disso, encontrar uma orientação útil na fundamentação apresentada num relatório de um Painel não adotado que considerasse estar relacionado com o processo que lhe foi submetido" (cf. Relatório do Órgão de Recurso no caso *Japan – Taxes on Alcoholic Beverages* (WT/DS8/AB/R, WT/DS10/AB/R, WT/DS11/AB/R), 4-10-1996, p. 15). De notar, finalmente, que o sistema de resolução de litígios do GATT de 1947 tinha uma natureza claramente voluntária, bem evidente no facto de os governos poderem bloqueá-lo de quatro maneiras: vetando a criação do painel, recusando seleccionar os membros do painel, impedindo a adopção do relatório do painel e bloqueando a autorização para retaliar. Agora, pelo contrário, decisões essenciais como a criação de um Painel (artigo 6.º, n.º 1, do Memorando de Entendimento da OMC sobre Resolução de Litígios), a adopção dos relatórios do Painel e do Órgão de Recurso (respetivamente, artigos 16.º, n.º 4, e 17.º, n.º 14, do Memorando de Entendimento da OMC sobre Resolução de Litígios) e a autorização para a suspensão das concessões e outras obrigações (art. 22.º, n.º 6, do Memorando de Entendimento da OMC sobre Resolução de Litígios) estão sujeitas à chamada "regra do consenso negativo", isto é, basta que um Membro da OMC, designadamente a parte em litígio que vê a sua pretensão ser reconhecida, vote a favor da adopção do relatório do painel e, caso tenha sido interposto recurso, do relatório do Órgão de Recurso, para que ambos sejam adotados pelo Órgão de Resolução de Litígios.

[655] Os sistemas de rotulagem podem ser compulsórios (o uso de um determinado rótulo é obrigatório para aceder ao mercado) ou voluntários (os produtos podem ser comercializados

Presentemente, é possível alegar convincentemente, à luz da história das negociações do Ciclo do Uruguai, que os sistemas de rotulagem voluntários ou obrigatórios baseados em processos e métodos de produção não incorporados não se encontram abrangidos pelo Acordo da OMC sobre os Obstáculos Técnicos ao Comércio ([656]). Considera-se, igualmente, que os sistemas voluntários de rotulagem, incluindo a componente dos "métodos e processos de produção não incorporados", não violam o n.º 1 do art. XI do GATT ([657]). A violação só acontecerá se houver incentivos suficientes das autoridades públicas para

com ou sem o rótulo). Ou seja, os sistemas voluntários de certificação de rótulos ecológicos não condicionam, *de jure*, o acesso ao mercado ao respeito de determinadas condições.

[656] Seung CHANG, *GATTing a Green Trade Barrier: Eco-Labelling and the WTO Agreement on Technical Barriers to Trade*, in Journal of World Trade, vol. 31, n.º 1, 1997, pp. 145-147; Manoj JOSHI, *Are Eco-Labels Consistent with World Trade Organization Agreements?*, in Journal of World Trade, 2004, pp. 74-75 e 78-79. Há quem defenda que o Acordo sobre os Obstáculos Técnicos ao Comércio pode ser interpretado como abrangendo certos rótulos voluntários baseados em processos e métodos de produção não incorporados, se tais rótulos estiverem em conformidade com diretrizes multilaterais compatíveis com as obrigações básicas do GATT e do Acordo sobre os Obstáculos Técnicos ao Comércio. Nesse sentido, poderiam ser usadas as diretrizes desenvolvidas pela Organização Internacional de Normalização (ISO). Em reacção a esta proposta, alguns países em desenvolvimento têm reagido contra a utilização de tais diretrizes, uma vez que nem todos os membros da OMC participam na Organização Internacional de Normalização e o seu processo decisório "is not consensus based" (cf. Doaa MOTAAL, The Agreement on Technical Barriers to Trade, the Committee on Trade and Environment, and Eco-Labelling, in *Trade, Environment, and the Millennium*, 2.ª ed., Gary Sampson e Bradnee Chambers ed., 2002, p. 277). Alguns membros da OMC têm também notificado regulamentos técnicos baseados em processos e métodos de produção não incorporados ao Comité dos Obstáculos Técnicos ao Comércio. Cf. Christiane CONRAD, *Processes and Production Methods (PPMs) in WTO Law: Interfacing Trade and Social Goals*, Cambridge University Press, 2011, p. 377.
[657] Há mesmo quem considere que os rótulos ecológicos voluntários nem sequer caem no âmbito de aplicação do GATT (cf. Manoj JOSHI, *Are Eco-Labels Consistent with World Trade Organization Agreements?*, in Journal of World Trade, 2004, p. 90). Alguns autores defendem também que, mesmo que não ocorra nenhuma violação dos princípios e regras do GATT, é possível aos exportadores estrangeiros recorrerem ao sistema de resolução de litígios da OMC para impugnar um esquema de rotulagem ecológica que afete de modo adverso, em termos comerciais, os seus produtos (cf. Seung CHANG, *GATTing a Green Trade Barrier: Eco-Labelling and the WTO Agreement on Technical Barriers to Trade*, in Journal of World Trade, vol. 31, n.º 1, 1997, pp. 154 e 157). Sobre os chamados casos de não violação no âmbito do sistema GATT/OMC, previstos no n.º 1, alínea *b*), do art. XXIII do GATT e no art. 26.º, n.º 1, do Memorando de Entendimento da OMC sobre Resolução de Litígios, ver Pedro Infante MOTA, O Sistema de Resolução de Litígios da OMC: Os Casos de Não Violação e as Queixas de Situação, in *Estudos em Homenagem ao Prof. Doutor Sérvulo Correia*, Edição da Faculdade de Direito da Universidade de Lisboa, Coimbra Editora, 2010, pp. 681-740.

dissuadir a importação de bens que não trazem consigo o rótulo em questão, talvez na forma de um programa governamental que estigmatize a importação de bens sem qualquer rótulo ([658]).

Já os sistemas de rotulagem obrigatórios ou voluntários baseados em métodos e processos de produção incorporados devem ser tratados, respetivamente, como regulamentos técnicos ou normas para efeitos do Acordo sobre os Obstáculos Técnicos ao Comércio ([659]). Os regulamentos técnicos devem observar, impreterivelmente, o disposto nos artigos 2.º e 3.º do Acordo sobre os Obstáculos Técnicos ao Comércio e as normas conformar-se com o disposto no art. 4.º e no código de boa prática em matéria de elaboração, adopção e aplicação de normas (anexo 3) do mesmo acordo ([660]).

Fora do contexto da OMC, é importante referir as Diretrizes para a Rotulagem Ecológica do Peixe e Produtos Piscícolas da Organização das Nações Unidas para a Alimentação e a Agricultura (FAO). Estas diretrizes são facultativas e aplicáveis aos sistemas de rotulagem ecológica que visam certificar e promover rótulos para os produtos de pesca de captura marinha bem gerida e centram a sua atenção nas questões relacionadas com a utilização sustentável dos recursos pesqueiros. As diretrizes dizem respeito a princípios, considerações gerais, termos e definições, requisitos substantivos mínimos e critérios e aspectos de procedimento e institucionais para a rotulagem de peixe e produtos piscícolas da pesca de captura marinha.

Em concreto, os sistemas de rotulagem ecológica da pesca de captura marinha devem obedecer aos seguintes princípios:

– Serem congruentes com a Convenção das Nações Unidas sobre o Direito do Mar de 1982 e o Acordo sobre a aplicação das disposições da Convenção das Nações Unidas sobre o Direito do Mar de 10 de Dezembro de 1982 relativas à conservação e ordenação das populações de

---

[658] Arthur APPLETON, Environmental Labelling Schemes Revisited: WTO Law and Developing Country Implications, in *Trade, Environment, and the Millennium*, 2.ª ed., Gary Sampson e Bradnee Chambers ed., 2002, p. 255.

[659] Seung CHANG, *GATTing a Green Trade Barrier: Eco-Labelling and the WTO Agreement on Technical Barriers to Trade*, in Journal of World Trade, vol. 31, n.º 1, 1997, pp. 141-142.

[660] A definição de regulamento técnico e norma consta do Anexo 1 do Acordo sobre os Obstáculos Técnicos ao Comércio. A grande diferença reside na obrigatoriedade de cumprimento do regulamento técnico, ao contrário do que sucede com a norma.

peixes transzonais e as populações de peixes altamente migratórios, o Código de Conduta para a Pesca Responsável da FAO, as normas da Organização Mundial do Comércio e outros instrumentos internacionais pertinentes (art. 2.1);
- Reconhecerem os direitos soberanos dos Estados e respeitarem as leis e os regulamentos pertinentes (art. 2.2);
- Serem voluntários e orientados para o mercado (art. 2.3);
- Serem transparentes e incluírem uma participação equilibrada e justa de todas as partes interessadas (art. 2.4);
- Não serem discriminatórios, não criarem obstáculos desnecessários ao comércio e permitirem um comércio e uma concorrência leais (art. 2.5);
- Proporcionarem oportunidades de acesso aos mercados internacionais (art. 2.6);
- Basearem-se na informação científica mais avançada disponível, tendo em conta também o conhecimento tradicional dos recursos, sempre e quando a sua validade possa ser verificada de forma objetiva (art. 2.10 [661]).

Um caso em que estes princípios parecem ter sido postos em causa prende-se com o litígio entre o Vietname e os EUA envolvendo o peixe-gato e camarão. Fazendo um pouco de história, os países em causa assinaram em 2000 um acordo comercial bilateral e, em resultado do mesmo, a exportação de produtos vietnamitas de aquacultura para os EUA aumentou significativamente e alguns destes produtos começaram a concorrer com os produtos norte-americanos (principalmente, peixe-gato e camarão). No caso específico do peixe-gato, os produtores vietnamitas, muito pouco tempo depois da normalização das relações comerciais do seu país com os EUA, estavam a produzir 20% do peixe-gato congelado vendido nos EUA. A técnica vietnamita de criar o peixe-gato no seu habitat natural, recorrendo a gaiolas submersas, permitia um custo de produção cerca de duas vezes inferior ao dos produtores norte-americanos [662].

[661] ORGANIZAÇÃO DAS NAÇÕES UNIDAS PARA A ALIMENTAÇÃO E A AGRICULTURA, *Guidelines for the Ecolabelling of Fish and Fishery Products, Revision 1*, Roma, 2009.
[662] Thanh CONG, *Catfish, Shrimp, and the WTO: Vietnam Loses Its Innocence*, in Vanderbilt Journal of Transnational Law, 2010, p. 1242.

Consequentemente, os produtores norte-americanos de peixe-gato lançaram uma campanha, denunciando que o produto vietnamita era criado nos rios do Terceiro Mundo "nibbling on who knows what" [663]. Um congressista norte-americano asseverou mesmo que a qualidade do peixe-gato vietnamita não era garantida, uma vez que provinha de um lugar muito contaminado pelo chamado agente laranja [664]. Além disso, os produtores norte-americanos conseguiram que o Congresso adotasse nova legislação proibindo o uso do nome "peixe-gato" nos produtos, excepto se pertencessem à família *Ictaluridae*, uma família de peixes que só existe na América do Norte [665]. Finalmente, a *Catfish Farmers Association of America* (em 2001) e a *Southern Shrimp Alliance* (em 2004) apresentaram queixas contra os exportadores vietnamitas, alegando que o peixe-gato e o camarão vietnamitas estavam a ser exportados a preços de *dumping* para o mercado norte-americano. Após investigação das alegações, o Departamento do Comércio dos EUA e a Comissão do Comércio Internacional dos EUA concluíram que tinha havido, de facto, *dumping* e que os aquacultores norte-americanos concorrentes tinham sofrido um prejuízo importante e, por isso, o Departamento do Comércio aplicou pesados direitos *antidumping* às empresas vietnamitas em causa [666].

Quer a decisão do Departamento do Comércio, quer a nova legislação do Congresso, suscitaram muitas críticas, mesmo dentro dos EUA. Nas palavras do Senador John McCain:

> "In fact, of the 2,500 species of catfish on Earth, this amendment allows the Food and Drugs Administration to process only a certain type raised in North America – specifically, those that grow in six Southern States. The program's effect is to restrict all catfish imports into our country by requiring they be labelled as something other than catfish, an underhanded way for catfish producers to shut out the competition. With a clever trick of Latin phraseology and without even a ceremonial nod to the vast body of trade laws and practices we rigorously observe, this damaging amendment literally bans Federal

---

[663] *Idem*.
[664] *Idem*.
[665] *Idem*.
[666] De notar que o Vietname só aderiu à OMC em 11-1-2007.

officials from processing any and all catfish imports label[led] as they are – catfish. It patently violates our solemn trade agreement with Vietnam, the very same trade agreement the Senate ratified by a vote of 88 to 12 only 2 months ago. The ink was not dry on that agreement when the catfish lobby and its congressional allies slipped the catfish amendment into a must-pass appropriations bill" [667].

O próprio modo como a Comissão do Comércio Internacional lidou com o caso do peixe-gato é inconsistente com a política de rotulagem adotada anteriormente pelo Congresso. Pressionado pelos grupos de interesses norte-americanos ligados ao peixe-gato e não obstante a inexistência de base científica, o Congresso promulgou nova legislação para impedir os exportadores vietnamitas de rotularem os seus produtos como "peixe-gato". Para efeitos de rotulagem, o peixe-gato vietnamita foi considerado diferente do peixe-gato criado nos EUA e teve de ser rotulado com um nome vietnamita, *tra* ou *basa*. Subsequentemente, a Comissão do Comércio Internacional ignorou esta distinção, considerada previamente como crucial por parte dos produtores norte-americanos, e considerou o peixe-gato vietnamita um "produto similar" ao peixe-gato norte-americano para efeitos da averiguação da existência de *dumping* [668].

7.3. Os Sistemas Privados de Rotulagem

As normas privadas diferem das normas públicas por serem redigidas não por autoridades reguladoras, mas por entidades não-governamentais (por exemplo, cadeias de supermercados do sector alimentar), e por não terem caráter vinculativo *as a matter of law* [669].

No ano de 2007, as Conferências das Nações Unidas para o Comércio e Desenvolvimento calcularam que o número de normas privadas ascendia a 400 (e com tendência para aumentar) e que não eram exclusivas de nenhuma

---

[667] Thanh CONG, *Catfish, Shrimp, and the WTO: Vietnam Loses Its Innocence*, in Vanderbilt Journal of Transnational Law, 2010, p. 1245.
[668] *Idem*, p. 1254.
[669] Dylan GERAETS e Jan WOUTERS, *Private food standards and the World Trade Organization: some legal considerations*, in World Trade Review, 2012, pp. 479 e 481.

região geográfica ou nível de desenvolvimento em particular [670]. A proliferação das normas privadas deve-se principalmente aos seguintes fatores:

- A mediatização das preocupações relativas à segurança dos alimentos e dos problemas de confiança nas entidades de regulação;
- As prescrições jurídicas em virtude das quais as empresas têm de demonstrar a diligência devida na prevenção dos riscos relacionados com a segurança dos alimentos;
- A atenção crescente prestada à responsabilidade social das empresas e os esforços das empresas em reduzir ao mínimo os "riscos para a sua reputação";
- A mundialização das cadeias de abastecimento e a tendência para a integração vertical através do recurso a contratos diretos entre os fornecedores e os retalhistas;
- A expansão dos supermercados no comércio a retalho de produtos alimentares, tanto ao nível nacional como internacional; e
- A expansão mundial das empresas de restauração [671].

Regra geral, as normas privadas são divididas em três categorias:

i) Normas de consórcios, como o GLOBALG.A.P., relativas a um determinado sector;
ii) Normas da sociedade civil, como o *Max Havelaar* e outras normas atinentes ao comércio justo, que são estabelecidas ou desenvolvidas por iniciativa de uma organização não lucrativa para responder a certas preocupações sociais ou ambientais;
iii) Normas determinadas especificamente por uma empresa e aplicáveis a toda a sua cadeia de abastecimento (por exemplo, o *Tesco Nature's Choice*, o *Marks & Spencer's Field-to-Work* e o *Carrefour Filière Qualité* [672].

---

[670] OMC, *Private Standards and the SPS Agreement – Note by the Secretariat* (G/SPS/GEN/746), 24-1-2007, p. 1.
[671] *Idem*, p. 2.
[672] Dylan GERAETS e Jan WOUTERS, *Private food standards and the World Trade Organization: some legal considerations*, in World Trade Review, 2012, p. 481.

Na prática, dada a prevalência atual dos sistemas privados nos mercados, esses sistemas podem levar a que produtos que cumpram os padrões impostos pelo Membro da OMC importador não consigam entrar com êxito no respetivo mercado por não respeitarem requisitos impostos por algumas empresas privadas (regra geral, as regras resultantes dos sistemas privados são mais difíceis de observar e dispendiosas) [673].

Acontece que muitos autores defendem que, caso os rótulos de carácter privado sejam desenvolvidos, financiados, implementados e supervisionados inteiramente por entidades privadas sem qualquer participação das autoridades públicas, não é aplicável nem o Acordo sobre os Obstáculos Técnicos ao Comércio [674] nem o GATT de 1994 [675]. Mesmo no caso do Acordo relativo à Aplicação de Medidas Sanitárias e Fitossanitárias, uma análise da história das negociações, assim como o testemunho das pessoas envolvidas em tais negociações, confirmam que os sistemas privados não foram mencionados durante a redação do Acordo [676].

Factualmente, a questão da aplicabilidade dos acordos da OMC (*in casu*, do Acordo relativo à Aplicação de Medidas Sanitárias e Fitossanitárias) às normas privadas foi suscitada pela primeira vez no ano de 2005, no decorrer de uma reunião do comité das medidas sanitárias e fitossanitárias [677]. Nessa reunião, o representante de São Vicente e Granadinas relatou que, enquanto membro do grupo África, Caraíbas e Pacífico (os chamados Países ACP), o seu país tinha beneficiado enormemente da ajuda prestada pelas Comunidades Europeias no que diz respeito à exportação de bananas e de outros produtos agrícolas frescos para o mercado comunitário. No entanto, a certificação Eurep/Gap, introduzida em 1997, tinha-se transformado em 2005 numa condição para que continuasse a haver comércio entre São Vicente e Granadinas e os

---

[673] Tomasz WLOSTOWSKI, *Selected Observations on Regulation of Private Standards by the WTO*, in Polish Yearbook of International Law, 2010, pp. 207 e 213.
[674] Seung CHANG, *GATTing a Green Trade Barrier: Eco-Labelling and the WTO Agreement on Technical Barriers to Trade*, in Journal of World Trade, vol. 31, n.º 1, 1997, pp. 158-159.
[675] Idem, p. 156; Rex ZEDALIS, *Labeling of Genetically Modified Foods: The Limits of GATT Rules*, in Journal of World Trade, 2001, p. 340.
[676] Tomasz WLOSTOWSKI, *Selected Observations on Regulation of Private Standards by the WTO*, in Polish Yearbook of International Law, 2010, p. 218.
[677] OMC, *Private Standards and the SPS Agreement – Note by the Secretariat* (G/SPS/GEN/746), 24-1-2007, p. 1.

supermercados do Reino Unido ([678]). Na opinião do representante de São Vicente e Granadinas:

"As medidas sanitárias e fitossanitárias deviam ser introduzidas pelos governos e não por entidades privadas ou por organizações não-governamentais. Algumas das medidas estabelecidas no programa de certificação Eurep/Gap caíam claramente no âmbito do Acordo relativo à Aplicação de Medidas Sanitárias e Fitossanitárias" ([679]).

Na resposta, o representante das Comunidades Europeias clarificou que:

"O Eurep/Gap não era um órgão das Comunidades Europeias nem de nenhum dos seus Estados membros. Era um consórcio do sector privado que representava os interesses dos principais vendedores a retalho. Em nenhum caso podiam as prescrições do Eurep/Gap ser apresentadas como prescrições das Comunidades Europeias. Mesmo se estas normas, em certos casos, excedessem as prescrições estabelecidas nas normas sanitárias e fitossanitárias das Comunidades Europeias, estas não podiam opor-se a elas porquanto não seriam contrárias à legislação comunitária. (...) A atual acumulação de normas deste tipo constituía

---

[678] O EurepGap constitui a norma privada mais vezes exigida pelos compradores (cf. OMC, *Private Voluntary Standards and Developing Country Market Access: Preliminary Results, Communication from OECD* (G/SPS/GEN/763), 27-2-2007, parágrafo 9). Segundo um documento apresentado em 2007, os custos do cumprimento da norma EurepGAP no Gana oscilavam entre os 400 e os 500 dólares norte-americanos para as explorações de ananás de 15 a 20 acres, mas no caso das grandes explorações podiam ser mais substanciais. Por exemplo, um produtor de ananás para exportação cuja exploração era de 1 000 acres gastou 80 000 dólares para ajustar-se à norma EurepGAP (cf. *Idem*, parágrafo 11). Todavia, uma vez habilitadas as explorações, os custos recorrentes de auditoria e certificação que resultam das normas privadas não são excessivos relativamente às vendas. No Gana, os custos de auditoria e certificação são relativamente limitados: 50 dólares para uma exploração de 8 hectares com um volume de vendas de 20 000 dólares, e 12 500 dólares para uma exploração de 400 hectares com um volume de vendas de 1,2 milhões de dólares. O EurepGAP permite também a certificação de grupo, reduzindo assim reduzir de forma substancial estes custos recorrentes. Cf. *Idem*, parágrafo 12.
[679] OMC, *Summary of the Meeting Held on 29-30 June 2005 – Committee on Sanitary and Phytosanitary Measures, Note by the Secretariat* (G/SPS/R/37), 11-8-2005, parágrafo 16.

uma oportunidade para enfatizar o valor das normas oficiais, já que as normas privadas eram frequentemente muito mais exigentes" [680].

Ou seja, conquanto exista o perigo, como a generalidade da doutrina reconhece, de este alçapão criar um incentivo "to privatise eco-labelling programmes" [681], a verdade é que, enquanto Tratados, o GATT, o Acordo sobre os Obstáculos Técnicos ao Comércio e o Acordo relativo à Aplicação de Medidas Sanitárias e Fitossanitárias aplicam-se aos Membros da OMC, sejam eles Estados ou territórios aduaneiros autónomos, e não diretamente a particulares [682]. Consequentemente, muitos dos sistemas de rotulagem atualmente existentes escapam aos princípios e regras do sistema GATT/OMC [683].

Não obstante, o Secretariado da OMC defendeu recentemente que:

"Se uma determinada norma privada corresponde à definição de norma estabelecida no Acordo sobre os Obstáculos Técnicos, é aplicável o artigo 4.º. Este artigo requer aos Membros que tomem medidas

---

[680] OMC, *Summary of the Meeting Held on 29-30 June 2005 – Committee on Sanitary and Phytosanitary Measures, Note by the Secretariat* (G/SPS/R/37), 11-8-2005, parágrafo 18.
[681] *Idem*, p. 159.
[682] Por exemplo, o n.º 1, alínea *a*), do art. XVII do GATT determina que "cada Membro compromete-se a que, se estabelecer ou mantiver uma empresa do Estado, qualquer que seja o lugar em que isso se verifique, ou se conceder a uma empresa, de direito ou de facto, privilégios exclusivos ou especiais, tal empresa se sujeite, nas suas compras ou vendas que se traduzam por importações ou exportações, ao princípio geral da não discriminação *prescrito por este Acordo para as medidas de ordem legislativa ou administrativa respeitantes às importações ou exportações efectuadas por comerciantes privados*" e o n.º 1 do art. 19.º do Memorando de Entendimento sobre as Regras e Processos que Regem a Resolução de Litígios que, "caso um Painel ou o Órgão de Recurso considerem uma medida incompatível com um acordo abrangido, *recomendarão ao Membro em causa a conformação dessa medida com o Acordo*" (itálicos aditados). Mesmo no caso do *dumping*, não existe qualquer tentativa por parte dos acordos da OMC relevantes de regular o comportamento das empresas privadas. O objetivo do Acordo sobre a Aplicação do Artigo VI do GATT de 1994 (vulgarmente conhecido por Acordo sobre as Medidas *Antidumping*) passa, sim, por regular as atividades dos governos nacionais quando estes recorrem a medidas *antidumping*. Por outras palavras, estarão em causa medidas governamentais (medidas *antidumping*) destinadas a combater um comportamento privado (*dumping*).
[683] Há quem defenda, apesar de tudo, que a maioria dos sistemas de rotulagem caracteriza-se por um envolvimento governamental. Cf. Seung CHANG, *GATTing a Green Trade Barrier: Eco-Labelling and the WTO Agreement on Technical Barriers to Trade*, in Journal of World Trade, vol. 31, n.º 1, 1997, p. 148.

razoáveis para assegurar que os organismos não-governamentais aceitem e cumpram as disposições do Anexo 3 do Acordo sobre os Obstáculos Técnicos (Código de Boa Prática em matéria de Elaboração, Adopção e Aplicação de Normas). As disposições do Código compreendem obrigações de notificação, tanto no que respeita à aceitação do Código como à publicação de programas de trabalho. Estes programas de trabalho devem ser notificados ao Centro de Informação da ISO/CEI e não ao secretariado da OMC. Relativamente à avaliação da conformidade, as disposições dos artigos 5.º e 8.º do Acordo sobre os Obstáculos Técnicos parecem ser particularmente pertinentes" [684].

É esta a opinião mais acertada. Uma norma privada, se bem que voluntária, pode tornar-se, *de facto*, obrigatória se o mercado a adotar como requisito e, como é evidente, quando as normas privadas se tornam a regra num determinado ramo de atividade, a margem de opção é limitada [685]. De facto:

> "Private standards and related certification are becoming significant features of international fish trade and marketing. The standards relate to a range of objectives including sustainability of fish stocks, environmental protection, food safety and quality, as well as to aspects such as animal health and even social development. They are increasingly linked to private firms corporate social responsibility strategies" [686].

Assim, quando um pequeno número de retalhistas de produtos alimentares representa uma percentagem elevada das vendas de tais produtos, reduzem-se consideravelmente as opções dos fornecedores que não participam em nenhum sistema individual ou colectivo de normas aplicáveis aos retalhistas.

---

[684] OMC, *Private Standards and the SPS Agreement – Note by the Secretariat* (G/SPS/GEN/746), 24-1-2007, p. 5, parágrafo 20.

[685] Os rótulos privados constituem uma característica cada vez mais presente na indústria alimentar. Estima-se que nos países europeus, incluindo o Reino Unido, Alemanha e Suíça, os rótulos privados representam mais de 40% de todos os produtos vendidos. Cf. Lahsen ABABOUCH e Sally WASHINGTON, *Private standards and certification in fisheries and aquaculture: current practice and emerging issues*, FAO Fisheries and Aquaculture Technical Paper No. 553, Organização das Nações Unidas para a Alimentação e a Agricultura, Roma, 2011, p. 18.

[686] *Idem*, p. 4.

Além disso, o sistema de normas dos retalhistas pode ser aplicado *de facto* como regra no ramo de atividade por todos os agentes da cadeia de abastecimento. Em tal caso, escolher se uma norma voluntária é acatada ou não equivale a escolher entre cumprir a norma ou ficar de fora do mercado.

As preocupações comerciais com o conteúdo das normas privadas aparecem principalmente por causa da atenção que elas prestam aos processos e métodos de produção, aplicando-se a questões tão diversas como o bem-estar dos animais, os produtos biológicos, a ausência de organismos geneticamente modificados, o impacto ambiental, as normas laborais, etc..

Podendo ser legítimo perguntar, em especial, se os sistemas privados não vão além daquilo que é justificável em termos científicos [687], também é verdade que alguns dos esquemas (por exemplo, o ISO 22 000) estabelecem que as suas condições são baseadas em orientações do *Codex Alimentarius* [688]. Dado o criticismo que enfrentaram, os responsáveis por alguns sistemas privados alegam mesmo que seguiram voluntariamente o Código de Boa Prática tal como estabelecido pelo Acordo sobre os Obstáculos Técnicos ao Comércio [689].

---

[687] As normas privadas de rotulagem raramente têm base científica. Cf. *Idem*, p. 105.

[688] A Comissão do *Codex Alimentarius* é um órgão consultivo misto criado em 1963 pela Organização para a Alimentação e a Agricultura e pela Organização Mundial de Saúde para aplicar o programa comum Organização Mundial para a Alimentação e Agricultura/Organização Mundial de Saúde sobre normas alimentares. O objeto deste programa é proteger a saúde dos consumidores e assegurar que se observam práticas leais no comércio de produtos alimentares, mediante a elaboração de normas alimentares. Tais normas, juntamente com as notificações recebidas dos governos relativas à sua aceitação das normas, constituem o *Codex Alimentarius*. Este é pois um compêndio de normas alimentares adotadas no âmbito internacional e apresentadas de modo uniforme. Podem ser membros da Comissão do *Codex* todos os Estados-membros e membros associados da Organização para a Alimentação e a Agricultura e da Organização Mundial de Saúde. As análises técnicas e científicas da presença de medicamentos veterinários, aditivos alimentares e algumas outras substâncias em alimentos e bebidas não são realizadas pela própria Comissão do *Codex* mas, de modo independente, pelo Comité Misto da Organização para a Alimentação e a Agricultura e da Organização Mundial de Saúde de Peritos em Aditivos Alimentares. Este Comité Misto é composto por cientistas independentes, que actuam a título pessoal na sua qualidade de peritos e não como representantes dos seus governos ou organizações.

[689] Dylan GERAETS e Jan WOUTERS, *Private food standards and the World Trade Organization: some legal considerations*, in World Trade Review, 2012, p. 488.

Bibliografia

ABABOUCH, Lahsen e WASHINGTON, Sally
- *Private standards and certification in fisheries and aquaculture: current practice and emerging issues*, FAO Fisheries and Aquaculture Technical Paper No. 553, Organização das Nações Unidas para a Alimentação e a Agricultura, Roma, 2011.

ALLAIN, Marc
- *Trading away our oceans: why trade liberalization of fisheries must be abandoned*, Greenpeace International, Amesterdão, 2007.

APPLETON, Arthur
- Environmental Labelling Schemes Revisited: WTO Law and Developing Country Implications, in *Trade, Environment, and the Millennium*, 2.ª ed., Gary Sampson e Bradnee Chambers ed., 2002, pp. 235-266.

ASCHE, Frank e SMITH, Martin
- *Trade and Fisheries: Key Issues for the World Trade Organization*, Staff Working Paper ERSD-2010-03, World Trade Organization Economic Research and Statistics Division, 2010.

ASSEMBLEIA GERAL DAS NAÇÕES UNIDAS
- *The future we want* (A/RES/66/288), 11-9-2012.

ATIK, Jeffery
- *The Weakest Link: Demonstrating the Inconsistency of "Appropriate Levels of Protection" in Australia-Salmon*, in Risk Analysis, Vol. 24, No. 2, 2004, pp. 483-490.

BANCO MUNDIAL
- *Global Economic Prospects 2007: Managing the Next Wave of Globalization*, ed. World Bank 2007.

BENITAH, Marc
- *Five Suggestions for Clarifying the Draft Text on Fisheries Subsidies*, in Bridges, Volume 12, Number 1, February 2008.

BHALA, Raj
- *Modern GATT Law: A Treatise on the General Agreement on Tariffs and Trade*, Sweet & Maxwell, Londres, 2005.

BIORES
- *Taking stocks: Perverse subsidies in the fisheries sector*, Volume 6, Issue 3, August-September 2012, pp. 18-21.

BRAGA, Carlos Primo e HOEKMAN, Bernard
- *Protection and Trade in Services: A Survey*, Policy Research Working Paper n.º 1747, The World Bank, 1997.

BRATSPIES, Rebecca
- Can transgenic fish save fisheries?, in *Globalization: Effects on Fisheries Resources*, ed. William Taylor, Michael Schechter e Lois Wolfson, Cambridge University Press, 2007, pp. 468-498.

CHANG, Seung Wha
- *WTO Disciplines on Fisheries Subsidies: A Historic Step Towards Sustainability?*, in Journal of International Economic Law, 2003, pp. 879-921.

CHARNOVITZ, Steve
- *The Moral Exception in Trade Policy*, in Virginia Journal of International Law, 1998, pp. 689-745.
- *The Law of Environmental "PPMs" in the WTO: Debunking the Myth of Illegality*, in The Yale Journal of International Law, 2002, pp. 59-110.
- *Triangulating the World Trade Organization*, in American Journal of International Law, 2002, pp. 28-55.

CHEN, Chen-Ju
- *Fisheries Subsidies under International Law*, Springer, 2010.

CHEYNE, Ilona
- *Proportionality, Proximity and Environmental Labelling in WTO Law*, in Journal of international Economic Law, 2009, pp. 927-952.

COLAZINGARI, Marco
- *Economic Perspectives on Marine-Derived Products*, in Ocean Yearbook, 2008, pp. 219-248.

COMISSÃO DAS COMUNIDADES EUROPEIAS
- *Report on United States Barriers to Trade and Investment*, Bruxelas, Dezembro de 2003.
- *Reforma da política comum das pescas (Livro Verde)*, Bruxelas, 22-4-2009, COM(2009) 163 Final.

CONFERÊNCIAS DAS NAÇÕES UNIDAS PARA O COMÉRCIO E DESENVOLVIMENTO
- *Review of Maritime Transport 2011*, Nações Unidas, Nova Iorque e Genebra, 2011.
- *The Least Developed Countries Report 2012: Harnessing Remittances and Diaspora Knowledge to Build Productive Capacities*, Nações Unidas, Nova Iorque e Genebra, 2012.
- *Review of Maritime Transport 2012*, Nações Unidas, Nova Iorque e Genebra, 2012.

CONG, Thanh
- *Catfish, Shrimp, and the WTO: Vietnam Loses Its Innocence*, in Vanderbilt Journal of Transnational Law, 2010, pp. 1235-1264.

CONRAD, Christiane
- *Processes and Production Methods (PPMs) in WTO Law: Interfacing Trade and Social Goals*, Cambridge University Press, 2011.

CONWAY, Émilie
- *Étiquetage obligatoire de l'origine des produits au bénéfice des consommateurs: portée et limites*, in Revue Québécoise de Droit International, 2011, pp. 1-51.

COOPER, Richard
- *An Economist's View of the Oceans*, in Journal of World Trade Law, 1975, pp. 357-377.

CUNHA, Tiago Pitta e
- *Blue Growth for Portugal – Uma visão empresarial da economia do mar*, COTEC, 2012.

DEBAERE, Peter
- *Small fish-big issues: the effect of trade policy on the global shrimp market*, in World Trade Review, 2010, pp. 353-374.

DELVOS, Oliver
- *WTO Disciplines and Fisheries Subsidies – Should the "SCM Agreement" Be Modified?*, in Victoria University of Wellington Law Review, 2006, pp. 341-364.

DESONIE, Dana
- *Oceans: How we use the Seas*, Chelsea House, Nova Iorque, 2008.

DOSTAL, Derek
– *Global Fisheries Subsidies: Will the WTO Reel in Effective Regulations?*, in University of Pennsylvania Journal of International Economic Law, 2005, pp. 815-839.
ESTY, Daniel
– *Greening the GATT: Trade, Environment, and the Future*, Institute for International Economics, Washington, D.C., 1994.
FAISAL, Mohamed
– Health challenges to aquatic animals in the globalization era, in *Globalization: Effects on Fisheries Resources*, ed. William Taylor, Michael Schechter e Lois Wolfson, Cambridge University Press, 2007, pp. 120-155.
FERREIRA, Eduardo Paz e ATANÁSIO, João
– *Textos de Direito do Comércio Internacional e do Desenvolvimento Económico*, Volume I – Comércio Internacional, Almedina, 2004.
FITZGERALD, Peter
- *"Morality" May Not Be Enough to Justify the EU Seal Products Ban: Animal Welfare Meets International Trade Law*, in Journal of International Wildlife Law & Policy, 2011, pp. 85-136.
FROESE, Rainer e PROELSS, Alexander
– *Evaluation and legal assessment of certified seafood*, in Marine Policy, 2012, pp. 1284-1289.
GANDHI, Samir
– *Regulating the Use of Voluntary Environmental Standards within the World Trade Organization Legal Regime: Making a Case for Developing Countries*, in Journal of World Trade, 2005, pp. 855-880.
GARCÍA, Carlos Teijo
– El desarrollo progresivo de las normas sobre subvenciones pesqueras en el Derecho de la OMC: una aproximación a la conservación de los recursos pesqueros desde la perspectiva del Derecho internacional del comercio, in *Protección de Intereses Colectivos en el Derecho del Mar y Cooperación Internacional*, Julio Jorge Urbina e Teresa Pontes Iglesias (coordinadores científicos), iustel, Madrid, 2012, pp. 109-140.
GERAETS, Dylan e WOUTERS, Jan
– *Private food standards and the World Trade Organization: some legal considerations*, in World Trade Review, 2012, pp. 479-489.
HALLE, Mark
– The WTO and sustainable development, in *The WTO in the Twenty-First Century: Dispute Settlement, Negotiations, and Regionalism in Asia*, Yasuhei Taniguchi, Alan Yanovich e Jan Bohanes Ed., Cambridge University Press, 2007, pp. 395-405.
HILF, Meinhard
– *Libertad del comercio mundial contra protección del medio ambiente?*, in Revista Electrónica de Estudios Internacionales, n.º 1, 2000.
HOEKSTRA, Arjen
– *The relation between international trade and freshwater scarcity*, World Trade Organization – Economic Research and Statistics Division, Staff Working Paper ERSD-2010-05.
HOWSE, Robert
– *The Appellate Body Rulings in the Shrimp/Turtle Case: A New Legal Baseline for the Trade and Environment Debate*, in Columbia Journal of Environmental Law, 2002, pp. 491-521.

- *Back to Court After Shrimp/Turtle? Almost but not Quite Yet: India's Short Lived Challenge to Labor and Environmental Exceptions in the European Union's Generalized System of Preferences*, in American University International Law Review, 2003, pp. 1333-1381.

HUDEC, Robert
- GATT/WTO Constraints on National Regulation: Requiem for an "Aim and Effects" Test, in *Essays on the Nature of International Trade Law*, Cameron May, Londres, 1999, pp. 359-393.
- "Like Product": The Differences in Meaning in GATT Articles I and III, in *Regulatory Barriers and the Principle of Non-Discrimination in World Trade Law*, Thomas Cottier e Petros Mavroidis ed., Studies in International Economics – The World Trade Forum, vol. 2, The University of Michigan Press, 2000, pp. 101-123.
- The Product-Process Doctrine in GATT/WTO Jurisprudence, in *New Directions in International Economic Law: Essays in Honour of John H. Jackson*, Marco Bronckers e Reinhard Quick ed., Kluwer Law International, Londres-Haia-Boston, 2000, pp. 187-217.

HUMMELS, David
- *Transportation Costs and International Trade in the Second Era of Globalization*, in Journal of Economic Perspectives, 2007, pp. 131-154.

INTERNATIONAL CENTRE FOR TRADE AND SUSTAINABLE DEVELOPMENT
- *Fisheries, International Trade and Sustainable Development*, ICTSD Project on Fisheries, Trade and Sustainable Development, Genebra, 2006.

IRWIN, Douglas
- *Free Trade under Fire*, Princeton University Press, 2009.

JACKSON, John e WEISS, Edith Brown
- The Framework for Environment and Trade Disputes, in *Reconciling Environment and Trade*, John Jackson e Edith Brown Weiss ed., Transnational Publishers, Ardsley-Nova Iorque, 2001, pp. 1-37.

JOSHI, Manoj
- *Are Eco-Labels Consistent with World Trade Organization Agreements?*, in Journal of World Trade, 2004, pp. 69-92.

KARBOWSKI, Jessica
- *Grocery Store Activism: A WTO Compliant Means to Incentivize Social Responsibility*, in Virginia Journal of International Law, 2009, pp. 727-787.

KRUGMAN, Paul, OBSTFELD, Maurice e MELITZ, Marc
- *International Economics: Theory & Policy*, 9.ª ed., Pearson International Edition, 2012.

KYSAR, Douglas
- *Preferences for Processes: The Process/Product Distinction and the Regulation of Consumer Choice*, in Harvard Law Review, 2004, pp. 526-642.

MATSUI, Yoshiro
- *Some Aspects of the Principle of "Common but Differentiated Responsibilities"*, in International Environmental Agreements: Politics, Law and Economics, 2002, pp. 151-171.

MATSUSHITA, Mitsuo, SCHOENBAUM, Thomas e MAVROIDIS, Petros
- *The World Trade Organization: Law, Practice, and Policy*, Oxford University Press, 2003.

McDONALD, Jan
- *Domestic regulation, international standards, and technical barriers to trade*, in World Trade Review, 2005, pp. 249-274.

MELIADO, Fabrizio
- *Fisheries Management Standards in the WTO Fisheries Subsidies Talks: Learning How to Discipline Environmental PPMs?*, in Journal of World Trade, 2012, pp. 1083-1146.

MESSERLIN, Patrick
- *Climate, Trade and Water: A 'Grand Coalition'?*, in The World Economy, 2011, pp. 1883-1910.

MOTA, Pedro Infante
- *O Sistema GATT/OMC: Introdução Histórica e Princípios Fundamentais*, Almedina, 2005.
- O Sistema de Resolução de Litígios da OMC: Os Casos de Não Violação e as Queixas de Situação, in *Estudos em Homenagem ao Prof. Doutor Sérvulo Correia*, Edição da Faculdade de Direito da Universidade de Lisboa, Coimbra Editora, 2010, pp. 681-740.
- *Direito, Política e Economia: História, Conceptualização e Dimensão da Globalização*, in Direito & Política, N.º 2, Janeiro – Março 2013, pp. 56-76.

MOTAAL, Doaa
- The Agreement on Technical Barriers to Trade, the Committee on Trade and Environment, and Eco-Labelling, in *Trade, Environment, and the Millennium*, 2.ª ed., Gary Sampson e Bradnee Chambers ed., 2002, pp. 267-285.

OELLERS-FRAHM, Karin
- *Multiplication of International Courts and Tribunals and Conflicting Jurisdiction – Problems and Possible Solutions*, in Max Planck Yearbook of United Nations Law, Volume 5, 2001, pp. 67-104.

ORGANIZAÇÃO DAS NAÇÕES UNIDAS PARA A ALIMENTAÇÃO E A AGRICULTURA (FAO)
- *Code of Conduct for Responsible Fisheries*, Roma, 2011.
- *The State of World Fisheries and Aquaculture 2012*, Roma, 2012.

ORGANIZAÇÃO MUNDIAL DO COMÉRCIO (OMC)
- *GATT/WTO Rules on Subsidies and Aids Granted in the Fishing Industry*, Note by the Secretariat (WT/CTE/W/80), 9-3-1998.
- *Subsidies in the Fisheries Sector: Possible Categorization*, Submission from Argentina, Chile, Iceland, New Zealand, Norway, and Peru (TN/RL/W/58), 10-2-2003.
- *Trade Policy Review – United States*, Report by the Secretariat (WT/TPR/S/235/Rev.1), 29-10-2010.
- OMC, *World Trade Report 2010: Trade in natural resources*, ed. OMC, 2010.

PETERSMANN, Ernst-Ulrich
- *International and European Trade and Environmental Law after the Uruguay Round*, Kluwer Law International, Londres-Haia-Boston, 1995.

PETTEWAY, Kara
- *Free Trade vs. Protectionism: The Case of Catfish in Context*, in North Carolina Journal of International Law and Commercial Regulation, 2004, pp. 473-514.

POSNER, Eric e SYKES, Alan
- *Economic Foundations of the Law of the Sea*, in American Journal of International Law, 2010, pp. 569-596.

SAWERS, Larry
– *The Navigation Acts revisited*, in Economic History Review, 1992, pp. 262-284.
SCHOENBAUM, Thomas
– *Free International Trade and Protection of the Environment: Irreconcilable conflict?*, in American Journal of International Law, 1992, pp. 700-727.
SCHORR, David
– *Healthy Fisheries, Sustainable Trade: Crafting New Rules on Fishing Subsidies in the World Trade Organization*, A World Wildlife Fund Position Paper and Technical Resource, 2004.
SERDY, Andrew
– *Postmodern International Fisheries Law, Or We Are All Coastal States Now*, in International and Comparative Law Quarterly, 2011, pp. 387-422.
SHAHIN, Magda
– Trade and Environment: How Real Is the Debate?, in *Trade, Environment, and the Millennium*, 2.ª ed., Gary Sampson e Bradnee Chambers ed., 2002, pp. 45-80.
SHANY, Yuval
– *The Competing Jurisdictions of International Courts and Tribunals*, Oxford University Press, 2003.
SMITH, Adam
– *Inquérito sobre a Natureza e as Causas da Riqueza das Nações*, Volume I, Tradução e notas de Teodora Cardoso e Luís Cristóvão Aguiar, 4.ª ed., Fundação Calouste Gulbenkian, Lisboa, 1999.
SMITH, Bryant
– *Water as a Public Good: The Status of Water under the General Agreement on Tariffs and Trade*, in Cardozo Journal of International & Comparative Law, 2009, pp. 291-314.
SPIEGEL
– *Globalization: The New World*, Special International Edition 7/2005.
STOKKE, Olav e COFFEY, Clare
– Institutional Interplay and Responsible Fisheries: Combating Subsidies, Developing Precaution, in *Institutional Interaction in Global Environmental Governance: Synergy and Conflict among International and EU Policies*, Sebastian Oberthür e Thomas Gehring ed., The Massachusetts Institute of Technology Press, 2006, pp. 127-155.
STOLL, Peter-Tobias e VÖNEKY, Silja
– *The Swordfish Case: Law of the Sea v. Trade*, in Zeitschrift für ausländisches öffentliches Recht und Völkerrecht, 2002, pp. 21-35.
SUMAILA, Rashid, KHAN, Ahmed, DYCK, Andrew, WATSON, Reg, MUNRO, Gordon, TYDEMERS, Peter e PAULY, Daniel
– *A bottom-up re-estimation of global fisheries subsidies*, in Journal of Bioeconomics, 2010, pp. 201-225.
THE ECONOMIST
– *Why greens should love trade*, 9-10-1999.
– *The humble hero*, 18-5-2013.
URUEÑA, René
– *International Trade Law and Fragmentation in Water Regulation*, Society of International Economic Law, Working Paper No. 28/08.

WLOSTOWSKI, Tomasz
– *Selected Observations on Regulation of Private Standards by the WTO*, in Polish Yearbook of International Law, 2010, pp. 205-233.
WOLF, Martin
– *Why Globalization Works*, Yale University Press, New Haven e Londres, 2004.
YOUNG, Margaret
– *Fragmentation or interaction: the WTO, fisheries subsidies, and international law*, in World Trade Review, 2009, pp. 477-515.
– *Protecting Endangered Marine Species: Collaboration between the Food and Agriculture Organization and the CITES Regime*, in Melbourne Journal of International Law, 2010, pp. 441-490.
– *Trading Fish, Saving Fish: The Interaction between Regimes in International Law*, Cambridge Studies in International and Comparative Law, Cambridge University Press, 2011.
ZEDALIS, Rex
– *Labeling of Genetically Modified Foods: The Limits of GATT Rules*, in Journal of World Trade, 2001, pp. 301-347.

ONDAS RENOVÁVEIS: SOBRE O DL 5/2008, DE 8 DE JANEIRO E OUTRAS CONSIDERAÇÕES NA SUA ORLA

Carla Amado Gomes
Professora Auxiliar da Faculdade de Direito da Universidade de Lisboa
Professora Convidada da Faculdade de Direito da Universidade Nova de Lisboa

0. Um mar de recursos energéticos; **1.** O aproveitamento da energia das ondas numa abordagem tridimensional: **1.1.** As vinculações do Direito do Mar; **1.2.** As vinculações do Direito do Ambiente; **1.3.** As vinculações do Direito Administrativo (remissão); **2.** Notas sobre o quadro normativo de aproveitamento de energia das ondas: **2.1.** A entidade gestora e os termos da concessão de exploração em regime de serviço público da zona piloto e de utilização privativa dos recursos hídricos do domínio público para produção de energia das ondas; **2.2.** Os promotores de projectos de aproveitamento do potencial energético e os três regimes de exploração possíveis; **2.3.** Licenciamento de projectos e extinção das licenças; **2.4.** Ligação à rede eléctrica nacional e repartição de custos

0. Um mar de recursos energéticos

A história das energias renováveis tem a idade da Humanidade mas mereceu, nos últimos 40 anos, um extraordinário desenvolvimento. Na verdade, praticamente todos os componentes ambientais naturais têm virtualidades energéticas, desde a água ao sol, do vento à biomassa. Salvaguardas as distâncias tecnológicas, o Homem sempre se serviu dos elementos da Natureza como força motriz (moinhos; lenha; energia geotérmica), mas foi a partir da década de 1970 e das primeiras duas grandes crises do petróleo que a questão da reconversão do sistema de produção de energia que vinha da Revolução industrial se colocou mais agudamente.

Ao móbil da independência energética juntou-se, ao longo da década de 1980, a ameaça do aquecimento global e a necessidade de reduzir as emissões de CO_2 para atmosfera, sobretudo provenientes da combustão de fontes fósseis. A abordagem climática da questão energética ganhou corpo com a Convenção-quadro sobre alterações climáticas, celebrada na sequência da Conferência do Rio 1992 e atingiu o seu pico com a entrada em vigor do Protocolo de Quioto, em 2005, no qual se prevê a regressão global de emissões de CO_2 em 5% (a União Europeia comprometeu-se em 8%) relativamente aos níveis de 1990[690]. Nesta luta, a reconversão energética assume-se como a principal arma.

A história da energia das ondas é mais recente, pois a tecnologia tem avançado aí mais lentamente do que em domínios como o aproveitamento da energia eólica ou solar[691]. Fundamentalmente, a questão da inovação coloca-se sempre em termos de balanço custo-benefício e a emergência de outros aproveitamentos mais economicamente aliciantes relegaram a energia das ondas para segundo plano até ao século XXI – depois de ter tido um primeiro assomo de aplicação industrial no Japão, em 1960, em boias de sinalização marítima[692]. Em Setembro de 2013, foi autorizada a instalação do maior parque de energia das ondas na Europa, ao largo do mar da Escócia, no estreito de Pentland[693]. Em Portugal, existem presentemente três locais de instalação de

---

[690] Inicialmente, a vigência do Protocolo deveria estender-se até 2012. Na COP 18, que teve lugar em Dezembro de 2012 em Doha, os Estados ratificantes do Protocolo acordaram na extensão da sua vigência até 2020 (a fim de acomodar a transição para um novo Protocolo, mais ambicioso, a aprovar em 2015), mas não alteraram o índice de reduções.

[691] Para um resumo das soluções técnicas possíveis neste domínio, http://www.forbes.com/sites/davidferris/2012/09/27/no-one-agrees-what-a-wave-energy-harvester-looks-like/.

[692] Cfr. Marisa FERRÃO, A produção de energia em ambiente marinho, in Ambiente & Energia, Actas do Colóquio realizado na Faculdade de Direito da Universidade de Lisboa nos dias 20 e 21 de Outubro de 2010, coord. de Carla Amado Gomes e Tiago Antunes, Lisboa, 2011, pp. 215 segs, 216 – disponível em http://www.icjp.pt/system/files/files/ebook/ebook_completo2/ebook_AmbienteEnergia_completo.pdf.

[693] Cfr. *Pentland Firth tidal turbine project given consent* – http://www.bbc.co.uk/news/uk-scotland-24100811.

dispositivos aptos a gerar energia a partir das ondas: ao largo da Ilha do Pico[694], ao largo da Póvoa do Varzim (parque da Aguçadoura)[695] e ao largo de Peniche (parque de São Pedro de Moel)[696].

A energia das ondas apresenta-se ainda como uma energia de produção mais cara do que a solar e eólica (*onshore*), desde logo porque a ligação à rede eléctrica é mais fácil e envolve menor custo quanto às segundas. É, como estas, uma energia limpa, porque não geradora de emissões de dióxido de carbono – embora a colocação e manutenção das estruturas possa envolver algum impacto para o meio marinho, quer em termos de poluição da água[697], quer no plano da afectação das comunidades piscícolas residentes ou circulantes (facto que também se reflectirá, eventualmente, na pesca). Acresce tratar-se de um tipo de energia relativamente constante, embora com variações importantes ao longo das diversas zonas marinhas do globo, mas cuja fragilidade de estrutura de captação – sobretudo se *nearshore* (em zonas de profundidade até 20 metros e com plataforma assente no fundo do mar) e *offshore* (em zonas de profundidade entre 50 e 80 metros, em estruturas flutuantes com âncoras) – é considerável, estando particularmente expostas a tempestades[698]. Finalmente, refira-se a questão do impacto visual, que só será relevante em zonas balneares e em grau tendencialmente baixo, uma vez que estas instalações não se desenvolvem em altura mas em comprimento (e algumas ficam mesmo submersas).

As ondas não são, no entanto, a única vertente energética marinha. Na verdade, o mar constitui um filão energético renovável imenso, directo (energia

---

[694] A central da ilha do Pico (Açores) é uma central *nearshore*, do tipo coluna de água oscilante, com uma turbina Wells de eixo horizontal reversível que acciona um gerador eléctrico de velocidade variável com a potência de 400kW. Está a funcionar desde 2005, sem ter exploração comercial.

[695] O dispositivo instalado na Aguçadoura é da tecnologia Pelamis, um sistema que se assemelha a uma cobra articulada que oscila à medida que as ondas percorrem o seu comprimento. A oscilação nas articulações permite accionar geradores de electricidade, que é recolhida por um cabo submarino e encaminhada para terra. A futura central deverá ter a potência de 24 MW. Apesar de estar a funcionar desde Setembro de 2008, o Pelamis não tem ainda exploração comercial.

[696] Recenseando algumas tentativas prévias efectuadas no nosso país, Marisa FERRÃO, A produção de energia..., cit., 221-222.

[697] Em razão do revestimento das estruturas com tinta anti-incrustação – mas em quantidades mínimas.

[698] Cfr. Marisa FERRÃO, A produção de energia..., cit., pp. 216-220.

das ondas, das marés, das correntes, geotérmica) e indirecto (*habitat* de algas, que são a terceira geração de biocombustíveis, e local de colocação de plataformas eólicas). E a contribuição do mar para a luta contra as alterações climáticas não fica por aqui: em 2007, os signatários da Convenção OSPAR (*Convention for the Prevention of Marine Pollution by Dumping from Ships and Aircraft*, 1972/74) acordaram na aprovação de emendas aos anexos II e III da Convenção, esclarecendo ser legítima a captura de carbono em formações geológicas marinhas (ou seja, não constituindo *ilegal dumping*), embora não na coluna de água ou nos fundos marinhos, devido aos riscos de contaminação de peixes e flora.

Em Portugal, a única forma de energia renovável marinha já testada é a das ondas. Apesar de o DL 189/88, de 27 de Maio[699], ter traçado o quadro jurídico de aproveitamento das energias renováveis, só em 2001 se menciona pela primeira vez este potencial energético, na Resolução do Conselho de Ministros 154/2001, de 19 de Outubro, que aprova o *Programa E4, Eficiência Energética e Energias Endógena*[700] vindo a contemplar-se em 2005 a possibilidade de aplicação de uma tarifa especial à electricidade produzida a partir deste tipo de energia – e mesmo assim sem que fosse expressamente nomeada (diferentemente da eólica, hídrica, solar fotovoltaica, biomassa florestal e animal, valorização energética do biogás e de resíduos sólidos urbanos)[701].

A *Estratégia nacional para o Mar* 2006-2016 não lhe faz referência específica, circunscrevendo o Capítulo V a referência, no ponto Energia, ao imperativo de investimento financeiro, científico e tecnológico na exploração das energias renováveis ligadas ao mar – e não olvidando a aposta na pesquisa do potencial energético fóssil em *deep offshore*... Com o DL 225/2007, de 31 de Maio, a energia das ondas passa a contar com um coeficiente específico de valoração (cfr. o ponto 18., alínea h) do Anexo I do DL 189/88, na redacção que lhe foi dada pelo diploma de 2007). Assinale-se que, após a revogação do DL 189/88 pelo artigo 15º/2/a) do DL 215-B/2012, de 8 de Outubro, se verifica uma dualidade/

---

[699] Actualmente revogado pelo artigo 15º/2/a) do DL 215-B/2012, de 8 de Outubro.

[700] Claramente na sequência da entrada em vigor da directiva 2001/77/CE, do Parlamento Europeu e do Conselho, de 27 de Setembro, cuja alínea a) do artigo 2 abarca entre as energias renováveis, a energia das ondas (wave).

[701] Cfr. a alteração à alínea g) do ponto 20 do Anexo II ao DL 189/88, de 27 de Maio (na redacção que lhe foi dada pelo DL 168/99, de 18 de Maio, alterada pelo DL 339-C/2001, de 29 de Dezembro) pelo DL 33-A/2005, de 16 de Fevereiro.

/trilateralidade de fixação de tarifas da electricidade produzida a partir de fontes renováveis dado que:

- por um lado, o artigo 15º/5 do DL 215-B/2012 reconhece ao Anexo II uma sobrevigência relativamente a três tipos de situações, que correspondem, grosso modo, a procedimentos autorizativos já iniciados, embora em momentos diversos de evolução;
- por outro lado, a revogação do DL 189/88 abriu caminho ao regime de fixação de preços em mercado liberalizado, que obedece aos critérios do artigo 33º-G do DL 172/2006, de 23 de Outubro, na redacção dada pelo DL 215-B/2012, ou seja, o centro electroprodutor pode optar entre:
    i) "O regime geral, em que os produtores de eletricidade vendem a eletricidade produzida, nos termos aplicáveis à produção em regime ordinário, em mercados organizados ou através da celebração de contratos bilaterais com clientes finais ou com comercializadores de eletricidade, incluindo com o facilitador de mercado ou um qualquer comercializador que agregue a produção" [nº 1, al. a)];
    ii) "O regime de remuneração garantida, em que a eletricidade produzida é entregue ao comercializador de último recurso, contra o pagamento da remuneração atribuída ao centro electroprodutor" [nº 1, al. b)].

Na sequência, a ENE (*Estratégia Nacional para a Energia*), aprovada pela Resolução do Conselho de Ministros 29/2010, de 18 Março, dedicou um ponto particular à energia das ondas:

> *"O elevado potencial da costa portuguesa e o empenho em dinamizar um cluster industrial ligado às actividades do mar têm levado este Governo a dedicar particular atenção à energia das ondas. O aproveitamento da energia das ondas encontra-se ainda numa fase de demonstração, sendo que existe grande expectativa em relação à evolução dos seus custos de produção. O Governo ao viabilizar uma zona-piloto para testes está a contribuir para o desenvolvimento desta tecnologia e para que a ambição de ter 250 MW de potência instalada possa ser uma realidade em 2020.*

O Governo assinará o contrato de concessão da zona-piloto, sendo que se espera que num prazo de 18 meses após a assinatura do contrato de concessão estejam preparadas as infra-estruturas para a instalação de projectos de demonstração".

O contrato de concessão a que a ENE se refere já estava previsto no DL 5/2008, de 8 de Janeiro, diploma que desenha o regime de exploração do potencial energético das ondas do mar. O artigo 5º do DL 5/2008 (=RJEO)[702], único quadro normativo nacional específico em sede de aproveitamento de energias renováveis, aponta para a celebração de um contrato de concessão de serviço público relativo a uma zona-piloto, investindo uma entidade em gestora do domínio público marítimo, a qual se encarregará subsequentemente de atribuir autorizações de exploração de engenhos de produção de energia das ondas a operadores interessados.

Logo em 2010 foi adjudicada à *Enondas – Energia das Ondas, S.A.*, a concessão de exploração e de utilização privativa do domínio público da zona piloto de São Pedro de Moel[703] e, em Agosto de 2012, foi fundeado no mar da Almagreira, a 5 milhas da costa de Peniche, o dispositivo *Waveroller*, uma plataforma com 420 toneladas de aço e fibra de vidro composta por três pás com 42 metros de comprimento e 16 metros de largura que oscilam debaixo de água e que deverão produzir, cada uma, 100kW de electricidade[704]. O protótipo está a funcionar em pleno, produzindo 300kW por hora, capacidade capaz de alimentar 40 a 60 habitações. Os testes vão continuar, a fim de analisar a resistência da estrutura às correntes marítimas e às condições mais adversas do período de Inverno. A grande questão de futuro prende-se, todavia, com a canalização da energia da central receptora para a rede nacional de distribuição, que implica uma ligação orçada entre 8 a 10 milhões de euros. Este valor, aliado ao recuo do Estado relativamente ao licenciamento de novos projectos de centrais renováveis em razão da crise económico-financeira, já desmobilizou quatro empresas estrangeiras potencialmente interessadas na obtenção de autorizações e "congela" o avanço no aproveitamento da energia

---

[702] Alterado pelo DL 15/2012, de 23 de Janeiro.
[703] Cfr. Bases da concessão aprovadas pelo DL 238/2008, de 15 de Dezembro.
[704] A entrada em funcionamento do *Waveroller* está devidamente recenseada no site da DGEG (http://www.dgeg.pt/), cujo último relatório, reportado a Agosto de 2012, constata "o arranque da central de ondas, com uma potência de 330 kW, situada ao largo de Peniche".

das ondas em Portugal (cfr. *infra*, **2.4.**). O objectivo do *Plano Nacional de Acção para as energias renováveis ao abrigo da directiva 2009/28/CE* (2010)[705], de produzir 250Mw de electricidade a partir da energia das ondas em 2020 fica, assim, bastante comprometido (cfr. os quadros das págs 32 e 38).

Adiante analisaremos com mais detalhe o regime, de plena implementação suspensa, do RJEO. Para já, gostaríamos de chamar a atenção para a tríplice vinculação a que um sistema de aproveitamento da energia das ondas está sujeito no ordenamento jurídico português.

1. O aproveitamento da energia das ondas numa abordagem tridimensional:

Um projecto de implantação de estruturas de aproveitamento de energia das ondas deve articular-se com várias camadas do ordenamento jurídico. Queremos aqui, contextualmente ao tema deste Curso, ressaltar três:

1.1. As vinculações do Direito do Mar

A instalação de equipamentos de aproveitamento de energia das ondas no mar levanta dois tipos de preocupações, no âmbito da Convenção das Nações Unidas para o Direito do Mar (CNUDM): de uma banda, as relacionadas com a estrutura à tona de água; de outra banda, as que se prendem com a colocação de cabos submarinos que canalizarão a energia produzida para a instalação de recepção terrestre. Por seu turno, ambas as situações merecem disposições diversas consoante se situem no mar territorial (*i.*) ou na zona económica exclusiva (*ii.*).

i.) No que tange as estruturas em mar territorial, e seus cabos de ligação, temos desde logo que atentar na prescrição do artigo 2º/1 da CNUDM, que esclarece que nesse espaço de mar o Estado costeiro tem poderes equivalentes à soberania territorial *proprio sensu*. Estes poderes envolvem domínio exclusivo sobre quaisquer estruturas colocadas nessa zona a qual, nos termos do artigo 84º/1/a) da CRP, constitui domínio público marítimo. O Estado costeiro

---

[705] Disponível em https://infoeuropa.eurocid.pt/registo/000045717/documento/0001/

tem, portanto, pleno direito de oposição à colocação de equipamentos desta natureza, mesmo que se destinem a pura investigação científica: sublinhe-se que, se relativamente a navios que desenvolvam este tipo de actividades, o artigo 19º/2/j) da CNUDM determina que não exercem o direito de passagem inofensiva, por maioria de razão a instalação de estruturas fixas deve considerar-se vedada.

O mesmo direito de soberania vale para a colocação de cabos submarinos a qual, ao contrário do que sucede no âmbito da zona económica exclusiva, se sujeita à autorização do Estado costeiro – cfr. o artigo 79º/4 da CNUDM, que reconhece ao Estado costeiro plenos poderes para autorizar a colocação de tais equipamentos no mar territorial. O artigo 21º/c) da CNUDM atribui ao Estado costeiro competência legislativa para disciplinar a protecção de cabos e ductos no mar territorial.

ii.) As instalações na zona económica exclusiva merecem da CNUDM um maior desenvolvimento, uma vez que aí o Estado vê reduzidos os seus poderes soberanos. É curioso, aliás, que o artigo 56º da Convenção estabeleça uma diferenciação entre os direitos de *soberania* que o Estado costeiro tem relativamente ao aproveitamento energético da "água, correntes e ventos" [nº 1, alínea a)], e a *jurisdição* do mesmo Estado no que toca à colocação de instalações e estruturas, com ou sem fins lucrativos [cfr. o nº 1, alínea b), i) e ii)].

Olhando, no entanto, para o artigo 60º/1 da CNUDM, parece ser esta uma distinção sem consequências: na verdade, este dispositivo afirma que o Estado costeiro tem o direito exclusivo de construir e regulamentar a construção de estruturas, tanto aquelas que sirvam os fins identificados no artigo 56º, quer outras que possam perturbar o exercício dos direitos do Estado costeiro na zona – salvo quando possam obstruir rotas "reconhecidas essenciais para a navegação internacional" (cfr. o artigo 60º/7 da CNUDM)[706]. Apenas no caso de cabos e ductos submarinos os poderes do Estado costeiro parecem esbater-se, uma vez que o artigo 58º/1 da CNUDM reconhece a liberdade de colocação daqueles por Estados terceiros na zona económica exclusiva, desde que respeitando a liberdade de navegação.

---

[706] No que parece constituir um princípio de direito costumeiro que prevalece sobre o princípio de jurisdição exclusiva reconhecido ao Estado em sede de zona económica exclusiva.

As estruturas colocadas na zona económica exclusiva estão sob exclusiva jurisdição do Estado costeiro, conforme dispõe o artigo 60º/2 da CNUDM, devendo ser devida e permanentemente sinalizadas, nos termos do nº 3 do mesmo artigo 60º. O Estado costeiro pode determinar a constituição de zonas de segurança em torno de tais instalações, que não pode exceder 500 metros em torno das mesmas, nos termos do artigo 60º/6 (e não pode ser estabelecida caso perturbe a navegação em rotas consideradas essenciais à navegação internacional – artigo 60º/7).

Quanto aos cabos, julgamos dever distinguir-se entre cabos acessórios destas estruturas (cuja colocação ficará subordinada nos mesmos termos que elas) e cabos acessórios de estruturas pertencentes a Estados terceiros situadas fora da zona económica exclusiva do Estado costeiro mas que devam atravessar a sua plataforma continental. Como já se avançou, o artigo 58º/1 da CNUDM estabelece a liberdade de colocação de cabos por Estados terceiros na zona económica exclusiva, direito que o artigo 79º/1 da CNUDM confirma, limitando o seu exercício apenas em função de certos direitos do Estado costeiro (cfr. o nº 2). Este goza, todavia, da prerrogativa de fixar o traçado dos cabos (artigo 79º/3), devendo prover para que a colocação de novos cabos não perturbe a utilização de cabos pré-existentes, nem dificulte eventuais operações de reparação destes (artigo 79º/5).

Cabe também ao Estado costeiro emitir legislação que previna, minimize e controle a eclosão de episódios de poluição proveniente, directa ou indirectamente, destas estruturas, quer estejam à tona de água, quer agarradas ao fundo do mar, na plataforma continental (artigo 208º/1 da CNUDM). A preocupação de prevenção de danos para o ambiente marinho é, de resto, uma das marcas da CNUDM, sendo o princípio afirmado, em geral, no artigo 192º, e depois concretizado em vários dispositivos ao longo da Convenção e sobretudo da Parte XII.

Cumpre deixar uma última nota sobre o regime da investigação marinha relacionada com a energia das ondas. O artigo 246º/3 da CNUDM consagra uma norma de incentivo à investigação científica marinha em geral, quando se desenvolva exclusivamente para fins pacíficos e em prol da Humanidade – ou seja, quando estejamos perante *investigação científica pura*[707]. Esta norma

---

[707] Sendo certo que não resulta da CNUDM nenhuma definição de investigação científica marinha – cfr. Patricia BIRNIE, Law of the Sea and ocean resources: implications for marine scientific

implica que o Estado costeiro disponha de uma menor margem de discricionariedade de oposição a um pedido de realização deste tipo de actividades do que aquele de que goza quanto a projectos de investigação científica aplicada (cfr. o artigo 246º/5)[708]. Sucede, no entanto, que em face de pedidos de investigação pura que impliquem a montagem de estruturas, a discricionariedade é plenamente recuperada, nos termos do artigo 246º/5/c) – o que, em face de protótipos que visem testar a capacidade motriz das ondas em determinadas zonas *offshore* em zonas económicas exclusivas, deve ter-se em consideração.

1.2. As vinculações do Direito do Ambiente

A energia das ondas é uma energia limpa do ponto de vista das emissões de CO_2; todavia, não é uma energia cuja produção seja totalmente livre de impactos ambientais, nomeadamente tendo em consideração a integração da instalação no espaço marinho e o ruído provocado pelo funcionamento das turbinas, que podem influenciar o comportamento das espécies piscícolas, bem como a sombra que projecta no fundo marinho, susceptível de afectar flora residente. Relembrando que a CNUDM estabelece o princípio norteador de toda a Parte XII no sentido de que os Estados devem proteger e preservar o meio marinho (cfr. o artigo 192º), que a União Europeia estatui princípio idêntico para a protecção do ambiente em geral (cfr. o artigo 191/2 do TFUE), que a CRP elege o princípio da prevenção como "cabeça de lista" das tarefas do Estado ambiental [cfr. o artigo 66º/2/a)] e que a Lei de Bases do Ambiente se lhe refere antes de qualquer outro [cfr. o artigo 3º/c)], estranho seria que a instalação de dispositivos de captação da energia das ondas estivesse imune a estas preocupações[709].

---

research, in IJM&CL, 1995/2, pp. 229 segs, 241; M. STOLKER, Marine scientific research and customary law – legal regime within the exclusive economic zone, in Thesaurus Acroasium, 1998, pp. 437 segs, 437; Yoshifumi TANAKA, Obligation to co-operate in marine scientific research and the conservation of marine living resources, in ZaöRV, 2005, vol, 65, pp. 937 segs, 938-940; Marko PAVLIHA e Norman MARTÍNEZ GUTIÉRREZ, Marine scientific research and the 1982 United Nations Convention on the Law of the Sea, in O&CLLJ, 2010/1, pp. 115 segs, 117-118.

[708] Mais desenvolvidamente sobre este ponto, Carla AMADO GOMES, Por mares nunca de antes navegados: gestão do risco e investigação científica no meio marinho, inédito, ponto D. i.).

[709] Tão pouco a jurisprudência recente se tem alheado da protecção efectiva do interesse ambiental no âmbito da produção de electricidade a partir de fontes renováveis. Vejam-se,

Com efeito, o RJEO contém dois artigos relacionados com a avaliação de impactos ambientais (artigos 32º e 33º), que importa analisar. Não sem antes, porém, se adiantar, de forma breve, que o procedimento de instalação de uma central/plataforma de aproveitamento da energia das ondas se desdobra em duas fases: numa primeira, identifica-se a zona de mar onde as ondas têm melhor potencial energético[710] e constitui-se uma zona-piloto cuja gestão cabe a uma entidade com quem o Estado celebra um contrato de concessão de exploração sobre um contrato de utilização privativa do domínio público marítimo; numa segunda fase, a entidade gestora atribui autorizações aos interessados na instalação de dispositivos de produção, dentro da zona-piloto. Esta bipartição recomenda uma abordagem em dois tempos: i.) a avaliação de impactos na zona piloto; ii.) a avaliação de impactos das estruturas a integrar nesta zona de mar.

i.) Na zona-piloto, o instrumento mais adequado para avaliação de potenciais impactos seria a avaliação ambiental estratégica, disciplinada no DL 232/2007, de 15 de Junho, em transposição da directiva europeia 2001/42/CE, do Parlamento Europeu e do Conselho, de 27 de Junho. O RJEO não a menciona, contudo, limitando-se a impor a avaliação de cada instalação a integrar posteriormente.

Sendo certo que o diploma que rege a avaliação ambiental estratégica é anterior à aprovação do RJEO, pode causar estranheza que se contemple a avaliação dos projectos de estrutura, parcelarmente, mas não da localização do parque energético. Todavia, a inexistência de planos ou programas aplicáveis ao espaço marinho – apesar da menção à sua importância e elaboração futura feita na Estratégia Nacional para o Mar – retira estes casos do universo

---

por exemplo, os acórdãos do STA, de 5 de Abril de 2005 (sobre a implantação de um parque eólico em local integrado na lista geral de sítios da Rede Natura 2000), e do TCA-Sul, de 31 de Março de 2011 (sobre a suspensão da construção do quarto gerador de um parque eólico em zona de rede Natura 2000).

[710] Ressalte-se que o potencial energético é determinante, mas não despiciendos são outros factores como a possibilidade de ligação de cabos condutores da energia para terra (impedida ou muito dificultada pela eventual existência de canhões submarinos; inviabilizada pela pré-existência de cabos que obstruem a colocação de novos), ou a harmonização entre usos dessa zona do mar (lúdicos, piscatórios, de investigação científica...).

da avaliação ambiental estratégica, no que em muito amputa a protecção do espaço marinho numa perspectiva transversal e transgeracional.

Com efeito, apesar de o artigo 35º/2/c) do RJIGT decretar a elaboração de planos sectoriais de suporte das decisões de localização de grandes empreendimentos públicos, o diploma quadro do planeamento português está claramente pensado para o território (terrestre). Seria neste plano sectorial que a avaliação ambiental estratégica se inseriria, através da realização de um relatório ambiental a incorporar na fundamentação do plano, nos termos da Subsecção II da Secção II do Capítulo II do RJIGT, bem como do DL 232/2007. Esta avaliação reflecte no futuro um conjunto de hipóteses de utilização do espaço em causa, que visa testar aproveitamentos eventuais, suas consequências directas e indirectas, e interacções. É o instrumento de gestão do risco por excelência, na medida em que se elabora desapegadamente de quaisquer projectos concretos, cujos contornos "fecham" os horizontes aos juízos de prognose.

Esta ausência torna os procedimentos de licenciamento subsequentes algo irrealistas (do ponto de vista da salvaguarda efectiva do ambiente marinho), salvo melhor reflexão. É que, caso exista risco de localização da zona piloto naquela área, sobretudo se se tratar de zona (de protecção acrescida) de rede Natura 2000, uma avaliação negativa impede a instalação de qualquer engenho, salvo qualificação do projecto como de superior interesse nacional (social ou económico) por despacho ministerial e demonstração da inexistência de alternativas (cfr. o artigo 10º/10 e 11 do RJRN)[711]. E caso esta "carta de trunfo" seja jogada, sempre terão que ser fixadas medidas de compensação, nesse caso a cumprir pela entidade gestora, e que eventualmente ficam sujeitas a revisão em virtude do possível agravamento de riscos em função da instalação de projectos na zona piloto – cfr. o artigo 10º/12 do RJRN. Quem as suportará[712]?

---

[711] Conjugação essa que, perante um parque de energia das ondas, não é difícil de configurar, dado que se trata de um empreendimento de inegável interesse nacional, sem alternativas de localização (porque o potencial energético as ondas está naquele local) e pode mesmo trazer uma contrapartida ambiental idêntica ao sacrifício ambiental provocado (pois a produção de energia a partir de fontes renováveis contribui para diminuir as emissões de CO_2 para a atmosfera.

[712] O artigo 41º/2/a) do RJEO parece sugerir que as medidas de compensação e minimização são da estrita responsabilidade do promotor – o que, perante o sistema que a lei forjou, até

E para que servirão nesse caso as avaliações ambientais subsequentes dos projectos, que não poderão deixar de ser negativas?

ii.) Na ausência de referência à avaliação estratégica, o RJEO refugia-se previsivelmente na avaliação de impacto ambiental (=AIA). Menos previsivelmente, contudo, o RJEO aponta para a avaliação de incidências ambientais (=AI) como instrumento subsidiário da AIA, no artigo 32º/1, solução que nos provoca alguma perplexidade[713]. Isto porque a AI constitui um instrumento típico de avaliação de projectos susceptíveis de causar impacto em zonas de rede Natura 2000, revestindo assim carácter especial (porquanto incide apenas sobre a biodiversidade, e não sobre toda e qualquer espécie mas somente as que integram as listas da rede Natura 2000). Acresce a vertigem tentacular da AIA, regulada pelo DL 151-B/2013, de 31 de Outubro (=RAIA), cujo artigo 1º/3, alínea b), ii) e iii), veicula a "captação" de projectos à partida isentos de AIA para o espectro de incidência desta, por decisão da entidade coordenadora, ancorada nos critérios do Anexo III do RAIA.

A verdade, porém, é que quando o artigo 32º/1 do RJEO incumbe o proponente do projecto de instalação de uma estrutura de aproveitamento de energia das ondas na zona piloto da apresentação de um estudo de incidências ambientais, tem como pressuposto que não se desencadeie a "atracção" pelo RAIA – e, com efeito, o RAIA não contempla nos seus anexos nada de parecido com centrais de electroprodução a partir das ondas (ou das correntes ou das marés). Donde, a extensão admitida pelo accionamento do mecanismo do artigo 1º/3/b) do RAIA não se revelar possível, restando a AIA para as situações em que tais projectos forem considerados susceptíveis de a merecer nos termos de um juízo político, agora nos termos do artigo 1º/3/c) do RAIA (decisão ministerial conjunta)[714]. Tal raciocínio, porém, acaba por explicar a opção legislativa de eleição da AI como instrumento de aplicação a este

---

faz algum sentido, uma vez que a zona piloto não é sujeita a avaliação de impacto/estratégica/ de incidências prévia.

[713] Mas já no artigo 29º/3/d), referente ao conteúdo do pedido de licença de instalação, o RJEO determina unicamente o dever do proponente de entregar à entidade gestora "estudo de incidências ambientais elaborado de acordo com o disposto na legislação vigente".

[714] Só aqui valerá a norma do artigo 33º, devendo hoje, no que toca à articulação entre a AIA, o RJEO e o regime da REN, considerar-se a remissão para o artigo 21º/3 do DL 166/2008, de 22 Agosto, alterado e republicado pelo DL 239/2012, de 2 de Novembro (recorde-se que a

domínio, dele resultando mesmo a aplicação desta a título principal e não subsidiário, como o nº 1 do artigo 32º indicia.

A escolha da AI como instrumento de prevenção do risco para o ambiente marinho levanta-nos algumas dúvidas, bem assim como alguns pontos da metodologia descrita nos nºs 3 e 4 do artigo 32º do RJEO:

i) O estudo de incidências ambientais é apresentado, juntamente com o pedido, à entidade gestora – artigo 29º/3/d) do RJEO. Esta, por seu turno, remete o pedido a diversas entidades públicas com competências ligadas à energia, à água, aos portos, ao mar e às pescas, para emissão de parecer em vinte dias, que se pressupõe favorável se não emitido nesse prazo (artigo 29º/4 e 5 do RJEO). Muito se estranha a ausência da APA do lote de entidades consultadas, uma vez que é a única entidade com quem a entidade gestora interage que detém competências especificamente ambientais (cfr. o artigo 11º/g) do RJEO). Mais inquietações ainda provoca a ausência do ICNF, I.P., sucessor do ICNB, I.P.[715], organismo com competência especial em sede de protecção da natureza e competente, nos termos do artigo 9º do RJRN, para emissão do parecer que aprecia o estudo de incidências em caso de ausência de AIA e de avaliação estratégica...

ii) O nº 3 do artigo 32º parece desenhar uma figura similar à definição preliminar do âmbito do EIA (cfr. o artigo 12º do RAIA), ou seja, uma espécie de "ensaio geral" que permite salvaguardar as expectativas de eventuais proponentes de instalações na zona piloto. No entanto e ao contrário desta figura, facultativa no contexto do RAIA, não se estabelece nenhum termo final resolutivo destas decisões de avaliação de incidências, o que, em face dos efeitos que elas revestem de acordo com o nº 4 do artigo 32º, é preocupante (acrescendo que este nº 4 não impõe sequer uma avaliação positiva...). Isto é, aceita-se

---

REN pode incluir a faixa marítima de protecção costeira, nos termos do artigo 4º/2/a) do DL 166/2008, o que só abrangerá equipamentos localizados em zonas *nearshore*).

[715] O Instituto da Conservação da Natureza e da Biodiversidade, I.P., foi substituído, na nova orgânica do Ministério da Agricultura, Mar, Ambiente e Ordenamento do Território (adoptada pelo DL 7/2012, de 17 de Janeiro), pelo Instituto da Conservação da Natureza e das Florestas, I.P. (=ICNF) [artigo 5º/1/b)].

que os eventuais proponentes possam querer testar a viabilidade dos seus projectos antes de iniciarem a fase do pedido propriamente dita; porém, a dinâmica do meio marinho recomendaria a fixação de um termo de caducidade destas avaliações, que no RAIA é de dois anos;

iii) Questão mais problemática afigura-se-nos residir no facto de a avaliação de incidências assentar num vazio de regulamentação, numa metodologia que, quando não se reconduz à AIA ou à avaliação ambiental estratégica[716], é um enigma. A única pista válida encontra-se no nº 6 do artigo 10º do DL 140/99, de 24 de Abril, alterado e republicado pelo DL 49/2005, de 24 de Fevereiro (=RJRN), onde se descreve o conteúdo mínimo da avaliação de incidências (mas não se esclarece se este documento é semelhante a um estudo de impacto ambiental, quem o apresenta, quem o analisa – na falta da Comissão de Avaliação existente na AIA –, e quem emite o acto final, de avaliação positiva ou negativa)[717].

Ora, curioso é que, na ausência destas referências no diploma de onde deveriam constar (RJRN), o artigo 33º/2 do RJEO determine que a "a decisão favorável ou condicionalmente favorável sobre o estudo de incidências ambientais" emane do "membro do Governo responsável pela área do ambiente";

iv) Finalmente, perguntamo-nos se, revestindo a avaliação de incidências um regime mais restritivo do que a AIA – na medida em que um projecto que revele algum impacto no ambiente deverá ser inviabilizado, salvo demonstração do seu superior interesse nacional e constatando--se ausência de alternativas e com dever de compensar o dano a produzir por medidas de recuperação de bens equivalentes do ponto de vista ecossistémico –, fará sentido impor este regime a cada promotor (reflexão com que terminámos o ponto anterior).

Apesar de a produção de energia das ondas ser "amiga do ambiente" e de as estruturas e funcionamento não apresentarem riscos agravados, a questão

---

[716] Ou a um parecer do ICNF, nos raros casos a que alude o artigo 9º/2 do DL 140/99, de 24 de Abril, revisto e republicado pelo DL 49/2005, de 24 de Fevereiro.
[717] Sobre o problema, veja-se Carla AMADO GOMES, Introdução ao Direito do Ambiente, Lisboa, 2012, pp. 133-138.

que se pode colocar é a de saber se, caso a sua instalação, estrutura ou funcionamento causarem danos ao ambiente – ou seja, não apenas impactos –, será possível aplicar o regime do DL 147/2008, de 29 de Julho, sobre prevenção e reparação do dano ecológico. Muito concretamente, cumpre averiguar se o âmbito objectivo do diploma abrange as águas do mar, uma vez que relativamente às espécies piscícolas, de avifauna marinha e mesmo de flora marinha, o artigo 11º/1/e) i) do DL 147/2008, parece contemplá-las. A nossa dúvida prende-se com a subalínea ii) da mesma alínea e), que refere "águas de superfície": incluirá ela a água do mar? A resposta deve ser positiva uma vez que, nem a letra da lei afasta expressamente a água do meio marinho, nem ela pode deixar de ser considerada, de forma ampla pelo menos, como "habitat" de espécies, nem, finalmente, uma leitura sistemática do diploma permite arredá-la do seu âmbito de aplicação, na medida em que, quer no Anexo I, quer no Anexo III, há referência a convenções e actividades que se desenvolvem no meio marinho – o que prova a sua incidência sobre este componente ambiental.

Refira-se que a aplicação do DL 147/2008 prefere ao disposto no artigo 45º do RJEO. Esta norma parece cobrir dois tipos de situações, desiguais em objecto e em técnica de protecção: por um lado, determina a obrigação de reconstituição do *status quo ante* "relativamente aos danos ambientais" – nesta dimensão, fica consumida pelo regime do DL 147/2007; por outro lado, obriga a "salvaguardar as pessoas e bens lesados por colisão ou interferência de actividades" – nesta perspectiva, daqui parece resultar um mero dever de prevenção da danos pessoais e patrimoniais e não propriamente de reparação de danos (ecológicos ou outros). Entendemos que estas situações sempre estarão subordinadas ao regime geral do Código Civil no que tange a responsabilidade aquiliana, donde a exiguidade da segunda parte desta norma resultar inócua.

De realçar ainda que o artigo 45º do RJEO faz recair a responsabilidade unicamente sobre os promotores dos projectos/instalações, eximindo a entidade gestora da zona-piloto. Ou seja, a vigência da licença de estabelecimento acarreta a responsabilização por quaisquer danos provocados pelo funcionamento dos equipamentos, e mesmo em caso de remoção das infra-estruturas será o promotor a responder – salvo, porventura, em casos de substituição da entidade gestora nas operações de desmantelamento, caso esta actue com negligência (cfr. o artigo 48º do RJEO). Note-se que a cláusula 37ª do contrato de concessão (cuja minuta foi aprovada pela Resolução do Conselho de Ministros 49/2010, de 17 de Junho, publicada em *Diário da República* a 1 de Julho), articulada com a cláusula 16ª do mesmo contrato, explicita, no nº 2, que a concessionária "não responde por quaisquer danos causados pelas estruturas de produção de electricidade a partir da energia das ondas, não podendo igualmente ser responsabilizada por qualquer acto ou omissão em matéria de fiscalização dos serviços ou organismos públicos competentes".

Todavia, a mesma cláusula 37ª exige-lhe a constituição de um seguro de responsabilidade civil (nº 3)[718], e a cláusula 16ª determina que a concessionária assuma "integral e exclusivamente, todos riscos inerentes à concessão, no âmbito das respectivas competências e atribuições", donde nos questionamos se a competência autorizativa das instalações não poderá gerar, em caso de défice de ponderação, responsabilidade solidária com os promotores.

1.3. As vinculações do Direito Administrativo (remissão)

Porque a produção de energia das ondas, quer *inshore*, quer *nearshore*, quer *offshore*, se localiza em domínio público marítimo, as actividades em que se traduz deverão ser suportadas por contrato de concessão de uso exclusivo de domínio público – solução que o RJEO previu, como se avançou, estatuindo sobre a preliminar constituição de uma zona-piloto "em águas de profundidade superior a 30 m (*offshore*)" (artigo 4º/1). Esta solução, não fora a particular natureza do RJEO, levantaria logo dúvidas de compatibilização com o âmbito de aplicação desenhado no artigo 1º do diploma, que refere a "utilização das águas territoriais" – que podem ter uma profundidade menor, o que deixaria eventualmente órfãos outros projectos a estabelecer em águas com menor profundidade.

Na verdade, esta questão coloca-se, mas não por esta razão (de disparidade de critérios) e sim porque o RJEO é, em bom rigor, um "regime-medida", ou seja, uma pauta legislativa feita à medida da zona piloto identificada no Anexo I (São Pedro de Moel) e *apenas aí* aplicável (cfr. o artigo 1º). Trata-se, de resto, de uma "vinculação situacional" muito particular das centrais electroprodutoras de energia a partir de fontes renováveis as quais, ao contrário das centrais que trabalham com combustíveis fósseis, têm a sua localização

---

[718] Que o RJEO apenas considera obrigatório para os promotores (cfr. o artigo 46º).

pré-determinada pelo local onde a fonte de energia se manifesta de forma mais favorável. Outras instalações, *nearshore* ou *offshore*, que venham a surgir noutros locais nos quais se apure potencial energético relevante ficarão sujeitas ao regime aplicável à produção de electricidade em regime especial, hoje resultante do DL 172/2006, de 23 de Outubro (na redacção que lhe foi dada pelo DL 215-B/2012, de 8 de Outubro), devendo necessariamente ser submetido a controlo prévio, na modalidade de licença de produção, por força do artigo 33º-E, nºs 1/a e 2/c) do Dl 172/2006 – traduzindo-se a licença aí referida num título de utilização privativa do domínio público marítimo, por força da localização em mar territorial ou na orla costeira (caso a central electroprodutora se situe *inshore*).

De resto, no regime transitório previsto no RJEO e aplicável a instalações já existentes na área que constitui a zona piloto identificada no Anexo I, determina-se a aplicação do novo regime aos projectos em curso e cujas características os tornem aptos a integrar-se na zona piloto, ficando os promotores investidos no dever de apresentar a proposta de integração à entidade gestora e, dentro de seis meses após a aceitação desta, requerer a adaptação dos títulos de ocupação do domínio público marítimo conforme as prescrições do RJEO.

Vejamos com um pouco mais de detalhe em que se materializa este regime.

2. Notas sobre o quadro normativo de aproveitamento de energia das ondas

2.1. A entidade gestora e os termos da concessão de exploração em regime de serviço público da zona piloto e de utilização privativa dos recursos hídricos do domínio público para produção de energia das ondas

A zona piloto à qual se refere o artigo 1º do RJEO e definida no seu Anexo I é gerida por uma entidade em regime de concessão de serviço público (artigo 5º do RJEO), cujas bases devem constar de Decreto-Lei (o DL 238/2008, de 15 de Dezembro). Esta entidade poderia ser escolhida por concurso público ou, caso se tratasse de uma pessoa colectiva sob controlo efectivo do Estado, a concessão poderia ser feita por ajuste directo (artigo 5º/3 do RJEO). Foi esta segunda via a adoptada, tendo o Estado adjudicado à *Enondas – Energia das Ondas, S.A.* (então integralmente detida pela *REN – Redes Energéticas Nacionais,*

SGPS, S.A., por seu turno controlada pelo Estado) a concessão de exploração da zona piloto, por 45 anos – conforme a cláusula 6ª da minuta de contrato aprovada em Conselho de Ministros pela Resolução 49/2010, de 17 de Junho (publicada em *Diário da República* a 1 de Julho).

Posteriormente, e na sequência da privatização da REN, foi aditado ao RJEO um artigo que admite uma derrogação da condição de controlo efectivo do Estado, constante do nº 3 do artigo 5º (e concomitante alteração do artigo 2º do DL 238/2008, que atribui a concessão à *Enondas*), a fim de assegurar que, "mesmo na situação em que a REN — Redes Energéticas Nacionais, SGPS, S. A., e, por conseguinte, a entidade gestora da zona piloto, deixe de ser controlada pelo Estado, em particular em virtude de uma operação de privatização de parte ou da totalidade do capital social da REN — Redes Energéticas Nacionais, SGPS, S. A., a Enondas, Energia das Ondas, S. A., possa manter a sua actividade no âmbito da concessão atribuída pelo Decreto-Lei nº 238/2008, de 15 de Dezembro, desde que se mantenha sob a égide da concessionária da rede nacional de transporte (RNT) de energia eléctrica" (§6º do Preâmbulo do DL 15/2012)[719].

As competências da entidade gestora vêm previstas no artigo 11º do RJEO e na cláusula 12ª do contrato de concessão – permitimo-nos destacar as competências de licenciamento de instalações (e suas alterações) na zona piloto; de propor as tarifas a praticar ao membro do Governo com a pasta da Energia; de cobrar rendas de utilização dos espaços aos promotores; de promover a constituição de servidões e a realização de expropriações necessárias a infra-estruturas de apoio à zona piloto; de promover a ligação da estação de recepção em terra à rede eléctrica (cfr. os artigos 8º e 10º do RJEO); e de fiscalizar o cumprimento das condições das licenças e da boa utilização da zona piloto pelos promotores, comunicando os autos de infracção às entidades

---

[719] Em face do primitivo artigo 5º/3 do RJEO e dos princípios de transparência igualdade e concorrência que regem a contratação pública (cfr. o artigo 1º/4 do CCP), esta "operação" suscita-nos algumas dúvidas, pois se o ajuste directo se justificava em razão do controlo efectivo pelo Estado (mediado, é certo, pela REN), da Enondas, é questionável que a posição contratual se possa manter incólume quando o seu capital passa para mãos exclusivamente privadas. Julgamos que o Estado deveria, pelo menos, ter aberto concurso para adjudicação da concessão, a que a *Enondas* deveria concorrer, o qual mais que provavelmente ficaria deserto, mantendo-se a adjudicação anterior.

competentes para a instrução e decisão do procedimento contra-ordenacional (cfr. sobretudo os artigos 40º/2 e 42º do RJEO).

Do ponto de vista das obrigações da concessionária/entidade gestora, sublinhamos as seguintes: caracterização geofísica da zona piloto e elaboração de um regulamento de acesso (cláusulas 13ª e 14ª do contrato de concessão); pagamento das indemnizações devidas na sequência de expropriações e constituição de servidões necessárias (artigo 19º do RJEO e cláusula 12ª/1/l) do contrato); pagamento de parte da renda percebida dos promotores ao Concedente (artigo 37º/2 do RJEO), traduzida em 5% das receitas líquidas, a partir do 5º ano sobre a celebração do contrato e desde que 25% da área da zona piloto esteja ocupada por promotores em regime pré-comercial ou comercial ou por outras formas de exploração energética (cláusula 19ª/1 do contrato) – que poderá aumentar até 40% das receitas líquidas a partir do momento em que se encontrem amortizados os custos operacionais acumulados (cfr. o cláusula 22ª/1 do contrato); constituição de um fundo de conservação e renovação dos bens afectos à concessão (cfr. a cláusula 8ª do contrato), a ele destinando 5% dos lucros anuais (cláusula 11ª do contrato); remoção de estruturas caso os promotores o não façam, embora as operações sejam, a final, custeadas por estes (artigo 48º/3 do RJEO); observância de um dever geral de colaboração com todas as entidades administrativas detentoras de competências relacionadas com as matérias objecto do contrato – 15ª cláusula do contrato.

2.2. Os promotores de projectos de aproveitamento do potencial energético e os três regimes de exploração possíveis

O legislador do RJEO, certamente pensando da natureza ainda algo pioneira do projecto de aproveitamento da energia das ondas[720], admite três modelos de actividade de produção de energia: demonstração de conceito, pré-comercial e comercial (artigo 21º)[721]. Estes regimes têm aspectos comuns (i.) e aspectos diferenciados (ii.).

---

[720] De resto plenamente assumida no Preâmbulo do RJEO.
[721] Transcrevem-se, para melhor elucidação, os nºs 2, 3 e 4 do artigo 21º do RJEO:
"2. O regime de demonstração de conceito é aquele a que se submete um determinado projecto, apresentado nos termos do presente decreto-lei, no qual o promotor desenvolve a sua actividade no sentido de demonstrar que um determinado conceito, total ou parcialmente

- Quanto a aspectos comuns, estes prendem-se: com a necessidade de obter licença de estabelecimento e licença de exploração junto da entidade gestora (artigo 22º do RJEO); com a comprovação de um determinado conjunto de condições junto da entidade gestora, aquando da apresentação do pedido (artigo 23º/1 do RJEO), cuja ausência justifica a recusa de atribuição da licença de instalação (artigo 24º/1 do RJEO); com os fundamentos de apreciação do projecto pela entidade gestora (artigo 23º/2 do RJEO); com o facto de as licenças poderem ser sujeitas a condição (artigo 22º/3 do RJEO); com o facto de a emissão das licenças de estabelecimento ser sujeita a prestação de caução (artigo 34º/4 do RJEO); com o facto de qualquer dos tipos de licença estar sujeita aos mesmos fundamentos de extinção, por revogação e caducidade (artigo 36º do RJEO); com o facto de previamente à emissão da licença de instalação, deverem pagar uma taxa à entidade gestora (artigo 38º/1 do RJEO); com o facto de deverem pagar anualmente uma renda à entidade gestora, calculada nos termos do artigo 37º/1 do RJEO e a definir por portaria ministerial;

- Quanto a aspectos díspares, eles residem: nos fundamentos de recusa de atribuição de licenças de instalação consoante se trate de explorações em regime de demonstração de conceito ou em regime pré--comercial e comercial (cfr. o artigo 24º/2, para as primeiras, e 24º/3 para as seguintes); na validade máxima das licenças de exploração, que é de 5 anos e prorrogável até 7 para explorações em regime de demonstração de conceito, e de 25 anos, prorrogável até 35 para as

inovador, de aproveitamento da energia das ondas para produção e economicamente viável ou que pode traduzir-se num enriquecimento significativo do conhecimento técnico ou científico.
3 – O regime de pré-comercial corresponde à fase de exploração de um determinado conceito de aproveitamento da energia das ondas para produção de energia eléctrica cujo potencial de viabilidade técnica e económica se encontra já demonstrado mas que não atingiu ainda o grau de maturidade ou aperfeiçoamento que permita a sua auto-suficiência económica.
4 – O regime comercial corresponde à fase de exploração de um determinado conceito de aproveitamento da energia das ondas para produção de energia eléctrica cuja tecnologia já se encontre num estado de maturidade que permita a exploração comercial".

restantes (artigo 25º/2 e 3 do RJEO)[722]; no facto de as explorações em regime de demonstração de conceito não se ligarem à rede eléctrica e portanto terem um procedimento de vistoria prévia à emissão de licença de exploração que se limita a verificar a conformidade da instalação com o projecto descrito no pedido, ao contrário das restantes, cujo relatório de vistoria é mais extenso e deve contemplar a verificação de que a instalação se encontra em condições de exploração e que medidas deve o promotor tomar para esse fim (cfr. o artigo 35º do RJE, especialmente os nºs 5 e 6); no facto de só as explorações em regime comercial serem sujeitas a concurso de atribuição da licença de instalação/exploração (artigo 30º do RJEO); no facto de a licença de exploração dos projectos em regime pré-comercial e comercial só poder ser emitida após a publicação da portaria que fixa as tarifas aplicáveis à energia das ondas, a qual deve merecer parecer prévio da ERSE (cfr. o artigo 39º do RJEO) – a emissão desta portaria, até agora não produzida, merece reservas após a indiferenciação das fontes renováveis para efeitos de cálculo de tarifa decorrente da revogação do Anexo II do DL 189/88 pelo artigo 15º/2/a) do DL 215-B/2012[723].

2.3. Licenciamento de projectos e extinção das licenças

Os artigos 29º a 36º do RJEO são dedicados ao procedimento de licenciamento, desenvolvido junto da entidade gestora. Deve realçar-se:

---

[722] Questionamo-nos sobre se, em face da extensão da concessão por 45 anos consagrada no contrato de concessão, este prazo de 35 anos, prazo máximo improrrogável nos termos do artigo 25º/1 do RJEO, não deveria considerar-se automaticamente prorrogado – embora tal extensão se deva reflectir depois no nº 3 do artigo 25º do RJEO (que passaria a pressupor 35 e não 25 anos).

[723] A portaria não foi ainda publicada porque o regime de produção não atingiu ainda o nível comercial. Quando se atingir tal nível, será questionável se o preço do Kw poderá ser inferior ao estabelecido na legislação em vigor à data do contrato – ou seja, o Anexo II do DL 189/88, na redacção dada pelo DL 33-A/2005. Ainda que assim se entendesse, porém, dado estarmos em presença de um contrato administrativo, sempre o Governo poderá alterar unilateralmente a tarifa, embora com respeito pelo princípio do equilíbrio financeiro do contrato (cfr. o artigo 282.º do Código dos Contratos Públicos).

- que os projectos merecem um duplo licenciamento, de estabelecimento e de exploração (artigo 22º do RJEO);
- que a emissão da licença de estabelecimento fica sujeita a prestação de caução (artigo 34º/4 do RJEO);
- que a emissão da licença de exploração fica sujeita a aprovação em vistoria prévia, a realizar nos termos do artigo 35º do RJEO;
- que a emissão da licença de estabelecimento implica a apresentação pelos requerentes dos elementos descritos nos nºs 2 e 3 do artigo 29º do RJEO, de entre os quais um estudo de incidências ambientais, que deverá merecer decisão favorável ou condicionalmente favorável [mas cfr. supra, **1.2.** *ii) d)*][724];
- que as licenças se extinguem por caducidade (decurso do prazo; extinção da pessoa colectiva titular; facto que determine a impossibilidade definitiva do desenvolvimento da actividade – artigo 36º/2 do RJEO) e por revogação (por incumprimento de obrigações pelo titular; por não verificação de uma condição de emissão ou manutenção da licença; por insucesso ou insuficiência do conceito em causa – artigo 36º/3 do RJEO).

Refira-se que o incumprimento de medidas de minimização e de compensação, bem assim como a falta ou a detecção de insuficiências de monitorização ambiental, é passível de coima por contra-ordenação ambiental grave, nos termos do artigo 41º/2 do RJEO (ver também o n.º 6). Julgamos que a aplicação da coima não impede a revogação-sanção baseada na competência atribuída à entidade gestora pelo artigo 36º/2, predominantemente discricionária quando estiverem em causa medidas compensatórias por lesão de valores de biodiversidade, em nossa opinião cláusulas modais cujo incumprimento determina a invalidade da licença.

---

[724] A avaliar pelo RAIA, a avaliação/DIA desfavorável constitui um acto preclusivo de qualquer decisão posterior (artigo 22º/3) – salvo se estivermos em área de Rede Natura 2000, no âmbito da qual a decisão de avaliação de impacto desfavorável pode ser ultrapassada nos termos do artigo 10º/10 ou 12º do RJRN e sempre gozando da "contrapartida" de medidas compensatórias. Como pensamos ter demonstrado em 1.2., a regulação lacunar da avaliação de incidências ambientais, que o RJEO acolheu como instrumento central da avaliação de impactos, deixa inúmeras questões em aberto.

Além disso, e caso estejamos em presença de um dano ecológico, nos termos do DL 147/2008, referido *supra* (**1.2.**), caberá à APA determinar as medidas de reparação necessárias e suficientes, após iniciativa do operador ou suprindo-a, em caso de inércia (cfr. o artigo 16º do DL 147/2008). A competência de supervisionamento da reparação por parte da APA preclude o exercício de idêntica operação por parte da capitania do porto (cfr. o artigo 42º/c) do RJEO), conforme se deve entender da articulação entre o artigo 30º/1/j) da Lei 50/2006, de 29 de Agosto[725], e o artigo 30º/1 do DL 147/2008)[726].

2.4. Ligação à rede eléctrica nacional e repartição de custos

O aspecto determinante da boa aplicação do RJEO reside na ligação entre os engenhos produtores de energia das ondas e a rede eléctrica nacional. Sublinhe-se a necessidade de dupla ligação: dos engenhos, através de corredores submarinos e por cabos, a uma estação de recepção em terra; desta à rede eléctrica nacional. A situação da estação de recepção pode implicar expropriações e constituição de servidões, custeadas pela entidade gestora (artigo 19º do RJEO e cláusula 12ª/1/l) do contrato de concessão), mas a ligação entre engenhos electroprodutores e central de recepção é da conta dos promotores, devendo a entidade gestora apenas promover a constituição de corredores submarinos onde se instalarão as infraestruturas de canalização da energia (artigo 8º do RJEO). As despesas mais vultuosas – e mais "inesperadas" – cabem às empresas distribuidora (a central receptora) e transportadora (a ligação entre o ponto de recepção e a rede nacional).

Não terá contribuído para entusiasmar os empreendedores a suspensão de todos os pedidos de injecção na rede eléctrica entre Fevereiro e Outubro de 2102 (decretada pelo DL 25/2012 e revogada pelo DL 215-B/2012). Acresce a descida constante do valor das tarifas, desde 2005, e ainda o facto de, desde a revogação do Anexo II do DL 189/88 pelo DL 215-B/2012, se terem tornado indiferenciadas em função do tipo de fonte renovável e cuja fixação está hoje sujeita, ainda que mitigadamente (dada a ponderação dos custos de

---

[725] Alterada e republicada pela Lei 89/2009, de 31 de Agosto.
[726] Para mais desenvolvimentos, Carla AMADO GOMES, Introdução..., cit., pp. 198-199.

sustentabilidade), às regras do mercado liberalizado[727]. Donde se conclui que o projecto de produção de energia das ondas em Portugal terá que aguardar ventos mais favoráveis para dobrar o Cabo da Boa Esperança...

[727] Sobre o quadro actual, procedimental e financeiro, da instalação de centrais electroprodutoras de energia a partir de fontes renováveis, Carla AMADO GOMES, Raquel FRANCO e Diogo CALADO, *Energias renováveis em Portugal: Evolução e perspectivas*, em curso de publicação na revista E-publica, ponto 4..

O REGIME ADMINISTRATIVO DAS LOTAS E VENDAGENS

Lourenço Vilhena de Freitas
Professor da Faculdade de Direito da Universidade de Lisboa
Advogado

Historicamente existiam diversos grémios responsáveis pela administração das lotas e vendagens. Em particular, mereciam destaque o Grémio dos Armadores da Pesca do Arrasto, o Grémio dos Armadores da Pesca da Sardinha e a Junta Central da Casa dos Pescadores. Neles se efectuava a primeira venda do pescado pelo sistema do leilão. O quadro legal constava dos Decretos-Leis 29 775, de 17 de Julho de 1939; 31 841, de 14 de Janeiro de 1942, e 48 507, de 30 de Junho de 1968. Existiam taxas variáveis, 5,15% para a pesca de arrasto, 2% para a pesca da sardinha e 3% para a pesca artesanal.

O Decreto-Lei n.º 240/74, de 5 de Junho, reorganizou profundamente este modelo, criou a Secretaria de Estado das Pescas e determinou a extinção de todas as organizações estatais e paraestatais, às quais estivessem cometidas funções de direcção, administração, regulamentação relativas à exploração, utilização e investigação das pescas e dos recursos vivos aquáticos, bem como as actividades conexas. Foi nomeada, por despacho ministerial de 11 de Outubro de 1974, uma Comissão Liquidatária.

O Decreto-Lei n.º 552/74, de 24 de Outubro, procedeu, por seu turno, à extinção do serviço de lotas e vendagens de peixe e serviços anexos que funcionavam no âmbito da Junta Central da Casa dos Pescadores, transferindo as suas competências para a Direcção-Geral da Administração-Geral das Pescas. Paralelamente são uniformizadas e alteradas, por força do artigo 1.º do Decreto-Lei n.º 255/77, de 16 de Junho, as taxas de prestação do serviço de primeira venda do pescado proveniente das actividades de pesca costeira.

Posteriormente, pelo Decreto-Lei n.º 107/90, de 27 de Março, procedeu--se à integração do Serviço de Lotas e Vendagens na DOCAPESCA, S.A., unificando-se numa única entidade a prestação de serviços de primeira venda de pescado e de apoio à pesca nos portos do continente. No mesmo diploma é alterada a denominação social da DOCAPESCA-Sociedade Concessionária da Doca de Pesca, S.A., para DOCAPESCA-Portos e Lotas, S.A.

Nos termos do seu artigo 3.º, a Docapesca tem por objecto a exploração de portos de pesca e lotas, em regime de concessão ou outro, a prestação de serviços de primeira venda do pescado, a exploração de infra-estruturas de apoio aos utentes, a produção de gelo e frio, bem como quaisquer outras actividades conexas.

Actualmente o regime nacional das lotas e vendagens para a venda de pescado fresco consta essencialmente do Decreto-Lei n.º 81/2005, de 20 de Abril que revogou o Decreto-Lei n.º 304/87, de 4 de Agosto[728], de onde constava o anterior regime sobre a matéria.

O sistema não cortou com a tradição anterior mantendo o regime da primeira venda em lota pelo regime do leilão, alargando-se contudo o universo das entidades que podem aceder à primeira venda em lota, dando-se a possibilidade de compra à distância em determinado leilão, lançando-se as bases para um sistema de leilão pela internet, sem prejuízo da entrega do pescado se fazer em lota.

O princípio geral é portanto o de entrega e venda do pescado fresco em lota correspondente ao ponto de entrega mediante leilão e nesse sentido dispõe o artigo 1.º, n.º 1, do referido diploma. O leilão pode ser presencial ou à distância, incluindo através da Internet, em condições que são fixadas pela entidade que explora a lota (artigo 4.º do Decreto-lei n.º 81/2005). Na Portaria n.º 506/89, de 5 de Julho, vem previsto o regime de licenciamento de novas

---

[728] Alterado pelo Decreto-Lei n.º 281/88, de 12 de Agosto, pelo Decreto-Lei n.º 237/90, de 24 de Junho e pelo Decreto-Lei n.º 243/98, de 7 de Agosto.

lotas e de alterações e ampliações a introduzir em unidades já existentes. Os pedidos iniciam-se pela submissão do pedido que é apreciado tendo em atenção requisitos técnico-funcionais e higio-sanitários no prazo de 60 dias. Devendo a decisão ser então notificada ao requerente. O interessado deverá então requerer vistoria às instalações. Sendo favorável o resultado da vistoria serão então emitida a licença. No caso de falta de unanimidade na vistoria a decisão será tomada pelo Ministro responsável pelas pescas ouvido o Ministério da Saúde. Podem ainda ser autorizados quando se justifique postos de primeira venda de pescado, na orla marítima, subordinados técnica e administrativamente a uma lota.

Para efeitos de controlo específico de determinadas espécies ou uso de determinadas artes de pesca pode o membro do governo da tutela sectorial, por portaria, circunscrever os desembarques e primeira venda em lota do pescado proveniente das embarcações que exerçam aquele esforço de pesca a determinados portos e lotas do continente. Por outro lado, sempre que circunstâncias técnicas acarretem dificuldades na deslocação à lota mais próxima, pode o membro do Governo responsável pelo sector das pescas, por portaria, adoptar medidas específicas relativas ao regime da primeira venda de pescado.

O acesso à primeira venda e intervenção no leilão é limitado aos produtores, organizações de produtores, grossistas, retalhistas, industriais de pescado, industriais de hotelaria e de restauração ou respectivos mandatários que exibam cartão de identificação válido (artigo 3.º do Decreto-lei n.º 81/2005).

Existem ainda isenções (artigo 7.º do Decreto-lei n.º 81/2005) relativamente a pescado capturado nas águas interiores não marítimas não submetidas à jurisdição das autoridades marítimas; o pescado proveniente da exploração de estabelecimentos de culturas marinhas e o pescado capturado para fins científicos. Por outro lado, outro importante grupo de excepções advém dos contratos de abastecimento. Com efeito, e sem prejuízo de se manter a obrigação de entrega na lota, ficam isentos do regime de venda em leilão (i) o pescado capturado por pessoas singulares ou colectivas, membros de organizações de produção que se dediquem simultaneamente à captura e transformação do pescado desde que essa actividade seja enquadrada nas regras da comercialização e produção adoptadas pela respectiva organização de produtores, de acordo com as regras aplicáveis da União Europeia e (ii) o pescado capturado por pessoas singulares ou colectivas, membros de organizações de produtores, ao abrigo de contratos de abastecimento celebrados com as organizações de produtores, com comerciantes ou industriais de produtos de pesca, desde que os mesmos sejam enquadrados nas regras de comercialização e produção adoptadas pela respectiva organização de produtores, em conformidade com a legislação comunitária aplicável. Para além disso, e perante solicitação do interessado, o pescado capturado pode ser descarregado em instalações portuárias diferentes das da implantação da lota, desde que reúnam condições funcionais para tanto e se mostrem mais apropriadas para o abastecimento da indústria transformadora a que o pescado se destina, sem prejuízo de a respectiva quantidade e valor, por espécie, serem obrigatoriamente comunicados, por escrito, no prazo de cinco dias, à entidade que explora a lota mais próxima da unidade fabril (artigo 8.º do Decreto-lei n.º 81/2005).

Releve-se ainda que se excepciona do regime de venda obrigatória do pescado fresco fora das lotas, os casos previstos na Portaria n.º 197/2006, de 23 de Fevereiro (relativos aos titulares de licença de apanhador de animais marinhos e de pesca apeada, onde se permite a venda directamente ao consumidor final ou a estabelecimentos comerciais retalhistas, após autorização da DGPA, e relativa a venda de moluscos bivalves, gastrópedes marinhos, equinodermes e tunicados, vivos, a estabelecimentos comerciais grossistas e retalhistas ou ao consumidor final, depois de depurados e ou expedidos por um centro adequado), alterada pela Portaria n.º 247/2010, de 3 de Maio (que aditou os casos relativos aos armadores e titulares de licença de pesca profissional para operar no rio Minho).

Relativamente às organizações de produtores esta matéria está hoje regulada pelo Regulamento (CE) n.º 104/2000 do Conselho, de 17 de Dezembro de 1999, estabelece a organização comum de mercado no sector dos transportes e da aquicultura. Este regulamento institui no sector dos produtos da pesca uma organização comum de mercado que compreende um regime de preços e de comércio bem como regras comuns em matéria de concorrência.

Nos termos do artigo 5.º do Regulamento, entende-se por organização de produtores qualquer pessoa colectiva constituída por iniciativa própria de um grupo de produtores de um ou vários produtos desde que no caso de produtos congelados, tratados ou transformados as operações em causa tenham sido efectuadas a bordo dos navios de pesca e que tenha por objectivo assegurar o exercício racional da pesca e a melhoria das condições de venda da produção dos seus membros, através de medidas susceptíveis de priviligiar a programação e a sua adaptação à procura, promover a concentração da oferta, estabilizar os preços, incentivar métodos de pesca.

Os Estados-Membros devem reconhecer como organizações de produtores os agrupamentos de produtores que tenham a sua sede estatutária no território nacional, que sejam suficientemente activos em termos económicos no seu território e que formulem um pedido nesse sentido, desde que preencham os requisitos referidos, ofereçam garantia suficiente quanto à realização., duração e eficácia da acção e tenham a necessária capacidade jurídica (artigo 5.º do Regulamento).

Os Estados-Membros decidirão da concessão do reconhecimento no prazo de três meses a contar da apresentação dos documentos e efectuarão a intervalos regulares controlos quanto à observância pelas organizações de produtores das condições de reconhecimento (artigo 6.º do Regulamento).

Nos termos do artigo 7.º do Regulamento no caso de uma organização de produtores ser considerada representativa da produção e da comercialização num ou em vários locais de desembarque e formular um pedido nesse sentido às autoridades competentes, este pode obrigar os produtores que não sejam membros dessa organização a respeitarem as regras de produção e de comercialização decididas pela organização com vista a atingir os objectivos definidos para as referidas organizações; as regras adoptadas pela organização em matéria de retirada e de reporte para os produtos frescos ou refrigerados, podendo essa extensão ser total ou parcial relativamente ao tipo de produtos em causa. Nesse caso o Estado-membro pode conceder uma indemnização aos produtores que não sejam membros de uma organização e estejam estabelecidos na Comunidade pelas quantidades de produtos que não possam ser comercializados, tenham sido retirados do mercado.

Nos termos do artigo 17.º do Regulamento as organizações de produtores podem fixar um preço de retirada abaixo do qual os produtos não serão vendidos. Para alguns tipos de produtos é fixado um preço de orientação, em função dos preços médios nos mercados grossistas ou nos portos durante as últimas três campanhas de pesca anteriores, tendo em conta as perspectivas de evolução da produção e da procura (artigo 18.º do Regulamento). Será ainda fixado um preço de retirada comunitário em função da frescura, do tamanho ou do peso e da apresentação do produto, para certos tipos de produtos, que não deve exceder 90% do preço de orientação. Note-se que os Estados-Membros concederão uma compensação financeira às organizações de produtores que efectuem retiradas desde que preço de retirada seja o comunitário (artigos 20.º e 21.º do Regulamento). Relativamente a outros tipos de pescado é fixado um preço de venda comunitário (artigo 22.º do Regulamento) ou também um preço de retirada (artigo 25.º do Regulamento), sendo que para este último tipo de preços de retirada está apenas prevista a possibilidade e não a obrigação de ajuda à retirada. Importa ainda mencionar a possibilidade de os Estados-membros reconhecerem como organizações interprofissionais certas pessoas colectivas representantes de uma parte significativa das actividades de produção e ou comércio.

O controlo das lotas é efectuado por meio da Direcção-Geral das Pescas e Aquicultura (DGPA) e a entidade que explorar a lota asseguram mediante protocolo, um controlo administrativo dos contratos de abastecimento, nomeadamente quanto aos preços contratados e quanto às regras de produção e comercialização aplicáveis, sendo que a entidade que explora a lota pode exercer direito de preferência na aquisição do pescado objecto dos contratos de abastecimento, garantindo ao produtor o valor contratado (artigo 8.º, ns. 2 e 3 do Decreto-lei n.º 81/2005).

A entidade que explorar a lota tem de assegurar serviços obrigatórios e serviços complementares. São serviços obrigatórios, a regulação da descarga dos pescado e sua recepção, leilão e descarga, o registo discriminado das vendas do pescado objecto de licitação, o registo discriminado das vendas do pescado redireccionado para lota mais próxima, as operações relativas às vendas por ordem de compra, o registo das capturas relativas às situações de isenção quando essas vendas se operem em lota, o registo das transmissões ou entregas do pescado relativas a contratos de abastecimento, obtenção de informação estatística referente a operações registadas em lota; elevados padrões de recepção, conservação e armazenamento de pescado através das estruturas necessárias e adequadas e a observância por todos os intervenientes das disposições legais (artigo 11.º do Decreto-Lei n.º 81/2005). Estão também previstos serviços complementares por parte da entidade que explora a Lota, a saber carga, transporte, selecção e pesagem do pescado, produção e venda de gelo, conservação, congelação e armazenagem prioritária de produtos de pesca; exploração de infra-estruturas em terra, essencialmente direccionadas para o sector da pesca e da comercialização, fornecimento de bens e outros serviços relacionados com a pesca e actividades conexas, prestação de serviços no âmbito da promoção e qualidade do pescado (artigo 13.º do Decreto-Lei n.º 81/2005).

O regulamento geral de funcionamento das lotas, contemplando também os procedimentos e meios envolvidos no leilão é estabelecido por portaria do membro do Governo responsável pelo sector das pescas (artigo 16.º do Decreto-Lei n.º 81/2005).

O artigo 25.º do mesmo diploma mantém provisoriamente em vigor as Portarias n.º 9/89, de 4 de Janeiro e 506/89, de 5 de Julho, com as necessárias adaptações.

A Portaria n.º 9/89, de 4 de Janeiro, regula a tramitação geral da primeira venda do pescado no artigo 5.º. Nos seus termos podem identificar-se as seguintes fases: recepção e pesagem, venda e entrega. No que toca à venda, o leilão processa-se segundo a ordem dos lotes em venda, sendo a sua composição definida pela entidade que explorar a lota, tendo em conta os hábitos locais e a racionalidade do processo de venda. Na determinação da ordem de compra por leilão terão prioridade absoluta os moluscos e bivalves (artigo 6.º, n.º 1, da Portaria). A entidade que explorar a lota, tendo em conta os usos e costumes relativos à venda de certas espécies, designadamente de cerco, em estado vivo, poderá fixar a tramitação mais adequada para o efeito.

A entidade que explorar a lota pode elaborar regulamentos internos de exploração visando a adaptação local do regime geral de funcionamento previsto na Portaria em causa, tendo em conta as características das instalações e os usos e costumes locais.

A Docapesca Portos e Lotas, SA, aprovou relativamente às compras online, um Regulamento de Aquisição de Utilização de Licenças de Acesso ao Leilão de Pescado online, licenças pessoais e intransmissíveis e que permitem o acesso a todas as lotas onde esteja instalado o sistema de venda online.

Cabe à entidade que explora a lota receber do comprador o preço de aquisição do pescado. As aquisições do pescado em lota são feitas a pronto pagamento ou a crédito. As aquisições de pescado a crédito só são autorizadas mediante prestação prévia pelo comprador de garantia bancária ou caução em numerário e até ao limite dos valores das mesmas, os pagamentos do pescado adquirido a crédito são efectuados até ao terceiro dia posterior à aquisição, podendo, findo esse prazo, ser accionada a garantia. Os compradores que não respeitem o prazo de pagamento podem ser impedidos, a partir do momento da constituição em mora, de adquirir pescado em lota enquanto durar essa situação. Quando o valor das aquisições do pescado a crédito tenha atingido o limite da garantia prestada, os compradores nessa modalidade que não se encontrem em mora só poderão adquirir pescado em lota a pronto pagamento (artigo 8.º da Portaria).

Compete também à entidade que explora a lota a definição das taxas e preços a pagar pelos serviços prestados no âmbito dos artigos 11.º e 12.º da Portaria e pelo uso de instalações que lhe estão afectadas e fixa os respectivos quantitativos. Dependendo da natureza dos serviços e actividades desenvolvidas as retribuições agrupam-se em taxas de primeira venda, outras taxas e remunerações pelos serviços prestados, sendo que no toca às taxas de primeira venda estas devem constar de tarifário a aprovar por portaria do membro do Governo responsável pelo sector das pescas sob proposta fundamentada da entidade que explorar a lota.

Estão também previstas contra-ordenações e sanções acessórias (artigos 18.º e 19.º da Portaria) para o caso de incumprimento.

III
Trabalhos de alunos

III
Trabalhos de alunos

O RECONHECIMENTO DA PROPRIEDADE PRIVADA SOBRE TERRENOS DO DOMÍNIO PÚBLICO HÍDRICO

Manuel Bargado
Juiz Auxiliar do Tribunal da Relação de Guimarães

1. Introdução[729]

O tema sobre o qual nos propomos reflectir e discorrer, no âmbito deste trabalho[730], revela-se de grande actualidade e importância como, aliás, o comprova

---

[729] Depois da elaboração do presente trabalho foi publicada a Lei 78/2013, de 21 de Novembro, que entrou em vigor no dia seguinte ao da sua publicação (art. 3.º), a qual veio dar uma nova redacção ao nº 1 do art. 15.º da Lei 54/2005, alargando o prazo para intentar a acção judicial de reconhecimento da propriedade sobre parcelas de leitos ou margens das águas do mar ou de quaisquer águas navegáveis ou flutuáveis, de 1 de Janeiro de 2014 para 1 de Julho de 2014. Este alargamento do prazo, que apenas vem adiar os problemas suscitados pela aplicação daquela norma, em nada altera as considerações e os juízos feitos neste trabalho que, assim, se mantêm actuais. A Lei 78/2013 veio, porém, no seu art. 2.º, proclamar o seguinte: «A Lei n.º 54/2005, de 15 de novembro, deve ser revista até 1 de julho de 2014, definindo-se os requisitos e prazos necessários para a obtenção do reconhecimento de propriedade sobre parcelas de leitos ou margens das águas do mar ou de quaisquer águas navegáveis ou flutuáveis». Fazemos votos que com a revisão a efectuar, o legislador possa encontrar uma solução que faça a necessária convergência entre o interesse público e o interesse dos particulares, expurgando também a norma do art. 15º dos vícios de inconstitucionalidade que lhe são apontados no presente trabalho. *Janeiro de 2014*

[730] Com o qual concluímos o Curso de Pós-Graduação em Direito Administrativo do Mar, organizado pelo Instituto de Ciências Jurídico-Políticas da Faculdade de Direito de Lisboa, que decorreu entre 3 de Outubro e 15 de Dezembro de 2012.

a notícia, com honra de primeira página, publicada na passada edição de 9 de Fevereiro do jornal Expresso: "**Um terço da orla costeira é propriedade privada – Domínio Público Marítimo tem 150 anos, mas grande parte continua particular**"[731].

A notícia do Expresso, desenvolvida na página 28, refere que «um levantamento feito pelos serviços da Agência Portuguesa do Ambiente (APA), com base na análise da publicação de 500 autos de delimitação do Domínio Público, estima que os terrenos ou prédios urbanos privados ocupam um total de 280 quilómetros ao longo da costa, de Viana do Castelo a Vila Real de Santo António. Algumas das propriedades têm poucas dezenas de metros. Outras estendem-se por quilómetros. E, nalguns casos, "o limite da propriedade já está debaixo de água, devido aos avanços do mar", verificam os técnicos do ambiente».

A Lei n.º 54/2005, de 15 de Novembro (lei que entrou em vigor no momento da entrada em vigor da Lei da Água – Lei n.º 58/2005, de 29 de Dezembro[732] – o que se verificou no dia seguinte ao da sua publicação: ver artigo 107.º), que estabelece a titularidade dos recursos hídricos, prescreve no n.º 1 do artigo 15.º um prazo para o exercício do direito de acção judicial para reconhecimento da propriedade privada (1 de Janeiro de 2014), sob pena de caducidade do referido direito.

Além das questões de natureza jurídica que tal norma suscita, são evidentes as implicações sociais e económicas resultantes da sua aplicação, num país em que "um terço da orla costeira é propriedade privada", sem esquecer igualmente que a reconstituição documental de toda a história relativa a um determinado bem se revela, em alguns casos, uma árdua tarefa que exige muito tempo.

Razões que, a nosso ver, justificam a escolha do tema do presente trabalho, sabendo-se, ademais, que a existência ou inexistência da propriedade privada nas costas do litoral é um dos problemas mais controvertidos no âmbito do domínio público hídrico.

---

[731] O tema voltou de novo a ser objecto de tratamento jornalístico na edição do jornal de Negócios de 14 de Fevereiro de 2013.

[732] A Lei da Água foi alterada num primeiro momento pelo Decreto-Lei n.º 154/2009, de 22 de Setembro e, posteriormente, pelo Decreto-Lei n.º 130/2102, de 22 de Junho, diploma que procedeu à sua republicação.

A análise mais detalhada do artigo 15.º da Lei n.º 54/2005, em particular do seu n.º 1, sobre o qual incidirá grande parte do presente trabalho, não dispensa, porém, uma referência, ainda que breve, à titularidade dos recursos hídricos e aos terrenos do domínio público hídrico, sem esquecer as implicações do recuo e avanço das águas sobre a sua titularidade.

2. Titularidade dos recursos hídricos: breve referência

Esta matéria encontra-se também regulada na Constituição da República Portuguesa (CRP), em cujo art. 84.º[733], n.º 1, al. a), se prescreve que pertencem ao domínio público as águas territoriais com o seu leito e os fundos marinhos contíguos, bem como os lagos, lagoas e cursos de água navegáveis e flutuáveis, com os respectivos leitos.

A Lei n.º 54/2005 delimita, porém, com mais pormenor quais os recursos hídricos que integram o domínio público e aqueles que, ao invés, pertencem aos particulares.

Assim, nos termos do art. 2.º, o domínio público hídrico compreende o domínio público marítimo, o domínio público lacustre e fluvial, e ainda o domínio público das restantes águas.

O domínio público marítimo, que inclui as águas costeiras e territoriais, as águas interiores sujeitas à influência das marés, bem como os respectivos leitos, fundos marinhos e margens, pertence sempre ao Estado, nos termos do disposto nos arts. 3.º e 4.º.

Por sua vez, o domínio público lacustre e fluvial compreende cursos de água, lagos e lagoas ou canais de água navegáveis ou flutuáveis, bem como aqueles que, não sendo navegáveis ou flutuáveis, se situem em terrenos públicos ou sejam alimentados ou se lancem no mar ou em outras águas públicas, e ainda albufeiras criadas para fins de utilidade pública (artigo 5.º).

Estes recursos são da titularidade do Estado ou das regiões autónomas, caso se localizem no território destas, excepto se estiverem integralmente situados em terrenos municipais ou das freguesias ou em terrenos baldios

---

[733] Com o aditamento deste artigo pela Lei Constitucional n.º 1/89, o texto constitucional, que era omisso sobre este tema na redacção originária, voltou a consagrar-se de forma expressa, à semelhança do que sucedia com a Constituição de 1933, a categoria dos bens do domínio público.

municipais ou paroquiais, casos em que pertencerão, respectivamente, ao município ou freguesia (art. 6.º).

Já o domínio público das restantes águas compreende, de acordo com o art. 7.º do mesmo diploma legal, as águas nascidas e águas subterrâneas existentes em terrenos ou prédios públicos, águas nascidas em prédios privados mas que se lancem no mar ou em outras águas públicas, bem como águas pluviais quando caiam em terrenos públicos ou em terrenos particulares, desde que se vão lançar no mar ou em outras águas públicas, e ainda águas das fontes públicas. Estas águas pertencem ao Estado ou às regiões autónomas, ou ao município ou à freguesia, nos termos do artigo 8.º.

O domínio público hídrico é assim constituído por várias categorias de águas públicas, mas inclui também, por conexão, um certo número de terrenos a elas ligados e, tal como o domínio público aéreo e o domínio público mineiro, faz parte do domínio público natural, categoria à qual, na sua classificação, se contrapõe o domínio público artificial[734].

3. Os terrenos do domínio público hídrico

3.1. O leito

Entre os terrenos que integram o domínio público hídrico, importa considerar, em primeiro lugar, os leitos, cuja definição nos é dada pelo artigo 10.º, n.º 1, da Lei n.º 54/2005, em termos exactamente iguais aos que constavam do artigo 2.º, n.º 1, do Decreto-Lei n.º 468/71: «Entende-se por leito o terreno coberto pelas águas, quando não influenciadas por cheias extraordinárias, inundações ou tempestades. No leito compreendem-se os mouchões, lodeiros, e areais nele formados por deposição aluvial»[735].

Não entendeu o legislador da Lei n.º 54/2005, que houvesse «vantagem em encontrar uma designação específica para a parte desse leito que fica compreendida entre a linha da baixa-mar e a da preia-mar de águas vivas,

---

[734] Cfr. Marcello Caetano, *Manual de Direito Administrativo*, 10.ª edição, 6.ª reimpressão, Coimbra, 1999, vol. II, pp. 896-898.

[735] Os mouchões são as ilhas cultiváveis que se forma nos rios e os lodeiros constituem as acumulações de lodos que emergem dos rios - cfr. Mário Tavarela Lobo, *Manual do Direito de Águas*, 2.ª edição revista e ampliada, vol. I, Coimbra Editora, 1999, pp. 204-205.

pois pelas sua características de terreno temporariamente descoberto tem sido em várias legislações entre as quais a portuguesa, objecto de regime jurídico diferenciado do da restante parte que é permanentemente coberta pelas águas»[736] e, por isso, não acolheu a designação de «leito litoral» proposta por estes autores para essa parte temporariamente descoberta.

Relativamente aos limites longitudinais dos leitos, os nºs. 2 e 3 do artigo 10.º da Lei n.º 54/2005, têm a mesma redacção dos nºs. 2 e 3 do artigo 2.º do Decreto-Lei n.º 468/71.

Assim, preceitua o n.º 2 do artigo 10.º que «o leito das águas do mar, bem como das demais águas sujeitas à influência das marés, é limitado pela linha da máxima preia-mar de águas vivas equinociais». Esta linha é, porém, determinada de modo diferente consoante se trate das águas do mar ou das demais águas sujeitas à influência das marés.

Na primeira situação, a linha da máxima preia-mar de águas vivas equinociais é definida, para cada local, em função do espraiamento das vagas em condições médias de agitação do mar (2.ª parte do n.º 2 do artigo 10.º).

A máxima preia-mar de águas vivas equinociais, que como o nome indica se verifica durante o equinócio, ou seja, quando o Sol se encontra sobre o Equador, «é uma maré a que, de harmonia com as normas adoptadas nos serviços, corresponde o coeficiente 120, que exprime a relação entre a semi--amplitude da maré e a unidade de altura»[737].

Na segunda situação – demais águas sujeitas à influência das marés -, o leito destas águas é também limitado pela linha da máxima preia-mar de águas vivas equinociais, mas essa linha é definida em função do espraiamento das vagas em condições de cheias médias (2.ª parte do n.º 2 do artigo 10.º).

Quanto às restantes águas, o seu leito é limitado pela linha que corresponder à estrema dos terrenos que as águas cobrem em condições de cheias médias[738], sem transbordar para o solo natural, habitualmente enxuto. Essa

---

[736] Freitas do Amaral e José Pedro Fernandes, *Comentário à Lei dos Terrenos do Domínio Hídrico*, Coimbra Editora, 1978, p. 82.
[737] Freitas do Amaral e José Pedro Fernandes, *Comentário...*, cit., p. 83.
[738] Estas cheias são «as que podem prever-se com a possibilidade de ocorrência de uma vez em cada quatro ou cinco anos» - cfr. Freitas do Amaral e José Pedro Fernandes, *Comentário...*, cit., p. 84, que referem ser este o entendimento da Direcção-Geral dos Recursos e Aproveitamentos Hidráulicos.

linha que separa o leito da margem é definida, conforme os casos, pela aresta ou crista superior do talude marginal ou pelo alinhamento da aresta ou crista do talude molhado das motas, cômoros, valados tapadas ou muros marginais (n.º 3 do artigo 10.º)[739].

3.2. A margem

Outra categoria relevante de terrenos que integram o domínio público hídrico é a das margens. Como nos dá conta Mário Tavarela Lobo[740], «a margem foi definida pela primeira vez no nosso ordenamento jurídico como "uma faixa de terreno adjacente, junto à linha de água, que se conserva ordinariamente enxuta, e é destinada aos Serviços Hidráulicos de polícia ou acessórios de navegação e flutuação" (art. 4.º do Decreto n.º 8 – Serviços Hidráulicos). Mas é destinada igualmente a outros serviços de interesse público, como policiais, balneares, industriais, etc.

Inicia-se a partir daquela linha de água e estende-se pela parte não banhada da ribanceira e pelos prédios marginais, tendo largura variável conforme a classificação das correntes».

O Decreto-Lei n.º 468/71 procurou solucionar a controvérsia existente sobre a noção de margem e o correspondente regime jurídico, definindo-a do seguinte modo: «Entende-se por margem uma faixa de terreno contígua ou sobranceira à linha que limita o leito das águas» (artigo 3.º, n.º, 1).

Nos restantes números do artigo 3.º estabeleceram-se ainda a respectiva largura e completou-se o conceito de margem solucionando pontos controversos na doutrina e na jurisprudência, entre os quais se destaca, pela sua importância, a matéria atinente às praias e às arribas alcantiladas (n.ºs 5 e 6).

Tal noção, fixada com apreciável rigor, correspondia ao entendimento que de margem vinha sendo dada pela maioria da Comissão do Domínio Público Marítimo[741].

O artigo 11.º, n.º 1, da Lei n.º 54/2005, acolheu a mesma noção de margem constante do n.º 1 do artigo 3.º do Decreto-Lei n.º 468/71, e manteve inalterada

---

[739] Sobre a caracterização de cada um destes elementos, cfr. Mário Tavarela Lobo, *Manual...*, cit., p. 204, (anotações 1 a 5).
[740] *Manual...*, cit., p. 209.
[741] Freitas do Amaral e José Pedro Fernandes, *Comentário...*, cit., pp. 89 e 91.

a largura das margens constante dos nºs 2 a 4 do artigo 3.º deste último diploma: *i)* 50 m para as águas do mar e águas navegáveis ou flutuáveis sujeitas à jurisdição das autoridades marítimas[742]; *ii)* 30 m para as águas navegáveis ou flutuáveis não sujeitas à jurisdição das autoridades marítimas e portuárias; *iii)* 10 m para as águas não navegáveis nem flutuáveis, nomeadamente torrentes, barrancos, e córregos de caudal descontínuo (artigo 11.º, nºs 2, 3 e 4).

3.3. As praias

Ao tratar da margem é importante fazer referência a outro conceito muito ligado a este (pois refere-se a uma espécie de que aquela é o género): o de praia.

A "dominialização" das praias foi expressamente assumida em 1864, com a entrada em vigor do Decreto de 31 de Dezembro de 1864, que estabeleceu que eram do domínio público, "imprescritível", para além das estradas e das ruas, «os portos de mar e praias, os rios navegáveis e flutuáveis com as suas margens, os canais e valas, portos artificiais e docas existentes ou que de futuro se construam» (artigo 2º).

Porém, como refere Tavarela Lobo[743], «Já a Portaria de 13 de Março de 1864 (...), considera que "as praias e o mar adjacente sempre foram consideradas, pelo direito do Reino, bens nacionais e como tais nunca estiveram, nem poderiam estar, sob jurisdição municipal...", doutrina perfilhada mais tarde, expressamente, pela Lei n.º 19 928, de 15 de Junho de 1931».

Até à publicação do Decreto-Lei n.º 468/71, a lei portuguesa nunca consagrou de forma clara outra acepção de praia que não fosse a correspondente ao *littus maris* do direito romano (cfr., v.g., art. 8.º do Decreto de 1 de Agosto de 1884 e n.º 1 do art. 1.º do Decreto n.º 8, de 31 de Dezembro de 1892)[744].

---

[742] Pires de Lima; Antunes Varela, in *Código Civil Anotado*, 2.ª edição revista e actualizada, Coimbra Editora, 1984, vol. III, p. 288, sustentam que a solução adoptada quanto às margens das águas navegáveis ou flutuáveis não pode deixar de se considerar ousada, perfilhando a orientação de Freitas do Amaral e José Pedro Fernandes, expressa in Comentário..., cit., p. 106. Mais dizem aqueles ilustres civilistas tratar-se de uma solução «perigosa para a salvaguarda dos direitos dos particulares, pois é muito duvidoso que ela se encontrasse já consagrada no nosso direito positivo».
[743] *Manual...*, cit., p. 212.
[744] Cfr. Freitas do Amaral e José Pedro Fernandes, *Comentário* ..., cit., pp. 89-90.

Discutiu-se, mais tarde, se o Código Civil de 1867 – cujo artigo 380º, nº 2, na sua versão originária, apenas mencionava entre as coisas públicas «as aguas salgadas das costas, enseadas, bahias, fozes, rias e esteiros, e o leito d'ellas» – tinha implicado que as praias tivessem deixado de pertencer ao domínio público.

Entenderam alguns civilistas[745] que tal não tinha sucedido e que as praias se tinham mantido no domínio público, pelo menos num sentido restrito, ou seja, «a porção de terra que o mar cobre na enchente da maré, ou nas maiores marés, e que deixa descoberta na vazante, ou marés menores»[746].

No entanto, Afonso Queiró sustentava o entendimento de que o Decreto de 31 de Dezembro de 1864, ao referir-se expressamente e pela primeira vez no nosso direito às praias, incluindo-as no domínio público, só podia ter-se referido às praias em sentido amplo, ou seja, «os terrenos, ordinariamente arenosos e enxutos, deixados a descoberto pelo lento recuo das águas do mar ou resultantes de aluvião formado pelas mesmas águas»[747].

Segundo o mesmo autor[748], verificavam-se em relação às praias, na parte não coberta pelas águas marítimas, todos os requisitos exigidos pelo Código Civil (de acordo com o conceito genericamente definido no corpo desse preceito[749]) para a qualificação como coisas públicas, na medida em que eram geralmente propriedade do Estado, encontravam-se debaixo da sua administração e estavam afectas a vários tipos de usos públicos.

Consagrando esta noção de praia em sentido lato, o Decreto-Lei n.º 468/71 veio estabelecer, no seu artigo 3.º, n.º 5[750], que a margem se estende até onde

---

[745] Cunha Gonçalves, *Tratado de Direito Civil*, vol. III, Coimbra Editora, 1930, pp. 126-127; Guilherme Moreira, *As Águas no Direito Civil Português*, Livro I, Coimbra, 1920, p. 255.
[746] Tavarela Lobo, *Manual ...*, cit., p. 215.
[747] *As praias e o domínio público*, *Estudos de Direito Público*, Universidade de Coimbra, II volume, obra dispersa, tomo I, p. 366.
[748] As praias e o domínio público..., cit., p. 373.
[749] Dispunha o corpo do artigo 380º (com a epígrafe "Enumeração das coisas públicas"): «São públicas as coisas naturais ou artificiais, apropriadas ou produzidas pelo estado e corporações públicas e mantidas debaixo da sua administração, das quais é lícito a todos individual ou colectivamente utilizar-se, com as restrições impostas pela lei, ou pelos regulamentos administrativos. Pertencem a esta categoria: (...).»
[750] Que corresponde, sem alterações, ao n.º 5 do art. 11.º da Lei n.º 54/2005.

o terreno apresentar a natureza de praia, "devendo entender-se que reveste natureza dominial em toda essa extensão"[751].

Porém, «nem sempre será fácil saber se determinado terreno deverá, em face da definição, considerar-se praia e designadamente em que pontos a praia termina para dar início a uma duna, elemento que frequentemente prolonga as superfícies arenosas das praias. E é particularmente necessário conhecer onde termina o terreno qualificável como praia porque, nos termos do n.º 5 do art. 3.º, quando a margem tiver natureza de praia em extensão superior à estabelecida nos números anteriores, ela estende-se até onde o terreno apresentar tal natureza»[752].

3.4. Implicações do recuo e avanço das águas sobre a sua titularidade

Outro aspecto a ter em consideração na situação dos bens do domínio hídrico, tem a ver com o recuo e o avanço das águas, o que obriga a equacionar a natureza dos leitos dominiais abandonados pelas águas e das parcelas privadas contíguas a leitos dominiais corroídas ou invadidas pelas águas, matéria que se encontra regulada nos artigos 13.º e 14.º da Lei n.º 54/2005, matéria que se encontrava regulada, em termos idênticos, nos artigos 6.º e 7.º do Decreto-lei n.º 468/71, de 5 de Novembro.

Estabelece o artigo 13.º da Lei n.º 54/2005, que os leitos dominiais que ficam a descoberto pelo recuo das águas mantêm a mesma natureza dominial se ficarem a constituir margem das águas segundo a definição do artigo 10.º [limites do leito]. Se excederem as larguras especificadas no mesmo artigo entram automaticamente no domínio privado do Estado.

O recuo das águas não envolve, assim, «a transmissão da propriedade de uma entidade pública para um sujeito privado, mas pode traduzir-se em regimes de dominialidade diferentes consoante a amplitude das larguras do leito abandonadas ou conquistadas. Isto significa que, em determinadas condições, é admissível que a área de terreno conquistada às águas seja integrada nos bens

---

[751] Mário Tavarela Lobo, *Manual...*, cit., p. 215. Deve ainda observar-se que as margens dos rios também podem ter a natureza de praia: são as praias fluviais, às quais se aplica igualmente a regra de que pertencem ao domínio público até onde o terreno apresentar tal natureza - cfr. Marcello Caetano, *Manual...*, cit. p. 905.

[752] Freitas do Amaral e José Pedro Fernandes, *Comentário...*, cit., p. 93.

do domínio privado da Administração e, portanto, susceptível de ser objecto do comércio jurídico privado, como, de resto, é reconhecido expressamente pelo artigo 18.º, n.º 1, da Lei n.º 54/2005, de 15 de Novembro»[753].

No caso inverso de avanço das águas, o legislador adoptou como critério fundamental para a qualificação da natureza dos terrenos a existência ou não de corrosão das parcelas privadas contíguas a leitos (artigo 14.º da Lei n.º 54/2005).

Esta diferenciação de regimes, já estabelecida no artigo 7.º do Decreto-Lei n.º 468/71, é a mais razoável, pois «se a porção da propriedade privada marginal vai sendo corroída lenta e sucessivamente, deixa de ser possível definir os limites anteriores ao fenómeno da corrosão, o que torna impraticável a materialização do direito de propriedade sobre essas porções de terreno»[754], considerando-se tais porções de terreno automaticamente integradas no domínio público, sem que por isso haja lugar a qualquer indemnização (n.º 1).

O mesmo já não sucede quando as águas se limitam a cobrir o terreno sem o corroer, «pois então é sempre, em princípio, possível definir os limites do terreno invadido, uma vez que não se verificaram alterações na sua morfologia»[755], conservando os proprietários desses terrenos o seu direito de propriedade, sem prejuízo de o Estado poder expropriar tais parcelas (n.º 2).

4. O artigo 15.º da lei n.º 54/2005

4.1. Considerações gerais

A matéria do reconhecimento da propriedade privada sobre parcelas de leitos e margens das águas do mar ou de quaisquer águas navegáveis ou flutuáveis, regulada presentemente no art. 15.º da Lei n.º 54/2005, de 15 de Novembro, teve como antecedente o art. 8.º do Decreto-Lei nº 468/71, de 5 de Novembro,

---

[753] João Miranda, *A titularidade e a administração do domínio público hídrico por entidades públicas*, texto da aula proferida no dia 19 de Outubro de 2012 no âmbito do Curso de Pós-Graduação em Direito Administrativo do Mar, disponível no sítio do Instituto de Ciências Jurídico-Políticas da Faculdade de Direito de Lisboa (www.icjp.pt), na área Alumni, pp. 11-12.
[754] Freitas do Amaral e José Pedro Fernandes, *Comentário* ..., cit., p. 120.
[755] Idem, ibidem..

que acolheu em grande parte a doutrina dominante da Comissão do Domínio Público Marítimo[756].

O artigo 15º da Lei n.º 54/2005, à semelhança do revogado artigo 8.º do Decreto-Lei n.º 468/71, trata "de um dos pontos cruciais da problemática do domínio público hídrico, ou seja, o dos meios pelos quais podem os particulares obter o reconhecimento dos seus direitos de propriedade sobre parcelas de leitos ou margens públicos"[757].

Embora, por definição, os leitos e as margens de águas do mar ou de águas navegáveis ou flutuáveis sejam bens do domínio público, não podia o legislador deixar de reconhecer os direitos adquiridos sobre esses terrenos por sujeitos privados, antes de 31 de Dezembro de 1864 ou, tratando-se de arribas alcantiladas[758], antes de 22 de Março de 1868.

A indicação destas datas tem uma explicação.

Assim, a data de 31 de Dezembro de 1864 é a da publicação do decreto que estabeleceu, de forma inovadora, a dominialidade pública dos leitos e das margens, prescrevendo o seu art. 2.º que são *"do domínio público imprescritível, os portos do mar e praias e os rios navegáveis e flutuáveis, com as suas margens, os canais e valas, os portos artificiais e docas existentes ou que de futuro se construam..."*.

Já a data de 22 de Março de 1868 é a da entrada em vigor do Código Civil de 1867 (Código de Seabra), em cujo artigo 380.º § 4.º – preceito onde se faz a enumeração exemplificativa de coisas públicas – se dispunha que *"as faces ou rampas e os capelos dos cômoros, valadas, tapadas, muros de terra ou de pedra e cimento erguidos artificialmente sobre a superfície do solo marginal, não pertencem ao leito ou álveo da corrente, nem estão no domínio público, se à data da promulgação do Código Civil não houverem entrado nesse domínio por forma legal"*.

O regime actualmente consagrado no artigo 15.º, nº 1, da Lei n.º 54/2005, estabelece duas inovações importantes face ao regime anterior.

---

[756] Cfr. Freitas do Amaral e José Pedro Fernandes, *Comentário...*, cit. p. 124.
[757] Idem, ibidem..
[758] Designa-se por arriba a margem elevada e por alcantil a margem a pique. Sobre o modo de contagem da faixa do domínio público marítimo nas costas alcantiladas ou de falésia, cfr. o *Estudo sobre o domínio público* do Comandante Vicente Lopes, in Boletim da Comissão do Domínio Público Marítimo, n.º 4, 1947, p. 56.

Em primeiro lugar, estipula-se que o reconhecimento da propriedade privada sobre parcelas de leitos e margens públicos passa a ser efectuado pelos Tribunais e não pela Administração Pública.

Em segundo lugar, estabelece-se agora um prazo para o exercício do direito de acção judicial para reconhecimento da propriedade privada (1 de Janeiro de 2014), sob pena de caducidade do referido direito.

4.2. A competência dos tribunais comuns

A primeira alteração introduzida pelo n.º 1 do artigo 15.º da Lei n.º 54/2005 é de aplaudir, visto que o reconhecimento da propriedade privada integra a *reserva de jurisdição* e constitui um acto materialmente jurisdicional[759].

Na vigência do regime anterior, perante o facto de o reconhecimento ser efectuado pela Administração Pública, afirmava-se que esta era competente para o reconhecimento por se tratar de saber se uma coisa era ou não do domínio público, sem prejuízo de se poder impugnar contenciosamente esse acto. Todavia, apenas os tribunais judiciais seriam competentes para reconhecer que uma coisa pertencia a um particular[760].

Tratava-se, porém, de uma distinção algo artificial, já que «o reconhecimento de que uma parcela de terreno é propriedade privada implica forçosamente a sua não sujeição a um regime de dominialidade pública»[761].

Na verdade, devem ser os tribunais e não a Administração a resolver, de acordo com o Direito, os conflitos concretos de composição de interesses quanto à natureza pública ou privada das coisas. Assim, sempre que os particulares pretenderem ver reconhecida a propriedade privada sobre parcelas de leitos e margens públicos, caberá aos tribunais resolver as questões de direito que envolvam a qualificação da natureza dos bens[762].

Os tribunais comuns são também os competentes para decidir da propriedade ou posse dos leitos e margens ou suas parcelas nos casos a que se

---

[759] Cfr. João Miranda, *A titularidade...*, cit., p. 13.
[760] Cfr. Freitas do Amaral e José Pedro Fernandes, *Comentário...*, cit., p. 125.
[761] João Miranda, *A titularidade...*, cit., p. 13, anotação 27.
[762] Sobre esta matéria, cfr., com interesse, o Acórdão da Relação do Porto de 15.07.1991, in *Colectânea de Jurisprudência*, 1991, Tomo IV, p. 241.

proceder à sua delimitação por via administrativa, como decorre do n.º 5 do artigo 17.º da Lei n.º 54/2005[763],[764].

A delimitação, uma vez homologada por resolução do Conselho de Ministros, é publicada no Diário da República (n.º 4 do mesmo artigo). Esta publicação no jornal oficial desempenha em certa medida um papel semelhante ao que representa o registo predial em relação à propriedade privada, registo que tem como finalidades não só dar publicidade aos direitos inerentes às coisas imóveis, mas também proteger o facto jurídico registado[765].

4.3. A caducidade do direito de acção

A segunda alteração introduzida pelo preceito em análise, suscita as maiores reservas e afigura-se mesmo inconstitucional.

Da formulação do n.º 1 do art. 15.º da Lei n.º 54/2005, decorre invariavelmente que, caso os sujeitos privados não instaurem as acções judiciais de reconhecimento da propriedade privada até à data aí estabelecida (1 de Janeiro de 2014), nunca mais poderão fazê-lo, integrando-se definitivamente as parcelas de terreno em causa no domínio público hídrico.

A razão para o estabelecimento de um prazo para o exercício do direito de acção judicial para reconhecimento da propriedade privada, sob pena de caducidade do referido direito, consta da exposição de motivos que antecedeu a respectiva proposta de Lei[766], a qual refere, nesta parte, que «a protecção dos direitos privados não deveria ir tão longe que pudesse gerar a instabilidade permanente na base dominial, continuando-se a permitir indefinidamente a invocação de direitos privados anteriores a 1864 ou 1868», fixando-se assim «um limite temporal razoável».

---

[763] O procedimento de delimitação do domínio público hídrico encontra-se actualmente regulado no Decreto-Lei n.º 353/2007, de 26 de Outubro.
[764] A fronteira entre a competência dos tribunais comuns ou administrativos para dirimir certas questões relacionadas com estas matérias, nem sempre reveste contornos muito precisos, como comprovam, *inter alia*, os acórdãos do Tribunal de Conflitos, n.ºs 11/09 e 18/11, de 09.07.2009 e de 16.02.2012, respectivamente, com votos de vencido, disponíveis in www.dgsi.pt.
[765] Cfr. Freitas do Amaral e José Pedro Fernandes, *Comentário* ..., cit., p. 148.
[766] Proposta de Lei nº 19/X/I, publicada no Diário da Assembleia da República, II Série A, de 24 de Junho de 2005.

Sendo certo que, desde o momento da entrada em vigor da Lei n.º 54/2005, até 1 de Janeiro de 2014, terão decorrido cerca de oito anos, ainda assim não se vislumbram razões suficientes para o estabelecimento de um prazo para o exercício do direito de acção judicial.

O problema não reside, pois, «em determinar se o prazo de oito anos é curto ou se um prazo mais dilatado já seria suficiente para acautelar os direitos de propriedade privada dos particulares mas sim no simples estabelecimento de um prazo»[767].

Nem se diga que este prazo será fomentador da paz e da segurança jurídicas, uma vez que persistirão os litígios relativos ao reconhecimento da propriedade privada sobre parcelas de leitos e margens públicos, quanto mais não seja porque, havendo delimitação destes por via administrativa, não fica precludida a competência dos tribunais comuns para decidir da propriedade ou posse dos leitos e margens ou suas parcelas, como decorre inequivocamente do artigo 17.º, n.º 5, da Lei n.º 54/2005[768].

A solução legal encontrada «ofende a garantia constitucional do direito de propriedade privada, consagrada no artigo 62.º da Constituição e da autonomia privada, que se infere dos princípios constitucionais da igualdade, da liberdade, da propriedade privada, da liberdade de trabalho e da liberdade de empresa. A norma em concreto não pode deixar de ser encarada como uma medida legislativa expropriativa do direito de propriedade dos particulares que não exercerem o direito de acção judicial até 1 de Janeiro de 2014, pois, mesmo que venham a estar em condições de proceder à prova documental depois dessa data, ficam privados do direito e nem sequer terão direito a perceber qualquer tipo de indemnização, como, aliás, imporia o n.º 2 do artigo 62.º da Constituição»[769].

Como se escreveu no Acórdão do Tribunal Constitucional n.º 187/2001[770]:

---

[767] João Miranda, *A titularidade...*, cit., p. 14, anotação 29.
[768] O Decreto-lei n.º 353/2007, de 26 de Outubro, veio estabelecer o regime a que fica sujeito o procedimento de delimitação do domínio público hídrico. Também o avanço e recuo das águas a que aludimos supra em II – 3, com a constante erosão da orla marítima, não deixará de constituir um potencial foco de conflitos sobre a titularidade das parcelas dos leitos e margens públicos, a dirimir pelos tribunais comuns.
[769] João Miranda, *A titularidade...*, cit., p. 14.
[770] Publicado no Diário da República, II Série, n.º 146, de 26 de Junho de 2001.

«... O Tribunal Constitucional tem, (...), salientado repetidamente, já desde 1984, que o direito de propriedade, garantido pela Constituição, é um direito de natureza análoga aos direitos, liberdades e garantias, beneficiando, nessa medida, nos termos do artigo 17.º da Constituição, da força jurídica conferida pelo artigo 18.º e estando o respectivo regime sujeito a reserva de lei parlamentar (v., na jurisprudência mais antiga, por exemplo, os Acórdãos n.ºs 1/84, 14/84 e 404/87, in *Acórdãos do Tribunal Constitucional*, respectivamente vol. 2.º, pp. 173 e segs., e vol. 10.º, pp. 391 e segs., sobre a extinção da colónia; v. também os Acórdãos n.ºs 257/92, 188/91 e 431/94, respectivamente in *Acórdãos do Tribunal Constitucional*, vol. 22.º, pp. 741 e segs., vol. 19.º, pp. 267 e segs., e vol. 28.º, pp. 7 e segs.)

Importa, porém, discernir, dentro do direito de propriedade privada, o núcleo ou conjunto de faculdades que revestem natureza análoga aos direitos, liberdades e garantias, uma vez que nem todas elas se podem considerar como tal (para a exclusão dos direitos de urbanizar, lotear e edificar, v. os Acórdãos n.ºs 329/99 e 517/99, publicados na 2.ª série do Diário da República, respectivamente de 20 de Julho e de 11 de Novembro de 1999).

Desse núcleo, dessa dimensão que tem natureza análoga aos direitos, liberdades e garantias, faz, seguramente, parte (como se diz, por exemplo, nos arestos por último citados e no também já referido Acórdão n.º 431/94; v. ainda, por exemplo, o Acórdão n.º 267/95, in *Acórdãos do Tribunal Constitucional*, vol. 31.º, pp. 305 e segs.) o direito de cada um a não ser privado da sua propriedade, salvo por razões de utilidade pública – e, ainda assim, tão-só com base na lei e mediante o pagamento de justa indemnização (art. 62.º, n.ºs 1 e 2 da Constituição). Trata-se, aqui, justamente de um aspecto verdadeiramente significativo do direito de propriedade e determinante da sua caracterização também como garantia constitucional – a garantia contra a privação -, autonomizada no n.º 2 do artigo 62.º (assim, com referência à remição da colonia, o Acórdão n.º 404/87). Para além disso, a outras dimensões do direito de propriedade, "essenciais à realização do homem como pessoa" (nestes termos o citado Acórdão n.º 329/99), poderá também, eventualmente, ser reconhecida natureza análoga aos direitos liberdades e garantias, beneficiando do seu regime.»[771].

---

[771] Sobre a qualificação do direito de propriedade privada como direito fundamental de natureza análoga aos direitos, liberdades e garantias e à evolução que se observa na jurisprudência

Sobre a matéria que nos ocupa, importa ainda destacar o Acórdão do Tribunal Constitucional n.º 353/2004[772], em que se sindicava o que havia sido decidido no Acórdão do Tribunal da Relação de Guimarães, de 14 de Maio de 2003, no qual, para se poder concluir que o terreno em questão não integrava o domínio público hídrico do Estado, teve de se afirmar que «a interpretação das disposições conjugadas das normas dos artigos 3.º, n.º 2 e 5.º, ambos do Decreto-Lei n.º 468/71, feita pelo Sr. Juiz *a quo*, no sentido de que, por via dessas disposições legais, a dominialidade do terreno em causa passou automaticamente para o Estado, é inconstitucional, por violar o disposto nos n.ºs 1 e 2 do artigo 62.º da Constituição da República Portuguesa».

As disposições em causa tinham a seguinte redacção:

«Artigo 3.º

1 – (...).

2 – A margem das águas do mar, bem como a das águas navegáveis ou flutuáveis sujeitas à jurisdição das autoridades marítimas ou portuárias, tem a largura de 50 m.

Artigo 5º

1 – Consideram-se do domínio público do estado os leitos e margens das águas do mar e de quaisquer águas navegáveis ou flutuáveis, sempre que tais leitos e margens lhe pertençam, e bem assim os leitos e margens das águas não navegáveis nem flutuáveis que atravessem terrenos públicos do Estado.

2 – Consideram-se objecto de propriedade privada, sujeitos a servidões administrativas, os leitos e margens não navegáveis nem flutuáveis que atravessem terrenos particulares, bem como as parcelas dos leitos e margens das águas do mar e de quaisquer águas navegáveis ou flutuáveis que forem objecto de desafectação ou reconhecidas como privadas nos termos deste diploma.

3 – Consideram-se objecto de propriedade privada, sujeitas a restrições de utilidade pública, as zonas adjacentes.»

---

do Tribunal Constitucional, no sentido de uma progressiva sedimentação de uma precisão delimitativa, cfr. o relatório elaborado pelo Conselheiro Sousa Ribeiro, no âmbito da Conferência Trilateral Espanha/Itália/Portugal (Lisboa, 8 a 10 de Outubro de 2009), *O Direito de Propriedade na Jurisprudência do Tribunal Constitucional*, pp. 17 e ss., disponível in www.tribunalconstitucional.pt.

[772] Publicado no Diário da República, II Série, n.º 150, de 28 de Junho de 2004.

Ponderou-se no acórdão que «prevendo a dimensão normativa em análise uma *automática transferência da propriedade para o domínio público*, apenas com base na classificação de certos bens, pelo preenchimento das previsões legais para tanto, e *sem pagamento de «justa indemnização»*, tem de concluir-se que essa dimensão normativa viola o artigo 62.º, n.º 2, da Constituição da República Portuguesa».

Com esse entendimento foram julgadas inconstitucionais, por violação deste preceito constitucional, as normas dos artigos 3.º, n.º 2, e 5.º do Decreto--Lei n.º 468/71, quando interpretadas naquele sentido.

Ora, o artigo 15.º, nº 1, da Lei n.º 54/2005, ao fazer ingressar automaticamente no domínio público as parcelas de leitos ou margens das águas do mar ou de quaisquer águas navegáveis ou flutuáveis, pertencentes a particulares que não intentem a respectiva acção judicial de reconhecimento até 1 de Janeiro de 2014, é uma medida legislativa expropriativa do direito de propriedade daqueles particulares, os quais, não obstante poderem estar em condições de proceder à prova documental depois dessa data, ficam privados do respectivo direito e nem sequer terão direito a perceber a adequada indemnização, o que equivale a um confisco, o qual consiste numa apreensão pura e simples de bens por parte do Estado[773].

Sendo certo que a integridade do direito de propriedade, direito real máximo, só será respeitada se uma indemnização, correspondente ou adequada, representar para o titular do bem expropriado a compensação devida. Impondo, desde logo, a nossa Lei Fundamental que todo o acto ablativo de propriedade envolve indemnização (art. 62.º, n.º 2).

O n.º 1 do art. 15.º da Lei n.º 54/2005 mostra-se igualmente inconstitucional, na medida em que priva «os cidadãos do exercício do direito de acção judicial, assim violando o direito de acesso ao direito e à tutela jurisdicional efectiva, plasmado no artigo 20.º da Constituição»[774].

O direito de acesso ao direito e à tutela jurisdicional efectiva «é uma *norma--princípio* estruturante do Estado de Direito democrático ... e de uma Comunidade de estados (União Europeia) informada pelo respeito dos direitos do homem, das liberdades fundamentais e do estado de direito (TUE, art. 6º).

---

[773] Cfr. Pires de Lima e Antunes Varela, *Código...*, cit., p. 106.
[774] João Miranda, *A titularidade* ... cit., p. 14.

Ele é um corolário lógico do monopólio tendencial da solução dos conflitos por órgãos do Estado ou dotados de legitimação pública, da proibição da autodefesa e das exigências de paz e segurança jurídicas. Apesar de ser uma garantia de natureza universal e geral, o direito de acesso aos tribunais não exclui ... o estabelecimento de *prazos de caducidade*, para levar as questões a tribunal (desde que os prazos não sejam arbitrariamente curtos ou arbitrariamente desadequados, dificultando irrazoavelmente a acção judicial)... »[775].

No que concerne ao princípio da proporcionalidade, pode dizer-se que ele é, nesta área, «um prisma valorativo central, por imediatamente convocado pela própria estrutura problemática das questões de constitucionalidade em torno do direito de propriedade», pois estando «em causa a legitimidade de normações restritivas de um direito fundamental, põe-se de imediato a necessidade de avaliar a justificação da vigência desse regime, bem como o modo e a medida das restrições por ele introduzidas»[776].

Como se escreveu no Acórdão do Tribunal Constitucional n.º 391/2002[777]:

«Com efeito, não é incompatível com a tutela constitucional da propriedade a compressão desse direito, desde que seja identificável uma justificação assente em princípios e valores também eles com dignidade constitucional, que tais limitações ou restrições se afigurem necessárias à prossecução dos outros valores prosseguidos e na medida em que essas limitações se mostrem proporcionais em relação aos valores salvaguardados (...)».

Pensamos, porém, que a restrição operada pelo n.º 1 do artigo 15.º da Lei n.º 54/2005, não se afigura necessária à prossecução dos outros valores prosseguidos pela norma – o de pôr fim à instabilidade na base dominial -, nem que essa restrição seja proporcional em relação aos valores que a norma pretende salvaguardar, se tivermos em consideração que a propositura de acções para reconhecimento da propriedade não está geralmente dependente de qualquer prazo[778].

Com a solução consagrada no artigo 15.º, n.º 1, da Lei n.º 54/2005, é também afectado o princípio do Estado de Direito democrático, na sua dimensão

---

[775] Gomes Canotilho e Vital Moreira, *Constituição da República Portuguesa Anotada*, vol. I, 4.ª edição revista, Coimbra Editora, 2007, p. 409.
[776] Sousa Ribeiro, *O Direito de Propriedade...*, Conferência Trilateral ...cit., p. 45.
[777] Publicado no Diário da República, II série, n.º 42, de 19 de Fevereiro de 2003.
[778] Cfr. João Miranda, *A titularidade...*cit., pp.14-15.

relativa à segurança jurídica de todos aqueles que depositaram uma confiança nas actuações dos poderes públicos[779].

Com efeito, «sendo o objecto do direito fundamental de propriedade privada uma emanação da ordem jurídica, e não uma determinada parcela da realidade, a segurança jurídica é, de certo modo, conatural à garantia constitucional, posicionando-se como seu valor fundante e elemento constitutivo.

A criação, através do Direito, de segurança no domínio e na exploração dos bens postula, mais amplamente (para além da consagração do direito de propriedade privada), um sistema institucional de instrumentos e mecanismos jurídicos e de normas organizatórias e procedimentais, aptos a propiciar certeza quanto à situação jurídica dos bens e a definir competências claras quanto à produção de efeitos (e sua oponibilidade) dos actos que os têm por objecto.

Desse sistema operativo da segurança do comércio jurídico faz parte, como componente fundamental, o registo de certas categorias de actos e a regra da inoponibilidade a terceiros dos actos registáveis e não registados»[780].

Ora, os particulares que registaram a seu favor a propriedade dos terrenos implantados em parcelas do domínio público, gozam nessa medida da presunção da titularidade não só de que o direito existe, tal como consta do registo, como de que pertence, nesses precisos termos, ao titular inscrito (artigo 7.º do Código do Registo Predial)[781], pelo que não podem os mesmos, sob pena de violação do princípio da segurança, perder a condição de titulares daqueles terrenos, só porque não interpuseram uma acção judicial destinada a obter o reconhecimento de um direito que se presume pertencer-lhes, sabendo-se, ademais, que quem tem a seu favor a presunção legal escusa de provar o facto a que ela conduz (artigo 350.º, n.º 1, do Código Civil).

A solução consagrada na lei afigura-se também dificilmente compatível com a inexistência de um registo das águas do domínio público e, em geral, de um registo de bens do domínio público, isto não obstante a obrigação que

---

[779] Idem, ibidem.
[780] Sousa Ribeiro, *O Direito de Propriedade* ..., Conferência Trilateral..., cit.., pp. 49-50.
[781] É a consagração do princípio da presunção da verdade registal ou da exactidão do registo, também chamado da fé pública registal, significando que o que consta do registo é juridicamente existente e consequentemente quem aparece no registo como titular de um direito real sobre um bem imóvel é o seu verdadeiro titular, dele podendo dispor - Seabra Lopes, *Direito dos Registos e do Notariado*, 6.ª edição, Almedina, 2011, p. 346.

o legislador impôs ao Estado, através do Instituto da Água[782], de organizar e de manter actualizado um registo das águas do domínio público, procedendo às classificações necessárias, nomeadamente quanto à navegabilidade e flutuabilidade dos cursos de água, lagos e lagoas (artigo 20.º, n.º 1, da Lei n.º 54/2005, de 15 de Novembro).

Essa obrigação está por cumprir até à presente data, o que torna ainda mais complexa a prova para os particulares que pretenderem ver reconhecida a sua propriedade privada sobre determinados bens.[783]

4.4. Prova dos direitos adquiridos. O ónus da prova

Depois da incursão feita pelos problemas de constitucionalidade que suscita a norma do n.º 1 do artigo 15.º da Lei n.º 54/2005, cumpre, por último, analisar cada uma das quatro situações em que, segundo aquele artigo, pode encontrar-se o particular que pretende ser reconhecido como proprietário de uma parcela do leito ou da margem.

Na primeira situação, contemplada no nº 1, o interessado que pretenda obter o reconhecimento da sua propriedade sobre parcelas de leitos ou margens das águas do mar ou de quaisquer águas navegáveis ou flutuáveis, tem de provar documentalmente a entrada no domínio privado, por título legítimo, do respectivo terreno em data anterior a 31 de Dezembro de 1864 ou a 22 de Março de 1868, tratando-se arribas alcantiladas.

A doutrina deste artigo, que já havia sido acolhida no n.º 1 do artigo 8.º do Decreto-Lei n.º 468/71, sancionou a orientação pacífica da Comissão do Domínio Público Marítimo de admitir a favor do Estado uma presunção *juris tantum* de dominialidade de tais terrenos, impondo aos interessados o ónus da prova que os mesmos lhe pertencem[784].

Constituem justo título ou título legítimo de aquisição, entre outros, os expressamente indicados no artigo 1316.º do Código Civil: contrato, sucessão por morte, usucapião, ocupação e acessão. Trata-se, porém, de uma enumeração

---

[782] Actualmente Agência Portuguesa do Ambiente, I.P. (APA, I.P.) - cfr. Decreto-Lei n.º 56/2012, de 12 de Março.
[783] Cfr. João Miranda, *A titularidade...*, cit., p. 15
[784] Cfr. Mário Tavarela Lobo, *Manual* ..., cit., p. 227.

exemplificativa, como resulta da utilização, na parte final do artigo, da fórmula *"e demais modos previstos na lei"*.

As águas originariamente públicas que tenham entrado no domínio privado até 21 de Março de 1868, por preocupação, doação régia ou concessão consideram-se também *justo título*, por força do que dispõe o artigo 1386.º do Código Civil[785].

A segunda situação, que vem prevista na alínea a) do n.º 2 do artigo 15.º, é a de o interessado não dispor de documentos idóneos para comprovar o seu alegado direito de propriedade, caso em que se presumem particulares os terrenos em relação aos quais se prove estarem, nas datas mencionadas, na posse em nome próprio de particulares ou na fruição conjunta de indivíduos compreendidos em certa circunscrição administrativa.

Verificada esta situação, os interessados no reconhecimento da sua propriedade beneficiam de uma presunção *juris tantum*, sem prejuízo dos direitos de terceiros, o que equivale a considerar que até prova em contrário a ilidir a presunção, nos termos gerais do n.º 2 do artigo 350.º do Código Civil, o terreno é particular.

O n.º 2 do artigo 15.º, ao contrário do que acontece com o n.º 1, não exige a prova documental, o que significa que, em princípio, são aceites todos os meios de prova admitidos em direito (prova documental, testemunhal, pericial, por inspecção judicial ou através de presunções), salvo a prova por confissão, visto a lei prescrever expressamente a sua inadmissibilidade «se recair sobre factos relativos a direitos indisponíveis» (art. 354.º, alínea b), do Código Civil), e o domínio público é, por definição, indisponível.

De assinalar ainda que não é exigível a demonstração da propriedade, bastando a simples prova da posse sobre os terrenos, o que amplia consideravelmente as possibilidades do interessado[786].

Na terceira situação, prevista na aliena b) do n.º 2, presumem-se igualmente particulares os terrenos em relação aos quais se prove que, antes de 1 de Dezembro de 1892, data da publicação do Decreto n.º 8, que procedeu à organização dos Serviços Hidráulicos, eram objecto de propriedade ou posse

---

[785] Sobre estas modalidades de aquisição, cfr. Pires de Lima e Antunes Varela, *Código* ..., cit., pp. 293- 296.
[786] Cfr. Freitas do Amaral e José Pedro Fernandes, *Comentário* ..., cit., pp. 129-130.

privadas, se se mostrar que os documentos anteriores a 1864 ou 1868, consoante os casos, se tornaram ilegíveis ou foram destruídos por incêndio ou facto semelhante. A presunção funciona, tal como na segunda situação, a favor dos interessados: o ónus recai sobre o Estado[787].

Valem também neste caso as mesmas considerações tecidas relativamente à situação anterior ao nível dos meios de prova admissíveis.

Finalmente, na quarta situação, prevista no n.º 3 do artigo 15º, onde se afasta o regime de prova estabelecidos nas situações anteriores, importa, antes de mais, considerar a desafectação.

Podemos definir desafectação «como o facto jurídico pelo qual uma coisa é distraída do regime de dominialidade a que se encontra sujeita, passando à categoria de coisa do domínio privado»[788].

A desafectação implica assim a cessação da dominialidade, o que ocorre «por virtude do desaparecimento das coisas ou em consequência do desaparecimento da utilidade pública que as coisas prestavam ou de surgir um fim de interesse geral que seja mais convenientemente preenchido noutro regime»[789].

A desafectação pode ser expressa ou tácita, subdividindo-se a primeira ainda em desafectação genérica (quando uma lei retira a natureza dominial a toda uma categoria de bens) e em desafectação singular (quando por lei se determina que certa coisa não possui carácter dominial ou não está afecta a uma utilidade pública)[790].

De acordo com o artigo 19.º da Lei n.º 54/2005, existe uma *reserva de lei* em matéria de desafectação de bens do domínio público hídrico, não sendo admissível que tal operação seja promovida mediante acto administrativo[791].

Nalguns casos a desafectação expressa resulta de nova delimitação ou demarcação, que deixa no domínio privado, *v.g.*, o terreno abandonado pelo recuo das águas do mar e consequente avanço da praia[792].

---

[787] Cfr. Mário Tavarela Lobo, *Manual* ..., cit., p. 228.
[788] Freitas do Amaral e José Pedro Fernandes, *Comentário* ..., cit., p. 131.
[789] Marcello Caetano, *Manual*..., cit., p. 956.
[790] Adopta-se aqui a classificação de Marcello Caetano, *Manual* ..., cit., p. 956 e ss.
[791] Se o for, estaremos perante um acto nulo, como defendem Freitas do Amaral e José Pedro Fernandes, *Comentário* ..., cit.. p. 136.
[792] Cfr. supra II – 4.

Já a desafectação tácita prende-se com a falta de utilização pelo público o que implica a perda da característica pública da respectiva utilidade.

Acompanhando, de novo, Marcello Caetano[793]: «A desafectação tácita significa que a coisa perdeu o carácter público e ficou pertencendo ao domínio privado da pessoa colectiva de direito público sua proprietária. Daí resulta que, a partir do momento em que se haja verificado a tácita desafectação, entra no comércio jurídico-privado e se torna alienável e prescritível».

O legislador da Lei n.º 54/2005 veio acrescentar à situação de desafectação, que já resultava do regime do Decreto-Lei n.º 468/71, a possibilidade de reconhecimento da propriedade privada no caso de se demonstrar que os terrenos foram mantidos na posse pública pelo período necessário à formação de usucapião.

Esta situação «corresponde a uma *"válvula de escape"*, encontrada pelo legislador para permitir que os eventuais interessados possam ver reconhecido a propriedade sobre os terrenos em causa, que se justifica plenamente em face da intervenção restritiva consagrada no n.º 1 do artigo 15.º da Lei n.º 54/2005, de 15 de Novembro»[794].

O que importa assinalar a este propósito, sem esquecer que para conduzir à usucapião a posse tem de ser sempre pública e pacífica, uma vez que os restantes caracteres (boa ou má fé, titulada ou não) influem apenas no prazo[795], é o facto dos prazos a que se alude nos artigos 1294.º e 1296.º do Código Civil, deverem ser acrescidos em metade, como resulta do artigo 1.º da Lei n.º 54, de 16 de Julho de 1913, mantida em vigor pelo artigo 1303.º do Código Civil[796].

Mas se isto é assim quanto aos bens pertencentes ao domínio privado do Estado, o mesmo não se verifica quanto aos imóveis do domínio público, que não são usucapiáveis[797]. Deste modo, um particular que pretenda ver reconhecida judicialmente a propriedade privada sobre parcelas de leitos e margens públicos, invocando a usucapião, «terá de proceder a uma reconstituição de

---

[793] *Manual* ..., cit., p. 958.
[794] João Miranda, *A titularidade* ..., cit., p. 17.
[795] Cfr. Henriques Mesquita, *Direitos Reais*, Sumários das Lições ao ano de 1966-1967, Coimbra (policopiado), p. 112.
[796] Cfr. Oliveira Ascensão, *Direitos Reais*, Lisboa, 1978, Almedina, p. 339.
[797] Cfr. o artigo 19.º do Decreto-Lei n.º 280/2007, de 7 de Agosto, diploma que corporiza a reforma do regime do património imobiliário público.

todo o historial relativo à situação dos bens, fazendo prova de que os mesmos já eram privados antes de 31 de Dezembro de 1864 ou, tratando-se de arribas alcantiladas, antes de 22 de Março de 1868. Isto significa que valem aqui os mesmos prazos definidos no n.º 1 do artigo 15.º da Lei n.º 54/2005, de 15 de Novembro»[798].

5. Conclusões

No final deste rápido percurso, podemos apurar que:

1. O regime actualmente consagrado no artigo 15.º, nº 1, da Lei n.º 54/2005, veio estabelecer duas inovações importantes face ao regime anterior: *i)* o reconhecimento da propriedade privada sobre parcelas de leitos e margens públicos passa a ser efectuado pelos Tribunais e não pela Administração Pública; *ii)* um prazo para o exercício do direito de acção judicial para reconhecimento da propriedade privada (1 de Janeiro de 2014), sob pena de caducidade do referido direito;

2. Se é de aplaudir a primeira das referidas alterações, uma vez que o reconhecimento da propriedade privada integra a *reserva de jurisdição* e constitui um acto materialmente jurisdicional, já a segunda alteração suscita as maiores reservas, na medida em que a solução legal encontrada visando pôr terminar com a instabilidade na base dominial, viola normas e princípios constitucionais.

3. Ao fazer ingressar automaticamente no domínio público as parcelas de leitos ou margens das águas do mar ou de quaisquer águas navegáveis ou flutuáveis, pertencentes a particulares que não intentem a respectiva acção judicial de reconhecimento até 1 de Janeiro de 2014, o artigo 15.º, nº 1, da Lei n. 54/2005, constitui uma medida legislativa expropriativa do direito de propriedade daqueles particulares, que não só ficam privados do respectivo direito como não terão direito a perceber a adequada indemnização, o que

---

[798] João Miranda, *A titularidade* ..., cit., p. 18.

equivale a um confisco, violando desse modo o disposto no artigo 62.º, n.º 2, da Constituição;

4. A norma em causa mostra-se igualmente inconstitucional, na medida em que priva os cidadãos do exercício do direito de acção judicial, violando assim o direito de acesso ao direito e à tutela jurisdicional efectiva, consagrado no artigo 20.º da Constituição. Isto porque opera uma restrição que não é necessária à prossecução dos outros valores prosseguidos pela norma – colocar um fim à instabilidade na base dominial -, nem é proporcional em relação aos valores que a norma pretende salvaguardar, se tivermos em consideração que a propositura de acções para reconhecimento da propriedade não está geralmente dependente de qualquer prazo;

5. Com a solução consagrada no artigo 15º, n.º, 1, da Lei n.º 54/2005, fica também afectado o princípio do Estado de Direito democrático, na sua dimensão relativa à segurança jurídica de todos aqueles que depositaram uma confiança na actuação dos poderes públicos, sendo inaceitável que particulares que registaram a seu favor a propriedade dos terrenos implantados em parcelas do domínio público, e que gozam nessa medida da presunção da titularidade não só de que o direito existe, tal como consta do registo, como de que pertence, nesses precisos termos, ao titular inscrito, percam a condição de titulares daqueles terrenos só porque não interpuseram uma acção judicial que visa o reconhecimento de um direito que se presume pertencer-lhes;

6. O n.º 3 do artigo 15.º da Lei n.º 54/2005 veio acrescentar à situação de desafectação, que já resultava do regime do Decreto-Lei n.º 468/71, a possibilidade de reconhecimento da propriedade privada no caso de se demonstrar que os terrenos foram mantidos na posse pública pelo período necessário à formação de usucapião, o que constitui uma *"válvula de escape"*, encontrada pelo legislador para permitir que os eventuais interessados possam ver reconhecida a propriedade sobre os terrenos em causa, o que tem plena justificação face à intervenção restritiva consagrada no n.º 1 do artigo 15.º da Lei n.º 54/2005;

7. Contudo, uma vez que os imóveis do domínio público não são usucapiáveis, se um particular pretender ver reconhecida judicialmente a propriedade privada sobre parcelas de leitos e margens públicos, invocando a usucapião, terá de proceder a uma reconstituição de todo o historial relativo à situação dos bens, fazendo prova de que os mesmos já eram privados antes de 31 de Dezembro de 1864 ou, tratando-se de arribas alcantiladas, antes de 22 de Março de 1868, o que significa que valem aqui os mesmos prazos definidos no n.º 1 do artigo 15.º da Lei n.º 54/2005.

Referências bibliográficas

– AMARAL, Diogo Freitas do; FERNANDES, José Pedro, *Comentário à Lei dos Terrenos do Domínio Hídrico*, Coimbra Editora, 1978.
– ASCENSÃO, José de Oliveira, *Direitos Reais*, Almedina, 1978.
– CAETANO, Marcello, *Manual de Direito Administrativo*, vol. II, 10.ª edição, 6.ª reimpressão, Almedina, Coimbra, 1999,
– CANOTILHO, J. J. Gomes; MOREIRA, Vital, *Constituição da República Portuguesa*, vol. I, 4.ª edição revista, Coimbra Editora, 2007.
– GONÇALVES, Luís Cunha, *Tratado de Direito Civil*, vol. III, Coimbra Editora, Coimbra, 1930.
– LIMA, Pires de; VARELA, Antunes, *Código Civil Anotado*, vol. III, 2.ª edição revista e actualizada, Coimbra Editora, 1984.
– LOBO, Mário Tavarela, *Manual do Direito das Águas*, vol. I, 2.ª edição revista e ampliada, Coimbra Editora, 1999.
– LOPES, J. de Seabra, *Direito dos Registos e do Notariado*, 6.ª edição, Almedina, Coimbra, 2011.
– LOPES, J. Vicente, *Estudo sobre o Domínio Público*, Boletim da comissão do domínio público marítimo, n.º 4, 1947.
– MESQUITA, Manuel Henriques, *Direitos Reais, Sumário das Lições ao Curso de 1966-1967*, Coimbra (policopiado).
– MIRANDA, João, *A titularidade e a administração do domínio público hídrico por entidades públicas*, texto da aula proferida no dia 19 de Outubro de 2012 no âmbito do Curso de Pós-Graduação em Direito Administrativo do Mar, disponível no sítio do Instituto de Ciências Jurídico-Políticas da Faculdade de Direito de Lisboa (www.icjp.pt), na área Alumni.
– MOREIRA, Guilherme Alves, *As Águas no Direito Civil Português*, Livro I, Coimbra Editora, 1920,
– QUEIRÓ, Afonso Rodrigues, *As Praias e o Domínio Público*, Estudos de Direito Público, Universidade de Coimbra, vol. II, Obra Dispersa, Tomo I, 2000.
– RIBEIRO, Joaquim de Sousa, *O Direito de Propriedade na Jurisprudência do Tribunal Constitucional*, relatório elaborado no âmbito da Conferência Trilateral Espanha/Itália/Portugal (Lisboa, 8 a 10 de Outubro de 2009), disponível in www.tribunalcosntitucional.pt./tc/conteudo/files/textos/textos0202_trilateral2009.pdf

A INSTALAÇÃO DE ESTABELECIMENTOS DE PRODUÇÃO AQUÍCOLA NO ESPAÇO MARÍTIMO

Margarida Almodovar
Licenciada em Arquitetura Paisagista, pela Universidade de Évora

1. Introdução

Na Europa, atualmente, a aquicultura representa aproximadamente 20% da produção de peixe[799], empregando cerca de 65 000 pessoas (emprego direto). O grande desafio que se coloca passa por uma renovação do setor, de modo a permitir dar resposta a níveis de qualidade e produção elevados, assentes em métodos inovadores e competitivos.

Em 2010, a nível mundial, a China aparece como o maior produtor de aquicultura, seguido pelo Vietnam, Indonésia, Bangladesh, Tailândia, Noruega, Egipto e Filipinas que representam em conjunto cerca de 87% da produção mundial concorrendo com os mercados europeus, que têm ainda uma expressão reduzida[800].

---

[799] http://ec.europa.eu/fisheries/cfp/aquaculture/index_en.htm
[800] http://www.fao.org/corp/statistics/en/, FAO Year Book 2010, FAO 2012 (OVERVIEW: MAJOR TRENDS AND ISSUES)

Cerca de metade do peixe consumido em todo o mundo é proveniente da aquicultura, representando, na Europa, cerca de 2/3 impondo, estes números, a procura de um novo rumo para a produção aquícola.

As excelentes condições ambientais que podem ser encontradas nas águas da Europa podem constituir um trunfo relativamente à concorrência do qual se tem que tirar o melhor partido para estimular o investimento na aquicultura. Nesse sentido, a Comissão Europeia tem manifestado a necessidade de serem apresentadas orientações estratégicas para o setor.[801]

Em termos de consumo de peixe, Portugal apresenta valores da ordem dos 61.6 kg/pessoa/ano, o que representa um dos valores mais elevados na Europa e coloca Portugal no terceiro lugar a nível mundial. Contudo, os valores para 2010 são extremamente desequilibrados considerando as necessidades de consumo, se olharmos para os níveis de captura (222 944t/ano) e de produção aquícola (3 190t/ano).

Esta realidade necessita de ser invertida quer para acompanhar a tendência Europeia, quer para que Portugal fique progressivamente menos dependente do exterior, permitindo, simultaneamente, robustecer a atividade aquícola que se considera fundamental para a afirmação da Economia do Mar, ao mesmo tempo que se contribui para o equilíbrio da balança comercial externa.

A posição geográfica que Portugal ocupa no Atlântico Nordeste e a extensão do *Mar Português* fazem acreditar que a aquicultura pode constituir uma atividade ambiental, social e economicamente sustentável, concorrendo para o Crescimento Azul. A significativa dimensão da zona económica exclusiva (ZEE) é representativa da expressão que o *Mar Português* tem no contexto europeu e esta realidade é tanto mais evidente quando consideramos a extensão da plataforma continental que transforma Portugal no maior país submerso da Europa, dando, assim, uma nova centralidade ao espaço europeu.

O desenvolvimento da atividade aquícola em Portugal seja em terra, em águas interiores de transição, seja no espaço marítimo, está regulada por normas jurídicas de caráter obrigatório. Dependente da natureza pública ou privada dos bens, os procedimentos podem ser distintos, mas impõem sempre

---

[801] (11/11/2012) Speech by Lowri Evans - Conference of the Chairpersons of Agriculture Committees Cyprus, 11-12 November 2012

a necessidade da intervenção de órgãos, agentes ou entidades públicas, com o objetivo de assegurar a sistematização e salvaguarda do interesse público.

A transparência e a segurança jurídica são, a par de outros aspetos de natureza eminentemente técnica, fatores determinantes para o desenvolvimento do setor da aquicultura.

Propomo-nos, neste trabalho, avaliar o contexto em que se desenvolve a atividade aquícola em Portugal, focando a atenção no espaço marítimo (*in-shore* e *offshore*), procurando evidenciar os requisitos que são exigidos a qualquer investidor que pretenda iniciar a atividade designadamente as que decorrem do quadro administrativo e legal em vigor. Serão abordadas as questões que se prendem com a jurisdição do Estado nas diferentes zonas que constituem o espaço marítimo, e serão analisados os principais instrumentos legais existentes, discutidos os aspetos que se prendem com o licenciamento da atividade e da ocupação do espaço marítimo, procurando identificar os principais constrangimentos que podem existir ao longo do processo e por fim será abordada a simplificação administrativa, encarada como um processo fundamental para o Crescimento Azul que se pretende promover no espaço europeu e evidenciando as questões que se prendem com a jurisdição do Estado nas diferentes zonas que constituem o espaço marítimo.

2. Desenvolvimento

Destaca-se aqui o Relatório Técnico, Economia do Mar em Portugal, desenvolvido no contexto da revisão da Estratégia Nacional para o Mar, e o Relatório *Blue Growth for Portugal* uma visão empresarial da economia do mar[802].

Nos últimos anos e em particular durante o ano de 2012, foram apresentados diversos estudos e documentos que revelam tendências para o crescimento de atividades económicas no espaço marítimo, em particular para as atividades tradicionais, mas também para as atividades emergentes, como é o caso das energias renováveis.

E se é já evidente a tendência da inversão dos setores da economia do mar, o desafio que se coloca é tanto maior se considerarmos a dimensão do espaço

---

[802] 'Blue Growth for Portugal: Uma visão empresarial da economia do mar', Tiago Pitta e Cunha, COTEC Portugal – Associação Empresarial para a Inovação, no período de setembro de 2011 a novembro de 2012

marítimo português que está a caminho de ter 4 milhões de quilómetros quadrados quando se encontrar concluído o processo de extensão da plataforma continental[803], o que corresponde, aproximadamente, a 40 vezes o território nacional emerso e "equivale a 91% da área emersa da União Europeia".

Esta crescente importância da Economia do Mar e Crescimento Azul impõem, assim, uma reflexão sobre o modo como a Administração Pública exerce a sua função e, em particular, como são afetos os bens públicos ao uso privado, quais as matérias e funções que assistem neste exercício e quais os instrumentos legais que o enquadram.

A gestão do espaço marítimo deve atender, prioritariamente, à salvaguarda do interesse público nas suas diversas componentes (proteção do ambiente, conhecimento e investigação, exploração sustentada dos recursos naturais, segurança, vigilância e monitorização).

Os dados acima referidos revelam claramente que a aquicultura nacional constitui uma importante alternativa às formas tradicionais de abastecimento de pescado, sendo, por isso, considerado pelo Governo um setor estratégico nacional. A aquicultura portuguesa deverá estar posicionada para tirar partido de um mercado nacional, grande consumidor de peixe, e de um mercado comunitário altamente deficitário em produtos da pesca. Portugal possui tradição na moluscicultura, na produção de peixes de água doce e salgada, assim como tecnologia moderna, empresários empenhados e condições geográficas e climáticas adequadas ao desenvolvimento desta atividade[804] que deverá considerar a abordagem ecossistémica, respondendo, também aqui, e desde logo, ao repto lançado pela Estratégia Marítima da União Europeia para a Área do Atlântico (EMUEAA).

Importa, pois, perceber quais são os procedimentos necessários para a instalação de um estabelecimento de aquicultura e quais os principais constrangimentos que podem ser identificados ao longo do processo. Propomo-nos fazer uma análise que não sendo exaustiva, permita evidenciar os requisitos que são exigidos a qualquer investidor que pretenda iniciar a atividade aquícola e o percurso administrativo que lhe é imposto.

---

[803] De acordo com a proposta portuguesa para a Extensão da Plataforma Continental portuguesa apresentada, em 2009, à Comissão de Limites de Plataformas Continentais (CLPC) da ONU

[804] http://www.dgrm.min-agricultura.pt/xportal/

Tomaremos por referência apenas as situações relativas a uma pretensão com incidência no **espaço marítimo**, considerando, neste caso, como espaço marítimo aquele que se situa para além da linha de base normal[805] e se estende até às 200 milhas náuticas.

A atividade aquícola pressupõe, na maioria das situações, a instalação de estabelecimentos de culturas marinha, em águas salgadas e salobras, em zonas estuarinas e lagunares na zona costeira (*inshore*) ou em mar aberto (*offshore*). Em qualquer das localizações existe a necessidade de ser atribuído um título que legitime a utilização privativa de um bem que é, na maioria das situações, público.

Paralelamente decorre o processo inerente à instalação do estabelecimento de aquicultura (licenciamento da atividade) e o início da exploração que se desenvolve sob a coordenação das entidades responsáveis pelo licenciamento e regulação do sector.

Para além dos aspetos do licenciamento, que são cruciais para a instalação de qualquer estabelecimento aquícola, como poderemos ver de seguida, existem outras questões de índole diversa, designadamente as que se prendem com a segurança marítima e assinalamento, e as que resultam do cumprimento das disposições ambientais, que importa analisar e que são fundamentais acautelar no contexto da utilização sustentável do espaço marítimo.

2.2. O enquadramento legal

Neste ponto pretende-se analisar o processo de licenciamento no espaço marítimo com especial incidência para os estabelecimentos de aquicultura, procedendo-se a uma visitação dos principais instrumentos que devem ser considerados quer no domínio do direito internacional, quer nacional, sem contudo existir a preocupação de fazer um exercício exaustivo, que não se coaduna com a natureza do presente trabalho. A análise será feita procurando evidenciar a forma como os atuais processos decorrem e os principais constrangimentos que podem ser apontados. Será ainda dada especial enfâse

---

[805] *Linha de base normal - Salvo disposição em contrário da presente Convenção, a linha de base normal para medir a largura do mar territorial é a linha da baixa-mar ao longo da costa, tal como indicada nas cartas marítimas de grande escala, reconhecidas oficialmente pelo Estado costeiro.* Artigo 5.º da Convenção das Nações Unidas para o Direito do Mar (UNCLOS)

às instalações *offshore*, procurando identificar os processos já concluídos em águas costeiras e em águas territoriais, analisando o modelo utilizado e evidenciando as questões que se colocam no licenciamento no Espaço Marítimo para além das Águas Costeiras.

Os Limites das Zonas Marítimas e os poderes do Estado

Portugal ratificou a Convenção das Nações Unidas sobre o Direito do Mar (UNCLOS), de 10 de Dezembro de 1982, em 1997[806], reafirmando, para efeitos de delimitação do mar territorial, da plataforma continental e da zona económica exclusiva, os direitos decorrentes da legislação interna portuguesa no que respeita ao território continental.

A primeira questão que importa analisar é o limite interior do espaço marítimo – linha de base normal, conforme referido na Convenção das Nações Unidas sobre o Direito do Mar (UNCLOS) e o modo como o Estado exerce os seus poderes de soberania e jurisdição. Os limites que aqui são estabelecidos são importantes para determinar os poderes do Estado e regulamentar a sua atuação (figura 1).

No edifício jurídico nacional a Lei n.º 34/2006 de 28 de julho, estabelece os limites das zonas marítimas e regula o exercício dos poderes do Estado Português nas zonas marítimas sob soberania ou jurisdição nacional e no alto mar. Do que este diploma dispõe em matéria de poderes do Estado merece uma referência os artigos 13º, 14º e 16º, respetivamente *Âmbito dos poderes, Entidades competentes e Atividades de fiscalização e exercício do direito de visita*.

---

[806] Por Decreto do Presidente da República n.º 67-A/97, de 14 de outubro

A INSTALAÇÃO DE ESTABELECIMENTOS DE PRODUÇÃO AQUÍCOLA NO ESPAÇO MARÍTIMO

Figura 1 – Poderes do Estado

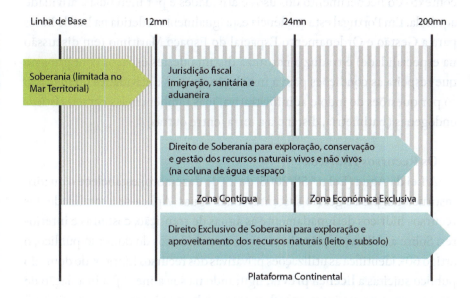

No Espaço Marítimo[807], os poderes de soberania e jurisdição nacionais são distintos, sendo plenos apenas até ao limite exterior do Mar Territorial (12 milhas náuticas).

Na zona contígua ao Mar Territorial, designada por Zona Contígua, que não pode exceder as 24 milhas náuticas, contadas a partir das linhas de base que servem para medir a largura do mar territorial, o Estado pode tomar medidas para evitar as infrações às leis e regulamentos aduaneiros, fiscais, de imigração ou sanitários, bem como reprimir as infrações às leis e regulamentos, no seu território ou no seu mar territorial[808].

Esta separação de poderes acaba por vir influenciar as tendências que se verificam no contexto europeu e mesmo internacional quando é estabelecido o sistema de ordenamento do espaço marítimo que apontam para que o espaço marítimo compreendido entre a linha de base e o mar territorial seja tratado separadamente do espaço marítimo compreendido entre o limite exterior do

[807] Para efeitos do presente trabalho considera-se Espaço Marítimo o espaço compreendido entre a linha de base normal e o limite exterior da Extensão da Plataforma Continental
[808] Artigo 33º, da Convenção das Nações Unidas sobre o Direito do Mar e acordo relativo à aplicação da parte xi da Convenção

mar territorial e a zona económica exclusiva[809], e que deve ser atendida no contexto do licenciamento dos usos e atividades e por inerência à atividade aquícola. Em Portugal esta tendência está igualmente refletida na Lei de Bases para a Gestão e Ordenamento Espacial do Espaço Marítimo (em discussão na especialidade) e traduz a natureza distinta destes espaços contíguos no que respeita às condições para a instalação de usos e atividades ditadas não só por questões de índole administrativa, mas também pelas características endógenas (batimetria, distância a terra, entre outras).

Os Recursos Hídricos

A Lei da Água (Lei n.º 58/2005, de 29 de dezembro) estabelece o quadro institucional para a gestão sustentável das águas. Aplica-se à totalidade dos recursos hídricos designadamente às águas de transição, costeiras e interiores. Sobre a utilização privativa dos recursos hídricos do domínio público, o artigo 60º, identifica as utilizações privativas dos recursos hídricos do domínio público sujeitas a **licença prévia,** figurando na sua alínea "j) a instalação de infraestruturas e equipamentos flutuantes, culturas biogenéticas e marinhas". O artigo 67º do mesmo diploma refere que a "licença confere ao seu titular o direito a exercer as atividades nas condições estabelecidas por lei ou regulamento, para os fins, nos prazos e com os limites estabelecidos no respetivo título. A licença é concedida pelo prazo máximo de 10 anos, consoante o tipo de utilizações, e atendendo nomeadamente ao período necessário para a amortização dos investimentos associados".

A Lei da Água aplica-se a todos os recursos hídricos mencionados no n.º 1, do artigo 1º (águas interiores, de transição e costeiras e águas subterrâneas), havendo uma sobreposição com o Espaço Marítimo no espaço compreendido entre a «Linha de base» – a linha que constitui a delimitação interior das águas costeiras, das águas territoriais e da zona económica exclusiva e a delimitação exterior das águas do mar interior[810] e o limite exterior das águas costeiras,

---

[809] No contexto europeu, o sistema de ordenamento do espaço marítimo tendencialmente considera duas áreas geográficas territoriais distintas – o – 12 milhas náuticas e entre as 12 milhas náuticas e as 200 milhas náuticas (ex. Marine and Coastal Access Act 2009 - http://www.legislation.gov.uk/ukpga/2009/)

[810] Artigo 4º, alínea ii) da Lei n.º 58/2005, de 29 de dezembro

não contemplando, por inerência da incidência espacial do diploma, as águas situadas para além do limite exterior das águas costeiras[811].

O Decreto-Lei n.º 226-A/2007, de 31 de maio, vem regular, em complemento com o que sobre esta matéria já se encontrava regulado pela Lei da Água, designadamente a natureza dos títulos que legitimam uma utilização privativa do domínio público hídrico, **a autorização, licença ou concessão**.

Este regime revela preocupações com a simplificação administrativa, e com os direitos dos utilizadores prevendo mecanismos de revogação dos títulos.

Prevê ainda a realização de consultas a outras entidades cujo envolvimento seja necessário em função da matéria/atividade. Para o caso dos estabelecimentos aquícolas (Culturas Biogenéticas[812]) está prevista a consulta à Direção Geral de Pescas e Aquicultura (DGPA)[813] e à Direção Geral de Recursos Florestais (DGRF) [814] consoante se tratem, respetivamente de estabelecimentos em águas salobras, salgadas e seus leitos e em águas dulçaquícolas, carecendo a instalação da emissão de parecer favorável destas entidades.

Este diploma considera os estabelecimentos aquícolas como "Culturas Biogenéticas" "as atividade que tinham por finalidade a reprodução, o crescimento, a engorda, a manutenção ou afinação de espécies aquáticas de água doce, salobra ou salgada" – n.º 1, artigo 73º, do Decreto-lei n.º 226-A/2007, de 31 de maio.

A instalação dos estabelecimentos pode ser titulada por licença ou concessão, devendo em qualquer dos casos e sempre que estiver em causa a

---

[811] Águas costeiras – águas superficiais situadas entre a terra e uma linha cujos pontos se encontram a uma distância de 1 milha náutica, na direção do mar, a partir do ponto mais próximo da linha de base a partir da qual é medida a delimitação das águas territoriais, estendendo-se, quando aplicável, ao limite exterior das águas de transição.
[812] A designação de "Culturas Biogenéticas" refere-se a um conceito que tem designações diferentes designadamente na legislação do sector que refere aquicultura.
[813] Com a aprovação do XIX Governo Constitucional, e aprovação da Lei Orgânica do Ministério da Agricultura, do Mar, do Ambiente e do Ordenamento do Território (MAMAOT), a DGPA foi extinta passando as competências, nesta área, a ser exercidas pela Direção-Geral de Recursos Naturais, Segurança e Serviços Marítimos (DGRM)
[814] Com a aprovação do XIX Governo Constitucional e aprovação da Lei Orgânica do Ministério da Agricultura, do Mar, do Ambiente e do Ordenamento do Território (MAMAOT), as competências da DGRF, nesta área, passaram a ser exercidas pelo Instituto da Conservação da Natureza e das Florestas (ICNF)

ocupação de uma parcela do domínio público marítimo, ser antecedida pela publicitação do interesse privado ou através de um procedimento concursal se for da iniciativa exclusiva do Estado.

O processo inerente à atribuição de um título para uma utilização dos recursos hídricos está longe de poder ser considerado simples, estando previstas diversas interações entre o requerente e a entidade licenciadora e entre esta e outros organismos, em função das suas competências e características da utilização conforme ilustra o fluxograma da figura 2.

As autoridades competentes para a atribuição dos títulos de utilização são as Administrações de Região Hidrográfica (ARH)[815] em função da área territorial em que recai a utilização[816].

---

[815] De acordo com a atual orgânica do Ministério da Agricultura, do Mar, do Ambiente e Ordenamento do Território (MAMAOT) as ARH foram extintas ficando as suas competências integradas na Agência Portuguesa do Ambiente, I.P. (APA)
[816] Artigo 12º, do Decreto-lei n.º 226-A/2007, de 31 de maio

Figura 2 – Fluxograma de apoio ao licenciamento dos recursos hídricos (fonte Manual de Apoio o Licenciamento de estabelecimentos de Aquicultura Marinha).

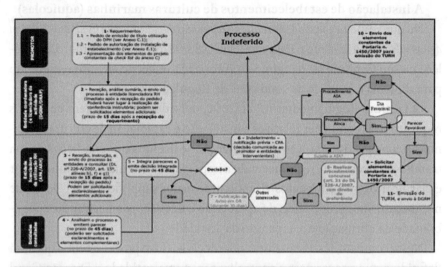

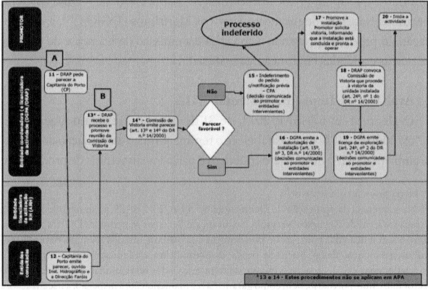

Está previsto que a delimitação das Regiões Hidrográficas e a sua georreferenciação seja feita em normativo próprio, verificando-se que as Regiões não se prolongam para além do limite exterior das águas costeiras, conforme informação geográfica existente no sítio da internet da Agência Portuguesa do Ambiente. I.P.[817].

A instalação de estabelecimentos de culturas marinhas (aquícolas)

No que respeita à *instalação de estabelecimentos de culturas marinhas que utilizem águas salgadas ou salobras*, o Decreto-lei n.º 383/98, de 27 de novembro, estabelece no seu Capítulo III o regime de autorização e licenciamento remetendo para diploma específico as condições de Regulamentação.

O Decreto Regulamentar n.º 14/2000, de14 de setembro, vem definir os requisitos e as condições relativos à instalação e exploração de culturas marinhas e conexos, à atribuição de autorizações e licenças e as condições da sua tramitação e cessação, reconhecendo a importância de atualizar, uniformizar e clarificar os procedimentos visando uma maior simplificação e celeridade nos mecanismos processuais de apreciação e decisão, perspetivando a possibilidade da afirmação e a expansão da atividade.

Neste contexto, justifica-se uma referência ao fluxo procedimental que está definido e que aponta para a centralização, numa entidade – Direção Geral Recursos Naturais, Segurança e Serviços Marítimos (DGRM)[818], a coordenação do processo, prevendo a consulta e a emissão de licença e de parecer de outras entidades em função da matéria[819].

Avaliação de Impacte Ambiental – AIA

O Decreto-lei n.º 151-B/2013, de 31 de outubro, revoga o Decreto-lei n.º 69/2000 de 30 de maio, estabelece o regime jurídico da avaliação do impacte ambiental (AIA) dos projetos públicos e privados suscetíveis de produzirem

---

[817] http://www.apambiente.pt/

[818] Na sequência da aprovação do Decreto-lei n.º 49-A/2012 de 29 de fevereiro, é criada a Direção -Geral de Recursos Naturais, Segurança e Serviços Marítimos (DGRM) tem por missão a execução das políticas de preservação e conhecimento dos recursos naturais marinhos, a execução das políticas de pesca, da aquicultura, da indústria transformadora e atividades conexas, do desenvolvimento da segurança e dos serviços marítimos, incluindo o sector marítimo-portuário, bem como garantir a regulamentação, a inspeção, a fiscalização, a coordenação e o controlo, que sucede nas atribuições, direitos e obrigações à Direção -Geral das Pescas e Aquicultura

[819] Licença de utilização do domínio hídrico emitida por parte da entidade administrante (alínea b) do n.º 3 do artigo 10º e parecer da Capitania no caso do projeto de assinalamento marítimo (alínea j) do n.º 3 e n.º 7 do artigo 10º)

efeitos significativos no ambiente. A AIA é um instrumento preventivo fundamental da política do ambiente e do ordenamento do território. A aplicação ao espaço marítimo é algo que pode ser considerado como residual se analisarmos os anexos I e II do diploma onde estão elencados os projetos sujeitos a AIA. Para o caso particular da atividade da aquicultura apenas é possível identificar uma referência a "Piscicultura intensiva (> 1000t/ano águas costeiras ou > 5000t/ano águas territoriais)"[820]. Contudo existe ainda algum efeito discricionário que se retira do n.º 3 do artigo 1º que refere expressamente: "Os projetos que em função da sua localização, dimensão ou natureza sejam considerados por decisão conjunta do membro do Governo competente na área do projeto, em razão da matéria e do membro do Governo responsável pela área do ambiente, como suscetíveis de provocar um impacte significativo no ambiente, tendo em conta os critérios definidos no Anexo III) ", deixando em aberto a possibilidade, ou não de um projeto ter que ser sujeito a processo de AIA.

2.3. Regimes Especiais

O Decreto Regulamentar n.º 9/2008, de 18 de março, vem criar as regras fundamentais para a instituição de áreas de produção aquícola (APA) para além das águas costeiras, *em mar aberto (offshore)*, e estabelece as condições gerais para a instalação e a exploração dos lotes a atribuir, criando um procedimento que permite ultrapassar as dúvidas sobre a propriedade em aplicar o regime estabelecido no Decreto-lei n.º 226-A/2007, de 31 de maio, para além das águas costeiras.

Esta iniciativa reconhece o interesse económico da atividade e procura dar resposta à crescente procura por parte dos promotores para a instalação de estabelecimentos para a produção aquícola. É feita a identificação de uma zona piloto – Área Piloto de Produção Aquícola da Armona, que terá características de uma zona experimental, e são definidas as condições a que deve obedecer a instalação dos estabelecimentos, as condicionantes em matéria de segurança, ficando ainda expressos os requisitos de monitorização dos parâmetros de

---

[820] Decreto-lei n.º 151/2013, de 31 de outubro, ANEXO II Projetos abrangidos pelo n.º 3 do artigo 1.º, alínea b)

qualidade ambiental (quer ao nível do autocontrole, da responsabilidade do titular da área, quer ao nível do controle global da zona e área de influência da responsabilidade do Estado[821]).

A instituição de áreas produção aquícola para além das águas costeiras, será feita por despacho conjunto dos membros do Governo responsáveis pela área da defesa nacional, do ambiente e das pescas. O n.º 2 do artigo 2º do Decreto Regulamentar n.º 9/2008, de 18 de março, refere que a instituição de áreas de produção aquícola deve ser precedida pela Declaração de Impacte Ambiental, que deverá conter os descritores ambientais adequados à caracterização das áreas de produção aquícola e o respetivo plano de monitorização.

O processo inerente à instalação e licenciamento da atividade está descrito no artigo 4º, e embora não refira a figura de Balcão Único, prevê que o processo tenha início com o pedido de atribuição de licença de utilização do domínio público nos termos da Lei da Água e do Decreto-lei n.º 226-A/2007, de 31 de maio. É evidente a preocupação com a simplificação processual e em minimizar os constrangimentos que são normalmente observados no processo quer por falta de transparência, quer por se verificar a obrigatoriedade de serem cumpridos percursos paralelos, com prazos e procedimentos distintos.

O regime reflete, assim, a necessidade de serem estabelecidas regras especiais para a instalação de estabelecimentos aquícolas em *mar aberto*, também designadas por áreas *off-shore*, e para a criação de agrupamentos de estabelecimentos em zonas identificadas para o efeito[822], por oposição à tendência que se verifica nas águas costeiras, onde os estabelecimentos surgem de uma forma isolada e casuística.

2.4. Simplificação Processual

A análise dos principais instrumentos legais, que regulam a utilização privativa dos recursos hídricos e a atividade aquícola, evidencia que estamos perante dois regimes distintos quer no que respeita ao âmbito, quer à matéria, os quais

---

[821] A alínea b) do n.º 7 do artigo 9º do Decreto Regulamentar n.º 9/2008, de 18 de março, refere o IPIMAR, cujas competências são actualmente exercidas pelo Instituto Português do Mar e da Atmosfera (IPMA)

[822] O n.º 2 do Artigo 3º do Decreto Regulamentar n.º 9/2008, de 18 de março, refere a existência de um Plano Setorial que estabelecerá as exigências para a instalação.

deveriam convergir num contexto da simplificação administrativa e simultaneamente contribuir para aumentar a eficiência interna dos serviços públicos.

A criação do **balcão único** pode ser um caminho, privilegiando a existência de um único portal a partir do qual será possível, para qualquer promotor que pretenda desenvolver uma atividade em território nacional, saber quais os requisitos que têm que ser observados para o estabelecimento da atividade, quais os atos e permissões administrativas necessárias e para apresentar o seu pedido. O balcão único permitirá, ainda, que as formalidades necessárias possam ser realizadas por via eletrónica, de um modo simples e célere, devendo, em qualquer circunstância o processo ser acompanhado por um único interlocutor responsável pelo acompanhamento e informação do mesmo.

Neste contexto e para que fosse possível criar condições que atraíssem novos investimentos para o setor da aquicultura e e dinamizar a atividade reconhecendo a sua importância para a economia do mar foi criado um grupo de trabalho[823] com o objetivo de identificar os constrangimentos que afetam a atividade da aquicultura marinha[824], e apontar caminhos para ultrapassar as situações que podem constituir os principais entraves. Foi produzido um manual – *Manual de Apoio o Licenciamento de estabelecimentos de Aquicultura Marinha*,[825] que contou com a participação de representantes de todos os ministérios com assento na Comissão Interministerial para os Assuntos do Mar (CIAM), o qual evidencia a necessidade de ser **garantida a articulação** entre os organismos responsáveis pelo licenciamento dos recursos hídricos, com os organismos responsáveis pelo licenciamento da actividade. A DGRM e as Direções Regionais de Agricultura e Pescas são reconhecidas como **balcão único**, sendo assim as entidades responsáveis pela receção dos pedidos e o seu encaminhamento para as diferentes entidades em função da matéria e do espaço (lugar). É ressalvada, contudo, a possibilidade do pedido continuar a ser feito diretamente junto das entidades responsáveis pela administração dos recursos hídricos. Merece ainda uma referência a vontade expressa em harmonizar os procedimentos conforme mencionado no n.º 6 do Despacho que prova o *Manual de Apoio o Licenciamento de estabelecimentos de Aquicultura*

---

[823] Despacho Conjunto n.º 420/2006, de 25 de maio
[824] Iniciativa que se enquadrou no projeto "Simplificação processual e de licenciamento de atividades marítimas"
[825] Aprovado pelo Despacho n.º 14585/2010, de 21 setembro

Marinha, que menciona a necessidade de ser desenvolvida uma proposta de modelo-tipo das peças concursais e critérios harmonizados de apreciação de propostas. Confirmando as tendências já reveladas no Despacho Conjunto n.º 420/2006, de 25 de maio, também o n.º 10 do Despacho supra mencionado, vem manifestar a necessidade de ser feita a identificação das novas áreas com potencialidade para a instalação de estabelecimentos de culturas marinhas, tendo em vista a aplicação do procedimento concursal por iniciativa pública.

Os procedimentos previstos, para a instalação de um estabelecimento de aquicultura estão representados de uma forma simplificada na figura 3, sendo identificadas as principais fases. Há algumas fases que são determinantes porque podem condicionar o desfecho do processo, designadamente o **licenciamento do domínio hídrico /recursos hídricos** e o processo de **avaliação de impacte ambiental**.

Figura 3 – Processo de Licenciamento de um Estabelecimento de Aquicultura

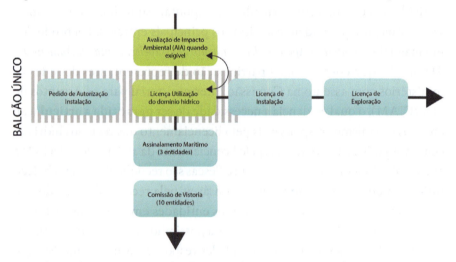

Sobre o licenciamento do domínio hídrico/recursos hídricos importa ainda referir que o mesmo obriga ao cumprimento de um conjunto de procedimentos que se encontram enunciados na legislação que regulamenta o respectivo regime, e que envolve, entre outros, a prestação de uma caução para recuperação ambiental[826].

---

[826] Artigo 22º do Decreto-lei n.º 226-A/2007, 31 de maio

Se é evidente a preocupação em promover a simplificação pocessual, é, por outro lado, também evidente que se mantêm processos administrativos paralelos, designadamente o regime dos recursos hídricos e a legislação que regula a atividade da aquicultura, subsistindo assim divergências quanto ao prazo da licença dos recursos hídricos (espaço) e o prazo paa o exercício da atividade (exploração).

Por outro lado, o licenciamento dos recursos hídricos, para além das águas costeiras, e instalação de estabelecimentos aquícolas merece especial atenção uma vez que não há uma aplicação direta dos regimes acima mencionados.

3. Conclusões

Em sede de conclusões, pretende-se evidenciar os aspetos que podem constituir constrangimentos e apontar o que podem ser os caminhos para a simplificação processual, considerando a plenitude do espaço marítimo e as diferentes zonas sob soberania ou jurisdição nacional

A utilização do espaço marítimo no contexto atual, em que se pretende dinamizar um desenvolvimento económico, ambiental e socialmente sustentável, e promover o crescimento azul, exige uma reflexão cuidada sobre os caminhos que se pretendem seguir para que os constrangimentos identificados possam ser reduzidos e desejavelmente eliminados. Ao nível estratégico da governação impõe-se uma simplificação que tenha como objetivo a redução das barreiras administrativas, que favoreça a transparência, promovendo o investimento e permitindo uma melhor gestão do risco por parte dos promotores. Ao nível operacional esta simplificação impõe-se igualmente, reduzindo as sobreposições de processos, promovendo o exercício de regulação e de fiscalização, e a articulação e complementaridade entre entidades, designadamente clarificando o licenciamento para além das águas costeiras.

A iniciativa do Estado, para promover a criação de novas áreas para a exploração aquícola em *Mar Aberto (off-shore)*, deverá ter por base a identificação de áreas que apresentem potencial para o desenvolvimento sustentável da atividade aquícola, baseado no ordenamento espacial, ponderando a compatibilização com outros usos e atividades concorrentes para o mesmo espaço, com a capacidade de carga do sistema e com a necessidade de acesso e apoios na zona costeira. Esta abordagem está prevista, mas carece de ser concretizada, e deverá, num curto prazo ser traduzida numa estratégia para o setor, evidenciando quais as perspetivas para a sua evolução e afirmação, deixando espaço para a iniciativa privada. A inexistência de uma visão integrada assente numa estratégia global de âmbito nacional, pode constituir um constrangimento devido à incerteza sobre as perspetivas para investimento a médio e longo prazo.

O investimento privado, que se reconhece como fundamental para impulsionar a atividade aquícola, deve assentar em regras claras, estabelecendo-se processos transparentes para a atribuição de concessões para a instalação de estabelecimentos aquícolas em *Mar Aberto (offshore)*. A adoção de processos onde o efeito discricionário seja reduzido à expressão mínima, minimizando os constrangimentos associados à imprevisibilidade deve ser encarada como uma prioridade.

A criação de um balcão único e a identificação de um responsável pelo acompanhamento do processo e informação do promotor, bem como a definição dos processos, acompanhado pela eliminação de duplicações, pela clarificação das fases associadas a cada processo é de extrema importância.

Neste contexto a nova estrutura que resulta da publicação do Decreto-lei n.º 7/2012, de 17 de janeiro, que aprova a orgânica do MAMAOT e prevê a criação da DGRM, entidade que concentra as competências para atribuição dos títulos de utilização do espaço marítimo e licenciar ou participar no licenciamento das atividades a levar a efeito neste espaço, parece constituir uma aposta para a definição de um novo modelo que permitirá criar as bases para **o balcão único**.

Por outro lado a Lei de Bases para a Gestão e Ordenamento Espacial do Espaço Marítimo e diplomas regulamentares permitirão regular a organização e utilização do espaço marítimo nacional na perspetiva da sua plena valorização e otimização, eliminando as lacunas e dando uma nova visão e uma nova prática que se pretende que sejam simplificadas.

4. Bibliografia

CIAM, Manual de Procedimentos de Licenciamento de Estabelecimentos de Aquicultura Marinha, 2010

Comissão Europeia, COM (2011) 782 final, Estratégia Marinha da União Europeia para a Área do Atlântico (EMUEAA), Bruxelas, novembro 2011

DEFRA, A description of the marine planning system for England, march 2011

Direção Geral de Política do Mar, Economia do Mar em Portugal – Relatório Técnico, dezembro de 2012

European Commission, Guidance on Aquaculture and Natura 2000, Sustainable aquaculture activities in the context of the Natura 2000 Network, 2012

Evans, Lowri – Discurso na *Conference of the Chairpersons of Agriculture Committees Cyprus*, 11-12 November 2012

FAO, FAO Year Book 2010 Overview: Major Trends and Issues, 2012

Instituto da Água, I.P. – Utilizações dos Recursos Hídricos – Guias interpretativos do quadro legal em vigor, Conceitos gerais, Sistema Nacional de Informação dos Títulos de Utilização dos Recursos Hídricos, Lisboa 2008;

Pitta e Cunha, Tiago – Blue Growth for Portugal: Uma visão empresarial da economia do mar, COTEC Portugal – Associação Empresarial para a Inovação, no período de setembro de 2011 a novembro de 2012, Dezembro 2012

Outras Fontes:
Ratificação da Convenção das Nações Unidas para o Direito do Mar (UNCLOS), Decreto do Presidente da República n.º 67-A/97, de 14 de outubro;

Regulamentação do exercício da pesca marítima e da cultura de espécies marinhas Decreto-lei n.º 383/98, de 27 de novembro;

Requisitos e condições relativas à instalação e exploração de culturas marinhas e conexos, à atribuição de autorização e licenças e as condições da sua tramitação e cessação, Decreto Regulamentar n.º 14/2000, de14 de setembro;

Lei da Água, Lei n.º 58/2005, de 29 de dezembro

Cria o grupo de trabalho para a elaboração do Manual Apoio o Licenciamento de estabelecimentos de Aquicultura Marinha, Despacho Conjunto n.º 420/2006, de 25 de maio

Limites das zonas marítimas e regula o exercício dos poderes do Estado Português nas zonas marítimas sob soberania ou jurisdição nacional e no alto mar, Lei n.º 34/2006 de 28 de julho;

Regime que regula a atribuição dos títulos de utilização privativa dos recursos hídricos, Decreto-lei n.º 226-A/2007, de 31 de maio;

Regras para a instituição de áreas de produção aquícola, Decreto Regulamentar n.º 9/2008, de 18 de março;

Marine and Coastal Access Act 2009;

Manual de Apoio ao Licenciamento de Estabelecimentos de Aquicultura Marinha, Despacho n.º 14585/2010, de 21 de setembro;

Orgânica do Ministério da Agricultura do Mar, do Ambiente e do Ordenamento do território, Decreto-lei n.º 7/2012, de 17 de janeiro;

Orgânica da Direção Geral de Recursos Naturais, Segurança e Serviços Marítimos, Decreto-lei n.º 49-A/2012 de 29 de fevereiro

Regime jurídico da avaliação do impacto ambiental dos projetos públicos e provados, Decreto-lei n.º 151-B/2013, de 31 de outubro, que revoga o Decreto-lei n.º 69/2000, de 3 de Maio

Sítios consultados:
http://ec.europa.eu/fisheries/cfp/aquaculture/index_en.htm
http://www.dgrm.min-agricultura.pt/xportal/
http://www.defra.gov.uk
http://www.legislation.gov.uk/ukpga/2009/
http://www.apambiente.pt/

A COMERCIALIZAÇÃO E A FORMAÇÃO DO PREÇO DO PESCADO EM PORTUGAL: ENQUADRAMENTO JURÍDICO E ECONÓMICO

Conceição Santos
Licenciada em Engenharia do Ambiente pela Faculdade de Ciências e Tecnologia da Universidade Nova de Lisboa

Introdução

O consumo de pescado

O consumo de produtos da pesca tem um papel fundamental na cadeia alimentar mundial uma vez que não só assegura a subsistência de certas comunidades em países menos desenvolvidos (que dependem de uma pesca de pequena escala como garante de rendimento), como também contribui para a segurança alimentar de todos aqueles que tiram partido da elevada qualidade de proteína que o peixe e os produtos derivados oferecem (FAO, 2010c).

Segundo dados recentes, apresentados pela *Food and Agriculture Organization of the United Nations* (FAO, 2010a e b), o consumo global e *per capita* de peixe tem vindo a aumentar. O consumo global de pescado tem aumentado a uma taxa média de 3.1 % ao ano, desde 1961, quando a população mundial tem aumentado a uma taxa média de 1,7 % ao ano. Estima-se que o consumo *per capita* anual, a nível mundial, tenha aumentado de um valor médio de 9.9 kg, nos anos 60, para 17,1 kg, em 2008. Dadas as condições mundiais, esperava-se, segundo estas referências, que em 2009 este consumo viesse a estabilizar. Contudo, dados mais recentes (FAO, 2012) mostram que o consumo médio de peixe *per capita* em 2009 foi de 18,4 kg, sendo que o pescado contribuía para a dieta com cerca de 16,5% da proteína de origem animal e 6,4% do total de proteína ingerida.

O consumo *per capita* de pescado na Europa aproxima-se dos 22,1 kg/ano, onde Portugal[827] ocupa o segundo lugar, sendo apenas ultrapassado pela Islandia[1,] com 88,3 kg (não considerando as Ilhas Faroé). A Noruega[1] e a Espanha[1] apresentam consumos *per capita* de 50,6 e 43,2 kg, respetivamente (FAO, 2012).

No que se refere à importância das proteínas de peixe no consumo proteico total, Portugal ocupa a 3.ª posição na Europa, com o pescado a garantir cerca de 13,8 % de todas as proteínas ingeridas (não considerando as Ilhas Faroé). Segundo este critério o primeiro lugar é ocupado pela Islândia, com o pescado a contribuir com 20,0 %, e o segundo lugar pela Noruega, com 14,3%. Em Espanha, o pescado contribui com cerca de 12,6%.

Estes dados são eloquentes da importância que o consumo de pescado assume em Portugal, fato que deve ser atendido na análise do cabaz de produtos representativo do consumo das famílias e do peso da fatura do pescado na despesa familiar com alimentação. Neste enquadramento a análise da repartição do valor gerado ao longo da cadeia de comercialização do pescado, bem como a variação dos preços no produtor e no consumidor final são relevantes.

O futuro do setor alimentar mundial é algo incerto estando dependente da tendência conjugada de múltiplos fatores, económicos e outros, mas um aspeto é certo, o consumo de peixe e derivados dependerá da maior ou menor disponibilidade destes recursos, que consequentemente influencia o valor de mercado/preço final.

Com a estagnação, e até diminuição de algumas espécies capturadas no estado selvagem (FAO, 2010b), o aumento da procura de peixe e derivados tem sido garantido à custa dos produtos da aquicultura que, em 2008, contribuiu com cerca de 46 % destes produtos para a dieta humana (FAO, 2010c). A Fig. 1 é eloquente das tendências globais na oferta e no consumo de pescado.

[827] Dados 2007.

Fig. 1 – Oferta e utilização mundial de pescado

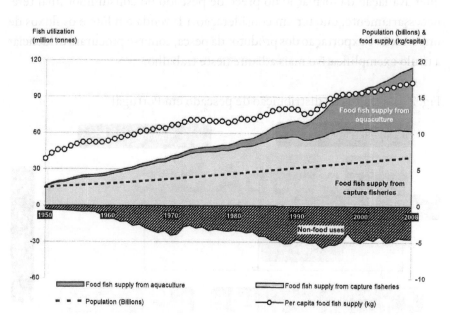

Fonte: FAO (2010b)

Circuitos de comercialização de pescado

O estudo do mercado de pescado tem como moldura de base a identificação: 1) dos circuitos de comercialização estabelecidos desde o produtor, ou seja, desde a captura, até ao consumidor final, e 2) das regras formais ou informais que estão em prática, salientando-se, no contexto deste trabalho, a legislação aplicável.

Uma análise mais detalhada permitirá caracterizar a oferta e a procura, nomeadamente os agentes económicos envolvidos, as relações entre estes, e neste contexto, a formação do preço, bem como as forças que o determinam. A este propósito salienta-se o estudo realizado em 2007 pelo então Ministério da Agricultura, do Desenvolvimento Rural e das Pescas (MADRP, 2007) o qual apresenta os resultados desta avaliação à data. Na Fig. 2 apresenta-se uma esquematização dos circuitos de comercialização representativa para pescado fresco e refrigerado e para as trocas com o exterior. O pescado é um produto que entrou nas cadeias globais de comercialização pelo que qualquer avaliação da formação do preço de pescado no consumidor final terá, necessariamente, que ter em consideração a 1ª venda em lota e os fluxos de importação e exportação dos produtos da pesca, como se procurará evidenciar a título exemplificativo mais adiante neste trabalho.

Fig. 2 – Circuitos de distribuição de pescado em Portugal

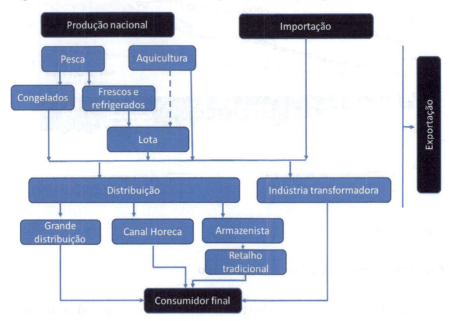

Motivação para esta temática

A pressão sobre os recursos haliêuticos no estado selvagem e a necessidade de assegurar o Bom Estado Ambiental das águas marinhas, como garante dos serviços ecossistémicos prestados às gerações presentes e futuras, é uma realidade presente nas decisões de política. Estes recursos ao serem bens de mercado estão sujeitos a um preço de venda, importando assegurar uma distribuição justa da riqueza gerada ao longo da cadeia de abastecimento, como fator de equidade na sociedade. Contudo, a dinâmica da comercialização do pescado e a formação do preço tem também um forte enquadramento jurídico, nomeadamente, mas não só, decorrente da aplicação da Politica Comum de Pesca da União Europeia. É pois uma área de análise que requer multidisciplinaridade e uma visão global.

Comercialização e formação do preço do pescado em Portugal

Enquadramento legal

Direitos sobre os recursos pesqueiros e respetivas obrigações de preservação à luz do direito internacional

Os produtos da pesca, que são objeto de comercialização, têm origem na atividade da pesca, ou seja, nas capturas efetuadas pelas embarcações de pavilhão português, ao abrigo dos direitos do Estado costeiro na respetiva Zona Económica Exclusiva ou em águas de jurisdição de países terceiros, ao abrigo de acordos internacionais. A estas capturas de recursos selvagens acresce a produção aquícola nacional e as importações de pescado sob diversas formas, fresco, congelado, seco, salgado, fumado ou outras.

A Convenção das Nações Unidas para o Direito do Mar (conhecida pela sigla UNCLOS) (EMEPC, 2010), assinada em Montego Bay em 1982, e que entrou em vigor a 16 de novembro de 1994, estabelece as zonas marítimas em função das quais se definem os direitos dos Estados. Esta convenção encontra-se ratificada por 165 Estados e pela União Europeia sendo por esta razão um instrumento legal de grande relevância.

No Mar Territorial, o artigo 2.º da UNCLOS determina a soberania do Estado Costeiro.

Na Zona Económica Exclusiva, o artigo 62.º da Convenção determina que o Estado Costeiro deve ter por objetivo promover a utilização ótima dos recursos vivos, sem prejuízo da adoção das necessárias medidas de conservação. Acresce, ainda, que o Estado Costeiro deve determinar a sua capacidade de capturar os recursos vivos nesta zona e, quando não tiver capacidade para efetuar a totalidade da captura permissível, deve dar a outros Estados acesso ao excedente desta captura, mediante acordo.

Na redação dos artigos 116.º a 120.º da Convenção estão previstas regras de conservação e gestão dos recursos vivos do Alto Mar. Todos os Estados têm direito a que os seus nacionais se dediquem à pesca no alto mar. As organizações regionais de pesca (ORP), sendo organizações internacionais dedicadas à gestão sustentável de recursos da pesca em águas internacionais, dão resposta à obrigação dos Estados cooperarem entre si para assegurar a sustentabilidade dos recursos marinhos em alto mar em áreas geográficas específicas, reunindo os países interessados na pesca nessas regiões. São constituídas pelos países costeiros da área regulamentada, por países pescadores e por países cooperantes ou observadores.

Na Plataforma Continental, nos termos do disposto no artigo 77.º da Convenção, o Estado Costeiro exerce direitos de soberania para efeitos de exploração e aproveitamento dos seus recursos naturais, direitos que são exclusivos.

Já o regime jurídico dos recursos da Área, que integra o leito do mar, os fundos marinhos e o seu subsolo além dos limites da jurisdição nacional, previsto nos artigos 133.º e seguintes da Convenção, prevê que as atividades aí desenvolvidas devem ser realizadas em benefício da humanidade em geral

Na definição das zonas marítimas, a Lei n.º 34/2006, de 28 de julho, determina a extensão das zonas marítimas sob soberania ou jurisdição nacional e os poderes que o Estado Português nelas exerce, bem como os poderes exercidos no alto mar. Nos termos do disposto no artigo 13.º do referido diploma, os poderes a exercer pelo Estado Português no mar compreendem, sem prejuízo do estabelecido em legislação especial, aqueles que estejam consagrados em normas e princípios do direito internacional que vinculam o Estado Português e nas disposições desta Lei.

No contexto deste trabalho importa destacar as Convenções que instituem Organizações Regionais de Pesca (ORP) no âmbito das quais Portugal dispõe de direitos de pesca em águas internacionais (DGPM, 2012), sendo que a União Europeia é Parte Contratante dessas organizações:

1. Convenção NEAFC – Comissão de Pesca do Atlântico Nordeste
2. Convenção NAFO – Organização de Pescas do Atlântico Noroeste
3. Convenção ICCAT – Convenção Internacional para a Conservação dos Tunídeos do Atlântico
4. Convenção IATTC – Comissão Interamericana do Atum Tropical. Desde 1997, a Convenção foi associada ao Acordo Internacional do Programa de Conservação dos Golfinhos
5. Convenção SEAFO – *South East Atlantic Fisheries Organisation*

6. Convenção GFCM – *General Fisheries Commission for the Mediterranean Fisheries*
7. Comissão IOTC – Comissão de Tunídeos do Oceano Índico

A Convenção NEAFC instituiu, em 1963, uma ORP competente pela regulamentação na zona de alto mar do Atlântico Nordeste. A Convenção NAFO vigora desde 1979 e regulamenta a captura dos recursos que ocorrem em águas de alto mar contíguas à ZEE do Canadá. A ICCAT vigora desde 1969, com o objetivo da conservação de tunídeos e afins no Atlântico e Mediterrâneo. A Comissão Interamericana do Atum Tropical vigora desde 1950 e tem como objetivo adotar medidas de conservação do atum tropical e outras espécies capturadas pela frota atuneira no leste do Pacífico. Desde 1997, a Convenção foi associada ao Acordo Internacional do Programa de Conservação dos Golfinhos. A Convenção SEAFO regulamenta a atividade de pesca na área de alto mar do Atlântico Sudeste, no sentido de garantir o uso sustentável dos recursos, incluindo stocks discretos e excluindo grandes migradores. A GFCM é instituída pelo Acordo para o estabelecimento da Comissão Geral das Pescas do Mediterrâneo (CGPM), no quadro das disposições do artigo XIV da Constituição da FAO, em vigor desde 1952, com o objetivo de promover o desenvolvimento, a conservação, a gestão racional e a melhor utilização de todos os recursos marinhos, bem como o desenvolvimento sustentável da aquicultura, no mar Mediterrâneo, no mar Negro e águas adjacentes. A IOTC, em vigor desde 1996, é um acordo que visa a gestão das populações de atuns e espécies afins no Oceano Índico (DGPM, 2012).

No contexto da preservação dos recursos importa assinalar a Convenção para a Proteção do Meio Marinho do Atlântico Nordeste (Convenção OSPAR), que entrou em aplicação em 1998, e a Convenção sobre a Diversidade Biológica (CBD). O artigo 4.º da CBD determina que as disposições desta Convenção se aplicam no caso de componentes da diversidade biológica em áreas situadas dentro dos limites da jurisdição nacional dos Estados Partes e, também, no caso de processos e atividades realizadas sob a jurisdição e controlo dos Estados Partes, independentemente de onde se manifestem os seus efeitos, dentro ou fora dos limites da sua jurisdição nacional. A CBD emergiu da Conferência do Rio, em 1992, após a qual há que fazer menção à Cimeira de Joanesburgo e mais recentemente à Cimeira Rio + 20, que ocorreu em 2012, e na qual os Chefes de Estado se comprometeram com o documento *"The Future we want"*.

Em matéria de conservação dos recursos importa ter presente a nova Política Comum de Pescas (PCP) e os compromissos internacionais no que se refere à exploração ao nível do Rendimento Máximo Sustentável (MSY), o que se por um lado limita a oferta de pescado, por outro, garante a sustentabilidade da atividade económica no longo prazo.

As pescas na política da União Europeia

O Tratado sobre o Funcionamento da União Europeia (TFUE), na versão pós Tratado de Lisboa, determina, no artigo 3.º, que a União dispõe de competência exclusiva no domínio da conservação dos recursos biológicos do mar, no âmbito da Política Comum das Pescas.

Quando os Tratados atribuam à União competência exclusiva em determinado domínio, só a União pode legislar e adotar atos juridicamente vinculativos. Os Estados-Membros só podem fazê-lo se habilitados pela União ou a fim de dar execução aos atos da União (artigo 2.º do TFUE).

Segundo o artigo 38.º do TFUE, a União define e executa uma Política Comum de Pescas, enumerando no Anexo I deste Tratado um conjunto de produtos a que se aplicam os artigos 39.º a 44.º, artigos específicos para a agricultura e pescas. Destes os produtos que explicitamente dizem respeito a pescado são os seguintes:

1. Peixes, crustáceos e moluscos;
2. Gorduras e óleos, mesmo refinados, de peixe e de mamíferos marinhos;
3. Preparados (de carne), de peixe, de crustáceos e de moluscos.

No âmbito do Tratado da União, os produtos da pesca são englobados nos artigos referentes à Política Agrícola Comum (PAC), que tem entre os seus objetivos estabilizar os mercados, garantir a segurança do abastecimento alimentar e assegurar preços razoáveis nos fornecimentos aos consumidores (artigo 39 do TFUE).

A fim de alcançar estes objetivos, e outros também definidos pelo TFUE, foi criada uma Organização Comum de Mercados (O.C.M.), enquanto componente da PCP, a qual abrange as medidas necessárias para regular o mercado, designadamente o mecanismo de armazenamento de produtos da pesca como forma de estabilizar o mercado e valorizar os produtos.

O Parlamento Europeu e o Conselho, deliberando de acordo com o processo legislativo de codecisão, e após consulta ao Comité Económico e Social, estabelecem os princípios básicos da Organização Comum de Mercados, bem como as disposições legislativas necessárias à prossecução dos objetivos da Politica Comum das Pescas. Este modelo institucional de decisão, instituído pelo artigo 43.º do TFUE, eleva o enfoque político e de intervenção dos Estados Membros ainda que o suporte técnico da Comissão seja determinante para um conjunto de medidas fundamentais, nomeadamente no âmbito da comercialização dos produtos da pesca e da aquicultura.

Será de realçar que a PCP é uma política que concede à União Europeia amplas competências na conservação e gestão dos recursos biológicos marinhos. Instituída em 1983, é diretamente aplicável a todos os Estados-Membros e revista de 10 em 10 anos, tendo a sua revisão ocorrido recentemente e sido consubstanciada no Regulamento UE nº 1380/2013 de 11 de dezembro. Assim sendo, o Regulamento da PCP em vigor é aplicável durante o processo de vigência do quadro comunitário de apoio 2014-2020, fazendo coincidir, tanto quanto possível, o período de aplicação da PCP com o do Fundo Europeu dos Assuntos Marítimos e das Pescas (FEAMP), o qual promove a sua execução.

Dando sequência ao exposto anteriormente neste trabalho clarifica-se que a PCP abrange:

1. A conservação dos recursos biológicos marinhos e a gestão das pescas e das frotas que exploram esses recursos;
2. Os recursos biológicos de água doce e a aquicultura, a transformação e comercialização dos produtos da pesca e da aquicultura, nos aspetos relacionados com as medidas de mercado e com as medidas financeiras de apoio à execução da PCP.

O Regulamento da PCP abrange as atividades referidas exercidas no território dos Estados-Membros, nas águas da União, inclusivamente por navios de pesca que arvorem pavilhão de países terceiros e que neles estejam registados, por navios de pesca da União fora das águas da União, e, ainda por nacionais dos Estados Membros, sem prejuízo da responsabilidade principal do Estado de pavilhão (artigo 1.º).

No n.º 1 do artigo 2.º do Regulamento da PCP, são fixados como objetivos gerais garantir que as atividades de pesca e aquicultura sejam sustentáveis a longo prazo dos pontos de vista ambiental, económico e social e contribuam para a segurança do abastecimento de produtos alimentares. Para a realização destes objetivos gerais são estabelecidos objetivos específicos de que se destacam, no contexto deste trabalho, os seguintes (com base nas alíneas c), e), g) e h) do nº 5, do artigo 2.º):

1. Criar condições para tornar economicamente viáveis e competitivos os setores da pesca e da transformação e as atividades em terra relacionadas com a pesca;
2. Promover o desenvolvimento de atividades de aquicultura sustentáveis na União, a fim de contribuir para o abastecimento de produtos alimentares;
3. Contribuir para um mercado interno eficiente e transparente no setor dos produtos da pesca e da aquicultura, e para garantir condições equitativas para os produtos da pesca e aquicultura comercializados na União;
4. Atender aos interesses tanto dos produtores como dos consumidores.

O Regulamento da PCP, no artigo 35.º, estabelece os objetivos da Organização Comum de Mercados (COM) que são, entre outros (com base nas alíneas c), d), e) e f) do nº1):

5. Reforçar a competitividade do sector das pescas e da aquicultura da União, em especial a dos produtores;
6. Melhorar a transparência e a estabilidade dos mercados, especialmente no que se refere ao conhecimento e à compreensão económicos dos mercados dos produtos da pesca e da aquicultura na União ao longo da cadeia de abastecimento, assegurar um melhor equilíbrio da distribuição do valor acrescentado ao longo da cadeia de valor do setor, e melhorar a informação e sensibilização dos consumidores através de fixação e rotulagem que forneçam informações compreensíveis;

7. Contribuir para assegurar condições idênticas para todos os produtos comercializados na União mediante a promoção da exploração sustentável dos recursos haliêuticos;
8. Contribuir para assegurar que os consumidores dispõem de um abastecimento diversificado de produtos da pesca e da aquicultura.

Organização comum de mercado (OCM) na União Europeia

O Regulamento (CE) n.º 104/2000 do Conselho, de 17 de dezembro de 1999 estabelece as regras da OCM, a qual abrange os produtos da pesca e aquicultura listados no Anexo I deste Regulamento. O capítulo II é dedicado às Organizações Profissionais, onde se incluem as Organizações de Produtores, enquanto elementos fulcrais para uma boa execução da OCM e da própria PCP.

O Regulamento da OCM inclui um conjunto e instrumentos (nº 2 do artigo 1.º):

1. Organizações profissionais;
2. Normas de comercialização;
3. Informação dos consumidores;
4. Regras de concorrência;
5. Informações sobre o mercado.

O garante do funcionamento da OCM no setor dos produtos da pesca e aquicultura assenta em boa parte no estabelecimento e funcionamento de organizações de produtores. Entende-se por Organização de Produtores qualquer pessoa coletiva constituída por iniciativa própria de um grupo de produtores que tenha por objetivo, entre outros, melhorar as condições de venda da produção dos seus membros desde que reconhecida enquanto tal, nos termos do artigo 14 do Regulamento (CE) n.º 104/2000 do Conselho.

A Administração determina, a pedido das organizações de produtores, preços de desencadeamento do mecanismo de armazenagem para as espécies do Anexo II do Regulamento OCM, abaixo do qual os produtos da pesca descarregados são retirados da 1ª venda, transformados, armazenados e reintroduzidos posteriormente no mercado para consumo humano.

Quando as organizações de produtores utilizam o mecanismo de armazenagem podem beneficiar de um apoio financeiro no âmbito do FEAMP de acordo com o previsto no artigo 30 da OCM.

A nova O.C.M., em vigor, contempla algumas alterações em relação à versão anterior que importa realçar:

6. a simplificação de procedimentos;
7. a redução dos mecanismos de intervenção no mercado, restringindo-se apenas ao apoio à armazenagem;
8. o reforço do papel das organizações profissionais;
9. a melhoria da informação ao consumidor.

Regime comunitário de controlo do cumprimento da PCP

Há ainda a considerar o Regulamento que institui um regime comunitário de controlo a fim de assegurar o cumprimento das regras da Política Comum das Pescas (Regulamento (CE) n.º 1224/2009 do Conselho, de 20 de novembro) e o respetivo Regulamento de execução (Regulamento de execução (UE) n.º 404/2011 da Comissão, de 8 de abril de 2011), designadamente os Capítulos relativos ao Controlo da Comercialização, onde nos centraremos neste trabalho.

O Regulamento (CE) n.º 1224/2009, atualmente em processo de revisão, estabelece o controlo da comercialização nos artigos 56.º a 70.º, sendo de destacar os seguintes aspetos:

1. Os Estados-Membros asseguram que a primeira comercialização ou registo de todos os produtos de pesca se faça numa lota, ou à intenção de compradores registados ou de organização de produtores (artigo 59.º);
2. Os compradores registados, as lotas registadas ou outros organismos ou pessoas autorizadas pelos Estados-Membros, enviam uma nota de venda às autoridades competentes do Estado Membro em cujo território é efetuada a primeira venda (n.º1 e n.º 2 do artigo 62.º);
3. O Estado-Membro em cujo território é efetuada a primeira venda, se não for o Estado-Membro de pavilhão do navio de pesca que desembarcou o pescado, assegura que seja apresentada às autoridades

competentes do Estado-Membro de pavilhão, se possível por via eletrónica, uma cópia da nota de venda (n.º 3 do artigo 63.º);
4. Caso o desembarque tenha lugar fora da Comunidade e a primeira venda seja efetuada num país terceiro, o capitão do navio de pesca ou o seu representante envia, se possível por via eletrónica, uma cópia da nota de venda, ou qualquer outro documento que contenha o mesmo nível de informação, à autoridade competente do Estado-Membro de pavilhão no prazo de 48 h após a primeira venda (n.º 5 do artigo 63.º).

Uma vez que por força do artigo 64.º faz parte das notas de venda o preço, bem como outras informações relevantes, como sejam, o porto e a data de desembarque e a identificação do comprador, na primeira venda, o Estado Bandeira tem a possibilidade de fazer uma análise detalhada e evolutiva dos preços ao nível do produtor. As notas de venda incluem, também, o destino dos produtos retirados do mercado.

Com a isenção prevista no n.º 1 do artigo 65.º, relativa a embarcações com menos de 10m e cujas quantidades desembarcadas não excedam os 50 kg, por espécie, pretendeu-se não sobrecarregar em termos administrativos os Estados Membros em cuja atividade a pesca não é relevante na economia. Em Portugal a venda em lota é obrigatória pelo que esta isenção não se aplica.

Os Estados são ainda obrigados a garantir que a pesca recreativa (entendida como lúdica) seja praticada no seu território de forma compatível com a PCP, mas a comercialização das capturas provenientes desta pesca é proibida, por força do n.º 2 do artigo 55.º do Regulamento (CE) n.º 1224/2009.

Por outro lado, os compradores que adquiram produtos que não excedam 30kg e não sejam em seguida colocados no mercado, ou seja, se destinem apenas a consumo privado, estão isentos destas disposições relativas às notas de venda.

Venda de pescado em Portugal

O quadro legal da primeira venda de pescado fresco está regulado pelo Decreto-Lei n.º 81/2005, de 20 de abril. Este regime não se aplica ao pescado congelado ou transformado a bordo.

A primeira venda de pescado fresco é obrigatoriamente realizada em lota, pelo sistema de leilão, estando isentos deste regime: 1) o pescado capturado nas águas interiores não marítimas; 2) o pescado proveniente da exploração de estabelecimentos de culturas marinhas e 3) o pescado capturado para fins científicos (n.º 1 do artigo 1.º, conjugado com o artigo 7.º).

Contudo, apesar de isentos o pescado proveniente de águas interiores não marítimas e da aquicultura pode ser vendido em lota se o produtor assim o entender. O pescado proveniente da pesca lúdica está proibido de venda em lota.

Alternativamente ao sistema de leilão está prevista, no artigo 8.º, a figura do contrato de abastecimento, que deverá ser obrigatoriamente realizado através da lota correspondente ao porto de desembarque.

A Direção-Geral dos Recursos Naturais, Segurança e Serviços Marítimos (DGRM), e a entidade que explora a lota (Docapesca), asseguram um controlo administrativo dos contratos de abastecimento, nomeadamente quanto aos preços contratados e quanto às regras de produção e comercialização aplicáveis (n.º3 do artigo 8.º). A entidade que explora a lota tem, contudo, direito de preferência na aquisição do pescado transacionado mediante contratos de abastecimento, garantindo ao produtor o valor contratado (n.º 4 do artigo 8.º).

Para os titulares de licença de apanhadores de animais marinhos e de pesca apeada a venda de produtos frescos fora da lota está prevista na Portaria n.º 197/2006, de 23 de fevereiro. A Portaria n.º 247/2010, de 3 de Maio, prevê uma alteração à Portaria n.º 197/2006, permitindo à DGRM estender a autorização de venda direta do pescado capturado pelos armadores e titulares de licença de pesca profissional a operar no rio Minho. Esta Portaria estabelece que qualquer agente que esteja autorizado a proceder à venda direta de pescado nos termos deste regime deverá apresentar ou remeter, aos serviços da Docapesca, até 48h após a primeira venda, cópia dos duplicados das notas de venda, e, portanto, estas também ficam registados no sistema de lota.

As taxas devidas pelo serviço de primeira venda estão previstas no artigo 13.º do Decreto-Lei n.º 81/2005, e são aprovadas por Portaria. Atualmente é a Portaria n.º 251/2008, de 4 de Abril, que estabelece estas taxas devidas pelos produtores e compradores, correspondentes a uma percentagem sobre o valor da transação em lota. Para os produtores esta taxa varia entre 2 e 4% no caso do cerco, dependendo da forma como a venda é realizada, e é de 4% para o arrasto e outras artes de pesca. Já para os compradores é de 3% para as organizações de produtores, 2% para compradores industriais de conservas em molhos e 5% para compradores diversos.

A Portaria n.º 495/2008, de 23 de Junho, reduz estas taxas para 2%, aos produtores, no caso de as capturas serem efetuadas por embarcações movidas a gasolina.

A Docapesca, entidade da esfera empresarial do Ministério da Agricultura e do Mar (MAM), tem a seu cargo, no Continente o exclusivo da prestação do serviço de primeira venda mediante as lotas que explora, nos termos estabelecidos no Decreto-Lei n.º 107/90, de 27 de março.

Efetivamente no que se refere à organização institucional em Portugal há que destacar na temática em análise o papel da DGRM e da Docapesca. À DGRM compete "contribuir para a definição da política comum de pescas e participar na definição e aplicação da política nacional de pescas, nas vertentes interna, comunitária e de cooperação internacional..." e "gerir o sistema de informação das pescas", segundo o Decreto-Lei n.º 18/2014 de 4 de fevereiro, que institui a orgânica do MAM. A Docapesca assume que tem por missão "atuar nos negócios do setor da pesca a saber, a primeira venda do pescado e atividades conexas, sendo responsável por criar as condições adequadas para a produção e para a comercialização, explorando novos caminhos e competências que garantam a criação de valor para a empresa, parceiros e sociedade[828]", destacando-se neste contexto ser a entidade responsável pela primeira venda em lota do pescado fresco e refrigerado. Também a Direção-Geral de Politica do Mar terá um papel a desempenhar neste domínio já que, segundo a orgânica do MAM, deve desempenhar as "funções executivas de apoio à Comissão Interministerial para os Assuntos do Mar necessárias à coordenação, ao acompanhamento, à atualização e à avaliação da implementação da Estratégia Nacional para o Mar e das medidas e politicas transversais relacionadas com os assuntos do mar aprovados pelo Governo".

Enquadramento económico

A comercialização dos produtos agro-alimentares é uma matéria que tem estado na ordem do dia tendo sido aprovado, em 19 de janeiro de 2012, no culminar de um conjunto de outros trabalhos, uma Resolução do Parlamento Europeu sobre os desequilíbrios na cadeia de abastecimento alimentar. A

---

[828] http://www.docapesca.pt/pt/docapesca/missao-e-estrategia.html.

discussão é despoletada com o aumento abrupto dos preços dos produtos agrícolas entre 2007 e 2008, acompanhado pelo aumento dos preços dos produtos no consumidor. Contudo, constatou-se que pós este período os preços no produtor diminuíram mas os preços no consumidor não acompanharam, em paralelo, esta trajetória e, quando começaram a decrescer o processo afigurou-se lento.

Já anteriormente tinha sido publicada, em 2009, uma Comunicação da Comissão sobre "Um melhor funcionamento da cadeia de abastecimento na Europa", bem como uma Resolução do Parlamento Europeu, em fevereiro de 2011, sobre o aumento dos preços dos alimentos.

Na realidade, e apesar de se referirem de uma forma genérica à cadeia de abastecimento alimentar, englobando os produtores, a distribuição e a indústria agro-alimentar o enfoque da análise é a produção agrícola e nunca os produtos alimentares provenientes da pesca e da aquicultura.

Não obstante, as preocupações com a formação de preços dos produtos da pesca ao longo da cadeia de distribuição apareciam já na Comunicação da Comissão, de 2008, relativa a "Promover a adaptação das frotas de pesca da União Europeia face às consequências económicas do elevado preço dos combustíveis". Nesta Comunicação são propostos diversos tipos de medidas, entre os quais medidas de mercado. Uma destas medidas corresponde a um Observatório/Sistema de Monitorização de Preços, sendo estabelecido que "a Comissão porá em vigor medidas necessárias para estabelecer um sistema de monitorização dos preços dos produtos da pesca e da aquicultura ao longo de toda a cadeia de comercialização, sistema esse que deve estar relacionado com o atual exercício de monitorização dos preços dos alimentos levados a cabo pela Comissão". A ferramenta de análise a ser desenvolvida teria como função o apoio à tomada de decisão, melhorar o conhecimento sobre a formação dos preços e compreender o modo como se gera valor acrescentado a partir da primeira venda. A medida do Observatório concorrerá para a transparência na formação dos preços ao longo da cadeia de abastecimento de pescado e, admite-se, poderá ser considerada em paralelo com as preocupações descritas anteriormente para os produtos agrícolas.

Aliás, a OCM, no seu artigo 42º, dedicado ao conhecimento e compreensão do mercado dá corpo ao projeto do Observatório do Mercado Europeu dos Produtos da Pesca e da Aquicultura, o qual também faz parte dos objetivos da PCP e permitirá à Comissão e aos países da U.E. cumprir o objetivo de reunir, analisar e divulgar dados para a compreensão do mercado.

O Observatório irá analisar como são estabelecidos os preços da primeira venda após o desembarque até ao retalhista, sendo que muitas destas informações já se encontram disponíveis no âmbito de outros sistemas de informação ou por força da regulamentação em vigor, como no caso das notas de venda.

Cerca de 86% do consumo de pescado a nível mundial destina-se a consumo humano direto, sendo que 47% deste pescado foi consumido na forma fresca ou viva (FAO, 2012). Por estes dados verifica-se relevante analisar não só a cadeia do peixe fresco/vivo mas também o que é objeto de comercialização noutras formas.

Relativamente a Portugal verificava-se que em 2011 cerca de 80% do pescado descarregado fresco em portos nacionais era fresco (Quadro 1). Apesar de não se dispor da parcela que se destinará ao consumo humano na forma fresca é provável que seja superior à média mundial (47%), atendendo à tradição portuguesa no consumo de peixe fresco.

Quadro 1 – Pescado descarregado

Pescado descarregado (l)		2011
		t
Total geral		206604
Total	Frescos	175423
	Congelados	31181
Portos nacionais	Frescos	166152
	Congelados	9032
Portos não nacionais (m)	Frescos	9270
	Congelados	22149

Nota: Peso à descarga

(l) Inclui a totalidade das retiradas e as rejeições
(m) Inclui as descargas em portos não nacionais e os transbordos
Fonte: INE, DGRM (2012)

Igualmente relevante é o contexto internacional, uma vez que uma importante parcela da produção de peixe entra nos canais de comercialização globais, estimando-se que cerca de 38% da produção (peso à saída de água) de 2010 foi exportada. As importações na União Europeia representam 40% das importações mundiais, mas se excluído o comércio intracomunitário este valor reduz-se para 26% (FAO, 2012). Segundo a mesma fonte Portugal ocupa a 18ª posição em termos de importações (2%) e a posição 30º (1%) em termos de exportações. Em termos europeus a destacar a posição da Espanha que ocupa a 3ª posição (6%) como importador e a 10ª como exportador (3%). A Noruega ocupa a 21ª posição como importador (1%) mas destaca-se na 2ª posição como exportador (8%).

É relevante ter presente a importância socioeconómica da fileira do pescado em Portugal, incluindo os produtores, a indústria transformadora, os grossistas, os retalhistas e o consumidor. Trata-se de uma fileira (pesca, aquacultura, indústria transformadora e comercialização associada) que em 2010 envolvia 1 773 milhões de €, em termos de produção, e representava, em termos de emprego, cerca de 30 900 empregos, medidos em equivalente a tempo completo, segundo resultados preliminares (DGPM, 2012).

O Plano Estratégico Nacional para a Pesca 2007 – 2013, elaborado pela ex-DGPA, apresenta uma caracterização muito sumária da comercialização dos produtos da pesca e da aquicultura mas aponta, ao nível dos fatores transversais de competitividade do sector, "deficiências estruturais ao nível dos circuitos de comercialização, desde a 1ª venda em lota até ao consumidor, o que tem levado a fortes desequilíbrios na partilha das demais valias geradas com desvantagem para os produtores primários". Um dos vetores de atuação estabelecido no Plano é "promover a reformulação do modelo organizativo do sector de modo a assegurar uma mais forte representatividade das associações e organizações de produtores e a sua participação ativa na cadeia de produção e comercialização".

Em 2007, como já se referiu, o ex-Ministério da Agricultura, do Desenvolvimento Rural e das Pescas elaborou um "Estudo para a Avaliação da Comercialização de Pescado Fresco e Refrigerado em Portugal Continental" que, à data, sistematizava informação relevante, no contexto agora em análise, fazendo uma análise da primeira venda, bem como da comercialização após a primeira venda, comparando com situações em outros Estados-membros, incluindo ainda um conjunto de cenários de evolução possíveis.

De acordo com dados do Sistema de Contas Integrado das Empresas, do Instituto Nacional de Estatística (INE), em 2012 registavam-se 4 606 empresas com atividade principal dedicada à Pesca e Aquicultura, 176 empresas na Preparação e Conservação de Peixe, Crustáceos e Moluscos e 5 205 empresas na Comercialização dos Produtos da Pesca, 82,6% das quais no comércio a retalho em estabelecimentos especializados. Em contrapartida, de acordo com o Inquérito às Empresas de Comércio, promovido pela mesma entidade, verificava-se em 2011 que no comércio de retalho 76,7% das vendas de peixe, crustáceos, moluscos e produtos à base dos mesmos se concentravam em estabelecimentos não especializados, o que leva a pressupor um papel de preponderante das grandes superfícies neste mercado.

Os estudos são úteis para efetuar diagnósticos, avaliar tendências passadas e apresentar cenários de evolução prováveis e cenários de decisão. Mas, para análise dos mercados, são necessários instrumentos dinâmicos, não subestimando o papel determinante que caberá à análise dos dados compilados.

Atualmente a Docapesca publica *online*, num observatório semanal, os preços médios das cinco espécies mais transacionadas nas lotas do Continente enquanto primeira venda. É referido que este serviço informativo vai no "sentido de se promover um serviço de informações de qualidade e transparência sobre o mercado dos produtos da pesca".

O acompanhamento do mercado e a evolução dos preços de pescado em Portugal é disponibilizado *online* no Observatório do Mercado Europeu dos Produtos da Pesca e da Aquicultura (EUMOFA) com base nos dados oficiais de cada Estado Membro. Há, contudo, informação publicada, e haverá, provavelmente, outra não publicada, nas instituições com responsabilidade na matéria, que permitiria uma análise económica mais aprofundada, designadamente:

1. Preços de venda em lota que podem ser utilizados para cálculo de índices de preços no produtor;
2. Índice de preços no consumidor dos produtos da pesca, provenientes do INE;
3. Valor Acrescentado Bruto (VAB) da pesca e Produto Interno Bruto (PIB) da economia nacional, publicados pelo INE, que permitiriam o cálculo de índices de preços implícitos do VAB da pesca e do PIB;

4. Índice de preços no consumidor harmonizado, publicados pela Eurostat, na categoria de produtos da pesca, para todos os Estados Membros da União Europeia.

Não foi possível avaliar a existência de informação para cálculo de índices de preços dos meios de produção da pesca, ou relativos à indústria transformadora associada, ou outras informações relevantes para este tipo de análise ao longo da cadeia de valor. Esta vertente, que é uma preocupação ao nível da Comissão Europeia, julga-se vir a ser colmatada no futuro com o desenvolvimento do Programa de Recolha de Dados previsto no âmbito da PCP e cofinanciado pelo FEAMP.

Os índices de preços são indicadores económicos que medem a evolução dos preços e que, portanto, são adequados a análises desta natureza. Outra variável interessante de analisar por métodos econométricos será a elasticidade de transmissão do preço, variável que matematicamente se define pela variação percentual no preço, numa certa fase da cadeia, em relação a uma variação relativa do mesmo produto noutro estado da cadeia. Outras análises estatísticas poderão ser relevantes como seja a análise do preço médio e do coeficiente de variação dos preços, como medida relativa da dispersão para um conjunto de dados.

A análise do preço do pescado deve, ainda, considerar o detalhe por espécie e por lota, e, para uma mesma espécie, algumas características relevantes para a formação do preço, nomeadamente a frescura e o tamanho do pescado.

A análise dos coeficientes de correlação entre os índices de preços dos meios de produção e os índices de preços no produtor poderá ser uma análise estatística relevante para inferir sobre a manutenção das margens brutas da atividade, entendida como produção deduzida do consumo intermédio.

A identificação e caracterização: 1) dos compradores registados em lota, junto da Docapesca; 2) das Associações de Produtores, e dos contratos de abastecimento, no âmbito das competências da DGRM, será um passo importante para compreender o mercado de pescado fresco e refrigerado em Portugal, havendo contudo que aprofundar os agentes envolvidos ao longo da cadeia de valor.

Não poderá, igualmente, ser subestimada o papel da globalização nas condições de mercado de pescado em Portugal. Um exemplo do que se pretende ilustrar pode ser observado através das Fig. 3, 4 e 5. No ano de 2009 as capturas de pescado em Portugal diminuem e os preços em primeira venda aumentam, face aos anos anteriores, situação que importaria confrontar com o custo dos fatores de produção nomeadamente de combustível tendo em atenção o pico de preços de venda registado por volta de 2008 e o desfasamento entre a compra e a utilização deste consumo intermédio. Já preço no consumidor final baixou no mesmo ano o que coincide com um aumento da importação de peixe, crustáceos e moluscos, o que leva a admitir a importância dos produtos da pesca não nacionais na formação do preço ao consumidor final.

Fig. 3 – Captura de pescado em Portugal entre 2005 e 2012

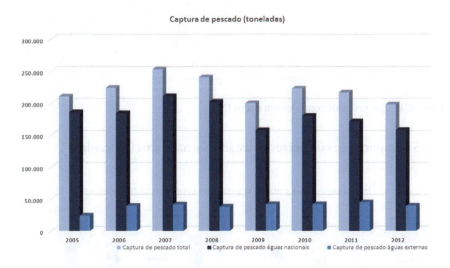

Fonte: Estatísticas da Pesca, INE/DGRM

Fig. 4 – Índice de Preços no Consumidor (IPC) relativo a peixe fresco/refrigerado/congelados e índice de preço médio da pesca descarregada, fresca ou refrigerada (base 100: médios de 2002)

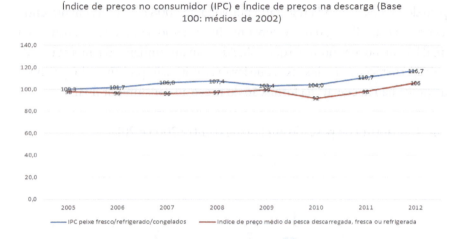

Fonte: Cálculos próprios com base em dados INE

Fig. 5 – Importações de peixes, crustáceos e moluscos (toneladas)

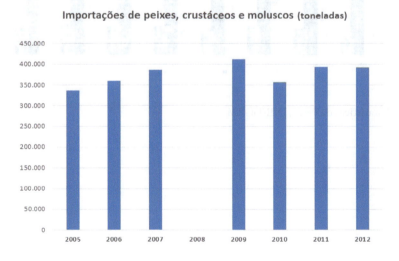

Fonte: Estatísticas da Pesca, INE/DGRM

Do que fica referido nesta visão geral é determinante considerar as especificidades do produto alimentar em apreço e do mercado em causa no quadro metodológico que seja adotado, numa qualquer análise da comercialização e formação de preço do pescado.

Considerações finais

Portugal possui uma vasta área marítima sob jurisdição e soberania, e uma História com epicentros no mar, e como tal deve ser assumida como uma nação marítima. No contexto da pesca tem direitos em águas internacionais definidas em convenções regionais. Não é displicente a longa tradição de Portugal nos setores das pescas e industria transformadora associada. Provavelmente a refletir todo este enquadramento apresenta dos maiores padrões de consumo de pescado.

Portugal, enquanto Estado Membro da União Europeia atua segundo padrões europeus nestes setores, designadamente no contexto da Política Comum de Pesca. Contudo, a pesca, apesar de ser hoje um setor que tem que ser encarado à escala global, apresenta especificidades locais que são bem evidentes no caso português.

A comercialização e a formação de preços deve ser entendida e analisada neste contexto, devendo Portugal contribuir para a transparência do mercado do pescado, o que contribuirá, certamente, para a identificação de especificidades do setor português. A análise dos dados atualmente disponíveis e os que venham a ser obtidos no contexto do Programa de Recolha de Dados da nova PCP em vigor permitirão conhecer com maior rigor e transparência a realidade dos preços ao longo da cadeia de valor do pescado. O Observatório do Mercado Europeu dos Produtos da Pesca e da Aquicultura, que se baseia em dados dos Estados Membros, é nesta matéria um instrumento determinante para efeitos de comparabilidade internacional.

Bibliografia

Autoridade da Concorrência (2010). Relatório final sobre Relações Comerciais entre a Distribuição Alimentar e os seus Fornecedores. Outubro 2010.
DGRM (data não especificada). DataPescas Janeiro a Dezembro 2011, Nº 91. Direção-Geral dos Recursos Naturais, Segurança e Serviços Marítimos.

DGPA (2007). Plano Estratégico Nacional para a Pesca 2007 – 2013. Direção-Geral das Pescas e Aquicultura do Ministério da Agricultura, do Desenvolvimento Rural e das Pescas.

DGPM (2012). Economia do Mar em Portugal – Documento de suporte à Estratégia Nacional para o Mar. Coordenação Direção-Geral de Politica do Mar, equipa interinstitucional (não publicado).

Docapesca (data não especificada). Docapesca: A primeira venda do pescado e a missão de serviço público prestado ao setor das pescas e aquicultura (apresentação).

EC (2012). European Market Observatory for Fisheries and Aquaculture Products – Phase 2 Executive Summary. European Comission, Directorate-General for Maritime Affairs and Fisheries, Directorate International Affairs and Markets. May 2012.EMEPC (2010). Convenção das Nações Unidas sobre o Direito do Mar. Ministério da Defesa Nacional.

INE/DGRM (2002, 2003, 2004, 2005, 2006, 2007, 2008, 2009, 2010, 2011, 2012). Estatísticas da Pesca.

FAO (2010a). Aquaculture Development. 4. Ecosystem approach to aquaculture.FAO Technical Guidelines for Responsible Fisheries 5.

FAO (2010b).Fishery and Aquaculture Statistics 2008.FAO Yearbook.

FAO (2010c).The State of World Fisheries and Aquaculture. FAO Fisheries and Aquaculture Department.

FAO (2012). Fishery and Aquaculture Statistics 2010.FAO Yearbook.

GPP, DGAE (2012). Índices de Preços na Cadeia de Abastecimento Alimentar. Gabinete de Planeamento e Politicas, do Ministério da Agricultura, Mar, Ambiente e Ordenamento do Território, e Direção-Geral das Atividades Económicas, do Ministério da Economia e do Emprego. 1º Relatório Maio 2012.

Guillen, J. e Franquesa, R. (data não especificada). Price transmission and market power analysis in the Spanish market chain. Documents de Traball de la Facultat de Ciències Econòmiques I Empresarials. Collecciò d'Economia E08/190 (não publicado).

INE, DGRM (2012). Estatísticas da Pesca 2011. Instituto Nacional de Estatística e Direção--Geral dos Recursos Naturais, Segurança e Serviços Marítimos.

Nações Unidas (2012). The Future We Want. Final Agreement, World leaders approved the outcome document for Rio+20.

MADRP (2007). Estudo para Avaliação da Comercialização de Pescado Fresco e Refrigerado em Portugal Continental. Ministério da Agricultura, do Desenvolvimento Rural e das Pescas.

MNE (2008).Versões consolidadas do Tratado da União Europeia e do Tratado sobre o Funcionamento da União Europeia como alterados pelo Tratado de Lisboa. Ministério dos Negócios Estrangeiros.

Vrutti (2008). Developing a Marketing Strategy for Fisheries Intervention Aiming at Livelihood Promotion in Bundelkhand Region of India – A Value Chain Based Assessment and Planning. Draft Report submitted to OXFAM India, December 2008.

Legislação Consultada

Assembleia da República. Lei n.º 34/2006, de 28 de julho.
COM (2008) 453 final. Comunicação da Comissão ao Conselho e ao Parlamento Europeu. Promover a adaptação das frotas de pesca da União Europeia face às consequências económicas do elevado preço dos combustíveis.
COM(2011) 425 final. Proposta de regulamento do Parlamento Europeu e do Conselho relativo à política comum de pesca.
Comunicação da Comissão sobre "Um melhor funcionamento da cadeia de abastecimento na Europa".
Convenção OSPAR.
Convenção sobre a Diversidade Biológica.
Ministério da Agricultura, Pescas e Florestas. Decreto-Lei n.º 81/2005, de 20 de abril.
Ministério da Agricultura, Pescas e Alimentação, Decreto-Lei nº 107/90, de 27 de março.
Ministério da Agricultura, Mar, Ambiente e Ordenamento do Território. Decreto-Lei n.º 7/2012, de 17 de janeiro.
Ministério da Agricultura, do Desenvolvimento Rural e das Pescas. Portaria n.º 197/2006, de 23 de fevereiro.
Ministério da Agricultura, do Desenvolvimento Rural e das Pescas. Portaria n.º 247/2010, de 3 de maio.
Ministério da Agricultura e das Pescas. Portaria n.º 251/2008, de 4 de abril.
Ministério da Agricultura, do Desenvolvimento Rural e das Pescas. Portaria n.º 495/2008, de 23 de junho.
Parecer do Comité Económico e Social Europeu sobre a "Comunicação da Comissão ao Parlamento Europeu, ao Conselho, ao Comité Económico e Social Europeu e ao Comité das Regiões – Preço dos géneros alimentícios na Europa".
Regulamento (UE) nº 1380/2013 do Parlamento Europeu e do Conselho de 11 de dezembro de 2013, relativo à política comum de pescas, que altera os Regulamentos (CE) nº 1954/2003 e (CE) nº 1224/2009 do Conselho e revoga os Regulamentos (CE) nº 2371/2002 e (CE) nº 639/2004 do Conselho e a Decisão 2004/585/CE do Conselho.
Regulamento (EU) n.º 1379/2013 do Parlamento Europeu e do Conselho de 11 de dezembro de 2013, que estabelece a organização comum dos mercados dos produtos da pesca e da aquicultura, altera os Regulamentos (CE) nº 1184/2006 e (CE) nº 1224/2009 do Conselho e revoga o Regulamento (CE) nº 104/2000 do Conselho.
Regulamento (CE) n.º 104/2000 do Conselho de 17 de dezembro de 1999, que estabelece a organização comum de mercado no setor da pesca e da aquicultura.
Regulamento CE) n.º 2814/2000 da Comissão, de 21 de dezembro de 2000, que estabelece as regras de execução do Regulamento (CE) nº 104/2000 do Conselho no respeitante concessão de ajuda ao reporte para determinados produtos da pesca.
Regulamento (CE) n.º 2493/2001 da Comissão, de 19 de dezembro de 2001, relativo ao escoamento de determinados produtos da pesca retirados do mercado.
Regulamento (CE) n.º 2371/2002, de 20 de dezembro de 2002, relativo à conservação e à exploração sustentável dos recursos haliêuticos no âmbito da Politica Comum de Pesca.

Regulamento (CE) n.º 1224/2009 do Conselho, de 20 de novembro de 2009 que institui um regime comunitário de controlo a fim de assegurar o cumprimento das regras da Politica Comum de Pesca.

Regulamento de execução (EU) n.º 404/2011 da Comissão, de 8 de abril de 2011, que estabelece as regras de execução do Regulamento (CE) n.º 1224/2009 do Conselho que institui um regime comunitário de controlo a fim de assegurar o cumprimento das regras da Política Comum das Pescas.

Resolução do Parlamento Europeu, de 19 de janeiro de 2012, sobre os desequilíbrios na cadeia de abastecimento alimentar.

Resolução do Parlamento Europeu, em Fevereiro de 2011, sobre o aumento dos preços dos alimentos.

Versões consolidadas do tratado da União Europeia e do Tratado sobre o Funcionamento da União Europeia. 2012/C 326/01. Publicado no Jornal Oficial da União Europeia em 26 de outubro de 2012.

Sites Consultados (acedidos em 13/02/2012)

http://ec.europa.eu/fisheries/reform/index_en.htm
http://ec.europa.eu/fisheries/cfp/market/market_observatory/index_pt.htm
http://europa.eu/rapid/pressReleasesAction.do?reference=SPEECH/10/241&format=HTML&aged=0&language=EN&guiLanguage=en
http://epp.eurostat.ec.europa.eu/portal/page/portal/statistics/search_database
http://www.docapesca.pt/pt/docapesca/missao-e-estrategia.html
http://www.dgrm.min-agricultura.pt/xportal/xmain?xpid=dgrm
http://www.dgpm.gov.pt/Pages/default.aspx
http://www.fao.org/fishery/statistics/en
http://www.ine.pt/xportal/xmain?xpid=INE&xpgid=ine_main
http://www.globefish.org/homepage.html
http://eur-lex.europa.eu/Result.do?arg0=tratado+da+uni%C3%A3o+europeia&arg1=&arg2=&titre=titre&chlang=pt&RechType=RECH_mot&Submit=Pesquisar

AS DEVOLUÇÕES NA REFORMA DA POLÍTICA COMUM DE PESCAS

Ilda Oliveira
Advogada

1. Introdução

O setor das pescas é fundamental para a alimentação dos cidadãos europeus e para garantir a sobrevivência económica das pessoas que vivem nas zonas costeiras da Europa. No entanto, um número considerável de unidades populacionais haliêuticas continua a ser sobreexplorado. A frota de pesca ainda está sobredimensionada e, numa tentativa de rentabilização, procura alargar as fronteiras da atividade, pescando mais longe, mais fundo e mais pequeno. Há cada vez menos peixe e mais barcos a tentar capturá-lo, o que se traduz num baixo rendimento económico no sector das capturas e na rentabilidade limitada de grande parte das frotas, levando até à desagregação de algumas delas: atualmente, mais de metade do peixe que consumimos é importado. Além disso, o fortalecimento da grande distribuição, a volatilidade do preço do petróleo e a crise financeira mundial agravaram ainda mais a parca capacidade de sobrevivência da pesca, apesar dos elevados subsídios atribuídos. As alterações climáticas são um outro fator de risco, alterando a quantidade e a distribuição das unidades populacionais.

Muito antes de ser criada a Política Comum das Pescas (PCP) e introduzida a Zona Económica Exclusiva (ZEE), já os pescadores percorriam várias jurisdições no encalço das populações piscícolas que atravessam as fronteiras nacionais. Aquelas dependem de ecossistemas marinhos partilhados onde decorrem as nossas atividades de pesca, levando a que a atividade de uma frota tenha repercussão direta nas possibilidades de pesca de várias outras frotas que explorem as mesmas unidades populacionais e o mesmo ecossistema. A pesca depende fortemente do acesso ao espaço marítimo e de ecossistemas marinhos saudáveis; todos nós temos consciência da premente necessidade de preservar e explorar sustentavelmente os nossos oceanos e mares. Esse objetivo só poderá ser alcançado através de um modelo de pescas responsável e com viabilidade ecológica. A questão das devoluções – atirar ao mar os peixes não desejados – assume deste modo uma importância acrescida num contexto de uma sustentabilidade necessária e desejada pelas instituições comunitárias e pela opinião pública.

2. A reforma de 2002 da política comum das pescas

A política comum de pescas remonta a 1983 e reúne quatro vertentes principais: conservação das unidades populacionais; regras de mercado; questões estruturais tais como o financiamento dos navios, os equipamentos portuários e as fábricas de transformação de peixe; e política externa, incluindo acordos de pesca com países não membros da União Europeia. Contudo, perante um historial de unidades populacionais em diminuição e de recessão na indústria da pesca, em 2002 a PCP sofreu uma reforma destinada a assegurar um desenvolvimento sustentável das atividades de pesca em termos ambientais, económicos e sociais[829].

Esta política reúne uma série de medidas concebidas para garantir a prosperidade e a sustentabilidade do setor da pesca europeu e dispõe de um conjunto de instrumentos com vista à prossecução daqueles objetivos. O processo de decisão foi alterado com base em pareceres científicos, tendo sido associados o sector das pescas e as organizações não governamentais

---

[829] REGULAMENTO (CE) N.º 2371/2002 DO CONSELHO de 20 de Dezembro de 2002 relativo à conservação e à exploração sustentável dos recursos haliêuticos no âmbito da Política Comum das Pescas

no âmbito de Conselhos Consultivos Regionais, sendo assim enquadrado o princípio da co-responsabilização. Passou a haver uma perspetiva de longo prazo para a gestão das pescas, através de planos de gestão e de recuperação, e foram criadas condições para uma maior coerência com as políticas europeias do ambiente e do desenvolvimento.

A nova regulamentação de base da política comum das pescas entrou em vigor em 1 de Janeiro de 2003, sendo a Política de Conservação dos Recursos uma das suas vertentes mais importantes. As principais medidas consistem na fixação de Totais Admissíveis de Capturas (TAC), que limitam a quantidade máxima de peixes que podem ser capturados de cada unidade populacional específica num determinado período de tempo; limitação do esforço de pesca, nomeadamente através da limitação dos dias de atividade de um navio no mar, enquanto instrumento fundamental da gestão das pescas, em particular no contexto dos planos de recuperação plurianuais; e medidas técnicas. Estas últimas incluem tamanhos mínimos de desembarque; malhagens mínimas das redes; áreas e períodos de defeso; limites para as capturas acessórias (capturas de espécies não desejadas ou não visadas); exigência de utilização de artes de pesca mais seletivas (para reduzir as capturas acessórias) e medidas para prevenir danos para o ambiente marinho.

Pretendeu-se também uma implantação progressiva de uma gestão da pesca baseada nos ecossistemas. As perspetivas seriam de longo prazo, com a aplicação de planos plurianuais de reconstituição ou de gestão das unidades populacionais.

Preconizou-se também uma utilização mais seletiva dos fundos públicos de apoio ao desenvolvimento do setor, através da supressão dos auxílios estatais para a construção de novos navios; uma política estrutural mais coerente com os objetivos da PCP; uma maior ênfase na diversificação nas comunidades costeiras e novos acordos de pesca bilaterais destinados a promover parcerias com os países terceiros em causa. Ainda assim estavam previstas algumas restrições ao acesso as águas e aos recursos. Por exemplo, até 2012 seria aplicável uma zona de restrição da pesca de 12 milhas, destinada a proteger a pesca costeira tradicional.

Segundo Jesús Iborra Martins[830] "as medidas de conservação impõem igualmente a obrigação de registar e notificar as capturas e os desembarques. Na UE, 36% dos desembarques correspondem a espécies sujeitas ao sistema de TAC. A maior parte (44% das capturas) são espécies pelágicas[831] (arenque, espadilha, verdinho, cavala, chicharro, anchova, espadarte e atum vermelho) e 19% dos desembarques correspondem a espécies demersais[832] (galeotas, bacalhau, pescada, solha, lagostim, escamudo, arinca, faneca da Noruega, badejo, linguado, tamboril, gambas, azevia, raias, pregado, dab, areeiro, norte rockfish, juliana, pregado, solha e salmão). A maior parte das pescarias comunitárias, exceto as do Mediterrâneo, são geridas mediante a fixação de totais admissíveis de capturas (TAC), no âmbito dos quais é atribuída uma quota nacional a cada Estado-Membro. Este sistema de gestão por quotas de desembarque, aparentemente simples, apresenta várias insuficiências. O sistema de TAC e de quotas tem como efeito colateral elevadas taxas de devoluções ao mar altamente prejudiciais para as unidades populacionais haliêuticas e para os ecossistemas. Nas pescarias mistas, que se dirigem a diversas espécies, implica capturas acessórias indesejáveis sempre que a quota é esgotada para uma espécie mas não para as outras, o que obriga os pescadores a devolver ao mar os peixes que deixam de poder desembarcar. As devoluções, além de serem um desperdício de recursos preciosos, impediram a recuperação de diversas unidades populacionais, apesar das baixas quotas."

No relatório sobre "uma política destinada a reduzir as capturas acessórias indesejadas e a eliminar as devoluções nas pescarias europeias"[833], o Parlamento Europeu sublinhou que o sistema de "totais admissíveis de capturas"(TAC) era uma das principais causas das devoluções. Era necessário tomar medidas no sentido de impedir as devoluções obrigatórias de indivíduos com tamanho regulamentar, capturados de forma inevitável, por

---

[830] MARTINS, Jesús Iborra, "Guia Prático"-Pescas, Departamento Temático B: Políticas Estruturais e de Coesão, Parlamento Europeu– Abril de 2009

[831] Designação dos organismos que vivem num mar ou num lago afastados da profundidade. Os seres pelágicos podem ser plâncton, em geral organismos microscópicos como algas, protozoários, etc., e nécton, como peixes, medusas, tartarugas e baleias.

[832] Chamam-se demersais os animais aquáticos que, apesar de terem capacidade de natação activa, vivem a maior parte do tempo em associação com o substrato, quer em fundos arenosos como os linguados, ou em fundos rochosos, como as garoupas.

[833] SCHLYTER, Carl– Relator, Comissão das Pescas, (2007/2112(INI))

as suas espécies não serem objeto de qualquer quota. O relatório recomenda ainda que as capturas acessórias sejam sujeitas a quotas incorporadas nos TAC e que todas as capturas acessórias desembarcadas sejam imputadas às quotas; no caso de uma pescaria ultrapassar a sua quota de capturas acessórias, arriscar-se-ia a ter de encerrar. O relatório propõe ainda que o excesso de capturas de juvenis desencadeie o encerramento em tempo real da pescaria, seguido de uma redução gradual da quota, no intuito de incentivar a melhoria da seletividade das artes de pesca.

A Cimeira Mundial sobre o Desenvolvimento Sustentável de 2002 fixou objetivos específicos para a gestão das pescas, entre os quais a recuperação de unidades populacionais de peixes para níveis de rendimento máximo sustentável (RMS)[834] até 2015, objetivo este estabelecido na Convenção das Nações Unidas sobre o Direito do Mar. Contudo, o Parlamento Europeu alertou para o facto de, para uma ampla maioria do corpo científico, o modelo clássico do rendimento máximo sustentável (RMS) ou *maximum sustainable yield* (MSY) não conter outras abordagens mais avançadas que tenham em conta o ecossistema como um todo. Alertou ainda para as dificuldades ligadas à aplicação do modelo RMS às pescarias mistas.

Acresce que a aplicação do princípio da estabilidade relativa e a excessiva capacidade das frotas incentivam os Estados-Membros a aumentar as suas partes em detrimento da sustentabilidade das pescarias e de uma gestão de pescas baseada nos ecossistemas.

Aquele princípio, consagrado na primeira PCP em 1983, significa que a parte de cada Estado-Membro em cada quota comunitária deve permanecer constante ao longo do tempo, mas já em 2002 se verificava uma grande discrepância entre as quotas atribuídas aos Estados-Membros e as necessidades e utilizações reais das suas frotas.

---

[834] Por rendimento máximo sustentável entende-se a quantidade anual máxima de capturas que podem ser extraídas, em média, de uma unidade populacional, ao longo dos anos, sem pôr em perigo a sua produtividade. Pescar acima dos níveis MSY a curto prazo conduzirá, a mais longo prazo, a uma diminuição das possibilidades de captura, já que a unidade populacional será dizimada.

2.1 As devoluções (2002-2011)

É importante distinguir entre captura acessória e devoluções. A primeira refere-se à captura total de animais sem objetivo, durante uma pescaria. Também poderá incluir a captura de juvenis ou peixe abaixo do tamanho mínimo da espécie objetivo. Estas capturas poderão ter valor económico e serem mantidas a bordo para serem vendidas como sub-produto e.g. produção de farinha de peixe ou de alimentos para animais de estimação. Porém, o termo "devoluções" é especificamente usado para capturas que são devolvidas ao mar, já sem vida. Poderá englobar capturas acessórias ou peixe correspondente a uma espécie objetivo. Existem várias circunstâncias que motivam esta ocorrência: ou porque o peixe não dispõe do tamanho mínimo de desembarque estipulado; ou porque foi ultrapassada a quota pretendida; ou porque houve capturas superiores a percentagens definidas de composições das capturas realizadas com redes de uma determinada malhagem.

Além disso, as quotas nacionais dos Estados Membros poderão ser repartidas por segmentos da frota ou organizações de produtores (OP) e estas últimas ainda serem repartidas por navios individuais. Se o navio ou as OP atingirem a sua quota e não for disponibilizada mais nenhuma, as quantidades capturadas acima da quota deixam de poder ser desembarcadas, devendo ser devolvidas nem que não tenha sido esgotada a quota nacional, segundo o princípio da estabilidade relativa.

As devoluções pelos navios comunitários que pescam nas águas de países terceiros podem ainda ser motivadas pelas regras do país interessado ou pela não disponibilidade ou esgotamento das quotas de certas espécies nos termos dos acordos de pesca.

Também ocorrem devoluções por motivos económicos: se a bordo do navio existir peixe de duas espécies, uma delas com menos valor comercial que a outra, os indivíduos de menor valor comercial são devolvidos ao mar para manter o espaço de armazenagem disponível; as preferências do mercado local também assumem grande importância– o facto de o badejo e a sardinha não serem apreciados em muitos Estados-Membros leva a que a quase totalidade das suas capturas seja devolvida. Além disso existe também uma prática de "*high grading*"– retenção dos peixes maiores, dado que alcançam preços mais elevados nos mercados, o que leva à devolução dos mais pequenos.

A nível global, estima-se que as devoluções consubstanciem 8% (6.8 milhões de toneladas) do volume total de pescas anuais (Kelleher 2005)[835]. Este autor também traz à colação o facto de 1.3 milhões de devoluções ocorrerem na área 27 da FAO,[836] que inclui a maior parte da ZEE[837] da União Europeia. Em 2010, a quantidade de "capturas acessórias" – peixes e outras espécies capturadas acidentalmente por navios pesqueiros – foi estimada em 20 milhões de toneladas no mundo. Isto é equivalente a 23% de todos os peixes e outras espécies capturadas – e o número está a aumentar.[838] "Como as devoluções não são monitorizadas, é difícil saber exatamente quanto peixe está a ser deitado fora. A UE estima que, no Mar do Norte, as devoluções estão entre os 40% e os 60% das capturas totais. Muitos destes peixes são bacalhau, arinca, solha e outras espécies alimentares populares de ótima qualidade que estão "acima da quota". Como aos pescadores não é permitido desembarcar qualquer peixe acima da quota, no caso de o capturarem acidentalmente – o que não podem evitar fazer – não existe escolha senão lançá-los ao mar antes de chegarem ao cais.", segundo o site FishFight[839].

Em termos sociais e económicos, a existência de devoluções consubstancia um desperdício de energia e custos utilizados na pesca. Representa também um desperdício de riqueza e recursos, dada a importância do peixe como fonte de proteínas. A supressão desta prática inaceitável será gradual, com um calendário preciso de execução e em conjugação com algumas medidas de acompanhamento, previstas no pacote de reforma da PCP, apresentado em 2011. Os pescadores serão obrigados a desembarcar todas as espécies comerciais que capturarem. Os peixes de tamanho inferior ao regulamentar não poderão ser vendidos para alimentação humana.

Os Estados-Membros deverão assegurar que os seus navios de pesca estão devidamente equipados para garantir a documentação de todas as atividades de pesca e transformação, de modo a controlarem o cumprimento da obrigação de desembarque de todas as espécies.

---

[835] KELLEHER, Kieran. Discards in the world's marine fisheries. An update. FAO Fisheries Technical Paper. No. 470. Rome, FAO. 2005
[836] Food and Agriculture Organization
[837] Zona Económica Exlusiva
[838] http://www.onu.org.br/rio20/temas-oceanos/
[839] http://www.fishfightpt.com/devolucoes/

A proibição das devoluções proporcionará dados mais fiáveis sobre as unidades populacionais de peixes, apoiará uma melhor gestão e aumentará a eficiência dos recursos. Constitui ainda um incentivo para que os pescadores evitem capturas não pretendidas, através de soluções técnicas, como artes de pesca mais seletivas.

3. Reforma da PCP em 2011

Constata-se que a política das pescas europeia deverá ser objeto de uma reforma profunda, dado que os objetivos acordados em 2002 para tornar a pesca sustentável não foram alcançados.

Os navios capturam uma quantidade de peixe superior à que deveria ser pescada para garantir uma reprodução segura, esgotando, deste modo, as unidades populacionais de peixes e ameaçando o ecossistema marinho. O setor da pesca regista capturas menores e enfrenta um futuro incerto. O forte apoio financeiro do setor público ao setor das pescas contribuiu, designadamente, para a manutenção artificial da sobrecapacidade de pesca. A maioria das frotas comunitárias regista perdas ou lucros baixos e são poucas as que conseguem ser rentáveis sem apoio público, através da ajuda direta do Fundo Europeu das Pescas e de regimes de auxílio nacionais semelhantes. Além disso o setor beneficia de alguns subsídios indiretos, dos quais o mais importante é a isenção global de impostos sobre os combustíveis, não tendo de contribuir para as despesas públicas associadas à gestão das suas atividades (por exemplo, para o controlo e a segurança no mar). Deste modo, os cidadãos europeus pagam praticamente duas vezes o peixe que comem: primeiro na loja e em seguida através dos impostos. No entanto, uma outra opinião é defendida por associações de pesca nacionais que subscreveram os "Contributos de uma Reflexão Estratégica sobre o Livro Verde das Pescas–Setor de Pesca de Portugal": "Rejeitamos totalmente a asserção pejorativa de que a Pesca beneficia, de forma gratuita, de uma matéria-prima que é pública, fazendo os contribuintes pagar os custos da gestão e do controlo da sua atividade. Este juízo da Comissão Europeia mistifica a verdade e cria condições propícias para legitimar discricionariedades e ações sancionatórias para as quais visa, de forma populista, ter o apoio dos cidadãos. As empresas de pesca pagam os seus impostos e contribuições, tais como outras, e se têm acesso a recursos públicos é para que possam ser postos à disposição da coletividade, não recolhendo dessa ação, como se sabe, uma remuneração minimamente justa face ao esforço desenvolvido. Este deturpado raciocínio poderia sustentar a cobrança de custos aos transportes privados ou públicos por usarem o oxigénio do ar para a combustão dos seus motores ou no limite às pessoas por precisarem de respirar. Resta ainda dizer que o controlo e a fiscalização da atividade económica são funções soberanas do Estado, sendo irrazoável pedir a quem é alvo da atuação que pague os custos incorridos, até porque não a solicitou."

O fraco desempenho global é causado por uma sobrecapacidade crónica, de que a sobrepesca é simultaneamente causa e consequência e as reduções de capacidade nos últimos anos não bastaram para quebrar este círculo vicioso. O resultado global é uma diminuição dos desembarques e uma maior dependência do mercado da UE em relação às importações.

A sustentabilidade pretendida é também grandemente penalizada pela forte pressão política exercida para aumentar as possibilidades de pesca a curto prazo, através de derrogações, exceções e medidas específicas solicitadas pelo sector e Estados-Membros. Torna-se praticamente impossível controlar os custos de gestão e compreender o processo de documentação, decisão, aplicação e controlo deste tipo de microgestão.

Os ecossistemas marinhos das águas europeias têm o potencial necessário para assegurar uma produtividade elevada das populações de peixe. Contudo, a maioria das unidades populacionais está a ser dizimada. 88% das unidades populacionais comunitárias são pescadas acima dos níveis de MSY. 30% destas unidades populacionais estão fora de limites biológicos de segurança, o que significa que a sua reconstituição pode não ter lugar[840].– caso do bacalhau capturado no mar do Norte.[841]

Se a exploração das unidades populacionais respeitasse o MSY, a sua abundância aumentaria cerca de 70%. As capturas globais aumentariam cerca de 17%, os rendimentos dos pescadores poderiam aumentar 24% (ou 1,8 mil milhões

---

[840] Segundo avaliações do Conselho Internacional de Exploração do Mar (CIEM) em 2008. Estes números referem-se a unidades populacionais em relação às quais existem informações suficientes para avaliar o seu estado. Nada permite esperar que a situação seja melhor no caso de unidades populacionais para as quais não se dispõe de informações suficientes.
[841] Segundo dados do CIEM.

de EUR) por ano e os salários das tripulações 25%. Pescar de forma sustentável permitiria também ao setor da captura deixar de depender do apoio público. Facilitaria a estabilização dos preços em condições transparentes, de que resultariam benefícios claros para os consumidores. Um setor forte, eficiente e economicamente viável a operar em condições de mercado desempenharia um papel mais importante, mais ativo, na gestão das unidades populacionais.

Em 2009, a Comissão analisou o funcionamento da política comum das pescas (PCP) com base no Livro Verde sobre a reforma da política comum das pescas, o qual identificou uma série de deficiências estruturais da atual PCP: o problema profundamente enraizado da sobrecapacidade da frota; a falta de objetivos políticos precisos, e, consequentemente, de orientações claras para a tomada de decisões e a sua aplicação; um processo de decisão que incentiva as visões a curto prazo; um quadro que não confere ao setor uma responsabilidade suficiente; a falta de vontade política de assegurar o cumprimento e o baixo nível de cumprimento por parte do setor[842].

A Comissão concluiu que, apesar dos progressos registados desde a reforma de 2002, o objetivo de garantir uma pesca sustentável a todos os níveis (económico, social e ambiental) não foi alcançado. O Parlamento Europeu e o Conselho de Ministros apoiaram esta conclusão. Deste modo, a 13 de julho de 2011, a Comissão Europeia apresentou propostas de reforma da Política Comum das Pescas da UE e, em 2 de dezembro de 2011, uma proposta relativa à criação de um novo fundo para a política marítima e das pescas da UE para o período 2014 a 2020: o Fundo Europeu dos Assuntos Marítimos e da Pesca (FEAMP).

Esta reforma ambiciosa pretende criar condições para um futuro melhor, tanto para os peixes como para as pescarias, assim como para o ambiente marinho de que dependem. Contribuirá para um crescimento sustentável e inclusivo e o seu desenvolvimento integrar-se-á num quadro mais abrangente de economia marítima, por forma a serem asseguradas políticas mais coerentes para os mares e zonas costeiras da EU. Está assim em curso uma mudança de paradigma, uma nova visão dos mares, muito mais abrangente, como preconizado pela política marítima integrada (PMI) e pelo seu pilar ambiental, a

---

[842] COMISSÃO DAS COMUNIDADES EUROPEIAS, Bruxelas, 22.4.2009, COM (2009)163 final, LIVRO VERDE Reforma da Política Comum das Pescas, página 8

Directiva-Quadro "Estratégia Marinha"[843]. A reforma é também uma componente fundamental da iniciativa emblemática "Uma Europa eficiente em termos de recursos",[844] na medida em que procura assegurar a exploração sustentável dos recursos marinhos vivos. Neste sentido, será de todo o interesse conjugar esforços no sentido de alcançar um desempenho económico forte do setor, incluindo o crescimento e a coesão reforçada nas zonas costeiras, de acordo com a "Estratégia Europa 2020"[845]. Segundo o Livro Verde sobre a Reforma da Política das Pescas "a sustentabilidade económica e social exige unidades populacionais de peixes produtivas e ecossistemas marinhos saudáveis. Só a recuperação da produtividade das unidades populacionais permitirá assegurar a viabilidade económica e social da pesca. Por conseguinte, numa perspectiva a longo prazo não há conflito entre objetivos ecológicos, económicos e sociais. Contudo, a curto prazo, estes objetivos podem colidir – e colidem, designadamente quando há que reduzir temporariamente as possibilidades de pesca para permitir a reconstituição de unidades populacionais sobreexploradas. Frequentemente se invocaram objetivos sociais, como o emprego, para justificar possibilidades de pesca a curto prazo mais generosas, que sempre tiveram por resultado agravar ainda mais o estado das unidades populacionais e comprometer o futuro dos pescadores que delas vivem. É, por conseguinte, crucial que qualquer compromisso que vise mitigar os efeitos económicos e sociais imediatos das reduções das possibilidades de pesca seja compatível com a sustentabilidade ecológica a longo prazo, nomeadamente no respeitante ao cumprimento dos níveis MSY, à eliminação das devoluções e à redução do impacto ecológico da pesca."

A sustentabilidade ecológica é, pois, uma condição *sine qua non* do futuro económico e social das pescas europeias.

---

[843] Directiva 2008/56/CE do Parlamento Europeu e do Conselho, de 17 de Junho de 2008, que estabelece um quadro de ação comunitária no domínio da política para o meio marinho (Directiva-Quadro"Estratégia Marinha"), (JO L 164 de 25 de Junho de 2008).

[844] Comunicação da Comissão "Uma Europa eficiente em termos de recursos -Iniciativa emblemática da Estratégia Europa 2020", (COM(2011) 21) de 26 de Janeiro de 2011.

[845] A Comunicação da Comissão Europa 2020, *Estratégia para um crescimento inteligente, sustentável e inclusivo* (COM(2010) 2020 de 3 de Março de 2010), define uma estratégia para ajudar a UE a sair fortalecida da crise e a tornar-se uma economia inteligente, sustentável e inclusiva, que proporcione níveis elevados de emprego, de produtividade e de coesão social. Europa 2020 traça uma visão da economia social de mercado para a Europa do século XXI.

Resumo das novas medidas propostas no pacote de reforma da PCP

Conservação e sustentabilidade	Rendimento máximo sustentável enquanto objetivo de conservação com um prazo fixado (2015)
	Eliminação das devoluções, através da obrigação de desembarque e regras de gestão necessárias com um calendário para a sua introdução
	Planos plurianuais, centrados em objetivos essenciais, metas, limites e prazos, com base na abordagem ecológica da gestão das pescas
	Autorização para os Estados-Membros adotarem medidas, ao abrigo da legislação da UE, relativa aos planos plurianuais e às medidas técnicas de conservação
	Procedimentos acelerados para adotar as medidas de pesca necessárias no âmbito da gestão ambiental (rede Natura 2000)
Dados e conhecimentos científicos	Obrigação para os Estados-Membros de recolherem e fornecerem dados e de prepararem programas (regionais) plurianuais de recolha de dados
	Programas nacionais de investigação das pescas com coordenação regional entre Estados-Membros
	Focalização do trabalho do CCTEP no essencial
Acesso aos recursos e capacidade da frota	Aplicação obrigatória do sistema de concessões de pesca transferíveis às frotas industriais (transferência ao nível nacional)
	Abandono dos subsídios ligados às frotas
Aquicultura	Planos estratégicos nacionais 2014-2020 de promoção da aquicultura
	Criação de um conselho consultivo para a aquicultura
Política de mercado	Capacitação das organizações de produtores e organizações interprofissionais para aumentar o seu papel e responsabilidade em matéria de planeamento da produção e da comercialização, com especial ênfase na gestão sustentável dos recursos da pesca e na redução do impacto das atividades aquícolas
	Modificação do regime de intervenção, mediante a criação de um mecanismo único de intervenção para a armazenagem
	Fixação dos preços de intervenção a um nível descentralizado e adequado
	Reforço da informação do consumidor e revisão das normas de comercialização

Governação	Alargamento do papel dos conselhos consultivos na execução da PCP ao nível regional
	Nova abordagem da participação dos interessados em questões horizontais não cobertas pelos conselhos consultivos
Instrumento financeiro	Alinhamento total com a estratégia Europa 2020
	Disposições em matéria de condicionalidade sobre o cumprimento das regras — aplicáveis aos Estados-Membros e aos operadores individuais
Dimensão externa	Organizações regionais de gestão das pescas — uma maior participação da UE nas organizações regionais de gestão das pescas, a fim de reforçar, nestas instâncias, os aspetos ligados à investigação, ao controlo e ao cumprimento, com vista a melhorar o seu desempenho
	Ao nível multilateral — ações conjuntas com os principais parceiros da UE com vista a combater a pesca INN e a reduzir a sobrecapacidade
	Melhor coerência entre as políticas da UE em matéria de pesca, desenvolvimento, comércio e ambiente
	Acordos de pesca sustentável – reforço da base científica e identificação clara dos recursos excedentários nos países parceiros, para garantir da parte da nossa frota práticas de pesca sustentáveis nesses países. Maior participação financeira do setor e estabelecimento de um quadro de governação de elevada qualidade. Todos os futuros acordos devem incluir uma cláusula relativa aos direitos humanos

Fonte: Comissão Europeia, Bruxelas, 13/7/2011 (COM 2011 417) final, Comunicação da Comissão ao Parlamento Europeu, ao Conselho, ao Comité Economico e Social Europeu e ao Comité das Regiões

O pacote de reforma da PCP compreende os elementos seguintes:[846]
Comunicação sobre a reforma da Política Comum das Pescas (PCP)
Comunicação da Comissão ao Parlamento Europeu, ao Conselho, ao Comité Económico e Social Europeu e ao Comité das Regiões: Reforma da Política Comum das Pescas **[COM(2011) 417]**

Proposta de um novo regulamento relativo à PCP
Proposta de Regulamento do Parlamento Europeu e do Conselho relativo à Política Comum das Pescas **[COM(2011) 425]**

---

[846] http://ec.europa.eu/fisheries/reform/proposals/index_en.

Proposta de um regulamento relativo ao Fundo Europeu dos Assuntos Marítimos e da Pesca

Proposta de Regulamento do Parlamento Europeu e do Conselho relativo ao Fundo Europeu dos Assuntos Marítimos e da Pesca, que revoga o Regulamento (CE) n.º 1198/2006 do Conselho, o Regulamento (CE) n.º 861/2006 do Conselho e o Regulamento n.º XXX/2011 do Conselho relativo à política marítima integrada **[COM(2011) 804]**

Proposta de um novo regulamento relativo à política comum de mercado

Proposta de Regulamento do Parlamento Europeu e do Conselho, que estabelece uma organização comum dos mercados dos produtos da pesca e da aquicultura **[COM(2011) 416]**

Comunicação sobre a dimensão externa da PCP

Comunicação da Comissão ao Parlamento Europeu, ao Conselho, ao Comité Económico e Social Europeu e ao Comité das Regiões sobre a dimensão externa da Política Comum das Pescas **[COM(2011) 424]**

Relatório

Relatório da Comissão ao Parlamento Europeu, ao Conselho, ao Comité Económico e Social Europeu e ao Comité das Regiões sobre as obrigações em matéria de comunicação previstas no Regulamento (CE) n.º 2371/2002 do Conselho, de 20 de dezembro de 2002, relativo à conservação e à exploração sustentável dos recursos haliêuticos no âmbito da Política Comum das Pescas **[COM(2011) 418]**

3.1 As devoluções na reforma da PCP de 2011

O rendimento máximo sustentável (*maximum sustainable yield* – MSY) e a eliminação das devoluções são dois objetivos interdependentes na proposta de reforma da Comissão. Na União Europeia, 75% das unidades populacionais de peixes são sobreexploradas, contra 25%, em média, ao nível mundial. Esta sobrepesca prejudica as unidades populacionais de peixes, introduz incertezas nas capturas e leva a que o nosso setor da pesca não seja financeiramente viável. As capturas medíocres devido à fragilidade daquelas unidades populacionais, levando ao aumento das atividades de pesca. Os peixes são cada vez mais pequenos e menos valiosos e serão devolvidos ao mar por terem um baixo valor comercial ou por não terem o tamanho mínimo exigido. Há que gerir as unidades populacionais de acordo com o princípio do MSY. Com uma pesca mais racional conseguir-se-á um maior potencial de capturas em unidades populacionais abundantes, maior lucro e retorno de investimentos. O peixe capturado será maior e mais rentável em mercado e levará menos tempo a pescar, conduzindo a uma poupança substancial de combustível e à diminuição da emissão de gases poluentes. Se houver diminuição do volume de peixes de tamanho inferior ao regulamentar capturados em cada lanço, diminuir-se-ão também as devoluções. Por último, os consumidores terão uma escolha muito mais vasta de peixes provenientes de unidades populacionais saudáveis da UE.

Uma boa medida de gestão consistirá na elaboração de planos plurianuais que fixem as taxas de mortalidade a um nível que permita, com o tempo, aumentar as unidades populacionais. Este facto reveste-se de particular importância nas pescarias mistas, onde a unidade populacional mais vulnerável deve constituir a base para o cálculo dos limites de exploração a aplicar a todos os outros peixes capturados na mesma pescaria. Só desta forma será possível alcançar o MSY em relação a todas as unidades populacionais de uma pescaria. Para as pescarias mistas, as opções de captura são baseadas na captura esperada em combinações específicas de esforço de pesca das várias pescarias, de acordo com os objetivos da distribuição total do esforço permitido. Por exemplo, a pescaria de arrasto de peixe captura pescada e também carapau, areeiro, tamboril, bem como outras espécies comerciais. Assim quando se aplicam medidas de gestão dirigidas a pescada, como o decréscimo da captura de pescada, estas medidas de diminuição de esforço também terão um impacto de diminuição da captura das espécies acompanhantes desta frota de arrasto. Para estabelecer as possibilidades de pesca correspondentes nas pescarias mistas (predominantes em Portugal) será necessária a fixação de taxas de MSY para cada uma das unidades populacionais. Contudo, não existem dados científicos consolidados sobre a maior parte das pescarias (na UE, apenas 20% dos stocks possuem uma base de dados sólida). Só através de uma melhoria do conhecimento científico e de uma eficiente e crescente recolha de dados se poderá legitimar escolhas de gestão.

A possibilidade de os Estados-membros poderem propor, nas águas sob a sua jurisdição, reservas de acesso para proteção de áreas marinhas sensíveis ou ecologicamente relevantes é da maior importância, nomeadamente nas

Regiões Ultraperiféricas e com o acompanhamento de um Conselho Consultivo a criar, sendo matéria igualmente relevante no âmbito dos planos plurianuais, não inviabilizadores das pescarias mistas. A cooperação entre os Estados-Membros, os cientistas e os Conselhos Consultivos é essencial para os planos plurianuais, num quadro de regionalização que se pretende efetivo e com possibilidade de iniciativa. A promoção da pesca costeira e artesanal, as especificidades das regiões ultraperiféricas e a manutenção da regra das 12 milhas são outros pontos cruciais.[847]

Além disso, um FEAMP (Fundo Europeu dos Assuntos Marítimos e das Pescas) forte possibilitará o financiamento do setor das pescas: os pescadores da pequena pesca poderão diversificar as suas atividades; beneficiarão de ajuda para aplicar a proibição das devoluções e tratar as capturas desembarcadas, incluindo ajuda à armazenagem, apoio à construção de instalações de armazenagem suplementares em terra e financiamento de campanhas de promoção do consumo de peixes menos conhecidos pelos consumidores. Também poderão ser organizados cursos de formação e qualificação profissional em matéria de utilização de artes inovadoras. O FEAMP prevê também o financiamento de dispositivos eletrónicos modernos de localização, comunicação e análise que permitirão melhorar a monitorização em tempo real.

A eliminação das devoluções, através da obrigação de desembarque e regras de gestão necessárias com um calendário para a sua introdução, constitui um ponto incontornável da reforma proposta pela Comissão. A abordagem será gradual: espécies pelágicas em 2014 (a faneca, a sardinha ou o carapau), espécies demersais mais valiosas (bacalhau, pescada e linguado) em 2015, e outras espécies em 2016. Para a prossecução daquele objetivo a Comissão propõe algumas soluções: a administração nacional deverá atribuir aos armadores

---

[847] No artigo 17.º, n.º 2, do Regulamento (CE) n.º 2371/2002, o primeiro parágrafo passa a ter a seguinte redação:
«2. Nas águas situadas na zona das 12 milhas marítimas medidas a partir das linhas de base sob a sua soberania ou jurisdição, os Estados-Membros são autorizados, de 1 de janeiro de 2013 a 31 de dezembro de 2014, a limitar a pesca aos navios que exercem tradicionalmente a pesca nessas águas a partir de portos na costa adjacente, sem prejuízo dos regimes aplicáveis aos navios de pesca da União que arvorem pavilhão de outros Estados-Membros a título das relações de vizinhança entre Estados-Membros e do regime previsto no anexo I, que fixa, em relação a cada Estado-Membro, as zonas geográficas das faixas costeiras de outros Estados-Membros em que são exercidas atividades de pesca e as espécies em causa.»

da pequena pesca a combinação de quotas correta; todos os outros armadores deverão receber a combinação correta sob a forma de concessões de pesca transferíveis e poderão agregá-las no âmbito de organização de produtores (OP). Porém, as características específicas das frotas da pequena pesca, a sua ligação especial com as comunidades costeiras e a vulnerabilidade de algumas destas pequenas ou médias empresas justificam que a aplicação obrigatória das concessões de pesca transferíveis seja restringida aos navios de maiores dimensões. Os Estados-Membros podem excluir desse sistema os navios com menos de 12 metros de comprimento, com exceção dos que utilizam artes rebocadas. As concessões deverão refletir, tanto quanto possível, os padrões de pesca efetivos dos navios e a composição provável das capturas.

Se um Estado Membro possuir quotas demasiado baixas de certas espécies, deve trocar quotas com outros Estados Membros; esta prática, que já se verifica atualmente, deve ser mais encorajada. O Conselho poderia também reservar as chamadas «quotas de capturas acessórias» no quadro das possibilidades de pesca que fixa anualmente. Essas quotas não seriam atribuídas imediatamente ao Estado Membro, mas antes, na medida do necessário e ao longo do ano, sob a forma de uma reserva de capturas acessórias em função de cada pescaria. Além disso, os EM poderiam reservar quotas de capturas acessórias por unidade populacional de peixes, que não seriam atribuídas aos navios. O peixe desembarcado não abrangido por quotas individuais poderia ser imputado a esta quota global de capturas acessórias.

Ao mesmo tempo, os pescadores podem reduzir o impacto da pesca nas espécies mais vulneráveis através da utilização de artes mais seletivas que também evitarão à partida capturas indesejadas. Aquelas farão parte dos acima mencionados planos plurianuais e de medidas técnicas, podendo ser adaptadas pelos Estados Membros aos requisitos específicos da pescaria e das diferentes regiões em causa. Porém é bastante provável que, apesar da melhoria da seletividade, existam capturas não intencionais. Assim sendo, os peixes com taxas de sobrevivência elevadas devem ser identificados e libertados vivos no mar. Todos os outros peixes capturados devem ser desembarcados e imputados às quotas: se o peixe for de tamanho inferior ao regulamentar, só poderá ser vendido para produção de farinha de peixe ou de alimentos para animais de estimação – desta forma, os pescadores poderão cobrir os custos de desembarque sem, no entanto, realizarem lucros financeiros; se o peixe capturado estiver acima dos limites da quota individual poderá ser comercializado normalmente– quando os armadores estiverem prestes a esgotar uma ou mais das suas quotas, devem comprar ou alugar quotas de outro armador do mesmo Estado Membro. Quando tal não for possível, são aplicáveis as regras de superação de quotas, dado que cabe aos pescadores garantir que dispõem de todas as quotas necessárias para desembarcar as suas capturas. Os Estados Membros deverão resolver o problema através de reservas de capturas acessórias, procedendo a reportes ou deduções de quotas de outros períodos ou trocando quotas com outros Estados Membros. Se tal não bastar, as quantidades excedentárias deverão ser deduzidas das quotas do ano seguinte.[848]

Conclusão

O objetivo da reforma da PCP é acabar com a sobrepesca e tornar a pesca sustentável do ponto de vista ambiental, económico e social. Com a nova política pretende-se que os *stocks* de peixe regressem a níveis sustentáveis através de oportunidades piscatórias baseadas em dados científicos. Os cidadãos europeus deverão ter acesso, a longo prazo, a uma alimentação segura e saudável. Pretende também trazer prosperidade para o setor das pescas, acabando com a dependência de subsídios e criando novas oportunidades de emprego e crescimento nas áreas costeiras.

O Conselho Europeu de 12 de Junho de 2012, sob a presidência dinamarquesa, teve na agenda a discussão e votação da revisão da Política Comum de Pescas. Os ministros das Pescas dos países membros da União Europeia alcançaram, um acordo político sobre a reforma da Política Comum de Pescas, com o voto contra de Portugal, França, Malta, Eslovénia e a Holanda.[849]

As questões do rendimento máximo sustentável dos *stocks* de peixe e a eliminação das capturas acidentais de peixe, que é depois devolvido ao mar pelo seu baixo valor comercial a bordo, motivaram o voto desfavorável.

Portugal transmitiu à Comissão a necessidade de um maior conhecimento científico dos recursos: a pretensão de atingir o rendimento máximo sustentado (RMS) ou *maximum sustainable yield* (MSY) em 2015, para todas as espécies,

---

[848] http://ec.europa.eu/fisheries/reform/docs/discards_pt.pdf
[849] http://www.consilium.europa.eu/uedocs/cms_Data/docs/pressdata/en/agricult/130743.pdf

não se afigura realista, dada a inexistência de estimativas de pontos de referência para a maioria dos *stocks*; a eliminação das rejeições tem de ser cuidadosamente avaliada tendo em conta as especificidades das diversas pescarias da UE, em particular das pescarias multi-específicas das zonas meridionais. Defende-se um prazo de tempo mais alargado, em conjugação com o fomento de melhores práticas e artes mais seletivas. De acordo com Manuel Pinto Abreu, existem "muitas espécies com dimensões semelhantes" em Portugal, o que faz com que seja difícil equilibrar as artes da pesca para evitar peixes cuja pesca é proibida acima de determinada quota ou abaixo de determinado tamanho. "Não é só proibirmos as rejeições, é também arranjar mecanismos de compensação", defendeu ainda o secretário de Estado do Mar.[850] Estes poderão ter lugar ao nível das organizações de produtores (OP). Tanto as OP como outras organizações de pescadores podem criar instrumentos de troca, em tempo real, no interior das organizações e entre elas.

Portugal rejeitou a inclusão das quantidades rejeitadas em sub-quotas de *by-catches* dentro dos atuais níveis de possibilidades de pesca, e defendeu a monitorização quer dos impactos ambientais, quer socioeconómicos destas alterações, para a qual serão necessários estudos dedicados ainda não disponíveis.

O acordo alcançado reflete a totalidade das posições portuguesas defendidas na negociação relativamente à criação de um mercado de quotas pesqueiras transferíveis, à questão da regionalização e das regiões ultraperiféricas, à instauração de mecanismos de controlo e à implementação de planos plurianuais e novas normas de informação ao consumidor. Quanto às concessões de pesca transferíveis, deixa aos Estados-membros a responsabilidade de optar pela solução que melhor se adeque à sua realidade económica e social e às respetivas pescarias, sem prejuízo da necessidade de manutenção da possibilidade de apoio à adaptação da capacidade das frotas, num quadro de gestão sustentável dos recursos.

A 6 de fevereiro de 2013, o Parlamento Europeu votou a favor da proposta de reforma da Política Comum de Pescas (PCP), por parte da Comissão. Seguidamente, o Parlamento encetou negociações com o Conselho com vista a concluir um acordo sobre a nova política. Nos dias 25 e 26 de Fevereiro de

---

[850] http://www.publico.pt/economia/noticia/portugal-insiste-na-proibicao-da-rejeicao-para-
-a-nova-lei-europeia-das-pescas-1583218

2013 o Conselho reuniu em Bruxelas, sob a presidência irlandesa e finalizou a sua abordagem relativamente à proposta: os ministros da UE chegaram a acordo sobre os pormenores ainda em discussão, formalizando a sua posição. As obrigações ambientais dos EM e a eliminação das devoluções foram os pontos chave da discussão e o Conselho prevê que todas as espécies deverão ser abrangidas pela proibição. Maria Damanaki, comissária europeia das Pescas e Assuntos Marítimos, afirmou compreender as preocupações dos Ministros relativamente ao horizonte temporal, mas relembrou que 2020 é o limite acordado, sendo naturalmente necessária flexibilidade na implementação de mecanismos. O Conselho decidiu que a proibição aplica-se a espécies e zonas individuais, mas o nível de devoluções aceitável (*de minimis threshold*) será progressivo, de modo a que os pescadores se adaptem: 9% de capturas por dia no mar em 2014 e 2015, descerão para 8% em 2016 e 2017 e para 7% em 2018. Esta exceção terá condições, incluindo a obrigação de registar todas as capturas acessórias. Maria Damanaki mostrou alguma apreensão relativamente a estas decisões que diz acabarem por comprometer os princípios da proposta– o que se pretende é uma proibição de devoluções efetiva.

O Conselho também decidiu que todo o peixe capturado acidentalmente, e que terá que ser descarregado nas lotas a partir de 2014, pode ter como destino as instituições de solidariedade social.

Em Portugal, os partidos na Assembleia da República vão propor ao Governo que permita a venda de peixe de tamanho abaixo do permitido por lei, capturado pela pesca por arte xávega, evitando o seu desperdício, como acontece atualmente.

PSD e CDS-PP, PS e Bloco de Esquerda querem ainda recomendar ao Governo a criação de condições para a venda imediata desse pescado, em local diferente da doca, que muitas vezes dista a dezenas de quilómetros da praia onde é praticada a arte xávega.

Atualmente, a lei define que, caso num lanço predominem peixes abaixo do tamanho permitido (12 centímetros, no caso do carapau), a pesca deve ser interrompida até ao virar da maré, e o peixe, já morto, deve ser devolvido ao mar.[851]

---

[851] http://expresso.sapo.pt/pesca-partidos-propoem-venda-de-peixe-de-tamanho-abaixo--do-permitido

Esperemos que até 2020 os objetivos da nova PCP sejam alcançados e possamos assistir a um novo paradigma de pescas, partilhado pelo Livro Verde das Pescas, com uma otimista visão de futuro:

> "O peixe, principal fonte de proteína animal e de gorduras saudáveis com que a Humanidade pode contar, reencontrou, num mercado que está de novo em crescimento, o seu lugar como produto regular na dieta dos mais de 500 milhões de consumidores europeus. O declínio constante das capturas da frota europeia foi travado por volta de 2015. Embora a Europa continue a depender fortemente das importações de peixe, a situação começa a inverter-se. O peixe capturado ou produzido na Europa é muito apreciado e reconhecido pelos consumidores como um produto de alta qualidade.
>
> A sobrepesca generalizada, com grande impacto nas economias costeiras, é um fenómeno do passado. Quase todas as unidades populacionais de peixes da Europa foram repostas a níveis que garantem o seu rendimento máximo sustentável. Para muitas dessas unidades populacionais, tal implicou uma recuperação considerável em relação aos níveis de 2010. O rendimento dos pescadores aumentou pelo facto de explorarem populações muito maiores, compostas por peixes mais maturos e de maior dimensão. Os jovens das comunidades costeiras voltaram a olhar para a pesca como um modo de vida atractivo, que permite rendimentos estáveis."

Referências bibliográficas

– Comissão das Comunidades Europeias, "Livro Verde, Reforma da Política Comum das Pescas", Bruxelas, 22 de Abril de 2009 COM(2009)163 final
– Comunicação da Comissão "Europa 2020: Estratégia para um crescimento inteligente, sustentável e inclusivo" (COM(2010) 2020 de 3 de Março de 2010)
– Comunicação da Comissão "Uma Europa eficiente em termos de recursos — Iniciativa emblemática da Estratégia Europa 2020", COM(2011) 21 de 26 de Janeiro de 2011
– Comissão Europeia, Comunicação da Comissão ao Parlamento Europeu, ao Conselho, ao Comité Economico e Social Europeu e ao Comité das Regiões, "Reforma da Política Comum das Pescas", Bruxelas, 13 de Julho de 2011 (COM 2011 417) final
– Directiva 2008/56/CE do Parlamento Europeu e do Conselho, de 17 de Junho de 2008, que estabelece um quadro de ação comunitária no domínio da política para o meio marinho (Directiva-Quadro"Estratégia Marinha"), (JO L 164 de 25 de Junho de 2008).

– IBORRA MARTINS, Jesús, "Guia Prático"– Pescas– Departamento Temático B: Políticas Estruturais e de Coesão, Parlamento Europeu– Abril 2009
– KELLEHER, Kieran. "Discards in the world's marine fisheries– An update -FAO". Fisheries Technical Paper. No. 470. Rome, FAO. 2005
– SCHLYTER, Carl, "Relatório sobre uma politica destinada a reduzir as capturas acessórias indesejadas e a eliminar as devoluções nas pescarias europeias"– Parlamento Europeu (2007/2112(INI)), Comissão das Pescas

Referências eletrónicas

http://eurlex.europa.eu/LexUriServ/LexUriServ.do?uri=OJ:L:2002:358:0059:0080:PT:PDF
http://ec.europa.eu/fisheries/documentation/studies/discards/index_en.htm
http://ec.europa.eu/fisheries/reform/docs/discards_pt.
http://ec.europa.eu/fisheries/reform/docs/msy_pt.pdf
http://ec.europa.eu/fisheries/reform/docs/opinions/portugal_en.pdf
http://ec.europa.eu/fisheries/reform/proposals/index_en.
http://expresso.sapo.pt/pesca-partidos-propoem-venda-de-peixe-de-tamanho-abaixo-do-permitido
http://pt.wikipedia.org/wiki/Demersal
http://www.agroportal.pt/x/agronoticias/2012/06/14d.htm#.UTNMYjl4Xdk
http://www.consilium.europa.eu/uedocs/cms_Data/docs/pressdata/en/agricult/130743.pdf
http://www.consilium.europa.eu/uedocs/cms_Data/docs/pressdata/en/agricult/130884.pdf
http://www.europolitics.info/sectorial-policies/agreement-hammered-out-on-discard-ban-art348713-11.html
http://www.infopedia.pt/$pelagico
http://www.fishfightpt.com/devolucoes/
http://www.publico.pt/economia/noticia/portugal-insiste-na-proibicao-da-rejeicao-para-a-nova-lei-europeia-das-pescas-1583218
http://www.onu.org.br/rio20/temas-oceanos/